彦根城博物館叢書6

武家の生活と教養

村井康彦編

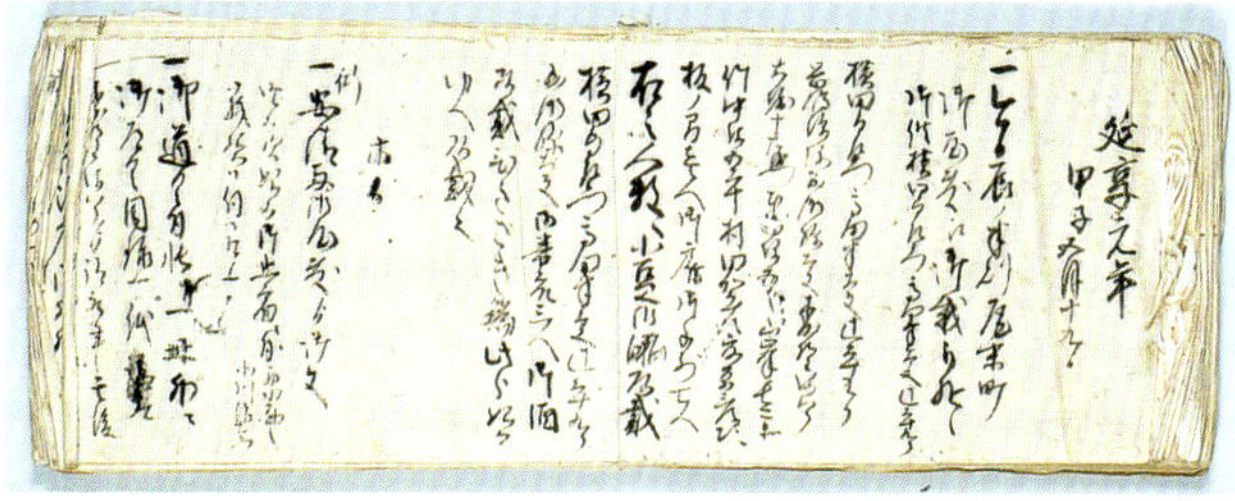

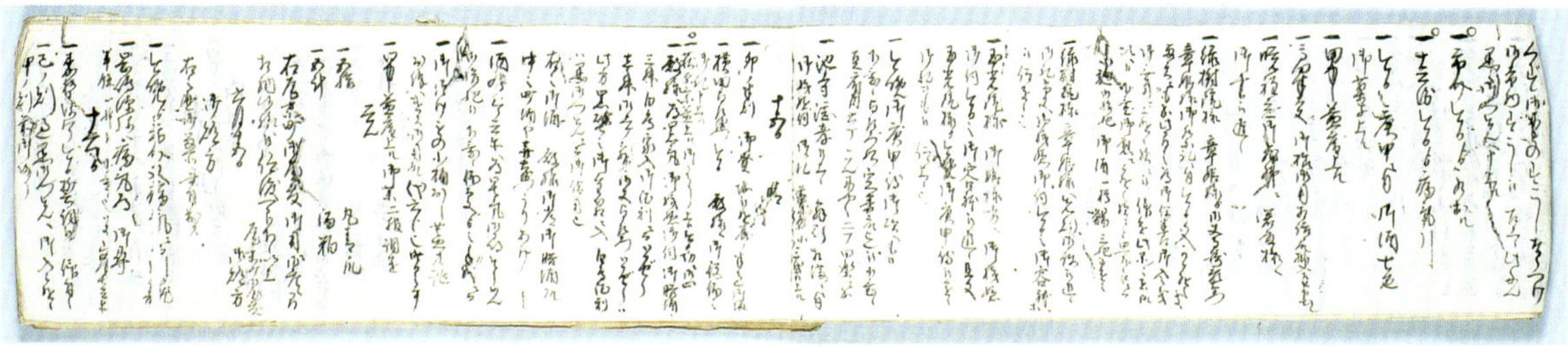

民部様御賄御用日記　延享元年（1744）彦根藩井伊家文書
井伊民部（のち10代藩主井伊直幸）の屋敷賄役が記した日記。延享元年より宝暦４年（1754）までの11年間11冊が伝存する（本書論文編第一部「彦根藩井伊家庶子の生活と教養形成」参照）。

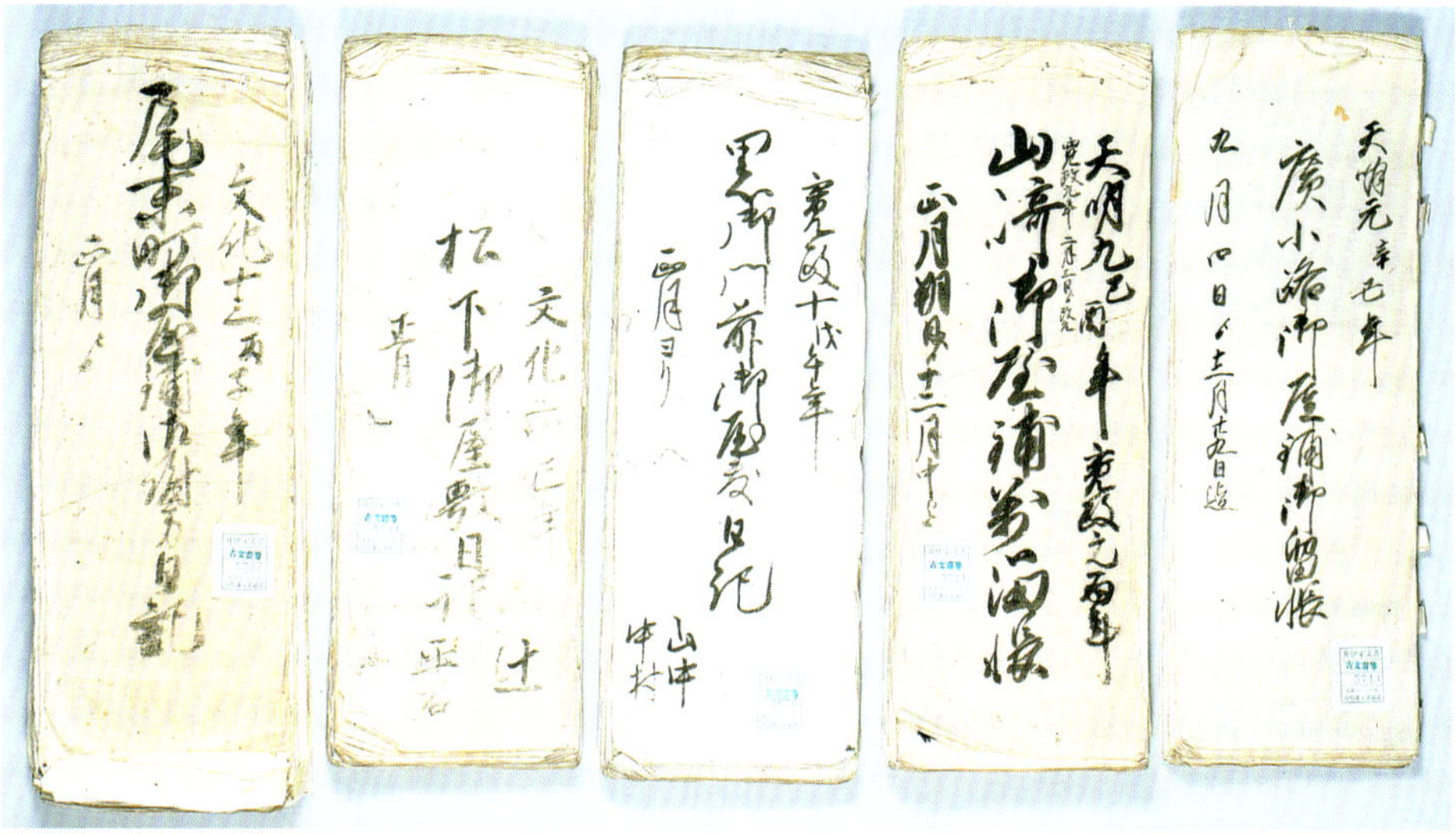

井伊家庶子屋敷日記　彦根藩井伊家文書
井伊家庶子居住屋敷の付人が記した日記。右から広小路、山崎、黒御門前、松下、尾末町の各屋敷の日記（本書論文編第一部「彦根藩井伊家庶子の生活と教養形成」参照）。

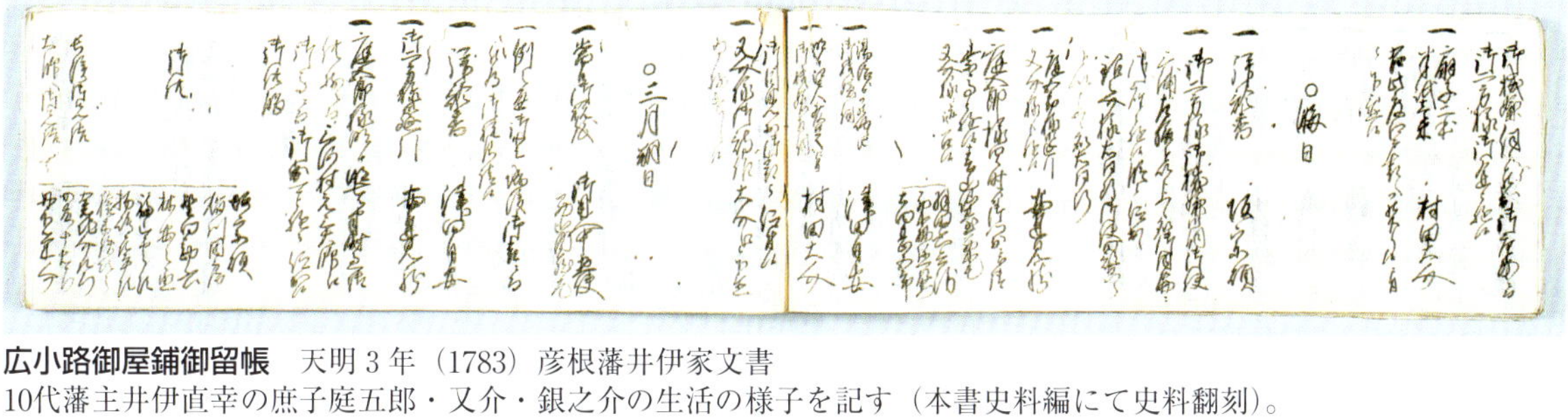

広小路御屋鋪御留帳　天明３年（1783）彦根藩井伊家文書
10代藩主井伊直幸の庶子庭五郎・又介・銀之介の生活の様子を記す（本書史料編にて史料翻刻）。

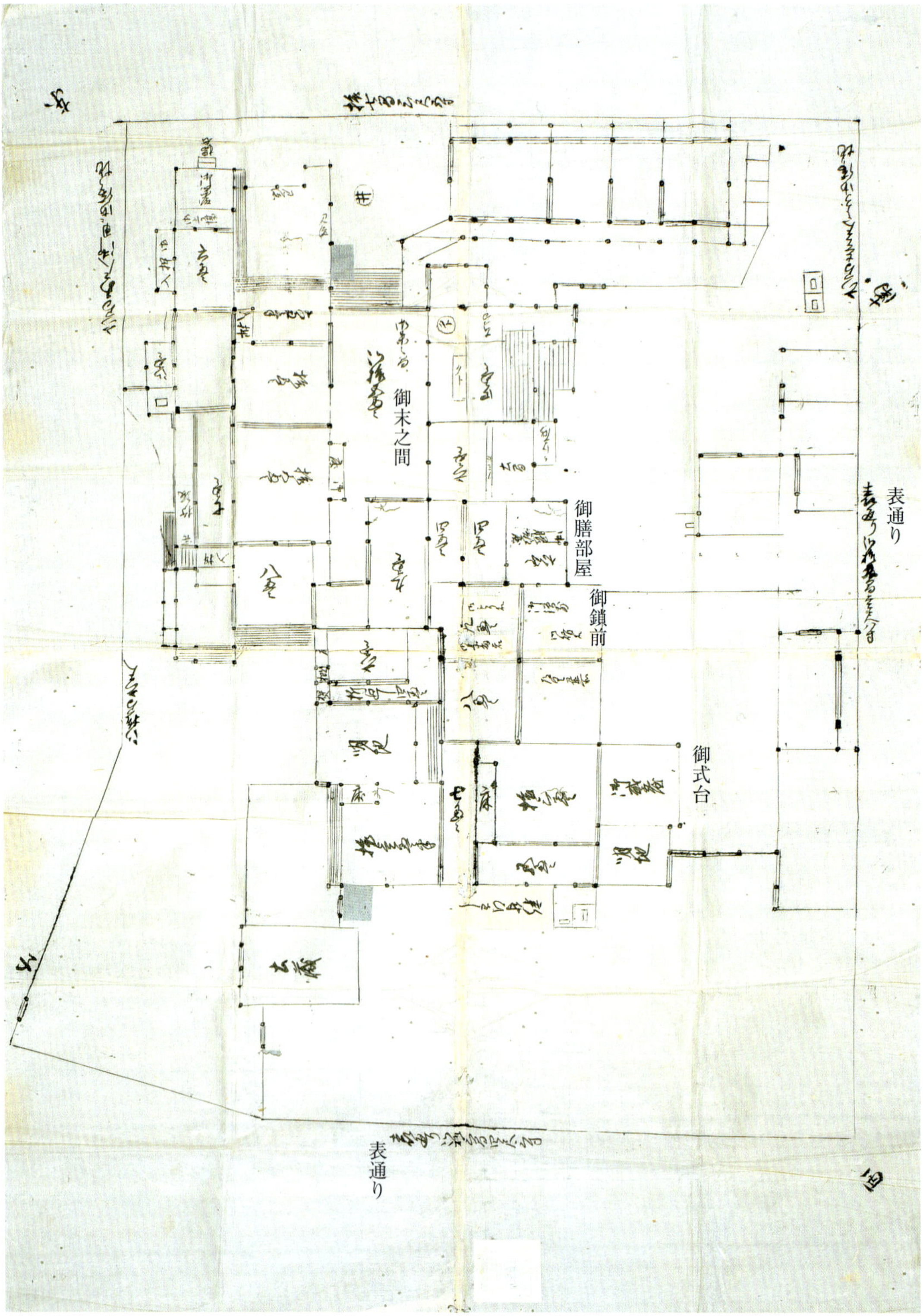

広小路御屋敷絵図　安永３年（1774）　彦根藩井伊家文書
彦根城第２郭内にあった井伊家庶子屋敷。「御鎖前」と記載された部屋が見え、屋敷が表と奥の空間に分かれていたことがわかる。また、「御鎖前」には、「御賄衆」と記した札が貼られ、またその付近には「御もり衆」、「御上番衆」の札が貼られ、屋敷付き役人の配置の様子がうかがえる（本書論文編第一部「彦根藩井伊家庶子の生活と教養形成」参照）。

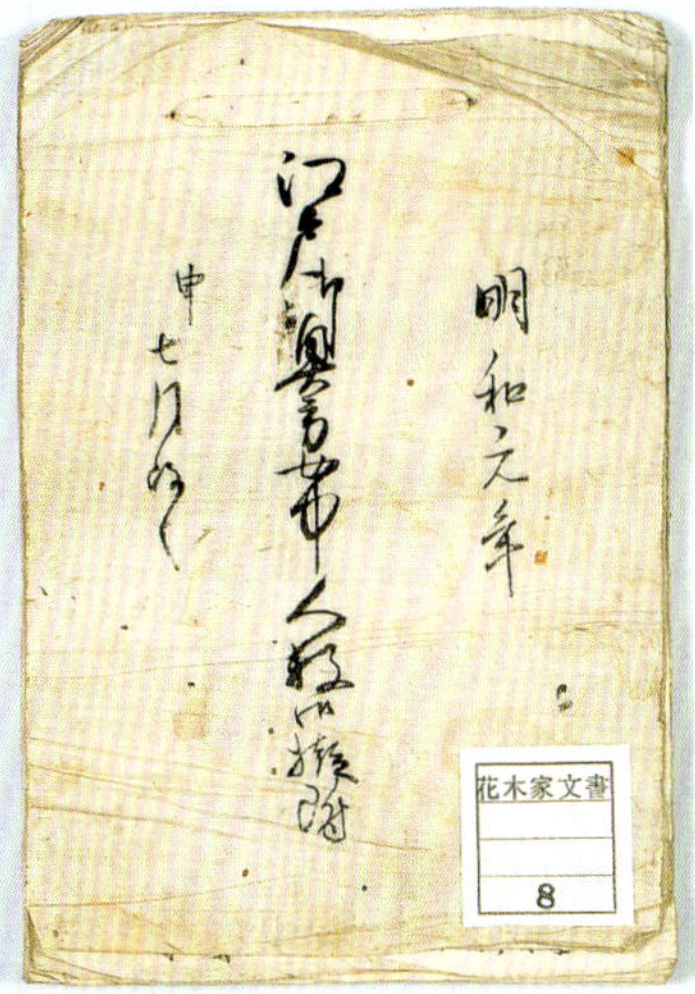

江戸御奥方女中人数御擬附（右：表紙、下：本文）
明和元年（1764）花木家文書
彦根藩江戸上屋敷奥向に勤めた老女・女中たちの給金と手当を記録した帳面（本書論文編第二部「近世中期における彦根井伊家の奥向」参照）。

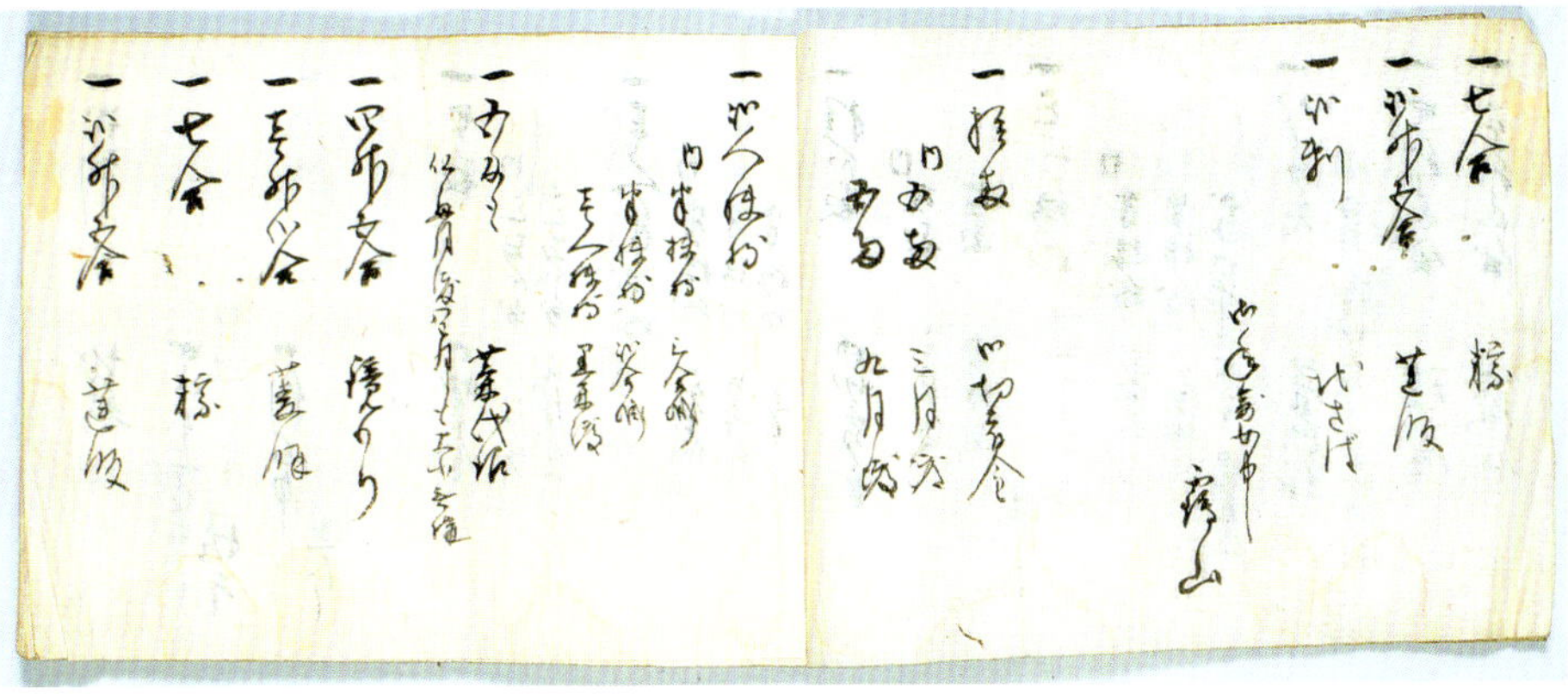

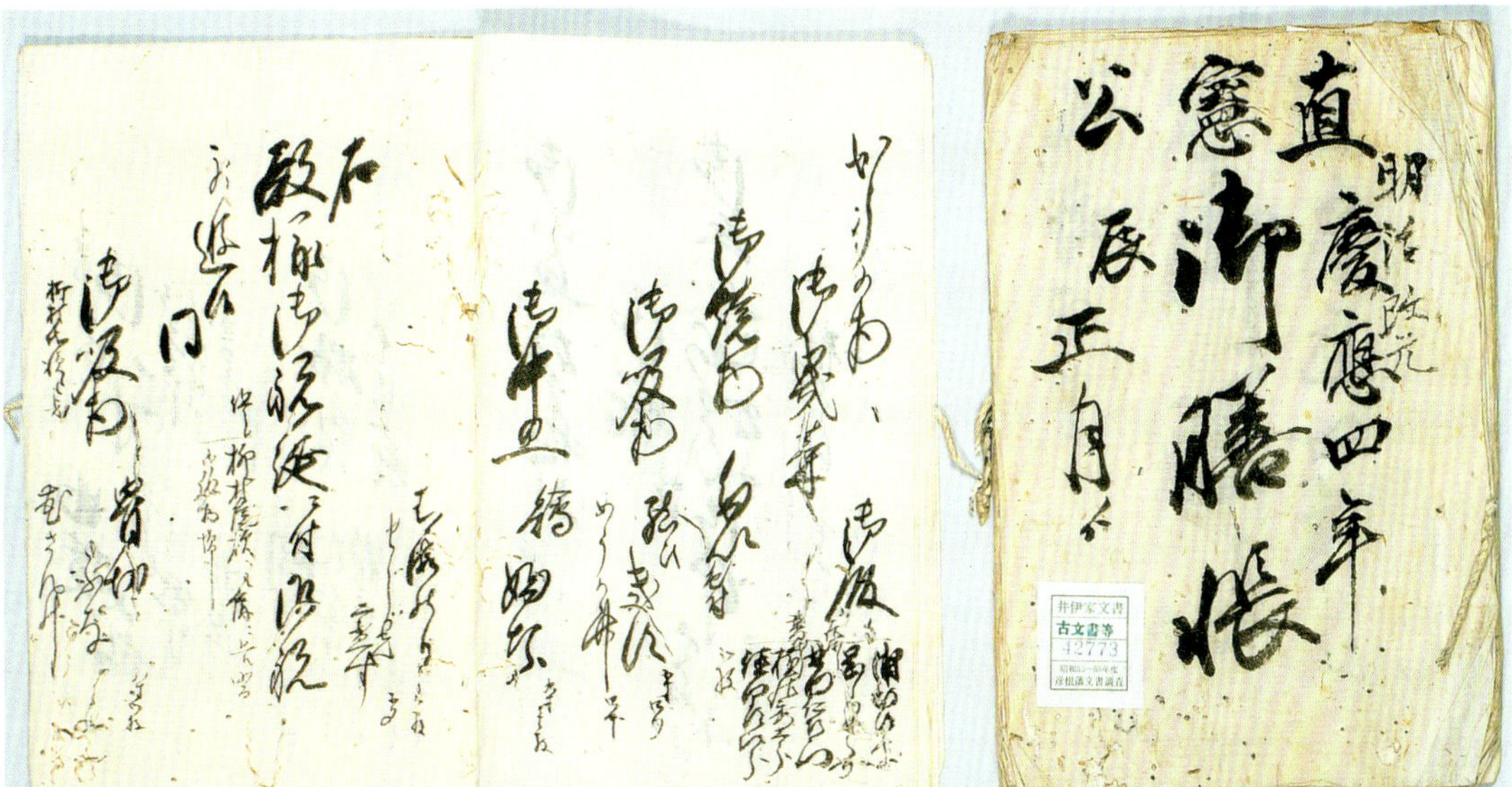

御膳帳　慶応 4 年（1868）　彦根藩井伊家文書
彦根藩の板頭が記した14代藩主井伊直憲の食事の献立記録（本書論文編第二部「井伊直憲の食事と板頭」参照）。

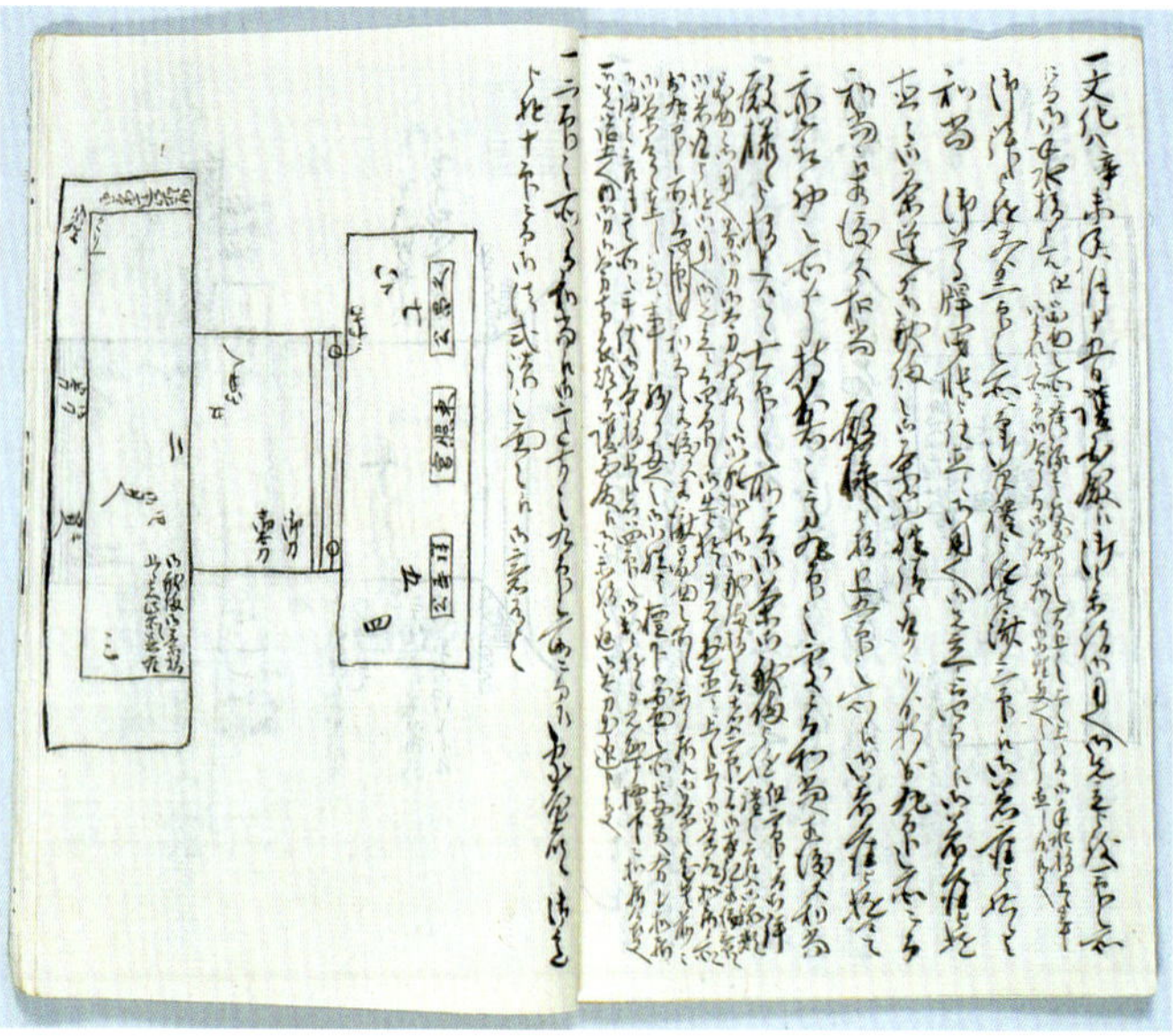

小姓役勤方留
天保２年（1831）頃
宇津木三右衛門家文書
藩主井伊直中による清凉寺護国殿参拝の先例を記した箇所（本書論文編第二部「彦根藩と寺社」参照）。

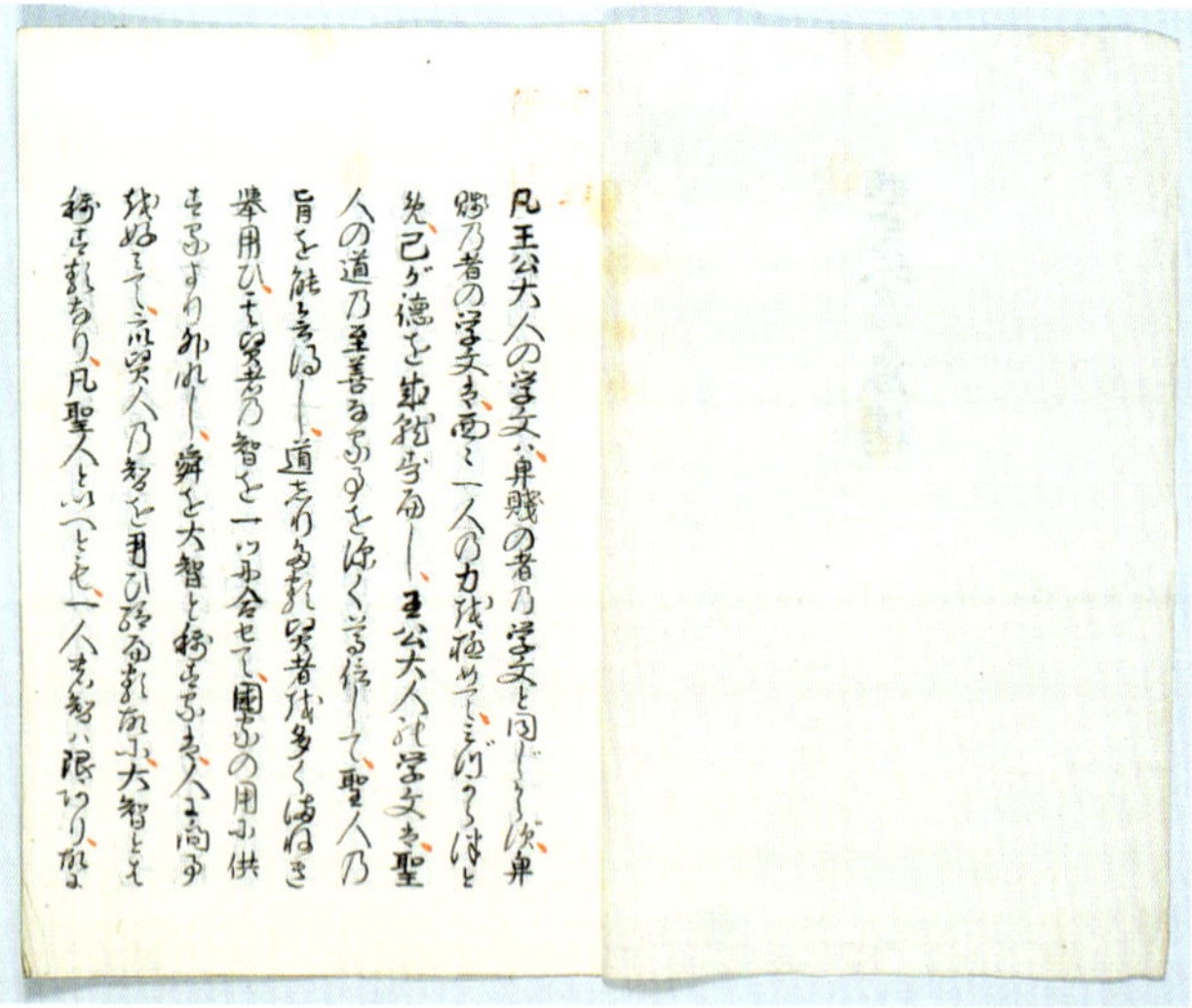

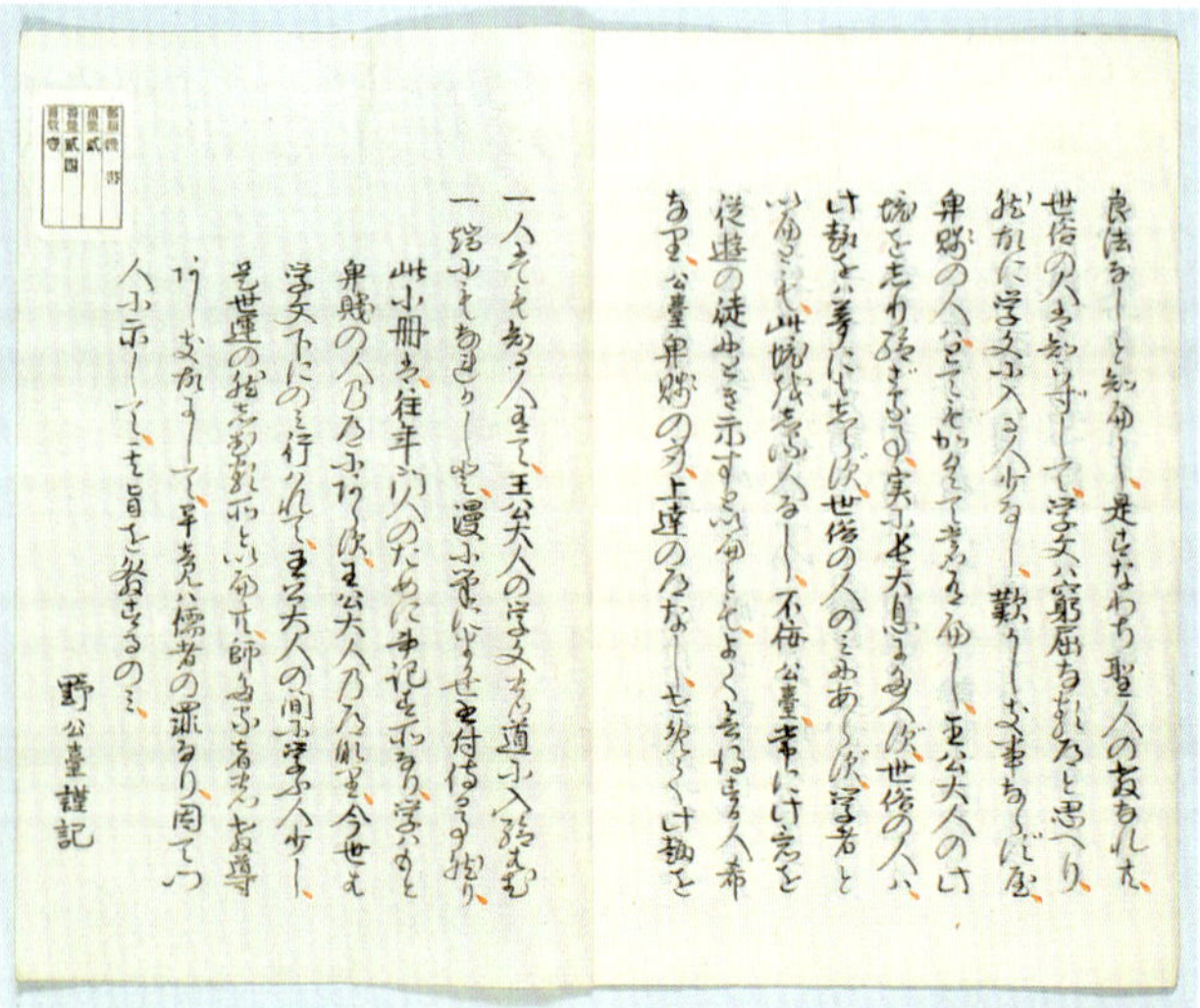

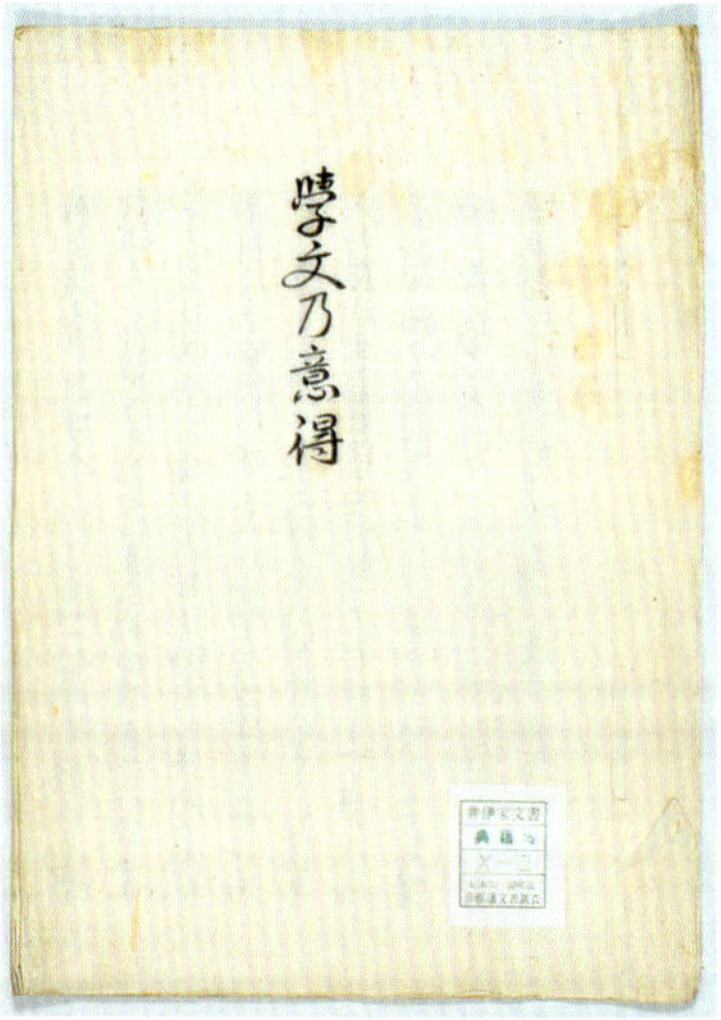

学文乃意得
天明元年（1781）頃　井伊家伝来典籍
井伊家庶子の教育にも従事した彦根藩儒学者野村東皐の著作（本書論文編第三部「彦根藩武家社会の思想文化」参照）。

叢書刊行にあたって

平成六年（一九九四）六月、貴重な歴史・文化遺産である井伊家伝来資料（「彦根藩資料」）が、彦根市に寄贈されました。これは、ひとり彦根市にかぎらず、広く日本の歴史研究を進めるうえで欠くことのできない資料であり、管理にあたる彦根城博物館に対しては、より一層の調査研究を進め、市民に研究成果の普及・公開をおこなうことが求められています。

そのため、当館では彦根藩資料の計画的かつ創造的な調査研究の推進のため、幅広い研究分野の専門研究者を組織し、研究方針・研究課題を検討し、それにもとづく、いくつかの分野別に編成された共同研究、普及活動を進め、市民の教育・文化の向上に資することを目的として、平成七年十月に「彦根藩資料調査研究委員会」を設置しました。

その後、彦根藩資料の内、安土桃山時代から廃藩置県に至る彦根藩政時代を中心とした古文書資料『彦根藩井伊家文書』（二七、八〇〇点）が、平成八年六月に国の重要文化財に指定され、ますますこの委員会の役割は大きくなり、その成果に対する期待も高まってきました。委員会の発足以来、十年余を経ましたが、これまで十二回の委員会による運営協議がおこなわれ、「幕末政治史研究班」「彦根藩の茶湯研究班」「彦根藩の藩政機構研究班」「武家の儀礼研究班」「武家の生活と教養研究班」の五つの研究班が研究活動を展開してまいりました。各研究班では、それぞれのテーマに沿った独自の方法論を検討し、「新しい彦根の歴史像」の構築を目指し精力的な研究を進めていただき、各研究班の活動成果である『彦根城博物館叢書』をこれまでに四冊公刊しました。彦根藩資料研究の基礎となる研究成果が着実に蓄積されてきています。

これらの研究活動の内容は、各研究班による公開研究会・講演会、毎年の活動を記録した『彦根藩資料調査研究委員会年次報告書』の刊行などによりその一部を公開してまいりましたが、このたび、五つの研究班の中で最後に発足し、平成十一年度から研究活動を開始した村井康彦を班長とする「武家の生活と教養研究班」の研究成果を、『彦根城博物館叢書6　武家の生活と教養』としてまとめ、広く世に問うこととしました。

是非ご一読賜り、各研究員が注いできた、新しい彦根の歴史像への思いを感じ取っていただければ幸いです。

平成十七年（二〇〇五）十二月

彦根藩資料調査研究委員会委員長

朝尾直弘

本書の構成について

本書は、彦根城博物館に設けられた「彦根藩資料調査研究委員会」の研究班の一つである「武家の生活と教養研究班」が進めて来た調査・研究の成果をまとめたもので、論文編と史料編から成る。この研究班は平成十一年度を準備期間とし、平成十二年度から平成十四年度の三年間で調査・研究を進め、平成十五・十六年度を成果をまとめる期間に当てた。研究班の活動の詳細については、年度ごとに行った講演会・公開シンポジウムをふくめて本書巻末に収める「武家の生活と教養研究班活動記録」を参照していただきたい。

近世の大名武家の生活や教養については、一部好事家による限られた事項に関する著述以外に、本格的な研究はこれまでほとんど行われて来なかったといってよい。政治史や社会経済史の分野での研究が主流を占めて来たことが主たる理由であるが、かりに関心を持ったとしても史料的な制約が大きかったことも無関係ではない。ハレの場面とちがい、ケの日常生活については書き留められることが少なかったからである。しかし近年になってこの方面に対する関心が高まり、関連する研究があらわれはじめている。生活史を重視する、いわゆるアナール学派の影響も無視できないであろう。そして関心が強まり、あらたな問題意識が持たれはじめると、史料の見直しが行われ、埋もれた史料の発掘が進められるようになった。その点、彦根城博物館が擁する膨大で多様な武家記録には関連する材料が豊富に存しているにちがいない。

じつは、大名武家の生活実態を明らかにすることについては、「彦根藩資料調査研究委員会」の発足以来、初代彦根城博物館館長故井伊正弘氏がその必要性を折あるごとに説かれるところであった。これは井伊家の子孫としての願望であったというだけでなく、博物館長として持たれた学問的な課題であり信念であった。そのことを私たちも十二分に認識していたがゆえに、これをテーマとする研究班が最後に立ち上げられたという経緯があった。こうして研究班は、先行研究班と同様、重要な役割を担って調査・研究に着手することになった。

大名武家の生活あるいは教養をめぐっては、考えられる課題、つまり調査事項は多岐にわたる。どこに、どういう屋敷に住み、どういう家族関係のなかでどういう人達との関わりを持ち、日々、月々そして年間どのような生活を送っていたか。またどういう武芸に励み、学問を行ったか、そうした稽古や修学が立場や年齢の変化のなかでどう変わったか。信仰や趣味といったことも知りたいところである。考えてみればそれらは衣食住をはじめ生活史を構成するもっとも基本的な事柄であるが、問題はそれに応えうる材料が存しているかである。幸い彦根藩には江戸中期頃からお付き役人の書き留めた藩主井伊家の庶子屋敷日記の類が数多く伝えられており、これを基本的な史料として読み込むことからスタートし関連諸記録へと調査対象を拡げた。そのなかで奥向きのこと、町人との交わりも知られだし、藩士たちの生活規範となった家風も明確となった。

本書の構成は、右の研究経過を反映したものとなっている。論文編第一部「共同研究　井伊家庶子屋敷日記の世界」の論文は、研究会で分析の核となる史料として位置付けた井伊家庶子屋敷日記を、研究員が共同して分析する基礎作業を行った成果である。史料編では、庶子屋敷日記の内、庶子の成長期に当たり学芸記事が豊富な天明三年（一七八三）の「広小路御屋鋪御留帳」を、武家の生活と教養の様相を示す重要史料として、分析の基礎史料を示す意味もこめ掲載した。一方、論文編第二部「武家の生活」・第三部「武家の教養と政治意識」の個別研究論文は、共同研究と並行し研究員が関連史料を分析するなかで、個々の関心に基づき、彦根藩の武家の生活と教養の諸領域について分析を加えたものである。以下、所収論文の内容を紹介しておきたい。

論文編第一部　共同研究　井伊家庶子屋敷日記の世界

母利美和「彦根藩井伊家庶子の生活と教養形成—近世中後期庶子養育制度の成立と展開をめぐって—」は、彦根藩における庶子養育制度が、近世中期における彦根藩井伊家の相続の問題、彦根藩の財政逼迫という状況のもとで成立する過程と展開、および生活の具体像を明らかにしている。庶子養育制度は、十代直幸が庶子として延享元年（一七四四）

から十一年間を過ごした尾末町屋敷時代の生活を模範として、直幸自身の庶子たちに対して安永三年（一七七四）から命じた御用屋敷での倹約を旨とした生活によりはじまる。その特徴は、二代井伊直孝以来の「諸事不自由」という厳格な生活規範を継承しているが、庶子養育は庶子の「好悪」を重視しながらおこなわれており、「諸事不自由」という厳格な生活規範がありながらも、庶子として不可欠な人格形成と教養をはぐくむ環境にあった。この制度は、譜代筆頭の大名として幕藩関係のなかで特異な関係を築いてきた井伊家という特殊事情のなかで、内発的な改革・改善意識により生み出されてきたものであり、譜代大名家存続のためにはかられた自助的解決策として位置づけることができる。

宇野田尚哉「彦根藩井伊家庶子の学問受容」は、天明期以降の庶子屋敷日記の学問関係記事に詳細な検討を加えることにより、庶子が手習・素読・講釈・会読を始める年齢と終える年齢を明らかにしたうえで、さらに次の三点を明らかにしている。第一点は、天明元年に原型が成立し寛政期に入って一般化した庶子教育システムのもとでは儒者衆や医者衆により相当手厚い庶子教育が行われていたということであり（第一章）、第二点は、藩主直幸の積極的な教学政策、そのもとでの儒者野村新左衛門（野村東皐）の活躍、世子直富と庶子庭五郎・又介の好学、といった諸要因が相俟った天明期は、庶子の学問受容がとくに盛んな、庶子教育の期を画する時期であったということである（第二章）。第三章ではさらに、書物の受容という観点から庶子の学問受容の具体的内容にまで立ち入って、それが徂徠学の強い影響下にあったという点を明らかにしている。

論文編第二部　武家の生活

福田千鶴「近世中期における彦根井伊家の奥向」は、近世中期における彦根井伊家の奥向について分析したものである。大名家の屋敷は、政治や儀礼を行う公的な空間である「表」と大名の妻や子が生活する私的な空間である「奥」に分けられており、「奥」の構成者の多くが女性であることから、「奥」は「表」から隔絶されて閉鎖的であったと一般には理解されている。したがって、大名家における女性の問題を取り上げるとき、この奥向の構造について検討することが不可欠となるが、その場合の第一の留意点として、奥は必ずしも女性のみによって構成されるのではなく、表と奥との有機的関係性のなかで奥の閉鎖性が維持されているということ、第二の留意点としては、大名家には複数の奥が存在するということがある。以上の視点のもとに、本論文では奥向儀礼における贈答関係や賄役の記録などを通じて、大名当主と正室の居所である江戸上屋敷の構造のみならず、彦根御殿における奥向や彦根城下に点在する庶子屋敷の奥向なども視野にいれて、大名家の奥向の人的配置や財政の構造についての全体像を提示する。

岡崎寛徳「井伊直憲の食事と板頭―明治元年を事例として―」は、武家研究において、日常生活においても、また社会生活においても重要であるにもかかわらず、これまではあまり取り上げられることがなかった食を解明するという問題意識から、最後の彦根藩主井伊直憲の食生活関係史料に着目し、明治元年（一八六八）における三点の史料から分析を進めたものである。同年前半、直憲は彦根に滞在しており、彦根「御膳帳」により、家族との共同飲食、養生食や好物が判明した。京都に滞在していた同年後半の「御在京中御膳帳」からは、参内・寺社参詣・屋敷往来など多様な行動と弁当持参や食事の振る舞いの関係、お八つ・夜食の状況を見ることができる。そして、「板頭日記」は、彦根藩の板頭や料理人の動向、直憲の献立準備に関する記述が特筆される。板頭らは彦根詰と江戸詰に分かれ、直憲に同行して京都に詰める者もいた。興味深いのは、飯役・魚焼役・板之間の存在で、彼らは藩領の村々から雇用されていたのである。また、試食や代用食、味付け・仕上げといった点も明らかにしている。

頼あき「彦根藩と寺社」は、これまでは幕藩制の政治権力による宗教権力の統制や支配利用といった政治的編成の面や儀礼の面が注目されてきた近世大名と寺社の関わりについて、大名の宗教意識や宗教面の生活実態に焦点をあて、これまでとは異なる新たな関係の析出を意図する。この問題意識に応じる基礎的研究として、彦根藩主をはじめとした一族の葬地を改めて整理し、主な菩提所である国許彦根の清凉寺への参詣を中心に藩主、世子、庶子の先祖供養の実態を明らかにしている。

横田冬彦「武家の生活・文化と町人」は、城下町彦根の豪商である中村家に残された文書を分析して、第一に、中村利兵衛家が彦根藩の家老脇五右衛門家の財政に深くかかわり、その家老としての職務や江戸勤務、あるいは家老家に相応わしい生活・文化水準を維持するための費用などを財政面から支えていた事実を明らかにしている。また、脇家の江戸出府の際、中村家が祝儀の宴を催し、杖と笠を献呈するという儀礼関係が近世を通じて維持され、近世後期に藩の倹約令が出された下でも省略されつつも継続されたこと、和歌の贈答をはじめさまざまな文化的交流がおこなわれたことを示す。両家はいずれも信長によって滅ぼされた戦国大名の家臣として出自しながらも、武士と町人という両極の身分として歩むことになったが、現実の生活や文化のありようをみれば、身分を越えた交流と依存関係があり、それが江戸時代の身分構造を実態として支えているということを指摘する。

論文編第三部　武家の教養と政治意識

柴田純「彦根藩『御家風』の形成」は、近世中期の彦根藩で藩主や家臣団の思想と行動を強く規制していた「御家風」の形成過程を解明する。その「御家風」の中核は、二代藩主直孝の意向であった。直孝は江戸に在府したため、藩政の細部にわたって直書の形でさまざまな指示を書き送った。そこには、直孝の考え方の根本にある人間観や道理・法度観、さらには役儀を主体的に担う家臣観などがうかがえ、近世の藩社会にふさわしい思想的内実がそなわっており、「御家風」になりうる下地があった。それゆえ直孝の意向は、歴代藩主の教諭や家老衆の諫言のなかで繰り返され、「御家風」として範例化していった。同時に、近世中期には、藩主が「生ながらの大名」となり、家老衆もまた生まれながらの家老となったため、直孝の意向が、藩政運営の拠り所として期待され、「御家風」として一層強調されることになった。かくして、直孝の意向は、彦根藩の「御家風」として確固たる位置を占め定着していったのである。

宇野田尚哉「彦根藩武家社会の思想文化」は、十八世紀彦根藩の中・下級武士層の場合に即して、儒学受容とそれにともなう政治意識形成の過程を明らかにした。具体的には、浅見絅斎・若林強斎系の闇斎学が強い影響力をもっていた時期（第一章）から、沢村琴所により徂徠学が導入された時期（第二章）、琴所門人野村東皐を中心として中・下級武士層を主な担い手とする彦根藩徂徠学派が発展していった時期（第三章）を、通時的に跡づけるとともに、そのなかでの政治意識形成の過程を明らかにした（付載史料　前嶋弥次右衛門「死諫ノ書」参照）。また、儒者龍草廬を登用するかたちで宝暦期に始められた藩の新たな教学政策に徂徠学派は関与していなかったが、のち天明期に藩の教学政策が新たな展開を見せると徂徠学派との関係が生じ（第四章）、その延長線上に寛政末年の藩校稽古館設立が実現したことを指摘し（第五章）、藩の教学政策と徂徠学派との関係を明らかにしている。

母利美和「幕末期彦根藩の政治意識—井伊直弼の政治意識形成過程を中心に—」は、対外的には相州警衛による経済的負担、内政的にはこれらの対応のための藩内政治体制の不調という政治課題を抱えていた幕末期の彦根藩において、井伊直亮の家督を嗣いだ井伊直弼および藩内有志たちが、どのような政治意識を持ちこれらの課題に対処しようとしたのかを明らかにする。

史料編　天明三年「広小路御屋鋪御留帳」

史料編では、井伊家庶子が居住した広小路御屋敷附人の勤務日記である「広小路御屋鋪御留帳」（彦根藩井伊家文書）の天明三年（一七八三）分を翻刻した。日記の史料的性格や記事内容の詳細については、共同研究論文および史料翻刻の解題をご参照いただきたい。

本書に収めた以上の諸論考と翻刻史料が、ささやかながらも、彦根藩はもとより、ひろく近世における大名武家の生活史研究に寄与することを願っている。私（村井）自身は研究会の進行役に終始したが、あらためて各研究員の熱心な研究活動に心から敬意を表したい。

最後に、研究班に研究員として参加いただいた宇野田尚哉・柴田純・下坂守・福田千鶴・母利美和・横田冬彦・頼あきの各氏・事務局の方々、および外部から研究会に参加し、調査・報告・論文執筆等にあたっていただいた岡崎寛徳・斉藤和江・藤實久美子の各氏、本書を成すにあたり大変御世話になった史料所蔵者・所蔵機関の方々、さらに共同研究データ作成、史料翻刻等に助力いただいた瀬島宏計氏・高井多佳子両氏に感謝申し上げる。

平成十七年（二〇〇五）十二月

彦根藩資料調査研究委員会
武家の生活と教養研究班班長
村井康彦

武家の生活と教養／目　次

論文編

第一部　共同研究　井伊家庶子屋敷日記の世界

彦根藩井伊家庶子の生活と教養形成

―近世中後期庶子養育制度の成立と展開―

母利美和

はじめに

江戸時代の武家社会は、旧来の流動性のない固定的な家格・身分のイメージが徐々に改められ、家臣団における家格上昇や下級家臣における農民・町人と武士身分との身分間の移動[1]、幕臣における家格上昇の事例[2]など、ある程度流動性をもった社会であることが明らかにされてきた。しかしながら、一方で彼らが属する武士身分の社会は、独自の規範のもとで社会的役割を果たすことが求められ、そのための日常の職務を遂行しながら日々の生活をおくり、それぞれに必要な文武にわたる教養を習得していたと考えられる。そのような社会において求められた江戸時代の武士像は、戦乱をくぐり抜けた時代とは大きく変化し、十七世紀中頃には「畳之上之奉公」という新たな政治意識が重視されるようになっていた。武士に新たな意識改革が要求されることにより、彼らの日常生活や教養形成のあり方は、どのように変化したのであろうか。

武士の日常生活や教養形成を対象とした研究は、武家風俗や年中行事などを対象とした武家社会像の概観的研究の段階から[3]、近年では江戸の生活を中心に、食生活、武家屋敷、交際関係、婚姻関係、信仰、教育・文化、下級武士の生活、武家奉公人等の実態分析など多様化を見せている[4]。これらの研究では、武士の日記などから武士の生活実態の多様な具体像が示されてきているが、ことに大名の生活に限ってみれば、特定の時期を対象とした静態的な分析にとどまる例や、生活実態の総合的把握や、武家社会の構造的変化の中での生活規範や教養形成の変化を捉える視点が見過ごされている。武家社会の構造的変化の要因は、一つは武家社会と農民・町人など外部から武士身分への移動による変化が考えられるが、もう一つの要因は、武家社会内部での政治意識や生活規範に対する意識の変化が考えられる。すなわち、武士自身が求める武士像そのものが内発的に変化してきたことも重要な視点となるであろう。

本稿の課題は、これら従来の研究動向を踏まえて、近世中後期の譜代大名井伊家の庶子を事例として、その日常生活と教養形成過程の具体像と、譜代大名家庶子に求められた武士像を明らかにすることにある。それにより、世嗣の第二・第三候補として彦根藩井伊家相続のため将来を期待された庶子に対して、いかなる生活規範や教養が求められたのか、彦根藩の藩政動向や、幕府との関係の中での歴史的意義を検討していきたい。その際、庶子養育の制度的変化や、それにともなう日常生活の変化に目を向けることで、武家社会の構造変化や、そこで求められる武士の生活規範や教養形成の変化の実態が明らかになると考えられる。

ところで、幕末期の井伊家の庶子がどのような立場におかれていたかを印象深く叙述したのは、吉田常吉氏である。吉田氏は著書『井伊直弼』(5)の中で、幕末期の天保二年（一八三一）から弘化二年（一八四五）までの約十五年間、城下尾末町の御用屋敷で庶子としての生活を送った井伊直弼の境遇を、次のように述べている。

井伊家の家風では、嫡子以外の部屋住の子は、他家を継ぐか、家臣に養われるかするのが例であった。他家にも行かず、家臣にも列せぬ者は、わずかな宛行扶持を給されて、生活しなければならぬ慣わしであった。これは二代直孝の遺制であった。直孝は自身が庶子であったにもかかわらず、嫡出の兄直勝が病弱のために分家したので、その後を受けて初代直政の遺領を継ぎ、井伊家の基礎を確立した名君であった。直孝がこのような制度を定めたのも、己の閲歴から考えて、藩侯の継嗣に万一のことがあった場合、困窮に耐え得る部屋住の公子の中から、将来の彦根藩を背負って立つ人物が出ることを期待したからであろう。この家風に従って、直弼の兄たちはいずれも他家を継いでいる。（中略）

天保二年（一八三一）十七歳の直弼は、井伊家の家風に従って、藩から三百俵の宛行扶持を支給されることになり、槻御殿を出て、第三郭の尾末町松の下なる北の御屋敷に移った。腹違いの弟で十二になる直恭も、直弼と同じ境遇に置かれて、北の御屋敷に移った。北の御屋敷といっても、中流以下の藩士の住宅にも等しいささやかな建物で、部屋数も数間しかなく、それに別棟として中間部屋が付属する藩の屋敷にすぎなかった。庭は雑然と木を植えたばかりで何の風情もなく、もとより茶室などのしつらえは思いもよらなかった。それに三百俵の捨扶持も、公子の身であるから、騎士から選抜してつけられた付役や、徒士から選抜してつけられた伽役などを数人、さらに何人かの下男・下女をそれでまかない、そのうえ身分相応の交際をしなければならなかったので、直弼の生活はかなり苦しいものとなった。槻御殿から一朝にして北の御屋敷へ移った境遇の変化は、まさに昨日に変わる今日の身の上というべきものであった。

この吉田氏の叙述を整理すると、以下の四点にまとめられる。

①【遺　制】井伊家の家風では、嫡子以外の部屋住の庶子は他家を継

ぐか家臣に養われるのが例である。他家にも行かず、家臣にも列しない庶子は、わずかな宛行扶持を給され生活する慣わしであり、二代直孝以来の遺制である。

②【扶持・屋敷】宛行扶持は三〇〇俵であり、その屋敷は中流藩士以下の住宅に等しいささやかな建物、部屋数は数間で、別棟として中間部屋が付属する。庭も雑木ばかりで茶室のしつらえもない。

③【附役人】騎士から選抜された附役（附人）、徒士から選抜された伽役数人、何人かの下男・下女が付属され、これらは三〇〇俵の捨扶持で賄われる。

④【交　際】公子として身分相応の交際が求められ、生活は苦しいものであった。

①は庶子養育の制度、②は物的環境、③・④は人的環境の問題である。これらのイメージを吉田氏が何に基づいて著したのか確認することはできないが、これらは、近世後期における井伊家庶子の一面を示しているかもしれないが、果たして直弼がそのような境遇に置かれていたのか、庶子生活の実態を史料に基づき検討する余地が認められる。それにより、直弼のみならず彦根藩の庶子養育が、何故このような厳しい環境の中でおこなわれねばならなかったのか、その歴史的意義を考えてみる必要があるだろう。

また、彦根藩における庶子（舎弟も含む）養育制度の成立経緯や、庶子の世話役としての附人制度の成立過程も明らかではない。元禄四年（一六九一）から編纂が開始された彦根藩家中の履歴史料『侍中由緒帳』の記事では、天和三年（一六八三）十一月、藩主井伊直興の子岩丸（井伊直延）養育のため、家臣大鳥居氏俊が附人として任命された事例が早いものである。[6]しかしながら、近世中期以前の附人の実務に関する史料は確認されておらず、その職務の実態は未だ明確ではない。

現存する史料では、彦根藩井伊家文書の中に「諸附役・賄役」関係の史料群があり、[7]近世中後期の実務役人の記録である。その内、庶子屋敷附役人が記録した「尾末町御屋鋪御附方日記」「黒御門前御屋敷日記」「広小路御屋敷御子様方御用日記留帳」「松下御屋敷御附日記」「山崎御屋鋪万日記」などと表題された、延享元年（一七四四）から文政九年（一八二六）まで、一部は散逸するが約八十二年間にわたる日記形式の簿冊と、各屋敷附役人関係史料が多数見られる。本稿では、これらの史料分析を中心として、以下の課題を検討していきたい。

第一に、近世中後期の彦根藩庶子屋敷の存在形態である。彦根城下における庶子屋敷は、庶子屋敷附人の記録した簿冊の表題でも明らかなように必ずしも一定ではなく、時代により利用された屋敷が異なっており、また庶子屋敷以外にも藩主の家族が居住する屋敷が城下内に点在していた。その屋敷変遷の歴史的要因をまず明らかにする。そして、庶子屋敷関係役人が記録した日記類の書式、記述内容の分析から、附役人による日記が記録された歴史的意義を検討する。

第二に、庶子養育を職務として支えた附役人の構成と勤務内容について検討し、庶子養育制度の実態把握をおこなう。

第三に、日記類の記述分析により、庶子の日常生活のサイクルや庶子の成長からみた教養形成過程を明らかにし、かつその歴史的意義を考察する。

以下、論述の便宜上、これら庶子に関する日記類を総称する場合は「庶子屋敷日記」と略称し、個々の日記を指す場合は個別名称を用いることとする。

1　井伊家庶子と「庶子屋敷日記」

⑴彦根藩の庶子と庶子屋敷

本章では彦根藩における庶子屋敷の変遷を検討することにより、その実態を確認していきたい。表1は、現存する庶子屋敷附人らの「庶子屋敷日記」などから庶子の居住屋敷の変遷を示したものである。以下、この表を参照しながら述べていく。

庶子時代の井伊直幸　彦根藩の庶子が藩主の邸宅と異なる屋敷で生活したことを文献上確認できるのは、延享元年（一七四四）五月十九日に、僧籍の境遇から還俗束髪し、尾末町屋敷へ入り生活した井伊直幸（民部様、実名は、はじめ直章、後に直英、また直幸と改名。以下、論述の対象時期を問わず「直幸」と統一して用いる。）が早い事例である。直幸は、宝暦四年（一七五四）十月二十六日に世嗣候補として江戸へ発足するまで、この屋敷で生活した。

井伊直幸は、享保十四年（一七二九）七月二十一日、父は井伊直惟、実母家女堀部氏女の間に彦根で誕生した(8)（本書巻末の「彦根藩井伊家略系図」参照）。井伊直惟の三男にあたる。同十八年（一七三三）七月十八日、近江国下司惣持寺の弟子となり真全と改め、のち多賀不動院白川尊勝院弟子となる。寛保三年（一七四三）一月二十一日、還俗束髪し民部直章と改め(9)、延享元年（一七四四）五月十九日、庶子として城下第三郭の武家屋敷地である尾末町の一角に設けられた藩の御用屋敷（図1御用屋敷配置図を参照）に入っている(10)。

彼が還俗した背景には、享保二十年（一七三五）五月九日、井伊直惟の隠居により、直惟の弟直定が藩主となってからの井伊家相続の問題が関係する。元文二年（一七三七）八月二日、直定は世子を直惟の二男直禔に定める。八月十五日には、世子直禔と直定の実子直賢が将軍吉宗に御目見した。この時期、井伊家の男子は、このほかに直惟の三男直幸と、直定の四男卯之次郎（直峰、享保十八年十一月六日生まれ）がいた。ところが、寛保二年（一七四二）十月二十五日、直賢がまず病死。二十歳の早逝であった。直幸の還俗はこの直後であるため、将来的な相続の危機を回避するためと考えられる。

彦根藩の予測した危機はすぐに訪れ、延享三年（一七四六）四月二十二日には直峰が十四歳で病死した。この時点で、藩主直定の実子男子はすでになく、世嗣直禔以外の庶子は直幸のみとなった。直定は、宝暦四年（一七五四）六月十九日、隠居が認められ、二十八歳の直禔に家督を譲ったが、直禔は八月から病気となり、同二十七日には大事に備え他家からの急養子願書を幕府に提出する事態となった。しかし、幕府は隠居直定の再勤を命じた。二日後の八月二十九日に、直禔は藩主在任わずか二ヶ月余りで病死した。そのため、直定は九月四日に再び藩主に就任した。直定はすぐさま直幸を養子として世嗣とするよう命じ(11)、同年十月二

表1　井伊家庶子の居住屋敷変遷（近世後期）

年代 / 屋敷名・人名	安永 1 2 3 4 5 6 7 8 9 天明 1 2 3 4 5 6 7 8 寛政 1 2 3 4 5 6 7 8 9 10 11 12 享和 1 2 3 文化 1 2 3 4 5 6 7 8 9 10 11 12 13 14 文政 1 2 3 4 5 6 7 8 9 10 11 12 天保 1 2 3 4 5 6 7 8 9 10 11 12 13
藩主	直幸　寛政1.2.晦,死去　文化9.2.5家督　直亮
	寛政1.4.16家督　直中　文化9.2.5隠居
世子	直富　天明7.7.12死去
	天明7.9.25世子　直中　文化2.12.25世子　直亮　藩主就任
	寛政5.（3.7）世子　直清　文化2.12.20,致仕　文政8.4.4世子　直元
【御本奥】	
仙之丞（直幸５男）	安永3.10.5.広小路屋敷へ移る（10歳）
外也（直幸11男）	安永8.4.7.与板藩主井伊直朗の養子となる（11歳）
銀之介（直幸16男）	安永6.6.27生　天明2.　天明3.1,広小路屋敷へ移る（７歳）
勇吉（直幸21男）	天明3.7.5生　寛政1.5.24江戸→本奥へ　寛政1.11.22,山崎屋敷へ移る（７歳）
東之介（直幸25男）	寛政1.11.22,山崎屋敷へ移る（２歳）
重吉（直幸26男）	寛政1.11.22,山崎屋敷へ移る（１歳）
【江戸屋敷】	
庭五郎（直幸７男）	安永3.10.7.広小路屋敷へ移る（９歳）
又介（直幸９男）	安永3.10.7.広小路屋敷へ移る（７歳）
【広小路屋敷】	安永3.10.5.
仙之丞（直幸５男）	仙之丞　天明1.11.29死去（17歳）
庭五郎（直幸７男）	10.7.　庭五郎（直中）　天明7.8.15,世子となり江戸へ発駕（22歳）
又介（直幸９男）	10.7.　又介（直在）　天明7.4.5大通寺へ入寺（19歳,遍勝,慈聲閣,明達院）
銀之介（直幸16男）	安永6.6.27生　天明3.1　銀之介　天明8.6.26,山崎屋敷へ移る（12歳,直軌）
鉀之介（直幸23男）	天明4.9.15生　天明7.10.4彦根着　天明8.6.26,山崎屋敷へ移る（５歳）
恵之介（直幸24男）	天明5.9.3生　天明7.10.4彦根着　天明8.6.26,山崎屋敷へ移る（４歳）
【山崎屋敷】	
銀之介（直幸16男）	天明8.6.26,（12歳）　銀之介　寛政3.4.21,土井利貞の養子となるため彦根発駕（15歳）　＊寛政3.1.19,土井家養子御請,同年2.13〜表住居
武之介（直幸18男）	安永7.3.29生,寛政1.5.24,彦根着（12歳）　武之介（綏之介）　寛政9.4.29,黒門前屋敷へ移る（20歳）
鉀之介（直幸23男）	天明8.6.26,（５歳）　寛政1.9.21,福田寺へ養子引越（６歳,暉玄,直心院文観）
恵之介（直幸24男）	天明8.6.26,（４歳）　恵之介　寛政5.12.11,奥山家へ養子引越（９歳）
勇吉（直幸21男）	寛政1.11.22,（７歳）　勇吉　寛政9.4.29,黒門前屋敷へ移る（15歳）
東之介（直幸25男）	寛政1.11.22,（２歳）　東之介　寛政9.4.29,黒門前屋敷へ移る（10歳）　＊寛政6.8.16,殿様より実名直致を頂戴（７歳）
重吉（直幸26男）	寛政1.11.22,（１歳）　寛政2.6.16,死去
欽次郎（直中１男）	寛政3.4.10,出生　世嗣となり江戸へ？
	＊寛政1.11.22、銀之介・武之介、山崎屋敷新建前へ引き移る。また勇吉・東之介・重吉も本奥より引移る。

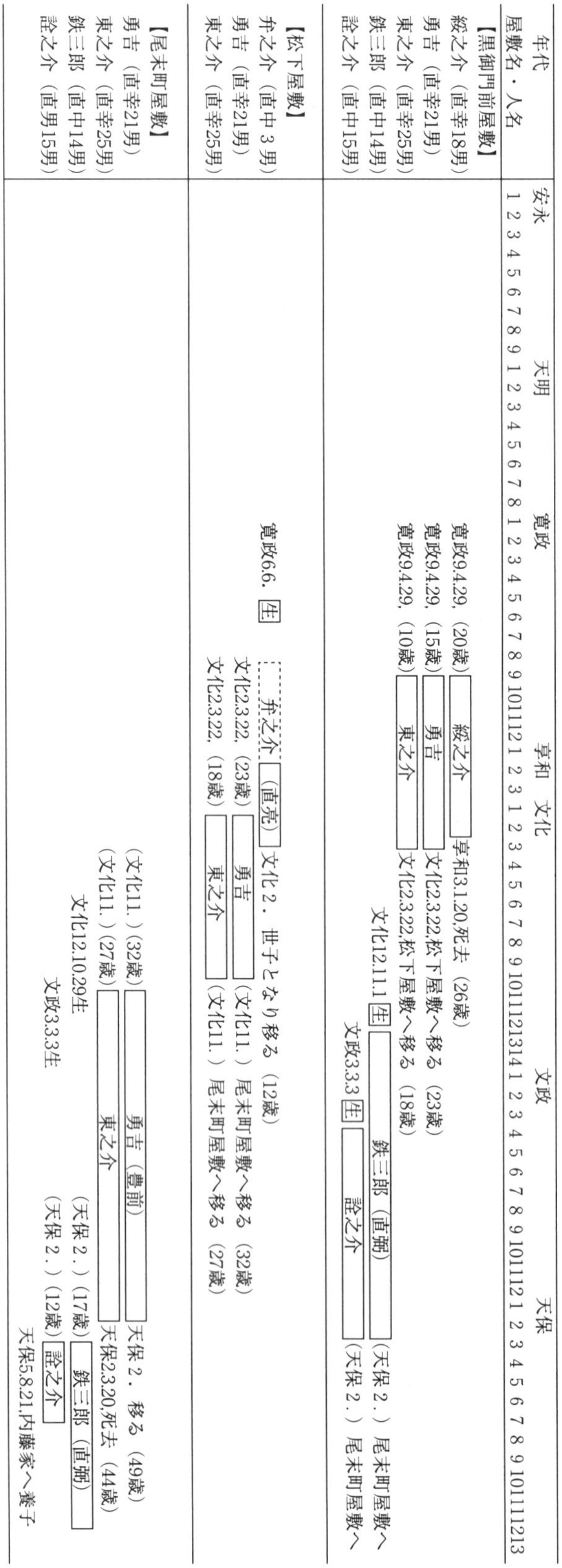

十六日、直幸は彦根を発駕、江戸へ出府し、同年十一月六日、江戸着、同月十三日、養子が許可され、同月二十五日には将軍家重との御目見をすました。直幸はこのとき二十六歳であった。

このように、直幸は度重なる若い従兄弟たちの不幸の末に世嗣となり、翌宝暦五年七月二十五日、養父直定の再隠居が許され、家督を相続した。この家督相続をめぐる経験は、彼の藩主就任後の行動にも影響を与えていると考えられ、相続者を確保するためか、公式に幕府へ提出された「井伊家系譜」に記された実子は男子一六人、女子一二人を数え、[12] その他早世等で系譜に記されていない子女を含めると、合計四六人にのぼる（本書論文編第二部の福田論文の表１［九四頁］を参照）。

広小路屋敷と倹約令　その後、暫くは井伊家において藩主の庶子が屋敷を別に与えられて生活した形跡はないが、安永三年（一七七四）になると藩主直幸は、庶子養育に関して一つの方針を命じた。安永三年九月二十一日、八代井伊直惟の側室緑樹院が明和八年（一七七一）九月二十一日に死去[13]したことにより空き家になっていた、城下第二郭の広小路屋敷で、直幸の庶子三人を一緒に生活させることとした。同日、家臣細居九助が「広小路御屋敷御子様方御附」を命じられ、[14] 直幸の息男仙之丞（明和二年三月十八日生）、庭五郎（明和三年六月十一日生）、又介（明

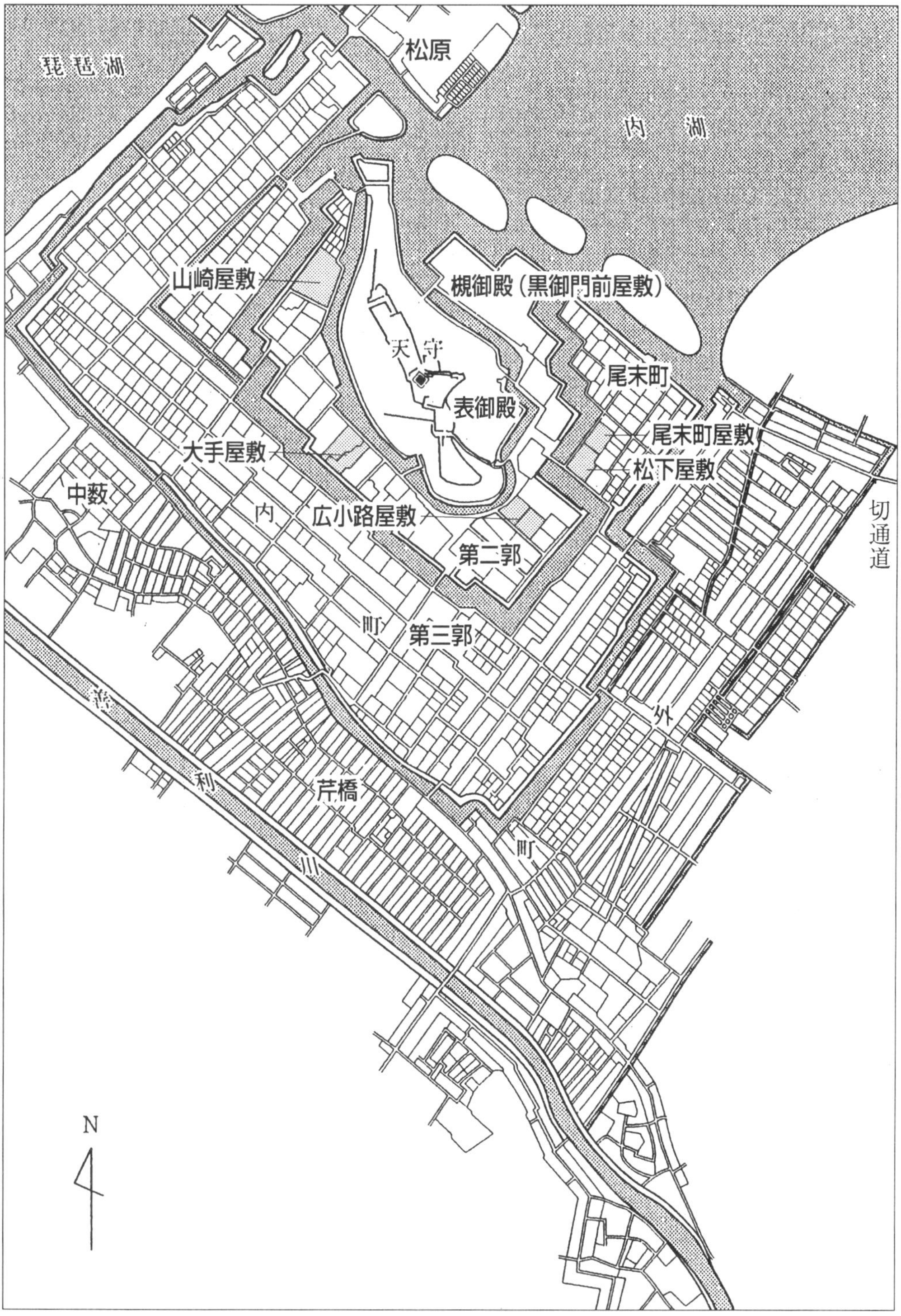

図１　御用屋敷配置図
本図は、『新修彦根市史』第６巻　史料編近世一（彦根市、2002年）
所収の図をもとに作成した。

和五年一月六日生）の附人となった際、表御殿（彦根藩の藩庁）内の御用部屋において御用番家老木俣土佐から藩主直幸の「御意」を申し渡された。細居は、この日からの公務に関して日記を作成し、次のように記している。[15]

殿様尾末町ニ被為　入候通、万事御不自由被為遊候、右之通広小路御屋敷ニ而茂万端御物入少ク候様ニ相考、御賄方へも得と心を附候様ニと被　仰出候、尤、成瀬孫太夫・松宮伝八郎へも得と御様子承合せ相勤候様被　仰付候、

直幸の意向は、自身が尾末町屋敷で経験した「万事御不自由」に倣い、「万端御物入少ク」と倹約を第一にするものであった。この意向は、同年十月三日、表御殿へ出頭した細居が、御殿本奥の入口にあたる「鎖前」で仙之丞と初御目見した際、奥老女の「お文殿」から伝達された直幸の「御意」にも表れている。[16]

お文殿万端宜敷相勤申候様御申被成、　御意之趣御申被成候、此度御三方様御一緒ニ被為入候間、万事御倹約第一ニ仕、御家中之通ニ仕候様、御膳等も御一緒ニ被　召上、御入湯抔も御めい〳〵様ニ不被遊　御入、御一緒ニ被為入候様、御火燵も御一緒ニて万事相済申候様被　仰出候、殊ニ御女中ハ和らか成ル様子ニ有之候間、厳敷何角茂申上、御奥向も厳敷申候様ニ被　仰付候段御申被成候ニ付、奉畏候段御請申上ル、

傍線部にあるように、「万事御倹約第一」とし、「御家中」と同様に倹約に努めた暮らし向きを求め、屋敷内の女中たちへも、屋敷内の奥向きでの倹約第一の養育を求めた。またこの日、賄役の田部与八郎と平居五郎兵衛へも「御倹約之儀」が仰せ出され、「御料理も御一汁御一菜」[17]との仰せであったと、細居は両人から伝えられた。

以上のように、藩主直幸は庶子養育について、自らが体験した尾末町屋敷での生活ぶりに倣い、倹約を旨とした家臣同様の生活を命じたのである。この意向が示された直接の契機は確認できないが、当時の彦根藩の逼迫した財政状況が影響していたと考えられる。

彦根藩では、直幸が代替わりした宝暦四年（一七五四）頃から始まった「御勝手向倹約」にかかる財政改革以降、同五年には家老役木俣守将を勝手方倹約取締頭取として、筋奉行加役や財政関係役職経験者を配置し、藩および藩領全体の財政再建を実施した。その結果、一部実効を上げてはいたが根本的改善にはいたらず、同十一年（一七六一）には家中の困窮対策として積銀政策を実施し、百姓の反対一揆を引き起こし失敗に終わる。これにより、同年十一月には、木俣を含む家老役全体による「御家老中一統惣懸り」での財政改革に取り組む体制がつくられた。[18]

しかし、六年後の明和四年（一七六七）六月十日、城下第二郭の佐和口を固めていた門櫓・多聞櫓・角二重櫓・厩などが火災により焼失し、常備の武器も灰燼に帰した。藩では櫓等の再建と武器類の再興の費用を四万両と見積もっており、その損失は当時の藩財政には過大であったため、同年閏九月十八日には、幕府へ二万五千両の拝借を願い出た。十月二十四日、この内五千両を五ケ年賦で拝借を許され、安永元年（一七七二）十二月、ようやく拝借金を完済した。[19]

このような財政状況の中、藩主直幸は、家中への倹約令を宝暦十一年（一七六一）六月と明和八年二月に発令するが、一方では前述したよう

に、井伊家相続のためか、側室を増やし多くの子女をもうけていたのである。庶子三人の屋敷移転は、家族の増加による支出増大を抑制する意味もあったと考えられる。「広小路御屋敷御子様方御用日記留帳」によれば、庶子三人の賄料としての「被進米」は、一年間に都合六〇〇俵、一人当たり二〇〇俵が支給されたとみられる[20]。この賄料は、先述した藩主井伊直幸が庶子として尾末屋敷で生活した当時は一人四〇〇俵であるから、庶子の年齢構成を考慮しても半減という厳しいものであった[21]。のちに三〇〇俵に改められたが、賄方により作成されたと考えられる「御入用積り」では、屋敷における支出内訳は、庶子一人宛に見積もられ、庭五郎では、「御膳米・御餅米・御膳味噌大豆」二〇俵、「御呉服物代」五〇俵、「神社御奉納并被進物・被下物代」一五俵、「御武芸御入用」一〇俵、「御油御元結御入用」三俵、「諸御紙筆墨代」七俵、「御台所御入用其他諸入用」六〇俵、「御馬御入用男女御切符御扶持方」一一四俵二斗三升余、都合二七九俵二斗三升余となっており、これらが三〇〇俵の「被進米」から支出されることが確認できる[22]。しかし、ここには炭などの燃料費や、屋敷の修繕、庭木の維持などにかかる維持管理費は計上されておらず、庶子養育上必要不可欠な経費は藩の支出で賄われた。

これ以前、仙之丞は彦根表御殿の本奥、庭五郎・又介は江戸屋敷で生活しており、仙之丞は十月五日に屋敷入り、庭五郎・又介は十月七日に彦根に到着し屋敷入りした。明和六年六月生まれの直幸の十一男外也は、家臣中野家に養子として入っていた。当時の彦根城下には、藩主の邸宅以外に少なくともこのような屋敷が黒御門前屋敷（槻御殿）・大手屋敷・山崎屋敷などの三カ所あり、それぞれ前藩主の側室などの「御部屋様」の住居となっていた[23]。

広小路屋敷も明和八年まで直惟の側室緑樹院の屋敷として使用され、安永三年十月の庶子屋敷への転用に際して「緑樹院様御上り屋敷目録[24]」が作成された。これによれば、明和八年十一月十八日付で「緑樹院様御附人」の細居九助・竹内十太夫から普請奉行浅居庄太夫・作事奉行宮崎惣右衛門・目付岡見半太夫宛に立会の上、引き渡しが行われ、さらに安永三年十月に普請奉行浅居・作事奉行向坂市右衛門・目付喜多山十蔵から「広小路御屋敷御子様方御附人」に命じられた細居九介・平居五郎兵衛宛で引き渡しの署名がおこなわれており、屋敷の引継経緯が確認できる。安永三年九月付には、諸道具の受取を確認した「広小路屋敷新出来御道具帳[25]」が、細居九介・平居五郎兵衛から賄衆宛に作成されている。屋敷引継の際の「広小路御屋敷絵図」（巻頭口絵写真[26]）によれば、広小路屋敷は、表通りを南西側と北西側に面し、間口二九間一尺八寸、奥行十七間三尺五寸、北側に一部張り出しのある敷地に、いろは順に「い之間」から「つ之間」迄、一九の居室を備えた邸宅である。広小路の空間は城下第二郭に位置し、上級藩士の居住地である。

この屋敷は天明八年（一七八八）六月二十六日、山崎屋敷に移転するまで庶子屋敷として利用される。その間、表1に見るように庶子の出入りはあるが、ほぼ三人の庶子が常時居住した。

山崎屋敷への移転　天明八年六月二十六日、広小路屋敷に居住していた銀之介・鉀之介・恵之介が山崎屋敷に移り、寛政元年（一七八九）五月二十四日には武之介が江戸から移ってきた。同年九月二十一日には、鉀之介が福田寺（現滋賀県米原市）へ養子として入寺し屋敷を離れるが、さらに寛政元年十一月二十二日には、山崎屋敷は「新建前」が完成して拡張されたと見え、(27)銀之介・武之介が引き移り、また幼年の勇吉・東之介・重吉が江戸から移り、(28)一時期、山崎屋敷には最大六人が居住していた。ただし、銀之介・武之介以外は、屋敷へ移った段階の年齢は七歳以下と幼年であった。しかも、重吉はいまだ乳幼児であったことが確認される。寛政元年と推定される酉十一月二十八日付の、元方勘定奉行衆以下の山崎屋敷関係諸役人に宛てた家老達書(29)によれば、銀之介・武之介・勇吉・恵之介・東之介ら五人の戌年正月から一年分の「被進米」が一五〇〇俵と規定され、一人当たり三〇〇俵が計上されていた。また、重吉分については「未御幼年之義ニ有之間、右五方様江被進之内ニ而如何様とも御用相弁候様可被致候」と五人分の「被進米」の内で賄うよう通達された。

表2　庶子屋敷入用費目一覧

入用費目	広小路屋敷	山崎屋敷
主食費	「御膳米・御餅米・御膳味噌大豆」	記載なし
副菜費	「御台所御入用」	「御肴物」「御漬物」「青物」「醤油」
		「御次茶」「粉糠」
元結費	「御元結御入用」	「御元結油」
儀礼・交際費	「神社御奉納并被進物・被下物代」	「御奉納被進并被下共」
光熱費	「御油」	「灯油」
武芸費	「御武芸御入用」	「御武芸」
学文費	「諸御紙筆墨代」	「御学文御手習」
道具等費	「其他諸入用」	「諸事御道具、御買上御修復共」
馬飼育費	「御馬御入用」	記載なし
奉公人扶持費	「男女御切符御扶持方」	「御女中御切符、小渡り方共」
不明	記載なし	「諸事上り物」＊

＊「上り物」は、神仏への供物、また召し上がり物とも理解されるが、いずれも他に費目として計上されているので、入用費目は「不明」欄に分類した。

屋敷内での賄料は、寛政八年（一七八八）の山崎御屋敷の「辰八月より十二月迄御入用書」(30)では、「御肴物」「御漬物」「青物」「醤油」「諸事上り物」「灯油」「御武芸」「諸事御道具、御買上御修復共」「御呉服物」「御元結油」「御学問御手習」「御奉納被進并被下共」「御次茶」「粉糠」「御女中御切符、小渡り方共」などが計上されており、「御常式積り」と記されていることから、屋敷での経常経費に関わる費目と考えられる。これらを広小路屋敷での入用費目ごとに対象させると、表2のように、ほとんどの入用費目は一致しているが、山崎屋敷では広小路屋敷の時期に見積もられていた「御膳米・御餅米・御膳味噌大豆」などの主食費と「御馬御入用」の馬飼育費、奉公人扶持費の内、男性の奉公人に関する入用が計上されていない。これらが別に計上されている可能性もある。「被進米」の支給高は三〇〇俵と変化はないが、諸物価の上昇にともない、主食や馬の飼育費など庶子養育上で必要不可欠な支出の範囲が拡大され、「被進米」による支出から除外された可能性もあるだろう。

山崎屋敷の構造を伝える絵図等は現存せず、その規模を確認することはできないが、後に寛政九年四月十七日、「此度無拠御儀ニ付屋敷地御入用ニ付」(31)として山崎御屋敷は知行一二〇〇石取りの中老松平倉之介の屋敷と替屋敷となった。松平倉之介の屋敷地は寛政十一年に開校する藩校稽古館の用地となった。

山崎屋敷に居住した庶子の内、鉀之介は寛政元年（一七八九）九月二十一日、六歳の時に真宗大谷派の福田寺へ養子として引越し、重吉は寛政二年六月十六日、わずか二歳で死去し、銀之介は、寛政三年一月十九日、十五歳の時に土井家（越前大野藩）への養子を御請けし、同年二月十三日には奥住居から表住居となり、同年四月二十一日、土井利貞の養子となるため彦根を発駕している。また、欽次郎は寛政三年四月十日に山崎屋敷で出生し、寛政五年頃、井伊直中の世嗣として江戸へ引越し、恵之介は寛政五年十二月十一日、九歳の時に井伊家の縁類にあたる家臣奥山家へ養子として引越した。その結果、これ以降は武之介（寛政四年に綏之介と改名）・勇吉・東之介の三人が寛政九年四月まで生活した。

黒御門前屋敷への移転　彦根藩では寛政七年（一七九五）春、井伊直中の命により藩校稽古館設立に関する取り調べが指示され、寛政八年七月二十九日には取り調べが終わり建設場所も一決した(32)。同年八月朔日には、作事奉行向坂市右衛門（六代目正春）が学校（藩校）建立のための「御建前御用懸り」に命じられ(33)、翌年には起工し、同十年二月には上棟式をおこない(34)、同年十二月には完成を見ている(35)。御仕送方の役所および山崎屋敷の隣地松平倉之介屋敷が、その建設用地に充てられることになり(36)、綏之介・勇吉・東之介の三人は黒御門前屋敷を改築し引移った。

綏之介は享和三年（一八〇三）一月二十日に二十六歳で病死、翌文化二年（一八〇四）三月二十二日には、残る勇吉・東之介も、新たに井伊直中の世嗣となった弁之介（直亮）が黒御門前屋敷へ移るため(37)、弁之介が居住していた松下屋敷へ交替して引移った。その際に作事方で作成されたと推測される黒御門前屋敷を描いた絵図（図2）(38)によると、「御門」を入り正面に位置する「式台」の左右につながる二つの棟の奥に、それぞれ「御座所」が見られる。左側の「御座所」のさらに奥に、大規模な書院と「御亭」が広がり座敷名称が付されていないことから、これらを藩主の空間と推測すると、二つの「御座所」が勇吉・東之介の居住空間と考えられる。

松下屋敷への移転　勇吉・東之介が移った際の松下屋敷の構造は、文化二年（一八〇五）三月二十二日に作事方で作成し附人に渡された絵図（図3）(39)によれば、二六間四方程度の敷地を持つ広小路屋敷と同規模の屋敷構えである。御門を入り左手寄りに「玄関」があり、これに続く「表御座敷」の棟があり、広縁に面した前庭には「垜」（あづち）を備えた矢場が設けられ、「御射手小屋」もあった。「玄関」から右側の棟は「上御台所」など広敷の棟、その奥に左右二つの「御座之間」のある棟が続く。おそらく、この「御座之間」が、奥向きにおける勇吉・東之介の居室に割り当てられたのであろう。

その後、文化十一年中には尾末町屋敷へ移る。引越の時期・原因などの詳細は庶子屋敷附役の日記が伝存せず不明であるが、文化九年二月五日に隠居が許された井伊直中の動向と関係があると推測される。両人の引越後は、文化十四年十月二十二日、三浦内膳（元泰）が屋敷替えで移るまで明屋敷となっていた(40)。

尾末町屋敷への移転　文化十一年（一八一四）頃に尾末町屋敷に移った勇吉・東之介は当時それぞれ三十二歳、二十七歳を数えていた。彼らは、この屋敷で十七年余を送るが、天保二年（一八三一）三月二十日、東之介が四十四歳で死去、勇吉（豊前と改名）も他へ屋敷替えとなった(41)。替わりに黒御門前屋敷で生まれ育った井伊直中の退隠後の息男鉄三郎・銈之介が尾末町屋敷に引き移った(42)。

以上の屋敷変遷の状況から、以下五点の特徴が指摘できる。

第一に、彦根藩における庶子制度は、江戸中期以前の状況は未詳であるが、安永三年（一七七四）以降、十代井伊直幸の庶子屋敷生活時代の経緯にもとづき、井伊家の家督相続維持および藩財政の逼迫という状況

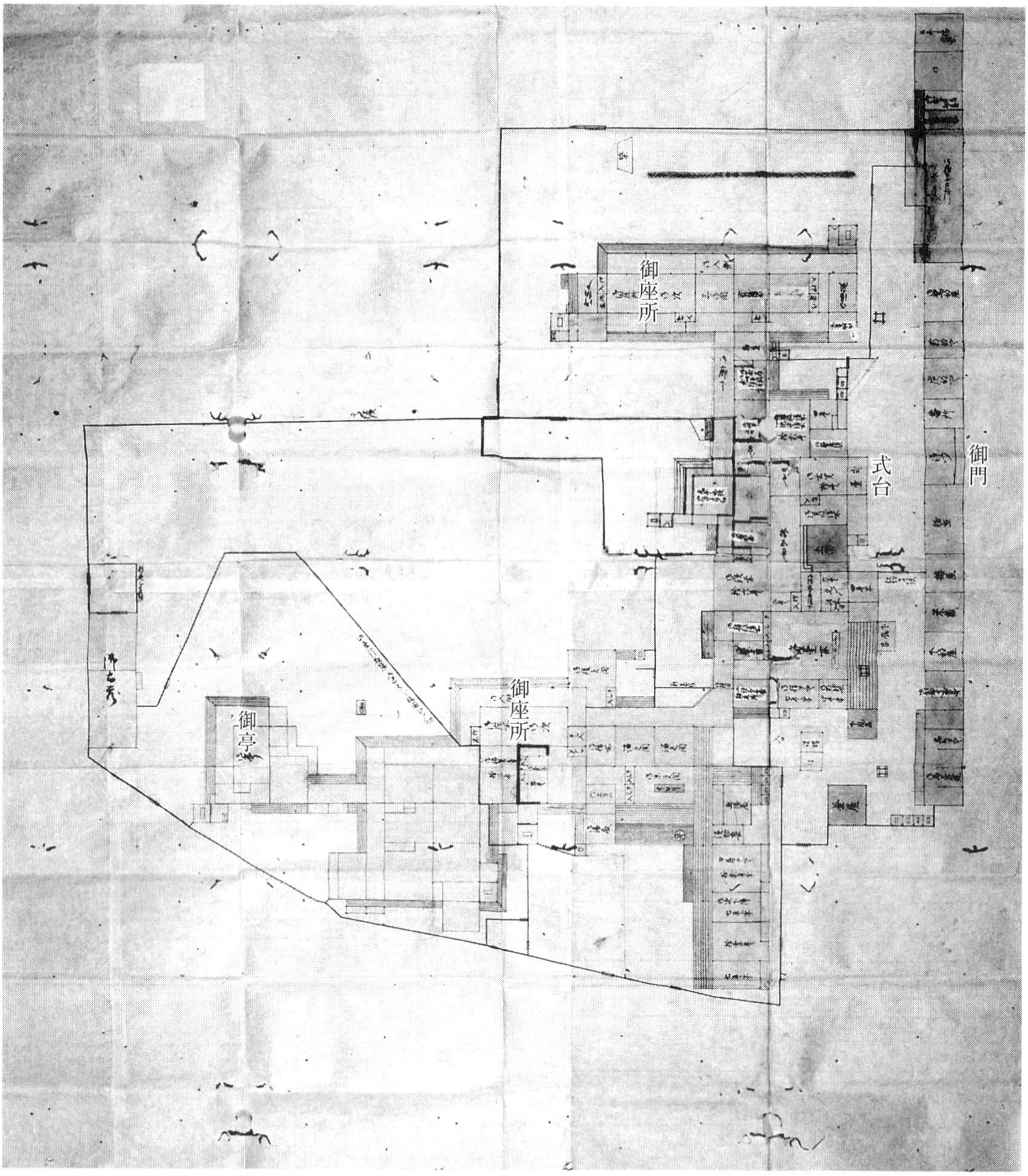

図２　槻御殿（黒御門前御屋敷）絵図　文化２年（1805）　彦根藩井伊家文書

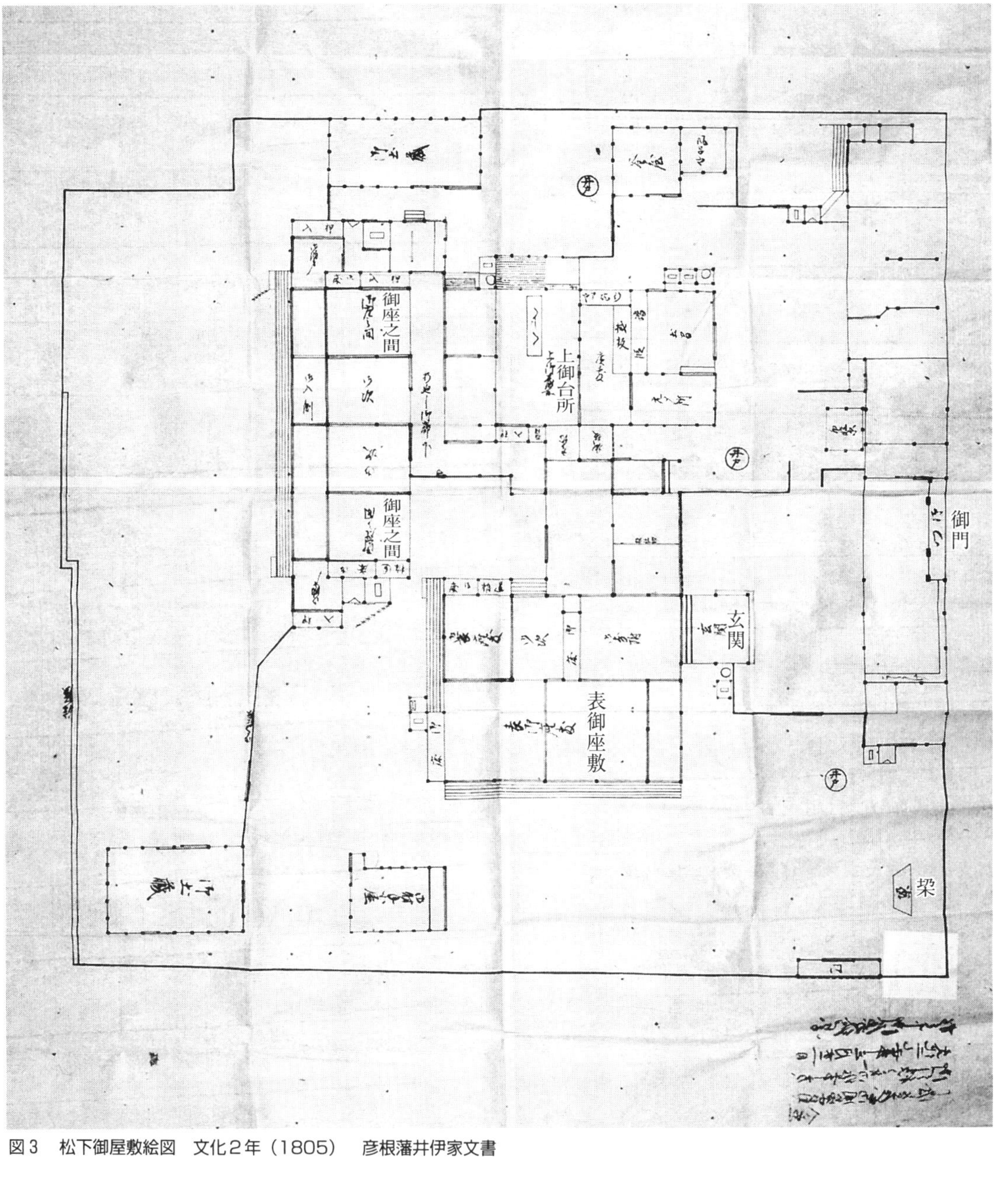

図3　松下御屋敷絵図　文化2年（1805）　彦根藩井伊家文書

の中で、藩主および世嗣の不慮の事態にそなえて世嗣の第二、第三の候補を養育する目的で成立し、常態化していった。

第二に、庶子屋敷は一カ所に一定ではなく、家臣の居住地にある屋敷地の内、広小路屋敷・山崎屋敷・松下屋敷・尾末町屋敷などを「御用屋敷」として利用していた。これらの屋敷は、時に家臣の屋敷地としても利用されていた場所である。また黒御門前屋敷（槻御殿）など藩主の別邸として造営された屋敷も、一時的に庶子屋敷として利用した。利用箇所は、藩の事情により、またその時々に在国した藩主の家族や御部屋様の人数により適当な屋敷が選ばれており、時々の事情により転居を命じられた。勇吉・東之介の事例で見れば、寛政元年十一月に彦根の本奥から山崎屋敷へ引越して以来、寛政九年には黒御門前屋敷、文化二年（一八〇五）には松下屋敷、文化十一年には尾末町屋敷と二十六年間に四回の引越がおこなわれている。

第三に、本奥などの藩主（退隠藩主も含む）と同居の屋敷から庶子屋敷に入る年齢は一定ではなく、全体的傾向としては七～八歳頃が多いが、重吉のように乳児期に入る場合もある。

第四に、屋敷地の規模は藩主の邸宅には比すべくもないが、山崎屋敷・松下屋敷などは七〇〇～八〇〇坪程度の規模があり、「中流以下の藩士」というより彦根藩において笹の間詰衆と呼ばれた上級藩士の家格に相当するものであり、御用屋敷の利用状況によっては、藩主の広大な別邸の一部が庶子屋敷として用いられる場合も見られた。

第五に、屋敷の基本構造は、日常の対面や稽古場として用いられる表座敷を中心とした表の空間と、庶子一人一人の奥向きにおける居室空間としての御座之間（御座所）、侍女の詰め所や台所がある広敷などで構成されていた。

(2)「庶子屋敷日記」の伝存状況

これら庶子が居住した屋敷に配属された役人たちは、必要に応じて御用日記等を記録していた。表3の「庶子屋敷日記」一覧は、彦根藩井伊家文書の内に伝存する庶子屋敷に関する継続した附役人による公務日記類を示したものである。これらは、その記録した年代、記録者の役職により記録内容や書式により変化が見られる。

大別すると、①延享元年（一七四四）から宝暦四年（一七五四）までの「民部様」に関する賄役人による「民部様御賄御用日記」、②安永三年（一七七四）から安永八年までの広小路屋敷御子様方附人を勤めた細居九助による「広小路御屋敷御子様方御用日記留帳」、③安永八年九月以降の各庶子屋敷における附人たちによる公務日記の三段階がある。それぞれを第一期～第三期と称することとして、以下、表3を参照しながら、それぞれの特徴を見ていこう。

第一期　この時期の「民部様御賄御用日記」は、井伊直惟の十二男井伊直幸が尾末町屋敷で生活した延享元年五月から宝暦四年十月までの期間、尾末町屋敷の賄役を務めた成瀬孫太夫・松宮伝八らが記録した公務日記である。現存する庶子屋敷関係史料では、これ以前に遡る公務日記は確認されていない。日記は年毎に一冊ずつ作成され、ほぼ十一年間の十一冊が完全に伝存する。この時期には賄役とは別に、横田与左衛門（四代目勇常）が民部様附人に任じられており、尾末町屋敷の統括責任者であったが、附人としての日記は伝存していない[43]。日記の形態は横帳で、表題には年紀に加えて「日記」または「年中留帳」と記すのみである。

彦根藩の賄役としての職務は、明和三年（一七六六）と推定される就役誓詞によれば、①「御賄方諸事御所帯之儀」について「御損益」を考え、「諸色御買物善悪直段等之儀」を吟味し、町人など調達先の縁者にとらわれず依怙贔屓なく「代之高下等」を所々から聞き合わせ勤めること、②「御膳方之儀」について料理人と相談し、大事に心を付けること、③「御奥方向御所帯之儀」についても「御費かましく無沙汰成儀」がないよう奥方年寄衆と相談すること、④「御奥方ニ而兼而御法度之品」を守り、女中衆の行動を見分し不正を上申すること、⑤「納方・払方之儀」について下役に不正がないか管理・監督することなどである[44]。

日記の記載内容は、これら賄役の職務に関係するものと考えられ、物資調達関係記事や屋敷関係者の出勤状況が豊富であり、調達した物資受け取りの割印台帳としても機能していた。しかし、屋敷内での年中儀礼、親族・縁者・屋敷出入りの関係者との交際、寺社参詣などの外出・諸芸

表3　「庶子屋敷日記」一覧

年次	史料名称	記載期間	調査番号
延享1	［民部様御賄御用日記］	5.19～12.30	5729
延享2	［民部様御賄御用日記］	通年	5730
延享3	［民部様御賄御用日記］	通年	5731
延享4	［民部様御賄御用日記］	通年	5732
寛延1	［民部様御賄御用日記］	通年	5684
寛延2	［民部様御賄御用日記］	通年	5728
寛延3	［民部様御賄御用日記］	通年	5716
宝暦1	年中留帳	通年	5681
宝暦2	年中留帳	通年	5681
宝暦3	年中留帳	通年	5682
宝暦4	年中留帳	宝暦4.1～宝暦4.10	5683
安永3	広小路御屋敷御子様方御用日記留帳	安永3.9～安永4.5	6315
安永4～ 安永6	広小路御屋敷御子様方御用日記留帳	安永4.5～安永4.12、 安永5.1～安永5.8、 安永6.1～安永6.8	6316
安永6～ 安永7	広小路御屋敷御子様方御用日記留帳	安永6.8～安永6.12、 安永7.1～安永7.12	6317
安永8	［広小路屋敷日記］	安永8.9～安永8.12	
安永9	［広小路屋敷日記］		5671
天明1	広小路御屋敷御留帳	安永10.1～天明1.8	5675
天明1	広小路御屋敷御留帳	天明1.9～天明1.12	5743
天明2	広小路御屋敷御留帳	通年	5744
天明3	広小路御屋敷御留帳	天明3.1～天明3.4	5745
	広小路御屋敷御留帳	天明3.5～天明3.8	5712-1
	広小路御屋敷御留帳	天明3.9～天明3.12	5712-2
天明4	広小路御屋敷御留帳	天明4.1～天明4.4	5713
	広小路御屋鋪万留帳	天明4.5～天明4.9	5714
	広小路御屋鋪万留帳	天明4.10～天明4.12	5715
天明6	［広小路屋敷日記］	通年	5722
天明7	広小路御屋鋪万留帳	通年	5708
天明8	広小路御屋鋪万留帳	天明8.1～天明8.4	5709
	広小路御屋鋪万留帳	天明8.9～天明8.12	5710
天明9	山崎御屋鋪万留帳	通年	5711
寛政2	山崎御屋敷万留帳	通年	5703
寛政3	山崎御屋鋪万留帳	通年	5704
寛政4	山崎御屋鋪御日記	通年	5702
寛政5	山崎御屋鋪日記	通年	5701
寛政6	山崎御屋鋪日記	通年	5746
寛政7	山崎御屋敷日記	通年	5747
寛政8	山崎御屋敷日記	通年	5723
寛政9	山崎御屋鋪日記	通年	5724
寛政10	黒御門前屋敷日記	通年	5676
寛政11	黒御門前屋敷日記	通年	5677
寛政12	黒御門前屋敷日記	通年	5678
寛政13	黒御門前屋敷日記	通年	5679
享和2	黒御門前屋敷日記	通年	5705
享和3	黒御門前屋敷日記	通年	5706
享和4	黒御門前屋敷日記	通年	5707
文化2	黒御門前屋敷日記	文化2.1～文化2.6	5733
	黒御門前屋敷日記	文化2.6～文化2.12	5688
文化4	［松下屋敷日記］	文化4.1～文化4.12	5721
文化6	松下御屋敷日記	通年	5734
文化9	松下御屋敷御附日記	通年	5735
文化10	［松下屋敷日記］	文化10.1～文化10.10	5720
文化12	尾末町御屋敷御附方日記	通年	5736
文化13	尾末町御屋敷御附方日記	通年	5737
文政5	尾末町御屋敷御附日記	通年	5699
文政7	尾末町御屋敷御附日記	通年	5698
文政9	尾末町御屋敷日記	通年	5700
年未詳	［松下屋敷日記］	年未詳10～11	5717

稽古などの日々の行動など多岐に及んでおり、賄役の職務の範囲を超えて庶子屋敷関係者全体におよぶ記録としての性格が見て取れる。また、ほぼ十一年間にわたり毎日記録され、記事内容の密度に大きな変化が見られないことが特徴である。

第二期　この時期の「広小路御屋敷御子様方御用日記留帳」は、安永三年（一七七四）九月二十一日からはじまる。「民部様御賄御用日記」のあと、宝暦五年（一七五五）から安永三年までは、この間の記録が本来存在したかどうかは定かではないが、庶子屋敷に関する日記は伝存していない。次の日記の記事により、第二期の日記が「民部様御賄御用日記」を参照しながら作成されたことが確認される。

　殿様尾末町御屋敷ニ被為入候節之留帳十一冊有之、孫大夫・伝八ゟ相渡可申段被申候ニ付、追而取ニ遣し候様返事申候、猶又御用人衆ニも上置候[45]

安永三年九月二十一日、御子様方附人を命じられた細居九助は、同月二十三日、尾末町屋敷賄役を務めた成瀬孫太夫・松宮伝八らから「殿様尾末町御屋敷ニ被為入候節之留帳十一冊」が存在することを知らされ、追って使者を派遣して取りに行くと返事し、「御用人衆」にもこの旨を伝えた。そして翌二十四日、同役の平居五郎兵衛から書状を添えて、「横折留帳十一冊」を成瀬孫太夫・松宮伝八から受け取っている[46]。この「留帳」とは、形態・冊数の一致などから見れば、「民部様御賄御用日記」を指していると考えられる。すなわち、細居・平居の両人が御子様方附人に就任するに際して、当時の藩主井伊直幸が尾末町屋敷に庶子として住居していた時の賄役である成瀬・松宮らが記録した「民部様御賄御用日記」が引き渡されたのである。附人の配下に位置づけられた賄役の日記が引き渡されたことは、この時の附人の任務は、特別な意味をもっていたことが推測される。引き渡しの理由は明記されていないが、おそらく前節で指摘したように、安永三年に広小路屋敷が庶子屋敷として利用された際、藩主井伊直幸が尾末町屋敷住まいしていた当時と同様に、「倹約第一」を旨とした方針が藩主自身から示され、「成瀬孫太夫・松宮伝八郎へも得と御様子承合せ相勤候様[47]」と命じられていることと関係すると考えられる。

　しかしながら、細居・平居ら附人の日記は、成瀬・松宮ら賄役の日記の記載方法をそのまま踏襲したわけではない。まず、日記の形態は横帳から竪帳に替わり、日記の記事内容にも差違が見られる。

　日記の書き出しは、九月二十一日の御子様方附人の拝命記事にはじまり、家老・用人への御礼、二十二日は下役人の任用、用人からの倹約指示、当分の紙・筆・墨などの請け取り、二十三日は米・味噌の当分入用分、屋敷内での御道具類および御道具帳の請け取り、作事方との屋敷内見分などと、御子様方の引越に先立ち諸準備が進められた様子が記録される。二十七日は就役誓詞をおこない、二十八日には用人衆の屋敷見分、本奥の奥方老女らとの引き合わせがあり、十月朔日には御屋敷の請け取りがおこなわれ、三日には御子様方の内、彦根の本奥に住居していた仙之丞と御目見を済まし、屋敷内での諸事について倹約の旨の申し渡しがあり、四日には翌五日の仙之丞引越が伝えられ、用人西山内蔵丞から屋敷内での関係役人に対する「御条目」と「御心覚之書付一通[48]」が渡され、五日には仙之丞の引越、続いて七日に庭五郎・又介が江戸から彦根へ到着し屋敷入りをすませた。

その後も、御子様方の屋敷内での年中儀礼、親族・縁者・屋敷出入りの関係者との交際、寺社参詣などの外出などの詳細な記事が続くが、徐々に記事は簡素化される。しかも、「民部様御賄御用日記」には見られた庶子の諸芸稽古に関する記事や、屋敷内で使用される物資調達に関する記事がほとんど記されていない。ただし、広小路屋敷の場合、賄方が物資調達等に関して別の日記を作成していた可能性もある(49)。

単純に記事の量を比較すれば、安永三年十月〜安永四年三月末までの半年は日記本紙約三八丁、安永四年四月〜同九月末は一六丁、安永四年十月〜安永五年三月末（閏十二月含む）は一〇丁、安永五年四月〜同九月末は一三丁、安永五年十月〜安永六年三月末は一三丁、安永六年四月〜同九月末は九丁、安永六年十月〜安永七年三月末は九丁、安永七年四月〜同九月末は九丁と減少し、ほぼ一年間の記事は当初の三分の一になっており、記事が記録されない日も毎月十日前後となる。

第三期　この時期は「庶子屋敷日記」が定型化する時期であり、以後の「庶子屋敷日記」は、文政八年（一八二五）のものまで基本的に同じ形式で記載される。その特徴は、本書で翻刻した天明三年（一七八三）の事例で見ると、正月十三日では、まず一条目には「拝診番」を藩医津田自庵が勤めたことが記される。二条目は「五ッ半時」に「御二方様」が鎗術・剣術の「御遣初」をおこない、山根二右衛門（鎗術）以下の指南役の名前が記される。三条目は、二条目の鎗術・剣術記事に関連して指南役の欠席者、五条目も剣術指南役に関する記事である。六条目は「九ツ時」に「御講釈初」を儒学者野村新左衛門が勤めたこと、七条目は「八ツ時」から屋敷門前で「馬責」をおこない、馬術指南役の羽田六兵衛以下三人が召されたことが、庶子の行動を中心に時間を追って簡略に記される。この他、定日・臨時で行われた儀礼の記事や、外出に関する記事が時に長文で記されることが見られる。

これらからまず、ほぼ毎日藩医による診察記事が見られること、次に、従来の第一・第二期の「庶子屋敷日記」に較べ諸芸の稽古記事が頻繁に見られること、さらに、第一・第二の記事については庶子の行動がまず書き上げられ、下に行動の関係者を列記する書式が定まっていることが特徴として指摘できる。この定型化された書式による最初の日記は、安永八年（一七七九）九月から始まるもので、表題は記載されていないが、広小路屋敷のものと推定される。その形態は、前年の「広小路御屋敷御子様方御用日記留帳」が竪帳であるのに対し横帳へ変化し、これも以後踏襲されている。これらの変化の原因は、次の史料から窺うことができる(50)。

安永八己亥年八月七日、御子様方段々御成人被遊候ニ付而者、是迄与違、御附之者共万事厚相心得、御身行を初、御芸術諸事之儀、好悪ヲ考可申上事ニ候、尤思召ニ不相叶儀ニ而茂、御為之儀者不指控可申上儀勿論之儀ニ候、以来者、毎度御子様方御平日之御行事御尋可被遊候間、思召を憚、御為之儀ニ而茂指控不申上候ハ、不埒之至ニ思召候、并御賄を初、御側ニ罷在候者ニ至迄、御為不宜儀者、聊無用捨相示、不用候ハ、達御聴ニ茂候様可致候段被仰出候旨、御家老中被申渡候

これは、安永三年に広小路屋敷の御子様方附人に命じられていた細居

九助が、安永八年八月に藩主井伊直幸からの命を請けて家老から申し渡されたものである。

まず第一に、「御子様方段々御成人被遊候」という庶子の成長状況を踏まえ、「是迄」と違い、「御附之者」が万事につき厚く心得て、「御身行を初、御芸術諸事之儀、好悪ヲ考可申上事ニ候」と、庶子の日常行動を初め、「御芸術諸事」の「好悪」を考えて忠言するよう命じられ、庶子の「思召ニ不相叶儀」であっても「御為之儀」、つまり庶子にとって大事なことは指し控えずに忠言すること、第二に、以後は、毎度に庶子の平日の行動について（藩主から）お尋ねがあるので、庶子の立場を考えて指し控えて返答しないことは「不埒」であること、第三に、（附人以外の）「御賄を初、御側ニ罷在候者」についても、「御為不宜儀」は「用捨」なく忠言し、（庶子が）聞き入れなければ藩主の「御聴」に申し達するよう命じられている。

とくに、第一の庶子の成長段階を考慮した「御身行を初、御芸術諸事之儀」の重視が示されたことは、従来の財政的な倹約重視として作成された庶子附賄役による「民部様御賄御用日記」、庶子附人による「広小路御屋敷御子様方御用日記留帳」の段階から、庶子の日常的な行動と諸芸稽古の重視のため、つまり規律ある行動規範と文武にわたる教養形成を重視した庶子養育が目指されたのである。そのため、庶子附人の庶子養育における役割が庶子の人格や教養形成に比重が置かれ、日記書式も財政的部分がなくなり、庶子の日常行動を中心に時間を追って簡略に記される、定型化されたものに変化したと考えられる。

2　庶子屋敷附役人の構成と役割

庶子屋敷に附属された役人の構成や職務内容を窺う史料は、「庶子屋敷日記」が比較的長期間にわたり継続して伝存するのに対し、各時期に断片的にしかのこされていない。ここでは同一時期の全容を解明することはできないが、これらの史料を「庶子屋敷日記」で補うことにより、各時期の事例から役人構成と役割を垣間見ていきたい。

(1) 附役人の構成

井伊直幸の附役人　次の史料は、延享元年（一七四四）五月十九日、井伊直幸が還俗し、庶子として尾末町屋敷へ入った時の状況を記録したものである[51]。

今日辰ノ半刻、尾末町御屋敷江御越被遊候、御供横田与左衛門・高田半大夫・辻平九郎、
横田与左衛門・高田半大夫・辻平九郎・岡嶋源弥・成瀬孫大夫・森野弥八郎・大堀十右衛門・本持弥五兵衛・山岸長兵衛・竹中弥五平・村田加平次・夏原彦次・板ノ間壱人御雇、御手前七人、右之人数へ小豆御粥頂戴、
横田与左衛門・高田半大夫・辻平九郎・成瀬孫大夫・御番衆三人御酒頂戴、ひきさき鯣、此分始而ゆへ頂戴也

屋敷入の御供を勤めたのは、横田与左衛門・高田半大夫・辻平九郎の

表4　民部様御附役人一覧（延享元年「民部様御賄御用日記」より作成）

役人名	任命時期	役職名	身分・扶持
岡嶋源弥	延享4年4月24日	幼年之時分より民部様御伽御奉公仕	（歩行の二男）
横田与左衛門	延享元年5月7日	民部様御附人	平士200石
高田半大夫	延享元年5月18日	民部様御部屋向御用御髪月代并御供	歩行26俵3人扶持
辻平九郎	延享元年5月18日	民部様御部屋向御用御髪月代并御供	歩行26俵3人扶持
松宮伝八郎	延享元年6月13日	民部様御部屋向御用御髪月代并御供	歩行26俵3人扶持
田辺宇平次	延享元年6月13日	民部様御部屋向御用御髪月代并御供	歩行26俵3人扶持
田辺与八郎	延享元年6月13日	民部様御部屋向御用御髪月代并御供	歩行26俵3人扶持
水谷弥五郎	延享元年6月13日	民部様御部屋向御用御髪月代并御供	歩行26俵3人扶持
成瀬孫大夫	延享元年5月18日	民部様御賄役	歩行26俵3人扶持
森野弥八郎	不明	民部様御賄方（6/13元締役）	不明
大堀十右衛門	不明	不明	不明
元持弥五兵衛	直惟様入部後	御奥方元締役 当殿様（直幸）御幼少之節御附人	14俵2人扶持
山岸長兵衛	元文5年 寛保元年12月	黒御門先御鎖前御番人 当殿様御部屋住御附	（後に26俵3人扶持）
竹中弥五平			
村田加平次			
夏原彦次			

＊その他、御草履取の勘六・弥介（八介）、御中間の五介・六介・森平・市介（8/22免）・十兵衛・七介（9/6雇）などの記載有り。

藩士三人、屋敷入り後に祝儀の小豆粥を頂戴したのは、御供の三人の他、岡嶋源弥・成瀬孫大夫・森野弥八郎・大堀十右衛門・本持弥五兵衛・山岸長兵衛・竹中弥五平・村田加平次・夏原彦次らの藩士九人と、板の間一人、「御手前」（お抱えの奉公人か）七人である。その内、横田与左衛門・高田半大夫・辻平九郎・成瀬孫大夫と「御番衆」の三人が直幸から御酒を頂戴している。彼らが当初、直幸附として任じられていた役人である。彼らと、その後さらに附役人として任じられたものを整理したのが表4である。一覧表中の「任命時期」「役職名」「身分・扶持」は、「侍中由緒帳」や「庶子屋敷日記」の記事から確認できたものを示している。未記入のものは履歴不明のものである。

附人は、直幸の屋敷入りに先だって勘定奉行から延享元年五月七日に役替えとなった横田与左衛門で、二〇〇石知行取の平士身分である。屋敷入りの御供を勤めた高田半大夫・辻平九郎の二人は、延享元年五月十八日に「民部様御部屋向御用御髪月代并御供」に任命されており、二六俵三人扶持の歩行身分である。同役には、さらに同年六月十三日に、松宮伝八郎以下四人が増員されており、いずれも二六俵三人扶持の歩行身分であった。この六人を数える役職は、「六人之衆」とも呼ばれ、同年十一月十日には、用人から江戸詰交代を免除する旨が申し渡されている。[52] 役職名は異なるが、庶子一人に対して六人が任じられていることから、後述するように、寛政期における「御伽役」「御伽頭」「御守役」たちに相当するものと考えられる。

賄役は、二六俵三人扶持の歩行身分である成瀬孫太夫が、延享元年五月十八日に任命されている。岡嶋源弥は「幼年之時分より民部様御伽御奉公仕」という由緒により、寛延二年（一七四九）四月二十六日に「歩行並」の分限に召し出された歩行身分の岡嶋源左衛門家三代目の二男である。彼は、宝暦四年に直幸が世嗣となった際、民部様御櫛役となり、直幸側近として昇進し、宝暦十三年には新知一〇〇石の知行取に取り立てられている。森野弥八郎は賄方の下役人で、「民部様御附御用日記」には延享元年六月十三日に「森野弥八郎、今日御書面ヲ以、只今迄民部様御手習御講□（釈カ）等御□（相カ）手申上候為御褒美、金子三百疋被下置、当御屋敷元締役被仰付候」と記され、賄役の成瀬孫大夫の下役である「元締役」

として勤め、屋敷中の鍵、屋敷内の道具帳・中間以下の奉公人の請状・誓詞などの重要文書の管理も任されている様子が窺える。元持（本持）弥五兵衛は、当時の藩主井伊直惟の入部後に「御奥方元〆役」をつとめ、直幸の「御幼少之節ゟ御附人」をつとめたと伝える。[53] 山岸長兵衛は、元文五年（一七四〇）に「黒御門先御鎖前御番人」、寛保元年（一七四一）十二月に「当殿様御部屋住御附」となったと伝える。この三人については、延享元年十月二十七日に、「此御方様抱ニ向後罷成候旨」が、彦根賄役の三居孫太夫から申し渡され、十一月には、当年分は藩主から三九俵を支給することとなった経緯が確認され、[54] いずれも当時は御番衆とよばれる足軽身分のものであったと考えられる。

彦根藩における足軽は番方だけでなく、その一部は各役方の下役人として「元締役」などの役儀に就いている事例が町方・筋方などで確認され、「筋方御引ケ人」などと呼ばれていたことから、[55] 彼らは賄方の「御引ケ人」とも考えられるが、今後の検討課題としておきたい。

また、直幸の屋敷入の際に御酒を頂戴した「御番衆」は、この三人を指す可能性も考えられる。大堀十右衛門・竹中弥五平・村田加平次・夏原彦次については、「侍中由緒帳」などから詳細を知ることはできない。これ以下の奉公人では、草履取二人、中間五人、板の間一人、女中二人が確認できる。

このように直幸の附役人を検討すると、附役人を統括する附人、御伽役を勤めた藩士数人、財政・物資調達を担う賄役がおり、この他、賄方の「元締役」などの下役人や武家奉公人の存在が確認できる。

広小路屋敷と山崎屋敷の附役人　つぎに、庶子屋敷に配属された附役人の構成を、天明元年（一七八一）と推定される広小路屋敷における「丑為歳暮御祝儀被下置」[56] から見ていこう。天明元年の広小路屋敷居住の庶子は、庭五郎（十五歳）、又介（十三歳）の二人である。

これによれば、まず庶子の諸芸稽古の相手や拝診番として出入りする加藤鉄蔵（弓術）を初めとする藩士・医師の名が三五名、庭五郎の御伽を勤めた熊谷他三郎が記される。続いて庭五郎附の女中一人、又介附の女中一人、御殿（彦根表御殿）本奥附の女中二人、「御仕立物」女中二人、「御末之者」二人、「奥方御祐筆衆」など奥向女中衆が記される。さらに、「御抱守」および「御櫛上」の役人一二人、「御番人」と推定される者が六人、「元締方」二人、「板之間之者」九人、「附人」二人、「賄役」二人が記されている。これら七七人が当時の広小路屋敷に関係した役人の全容であると考えられ、本奥附の女中や稽古相手の藩士、医師を除いた附役人は三二人を数える。

つぎに山崎御屋敷では、寛政元年（一七八九）に広小路屋敷から山崎屋敷に移っていた銀之介が、譜代大名土井家へ養子として引越するのに先だって、同三年四月に作成された銀之介からの「被下物」の記録によれば、[57]「附人」である奈越江忠蔵・中村伝左衛門をはじめ、「賄役」二人、「御櫛上」三人、「御上番御抱守」一七人、「御抱守当分介」九人、「元締役」二人、「御鎖前番」八人、「板之間者」一一人、「御鑓持」二人などの表方の役人が記され、さらに「御中老」「銀之介様御小姓」「銀之介様御次」「銀之介様御乳持」「武之介様御小姓」「武之介様御次」「勇吉様御次」「恵之介様御次」「東之介様御次」「東之介様御乳持」各一人など各庶子附女中衆、また「御祐筆」一人、「御末」四人、「御本奥御老女」

一人などの奥向女中衆が記され、屋敷の関係役人の合計は七二人を数える。また出入りの諸芸稽古の相手や医師は三〇人が記され、総勢一〇〇人を超える人々が庶子養育に関わっていた。この総数は広小路屋敷よりも三〇人弱多いが、広小路屋敷の庶子が二人であるのに対し、寛政元年の山崎屋敷における庶子は、銀之介（十三歳）、武之介（十二歳）、恵之介（五歳）、勇吉（七歳）、東之介（二歳）の五人であり屋敷の所帯が大きいこと、しかも「被下物」が、銀之介の当時の附人だけでなく、銀之介の誕生以来かかわってきた附役人全員を対象におこなわれたことによるものと推測される。

黒御門前屋敷の附役人　さらに、庶子屋敷に配属された附役人の構成を、「庶子屋敷日記」が定型化していた時期の黒御門前屋敷の事例から検討してみよう。表5は、寛政十一年（一七九九）の黒御門前屋敷の附人以下の役人の一覧である。

当時の黒御門前屋敷に居住した庶子は、綏之介（二十二歳）、勇吉（十七歳）、東之介（十二歳）の三人である。

屋敷の統括責任者は、寛政七年二月一日、「御舎弟様方御附人」に任命された山中宗十郎と、寛政八年九月十五日、同役に任命された中村助左衛門の二人であり、

表5　黒御門前屋敷附役人一覧（寛政11年「黒御門前御屋敷留帳」より作成）

役職名	藩士名	石高	身分	就任・退役履歴
御附役	山中宗十郎；	120石	平士	寛政7年2/1～、御舎弟様方御附人 寛政11年4/21、川除奉行へ役替
	中村助左衛門	120石	平士	寛政8年9/15～、御舎弟様方御附人 享和元年12/18、目付役に役替
	植田長介	不明	不明	5/15～
御伽役	久徳右平太	26俵3人	歩行	寛政5年7/9～寛政11年3/8,綏之介様御伽役
	加藤	不明	不明	
	柄島勘十郎	26俵3人	彦根歩	寛政7年4/7～文化元年5/12,綏之介様御伽役
	丹下藤十郎	26俵3人	彦根歩	寛政9年4/16～、勇吉様御伽役
（御伽頭）	久野角兵衛	7人扶持	平士	寛政9年⑦/26～、綏之介様・勇吉様御伽頭
（御伽頭）	桜居弥平	200石倅	平士倅	寛政7年3/20～、綏之介様御伽頭
（御伽頭）	野津左膳太	120石倅	平士倅	寛政10年10/21～、綏之介様・勇吉様御伽頭
（御伽頭）	久保田善助	70石倅	平士倅	寛政9年4/16～、綏之介様・勇吉様御伽頭
（御伽頭）	奥山源太郎	120石倅	平士倅	寛政9年⑦/3～、綏之介様・勇吉様御伽頭
（御伽頭）	舟越三十郎	120石倅	平士倅	寛政10年3/晦～、綏之介様・勇吉様御伽頭
（御伽頭）	小野介八	120石倅	平士倅	寛政11年2/15～、綏之介様・勇吉様御伽頭雇
	野田右仲	26俵3人	騎馬徒	寛政9年4/16～、勇吉様御伽役、 享和2年7/2、黒御門前御屋敷賄役に役替
（御伽頭）	池田斧介	150石倅	平士倅	寛政11年4/2～、綏之介様・勇吉様御伽頭
（御伽頭）	八木新太郎	150石倅	平士倅	寛政11年4/2～、綏之介・勇吉様御伽頭、 寛政11年8/4、御免,稽古館素読役へ役替
（御伽頭）	田中藤十郎	120石倅	平士倅	寛政11年4/2～、綏之介・勇吉様御伽頭、 寛政11年8/4、御免,稽古館素読役へ役替
（御伽頭）	三浦衛士	120石倅	平士倅	寛政11年4/2～、綏之介様・勇吉様御伽頭
（御伽頭）	土田助七郎	150石倅	平士倅	寛政6年2/27～、綏之介様御伽頭
	西村多吉	26俵3人	彦根歩	寛政11年5/5、綏之介様・勇吉様御伽役
	水谷重太夫	不明	不明	
（御伽頭）	渡辺軍八郎	120石倅	平士倅	寛政11年6/29～、綏之介様・勇吉様御伽頭
（御伽頭）	喜多山辰之進	26俵3人	騎馬徒	寛政11年9/18～、綏之介様・勇吉様御伽頭、
（御伽頭）	大家源太	26俵3人	騎馬徒	寛政11年9/18～11/12、綏之介様・勇吉様御伽頭
	長谷馬和吉	26俵3人	騎馬徒	寛政9年4/16～、勇吉様御伽役、 寛政12年、奥山恵之介御附人に役替
御抱守	野田勘治郎	26俵3人	彦根歩	寛政10年まで直心院様御賄役の野田勘六の惣領
	松宮 民弥	不明	不明	12/19,御法事中御抱守御免
	西辻居虎之介	不明	不明	
	田部本次郎	26俵3人	彦根歩	6/13,東之介様御抱守拝命、6/17,御免、7/3,再拝命,7/22,御免
	天岸源之丞	26俵3人	騎馬徒	7/3,東之介様御抱守拝命、7/4,御免、7/14,帰番、10/12,御免、11/23,御上番拝命、享和2年7/18、御舎弟様方御伽役に役替
	中山源五郎	不明	不明	7/29,御抱守御免
	赤尾惣左衛門	24俵3人	七十人	11/19,御抱守御免
	吉原恒次郎	26俵3人	歩行	12/1,当分御上番拝命
	村田大介	26俵3人	歩行	12/1,当分御上番御免
	水谷重左衛門	26俵3人	彦根歩	12/4,当分御上番拝命
	山根岩太	24俵3人	七十人	12/4,御抱守拝命、12/18,御法事中御抱守御免
	前野小十郎	24俵3人	七十人	12/4,御抱守拝命
	堀口太兵衛	24俵3人	七十人	12/18,御法事中御上番御免
御賄役	古田新九郎	29俵3人	騎馬徒	寛政2年3/1～、山崎屋敷御賄役

いずれも一二〇石の知行取で[58]「平士」身分である。[59]山中が寛政十一年四月二十一日に川除奉行へ役替えとなった際に、後任とされた植田長介については「侍中由緒帳」で確認できない。賄役は、寛政二年三月一日に「山崎屋敷御賄役」に任命されて以来、引き続き黒御門前屋敷の賄役を務めていた古田新九郎であり、二九俵三人扶持の扶持米取りで、平士に次ぐ「騎馬徒」身分であり、一人役である。その他、綏之介・勇吉の二人には「御伽役」あるいは「御伽頭」と称する役人が、騎馬徒もしくは平士の倅の中から二〇人前後が任命されている。ただし、当時東之介に附けられた「御伽役」・「御伽頭」は「侍中由緒帳」では確認できない。その理由は不明であるが、当時十二歳であった東之介には「御抱守」[60]が騎馬徒・歩行身分の家臣から一〇名前後任命されており、庶子の年齢により、世話役としての役割が異なっていた可能性が指摘できる。

たとえば、前述した天明元年の広小路屋敷「丑為歳暮御祝儀被下置」によれば、「天岸他久馬」以下の「御抱守」「御櫛上」などが一二人列記されているが、「御伽役」「御伽頭」の役名は見られない。当時の広小路屋敷の庶子は庭五郎十六歳、又介十四歳であり、両人とも天明二年十二月に元服していることから、元服前後の年代を境にして世話役の役名が異なっていたとも考えられよう。

この他に、御櫛役・御鎖前番・御医師（拝診番）・草履取・中間・板の間、また奥向きに関しては奥方老女・中老・女中などが「庶子屋敷日記」の記事から確認でき、これらの実数は正確に把握できないが、附人、賄役、御伽役、御抱守だけでも三〇人以上の附役人が確認できる。

⑵ 附役人の勤務体制と職務　これらの役人の職務規程を、広小路屋敷の附人に対して「用人中」から出された「御張紙」をもとに検討してみよう。次の史料は、年紀はないが安永三年（一七七四）十月四日、用人西山内蔵丞から屋敷内での関係役人に示された「御条目」の一部と推定されるもので、[61]天明八年（一七八八）九月二十一日には山崎屋敷においても、ほぼ同文の条目が示され、「山崎御屋敷御鎖前御張紙御書之写」[62]と題されることから、庶子屋敷内の表向から奥向に通じる鎖口前に張り出された条目と考えられる。また、彦根藩における庶子屋敷での附役人の職務規程として、少なくとも近世中期の一定期間踏襲された基本原則であったと考えられる。

① 一、広小路屋鋪子共附人・賄役、日之内鎖前辺ニ相詰、万端申談用
向念入可相勤候

② 一、奥方鎖前より内江男之分一切立入らせ申間敷候、上番并定番之
者共、昼夜鎖前ニ相詰、一切外之間ニ不罷在、猥ケ間敷儀無之
様、急度番相務可申候、尤も定番之義者、其外用事抔念入、番
所明キ不申候様、常々細居九介并平居五郎兵衛、急度申付候様
可仕候

③ 一、奥向ニ病用有之医者通シ候時分者、年寄共ニ承届、其上賄同道
いたし病用相違シ候様可致候

④ 一、鎖前より外へ女之分一切出シ申間敷候、用事有之節者、定番・
板之間承届相違シ候様可致候、仲居・はした躰迄も心安くいた
さず、形儀宜様に定番之者、別而念入可申候

⑤一、年寄共ニ逢候もの有之節者、平居五郎兵衛、上番之内壱人傍付居、用事相達候様ニ可致候

⑥一、奥向火之本念入候様ニ細居九介并賄・上番毎度心を付可申候、若非道之儀有之節者、九介・賄・上番并居合候板之間之者共迄も早速鎖前之内江無遠慮罷越シ、事立不申候様可仕候、台所辺之火之本、其他屋敷之内所々火所、是又念入夜中も見廻り心懸ケ可申候、万事用人中迄相届、尤不審ケ間敷義者実否見届不申候共、先用人中迄為相知指図請可申候、鎖前猥ケ間敷義有之者、上番・定番者不及申、附人・賄迄も可為越度候間、万事前廉ニ心を付用人中迄可申達候、定番之者夜中別而心懸相勤可申候

⑦一、家老衆被仰出候節者、座敷ニ而用事相達被申候様可相心得候、此外祝義事之節なと罷出候者之義者、用人中ゟ指出候張紙名書之通相心得可申候

⑧一、細居九介・平居五郎兵衛儀、大切成筋ニ候間、此旨平生能相心得諸事無油断作法正敷、少も猥ケ間敷事無之様ニ可仕候、奥より出候女共も上番・定番并末々之もの共迄心安振無之致、気遣候様に是又可申付候、若不作法ケ間敷事有之刻者、急度用人中迄申聞候様可致候、勿論台所廻り之もの共、小役人・定夫等迄、右之通ニ相心得、猥ケ間敷儀無之様可致候

⑨一、上番之儀、大切成場所之番人と申、本奥同前勤番申付候者共之事ニ候間、此旨平生能相心得、諸事念入相勤可申候

件之通、向後相守夫々申渡候様ニ細居九介・平居五郎兵衛、上番之者共江急度可申渡候

十月　　用人中

まず一条目では、附人・賄役は日中は「鎖前辺」に詰め、用向について相談しておこなうこと、二条目では、鎖前より奥への男子禁制と「上番并定番之者」の昼夜の番規定および、附人の番管理、三条目では、病用の際に医者を奥へ通す方法について、四条目では、女中衆の表向への出入禁制、五条目は奥方年寄との面会方法、六条目では、火の元の用心と非常の事態における附役人の奥向出頭などの対処方法と、不審な事態の用人への報告、七条目では、家老よりの命令の通達場所を「(表)座敷」とすることと、祝儀事での出頭者は用人から示される「名書」に従うことが規定される。八条目では附人として屋敷内の小役人・奉公人・女中衆らの規律に関する心得と、「不作法」についての用人への報告、九条目では「上番」は「本奥同前」の勤番と心得ることが規定され、これらの箇条を附人から「上番」のものへ厳重に申し渡すことが記されている。すなわち、この条目は、屋敷内での各附役人が日常的に守るべき職務規程を示したものであり、屋敷内に常勤する附役人はもちろん、「上番」と呼ばれる者へ周知徹底のため定められたものと考えられる。

これらの規定の中で、鎖前番が「上番」と「定番」との区別がされていることに注目したい。まず「定番」は、二条目に「定番之義者、其外用事抔念入、番所明キ不申候様、」とあることから、彼らの職務は屋敷内の番以外に「用事」があること、その「用事」は四条目に「用事有之節者、定番・板之間承届相達シ候様」と規定されていることから、奥向女中からの「用事」であると推定される。これに比して、「上番」は

「定番」のような「用事」がない者と考えられ、語感からは「定番」が常勤であり、「上番」は非常勤ないし、交代勤務のものと推測される。また、六条目に「奥向火之本念入候様ニ細居九介并賄・上番毎度心を付」や「鎖前猥ケ間敷義有之者、上番・定番者不及申、附人・賄迄も可為越度候」などと規定されていることから、附人と賄役は「上番」ではなく、また「定番」でもないことが確認できる。また、八条目には「奥より出候女共も上番・定番并末々之もの共迄心安振無之致」と規定されることから、「上番」「定番」は「末々之者」（武家奉公人カ）は含まれないことがわかる。すなわち、「上番」「定番」は附人や賄役ではなく、また「末々之者」でもなく、これらの中間身分に位置する「御伽役」「御伽頭」「御抱守」や「元締役」のものと考えられる。あくまで推測ではあるが、この内、前述した直幸の屋敷入りの際に御酒を頂戴した「御番衆」では、「此御方様抱ニ向後罷成候旨」を申し渡され、彼らの扶持は屋敷の財政で賄われ、森野弥八郎の事例では常勤していると見られることから、彼ら「元締役」のものたちが「定番」と呼ばれ、「御伽役」「御伽頭」「御抱守」たちが「上番」となっていた可能性も指摘できよう。ともかく、庶子附役人には、常勤のものと非常勤もしくは交代勤務のものがいたことに間違いはないであろう。

附人が複数の場合は、天明三年では、一日交替や「朝出」「昼出」「夕出」のような交替勤務がみられる。附人が一人役の場合は毎日勤務した。しかし、基本的に泊まり番はせず通いであった。賄役も同様である。しかし、「上番」「定番」の役人たちは、二条目に「上番并定番之者共、昼夜鎖前ニ相詰」と規定されるように、宿泊をともなう夜番があったと考えられる。

附役人の職務　庶子附役人の職務については、諸役人が提出した誓詞が管見の限り確認できないので、「庶子屋敷日記」などの諸史料から分析せざるを得ない。しかし、その他の附役人誓詞がいくつか現存するため、これらを参考にしながら検討してみよう。

〈附人〉次の史料は、井伊直元の附人を勤めた勝野五太夫・西堀伝之丞[63]が、文政三年（一八二〇）八月十八日に提出した誓詞の二条目と五条目の部分である。

（一・三・四・六条目略）

②一、御部屋内外御用之筋念入相勤、万端御勝手向之儀迄茂委細心を附、御賄江茂無覆蔵可申談事

⑤一、御若年様之御事故、万端御為宜敷様申上、御機嫌憚身構之仕合無之、心底之趣不指控可申上候、并御用向之儀、同役并　両殿様御側役江万事無覆蔵可申談候、（以下略）

直元は、文政八年に実兄である十二代井伊直亮の世嗣となっている。当時はまだ幕府への養子届の手続きが済んでおらず、庶子の身であったと考えられるが、勝野・西堀は三〇〇石以上の知行取であり、附人の家格から見て世嗣附きの附人同様の役儀として仕えたと推測される。また、直元が当時どの屋敷に居住していたかは未詳である。

省略した一条目は「御為第一」の御奉公と一味徒党を禁じたもの、三条目は勤役中の行跡慎みと不行跡者との参会規制、四条目は「壱人立」御用および「御隠密之儀」の守秘義務を、六条目は「奥方」での法度遵守と守秘義務、女中衆への言動の慎みなどを規定した内容である。

二条目では、「御部屋内外御用」を勤めることと、「御勝手向」（財政）についても心を配り、賄役と隔意なく協議することが規定されている。この賄役との協議は、殿様・若殿様側役の誓詞には見られないもので、庶子の附人は、庶子養育のための財政管理を賄役とともに任されていたことが窺える[64]。

五条目では、直元は若年（十二歳）であるので、直元の「御為」に良いと思われることは、直元の御機嫌を憚り身構えすることなく「心底之趣」を遠慮なく申し上げ、同役や両殿様（大殿様直中・殿様直亮）の側役へ相談することが規定される。これは、附人がたんに庶子屋敷を管理するだけでなく、庶子の人格や教養形成を見守ること、さらに庶子としての行動に対する忠言（諫言）の義務があったことが確認でき、附人の職務が庶子養育と深く関係していたことが窺える。庶子の教養形成は、次章で述べるように家臣の中から選ばれた師範から直接に専門教育をうけていたが、基礎教養形成の計画や教養形成の前提となる日常的な躾や社会性などの修養は、彼ら附人の役割であったと考えられる。

「広小路御屋敷御子様方御用日記留帳」[65]では、庶子幼少期の手習や読書など稽古事に関して、附人から用人へ伺いの上、稽古を開始している事例（安永三年十月九日～同十二日条）、藩主の御意により、庶子に対し「随分と何角ニ心を附念入、恐をも不顧、御三方様江申上候様ニ」と命じられていること（安永三年十月十二日条）、庶子稽古中の行儀についても藩主から附人に留意するよう命じられていること（安永五年九月二十日条）などが確認される。また時代は下るが、弘化二年（一八四五）八月十九日、尾末町の庶子屋敷での生活を送っていた井伊直弼が、藩主井伊直亮の意向で御殿奥向住居となっていた井伊中顕の息男貫名茂代治について、「たしかなる附人」がいないため、行く末が案じられる旨を家臣犬塚正陽に吐露しているように[66]、庶子の養育において附人による日常的な躾や社会性の指導が重要な意味を持つことが、庶子自身の側においても認識されていた。

〈賄役〉 賄役についても庶子附ではないが、寛政七年[67]（一七五五）と推定される守真院様（世嗣井伊直富正室）附賄役誓詞の箇条を参考に、職務内容を検討してみよう。

（一・四条目略）

②一、御賄方諸事御所帯之儀無油断御損益相考、ぬけ并御費無之様可申談候、但御音物支度等申付候刻、下役任せニ不仕附罷在念入可申候、尤一分之我意を立不申、道理宜方ニ随ひ、御用相達可申候、勿論私曲之旨を不存、御出入之町人より馳走ケ間敷儀、又ハ不義之音信・礼物一切受申間敷事

③一、御膳部之儀、常々御料理人申談、大事ニ心を付可申候、并御用之金銀米銭其外諸色、他人者不及申、親子・兄弟・親類・縁者・身寄之者を初自分之了簡を以一切借し不申、尤私用ニ引替用之申間敷事

⑤一、請払之儀、如御定少も非分成儀不仕、自分ハ不及申、御用申付候下役人之手前をも吟味可仕候、支配之者共夫々誓詞致させ、御役儀大切ニ相勤、私曲・虚妄無之様度々可申付候、若不届之族有之候ハ、御用人中迄有躰ニ申達之、品ニより御入替被成候様ニも可仕候、附、下々江非分成儀不申懸、猥大酒仕間敷事

⑥一、御奥方御庭御掃除其外万事御用等被　仰付候節、毛頭御後闇覚悟
　奉存間敷事
⑦一、所々しまり之鎰御預ケ之上、自分之用事ニ明ケたて仕間敷候、并
　下々不作法ケ間敷義仕らせ申間敷事
⑧一、御奥方ニ而被　仰付候御用之品、外様ニ而一切取沙汰仕間敷事、
⑨一、守真院様御附其外江も諸事無覆蔵申談相勤可申事

　省略した一条目は「御為第一」の御奉公と一味徒党を禁じたもの、四条目は「奥方」での法度遵守と守秘義務、女中衆への言動の慎みなどを規定した内容であり、附人と共通する内容の部分である。

　他の箇条は、②は「損益」を考えた経費支出をすること、音物準備等は下役任せにしないこと、出入り町人からの賄賂禁止、③は庶子の「御膳部」への安全配慮、御用金銀米銭の自分了簡による「貸付」や私用での「引替」の禁止、⑤は厳正な金銭の受納・支出と下役人の管理、下役人への不道理な言行と大酒の禁止が規定され、⑥⑧は奥方での規定で、奥方御用において後ろ暗い心構えや御用の他言を禁止する。また、⑦では屋敷内の諸所の「鎰」の管理と私用開閉の禁止、⑨では、職務遂行における附人や諸役との協議連携が規定される。

　このように、賄役の誓詞内容は附人と比較すれば具体的であり、財務ばかりでなく御膳・贈答品調達・奥向施設の維持管理・屋敷内の鍵の管理[68]と、これらの実務を担う下役人の監督など多岐にわたっている。庶子屋敷における賄役の職務も、これに準ずるものと推測される。

　但し、ここで留意しておきたいのは、省略した一・四条目には、屋敷関係者における不正が有った場合、附人へ報告するのではなく、いずれも「御家老中・御用人中」へ伝えるよう規定されていることである[69]。つまり、賄役は附人の支配下の役職ではないことである。それは、附人・賄役から庶子へ「暑中」などの御機嫌伺として指し上げる素麺や饅頭などは、「例年之通相合指上申候[70]」というように附人・賄役ら四人が対等な関係として「相合」でおこなっていることからも窺える。

　賄役による屋敷内の調達物資は表6に示したように、飲食物、衣服・寝具、屋敷で用いる諸道具など多種多様である。その仕入れ先は、日常の物資のほとんどは直調達であるが、一部は藩の「御賄方」へ依頼して調達したり、儀礼にともなう道具類は他の御用屋敷から借用したり、「御座之間御炬燵」など屋敷作事をともなうものは、藩の関係役方へ依頼しており、衣類等は京都賄役へ依頼することもあった。

〈元締役〉元締役は賄役の下役人であり、賄役の職務の実務担当者と考えられる。その誓詞の伝存例は確認できないが、天明三年の「広小路御屋鋪御留帳」によれば、庶子屋敷における一年の勘定決算を賄役とともにおこない附人へ報告すること[71]、在京する元藩儒学者への金子・書状の送付までの預かり[72]、奥方女中への暇申し渡し[73]、板の間の者への御用指示の伝達[74]、金銭・御道具類の保管など[75]の事例が見られ、いずれの実務も、賄役を通じて元締役に伝達されていることが分かる。

〈抱守・伽役〉抱守と伽役はいずれも常勤ではなく交替番の職務である。抱守については役名は異なるが享保二十年（一七三五）に内田源大夫が虎之介（十四歳）の「御守役」、元文五年（一七四〇）に松永彦右衛門が卯之次郎（八歳）の「御守役」に任命された際の誓詞[76]が、伽役については、文化十年（一八一三）に欽次郎様（二十三歳）の「御伽役」に任

表6　民部様御賄御用日記の物資調達記事（延享元年5月19日〜8月晦日迄）

月.日	調達物資	代　金	調 達 先	関係役人	備　　考
6.3	扇子六本		買上	森野弥八郎へ預置	
	小手拭三ツ		買上		
5	小手拭五ツ		買上	森野弥八郎へ預置	
8	松掛木百四拾貫弐百目		松原文四郎より買上		
9	土用入、小豆餅一重(十程)		亀や誂申付ル		
11	青とさ両面弐枚折御屏風		黒御門先より	成瀬	御絵を林清右衛門へ命じる
11	水籠十		買上		
12	御香物小桶壱つ	代六匁	誂え		15日、お縫へ遣わす
15	御膳酒三升		中之町喜右衛門かいあけ	御使与左衛門	殿様へ為暑気御機嫌伺い
15	丸青瓜　五拾		御賄方へ要請	尾末町屋敷御賄方	
	酒粕　五斗		同上	同上	
16	そうめん弐拾把		御かいあけ		酒井三郎兵衛へ被下置候代
18	丸青瓜　五拾		御漬物方より17日申渡す	尾末町屋敷御賄方	宇尾村へ
18	諸白酒粕　五斗		同上	同上	上之魚屋町庄次郎へ
22	輪かきかね弐つ		御買あけ		一つ局口ノ事ニ打、一つ預ケ置、弥介へ
24	浅瓜弐拾五粕漬ニ申付ル	代百弐拾九文也			26日、青瓜弐拾五粕漬に成
27	鮓桶壱つ	六分	御買あけ		
27	春慶塗盆弐枚	九分	御買あけ		
7.2	かな木・かけ木、五百四貫	十匁五分ツヽ	孫七越		
3	米壱俵				山岸長兵衛へ被下置
3	五十俵		今年請取之分請取、残テ四百俵有之		
5	ツツミ小手拭六ツ	九分	御買上	弥八郎へ渡置也	
6	御膳味噌		為搗候也		
6	御用米ニ而三十俵　亥之納米		御召物御用ニ請取		7/8,壱表ニ付き21匁5分
6	御用米ニ而弐拾俵　亥之納米		御世帯方ニ請取		7/8,壱表ニ付き21匁5分
6	御用米ニ而拾俵　亥之納米	(御払用)	御飯料ニ請取		7.12,壱表ニ付き21匁1分
6	よき	八匁五分	誂出来、今日指上ル、	元締方へ渡ス	
	すき	九匁			
	くわ	六匁			
7	干菓子一重	三匁	黒御門先へ被進候		
15	鉋　壱挺（外9品）	弐匁(合計26匁)	昨日御かいあけ、	元締方へ渡ス	
20	すき柄　一丁	弐匁七分	右、誂也		7月21日御祝誕御祝儀
	鉄鍬柄　一丁	壱匁二分			
	釿ノ柄　一丁	壱匁			
21	拾五表　亥之納米	(内拾表御払用)	明後日請取申旨ニ而今日配符出来、		7/23,御用米御蔵ニ而請取
27	下味噌　弐斗		今日、搗		
8.2	拾表　亥之納米		右之配符、印形致渡ス		
5	壱間莨簀　弐枚	壱匁五分	御かいあけ		
	むしろ　一枚	参拾文	同上		
10	御不断召御袴張直し		京都へ張直し		此方で張直すよう縫へ戻す
12	弐表　亥之納餅米		明日請取ニ付、配符印形		8/13,松原御蔵にて請取
	弐俵　亥之納大豆				
	拾俵　亥之納米	(御払用、208匁)	8/14,此分十兵衛へ渡ス		
14	大豆　壱斗　御膳味噌		搗く		
15	御馬乗袴地さんとめ表		御かいあけ		
18	明日之御用ニ御道具とも		黒御門先へ御拝借		＊直章、半元服
20	昨日御用ニ借用御道具		借目録ニ合返進ス		
21	殿様へ御献上之中御酒　三升	壱升に付壱匁三分	保田村酒屋六左衛門		＊保田村は犬山領(長浜市)
23	御馬乗袴　壱下		かりかね屋へ御仕立申付候		9/1,出来請取
25	絹糸代	弐匁	縫より申来り、遣わす		
27	かな木　541貫目		松原文四郎より取		
29	さんとめ御袴地御不断召	拾五匁	御買上、白木屋ニ而		
	御袴表地黒手さん留	弐拾弐匁			
	黄海黄御袴表地	参拾八匁			
	御不断召御袴地ちちぶ絹	拾九匁八分			
9.1	御かた衣裏地郡内海黄	拾四匁五分	御買上		
1	呂之御かた衣御裏付仕立		(かり金屋へ)申付候		9/2,出来
1	三表　亥之納大豆		松原御蔵配符		＊御膳味噌・下味噌用
	拾表　亥之納米		同上		＊飯米用
3	表上之さんとめ裏黄海黄之御袴仕立て		かり金屋へ申付候		9/5,出来
	表次之さんとめ御袴仕立て		同上		9/12,出来
5	御手傘	六匁壱分	御買上		
6	御合羽もめん一反	代拾匁	御買上		
7	御合羽木綿下染ニ遣ス		弥八郎方より申付也		
9	夜着壱つ	六拾匁	御買上		＊岡嶋源弥へ被下置也
	ふとん	三拾五匁			
10	下味噌　弐斗		今日搗く		
14	御ほん椀（外7品）祝膳道具		(黒御門先より)	(黒御門屋敷御賄)寺崎彦右衛門	＊目録添到来、元締へ渡す
	(＊以下は省略)				

命された青木頼徳の誓詞[77]が伝存する。

これらを比較すると、両役の誓詞における共通点は、第一箇条に見られる「御奉公大切」と「一味徒党」の禁止条項、箇条配分は異なるが、「御威光」による「身之威勢」あるいは「身之奢」の禁止事項、「大酒」の禁止事項、「御奥方」における見聞についての守秘義務事項[78]などである。これらの相違点は、「御守役」の誓詞には「御幼年ニ被成御座候とて諸事不奉軽、毛頭御後闇覚悟を不存、及心申程者御大切ニ御守可仕候」との文言が見られることである。これは伽役には見られないことから、「御守役」は庶子が幼年期に任じられた役名であり、幼年の庶子を「大切ニ御守」できる成人藩士が選ばれたと考えられる。一方伽役は、天明三年（一七八三）の広小路屋敷の庭五郎の伽役であった熊谷他三郎の場合、この年十一月十五日に前髪執（元服）をおこなっており、生年は不明であるが十五・六歳頃と思われ、庭五郎とほぼ同年齢の藩士が選ばれていた。

「御守役」にのみに見られる箇条は「一、被召上物等随分念入大切ニ仕、毎度おに《（鬼）》を致させ指上可申候、少も麁末之儀無之様念入可申事」と記された部分であり、庶子幼年期における食事の世話をおこなっていたことが窺える。一方、「御伽役」にのみ見られるのは、「御前向」について見聞したことについての守秘義務事項である。これは、庶子が成人に達しているための配慮と考えられる。また「御守役」の場合、一味徒党などの不正についての報告を「御家老中・御用人中」へおこなうことが規定されていることから、賄役同様に附人の支配下ではないと考えられる。

その他、彼らは庶子外出の供揃の際に御供や御先詰を勤めた。

〈番人（鎖前番）〉 番人の職務は、前述の「山崎御屋敷御鎖前御張紙御書之写」によれば、文字通り屋敷内の表と奥向の境目にある鎖口の前での番をおこなうことにあり、奥方・表方役人の出入りを監視し、奥向きの御用を表方へ、表方の御用を奥向きへ取り次ぐことにある。また、天明三年の事例では、庶子への「御茶之御用」は従来「御番人」の「持前」（担当）であったが、「御番人」の御用が多いので、同年八月十五日には、以来は「御茶之御用」は「御抱守」の「持分」とし、「御番人」は鎖前付近に設けられた「御台子」の「御茶水并御炭」のみの準備を勤めることが規定された。ただし「御番人」が「御台子」の場所に居合せた時には、「指懸り」の場合、「直ニ指上候様相心得」るよう命じらている。

当時の「御番人」は鎖前番のみならず、庶子外出の供揃の際に御供や御先払を勤めた。また、本来の職務ではないと考えられるが、天明三年の「広小路御屋敷御留帳」に見られる番人鈴田吉次の事例のように、「御謡初の地謡を勤めたり、庶子地謡稽古の相手を勤めたり、庭五郎の「御矢筒細工」を命じられたり[79]と、個人の資質により庶子の御用を勤めていた。

3 井伊家庶子の生活と教養形成

本章では、史料編に翻刻掲載した天明三年（一七八三）の「広小路御屋鋪御留帳」から、庶子の一年間の生活サイクルの具体像を概観することにより、庶子生活と藩の諸儀礼との関係、交際範囲、行動範囲などを検討したい。

この年、藩主井伊直幸は四月朔日に参勤のため彦根を出立するまで在国しており、彦根の表御殿本奥には真田家（信濃上田藩）への養子縁組が予定されていた銀之介の兄順介（十二歳）が藩主とともに在国居住し、槻御殿には真如院様（井伊直定側室）、大手屋敷には慶運院様（井伊直興娘）、安清屋敷には御衍様（井伊直惟娘）などの御部屋様が居住していた。広小路屋敷に居住していた庶子は、十八歳の庭五郎、十六歳の又介、七歳の銀之介（安永六年六月十七日生）の三人である。江戸には世嗣井伊直豊や庶子の武之介（六歳）がいた。

藩主直幸は四月十二日に江戸到着後、六月十五日に老中評議の席への出仕を命じられ御用部屋入りした。また十月には直豊と伊達重村の娘満姫との結納がおこなわれた。

この時期の附役人は、常勤のものとして附人は青木貞兵衛・安東平左衛門の二人、賄役は中村伝左衛門・吉原源右衛門の二人、元締役は森宗次・高木文次の二人がいた。この他に御番人が中瀬九十郎・元持平次（八月二十八日に槻御門御鎖前へ）・鈴田吉次・伊東喜八・元持平介・古川九郎次・逸見三右衛門・野中三右衛門の七人、御用の節に出仕した伽役が熊谷他三郎（庭五郎附か）の一人、抱守が御徒士衆一二人・七十人御徒士衆三人など常時一五人程度が見られ、人員はしばしば交替があった。また臨時には、「当分御抱守助」として増員がはかられていた。抱守の内からは、庶子が外出する際には、「御用持」（職務内容は未詳）が二・三人命じられていた。この他、女中衆が八人、板の間が一〇人、「御鑓持」を勤めた中間が四人いた。

(1) 一年間のライフサイクル

年頭正月の生活　まず、この年の日常生活の具体像を窺うため、「広小路御屋鋪御留帳」の記述にしたがい、年頭正月の一か月間の生活をたどってみよう。

正月朔日、庭五郎・又介両人は祝儀のため登城、銀之介は使者により殿様への挨拶を済ませた。また御殿本奥に居住した庶子順介の他、御部屋様たちの御用屋敷へは、それぞれ使者を派遣して挨拶をし、在江戸の若殿様・御前様以下へは広小路の庶子三人と順介の四人から「御書」により祝儀の便りを発信した。銀之介は、庶子屋敷内の「御部屋」へ附人を召して盃事をおこなっている。この日、在国中の家老・中老・用人衆らが年頭祝儀のため登城していた。御殿医による拝診番は永末昌運で、銀之介のみが診察を受けている。御殿医による庶子の診察は、輪番により基本的に毎日おこなわれるが、庶子の病状や医師の体調・臨時御用により他の医師が番代を勤めることがあった。また、診察をうけるかどうかは庶子の体調や意向にもよった。

二日には、「御射初」「御読書初」「御書初」「御乗初」があり、それぞれ師範の藩士が御屋敷に出ている。庭五郎・又介両人は「論語」の読書（素読）をおこない、また書き初めとして両人共作の「御寄御試筆」をおこない、例年のように「年神棚」に飾っている。筆頭家老木俣土佐は、年頭祝儀挨拶のため自ら御屋敷に出向いている。翌三日は節分登城のため、この日、登城刻限の伺いをおこない、御供する「御抱守衆」へ「御供触」が出され、また「御用持衆」へも伝達するよう「御抱守衆」へ通達した。庶子の外出には、必ず常勤の附人・賄役・番人などの他、輪番で勤める抱守の内数人が御供を勤め、前もって御供の面々には触が出された。また例年の通り、賄衆は暦や品々の「御買初」をおこなった。

三日は、節分祝儀のため供揃えにより登城した。庶子からは御部屋様へ附人または賄役が祝儀の使者を勤め、また各御部屋様からの答礼使者があった。銀之介は殿様へ使者を派遣している。家老中からは、祝儀の「物使」があり、用人中は皆屋敷に出仕している。これら祝儀の応答は、一年を通じた通常の年中儀礼では同様の手続きが踏まれた。以下の儀礼では、特異な事例以外は省略する。

夜には成瀬孫作・孫市が出てきて、例年のように庭五郎の居間、又介の居間、十五畳の間、表座敷、詰所前、賄所前、(表の)台所と七箇所を順に「大豆はやし」をおこない、庭五郎・又介両人は表座敷へ出て各役人からの祝儀挨拶を請けた。成瀬氏には例年のように、酒・御吸物が出され、「白銀二両」の祝儀が下された。この成瀬氏は井伊直幸の尾末屋敷時代の賄役と考えられ、年末に御屋敷でおこなわれた「御煤払」にも出仕しており、広小路屋敷における年中儀礼の中で、特異な役割を果たしていた。おそらく直幸の庶子屋敷時代に仕えた由緒などが関係していると推測される。奥台所の「大豆はやし」は賄役の中村伝左衛門がおこない、銀之介から「御扇子二本」の祝儀が下されていることから、銀之介は幼年であるため奥住居であると推定される。この日、当番に屋敷に出仕している者にも、酒・取肴がくだされ、「御有合」の吸物も出された。

四日には、歴代の墓所清凉寺へ庭五郎・又介両人は供揃いで参詣した。又介は初めての参詣であった。明日は「御謡初」のため、指南役をつとめる藩士片岡一郎兵衛へ出仕するよう通達した。

五日は、御機嫌伺いのための庶子登城が免除されたが、急に御殿本奥から順介が年頭祝儀として屋敷へ訪れ、表座敷において庶子三人が対面した。この日、殿様は「御野廻り初」をおこない無事帰着したが、これに対する御機嫌伺いが従来の「留記」(「庶子屋敷日記」を指す)では、庶子登城または使者派遣と両様があるので側役へ確認したところ、以後は無用であるとの返事があった。庶子と殿様間の諸儀礼がまだ一定ではなく、時に応じて伺いにより確認されていたようだ。また本奥の女中衆から庶子へ交肴や扇子などの年頭祝儀が差し上げられた。暮時には「御謡初」があり、最初は「曲舞」、続いて「老松」のシテを又介、鼓を庭五郎が勤め、地謡は片岡と抱守林安之丞以下三人、御番人鈴田吉次の五人が勤め、「高砂」「四海波」の一節が謡われた。例年は孟彦・佐十郎の両人が「東北」を演じていたが、この年は両人が出席できないため変更があったようだ。

六日は、又介の「御祝誕」で、例年のように御祝いがおこなわれ、殿様から祝儀の使者が遣わされ、返礼使者を遣わす。附役人には御盃・御膳付の御肴が下され、この日、庭五郎・又介両人は屋敷前で乗馬をおこない、指南役羽田六兵衛以下が召された。また庭五郎・又介両人は、旧冬に前髪執・袖留祝儀のため江戸赤坂山王社への代拝を用人吉用隼丞に依頼し、江戸用人からの恐悦の呈書が届く。

七日は、七草粥の祝儀日で家中惣出仕の日でもあるため、庭五郎・又介両人は登城し「御歓」を申し上げた。殿様以下への祝儀応答は通常のとおりである。この日、京都での物資調達をになった呉服所七里九竹・佐生理兵衛らから年頭祝儀・呈書が届いた。在江戸の若殿様からは、旧冬に将軍から拝領した鴨肉の配分が披露され、庶子にも下された。

八日、旧冬の前髪執・袖留の山王社参代拝を勤めた吉用隼丞からの御請書が届く。明九日、庭五郎・又介両人は高宮への射鳥御出かけの伺いをおこない了承され、御供触が出された。

九日、庭五郎・又介両人は高宮への射鳥のため城下京橋口から出立したが、京橋外から二手に分かれ、庭五郎は元川口から足軽中藪組裏へ出て河原町長者屋敷（後三条町）を経て野田山、さらに中山道沿いに高宮本陣へ入った。又介は京橋外から長純寺前、水流町、外堀沿い外馬場を経て長者屋敷、高宮本陣へ入った。昼からは庭五郎・又介の御供は交代したという。この日、来る十二日に野村新左衛門の「御講釈初」が行われるとの知らせが用人から伝えられた。

十日、江戸での若殿様の新年の様子が用人中から知らされた。また十五日の「御松囃子」の番組が用人から知らせられ、庭五郎が「融」（小鼓）を務めることが伝えられた。式日のため登城し、殿様以下への祝儀応答は通常の通りである。庭五郎は御下屋敷（松原カ）で乗馬をおこない、指南役羽田六兵衛以下が出仕した。十三日に御講釈初・鎗講をおこなうことをそれぞれ師範役へ伝えた。

十一日は、「御式書」には記載がないが「例年御登城」がゆるされており、庭五郎・又介両人は登城し、帰りに御厩前で責馬を見物した。屋敷では「鏡披」をおこない、附役人一統へ例年通り下された。北野寺から「御札一枚ツヽ」が差し上げられた。翌十二日は「御定日」の登城日であるが、本日登城のため「御免」の旨が伝えられ、「御講釈初」であるので「御勝手」に聴聞するよう伝えられた。また、在江戸の御前様以下へ「御四方様」（広小路の庶子三人および順介）からの「御書」がそれぞれ発信された。

十二日は、儒学者野村新左衛門の「御講釈初」が御殿で行われるため、庭五郎・又介両人は登城。昼からは「御松囃子」の稽古のため吉用兔毛・片岡一郎兵衛らが召され、地謡は柄嶋喜平次（抱守）・鈴田吉次（番人）らが命じられた。

十三日には、庭五郎・又介両人は鎗術・剣術の「遣初」として師範を召し出し、例年の通り酒・吸物を下された。また、屋敷での「御講釈初」として野村新左衛門が召され、同様に酒・吸物を下された。また屋敷門前で庭五郎・又介両人の馬責をおこなうため指南役らが出仕した。

十四日は、十五日の「御松囃子」の備えのため、十二日同様に御相手を召して稽古をおこない、酒・吸物を下された。

十五日は、「御松囃子」のため登城。表向きの桜之御間の休所へ入り、直に奥方へ入り殿様と対面、次に御用部屋で家老衆と対面した。御膳は奥方で召し上がった。銀之介も御召しにより駕籠により登城し、本奥へ入った。この日、御供の附人と抱守も御囃子を拝見した。

十六日、乗馬は延期となった。殿様から鷹狩りで獲た鴨が庭五郎・又介両人へ下された。銀之介は十五日登城、本奥へ入った際、奥老女衆から四～五日に一度程度、昼御膳後に御機嫌伺いに本奥へ来られるよう御供を務めた吉原源右衛門から伝達があった。

十七日は、御殿での「御講釈日」により庭五郎・又介両人は登城。

十八日は、庭五郎・又介両人は登城日であるが、前日登城したため「御免」となったため、午前中に乗馬をおこない、指南役が出仕した。銀之介は殿様への御機嫌伺いの使者を遣わした。

十九日は、殿様への御機嫌伺いの使者を遣わしたが、使者は不要と伝えられた。庭五郎の鼓の調緒を買い上げのため、京賄衆へ代金を送り依頼した。この日、弓術・手習い稽古は延期した。鎗術・儒書講釈の「御講日」が師範役に伝達された。

二十日、鎗術の「御内講」がおこなわれた。また、剣術・馬術・素読・謡などの「御稽古日」も伝達された。日程は明記されていないが、他の稽古・講釈日も含め、以後の日記の記述から推測すれば、およそ以下の日割りでおこなわれている。

(稽古科目)	(師範・指南役)	(稽古日)
剣術	花木十介・上田清蔵	一・六の日
会読	三上湛庵・安達見龍・稲川周庵他	二・七の日
鎗術	山根二右衛門	三・八の日
弓術	渡辺逸道他	四・九の日
手習	平居惣九郎	四・九の日
素読(読書)	三上湛庵・安達見龍	五の日
謡	片岡一郎兵衛	五の日
御内講	山根二右衛門	十の日?
講釈	野村新左衛門	不定日
馬術	羽田六兵衛	三～四日置き[80]

これらから、諸稽古・講釈は、すべての日に割り当てられていたことがわかるが、実際には「御出」(他出)や庶子・師範の体調、藩の諸儀礼等により「御延引」と称して中止、もしくは延期になる例もしばしば見られる。また鎗術の「御内講」は、実際の稽古日とは別の十の日におこなわれていることから、実技ではなく室内での伝書等の講釈日であると推測される。

二十一日は、剣術・乗馬は「御延引」となり、野村新左衛門が出仕し、「唐詩」の講釈をおこなった。また、又介へは御殿における「御詩会」への出席と、「蒙求御会読」をおこなうよう仰せがあった。それぞれ出仕を命じられた者は、素読・読書の御相手を務める医師たちに加え、庶子屋敷附の抱守・番人たちである。

二十二日、庭五郎・又介両人は「例之通」に登城。帰りには御厩前で責馬を拝見した。午後には、又介は「御詩会」、庭五郎は「御乗馬」をおこなった。この日、在江戸の家族や親族から庭五郎・又介両人へ年頭祝儀の奉書・品々が届いた。

二十三日は、又介のみが「鎗術」をおこない、野村新左衛門の講釈をうけた。いずれも庭五郎は「御延引」している。この日から、日付の下に附人の出仕当番が記載されることが見られ、交代番をおこなっていることが確認できる。

二十四日は、庭五郎・又介両人とも弓術と謡を「御延引」、又介は手習も「御延引」した。

二十五日は、素読は「御延引」、午後から乗馬をおこなった。銀之介は午後から登城、御殿の本奥へ入った。この日、翌二十六日の「北海御射鳥ニ御出」のため御供触が出された。庭五郎附の女中「おか代」の宿から「塩引鮭一」が「例年之通」に献上された。

二十六日は、雨天のため「御出」は二十七日に「御延引」となったため、又介は「剣術」を稽古した。熊谷他三郎が「御伽」のため屋敷へ出仕した。この日、殿様の参勤発駕日が四月朔日に決定したことを、用人から申し上げられた。これに対し「御歓」の使者を遣わした。

二十七日は、また強風のため「御出」は延期となった。庭五郎は読書か素読のためか中嶋意伯を召し、又介は「御会読」をおこなっている。

二十八日は、手習は指南役の都合により「御断」した。庭五郎・又介両人は午後から御祝儀のため登城し、講釈を聴聞した後、殿様とともに御下屋敷へ「御出」、再び殿様同道で御殿に入った。暮前に屋敷に帰り表座敷で附役人らからの祝儀挨拶を請けた。銀之介は昼過ぎから、城内の腰曲輪を御供を連れて「御歩行」をおこなっている。

二十九日は、庭五郎は「弓術」をおこない、昼過ぎからは御下屋敷前で庭五郎・又介両人は「御乗馬」、銀之介は前日同様に腰曲輪から御下屋敷へ「御歩行」をおこなった。

このように、広小路屋敷での一年の生活がはじまる。藩主とは生活空間を異にする庶子とはいえ、屋敷での諸芸稽古がはじまるのと平行して、藩主在国中は藩の公的儀礼や藩主の行動に随い度々登城したり、節目ごとに殿様への御機嫌伺いの使者を派遣していることがわかる。

一年間の年中儀礼　つぎに一年を通じた藩の儀礼と庶子の日常生活における儀礼との関係を見てみよう。

次の表7は、宝暦五年（一七五五）から同十年頃に成立したと推定される彦根藩の表御殿での年中行事を定めた「殿中御作法向」[81]と、天明三年（一七八三）の「広小路屋敷日記」、寛政十一年（一七九九）の「黒御門前屋敷日記」（以下それぞれ「殿中」「広小路」「黒御門前」と略記する）に記載された庶子が関係した年中行事を対比したものである。

まず、毎月の藩主と家中の対面儀式がおこなわれる「惣出仕」について見てみると、年始・五節句登城がおこなわれる月は例外もあるが、「殿中」では朔日と十五日の朔望、八日・二十一日の間出仕の四回を基本として、一月・七月・十二月には、二十八日が登城出仕日として定められていた。とくに間出仕は、江戸城での諸大名の朔望を初めとする式日惣出仕以外に、井伊家を含む溜詰大名が揃って毎月十日前後と二十日過ぎの月二回おこなう「間之登城」に倣った制度であるとも考えられる[82]が、彦根藩では特定の家臣がおこなうのではなく惣出仕であるため、幕府儀礼における溜詰大名による「間之登城」とは意義が異なる。むしろ、朔望登城に準じた月次儀礼として位置づけられよう。

「広小路」「黒御門前」では、藩主在国中を除けば、朔望と二十二日の三回が登城出仕日であり、庶子屋敷内で「御表ニ而御祝儀御請」「当日御祝儀御請」などと、庶子屋敷附役人との御目見をおこなっているが、「殿中」に見える八日の出仕は見られないなど、十八世紀末以降では庶子屋敷内での庶子と附役人との間での儀礼では簡素化の傾向が見られる。

藩主在国中には家中と同様に庶子も殿中儀礼に出仕するため登城して

表７　殿中儀礼対象表

月.日	殿中御作法向(年中儀礼一)	広小路御屋敷日記(天明３年)	黒御門前御屋敷日記(寛政11年)
1.1	元日、諸士御礼	御二方様、四ツ時御登城	元日祝儀御請。御登城
1.2	元日、家中無足倅～町医師御礼		
	御乗初	御乗初・御射初・御読書初・御手習初	御乗初・御射初・御読書初・御手習初
1.3	清凉寺参詣		清凉寺代拝
1.4	寺社御礼	御二方様、清凉寺へ御参詣	今晩御囃子にて登城
1.5	御鷹野初之事	御二方様、御機嫌伺い御登城	
1.7	御祝儀(七草)、御目見	御二方様、御登城、当日御祝儀	御座御間にて御祝儀御請。御登城
1.8	惣出仕御免		
	多賀尊勝院・高野永源寺御対顔、其外寺社御礼		
1.10		御二方様、四ツ時、御鈫御登城	
1.11	御具足御鏡披	御登城、御式書にはないが、例年御登城して宜しき也	御鏡開御祝儀
	御稽古初		御稽古初
1.13		御剣術遣初・御鑓術遣初	
1.15	惣出仕・寺社御礼、横超院対顔	当日御祝儀、御家老中惣使	御祝儀御請。御登城
1.18		御登城日に御座候ところ、昨日御対面されたので、今日御登城におよばず	
1.21	惣出仕・寺社御礼、清凉寺他		
1.22		御二方様、例の通、四ツ時、御登城	
1.25		御二方様、四ツ時、御供揃、例の通、御登城	
1.28	惣出仕	御供揃にて御二方様御登城	御登城。当日御祝儀御請
1.－	松囃子	御松囃子につき御二方様、五ツ半時過、御登城(15日)	御登城、松之間にて御松能拝見(23日)
2.1	惣出仕	御二方様、御登城	御祝儀御請。御登城
	祥寿院様御祥月御廟参詣		
2.8	惣出仕		
2.9		御二方様、御登城	
2.15	惣出仕	御二方様、御登城	当日御祝儀御請。御登城
	二男・末子・弟初御目見		
2.18		例の通、又介様、御登城、奥方へ	
2.21	惣出仕	例の通、又介様、御登城	
2.22			
2.26		御機嫌伺、庭五郎様、御登城	
2.28			当日御祝儀御請。御登城
3.1	惣出仕	例の通、	当日御祝儀御請。御登城
3.3	上巳	例の通、御二方様、御登城	当日御祝儀御請。御登城
3.8	惣出仕		
3.9		例の通、御二方様、御登城	
3.12		例の通、御二方様、御登城	
3.15	惣出仕	例の通、御二方様、御登城	当日御祝儀御請。御登城
3.18		例の通、御二方様、御登城	
3.19～20	高野永源寺御参詣	殿様元三大師へ御参詣、御二方様、銀之介様、御機嫌御使(20日)	殿様永源寺御参詣。(４月19～20日)
3.21	惣出仕		
3.22		例の通、御二方様、御登城	御前髪執、御祝式御礼登城
3.25		例の通、御二方様、御登城	
4.1	惣出仕	殿様、御発駕	御祝儀御請。御登城
4.5	御首途之事、丑年千代宮御参詣		
4.8	惣出仕	御二方様、四ツ時、御供揃にて北野寺天満宮へ天気能いので御参詣(８日)	
	(北野寺)御祭礼参詣		
4.15	惣出仕	例の通、御表にて御祝儀	当日御祝儀御請。御登城
4.24		御二方様、五ツ時、御供揃にて千代宮、それより威徳院、八幡宮へ御参詣	
4.28		御二方様、御表にて例の通、御祝儀	
4.－	＊御発駕前当分御番割命じる		
5.1		御二方様、例の通、御表にて御祝儀御請	当日御祝儀御請、御登城
5.15		又介様、例の通、御表にて御祝儀を御請	当日御祝儀御請、御登城

月.日	殿中御作法向(年中儀礼一)	広小路御屋敷日記(天明３年)	黒御門前御屋敷日記(寛政11年)
6.1		御二方様、例の通、御表にて御祝儀御請	当日御祝儀御請、御登城
6.15		御二方様、例の通、御祝儀御表にて御請 山崎・大手両御屋敷へ御使(21日)	当日御祝儀御請、御登城
6.－	土用入使者派遣		土用入、御登城(18日)
7.1	惣出仕	なし	当日御祝儀御請。御登城
7.7	七夕、御目見	御表にて例の通、御三方様御祝儀御請、	御不快、御祝儀請けず、登城御断り 御機嫌伺い登城(11日)
7.15		先年よりの例により御表御祝儀はなし、但、御抱守中ニも麻上下を着用出仕の事	御不快、登城せず、御祝儀請けず
7.21	惣出仕		
7.25	光照院様御祥月廟所参詣		
7.26		御生身魂の御祝儀御祝、例年之通御料理進上	
7.28	惣出仕	御二方様、例の通御表にて御祝儀御請	例の通御祝儀御請、御登城
8.1	八朔、御目見	又介様・銀之介様、御表へ御出、御祝儀御請	殿様御発駕御登城 例の通御祝儀御請
8.8	惣出仕		
8.15	惣出仕		当日御祝儀御請
8.21	惣出仕		
9.1	惣出仕	御二方様、例の通、御表ニ而御祝儀	例の通御祝儀御請
9.9	重陽、御目見	御三方様、御表にて御祝儀御請	当日御祝儀御請け
9.15	惣出仕	御二方様、例の通、御表にて御祝儀御請	例の通御祝儀御請け
9.21	惣出仕		
9.28		庭五郎様、四ツ半時、御供揃にて威徳院八幡へ御参詣	
9.－	三河村元三大師へ参詣		
10.1	惣出仕	御二方様、例の通、御表にて御祝儀御請	当日御祝儀御請け
10.5		玄猪ニ付御祝儀申上候(５日)	
10.8	惣出仕		
10.15	惣出仕	御二方様、御表にて例の通、御目見御請	当日御祝儀御請
10.21	惣出仕		
11.1	惣出仕	御表にて例の通、御祝儀御請	当日御祝儀御請
11.8	惣出仕		
11.15	惣出仕	式日呈書被出候、松その（松園）	当日御祝儀御請
(15)	家中惣領召し出し、御目見		
11.21	惣出仕		
11.－	初雪、御機嫌伺い	初雪につき御機嫌伺い(７日)	初雪、御機嫌伺い(12月４日)
12.1	惣出仕	御表にて例の通、御祝儀御請	当日御祝儀御請
12.8	惣出仕		
12.13	御煤払	御煤払	吉例の通、御煤納御祝儀
12.15	惣出仕	又介様、例の通御出、御祝儀御請	当日御祝儀御請
12.－	節分、惣出仕 ＊年男豆はやす	(１月３日節分) 御二方様、節分の御祝儀として、御抱守衆へ歳暮の御祝義并御小納戸払、それぞれ拝領物下される	
12.21	惣出仕		
12.28	歳暮御祝儀、惣出仕	例の通、御表にて御二方様御祝儀御請	御祝儀御請
12.－	寒入御機嫌伺い使者江戸派遣	惣使を以寒入被伺御機嫌候(14日)	寒入、殿様へ御呈書(13日)

おり、「黒御門前」では藩主在江戸の時期と同様に朔望と二十二日の三回程度、まず庶子屋敷での「当日御祝儀御請」を済ませた後に登城しているが、「広小路」では、朔望と二十二日の三回の他にも登城がおこなわれ、一月は八回、二月は六回、三月は八回と多い。とくに、式日以外では、九日または十日、十八日、二十四日から二十六日頃が共通して見られる。これは、天明元年の「庶子屋敷日記」にも共通して見られる。これら増加した登城日には、二月二十六日のように「御機嫌伺」と記される例もあること、また当日の家中惣出仕は見られないため、藩主在国中における藩主と庶子という血縁関係の中での儀礼と考えられ、これらが溜詰大名の「間之登城」に準じたものと考えられる。しかし、天明三年以降では、儀礼の簡素化のためであろうか見られなくなる(83)。幕府儀礼においても十八世紀末の享和年間以降では、この恒例年中行事の簡素化傾向が確認されており(84)、彦根藩でも同様の傾向にあったことが指摘できる。

また、これら登城儀礼への出仕や庶子屋敷内での儀礼は、庶子の年齢によっても差違が見られる。天明三年では、十八歳の庭五郎と十六歳の又介は「御二方様」と記載され、年中儀礼において行動を共にする例が多いが、七歳の銀之介は「御二方様」とともに登城することはない。銀之介の場合、前述したように、正月十五日に御召しにより登城し本奥へ入った際、奥老女衆から四～五日に一度程度、昼御膳後に御機嫌伺いに本奥へ来られるよう求められたことから、正月は二十五日、二月は十二日・十四日・十六日などに本奥へ入っている。これらは殿中での年中儀礼とは関係なくおこなわれており、銀之介は、いまだ元服を済ましていないことから殿中儀礼には関与しておらず、また屋敷内での附役人との間でかわされる屋敷内の表向での対面儀礼においても、天明七年の事例では七夕・重陽など、限られた節句祝儀にのみ関与していた。

江戸との交際関係　つぎに、庶子と江戸屋敷の親族との交際関係を見てみよう。

まず、表8は天明三年（一七八三）における広小路屋敷の庶子と江戸屋敷との書信や贈答関係をあらわしたものである。一月から三月末までは藩主在国のため、江戸との交際関係は在江戸の若殿様および御前様以下の女性たちである。月による頻度の差はあるが、藩主が参勤した後、六月以降では毎月三～四回の書信のやりとりが見られ、年頭・七夕・歳暮祝儀をはじめ、土用入り、寒入りの御機嫌伺いや、江戸での藩主・世嗣をはじめ親族身辺での吉事・凶事に際して書信の応答が見られる(85)。これらの発信日は、藩主在国中は藩主が江戸へ差し出す飛脚便に合わせて出されることが多いが(86)、藩主参勤中はとくに七日・二十一日の事例が多く見られ、おそらく藩の定期飛脚に合わせて差し出されたのであろう。

これらの書信は基本的に広小路屋敷に居住する「御三方様」（庭五郎・又介・銀之介）の連名によるものであるが、正月朔日の若殿様以下へ宛てた年始御祝儀の書信では、「御三方様」に加え、彦根本奥に藩主とともに居住していた順介を含め「御四方様」連名で差し出しており、在彦根の庶子は在江戸の親族との関係において、居住屋敷によって区別されていない場合がある。また、これら庶子の連名により、庶子自身が弓で射止めた鴨を若殿様（井伊直豊）へ進上したり、庶子屋敷内の庭で収穫された「栗」や、藩の御山（大洞山・里根山）で採れた松茸を干した「干松茸」などが、時候伺いとともに江戸の藩主・御前様へ贈られた。一方、江戸からは「御生身魂之御祝儀御祝」として、「例年之通」に御料理が調えられ庶子屋敷へ届けられるなど、相互の交際により、親族間の交誼を深め合っていた。

また、個々の親族との関係において、例えば又介と若殿様（井伊直豊）との間では、又介から自身の詩作を進上したり（二月朔日・九月二十一日）、若殿様から庶子へ歳暮祝儀として内々に贈られた品物は、試作など儒学に関心がある又介へは「古註五経」、武術に傾倒する庭五郎へは刀装具や印籠などの携帯品が選ばれるなど、個々の好みを熟知した配慮が見られる。

彦根での交際関係　彦根での交際については、槻御殿（黒御門前屋敷）に居住していた先代藩主井伊直定の側室真如院、庶子から見れば義祖母にあたる人物との関係を事例に見てみよう。表9は、天明三年の両者のとの交際内容を示したものである。

全体としては、年始・五節句をはじめ、朔望などの年中儀礼、土用、寒入りなどの節季、殿様を初めとする親族の吉事・凶事にともなう使者を通じた交信が基本であるが、上巳・七夕・重陽の節句のほか、十月二十二日、

表8　江戸との交際（天明3年）

月.日	交際内容	交際関係者	
1.朔	御書壱通（年始御祝儀）	若殿様・御前様・山下御前様・下谷御前様へ	←御四方様より
2.朔	又介の「御詩一章」進上、年頭祝儀・旧	若殿様へ	(←又介)
	冬御袖留御祝物の返礼書	御前様他へ	(←庭五郎・又介)
2.14	旧冬御袖留御祝物の答礼	江戸清蓮院様へ	(←庭五郎・又介)
2.24	御口上	若殿様より→	御三方様へ
2.26	御書（御射留之鴨進上）	若殿様他へ	←庭五郎・又介
2.29	御奉文四通	下谷山下大名小路より飛脚→	
3.29	御書	御前様・若殿様	←御三方様より
	御書	大名小路午前様へ	←庭五郎様より
4.8	（殿様・順介五日大井川御渡川、嶋田駅御止宿の旨用人より申し上げる）		
4.17	大井川御渡川の御歓御書	殿様他へ	←御三方様より
4.17	（殿様十一日御着府の旨、用人より申し上げ）		
6.21	土用入り御機嫌伺御書	江戸へ	←御三方様
6.26	（殿様、御用部屋入りの報せあり）		
7.朔	殿様へ御歓御書	殿様・若殿様・御前様へ	←御三方様より
7.7	七夕祝儀の御使	殿様・若殿様・御前様→	御三方様
7.27	七夕の御祝儀御使御請	殿様・若殿様・御前様へ	←御三方様より
	御生身魂之御祝儀御祝、例年之通御料理被進	江戸より→	（御三方様へ）
8.15	（御鷹の雲雀御拝領の報せ）		
8.21	御結構（大老就任）御内祝	殿様より→	御三方様へ
8.21	雲雀之御歓御書	殿様・若殿様・御前様他へ	←御三方様より
9.7	年頭御祝儀、例年被進之御扇子五本入二箱	殿様・若殿様へ	←御三方様より）
9.12	栗（御庭ニ出来）	殿様・御前様へ	(←御三方様より)
9.21	御書	殿様・若殿様・御前様へ	←御三方様より
	又介様御詩作　壱章	若殿様へ	←江又介様より
9.24	干松茸二百五十本中開つぼミ	殿様・御前様へ	(←御三方様より)
10.朔	（若殿様結納の報せ）		
10.7	御歓御書（若殿様結納）	殿様・若殿様・御前様へ	←御三方様より
10.21	御書	若殿様へ	←御三方様より
11.9	御書	御前様へ	←御三方様より
11.17	御書（御羽の御礼）	殿様へ	←御二方様より
	同（御鷹の鴨被成候御礼）	殿様へ	←御三方様より
	同（若殿様新御建へ御移徙御悦）	殿様・若殿様・御前様	←御三方様より
11.21	御書（御引越御日限御治定恐悦）	殿様・若殿様・御前様	←御三方様より
11.26	（若殿様、来年五月江戸御暇の報せ）		
11.28	御書（雁御拝領之御歓）	殿様・若殿様・御前様へ	←御三方様より
	同（御滞府若殿様御入部御願筋の御悦）	殿様・若殿様・御前様へ	←御三方様より
12.2	（先月廿三日、若殿様御縁女様御引越しの報せ）		
12.9	御醒ヶ井餅　一箱二百枚入	順介様へ	←庭五郎様より
	紙包　壱ツ	野村新左衛門方へ	←又介様
	御書（御縁女様御引越御歓）	殿様・若殿様・御前様他へ	←御三方様より
12.14	御書（寒入り御機嫌伺い）	殿様・若殿様・御前様他へ	←御三方様より
12.17	御返書御奉札呈書	江戸より→	御三方様より
12.21	御書	若殿様へ	←御三方様より
12.23	御縁頭・御頭・御鍔・御印籠	若殿様より内々に→	庭五郎様へ
	古註五経（書経・詩経・易経・礼記・六経音義・易音義）	若殿様より内々に→	又介様へ
12.27	歳暮祝儀	御前様より→	御三方様へ
12.--	歳暮御祝儀御使者被進候	順介様・武之介様・盤姫様・鐸姫様・勇吉様へ	(←御三方様より)

十一月二十六日、十二月二十六日にも庶子の内「御二方様」が槻御殿を訪問している。この場合、銀之介がこれに加わることは見られない。真如院は「御二方様」にとって直接の血縁関係はないこと、槻御殿は銀之介が時折訪問した本奥と距離的にも大差ないことから推測すれば、この行動の差違は、やはり銀之介が前髪剃を済ましておらず、表向きの成人としての交際が求められていなかったためと考えられる。

　これらの交際においては、真如院から庶子へ「御重之内御萩」「西瓜一籠・桃一籠」「一籠かぼちゃ」「御重之内焼団子」、御庭前で採れた「御壱籠之内ぶどう」、「御柿一籠」「釣柿廿七」など季節ごとの食べ物、真如院所持の鬼子母神の祈祷札などが贈られ、また庶子らからは年頭祝

表9　真如院様（槻御殿）との交際（天明3年）

月.日	交際内容	交際関係者	
1.朔	御出（御扇子一箱三本入）	真如院様へ	←御二方様
	御祝儀御使	真如院様より御使高橋喜左衛門→	（御三方様へ）
1.3	節分御祝儀	真如院様へ	御使青木貞兵衛
		真如院様より御使高杉喜左衛門→	（御三方様へ）
1.7	当日御祝儀	真如院様へ	←御使青木貞兵衛
		真如院様より御使橋本八郎左衛門→	（御三方様へ）
	若殿様御歓	真如院様より御使橋本八郎左衛門→	（御三方様へ）
1.10	御歓	真如院様へ	←御使青木貞兵衛
1.15	当日御祝儀	真如院様より御使古田新九郎→	（御三方様へ）
1.26	（当日御祝儀）	槻御殿へ	←御使青木貞兵衛
		御同所様より御使高杉喜左衛門→	（御三方様へ）
2.朔	御昼御膳被進度御招	真如院様より御使高杉喜左衛門→	御二方様へ
	御返答御使	真如院様へ	←御使青木貞兵衛
2.6	御出	槻御殿へ	←御二方様
	今朝御出	真如院様より御使橋本八郎左衛門→	（御二方様へ）
2.23	真如院様御所持之鬼子母神、妙源寺彼岸中開帳修行之御礼	真如院様より→	御二方様へ
2.24	御重之内御萩	真如院様より→	御三方様へ
3.3	御出	槻御殿へ	←御二方様
3.15	御重之内御萩	真如院様より→	御三方様へ
3.23	殿様御首途御歓御使者	真如院様・御衍様・御数様より→	（御三方様へ）
		真如院様・御衍様・御数様	←右此方様よりも被進
4.朔	殿様御発駕御歓御使	真如院様より御使古田新九郎→	（御三方様へ）
4.5		三御部屋様へ	←御使青木貞兵衛
	今朝京都へ御出の報せ	真如院様より→	（御三方様へ）
4.8	盤姫様御縁組御歓御使	三御部屋様方へ	←御使中村伝左衛門
4.17	殿様・順介様、大井川御渡川	真如院様へ	←青木貞兵衛相務
5.24	殿様御着府御歓御使	真如院様へ	←御使中村伝左衛門
	京都御滞留中并暑気為御見廻	真如院様へ	（←御三方様より）
6.21	（醒ヶ井餅一箱三百枚入）		
7.2	土用入	山崎・大手両御屋敷へ	←御使青木貞兵衛
	明日京都〆御帰ニ付、御機嫌御伺御歓御使	真如院様へ	←御使青木貞兵衛
	真如院様より京土産	御使橋本八郎左衛門→	（御三方様へ）
	宇治拾遺		→庭五郎様
	国語		→又介様
7.7	御手遊ひ虎御巾着御将棋盤		→銀之介様
7.7	（当日御祝儀）	槻御殿より御使→	（御三方様へ）
	京都より御帰り後、初の御入（浜切鯛弐尾）	真如院様へ	（←御三方様より）
		御同所様へ御使青木相勤	←銀之介様より
	御出	槻御殿へ	←御二方様
7.8	（西瓜一籠・桃一籠）	（真如院様より）→	御二方様へ
	両日之鳴動、御見廻御使	真如院様より御使橋本八郎左衛門→	（御三方様へ）
8.朔	今朝御使被進候御礼御見舞	真如院様へ、	←御使青木貞兵衛
8.4	当日御祝儀御使	真如院様より橋本八郎左衛門→	（御三方様へ）
8.9	一籠かほちや　二ツ	真如院様より橋本八郎左衛門→	御三方様へ
8.10	御重之内焼団子	真如院様より→	御三方様へ
8.14	御衍様御逝去御悔御使	真如院様より御使古田新九郎	（御三方様へ）
8.15	御朦中御見舞御使	真如院様より御使古田新九郎	（御三方様へ）
	御壱籠之内ぶどう	真如院様より→	御三方様へ
8.20	（御庭前ニ出来之由）		
	御忌明、御悔并御見舞	真如院様他へ	←御使青木貞兵衛
	殿様雲雀御拝領之御歓	真如院様より御使橋本八郎左衛門	（御三方様へ）
9.9		真如院様へ	←御使安東平左衛門
	為御祝儀被為入候	槻御殿へ	←御二方様
9.13		真如院様へ	←銀之介様よりの御使安東平左衛門
9.15	御栗壱台百被進	真如院様	←御三方様より
9.22	（当日御祝儀）	真如院様より御使橋本八郎左衛門→	御三方様へ
9.24	御柿　一籠	真如院様より→	御三方様へ
10.朔	（松茸）拾本被進候	真如院様へ	（←御二方様より）
	（当日御祝儀）	真如院様より御使橋本八郎左衛門→	御三方様へ
10.22		槻御殿大手御屋敷へ	←御使安東平左衛門
	御出	槻御殿へ	御二方様
11.7	真如院様山脇御下屋敷江昨日庭五郎様被為入候ニ付右御礼御奉札	真如院様へ	（←庭五郎様より）
	初雪之御見舞	槻御殿へ	←御使安東平左衛門
		槻御殿より御使橋本八郎左衛門→	御三方様へ
11.9	釣柿廿七	槻御殿より→	御三方様へ
11.26	殿様御鷹之雁御拝領御歓	真如院様より御使橋本八郎左衛門→	御三方様へ
	御出	槻御殿へ	←御二方様
12.2	（当日御祝儀）	槻御殿大手御屋敷へ	←御使吉原源右衛門
		真如院様より御使橋本八郎左衛門→	御三方様へ
12.5	若殿様御縁女様御引越（長綿・干鯛）	真如院様・慶運院様へ	
12.14	寒入御見舞御使	真如院様・慶運院様へ	←御使青木貞兵衛
		真如院様より御使橋本八郎左衛門→	御三方様へ
12.15	御重之内	真如院様より→	御三方様へ
12.21	寒中為御見廻	真如院様・慶運院様へ	←御三方様より
12.26	御出、御雑煮被進	槻御殿へ	←御二方様
12.27	御歳暮并昨日御入の御挨拶	真如院様より御使高杉喜左衛門→	御二方様へ
	歳暮御祝儀	真如院様・慶運院様へ	←御使青木貞兵衛

儀の「御扇子」、真如院の滞京中（四月から七月）には暑気見舞いとして「醒ヶ井餅一箱」、帰京後には無事を祝った「浜切鯛弐尾」、「御栗壱台」、茸狩りで取った松茸などを贈っている。真如院の滞京中の土産として、和文を好んだ庭五郎には「宇治拾遺」、儒学を初めとする漢学好きの又介には中国春秋時代の史書である「国語」、幼年の銀之介へは「御手遊び虎・御巾着・御将棋盤」などが贈られ、庶子の好みや年齢を配慮した品物が選ばれていることがわかる。

庶子の稽古日程　表10―1～3は、天明三年における庶子の武芸・学文に関する稽古日程を示したものである。この年の稽古関係記事は庭五郎と又介に関するもので、まだ七歳であった銀之介に関するものは見られない。銀之介の場合、手習を同四年一月十日から、読書（素読）は同六年一月二十五日から始めており、稽古の年齢に達していなかったと見られる。武芸では「御延引」の場合を除き、定例稽古としては剣術・鎗術・弓術が月六回程度あり、馬術は三日から四日に一度と重視されていた。

学文では手習・読書・講釈が月六回程度おこなわれている。この時期、藩主井伊直幸は、一部家中の間での学文興隆の中心人物となっていた庵原助右衛門家の陪臣野村新左衛門を登用して、藩主への進講を務めさせていたため、藩主在国中には表御殿における講釈にも庶子の出席が求められ、庭五郎と又介は月六回程度おこなわれた御殿での御前講釈には、病気でない限りかならず出席した。

夏期の稽古は「土用中者、例年之通、御休被遊候」として剣術・鎗術稽古を六月中旬の土用入から七月中旬の盆後まで休止しているが、弓術・馬術・手習・講釈・会読は続けている。このような一部武芸の夏期休暇事例は、ほぼ毎年見られる。

これら武芸・学文稽古の他に、四月までは謡稽古がおこなわれているが、四月七日に「御二方様共、当分御謡御稽古御休可被遊被　仰出申達候」と休止し、この年の稽古は以後おこなわれていない。

また、この一年の間に四月六日と十一月二十七日の二回、稽古日の変更が見られる。前者は藩主参勤のために変更され

表10－1　庶子の稽古日（天明3年4～11月まで）

	剣術	鎗術	弓術	手習	素読	講釈	会読
1	○					不定日	
2							○
3		○					
4			○	○			
5					○		
6	○						
7							○
8		○					
9			○	○			
10							

＊弓術は弓書講釈の「御内講」あり
＊詩会は、2・10・22日
＊馬術は、3～4日に一度
＊謡は5の日に多い

表10－2　庶子の稽古日（天明3年4～11月まで）

	剣術	鎗術	弓術	手習	素読	講釈	会読	鉄砲
1						○		○
2	○				○			
3		○						
4			○					
5				○				
6						○		○
7	○				△		△	
8		○			△		△	
9			○					
10				○				

＊弓術は弓書講釈の「御内講」あり
＊詩会は、2・10・22日
＊馬術は、3～4日に一度
＊土用中は稽古延引

表10－3　庶子の稽古日（天明3年11月～）

	剣術	鎗術	弓術	手習	素読	講釈	鉄砲
1							
2			○				
3	○						
4							
5							
6							○
7							
8							
9		○					
10				○		○	

＊馬術は、2日隔に一度（3日に一度）

たと考えられる。毎月二日・六日・十日・十三日・十八日・二十一日・二十三日・二十七日の八回おこなわれていた儒学者野村新左衛門による「論語」「唐詩選」の「講釈」が終了し、野村の藩主参勤の御供にともない、龍一郎と交替し「孟子」講釈に移ったこと、素読が十日に一度から二度に増加、逆に会読が十日に二度から一度に減少したこと、庭五郎の鉄砲稽古が開始されたこと、剣術・手習の稽古日が変更されたことなどの変化が見られる。

これらは、藩主参勤を契機としたものであるが、庶子の年齢や好みに応じた変化とも考えられる。例えば又介の場合は、毎月六日・十六日・廿七日に「御詩会」と、毎月二日・十日・廿二日に「蒙求御会読」をおこなうよう指示があったが[87]、これは又介の好みに応じたものであった。庭五郎の場合は、詩文・漢学などの学文を好まず、又介が毎回出席する「講釈」も健康上の理由ではなく大部分を欠席している一方で、弓術を好み盛んに射鳥に出かけたりしている。また鉄砲稽古は、彼自身が「御鉄炮御稽古被遊度思召」を藩主に願い出ており、三月二十二日に許され、師範役も「御師範稲垣弥五右衛門」とするのがよいであろうと伝えられていることなど、武芸を好む傾向が見られた。

後者の変更理由は不明であるが、表10―3を見れば、各稽古日が十日に一度に減少し、素読がなくなっていることがわかる。この回数の減少は天明四年も同じであるが、天明六年には銀之介の諸芸稽古が開始されたためか、鉄砲・鎗術・剣術・居合は十日に二度、弓術と講釈は十日に三度になっていることから、庶子の成長に応じた変化の可能性もある。

このような定日による稽古日の配分は、不定日でおこなわれる馬術を除けば、天明四年一月から四月までは十の日が休日、四月から十一月は休日なし、十一月以降は一・四・七・八の日が充てられているが、実際には外出・健康上の事情で「御延引」となることも多く、他日に振り替えられる例も少なかった。後述するように、この年の庶子は活動的で、外出をともなう稽古を含めた行動が多く[88]、これらの変更が庶子の好みにより増減がおこなわれた可能性もある。稽古日の配分は、カリキュラム上の必要日数を確保する意味だけではなく、稽古相手として出仕する師範役の藩士たちの予定確保の意味もあったのではないだろうか。

庶子の稽古師範　庶子の諸芸稽古相手は、武芸については藩の師範役が勤めている。天明三年の場合、剣術は念流師範荒川文次郎をはじめ花木十介・上田清蔵ら弟子筋、鎗術は心鏡流師範山根二右衛門と百々善介・鈴木権十郎・上田敬介・渡辺勘之丞ら弟子筋、弓術は武田流師範加藤彦兵衛と渡辺逸道・池田久右衛門・榎並惣介・岡沢多左衛門・和田龍左衛門・大久保専介ら弟子筋、馬術は悪馬新当流羽田六兵衛・薬袋伝七・臼居多膳・北村文左衛門・伊東利介・土田甚五郎・神尾惣左衛門・栗林弥一左衛門ら弟子筋など、彦根藩井伊家の御流儀とされた各流儀の師範役またはその弟子筋らが、稽古日の定められた時間に庶子屋敷へ出仕しておこなわれた。しかし、馬術や弓術は「御下屋敷」[89]などへの「御出」により、屋敷外でおこなうこともしばしば見られ、その際、師範や弟子筋も現地へ出仕した。武術に関しては実技の他に「御内講」と称して講釈が時折おこなわれており、一月二十日に、素読や謡の「御内講」とともに、鎗術は山根二右衛門、剣術は花木十介、弓術は上田清蔵、馬術は羽田六兵衛に「御内講御稽古日」が申し達せられた。

砲術は米村流師範稲垣弥五右衛門が出仕したが、庶子屋敷内では稽古をおこなっていない。三月に藩主から鉄砲稽古を許可された際、「御稽古場西ケ原（現彦根市馬場）、又者宇津木弥平太・沢村角右衛門別野（墅）抔、可然由」と命じられ、おもに平田村の宇津木弥平太下屋敷と善利村の沢村角右衛門下屋敷など家臣の下屋敷を稽古場とし、時には師範の稲垣弥五右衛門の屋敷でも稽古をおこなった。九月五日には、「毎月一々ニ宇津木弥平太下田村下屋敷・沢村角右衛門善利下屋敷へ六々与、御定日被相極御出可被遊由」と、宇津木・沢村両下屋敷での稽古を定日化した。ただし、十月二十一日には「庭五郎様御鉄炮御稽古御場所」について、九月から三月迄は、「野矢場」での鉄炮打が「御法度」であるため、宇津木弥平太下屋敷は用いず、「町続」である「沢村角衛門下屋敷」で稽古するよう藩主からの意向が伝えられている。おそらく、農繁期、あるいは鳥猟の時期にかかるため、村落部での鉄砲稽古が制限されたのであろう。

学文においては、手習いは祐筆役の平居惣九郎、五月二十日からは西村平八郎、読書は藩医三上湛庵・安達見龍、講釈は儒学者野村新左衛門・龍一郎、会読は草山隆庵・三上湛庵・安達見龍・稲川周庵ら藩医に加え、抱守の前野杢介・小原八郎左衛門らが出仕、詩会は野村や龍ら儒学者に加えて、藩医の草山隆庵・三上湛庵・稲川周庵ら、抱守の前野杢介が出仕した。また謡稽古には片岡一郎兵衛（船方支配）が出仕した。片岡は正月五日に屋敷でおこなわれた「御謡初」を命じられ、「老松」のシテを又介、鼓を庭五郎、地謡を片岡をはじめ抱守の林安之丞・倉地助左衛門・富永彦十郎・鈴田吉次らが勤めた。

以上のように、武芸稽古では師範およびその弟子筋が稽古相手をつとめたが、学文の場合、素読などの儒学の基礎は藩医（儒医）がつとめ、次の段階の講釈では藩主が信頼する藩内の儒学者、会読・詩会は彼らに加えて庶子屋敷附の抱守らが出仕し、庶子とともに学ぶ体制がとられていたことが窺える。

庶子の「御出」　庶子の日常生活は屋敷内での儀礼や諸芸稽古ばかりでなく、屋敷外での活動も見逃せない。次頁の表11―1は、天明三年に庶子が屋敷外へ「御出」と称して出かけた場所・目的を、表11―2は表11―1を庶子別の「御出」の回数を月毎にあらわしたものである。銀之介の場合、健康上の理由から一度も「御出」が見られない月が多いが、庭五郎・又介は一年を通じて見られ、とくに庭五郎の場合は四月や九月から十一月、又介も四月には一〇回以上を数え、三日に一度は「御出」をおこなっている。これら「御出」の際は、庶子が単独でおこなうことはなく、「御供揃」の場合、附人の内一人に抱守四人から六人が御供を勤め、そのほか先詰として御抱守二人から四人、先払として抱守・元締役の内一人から二人がつとめた。野廻りなど遠方への「御出」の場合は、藩医一人から三人が御供した。また、庶子数人が同じ遠方の場所へ「御出」の際でも、それぞれに御供の担当者が割り当てられている。

さらに、「御出」は「御二方様」と銀之介では区別されており、銀之介の場合は、庭五郎・又介と同日に同じ場所へ「御出」

表11－2

	銀之介	又介	庭五郎
1	1	3	5
2	2	4	4
3	3	6	7
4	10	12	12
5	0	6	7
6	2	5	6
7	0	6	6
8	0	3	8
9	0	8	13
10	0	7	11
11	0	7	11
12	0	0	6

表11－1　庶子の御出記事（天明３年）

月.日	御出場所・目的	関係庶子
1.5	御出初	(御二方様)
1.9	高宮、御射鳥御出	御二方様
1.10	御下屋敷にて御乗馬	庭五郎様
1.19	御下屋敷へ御出、御弓稽古	
1.27	米原、御射留	御二方様
2.5	北海へ御射留に御出	庭五郎様
	御下屋敷へ	又介様
2.6	槻御殿へ真如院様より御招	御二方様
2.7	御下屋敷で御乗馬	御二方様
2.11	磯村御弁当御出、御射留	又介様
2.26	御歩行ニ御出	銀之介
2.27	御下屋敷で御乗馬	庭五郎様
	御近所御歩行	銀之介様
3.2	三河村元三大師へ御馬にて	庭五郎様
3.3	槻御殿へ御入	御二方様
3.5	殿様御船にて御出	庭五郎様
	御下屋敷へ両度御出	銀之介、
3.7	松原辺へ御猟御出	御二方様
3.16	御船にて大藪へ御出、御網	御二方様
	御近辺御歩行	銀之介様
3.18	御歩行	銀之介様
3.19	御下屋敷へ詩作、十勝拝見	又介様
3.21	大藪北川江御出、御網	庭五郎様
3.23	外馬場へ馬寄御覧	御二方様
3.26	大藪辺へ御歩行御出	又介様
4.3	御歩行	銀之介様
4.4	御下屋敷へ御乗馬・御遠的	御二方様
	御歩行	銀之介様
4.5	外馬場へ馬寄御覧	御二方様
4.6	御歩行	銀之介様
4.8	北野寺天満宮へ御参詣	御二方様
	北野寺天満宮へ御参詣	銀之介様
4.11	御下屋敷へ御歩行	銀之介様
4.13	松原辺へ御船御出御網寄打	御二方様
4.15	御下屋敷へ御歩行	銀之介様
	御下屋敷前にて御乗馬	御二方様
4.17	御下屋敷御出	銀之介様
4.18	御地廻御歩行	御二方様
	＊加藤彦兵衛方へ入り弟子衆射御覧	
4.21	御下屋敷へ御出	銀之介様
	御下屋敷へ御出	御二方様
4.22	外馬場轆町他へ御射留御出	御二方様
	＊多賀祭礼御見物	
4.24	千代宮・威徳院八幡宮へ	御二方様
4.25	千代宮へ御参詣	銀之介様
4.26	御下屋敷へ御遠的	御二方様
4.27	御下屋敷へ御出	銀之介様
4.29	御下屋敷へ御弓御稽古	御二方様
4.晦	御下屋敷へ	御二方様
5.朔	御下屋敷へ御乗馬	庭五郎様
5.3	御下屋敷へ御出	御二方様
5.7	箕浦御弁当にて北筋へ御出	御二方様
5.10	御下屋敷へ御出	庭五郎様
5.11	八坂へ御船にて御出	庭五郎様
5.16	御下屋敷へ御出	又介様
5.21	八坂御弁当にて犬上川御出	又介様
5.26	御下屋敷へ御出	御二方様
5.27	御下屋敷へ御出、御乗馬	御二方様
6.1	御下屋敷へ御出	御二方様
6.2	八坂犬上川へ御猟に御出	御二方様
6.6	御下屋敷へ御出	銀之介様
	御下屋敷へ御出	御二方様
6.7	御下屋敷へ御出	庭五郎様
	御下屋敷へ御出	銀之介様
6.13	御下屋敷へ御出	御二方様
6.16	御下屋敷へ御出	御二方様
7.2	御下屋敷へ御出	御二方様
7.7	槻御殿へ御出	御二方様
7.9	御下屋敷へ御出	御二方様
7.19	御下屋敷へ御出	御二方様
7.26	御下屋敷へ御出	御二方様
7.28	御下屋敷へ御出	御二方様
8.21	御下屋敷へ御出	御二方様
	＊御屋敷の御船御下屋敷御水門へ	
	廻させ古　城大洞山辺猪追一覧	
8.22	御下屋敷へ御出	庭五郎様
8.23	御下屋敷へ御出	庭五郎様
8.24	御下屋敷へ御出	御二方様
8.25	御下屋敷へ御出	庭五郎様
8.27	沢村角右衛門善利下屋敷へ	御二方様
	＊庭五郎様御鉄炮御稽古	
	＊又介様御詩作	
8.28	御下屋敷へ御出	庭五郎様
8.29	御下屋敷へ御出	庭五郎様
9.朔	宇津木弥平太下屋敷へ	庭五郎様
	＊御鉄炮御稽古	
9.6	沢村角右衛門下屋敷へ	庭五郎様
	御鉄炮、稲垣も御屋敷へ出	
9.9	槻御殿へ御祝儀御出	御二方様
9.11	宇津木弥平太下屋敷へ	御二方様
9.13	沢村角右衛門善利下屋敷へ	御二方様
	＊御弁当、南筋へ御射鳥	
	新宮矢場にて片桐弥三郎	庭五郎様
	弟子四人遠的稽古御覧	
9.16	沢村角右衛門善利下屋敷へ	庭五郎様
	＊御射鳥、御鉄炮御稽古	
9.18	加藤彦兵衛方へ弟子弓御覧	御二方様
9.19	御下屋敷へ御出	庭五郎様
9.20	御下屋敷へ御出	御二方様
9.21	宇津木弥平太下屋敷へ	御二方様
	＊庭五郎様御鉄炮御稽古	
	＊又介様御一緒に御歩行	
9.23	里根山へ（茸狩り）	御二方様
9.26	古城大洞山へ（茸狩り）	御二方様
9.28	威徳院八幡へ御参詣	庭五郎様
	沢村角右衛門下屋敷へ	庭五郎様
	＊御鉄炮御稽古	
10.5	御下屋敷へ御出	御二方様
	南筋江御射鳥に御出	庭五郎様
	新宮芝にて遠的稽古御覧	庭五郎様
10.11	南筋江御射鳥に御出	御二方様
	宇津木弥平太下屋敷へ	御二方様
	＊庭五郎様御鉄炮御稽古	
	＊又介様も御同所へ入る	
10.13	御下屋敷へ御出	御二方様
10.14	新宮へ遠的稽古御覧	御二方様
	＊御二方様共御稽古も被遊	
	＊御出・御帰り共南筋へ御歩行ニ御出	
10.16	御下屋敷へ御出（弓稽古）	庭五郎様
10.18	御下屋敷へ御出	御二方様
	＊庭五郎様御弓	
	＊又介様は儒医・儒者を召す	
10.22	槻御殿へ御出	御二方様
10.23	御下屋敷へ御出	庭五郎様
10.24	御下屋敷へ御出	庭五郎様
10.28	御下屋敷へ御出	庭五郎様
10.29	御下屋敷へ見セ馬御覧	御二方様
11.朔	御下屋敷へ御出	御二方様
11.2	御下屋敷へ御出	庭五郎様
11.6	南筋へ御射鳥	庭五郎様
11.9	南筋御射鳥	御二方様
	＊庭五郎様元川口へ	
	＊又介様彦根町へ御別れ	
11.10	御下屋敷へ見セ馬御覧	御二方様
11.14	御下屋敷へ見セ馬御覧	御二方様
11.15	戸塚左馬之進下屋敷へ御入	御二方様
11.16	沢村角右衛門下屋敷へ	庭五郎様
	＊御鉄炮御稽古	
11.21	御堀廻り御射留	御二方様
11.23	御堀廻り御射留	御二方様
11.26	沢村角右衛門下屋敷へ	庭五郎様
	＊御鉄炮御稽古	
12.2	御堀廻り御射留	庭五郎様
	御下屋敷へ御出	庭五郎様
12.5	御下屋敷へ御出	庭五郎様
12.6	沢村角右衛門下屋敷へ	庭五郎様
	＊御鉄炮御稽古	
12.22	御下屋敷へ御出	庭五郎様
12.27	外輪御堀廻り御射鳥	庭五郎様

の際にも、四月八日の北野寺参詣の事例のように「御二方様」と別行動をとっている。これも、「御二方様」と銀之介との年齢差によるものと考えられる。

このような「御出」の場所は庶子屋敷近辺の槻御殿や「御下屋敷」、上級家臣の下屋敷、御堀廻りなど城下周辺部が最も多く、次に米原・磯・箕浦・高宮・多賀・大藪・八坂など近隣村落、さらに湖北三川村元三大師や宇曽川以南の南筋などに頻度で区分できる。

庶子別に見ると、庭五郎の場合「御下屋敷」が最も多く、「御出」の総回数一〇〇回の内、四七回と約半数を占め、ついで上級家臣の下屋敷が十三回、庶子屋敷近辺の槻御殿へは五回、御堀廻りへ四回と続き、この他、城下の北部へは六回を数えるが、比較的城下から近距離の米原・松原・箕浦など「北海」が五回であり、遠距離は湖北の三河村元三大師の一回のみ、南部へは高宮・大藪・多賀・八坂など一〇回を数え、この内、比較的遠距離になる犬上川以南の「八坂」や「南筋」と記される例が六回を数える。又介も「御下屋敷」が最も多く、「御出」の総回数六九回の内、三三回と半数弱を占め、ついで城下近辺（城下含む）が一一回、上級家臣の下屋敷六回、槻御殿五回、御堀廻二回と続き、城下の北部へは五回を数えるが、近距離の米原・松原・箕浦など「北海」のみであり、南部へは高宮・大藪・多賀・八坂など八回を数え、内「八坂」「南筋」と記される例は四回である。銀之介は総回数一七回の内、「御下屋敷」八回、城下近所の歩行が七回、城下の社寺参詣二回である。

これらを比較すると、北部遠方への「御出」は庭五郎に限られており、南筋への「御出」は又介も「御射鳥」のため出かけているが、庭五郎に較べ回数は少ない。また銀之介は遠方への「御出」は一度もなく、城下周辺に限られている。この差違は、庶子個々の年齢差や、庭五郎が冬場に多く射鳥のために南筋に出かけるなど個々の好みに応じた行動が表れていると考えられるが、次の十二月二十七日の記事のように、庶子の行動範囲には一定の制限があったことが推測される。

一、段々御物数も御出来被遊候ニ付、此度御留場之外南筋ニ而うそ川堤ゟ南之方江御射鳥ニ被為入候而も不苦候段被　仰出候由、御留場之義ハ、如何様之義有之候共猥成義無之様堅ク御守り被遊候様、猶又拙者共ニも右之通相心得居り候様様被　仰出候旨、岡嶋丹蔵方ゟ以書付申来り候

これは、冬場盛んに射鳥をおこなっていた庶子に対し、在江戸の藩主から、射鳥の場所として「御留場」と称する射鳥場と南筋の「うそ川」（宇曽川）以南への射鳥を許したこと、「御留場」での身の振る舞いを慎むことが庶子および附人へ伝えられたものである。このような南筋、の宇曽川以南への「御出」は、寛政十一年（一七九九）十一月二十四日、勇吉が宇曽川堤より南筋へ射鳥をおこなう際、事前に藩主へ願い出たうえで許可されている例が確認され[90]、庶子の行動範囲は、宇曽川以南の南筋に関しては制限があったと考えられる。また天明三年の日記では、庶子が城下を離れて出かける際には、出かけた時刻や帰館の時刻が用人に届けられており[91]、一定範囲外への「御出」は用人による監視下にあったと推定される。

「御出」の目的では、「御下屋敷」へは、庭五郎の場合、乗馬や弓術・鉄砲稽古が多く、又介も同様に稽古を行うときもあるが、詩会の相

手を呼んで、詩作に興じる場合も見られる。上級家臣の下屋敷へは、庭五郎の場合は鉄砲や弓術稽古、又介は詩作や「御歩行」のため庭五郎と同道する例が見られる。

　これら庶子の「御出」は、弓術稽古や射鳥や乗馬・遠乗り、鉄砲、詩作など日常的な諸芸稽古の延長線上に位置づけられるものも多いが、川猟や茸狩り、寺社参詣などの遊興的行動や年中儀礼としてと位置づけられるものも多い。

　なかでも最も大規模な「御出」は、九月二十三日の里根山、同二十五日の「古城大洞山」での松茸狩である。この「御出」は藩主在国中でも庶子がおこなうことがあり、ほぼ毎年の恒例行事となっている。その際、附役人の内、抱守二〜三人が「銀之介様当番」を除き全員が御供し、また庶子の諸芸稽古師範や御伽、医師衆らに対し、両日に分けて御供触が出され、病気・所用の者以外は当日御供を勤めている。収穫した松茸は、両日とも三千本ちかくにのぼり、これらは、藩主以下の親族をはじめ、庶子屋敷との関係が深い家老・用人衆や諸芸稽古師範、附役人、屋敷の女中衆、板の間・鎗持などの奉公人、槻御殿の女中衆に至るまでに分配され、松茸を拝領した各方面からは御礼使者が派遣される。こうした贈答関係は、庶子屋敷での生活において日常的に個々の親族、家臣、附役人、女中衆などの間でも見られるが、この松茸狩は庶子にとって年頭の諸儀礼に次いで重要な恒例行事となっていたと考えられる。

　また、「御下屋敷」への「御出」の過半は、とくに稽古目的が明記されていないこと、「御出」の目的が「御近《（辺）》所御歩行」（二月二十七日・三月十六日）「御地廻御歩行」（四月十八日）のように、積極的に歩行することを目的とする例もあり、銀之介の場合は顕著な傾向が見られることから、足腰の鍛錬としておこなわれていたと考えられる。それは、ほとんどの「御出」が徒歩または乗馬でおこなわれ、駕籠が利用される例は、雨天や雪など歩行や乗馬が困難な場合に限られる[92]ことからも窺われ、「御出」は肉体的に成長期にある庶子養育のため、諸芸稽古・遊興・体力鍛錬など複合的な目的で積極的におこなわれていたと考えられる[93]。

非常時への対応　天明三年の事例では、病気や地震・雷鳴など天変地異に際しての対応が見られ、非常時への庶子屋敷における体制を窺うことができる。

　二月二十八日、又介が登城したところ、藩主井伊直幸は「御口中御痛、御頭痛気」により諸士御礼のための表方出殿がなく、奥方で御機嫌伺いし、庭五郎・銀之介も御機嫌伺いの使者を派遣した。その後も二月二十日には「殿様御不例」との認識があり、二十三日には「今朝者御快方ニ被為　入候」と快方に向かっているが、二月晦日まで、庶子からは直幸へ毎日御機嫌伺いの使者を派遣し、二十二日には又介、二十六日には庭五郎が登城し御機嫌伺いをするなど直幸の容態を気遣っている。このような藩主御不例の場合、毎日欠かさず使者を派遣するが、御不例についての御機嫌伺いといえども、藩主の病状が重篤でないかぎり、庶子の登城については定例儀礼の範囲を超えることはないようである。

　つぎに庭五郎の「御痞」の事例では、毎日かわるがわる医師や御抱守らが御伽として詰め、泊まり番を勤めていることが確認される。庭五郎は五月十四日から「少々御気分気」となり、発熱が見られた。そのため、藩医田中懌庵が診察し泊まり番を勤め、藩医稲川周庵が御伽として召され、また附人安東平左衛門も泊まり番として暫く屋敷に残っていた。翌日には、藩医稲川周庵・三上湛庵・中嶋意伯らが御伽として詰めるなど、庭五郎の病状はさほど重篤ではないが、庶子の体調異変に際しては、非常時に備えて藩医をはじめ関係者が詰める体制がとられていたことが分かる。

また天変地異に際しては、正月二十日、七月十二日・同二十日の雷鳴では、非番の附人が御機嫌伺いのため出頭し、「御抱守中」も同様に御機嫌伺いをおこない、翌日には本奥老女松園から「昨日雷鳴之伺御機嫌呈書被指出候」などと必ず呈書により御機嫌伺いが見られる。七月七日前後の地震では、用人・真如院様から御機嫌伺いのため使者が派遣され、非番の附人安東平左衛門は朝から出仕、細居九介や庭五郎の御伽を勤めた熊谷他三郎も出仕した。

このように、非常時が想定される場合、附人をはじめ関係者が臨時の体制をとることが定められていたと推測される。

(2) 教養形成の過程

庶子教育の基本姿勢　安永八年（一七七九）、成長段階を考慮した教育方針が藩主井伊直幸から庶子附人に示されたことはすでに指摘した。それ以前では、安永五年九月二十日に、直幸の奥老女「おきわ殿」から「御子様方御稽古之節者、御笑被遊候様成義無御座、御行儀宜敷御稽古被遊候様」にとの御意が附人へ伝えられ、諸芸稽古中の行儀重視の意向が示されている。安永五年の庶子は、仙之允（十二歳）、庭五郎（十一歳）、又介（九歳）の三人である。十二月九日には藩主自らが庶子屋敷に出向き、庶子三人の御前における「御的拾弐本」（弓術稽古）を見るなど庶子教育に高い関心を示した。

二年後の安永七年九月二十日には、直幸の側近岡嶋丹蔵から「御三方様万事無覆蔵、別而又介様御いとゐ被遊被進候様、仙之允様御不敬之御様子無之様、外様へ御出被遊候而も、御為ニ相成不申候間左様申上、御聞入不被遊候ハヽ、御前へ申上候様」にと直幸の意向が附人へ伝えられ、庶子間の隔意がないこと、又介の健康を案じる一方で、仙之丞については、「御不敬之様子」がないよう日常生活の上での留意点を示した。これらは、諸芸稽古の内容に直接かかわらないが、稽古の際の態度や日常生活の上での礼儀を重視し、井伊家庶子という身分の奢りを戒めたのである。この年、仙之允はすでに十四歳となり、直幸からみても仙之丞の成長にともなう対人的な言動に粗野な印象をもっていたのであろう。

また、同年十月十六日には、「老女衆・中老衆」から「御二方様御手習御学文隔日ニ御請、御出被遊候、五日ニ一度程ツヽ、御清書被遊候様」にと直幸の意向が示され、手習稽古などの基礎教養については稽古の頻度や方法についても、細かい指示が出された。

このような日常生活での礼儀や基礎教養について重視する直幸の教育姿勢は、庶子の成長にともない一層強化され、安永八年には庶子の「御身行」や「御芸術諸事」について「好悪」を考えて申し上げること、庶子にとって大事なことは指し控えずに忠言することを旨とした、養育方針が示されることになる。この直幸の教育姿勢は、その後も継続されたと考えられ、寛政元（一七八九）年四月十六日、直幸の家督を嗣いだ直中（庭五郎）は、同年七月二十三日、本奥や広小路屋敷から山崎屋敷へ転居した庶子（直中の舎弟）銀之介（十三歳）と武之介（十二歳）たち（いずれも直中の舎弟）に対しても、安永八年と同様に「諸御芸術御学文御身行之処」について「御書」によって留意するよう伝えている。

学文・武芸の内容　つぎに、庶子の学文・武芸の具体的内容・頻度などが、庶子の成長にともないどのように変化するのかを検討してみよう。表12は、安永九年（一七八〇）から文政九年（一八二六）までの「庶子屋敷日記」から、一年ごとの庶子の諸芸稽古や遊興の回数を数値化したものである。年次により、屋敷内に居住する庶子の人数や年齢構成が異なること、表3で示したように、年次によっては日記が完全な形で伝存していないこと、また日記の記事では稽古を行った庶子名が明記されないことが多いため、各数値の変化は単純に比較することは困難であるが、各諸芸数値の空白時期や、同一人物の年ごとの比較や、日記に見られる稽古開始時期などの記述と併せて考えることにより、およその傾向を検討してみたい。ただし、「御延引」と記された場合、中止を意味する場合だけでなく他日に振り替えて行う事例もあるため、一覧表では「御延引」を除外し、実際に実施したもののみを数値化している。

まず、手習・素読・講釈・会読・詩会などの学文から見てみよう。

〈手習〉学文の基礎となる手習いは、天明三年（一七八三）では又介（十六歳）のみがおこなっており、庭五郎（十八歳）・銀之介（七歳）は見られないこと、銀之介が手習いを始めたのは天明四年、勇吉は寛政二年と、八歳からであること、勇吉・東之介の場合、二十歳を超えた文化六年（一八〇九）以降、一度も手習いの記事が見られないことから、八歳から二十歳頃までにおこなっていると推測されるが、庶子によっては十七歳ですでに手習いを行わないものがある。開始時期は、ほぼ七・八歳頃と考えられるが、終期については庶子により差異があったようである。

〈素読〉素読は、「庶子屋敷日記」には「御読書」と表記されるものもここに含めた。学文の中では最も稽古頻度が高いが、手習い同様に二十歳前後からほとんど行われなくなっている。

〈講釈〉講釈では、古文辞学派の野村新左衛門が藩主への進講を命じられ、それにともない天明元年から庶子への講釈が開始され、野村の在江戸期間中や、天明四年の野村の死後には藩儒龍一郎が儒学書および経書の講釈を務めている[94]。これに加え、寛政八年（一七九六）十一月二十二日からは彦根藩の軍学者岡本半之丞・岡本半介らが兵書（軍学書）の講釈を平行しておこなう状況が見られ、文化六年（一八〇九）頃まで続けられた。この時期に軍学書講釈が開始された契機は明確ではないが、寛政期の対外関係への関心の高まりや、それに対応した彦根藩における軍制改革などと無関係ではないであろう[95]。講釈を受ける年齢は、銀之介は十一歳、勇吉は十歳頃から始めており、十歳前後から開始すると考えられる。

〈会読〉会読は安永九年（一七八〇）から天明元年（一七八一）、および天明八年から寛政三年（一七九一）、また文化十二年（一八一五）以降も見られない。儒学の基礎学力がついてから開始し、又介の場合は十四歳、武之介は十五歳頃から始め、終期も勇吉は三十歳まで続いており、ほぼ成人前後から三十歳頃までと考えられる。

〈詩会〉詩会は天明二年から天明五年のみに見られ、しかも又介のみが

表12　庶子諸芸稽古一覧

屋敷	年　月	手習	素読	講釈	会読	詩会	剣術	居合	弓術	鎗術	乗馬	遠乗	砲術	謡	仕舞	鼓	蹴鞠	雅楽	射鳥	川漁	歩行	庶子の年齢構成						
																						庶子①	庶子②	庶子③	庶子④	庶子⑤	庶子⑥	庶子⑦
広小路	安永9年	7	4	3			11		14	13	30			8		16			13		2	仙之丞 16	庭五郎 15	又介 13				
	天明元年	23	113	27			25		34	20	38			20		20			8	6	5	17	16	14				
	天明2年	20	91	45	3	5	21		30	20	81	2		11		3			7	9	11	(死去)	17	15				
	天明3年	14	12	46	20	30	8		69	10	29		13	4		2			14	4	15		18	16	銀之介 7			
	天明4年	10	1	14	17	27	7	4	39	17	34	3	13	1		4			7	22	24		19	17	8			
	天明6年	34	27	19	41	23	1	3	51	22	64	2	4	3		11			5	10	23		21	19	10			
	天明7年	21	11	11	16	9	14	11	16	11	32	5	4	1					4	8	2		22	20	11	鉀之介 4		恵之介 3
山崎	天明8年	34	43	42			15	19	36	14	4			1						6	13		(世嗣へ)	(入寺)	12	5		4
	寛政元年	20	53				10	11	19	9	45										4	勇吉 7	東之介 2	重吉 1	13	6	武之介 12	5
	寛政2年	24	102	24			19	18	18	15	66	1			1				1		5	8	3	2	14	(入寺)	13	6
	寛政3年	22	81	11		1	14	9	24	7	72			1	22				1	2	6	9	4	(死去)	15	欽次郎 1	14	7
	寛政4年	32	105	27	12	5	24	19	26	20	87	1	8	1	58			1	2	2	14	10	5		(土井家へ)	(江戸へ)	綏之介 15	8
	寛政5年	50	84	59	28		24	15	39	26	77	1	8	2	7			1	15	3	8	11	6				16	9
	寛政6年	42	26	54	73		26	2	35	27	69	1	18	3	29				1		1	12	7				17	(他家へ)
	寛政7年	17	17	11	48		10	8	25	16	50	1	3	2	1				10	3	8	13	8				18	
	寛政8年	20	56	36	23		1	9	26	31	50	6	10	4	5	7			12	7	8	14	9				19	
黒門前	寛政9年	24	41	32	16		11	23	31	20	34	3	30	4	8	9			8	2	7	15	10				20	
	寛政10年	15	63	29	7		21	5	27	15	33	4	40	1	9	4			12	7	11	16	11				21	
	寛政11年	1	52	32	10		35	12	14	24	35	3	21	3	4	7	6		7	2	43	17	12				22	
	寛政12年	7	43	25	40		37	16	12	26	36	3	12	11	14	18	17		8	3	34	18	13				23	
	享和元年	7	50	25	48		31	10	21	27	24	5	5	5	4		21		10	6	7	19	14				24	
	享和2年	15	92	31	33		37	18	23	46	57	4	3	5	9	18	8		9	9	17	20	15				25	
	享和3年	8	66	33	40		42	4	20	47	43	6	3	1	3	3	13		8	7	2	21	16				26	
	文化元年	11	87	18	23	7	30	7	18	32	43	4	7		7	13	1	1	7	11	43	22	17				(死去)	
松下	文化2年	18	29	17	46	10	29	20	14	40	64	5	5	2		9			8	16	3	23	18					
	文化4年		1	9	27	2	14	4	60	6	19		10	1	6	10	2	4	13	24	24	25	20					
	文化6年			4	31		22	7	12	11	62	2	5	2					11	26	7	27	22					
	文化9年				10	2	4	3	12	1	42	4	29	1				8	3	12	3	30	25					
尾末	文化10年		1		3				18		12		21		1			6	2	14	3	31	26					
	文化12年			2			1	1	18	1	4		4		1			3	2	20	3	33	28					
	文化13年			2		1	1	1	7	1	9	3	18					12	5	34	2	34	29					
	文政5年			2			1	1	20	1	4	2	1					2	12	12	4	40	35					
	文政7年			2			1	1	2	1	5	1	2	1				2	3	21	11	42	37					
	文政9年			2			1	1		1	11	3	4		1				6	24	3	44	39					

おこなっていることから、庶子又介の「好悪」に基づいておこなわれたと考えられる。

つぎに、剣術・居合・弓術・鎗術・馬術・砲術などの武芸を見てみよう。

〈剣術〉剣術は銀之介の場合、はじめて「木刀」を手にするのが十一歳(天明七年)、勇吉は十歳、(96)東之介は十一歳の時であることから、ほぼ十歳前後から稽古を始めている。また終期は勇吉・東之介の場合、三十歳・二十五歳(文化九年)を境に記事が見られなくなる。

〈居合〉居合は真剣を扱うことから、庶子の肉体がある程度出来上がる頃から始まると考えられ、剣術を数年稽古してから居合が始まる。ただし、庭五郎の場合は十八歳(天明四年)であるが、銀之介は十二歳(天明八年)、武之介も十二歳(寛政元年)と庭五郎と較べて早い時期から始めている。

〈弓術〉弓術は比較的早い時期から稽古を始め、銀之介の場合は十歳(天明六年)から、勇吉・東之介は同じく八歳から始めている。稽古回数の少ない年次もあるが、少ない年次は他の武芸も少なく、また、「御出」によりおこなう射鳥と合わせて数えると武芸の中では馬術に次いで多く、しかも三十歳を超えても続けていることが確認される。

〈鎗術〉鎗術は、銀之介の場合は十一歳(天明七年)から、勇吉・東之介は十歳頃から始めている。また剣術・居合同様、三十歳頃には稽古が見られなくなる。

〈馬術〉馬術は、屋敷近辺での乗馬と遠乗りが見られ、銀之介の場合は十二歳で乗馬、十四歳で遠乗りを始め、武之介は十二歳で「御木馬」での稽古から始め、やはり十四歳から遠乗りを始めていることから、乗馬は十二歳頃に始め、約二年間稽古を積んでから遠乗りを組み込んだ稽古へ進むと考えられる。また、武芸のなかでは比較的稽古回数が多く、三十歳を超えても継続しておこなわれている。

〈砲術〉砲術は、庭五郎の場合は七歳から、武之介は十五歳、勇吉は十四歳、東之介は十五歳から始めており、一定ではないがほぼ成人前後から稽古を開始しており、武之介・勇吉では確認できないが、庭五郎と東之介の場合は、「御鉄炮御稽古」について藩主に願い出ており、(97)稽古開始にあたり藩主の承認が必要であったことがわかる。また、三十歳以降も稽古を続けている。

つぎに、能楽・蹴鞠・雅楽などの歌舞芸を見てみると、謡・仕舞・鼓など能楽に関する稽古は、銀之介の場合、稽古の始期は明確でないが、天明七年(一七八七)正月五日の御謡初の際、初めて高砂・青海波などを勤めており、この前年、十歳頃から謡稽古を始めたと考えられる。ただし、稽古が見られない年もあり、庶子の教養として不可欠なものとは位置づけられていなかったようである。蹴鞠や雅楽も学文における詩会と同様に、一時的に数年間稽古が見られる程度であり、庶子の「好悪」や藩主の嗜好などの影響も考えられる。(98)

以上のように、庶子の基本的な教養形成は、学文では儒学を基礎として手習・素読などを八歳前後から開始して講釈聴講へとすすみ、さらに成人前後には会読が始まり、三十歳前後にはこれら学文の終期を迎えるというパターンが窺える。武芸では、十歳頃から弓術稽古がはじまり、十一歳で剣術・鎗術、十二歳で居合・馬術、十五歳頃に砲術と、やはり段階的に学んでおり、これらを「好悪」による稽古頻度の差違はあるが、一通り三十歳頃までは稽古を積んでいたと考えられる。すなわち、稽古の開始時期は、庶子の成長段階に合わせて段階的に高度なものへと進められたが、終了時期はほぼ三十歳前後となっていることを確認しておこう。そして、三十歳を過ぎると庶子の「好悪」による稽古のみとなり、勇吉・東之介の場合、文化十二年（一八一五、勇吉三十三歳、東之介二十八歳）以降、日記には雅楽・弓術・鉄砲以外に稽古記事はほとんどみられなくなる。

さらに、詩会・能楽・蹴鞠・雅楽など、庶子の「好悪」や藩主の嗜好などの影響による教養の習得が「庶子屋敷日記」には見られるが、和歌・国学などの和学や、茶湯・礼法など武家として不可欠と思われる教養についても、少なくともこれらの「庶子屋敷日記」には記されていないことも留意しておきたい。これらが、どのような方法で習得されたのか「庶子屋敷日記」の記事では確認できないが、庶子たちが残した和歌や、茶湯に親しみ、藩内での諸儀礼に関わっていたことから考えると、「庶子屋敷日記」には表れない日常生活の、ある局面で習得していたと想像される。あくまで推測であるが、これらが「庶子屋敷日記」に記されないのは、これらの習得に関しては、師範となる藩士が公式に定められず、庶子と藩士の私的関係で稽古が行われる場合を想定しておきたい。この場合、「庶子屋敷日記」に記録されない理由は、その稽古内容が庶子に求められる基本的な教養形成の一環としては位置づけられていないと考えておきたい。ただし、茶湯に関しては、年末詳史料ではあるが、次のように「御茶講」として、定例の稽古科目に位置づけられていた時期もある。(99)

一、三々　九ツ半時揃　御居合講
一、四々　五ツ半時揃　御講釈
一、七々　九ツ半時揃　記録　手習い・写物勝手之事
一、八々　九ツ時揃　御茶講

この「御茶講」がいつ頃おこなわれたのか、また茶湯か煎茶であるのか不明であるが、現存する「庶子屋敷日記」の記事の中には確認できないことから、文政九年以降の可能性が高いと考えられる。素読・会読・弓術・鎗術・剣術・馬術などの講日が記されていないことから、「御茶講」がおこなわれた時期の全ての稽古科目を示しているとは考えられないが、後に茶湯の一派創立により「御流儀」確立を果たした井伊直弼との関係も想像される。今後の課題としておきたい。

藩校教育との比較　彦根藩の藩校稽古館は、寛政十一年（一七九九）に創立され、その教育制度では、同年九月二十一日付で目付へ出された「諭達」によれば、家中知行取衆の十五歳から三十歳までのものは毎日出校し、この範囲外のものは願いにより出校できることとなっている。(100)十五歳は一応の成人を迎えた段階であり、そこから三十歳に至るまでが武家としての基本的な教養形成の期間と考えられていた。嘉永四年十一月に始まる藩校改革においては、藩士の士気昂揚のため、「弘道館御用向」を命じられた家老庵原助右衛門・家老見習西郷軍之助・家老長野伊豆らの七箇条にわたる建議書では、「三十歳以上御定年済」の者も文武芸に励むよう命じることが提案されており、(101)三十歳という年齢が藩校教

育における「御定年」と意識されていたことが確認できる。

庶子の教養形成は八歳頃から始められ、十五歳から始まる藩校教育よりかなり早いが、家中諸士においても、藩校への出校以前から基礎的な素読・手習などの教育を、各家において私的におこなっていたと考えられ、庶子教育はこれら藩士とほぼ同様な段階を踏んでいたといえよう。

しかし、藩校での教育科目は庶子教育に較べて多様である。「旧彦根藩学制志」[102]によれば、藩校で採用された科目は、素読・手跡（手習）・軍学・和学・礼節・天文学・算術・医学・弓術・鎗術・剣術・居合・柔術・薙刀術・馬術・砲術などであり、しかもその流儀も一定ではなく、弓術の場合、御流儀としての武田流のほか日置流・片岡流など、鎗術では、御流儀としての心鏡流のほか風伝流・宝蔵院流などが教授された。

庶子においては、御流儀をまず習得することが求められたが、習得後は他の流儀を学ぶことも見られ、庶子ではないが井伊直亮の場合、文政六年（一八二三）から同十三年にかけて日置流弓術の「巻藁」を延べ六万九千八百四十本おこなっている[103]。

また、庶子教育の方法は、藩校設立以後も基本的には変化が見られないことは注目される。庶子が藩校へ臨館し、館内での稽古の様子を見物することは許されていたが、諸士と同じ場で稽古をおこなった例は、伝存する日記からは確認できない。

おわりに

彦根藩における庶子養育制度は、近世中期における彦根藩井伊家の相続の問題、彦根藩の財政逼迫という状況のもと、井伊直幸が庶子として十一年間を過ごした尾末町屋敷時代の生活や、それを模範として直幸が自身の庶子たちに対して安永三年から命じた御用屋敷での倹約を旨とした生活によりはじまる。本稿では、史料的制約から、それ以前の庶子養育について論究することはできなかったが、今後の課題としておきたい。

以下、本稿で述べた庶子屋敷における彼らの生活や教養形成の実態と、はじめに述べた吉田常吉氏の庶子生活のイメージを対比しながら整理し、さらに彦根藩における庶子養育制度の歴史的意義を考えてみたい。

まず第一に、嫡子以外の部屋住の庶子は他家を継ぐか家臣に養われ、他家にも行かず、家臣にも列しない庶子は、わずかな宛行扶持を給され生活する慣わしであるという庶子養育制度は、近世後期には井伊家の家風として確立していたが、「二代直孝以来の遺制」であることは確認できない。むしろ、江戸中期の彦根藩の抱えた井伊家相続と財政逼迫の課題への対応として、井伊直幸の時代に庶子屋敷における庶子養育制度が確立していったことが確認された。

第二に、庶子屋敷の財政は「被進米」という名目で藩財政から賄われ、いわゆる藩士への知行や扶持とは異なる。直幸の庶子時代は一人四百俵、広小路屋敷では当初安永三年には、一人に二〇〇俵であったが、天明七年までには一人三〇〇俵となり、以後幕末期に至るまで、三〇〇俵を基準としていたと推測される。この財政による暮らし向きは、藩主・世嗣と比較して決して豊かではないが、燃料費や屋敷の維持管理費など必要不可欠な経費は藩の支出から賄われ、また、一般の藩士が陪臣への扶持を含め全ての家内財政を自身の知行や扶持から賄わねばならないのに比べれば、決して三〇〇俵の扶持の藩士の生活とは比較にならないほど豊かであったと考えられ、屋敷の規模や附役人などの人数から考えれば上級藩士の暮らしぶりである。

第三に、附役人の構成では、常勤のものとしては、附人の他に歩行身分の賄役とその下役人で足軽格の元締役がおり、交替番としては伽役数人の他に、庶子の日々の健康管理をおこなう藩医たち、庶子の諸芸稽古の指南役となる藩士たち、御番人とよばれる足軽格の者などがいる。その他、板の間・中間・女中などを含めると、庶子関係役人は少なくとも庶子一人あたり二〇〜三〇人にのぼる。しかも、その人件費の内、倹約重視の安永期では足軽格以下が庶子への「被進米」で支出されたが、寛政八年頃には武家奉公人の内、女中のみが支出されていた可能性もあり、藩財政の状況により大部分が藩から支出されていたと推測される。

また、これら庶子関係役人は庶子の日々の行動に深く関与し、「庶子屋敷日記」の記録上では、「御出」の際には必ず多くの附役人が御供をし、庶子単独の行動は皆無である。

第四に、庶子に対しては吉田氏の指摘どおり「公子として身分相応の交際が求められ」ていた。しかし、江戸・彦根の親族、家老・用人ら重臣たちとの交際、屋敷関係者などとの交際などは見られるが、藩主・世嗣が幕府・幕府諸役人・「御両敬御通行」の諸家との広範な交際が見られのに較べれば、彦根藩内に限られた交際といえるであろう。また、天明期の事例では庶子に対する「被進米」の内、交際費と見られる「神社御奉納并被進物・被下物代」は五％程度であり、しかも、これらの交際における贈答物などは相互関係により循環している側面もあり、庶子屋敷財政を圧迫するほどではないと考えられる。

また庶子の日常生活は、空間的には領外や領内の一部への行動範囲が制限される側面もあるが、藩の儀礼や諸行事へ出席、日々の諸芸稽古をはじめ、季節に応じた「御出」をおこない、藩の御下屋敷、家臣の下屋敷での諸芸稽古や川猟・蛍狩り・祭礼見物などの遊興など、その暮らしぶりは一般の藩士と比すべくもなく多彩で豊かである。しかも、その行動の選択は藩主の意向の影響下にあり、また常に附人の監視や諫言の下におかれていたとはいえ、庶子の「好悪」を重視しながらおこなわれており、「諸事不自由」という厳格な生活規範がありがらも、庶子として不可欠な人格形成と教養をはぐくむ恵まれた環境にあったといえよう。

このような彦根藩の庶子養育制度は、近世中期の藩主井伊直幸の意志を契機として成立したと考えられるが、直幸が示した庶子養育についての理念は、直幸により初めて想起されたものではない。本書の第二部で論じられるように[104]、二代井伊直孝以来、歴代藩主や藩政を支える家老ら重臣たちに受け継がれ、四代井伊直興が世嗣たちに示した、幼年期の「諸事不自由」に対する忍耐の重要性、諫言の重視、学文・手習の重視、気随我侭を慎むこと、諸事について直孝・直澄を手本にすること、「公儀への奉公・家のため・家中諸人の為」を考えることなどに示された藩主・世嗣教育の訓戒[105]の理念と共通する部分があった。

とくに学文を重視する理念の背景には、「此方家之儀者、世上之手本ニも申ならハし、古風を用ひ、外之家とハ違ひ申[106]」や「天下御後見之御家柄ニ候へハ、御学文無御座候てハ、後ニ御事欠可有御座候」との井伊家の家格への特異な意識があった。すなわち、彦根藩井伊家が幕藩関係において将軍の諮問をうける「溜詰」「御用部屋入」「大老」などの政務を勤める家格であることや、幕府儀礼において重要な定例・臨時儀礼に関与する御用を勤めるとの家格意識があるゆえに、「天下御後見」という特異な家格意識から求められる彦根藩特有な子弟教育観の形成が見られたのである。

しかしながら、このような意識は時を経るごとに弛緩する時期があり、元禄期に藩士の意識改革を計った井伊直興は、藩財政の逼迫から、「太平之御代」にあっては、年来の「厚恩」に報いるため、「畳の上の奉公(平時の役儀)」を励むことが大事だとする布達を藩士に発し、目付役による藩士の監察・人事管理を強化し[107]、さらに、前述したように直興の世嗣たちにも公儀への奉公のため学文重視の訓戒を発した。しかし、十八世紀中葉には、目付役機能の硬直化の中で、再び財政危機に陥っており、現状に対する危機意識の中から一部の藩士の間では政治意識の高まりが見られた[108]。そのような状況の中で、井伊家相続の不安定な時期や藩財政の危機的状況を経験して藩主に就いた井伊直幸は、宝暦四年(一七五四)、「御勝手向倹約」を基本とした藩政改革に着手、積極的な人材登用による藩士の意識改革を計り、第二・第三の世嗣候補となるべき庶子養育にも目を向け、自らの庶子時代の経験をもとに、二代直孝以来受け継がれてきた藩主・世嗣教育観へと回帰し、安永~天明期には庶子養育制度として定着化させていった。

これらの庶子養育制度成立をめぐる歴史的経緯は、譜代筆頭の大名として幕藩関係のなかで特異な関係を築いてきた井伊家という特殊事情のなかで、度重なる藩財政の逼迫や、家督相続の危機という課題に直面しながら、内発的な改革・改善意識により生み出されてきたものである。譜代大名家存続のためにはかられた自助的解決策として、一つの典型的方向性を示していると位置づけることができよう。

【注】

1 熊谷光子「近世大名下級家臣団の構造分析―豊後岡藩を素材にして―」(『日本史研究』三一六、一九八八年)。

2 藤井譲治『江戸時代の官僚制』(青木書店、一九九九年)。

3 風俗史研究では進士慶幹『江戸時代の武士の生活』(至文堂、一九六一年)をはじめ、『生活史叢書』(雄山閣)シリーズ、武家生活研究会による『絵図でさぐる武士の生活』(柏書房)シリーズなど、年中儀礼では、遠藤元男・山中裕編『年中行事の歴史学』(弘文堂、一九八一年)など。

4 食生活では江戸遺跡研究会編『江戸の食文化』(吉川弘文館、一九九二年)、扇浦正義「江戸遺跡と江戸生活」(『國學院雑誌』九三―一二、一九九二年)、丸山雍成「近世における大名・庶民の食生活」(九州文化史研究所『紀要』三八、一九九三年)、中井さやか・宮内昌枝「江戸時代の食生活の中の中世」(『歴史手帳』二二―八、一九九四年)、江後迪子「武家の江戸屋敷の生活―臼杵藩稲葉家祐筆日記から―」(『港区立港郷土資料館研究紀要』四、一九九八年)、同「武家の江戸屋敷の生活2―鹿児島藩島津家中奥日記から―」(『港区立港郷土資料館研究紀要』五、一九九九年)、同「武家の江戸屋敷の生活3―臼杵藩江戸屋敷の上屋敷・下屋敷・役所の関係から―」（『港区立港郷土資料館研究紀要』六、二〇〇〇年）など、武家屋敷については北原糸子「江戸の武家屋敷について」（『江戸東京をよむ』筑摩書房、一九九一年）、山本博文「熊本藩の戸越下屋敷について」（『品川歴史館紀要』六）、藤川昌樹「近世の武家屋敷と都市史研究」（『年報都市史研究』2、一九九四年）、宮崎勝美・吉田伸之編『武家屋敷』（山川出版社、一九九四年）の諸論考、大名間の交際では三浦忠司「八戸藩の江戸屋敷と藩主の交友」（『歴史手帳一八―三』、一九九〇年）、松方冬子「両敬の研究」（『論集きんせい』一五、一九九三年）同「『不通』と『通路』」（『日本歴史』五五八、一九九四年）、佐藤満洋「近世大名の交際について」（『近世日本の社会と流通』雄山閣、一九九三年）、堀田幸義「年中儀礼に見る近世武家の人間関係」（『歴史』九一、一九九八年）、同「人生儀礼に見る近世武家の人間関係」（『国史談話会雑誌』三九、一九九八年）、婚姻関係では高橋博「大名佐竹家の婚姻・通婚圏と幕藩関係」（『学習院史学』三二、一九九四年）、磯田道史「大名家臣の通婚構造」（『社会経済史学』六三―五、一九九八年）、村越一哲「大名家臣の嫁・養子選択」（『社会経済史学』六三―五、一九九八年）など、信仰では望月真澄「江戸城大奥女性の稲荷信仰」（『大崎学報』一五〇、一九九四年）、教育・文化では芳賀登『江戸情報文化史研究』（皓星社、一九九六年）、渡辺憲司『近世大名文芸圏研究』（八木書店、一九九七年）、安藤保「薩摩藩における士風の変化について」（『史淵』一三四、一九九七年）、江森一郎・竹松幸香「加賀藩与力、中村豫卿の学習・教育環境と文化サークル」（金沢大学教育学部『人文科学社会科学紀要』四五号）など、下級武士の生活では林英夫「単身赴任下級武士の幕末「江戸日記」―和歌山藩士酒井伴四郎の日記―」（新宿歴史博物館編『地図で見る新宿区の移り変わり』一九八二～一九八七年）、島村妙子「幕末下級武士の生活実態―紀州藩一下士の日記を分析して―」（『史苑』三二―二）、武家奉公人では大口勇次郎「農村女性の江戸城大奥奉公」（横浜開港資料館編『19世紀の世界と横浜』山川出版社、一九九三年）、松本良太「江戸屋敷奉公人と抱元」（塚田孝他編『身分的周縁』部落問題研究所、一九九四年）などがある。

5　吉田常吉『井伊直弼』（人物叢書）（吉川弘文館、一九六三年）。

6　彦根城博物館編『彦根藩史料叢書　侍中由緒帳8』（彦根市教育委員会、二〇〇一年）の大鳥居彦右衛門家（以下『侍中由緒帳8』などと略記）。

7　『彦根藩文書調査報告書（四）』（彦根市教育委員会編、一九八三年）。

8　「井伊家系譜」（『新修彦根市史』第六巻　史料編近世一）。「井伊御系図聞書」（井伊家伝来典籍E―一二五）では享保十六年生まれとする。

9　前掲注8「井伊御系図聞書」。

10　「民部様御賄御用日記」延享元年同日条（彦根藩井伊家文書五七二九）。

11　「民部様御賄御用日記」宝暦四年九月十六日条（彦根藩井伊家文書五六八三）。この日、直幸が江戸へ下向するにあたり、御供役割が命じられた。

12　「井伊家系譜」（『新修彦根市史』第六巻　史料編近世一）。

13　「井伊御系図聞書」前掲注8参照。

14　『侍中由緒帳8』（二〇〇一年）、細居広太家の安永三年九月二十一日条に「一、安永三甲午年九月廿一日、御座之御間江被召出、広小路御屋敷御子様方御附人ニ御役替被仰付候」とある。

15　「広小路御屋敷御子様方御用日記留帳」安永三年九月二十一日条（彦根藩井伊家文書六三一五）。また安永三年九月二十二日条には、「一、主馬殿、拙者・五郎兵衛被呼候而、御屋敷随分と御物入少ク候様御申渡シ、向後不何寄、伺之筋義も相伺申候様御申渡被成候御答申上候」とあり、細居と同時に同役に任命された平居五郎兵衛は、庶子屋敷付役人を支配した用人役椋原主馬（正恭）から呼ばれ、「御屋敷随分と御物入少ク候様」と申し渡された。

16　同前、安永三年十月三日条。

17　二代井伊直孝以来、代替わりにごとに出された家中法度の一つである「振舞之法度」（『井伊家伝来資料』書一三七「制札」）によれば、木の器の禁止、料理は一汁三菜、酒は二通いまで、二次会は禁止など、祝儀の際の振る舞いを統制したものが知られ、藩主もこれに準じた質素な食事を採り、日常の食事は、幕末期の藩主井伊直憲も一汁一菜を貫いていたことが知られ（本書論文編第二部の岡崎寛徳論文参照）、井伊直孝以来の遺制とも考えられる。

18　東谷智「彦根藩筋奉行の成立と機構改編について」（藤井譲治編『彦根藩の藩政機構』彦根城博物館叢書4、サンライズ出版、二〇〇三年）、渡辺恒一「近世後期彦根藩地方支配機構の改編について」（同前）。

19　以上、火災による修復関係記事は、「御城使寄合留帳」（彦根藩井伊家文書）の各日条。

20　「広小路御屋敷御子様方御用日記留帳」安永三年九月二十七日条に「一、広小路御屋敷　御子様方江被進米六百表、御書面を以被　仰出候、御元方勘定奉行・拙者(細居九介)・松原御蔵奉行・御証判役江被　仰渡候、御請申上候」と記される。

21　ただし、天明七年までには一人三〇〇俵が「被進米」として支給されており（「庭五郎様・又介様・銀之介様御入用積り」彦根藩井伊家文書八〇〇二）、以後は一人当たり三百俵が基本となる。

22　「庭五郎様・又介様・銀之介様御入用積り」（彦根藩井伊家文書八〇〇二）。

23　「広小路御屋敷御子様方御用日記留帳」の安永三年九月二十八日条（前掲注15）。

24　彦根藩井伊家文書七四四三。

25　「広小路屋敷新出来御道具帳写」（彦根藩井伊家文書七四四五）。

26　彦根藩井伊家文書七四四六。

27　この拡張部分は、寛政元年五月二十八日に山崎御屋敷に添えられた屋敷地であり、寛政九年四月八日には松平倉之介の屋敷地となった（「藩士新古家並記」（井伊家伝来典籍E—四七）。

28　「山崎御屋鋪万留帳」（彦根藩井伊家文書五七一一）。

29　彦根藩井伊家文書七五七四。

30　彦根藩井伊家文書七一八四。

31　彦根城博物館編『侍中由緒帳3』（一九九六年）松平倉之介家。この替屋敷の際、「建前不残長屋共勝手ニ引取候様可致候、依之為雑用御金三百両被下置候」と、御屋敷として「新建前」を建設するため、松平家の建前については長屋ともにすべて引取移築が許され、その手当として金三百両が支給されている。

32　彦根城博物館編『侍中由緒帳2』（一九九五年）。三浦与右衛門家の寛政八年七月二十九日条。

33　彦根城博物館編『侍中由緒帳6』（一九九九年）。向坂市右衛門家の寛政八年八月朔日条。

34　『彦根市史』中冊（彦根市、一九六二年）第四編　第六章　文教。

35　『侍中由緒帳6』（一九九九年）。向坂市右衛門家の寛政十年八月朔日条。

36　「藩士新古家並記」（井伊家伝来典籍E—四七）。

37　文化元年三月十二日に屋敷替えが申し渡された際の「松下御屋敷江御引移諸事覚」（彦根藩井伊家文書八二〇三）によれば、「若殿様御十五歳ニ被為成、先達而より御表住居被仰出、御殿御表ニ被遊御座候処、御在城年ニハ御殿御表御指問之筋も有之ニ付、黒御門前御屋敷へ御引移被遊候間、尾末町松下三浦数馬跡屋敷御修覆被仰付候間、御修覆御出来之上、御二方様共彼屋敷へ御移候様」にとの藩主の仰せを「御二方様」へ申し上げたところ、御承知されたことが記されている。

38　「槻御殿絵図」（彦根藩井伊家文書八八六四—一）。槻御殿は黒御門前屋敷の別称。

39　「松之下屋敷絵図」（彦根藩井伊家文書八八六四—二）。

40　『侍中由緒帳2』（一九九五年）。三浦与右衛門家の文化十四年十月二十二日条には、「一、文化十四丁丑年十月廿二日、松下明御屋敷江屋敷替被仰付、為雑用御金百両被下置候」と記される。

41　屋敷替先は未詳。

42 従来、直弼等の尾末町屋敷への屋敷替えは、天保二年に直弼の実父である大殿様井伊直中の死去が原因と考えられていたが、東之介の死去や、勇吉の家族の増大にともなう転居なども関係していた可能性がある。

43 寛延二年（一七四九）六月十三日退役（『侍中由緒帳6』［一九九九年］）、以後は武藤小兵衛が勤める（『侍中由緒帳5』［一九九八年］）。

44 「彦根賄役誓詞」（前掲注18 藤井讓治編『彦根藩の藩政機構』史料編所収）。

45 「広小路御屋敷御子様方御用日記留帳」安永三年九月二十三日条。

46 「広小路御屋敷御子様方御用日記留帳」安永三年九月二十四日条。

47 前掲注15。

48 「御心覚之書付一通」は、「用人中」から十月附で出された「用人中達書」（彦根藩井伊家文書七五〇一）と考えられる。

49 広小路屋敷御鎖前番については、安永七年から九年の役方日記が伝存している（彦根藩井伊家文書五六七二・五六七三・五六七四）。屋敷の各役方で日記が作成されていた可能性を指摘できる。

50 『侍中由緒帳8』（二〇〇一年）細居広太家、安永八年八月七日条。

51 「民部様御附御用日記」延享元年五月十九日条。

52 「民部様御附御用日記」延享元年十一月十日条には、「一、六人之衆、御目付衆より御書付ニ而呼ニ来ル、御月番沢村小平太殿へ御申渡しニ而、江戸詰交代御免被　仰付候也」と記される。

53 「侍中由緒帳五十二」。

54 「民部様御附御用日記」延享元年十月二十七日条には、「一、森野弥八郎・元持弥五兵衛・山岸長兵衛、右三人、今日御留所へ罷出候様ニ申来り、此御方様抱ニ向後罷成候旨、三居孫太夫被申渡候旨也」、同年十一月十八日条には、「一、森野弥八郎・元持弥五兵衛・山岸長兵衛、右三人江御扶持切米共不残、此御方様より被下置候様ニと、先達而被仰出候処、御願之筋も有之候而、此御方様より被下置御積之余者、殿様より此御方へ被為遣候趣、御家老衆御印附御書付ニ而、三十九俵四百五拾俵之外ニ被為遣之段申来ル、尤今年者只今迄之通ニ而、来巳之年より三人共、此御方様より御扶持切米共被下置筈也」と記される。

55 「筋方御引ケ人誓詞」（那覇市所蔵「横内家文書」、前掲注18 藤井讓治編『彦根藩の藩政機構』、史料編所収）。

56 「丑為歳暮御祝儀被下置」（彦根藩井伊家文書八二五八）。

57 「銀之介様御出府ニ付被下物御指紙留」（彦根藩井伊家文書七三九三）。

58 『侍中由緒帳9』（二〇〇二年）山中宗十郎家。「侍中由緒帳四十七」中村助左衛門家（彦根藩井伊家文書）。

59 彦根藩における武士身分は、上位から笹之間詰・武役席・平士（以上は知行取）・騎馬徒・中小姓・扶持方・切符取・歩行・足軽に区分される。

60 庶子屋敷日記の記事では「御抱守」と表記されるが、「侍中由緒帳」の任命記事では「御上番」と記される場合も見られる。表5中の天岸源之丞のように、「御抱守」→「御上番」→「御伽役」と順次役替えを経験した者も見られ、両者の職務の差違については、今後の検討課題である。

61 彦根藩井伊家文書七五〇一。各箇条冒頭の〇内の数字は、論述の便宜上、筆者が付したものである。

62 彦根藩井伊家文書七四一一。

63 「中務様附人誓詞」（前掲注18 藤井讓治編『彦根藩の藩政機構』、史料編所収）。

64 財務については、庶子屋敷の「御用意金」（賄料等の一部か）を元銀として「御船方御役所」や「御借用方御役所」へ預け、「御船方御貸附金」や「家中衆臨時拝借」の内に詰め込み、年利五・七〜九朱で貸付運用したり、利息を「御屋敷御拝借高」などの返済に充てるなど、屋敷財政の運用契約を結んだことが確認される。前者では、寛政八年の山崎御屋敷（彦根藩井伊家文書八二三七）、寛政十一年の黒御門前屋敷（彦根藩井伊家文書八二三六）、後者では年未詳であるが松下屋敷（彦根藩井伊家文書七四九九）、文政九年の尾末町屋敷（「尾末町御屋鋪御附日記」六月二十五日条）などの事例が確認できる。

65 前掲注15。
66 犬塚正陽宛井伊直弼書状（『大日本維新史料　類纂之部　井伊家史料二』六七号）。
67 「守真院様賄役誓詞」（前掲注18 藤井譲治編『彦根藩の藩政機構』史料編所収）。
68 「民部様御附御用日記」延享元年六月二日条では、次のように屋敷の鎖・鍵等を賄役が預かり下役人（元締役）の森野弥八郎へ一部を渡し、箱ともに土蔵に入れたことが確認される。

一、七つ　　鎖
　内、弐つ、森野弥八郎へ渡ス
一、八本　　つき出し鍵
　内、弐本、右同人へ渡ス
一、壱つ　　ねじ鍵
一、壱くさり　さしつぼ
　外ニつぼかね弐つ
　右、当御屋敷附故、改箱ニ入、御土蔵へ入置候事」

69 不正の上申は、勘定奉行配下にある勘定小頭誓詞では「御支配方迄下申上事」、町奉行配下の代官誓詞では「御奉行方迄可申上事」と、支配役へ届けることが明記される（前掲注18 藤井譲治編『彦根藩の藩政機構』史料編「役職誓詞」七〇・七三号）。
70 「広小路御屋鋪御留帳」（彦根藩井伊家文書五七四五）天明三年七月五日条。
71 「広小路御屋鋪御留帳」（同前）天明三年三月二十二日条。

一、寅之年御勘定、去ル十九日、無滞相済申候段、御賄衆・元〆役被申聞
　候
一、九両壱分　金子
一、弐拾匁　銀子
一、百三拾貫文　代物
一、三拾弐表　米
　右、寅之年御残り物
一、百弐拾表
　右、米直段、兼而被仰出之通、壱表代弐拾匁積り仕候得ハ、右之通、百弐拾表御不足ニ相成り申候

72 同前、天明三年五月二十五日・同二十八日条。

【五月二十五日】
一、龍草廬方江之金子入書状相認、元〆江御預ニ成り候様、伝左衛門江渡ス
【五月二十八日】
一、五拾匁　御手本五帖之代
　右、今日昼立京都江之御飛脚相触候ニ付、草廬方江之物入書状可指出候様ニ、元〆方江達シ可被申旨、源右衛門江申達ス、則留所江指出し申候由、森宗治申聞候、右、廿五日認置、龍氏江遣ス金子入書状之事也、

73 同前、天明三年六月二十七日条。

一、　　　　明石
　右久々引込居り、急々快気も難仕病躰之由奉畏入、永之御暇昨日願出候由、今日願之通永之御暇申渡候様元〆役江申渡候由、御賄中村伝左衛門被申聞候、

74 同前、天明三年八月二十八日条。

一、板之間ニ者沢村下屋敷御玉ふるひニ参り候様元〆役へ申渡ス、

75 同前、天明三年十二月七日条。

一、三拾両金子　　卯九月五日御掛硯へ入置処、弐百四拾四貫文代物同日御土蔵江入置処、右之弐口十二月七日安東・中村・吉原立合員数相改、元〆宗治江相渡ス、

天明三年十二月十日条。

一、御馬具　一式
　右者十一月廿五日御馬屋方ゟ請取置候処、暫御屋敷ニ指置度段佐藤新五右衛門江懸合、当御方ニ而御長持江入させ置候様元〆文治へ相達ス、尤、

非常之節心添候様御賄衆江も申談置候

76 「虎之介様守役誓詞」「卯之次郎様守役誓詞」（前掲注18 藤井讓治編『彦根藩の藩政機構』、史料編所収）。

77 「欽次郎様伽役誓詞」（前掲注18 藤井讓治編『彦根藩の藩政機構』史料編所収）。

78 「虎之介様守役誓詞」には、この条項はない。

79 「広小路御屋敷御留帳」天明三年七月十五日条。

80 天明三年一月の例では、六・九（延引）・十三・十六（延引）・十八・二十一・二十五・二十八日と、ほぼ三〜四日置きにおこなわれた。

81 彦根藩井伊家文書三一二五六。

82 野田浩子「大名殿席『溜詰』の基礎的考察」（『彦根城博物館研究紀要』十二号、二〇〇一年）。

83 天明四年の「広小路御屋敷日記」（彦根藩井伊家文書五七一三）以降見られなくなる。

84 岡崎寛徳「幕府儀礼の裏事情と井伊家の対応」（朝尾直弘編『譜代大名井伊家の儀礼』彦根城博物館叢書5、サンライズ出版、二〇〇四年）。

85 これら在江戸の親族身辺の状況についての情報は、逐一在彦根の用人から庶子屋敷へ伝えられた。

86 「側役日記」（彦根藩井伊家文書五〇〇一〇）天明三年正月〜四月朔日。

87 四月九日には、さらに「蒙求御会日」は、四日・十日・廿三日が「九ツ半時ヨリ」、七日・十八日・廿七日が「九ツ時ヨリ昼中」と「御会日御替被　仰出」、また「御詩会」も「毎月朝五ツ半時より六日・十一日・十六日・廿一日・廿六日」と変更になっている。

88 天明三年十月の「広小路御屋敷諸色役」（元締役）高木文次・森宗次、「同屋敷御鎖前番」鈴田吉次以下六名に対する「金子百疋宛」の年末報償を用人役に願った「用人中宛暮物願書」（彦根藩井伊家文書八四五七）によれば、「右之者共、御奉公無滞数年相勤、殊ニ外　御部屋様方与違、御出等繁ク、平日共格別御用多御座候処出精相務申候間、例年之通御褒美金被下置候様仕度奉存候」と、その理由が記されており、「御出等」が頻繁であったとの認識があったことが確認される。

89 天明三年では、槻御殿（黒御門前屋敷）には真如院様が居住していること、三月十九日に又介様が「御下屋敷」へ出かけた際、「昼御膳廻し申候、夕御酒・御吸物被　仰付、御次江於　御膳御下并新左衛門江も被　下置候」と記されるが真如院様についての記述が見られないこと、御供を勤めた御抱守の元持平介と高田らが昼から「松原辺へ寄せ打ニ被遣候」と記されること、また、三月二十二日に庭五郎様の鉄砲稽古が許可された際、稽古場所として「松本何右衛門矢場、其外新宮」などはかまわないが、「御下屋敷ハ宜間敷由」が仰せ出されたとあることから推測すると、「御下屋敷」は稽古場の候補として考えられたとすれば、真如院様が居住する槻御殿が鉄砲稽古の候補とすることは考えられないことから、「御下屋敷」はまず槻御殿ではないであろう。「松原辺」の近くに存在すると考えられ、さらに、九月二十一日に「御屋敷之御船御下屋敷御水門へ相廻させ置可申旨被仰付候」と「御下屋敷」には船の出入りが可能な「御水門」が設けられていたこと、庶子がしばしば馬場において乗馬稽古をおこなっていることなどから推測すれば、屋敷外縁に馬場が設けられ、屋敷内庭園の池水と湖水を水路で繋いでいたことで知られる松原御下屋敷である可能性が高い。この松原御下屋敷は近世後期の池水庭園として平成十五年に名勝指定されたが、その成立については天明年間以前に遡る可能性も考えられ、屋敷内ではしばしば詩作がおこなわれるほどの「十勝并其外」の景勝が造作されていたことが窺われる。

90 「黒御門前御屋敷日記」（彦根藩井伊家文書五六七七）同日条。

91 天明三年三月二十六日条では、又介が九つ時から御供揃で長曽根から船で大藪へ出かけ、川猟をおこない、暮時に帰館したが、その際、附人は「御帰候段、正木舎人殿へ申遣候、御出之節ハ御殿ニ而直ニ正木氏へ申候」と、用人へ庶子の出入を届けており、藩主在江戸中にも同様の手続きが取られている。また、城下内でも寺社参詣などでも同様の手続きが取られている例があり、逆に城下外でも日記には届けが記録されていない例もあり、届が必要な空間的範囲の基準は今後の検討課題である。

92　天明三年の事例では、庶子が駕籠を用いたのは、一月十五日に銀之介が登城の際に「雨天故、御駕ニ而御出被遊候」、二月二十五日に又介が登城の際に「雨天故御駕」、九月十一日に「御二方様」が御供揃で平田村の宇津木弥平太下屋敷へ「御出」の際、暮時過の帰館の途中で「俄雨」が降りだし、途中まで駕籠が迎えに来て「善利川橋」から駕籠に乗ったこと、十二月二十六日に「御二方様」が槻御殿へ「御出」の際、「雪降御駕ニ而御出被遊候」という四回のみであり、いずれも雨・雪などの悪天候が理由の場合のみである。

93　藩内の家老の子弟養育においても、「子供筋骨之固メニ山野歩行被致、水辺ニ而者取計方茂可有之候、冬ニ茂其心得ニ而可然」と、制禁されていた「魚猟」を許可している事例もある（『侍中由緒帳2』西郷藤左衛門家、文政八年正月十二日条）。

94　彼ら儒学者の講釈内容の詳細については、本書論文編第一部所収宇野田尚哉「彦根藩井伊家庶子の学問受容」および論文編第三部所収同「彦根藩武家社会の思想文化」を参照されたい。

95　岸本覚「彦根藩と相州警衛」（佐々木克編『幕末維新の彦根藩』彦根城博物館叢書1、サンライズ出版、二〇〇一年）。

96　勇吉の場合、寛政三年十一月十五日に「御下緒初御祝儀」をおこなっているが、剣術稽古を定日でおこなったことが確認されるのは寛政四年からである。

97　庭五郎は天明三年三月二十二日、東之介は享和二年六月二十一日に願い出る（「庶子屋敷日記」）。

98　蹴鞠は、十代井伊直幸の時には彦根の表御殿内に鞠場が設けられ、十一代直中・十二代直亮・十三代直弼らが飛鳥井家などから伝授をうけた関係文書が伝存し（『彦根藩文書調査報告書（一）』彦根市教育委員会編）、また、井伊直亮は雅楽に傾倒していたことが知られている（齋藤望「資料紹介　井伊家伝来楽器の在銘資料（上）」『彦根城博物館研究紀要』一、一九八八年）。

99　「講釈等出席時之書付」（彦根藩井伊家文書四一〇四九）。

100　『彦根市史』（彦根市、一九六二年）中冊、第四編　近世、第六章　文教、第二節　教育・学術。

101　『大日本維新史料　類纂之部　井伊家史料二』二〇二号。

102　『日本教育史資料』（文部省、一八九二年）。

103　「日置流雪荷派巻藁前矢数日記」（井伊家伝来資料　弓具一〇三附属古文書）。

104　柴田純「彦根藩「御家風」の形成」を参照。

105　年未詳、木俣半弥（守盈）ほか家老中宛直治（四代直興隠居）書状や元禄十六年（一七〇三）十月五日付、井伊直通宛井伊直治書状（いずれも「木俣記録」井伊（旧中村）達夫氏文書）。

106　年未詳、木俣半弥宛直治書状。年未詳、小姓衆宛木俣清左衛門（守盈）書状（いずれも「木俣記録」井伊（旧中村）達夫氏文書）。

107　拙稿「彦根藩目付役の形成過程」（前掲注18　藤井讓治編『彦根藩の藩政機構』）。

108　本書論文編第三部の宇野田尚哉「彦根藩武家社会の思想文化」を参照。

〈付記〉本論文は、彦根城博物館における「彦根藩資料調査研究委員会」の「武家の生活と教養」研究班で、平成十二年四月から同十五年三月まで共同研究として実施した「庶子屋敷日記」の分析成果をもとに、筆者の責任において執筆したものである。分析分担をお願いし、研究会において多くの助言をいただいた研究員諸氏、また、研究会では分析できなかった「庶子屋敷日記」のデータ整理を担当した研究補助員の高井多佳子氏（京都女子大学非常勤講師）には、末筆ながら深甚の謝意を表したい。

彦根藩井伊家庶子の学問受容

宇野田　尚　哉

はじめに

「彦根藩井伊家庶子の生活と教養形成」については、共同研究論文の①にあたる母利論文が、「近世中後期庶子養育制度の成立と展開」という問題を中心に据えつつ、根拠となる諸史料の問題も含めて、すでに包括的に論じている。共同研究論文の②にあたる本稿の課題は、母利論文の成果を踏まえつつ、井伊家庶子の学問受容の実際と学問内容の詳細について、補足的解明を行うことである。以下では、母利論文との重複を極力さけつつ、いま述べた点に課題を限定しながら、論述していくこととしたい。まずは、前提となるいくつかの事柄について述べて、本稿の論述の方針を明らかにしておくこととしよう。

「学問」の範囲と分析対象　近世日本における〈学び〉は、〈手習→素読→講釈→会読（＋詩文の実作）〉という階梯にしたがってなされるのを基本とした[1]。本稿が「学問」と言うときに主として念頭においているのは、近世日本における〈学び〉の基幹的部分をなしたこの範囲の事柄である。ただし、母利論文がすでに明らかにしているように、井伊家の庶子が日常的に行っていた文武諸芸の稽古は、これよりもはるかに広い範囲にわたっていた（「文」の面では謡・仕舞など、「武」の面では剣術・鑓術・弓術・馬術・砲術など）。したがって、井伊家庶子の〈学び〉の全体像を明らかにするためには、このような広い範囲の事柄を全面的に分析する必要があるのであるが、残念ながらいまの私にはその準備はない。そこで、以下では、狭義の学問の範囲に分析を集中することで、共同研究の責めを塞ぎたいと思う。分析対象とするのは、彦根城博物館に伝存する庶子屋敷日記の学問関係記事、なかでもとくに第三期の日記のそれである[2]。

庶子の年齢と学問　まずは表1「庶子の年齢と学問」を参照していただきたい。これは、第三期の日記に見える事例から帰納するかたちで、庶子が手習・素読・講釈・会読を始める年齢と終える年齢を明らかにし

表1　庶子の年齢と学問

科目		年齢	事例
手習	始期	7歳後半〜8歳初め	銀之介：天明3年（7歳）9月5日，「銀之介様いろは御手本被仰付候」.
			勇吉：寛政元年（7歳）11月，山崎屋敷入居後すぐに稽古開始.
			恵之介：寛政4（8歳）閏2月9日，稽古開始.
			東之介：寛政6（7歳）6月頃，稽古開始.
	終期	18歳頃	庭五郎：天明3年（18歳）末頃まで.
			又介：天明6年（19歳）の日記にはすでに手習の記事なし．したがって，日記は伝存するが手習の記事の欠けている天明4年（17歳）3月以降もしくは日記の伝存しない天明5年（18歳）まで.
			武之介：寛政7年（18歳）まで．【注1】参照.
			東之介：文化2年（18歳）の日記には稽古の記事あり．次に伝存する文化4年（20歳）の日記には稽古の記事なし.
素読	始期	9歳後半〜10歳初め	銀之介：天明6年（10歳）正月にはすでに稽古を始めている．日記の欠けている天明5年（9歳）中に始めたか？
			勇吉：寛政元年（7歳）11月，山崎屋敷入居後すぐに稽古開始.【注2】参照.
			東之介：寛政8年（9歳）9月，稽古開始.
	終期	18歳頃	庭五郎：天明3年（18歳）6月16日，三上湛庵・安達見龍（庭五郎・又介の素読の御相手），「御素読御免」.
			又介：天明3年（16歳）6月16日，同上．【注3】参照.
			武之介：寛政7年（18歳）まで.
			東之介：文化2年（18歳）4月まで.
講釈	始期	13歳頃	庭五郎：安永9年（15歳）すでに講釈聴聞.
			又介：安永9年（13歳）すでに講釈聴聞.
			銀之介：寛政2年（14歳）より講釈聴聞.
			武之介：寛政2年（13歳）より講釈聴聞.
			勇吉：寛政4年（10歳）より講釈聴聞．【注2】参照.
	終期	20代以後	庭五郎：天明7年（22歳，この年江戸へ発駕）まで継続.
			又介：天明7年（20歳，この年長浜へ出立）まで継続.
			勇吉・東之介：文化4年（勇吉25歳，東之介20歳）の日記までは講釈の記事あり．次に伝存する文化6年の日記には講釈の記事なし.
会読	始期	15歳頃【注4】	又介：天明2年（15歳）10月，『蒙求』会読開始.
			銀之介：寛政3年（15歳）4月，江戸へ発駕する時点では，まだ開始していない.
			武之介：寛政4年（15歳）5月，会読開始.
			勇吉：寛政4年（10歳）5月，会読開始．【注2】参照.
	終期	20代以後	庭五郎：天明7年（22歳，この年江戸へ発駕）まで継続.
			又介：天明7年（20歳，この年長浜へ出立）まで継続.
			勇吉・東之介：文化10年（勇吉31歳，東之介26歳）の日記までは会読の記事あり．次に伝存する文化12年の日記には会読の記事なし.

【注1】武之介は寛政4年9月1日に綏之介と改名するが，この表では混乱を避けるために改名後についても武之介という名前を用いている.

【注2】勇吉の事例は，ほかの事例と比べて，素読・講釈・会読を始める時期が際立って早いが，これは彼が山崎屋敷で年長の兄たち（6歳年上の銀之介と5歳年上の武之介）とともに暮らしていたためであり，彼の事例を一般化することはできない．なお，【注4】参照.

【注3】又介が素読を終えた16歳という年齢は，一般的事例と比べると2歳ほど若いが，これは，又介が当該期の庶子のなかでも際立った好学者であったため，広小路屋敷でともに暮らしていた年齢の近い兄庭五郎と一緒に素読を終えたのであると考えられる.

【注4】寛政6年以降，儒者による会読に加えて，素読を担当する医者が兼任する会読が開講される．それに伴い，庶子一人一人の学力により即した会読が可能になったはずで，以後会読を始める年齢は若干下がったであろうと考えられる.

たものである。これによると、庶子は、七歳後半から八歳初めにかけて手習を始め、九歳後半から十歳初めにかけて素読を始める。講釈の聴聞を始めるのは十三歳頃、会読を始めるのは十五歳頃である。その後十八歳くらいで手習と素読は終えるが、講釈の聴聞と会読は二十代に入っても続けている。これを終える時期は、庶子ひとりひとりの資質によってさまざまであっただろう。

　このことを踏まえたうえで、本稿では、まず、庶子たちが誰によってどのようなかたちで教育されたのかを具体的に明らかにする（第一章・第二章）。そしてそのうえで、庶子の〈学び〉の中身にも触れることとしたい（第三章）。

第三期の日記の下位区分　母利論文の表12「庶子諸芸稽古一覧」（五九頁）を参照すると、第三期の日記をさらに大きく二つに下位区分できることがわかる。すなわち、庭五郎・又介兄弟を中心とする天明期の日記と、武之介（寛政四年［一七九二］九月一日綏之介と改名）・勇吉・東之介を中心とする寛政期以降の日記である。

　両者のうち、内容が興味深いのは前者のほうであるが(3)、後述するように天明期の庶子教育には当該期固有の特徴が少なくないため、前者によって井伊家庶子の学問受容の一般的あり方を捉えることはむずかしい。そこで、本稿では、まず寛政期以降の日記によって井伊家庶子の学問受容の一般的あり方を明らかにしたうえで（第一章）、天明期の日記に立ち戻ってその時期の特質を明らかにする（第二章）、という手順で、分析を進めていくこととしたい。

学問関係記事の分析方法　本稿の主な分析対象は、第三期の庶子屋敷日記の学問関係記事であるが、その分析にはいくつかの困難が伴う。ここでは、その困難を明確にしたうえで、それとの関係において次章以下でとる分析方法を明示しておきたい。

　困難の第一は、日記の記事が網羅性に欠けるということである。たとえば、表2は、寛政二年の日記から五月中の学問関係記事を抜き出し一覧表にしたものであり、ここからは、儒者龍一郎が四・八の日に講釈を行っていたこと、山本元庵・田中元珉という二人の医者が二日ごとに一人ずつ交代で素読を行っていたことを読み取ることができるが、手習についてはそのような規則性を読み取ることはできない。一方、このとき庶子屋敷には手習を行っているはずの年齢に達した庶子が三人も暮らしていて（銀之介十四歳、武之介十三歳、勇吉八歳）、手習が月に三回し

表2　寛政2年山崎屋敷日記5月中の学問関係記事一覧

科目	講　釈	素　読		手　習
担当者	龍一郎	山本元庵	田中元珉	西辻作右衛門
1日				
2日		○		
3日				
4日	○		○	
5日				
6日		○		
7日				
8日	○		○	○
9日				
10日				
11日				
12日			○	
13日				
14日	○	○		
15日				
16日			○	
17日				
18日	○	○		○
19日				
20日			○	
21日				
22日		○		
23日				
24日	○		○	
25日				
26日		○		○
27日				
28日	○		○	
29日				

＊「山崎御屋敷万留帳」（彦根藩井伊家文書5703）による．

か行われなかったとは考えられないから、日記の記載に漏れがあるとしか考えられず、この月の手習の講日については他の月のデータなどから推定するしかないということになる。だが、このような困難は、手習に限ったことではない。素読・講釈・会読の場合も、寛政二年五月のように記事が網羅的であることはまれであって、実際は、可能なかぎり関係記事を集めたうえでそれをもとに規則性を推定する、という方法をとらざるをえない。(4)

困難の第二は、日記の記事が年齢の異なる複数の庶子のうちの誰に関係するものなのか判然としない場合が多いということである。寛政二年五月を例にとると、同年正月の「手習」「素読」の記事にそれぞれ「銀之介様・勇吉様」「御三方様」と注記されている箇所があり、「手習」「素読」については誰がそれを行っていたのか窺い知ることができるが、「講釈」については一年を通じてそのような手がかりがまったくない。このような場合は、前後の年の状況や表1にもとづいて推定する、という方法をとらざるをえない。

第一章・第二章で論述の基礎とする表3・表4は、以上のような分析方法で作成したものであることをここであらかじめ断っておきたい。

困難の第三は、日記の記事の形式的分析だけでは庶子の〈学び〉の中身はわからないということである。そこで、第三章では、庶子における書物の受容という観点から、学問受容の内容面にも触れ、そこに見出される思想的傾向を指摘することとしたい。

1　彦根藩の庶子教育システム

―寛政期以降の日記の分析を中心に―

本章で分析の対象とするのは、庶子屋敷に居住している庶子の顔ぶれが大きく変わる寛政元年（一七八九）から、庶子屋敷日記が伝存する最後の年である文政九年（一八二六）に至るまでの日記である。この期間に庶子屋敷に居住していた庶子の顔ぶれと年齢については、ここで詳しく述べる紙幅の余裕がないので、母利論文の表12「庶子諸芸稽古一覧」（五九頁）によりあらかじめ確認しておいていただきたい。なお、寛政元年は、第十代藩主直幸が没して第十一代藩主直中（天明期の庶子屋敷日記に庭五郎という名前で登場する直幸の七男）が襲封したという点でも転機となった年であった。(5)

庶子屋敷では毎年正月二日に御講釈初・御素読初・御手習初が行われるのを常とした。(6)ただしこれは形式的なもので、本格的に庶子の教育が始まるのは、正月十一日前後の諸芸御稽古初からであった。(7)御稽古の定日は、「一・六の日」（一日・六日・十一日・十六日・二十一日・二十六日）のように、〈十日間に二回（五日おき）〉というのがいちばん一般的であったが、これにあてはまらない場合も多い。なお、毎年土用中は夏休み、(8)十二月二十日頃から翌年の御稽古初までは冬休みであった。

寛政期以降の庶子教育システム　さて、それでは、表3「寛政期以降の庶子教育システム」に即して、分析を進めていくこととしよう。

表3―1は、寛政五年の庶子屋敷日記にもとづいて、同年の庶子教育

表3　寛政期以降の庶子教育システム

【表3－1】寛政5年　綏之介16歳，勇吉11歳，恵之介9歳

	会読	講釈	素読	手習	兵書講釈	講日	対象の庶子	備考
儒者衆	大菅権之丞					一の日	綏之介・勇吉	
		大菅権之丞				六の日	綏之介・勇吉	
		龍一郎		龍一郎		三・八の日	綏之介・勇吉	綏之介の手習も担当.
医者衆			山上周碩			二日ごと(一人ずつ交代で)	綏之介・勇吉	
			木本元台					
				居戸泰介		四・九の日	勇吉・恵之介	

【表3－2】寛政8年　綏之介19歳，勇吉14歳，東之介9歳

	会読	講釈	素読	手習	兵書講釈	講日	対象の庶子	備考
儒者衆	大菅権之丞	大菅権之丞				一・六の日	綏之介・勇吉	会読と講釈の区別不分明. 6/2終会. 大菅は京都遊学へ.
		龍一郎				四・九の日	綏之介・勇吉	大菅と交代. テキストは『孔子家語』. 6/9～.
医者衆（～5月）	山上周碩		山上周碩			二日ごと(一人ずつ交代で)	綏之介・勇吉	前年の体制が5月末頃まで継続.
	山本元庵		山本元庵					
医者衆（6月～）	山本元庵		山本元庵			二日ごと(二人ずつ交代で)[山本・坂／山上・芝原]	綏之介・勇吉・東之介	綏之介は会読，勇吉は会読と素読，東之介は素読，というのが基本であったと考えられる.
	坂宗元		坂宗元					
	山上周碩		山上周碩					
	芝原元策		芝原元策					
			坂三折			二日ごと	勇吉・東之介	6/12～東之介素読開始.
				西辻作右衛門		四・九の日	勇吉・東之介	殿様に同行して江戸へ.
				横尾七太夫		三・八の日		西辻と交代.10/7初めて御相手.
兵学者					岡本半之丞	？	綏之介	11/22～.

【表3－3】寛政9年　綏之介20歳，勇吉15歳，東之介10歳

	会読	講釈	素読	手習	兵書講釈	講日	対象の庶子	備考
儒者衆		龍一郎				四の日	綏之介・勇吉	
医者衆	山本元粛		↓			二の日：山本・坂 六の日：山上・芝原	綏之介・勇吉	
	坂宗元							
	山上周碩		↓					
	芝原元策							
			木本元意			毎日(一人ずつ交代で)	勇吉・東之介	
			山本元粛					
			山上周碩					
				横尾七太夫		五・八の日	勇吉・東之介	
兵学者					岡本半之丞	五の日	綏之介・勇吉	11/13勇吉元服祝儀，11/22勇吉初めて兵書講釈聴聞.

【表3－4】文化2年　勇吉23歳，東之介18歳

	会読	講釈	素読	手習	兵書講釈	講日	対象の庶子	備考
儒者衆	大菅権之丞					九の日	勇吉・東之介	
		龍一郎				七の日	勇吉・東之介	
	伴只七					八の日：山本・木本・中嶋・伴 三の日：田中・八木	勇吉・東之介	三の日の会読，八月から田中と龍亥太郎.
	龍亥太郎							
御伽頭衆	田中藤十郎							
	八木新太郎							
医者衆	山本元粛		↓					
	木本元意		↓					
	中嶋洞元		↓					
			木本元意			毎日(一人ずつ交代で)	東之介	～4/22.以後素読の記事なし.
			山本元粛					
			山上周碩					
			中嶋洞元					
				古田新太郎		四・八の日	東之介	
兵学者					岡本半之丞	五の日	勇吉・東之介	
＊	詩会の記事が計10ケ所あり．参加者は，龍一郎・芝原元策・草山泉伯・馬嶋龍庵・田部恕庵・喜多山辰之進・柄島喜平次・伴只七.							

【表3－5】文化6年　勇吉27歳，東之介22歳

	会読	講釈	素読	手習	兵書講釈	講日	対象の庶子	備考
儒者衆	大菅権之丞					十の日	勇吉・東之介	
	伴只七					八の日：木本・伴 三の日：田中・龍	勇吉・東之介	
	龍亥太郎							
御伽頭衆	田中藤十郎							
医者衆	木本元意							
兵学者					岡本半介	五の日	勇吉・東之介	4/15で講釈御止め．岡本江戸へ出立のため.

システムを復元したものである。この表3―1は、儒者龍一郎が手習を担当している点を除けば、天明元年（一七八一）に原型が成立し寛政期に入って一般化した庶子教育システムのあり方を典型的に示している（天明期の問題については後述）。その特徴は、次の三点にまとめられる。

①儒者が〈十日に二回〉のペースで会読もしくは講釈を行っている点。

②二人の医者が〈二日ごとに一人ずつ交代で〉素読の指導を行っている点。

③〈十日に二回〉のペースで手習の指導が行われている点。

以下、①②について、必要最小限の解説を加えておこう。

まず、①について。寛政期の彦根藩儒は、江戸詰の藩儒を別とするなら、大菅権之丞[9]と龍一郎[10]の二人であった。この時期の二人はともに諸士格・十人扶持という身分であったが、天明末年から寛政初年にかけて藩主に同行して彦根と江戸を行き来するなど、大菅のほうが重く用いられていた。大菅には素読・手習を担当した例がないのに対し、逆に龍には会読を担当した例がないのは、このことと関係しているだろう。大菅が江戸へ下ったり京都へ遊学したりして不在である間は、龍が一人で講釈を行っていた。

次に、②について。いまかりに、当時の〈学び〉の階梯を、手習＝入門、素読＝基礎、講釈・会読＝応用、と特徴づけるなら、前掲の表2からも了解されるように、庶子に対してはかなり手厚い基礎教育が行われていたのであるが、それを担っていたのは、儒者ではなく、医者であった。後述するように、寛政五年以後も庶子教育の充実が図られていくが、その際に強化されたのも、もっぱら医者衆による教育であった。庶子の教育を実質的に支えたのが医者衆であったという点は、藩社会における藩医の役割という観点から言っても、特筆に値するだろう。

庶子教育システムの変遷　さて、翻って言えば、いま見たような庶子教育システムは、寛政元年にはすでに存在していたのであるが、当時はまだ庶子屋敷に居住している庶子たちが幼かったため、手習と素読しか行われていなかった。その後、庶子が成長するにつれて、寛政二年には講釈が、寛政四年には会読が始まり、寛政五年には表3―1に見られるような教育が行われるに至ったのである。翌寛政六年には、最年長の綏之介に対してより積極的な教育を行うためであろうと考えられるが、医者衆による会読が新たに始まり、この寛政六年の体制が寛政八年の五月まで続くことになる。寛政八年の時点で庶子屋敷に居住していたのは、綏之介十九歳、勇吉十四歳、東之介九歳というかなり年齢の離れた三人であるが、この年の六月に最年少の東之介が素読を始めたことに伴い、より手厚い庶子教育の体制が組まれることになる。この変化を整理したのが、表3―2である。大きく変わるのは医者衆のあり方で、五月までは二人の医者が〈二日ごとに一人ずつ交代で〉御相手（素読・会読）をしていたのに対し、六月以降は四人の医者が〈二日ごとに二人ずつ交代で〉御相手（素読・会読）をするようになり、しかも別の医者が〈二日ごとに〉年少の二人を対象とした素読を行うようになる。これが年齢の離れた三人の庶子に対してそれぞれにふさわしい教育を施すための対応であることは間違いなかろう。

寛政八年後半のこのようなかなり煩雑な体制は、翌寛政九年には表3

—3に見えるようなかたちに整序されることになる。ここでも大きく変わるのは医者衆のあり方で、四人の医者が〈二の日と六の日に二人ずつ交代で〉御相手をして年長の二人（綏之介・勇吉）を対象とした会読を行うとともに、三人の医者が〈毎日一人ずつ交代で〉御相手をして年少の二人（勇吉・東之介）を対象とした素読を行う、という体制が寛政九年にできあがっている。こののち、最年少の東之介が会読をする年齢に達したり、そのことなどにともなって担当者や講日が増減したり、といった変化はあるが、基本的には、寛政九年と同じ体制が文化二年まで続いている。表3—4は、文化二年の時点での体制である。ここに名前の見える田中藤十郎（一七四九〜一八一六）・八木新太郎はかつて庶子の御伽頭であった人物で寛政十二年から、伴只七（一七七三〜一八三四）・龍亥太郎は大菅権之丞・龍一郎の後継者の立場にある儒者でそれぞれ享和元年（一八〇一）・文化二年（一八〇五）から、医者衆とともに会読を行っている。

享和三年に綏之介が病没したあと、庶子屋敷に暮らす庶子は勇吉と東之介の二人だけとなるが、文化二年には弟の東之介もすでに十八歳に達している。十八歳といえば手習・素読を終える年齢であり、文化二年以後庶子教育の体制は大きく変化したと考えられる。その点を確認するために、文化六年分の日記によって作成したのが表3—5であり、すでに二十歳を過ぎた庶子たちは、儒者・医者を相手に会読を行うのみとなっている。この会読が何歳まで続いたかはよくわからない。会読の記事は、これ以後の日記では、文化六年分の次に伝存している文化九年分の日記に十ヶ所、翌文化十年分の日記に三ヶ所見えるのみであり、その頃をもって彼らは会読も行わなくなったのではないかと思われる。文化十年には、彼らは、それぞれ三十一歳と二十六歳であった。

以上、本章では、寛政期以降の庶子教育システムの基本的な枠組と、その枠内で庶子の成長に応じてなされたさまざまな対応とを見てきた。その結果、庶子に対しては相当手厚い教育的対応がなされていたこと、そしてその実質を担ったのは医者衆であったこと、が明らかになったはずである。

再び分析方法をめぐって　だが、本章の分析に対しては、その基礎となった表3の妥当性じたいを疑問視する立場からの批判が予想される。そこで、最後に、そのような批判にあらかじめこたえるかたちで本稿の方法的立場についてあらためて述べて、本章を終えることとしたい。

まずはわかりやすい例をひとつ挙げよう。私は、表3—3で、寛政九年の医者衆による素読について、木本元意・山本元粛・山上周碩の三人が毎日一人ずつ交代で御相手をするという原則だったのではないか、と推定した。だが、この年の日記の四〜六月分を例にとると、そこに見える素読の記事の実際の分量は、左記の程度にとどまる。

四月三日（木本）、五日（山上）、一四日（山上）、一七日（山上）、五月八日（山本）、一二日（山上）、一四日（山本）、一九日（木本）、二五日（木本）、二八日（木本）、六月三日（山上）、四日（木本）、五日（山本）、八日（山本）、一〇日（木本）、一三日（木本）、一七日（山本）、二〇日（山本）

私はここから前記のような原則を読み取りうると考えるが、しかし、「毎日」という原則と実際の記事の分量とのあいだにはやはりかなりの落差があり、前記のような原則を読み取ることじたいの妥当性を疑問視することも不可能ではないだろう。

予想されるそのような批判に対して、私が強く主張しておきたいのは、庶子屋敷における庶子教育の実態は、庶子屋敷日記の網羅性に欠ける学問関係記事と、それに基づいて私が形式論理的に再構成した庶子教育システムとの、あいだにあったはずだ、という点である。庶子教育システムの諸原則が庶子の日常に貫徹しなかったのは、庶子は学問ばかりをしていたのではない以上当然のことであって、表3がそのまま庶子教育の日常的実態であったかのように考えることは厳に慎まねばならない。(11) しかし一方で、庶子屋敷日記に見える学問関係記事の数をたんに集計してみてもその歴史的意味は分からないのである以上、そこに働いている論理を見出しそれを歴史的に位置づけることを可能にする理解の枠組を構成する作業が不可欠なのである。表3および後掲の表4は、以上のような方法的立場から作成したものである。

2 天明期の諸問題
—その画期性と特質—

安永～天明期の庶子屋敷は広小路屋敷であるが、第三期の日記の起点である安永九年（一七八〇）の時点でこの屋敷に居住していた庶子は、仙之丞十六歳・庭五郎十五歳・又介十三歳の三人であった。ただし、仙之丞はこの年の十一月には病死してしまうし、のち天明三年（一七八三）に入居してくる銀之介はまだ幼かったので（入居時七歳）、天明期を扱う本章の主人公は、おのずから庭五郎（直中）・又介（直在）兄弟ということになる。この二人に藩主直幸、世子直富、儒者野村新左衛門・大菅権之丞を加えた六人が、本章の主要な登場人物である。

天明初年の画期性　まずは、表4「安永末～天明年間における庶子の〈学び〉」のうち、表4—1を参照していただきたい。ここからわかるように、安永九年の時点では、当時国許にいるただ一人の藩儒であった龍一郎が、庶子の教育を行っていた。ところが、翌安永十年（四月に天明と改元）には、その龍一郎が三年間の京都遊学を許されたため、庶子教育の体制が大きく変更されることになる。表4—2によって整理するなら、そのときの変更は次の二点にまとめることができる。

①藩儒龍一郎にかわって陪臣野村新左衛門が〈十日に二回〉のペースで講釈を行うようになった点。

②儒者龍一郎にかわって三上湛庵・安達見龍という二人の医者が〈二日ごとに一人ずつ交代で〉素読の指導を行うようになった点。

言うまでもなく、この二点の変更は、前章で表3—1について指摘した三つの特徴のうちの最初の二つと対応している。手習の講日が寛政期と同じ〈十日に二日〉に変更されるのは翌天明二年のことであるが、基本的には、藩儒龍一郎の京都遊学にともなう天明元年の変更によって、寛政期に至って一般化する庶子教育システムの原型ができあがったと考えてよい。このように、天明元年は、庶子教育の制度化という点で、重要な画期となった年であった。

本書所収の別稿で指摘したように(12)、天明初年は彦根藩の教学政策が新

表4　安永末～天明年間における庶子の〈学び〉

【表4－1】安永9年　仙之丞16歳（～11/29），庭五郎15歳，又介13歳　5/11殿様（直幸）彦根着

庶子名	科目	御相手	講日	備考
仙之丞･庭五郎･又介	講釈	龍一郎	？	
仙之丞･庭五郎･又介	素読	龍一郎	？	
仙之丞･庭五郎･又介	手習	西村平八郎	？	
		木村喜八郎	？	4/4「木村喜八郎御手習為申上初而上ル」．

【表4－2】天明元年　庭五郎16歳，又介14歳　4/1殿様（直幸）彦根発

庶子名	科目	御相手	講日	備考
庭五郎・又介	講釈	龍一郎	？	『大学』講釈．3/25「龍一郎三ヶ年之内京学願之通被　仰付候ニ付」云々．
		野村新左衛門	四・九の日	4/1野村「広小路御子様方御学事御用被　仰付」（『侍中由緒帳』），4/11「初而御目見」，『大学』講釈，「御講釈日四九と被　仰付候．但し四ツ時分罷出様申達候」．御講釈拝聴の医者衆：三上湛庵・安達見龍・稲川周庵・中嶋意伯．5/4「『大学』御講釈相済，重而ゟ『論語』被　仰付候」．6/9「御後ニ而『唐詩撰（選）』是又被　仰付候」．
庭五郎・又介	素読	龍一郎	二日ごと	3/25「龍一郎三ヶ年之内京学願之通被　仰付候ニ付」云々．
		三上湛庵	当初は毎日1人ずつ交代で，秋以降は2日ごとに1人ずつ交代で	2/25「御読物御浚申上候義，三上湛庵・安達見龍罷上り候様可被申渡候間」云々．
		安達見龍		
庭五郎・又介	手習	木村喜八郎	？	1/23御手習之義，木村，願により御免，平居へ．
		平居惣九郎	？	
		西村平八郎	一・六・二・七・三・八・四・九	9/12「一六二七三八四九朝五ツ半時過ゟ上り被申候様被　仰出申達候」．

【表4－3】天明2年　庭五郎17歳，又介15歳　5/25殿様（直幸）彦根着

庶子名	科目	御相手	講日	備考
庭五郎・又介	講釈	野村新左衛門	四・九の日（～8/5）／二・七・十・十七・廿七の日（8/6～）	6/14～草山隆庵拝聴，10/12林安之丞拝聴許可．8/4御稽古日六日より変更．野村新左衛門：二・七・十・十七・廿七御定日．
庭五郎・又介	素読	三上湛庵	2日ごとに1人ずつ交代で（～8/5）／一・六・三・八の日（8/6～）	8/4御稽古日六日より変更．三上湛庵・安達見龍：一・六・三・八御定日．9/19「御素読向後煩指合之節者被申合御定日相闕不申候様相勤被致候様被　仰出」．
		安達見龍		
庭五郎・又介	手習	西村平八郎	？	
		平居惣九郎	二日隔（6/11～）／四・九の日（10月～）	6/6「来ル十一日ゟ二日隔ニ罷出候様申談置候」．10月以降，四・九の日．11/19「毎月七日御講釈日明キ申候ニ付，昼時迄御手習申上候様被　仰出候」．
又介	会読（『蒙求』）	備考欄参照	三の日	10/7「又介様被　仰出候」．三々『蒙求』御会読（九ツ時より八ツ時半迄．稲川周庵・三上湛庵・安達見龍・前野杢介へ被仰出），八々御詩作（九ツ時より），「右之両様共，野村新左衛門出席可仕候旨被　仰付候」．10/12「又介様『蒙求』御会読之節罷出候様被　仰付候」，林安之丞・富永彦十郎へ．
又介	詩会	備考欄参照	八の日	
庭五郎・又介	御殿講釈	野村新左衛門	備考欄参照	11/11野村新左衛門の御殿での講釈を御二方様「御聴聞被遊度段以御使者御願被遊候処」御承知の御返答あり．11/12御二方様御講釈につき御登城，以後年内は11/17・12/4・12/8・12/20・12/24．12/24で『孝経』講釈終了，来春は『中庸』講釈．

【表4－4】天明3年　庭五郎18歳，又介16歳，銀之介7歳　4/1殿様（直幸）彦根発

庶子名	科目	御相手	講日	備考
庭五郎・又介	講釈	野村新左衛門	一・三・六・八・十の日？	1/9御講日申達す（詳細不明）．3/21『論語』講釈・『唐詩選』講釈終了，野村は藩主に同行して江戸へ．
		龍一郎	六・十一・十六・廿一・廿六→十の日（11/28～）	3/28京都遊学中の龍一郎，野村の在府中，「御子様方御学文御稽古のため」呼び戻される．4/9『孟子』御講釈被仰付（講日：六・十一・十六・廿一・廿六，朝五ツ半時より）．4/11『孟子』講釈開始．11/28講日十・十と被仰出（ただし小の月は廿九日昼時より）．
庭五郎・又介	素読	三上湛庵	二・七・十二・十八・廿二・廿七	1/20御稽古日申達す（詳細不明）．4/6御稽古日被仰出申達候：二・七・十二・十八・廿二・廿七．6/16三上・安達素読御免．
		安達見龍		
庭五郎・又介	手習	平居惣九郎	四・九の日？	
		西村平八郎	五・十・十五・廿・廿五	5/18西村平八郎へ又介様御手習御講日申達す：五（昼より）・十（朝より）・十五（昼より）・廿（昼より）・廿五（昼より）．11/28毎月十日以後昼時より．
又介	会読（『蒙求』）	備考欄参照	？→二・十・廿二（4/5～）→四・十・廿三（4/9～）	1/21「又介様『蒙求』御会読出席被　仰付置候由被　仰出候」：三上湛庵・安達見龍・稲川周庵・前野杢介・富永彦十郎・林安之丞．4/5会日変更：毎月二・十・廿二（但三日共昼時より）：三上・安達・稲川・前野・草山隆庵・小原八郎左衛門．4/9会日変更：四・十・廿三（但九ツ半時より）：同前．9/3毎月四日の分を三日に変更．12/3御会読人数少なく明日へ延引．この年の出席者：前記のほか，龍一郎．
又介	詩会	備考欄参照	？→六・十六・廿七（4/5～）→七・十八・廿七（4/9～）	1/21「又介様御詩会出席被　仰付置候由被　仰出候」：上田安常・西尾隆元・草山隆庵・三上湛庵・稲川周庵・前野杢介．4/5会日変更：毎月六・十六・廿七（但三日共昼時より）：草山・三上・稲川・前野・龍一郎．4/9会日変更：七・十八・廿七（但し九ツ時より昼中）：同前．この年の出席者：前記のほか，野村新左衛門・安達見龍・林安之丞・富永彦十郎・小原八郎左衛門・草山元益・中嶋意伯．
庭五郎・又介	御殿講釈	野村新左衛門	備考欄参照	1/17御二方様御講釈初につき登城．その後，1/12・1/17・1/20・1/28・2/4・2/8・2/12・2/17・2/20・2/28・3/4・3/8・3/17御講釈日につき登城．4/1殿様，野村をともなって，彦根発．

【表4－5】天明4年　庭五郎19歳，又介17歳，銀之介8歳　6/7若殿様（直富）彦根着

庶子名	科目	御相手	講日	備考
庭五郎・又介	講釈	龍一郎	十・廿・晦日	
又介・銀之介	手習	西村平八郎	五・十・十五・廿・廿五・三十	1/10銀之介御稽古．1/29「十日御手習御定日朝之処以後昼時ゟ被　仰付候」，「以後三十日ニも昼時ゟ被　仰付候．小ノ月者翌朔日昼ゟ被　仰付候」．
		平居惣九郎	?	6/27平居，御手習被仰付．以後手習の記事がなく詳細不明．
	会読（『蒙求』）	備考欄参照	四・十（→十三）・廿三→十三・廿一（7/2～）	1/29御定日を十日から十三日に変更．2/12御断りの人数多く「何卒罷出可申由被申聞候」．7/2御会日を十三日・二十一日昼時よりに変更．8/25御断りの人数多く延引．9/13（三上・前野・石原隆見出席）

又介				がこの会読の最後の記事.
	会読（『論語古訓』）	備考欄参照	?	11/24「又介様『論語古訓』御会読可被遊被　仰出、夫々相達」：龍一郎・飯田達之進・三上湛庵・石原隆見・林安之丞・久徳右平太・渡部要次・前野杢介・小原八郎左衛門. 11/25 初会（龍・飯田・三上・石原）. 天明 5 年分の日記が伝存していないため，以後の詳細未詳.
又介	詩会	備考欄参照	七・十七・廿七	この年の出席者：龍・稲川・三上・前野・小原・中嶋・中瀬九十郎・飯田龍之進・石原隆見・山上元隣
庭五郎・又介	御殿会読(御殿にて若殿様と)	?	『国語』四・十・十二・廿・廿五・廿八／『史記』八・廿四	7/2「又介様『国語』『史記』御会日昼時ゟ御登　城日被　仰出候」.『国語』四・十・十二・廿・廿五・廿八,『史記』八・廿四.【参考】7/17 若殿様に同道して下屋敷へ御出，そこで『史記』列伝会読. 7/20 も.

【表 4 － 6】天明 6 年　庭五郎 21 歳，又介 19 歳，銀之介 10 歳　4/15 若殿様（直富）彦根着

庶子名	科目	御相手	講日	備考
庭五郎･(又介)	講釈	龍一郎	七・廿七（2/13 ～）→十・廿・晦日（11/16 ～）	1/20「来廿八日ゟ御講釈」. 2/13 御稽古日被仰出：七・廿七（晴天であれば廿八），いずれも昼. 11/16 庭五郎様被仰出：十・廿・晦日，朝五ツ半時より. 又介がこの講釈を聞いたかどうかは不明.
庭五郎・又介	講釈（『書経』）	大菅権之丞	三・九の日（7/17 ～）	7/17「三九　八ツ時ゟ　大菅権之丞／右『書経』講釈被　仰付候間、来ル廿三日ゟ罷出可申旨　庭五郎様被　仰出申達」. 稲川周庵・中嶋意伯・石原隆見・芝原元策・坂宗折・山上元隣拝聴.
銀之介	素読	龍一郎	?	1/20 龍一郎「銀之介様御読書ハ勝手ニ罷出様申達ス」.
銀之介	手習	西辻作右衛門	?	
庭五郎	会読（『史記』『経済録』）	三上湛庵 安達見龍 清瀬道健 石原隆見	三・八・五・十の日？	『史記』会読. 11/17「三八　石原純章　只今迄夜分之御会読自今右之通，其節『経済録』持参被致候様被　仰出，申達候」.
又介	会読（『国語』『史記』）	備考欄参照	二の日（『国語』）・六の日（『史記』）→二の日（『史記』，5/16 ～）	二の日『国語』・六の日『史記』. 3/10 又介様「『史記』御会読六之昼九ツ半時ゟ」と被仰出相達す：荒川孫三郎・熊谷他三郎・山根善五右衛門・清瀬道健・坂宗折・安達見龍・龍一郎・石原隆見・山上元隣. 5/2「『国語』御会読御休可被遊被　仰出候」：荒川・龍. 5/2「御詩会･『史記』御会共御用無之節罷出候様被　仰出」：飯田達次・大菅権之丞. 5/16「『史記』御会　二々　九ツ半時前揃」：龍・荒川・熊谷・清瀬・坂・安達・石原・大菅・飯田・久徳右平太・福富乙三郎・前野杢介. この会読の出席者：上記のほか，草山元益・中嶋元哲・林安之丞.
又介	詩会	備考欄参照	四の日（3/10 ～）→二の日（5/2 ～）→六の日（5/16 ～）	3/10 又介様「御詩会四之昼七ツ時過ゟ」と被仰出相達す：荒川孫三郎・熊谷他三郎・山根善五右衛門・清瀬道健・坂宗折・安達見龍・龍一郎・石原隆見・山上元隣. 5/2「又介様御詩会来ル十二日ゟ毎月七ツ時ゟ二々ニ被遊候」：龍・山上. 5/2「御詩会・『史記』御会共御用無之節罷出候様被　仰出」：飯田達次・大菅権之丞. 5/14「又介様二之御詩会自今九ツ時過ゟ被上候様被　仰出候」：龍・山上・稲川周庵・飯田達次・大菅権之丞・三上湛庵・石原純章. 5/16「又介様御詩会　六々　九ツ時過揃」：龍・大菅・飯田・三上・石原・山上・前野杢介. この年の出席者：上記のほか，中瀬九十郎・坂宗碩.
庭五郎	『孫子』講釈	田中藤十郎	?	7/14「庭五郎様　田中藤十郎　兵書御読セ御聴被遊度」云々. 7/25 ～講釈. 三上湛庵・山上元隣拝聴. 日記の記事は 8/20 が最後.『孫子』会読に継承されたか？
庭五郎	『孫子』会読	備考欄参照	五・十五・廿五	11/16 庭五郎様被仰出：五日・十五日・廿五日昼時ゟ『孫子』御会読. この会読の出席者：鈴木権十郎・荒川孫三郎・芝原元策・石原純章・坂宗折・熊谷他三郎.
庭五郎・又介	御殿会読(御殿にて若殿様と)	?	『史記』四・十四・廿四,『国語』八・十七・廿八（5/1 ～）	4/15 若殿様彦根着. 5/1 御城御会読日：『史記』四・十四・廿四（「盧綰伝ゟ田譫列伝迄御会読被遊候様可申達被　仰出候」),『国語』八・十七・廿八. 11/25 ～『左伝』会読も開始. この頃定日に変更があったか？ 12/9「庭五郎様三之御講暫御延引被遊候段被　仰付候，又介様十二日之御会暫御延引被　仰付候. 何も　御殿御会に指間候ニ付」.
庭五郎・又介	御殿詩会(御殿にて若殿様と)	?	?	12/10 ・ 12/21.

【表 4 － 7】天明 7 年　庭五郎 22 歳(～ 8/15 江戸へ発駕)，又介 20 歳(～ 4/5 長浜へ出立)，銀之介 11 歳 2/25 若殿様彦根発(7/12 江戸で死去)

庶子名	科目	御相手	講日	備考
庭五郎･(又介)	講釈（『詩経』）	龍一郎	十・二十・晦日→十の日（4/28 ～）	又介がこの講釈を聞いたかどうかは不明. 4/28 御講釈日十々に変更.
庭五郎・又介	講釈（『書経』）	大菅権之丞	三・九の日	又介出立後，三・八の日に変更か.
銀之介	素読	龍一郎	?	
銀之介	手習	西辻作右衛門	?	
		横尾七太夫	?	
庭五郎	会読（『史記』『経済録』？）	三上湛庵 安達見龍 清瀬道健 石原純章	前年と同じ？→四・九の日（4/28 ～）	4/12 今迄夜分の会読昼八時よりに変更，4/28 御会読日四・九に変更. テキストは前年から継続して『史記』『経済録』か？
又介	会読（『史記』『孔子家語』）	備考欄参照	二の日	この会読の出席者：龍一郎・飯田達次・大菅権之丞・荒川孫三郎・石原純章・坂宗折・芝原元策・前野木介.
庭五郎	『孫子』会読	備考欄参照	五・十五・二十五	この会読の出席者：田中五介・鈴木権十郎・熊谷他三郎・坂宗折・西村豊膳・石原純章・芝原元策・荒川孫三郎・三上湛庵・
又介	詩会	?	六の日	日記の記事は，2/6（延引），2/12（延引）のみ.
庭五郎	詩会	備考欄参照	一の日？	又介出立後，庭五郎の詩会が始まる. 出席者：龍一郎・大菅権之丞・山上元隣・稲川周庵・三上湛庵・安達見龍・清瀬道健・石原純章・田中五介・熊谷他三郎.
庭五郎・又介	御出詩会	備考欄参照	―	1/19（御三方様下屋敷へ御出，詩作：稲川・三上・石原・山上，安達御断）・1/26（又介，若殿様に同行して野田山村庵原別所へ御出. 詩会），3/7（又介松原村へ御出，詩会）.
庭五郎・又介	御殿会読(御殿にて若殿様と)	?	?	『史記』『左伝』. 2/8 まで. 2/25 若殿様彦根発.
庭五郎・又介	御殿詩会(御殿にて若殿様と)	?	?	1/11 ・ 2/1 ・ 2/4（百韻詩会興行）. 2/25 若殿様彦根発.

たな展開を見せた時期であり、いま指摘した庶子教育の制度化もその一環であったと考えられるが、この時期に重要な役割を果したのが、天明元年四月一日に「広小路　御子様方御学事御用」を仰せ付けられ藩儒龍一郎にかわって庶子の教育を担当することになった陪臣野村新左衛門（名公台、字子賤、号東皐、病没する直前の天明四年一月に一代限りで直参・知行取格に取り立てられる）であった。野村は、広小路屋敷で、庭五郎・又介に対し、〈十日に二日〉のペースで経書（はじめ『大学』、のち『論語』）を講じるとともに、あるときからは経書の講後に『唐詩選』をも講じている。興味深いのは、この野村の講釈を、広小路屋敷で素読を担当していた医者衆が陪聴しているという事実である(13)。庶子教育の制度化がすすみ講釈と素読の分担がはっきりしてくるなかで、講釈を担当する儒者の（あるいは儒者の担当する講釈の）学問的権威が明確になっていったといえよう。

庭五郎・又介の〈学び〉についてはのちにあらためてふれるとして、ここでは野村に即してもうすこし見ておくと、「広小路　御子様方御学事御用」を仰せ付けられた翌年（天明二年）の十一月八日には、野村は、在国中の藩主直幸の御前での「経書講釈」を仰せ付けられている。この講釈は、「側役始近習向医者共迄」出席するよう仰せ出されるなど、この時期の家臣団教化策の核となったといえるものであり、ここにいたって野村と彼の講釈の権威は確立されたといえるが、その講席には庭五郎・又介兄弟も藩主の許可を得て出席していた（表4―3・4の「御殿講釈」の項参照）。さらに野村は、天明三年四月には陪臣の身ながら藩主に同行して江戸に下り(14)、江戸でも御前での「経書講釈」を行うとともに、世子直富の御前での「経書講釈」も仰せ付けられて、直富からは「御学事　御尋之筋者　御直ニ無指扣申上候様被　仰付」に至っている。

天明期の彦根藩を特徴づけるのは、以上のような藩主直幸の積極的な教学政策とそのもとでの野村新左衛門の活躍であるが、広小路屋敷の庶子教育は、その直接的な影響下にあった。そのような環境と、庭五郎・又介兄弟の好学が相俟って、天明期の庶子屋敷日記の学問関係記事は、ほかの時期には見られない多彩な内容となっている。

庭五郎と又介　なかでも特筆に値するのは弟又介の好学で、彼は十五歳の年の秋に『蒙求』の会読（三の日）と詩会（八の日）を始めている。これは、又介が、儒者衆や医者衆、自分に近侍している者のなかの好学者、さらには武芸の師範衆などに講日を仰せ出すかたちで行っていたものである(15)。ただし、彼の会読や詩会は、庶子教育の正規の課程の一部をなしていたわけではない以上、それへの出席は最優先の公務ではありえなかったはずで、又介から会読や詩会の講日を仰せ出された者たちも、ほかに公務があればそちらを優先せざるをえなかったはずである(16)。又介がしばしば出席者の確保に苦労しているのはそのためであろう(17)。にもかかわらず、彼の会読や詩会が天明七年まで足かけ六年間も続いたのは、儒者衆や医者衆をはじめ、彼をとりまいていた人々のあいだに、会読や詩会を行おうという彼の熱意を支えうるだけの好学の気風が存在していたことによると考えられる。天明四年七月以降、世子直富を中心とする御殿での会読や詩会が始まってからは（後述）、会読や詩会の認知度も高まったことであろう。彦根において上層の武士が定期的に会読や詩会を行うということがいつ頃始まるのかについては、史料的制約もあって今後の検討に待つ部分が大きいが、天明期がひとつの画期となったことは間違いないと考えられる。

このように又介は漢籍や詩文を学ぶことを好んだが[18]、兄庭五郎は資質がだいぶ異なっていた。庭五郎も、漢籍や詩文の勉強を一通りしてはいたが、あえてそれを深めようという姿勢は持っていなかった。野村の講釈も、御殿での講釈は欠かさず聴聞しているが、広小路屋敷での講釈は天明二年後半以降延引しがちになり、江戸に下った野村にかわって龍が講釈を担当するようになった天明三年四月以降はほとんど聴聞していない。一方で、庭五郎は、天明六年には兵書（『孫子』）の講釈・会読を始めたり『経済録』の会読を始めたりしており、より具体的・実践的な事柄に関心をもっていたようである。また、狭義の学問の範囲を離れていうなら、彼は、謡や弓術に強い関心を持っていた。庶子屋敷日記に見えるその関係の記事は少なくない。

だが、ここで庭五郎と又介の資質の違いということを強調しすぎるのは適当ではないだろう。庭五郎が第十一代の藩主になる人物であることを考えると、彼の資質という問題も重要ではあるが、さしあたって見ておかなければならないのは、第十代藩主直幸が野村をともなって江戸へ下ったあとの彦根の状況である。

天明三年四月に野村をともなって江戸へ下ったあと、藩主直幸は、寛政元年二月二十日に江戸で没するまで、彦根に戻ることはなかった。野村も、天明四年初めに江戸で病を発したあと三月には彦根で没してしまう。したがって、天明四年以降の彦根の状況について考えようとすると、藩主にかわり二度にわたって在国した世子直富（在国期間は、天明四年六月七日〜同五年四月一日、天明六年四月十五日〜同七年二月二十五日）と、天明六年二月に召し出された野村新左衛門門人大菅権之丞に注目する必要がでてくる。

世子直富の役割　天明三年に江戸へ下った際の野村が、世子直富とは、御前で「経書講釈」をし、「御学事　御尋之筋者　御直ニ無指扣申上候様」仰せ付けられる関係であったことについてはすでに述べたが、この直富もまた、弟たちに勝るとも劣らない好学者であった。表4―5・6・7からは、この時期の庶子の〈学び〉に在国中の直富がいかに大きな影響を与えたかを見てとることができる。天明四年六月に彦根に到着した直富は、まもなく『国語』と『史記』の御殿での会読をかなりの頻度でやり始め（当初は『国語』四・十・十二・二十・二十五・二十八日、『史記』八・二十四日）、のちには御殿での詩会も始め、御出の先で会読や詩会を行うこともあった。その影響で、庭五郎・又介においても、『国語』『史記』の会読が始まるとともに、詩会の機会も増加している。

では、天明四〜七年に世子直富を中心として御殿で行われた会読や詩会は、歴史的にどう位置づければよいものなのであろうか。史料的制約が大きく出席者の範囲などがわからないため確定的なことは言いにくいが、常識的に考えてこれが兄弟三人の勉強会であったとは考えられないとするなら、天明二年に直幸の始めた御殿講釈を野村没後に可能な形態で継承したのが直富の御殿会読・御殿詩会であったと位置づけることができるだろう。先述のように、天明二年の御殿講釈は「側役始近習向医者共迄」出席するよう仰せ出された近臣教化策であったと言えるが、直富を中心とした御殿での会読や詩会にも、まちがいなくそのような一面はあったはずである。天明四年以後の庶子教育もまた、このような天明期の磁場のなかでなされていたわけである。

大菅権之丞　そのようななかで、天明六年二月には、野村新左衛門門人の大菅権之丞が「文事御用」を仰せ付けられて陪臣から召し出されている。召し出しの詳しい経緯はわからないが、この年の七月には、庭五郎・又介に対して三・九の日に『書経』の講釈を行いその講釈を医者衆が陪聴する、というかたちができあがっているので、かつて野村が占めていた位置を継承させることを前提とした召し出しであったといえよう。直富・庭五郎・又介と野村・大菅の関係については、庶子屋敷日記天明七年二月十五日の次の一条が示唆に富む。

一　嚢苑集　　大菅権之丞
　後集被　仰付、右ニ付御金拝領之御礼。

大菅が『嚢園集』後編の編集刊行を仰せ付けられ、その資金も拝領したので、お礼にきた、という内容の記事である。ここからは、野村が遺稿集の刊行に藩費を給するに足る人物であると考えられていたこと、大菅はその編集刊行にあたるべき後継者と目されていたこと、を読み取ることができるだろう。実際に『嚢園集』後編が刊行されたのは寛政九年に至ってからであったが、そのとき同書に跋文を寄せたのは「蘭洲乗徳」すなわちのちの又介であった。

外在的条件と庶子の資質が相俟って天明期の広小路屋敷に生れた濃密な〈学び〉の空間は、しかし、天明七年に入って、急速に解体することになる。二月二十五日には直富が江戸へ向けて出立し、四月五日には又介が長浜へ向けて出立する。その後七月十二日に直富が江戸で急逝したため、八月十五日には庭五郎が世子となるべく江戸へ向けて出立し、広小路屋敷には十一歳の銀之介だけが残されることになる。その後庶子の配置が大きく変わるのは、直中が藩主に就任する寛政元年のことであるが、それ以後の問題についてはすでに前章で述べた通りである。

3　学問内容の思想的傾向

ここまでは、庶子屋敷日記の学問関係記事を形式的に分析するという方法をとってきたが、本章では、庶子における書物の受容という観点から、学問受容の内容面にも触れ、そこに見出される思想的傾向を紙幅の許す範囲で指摘しておくこととしたい。

素読・講釈・会読のテキスト　まずは日記の記事から知られる素読・講釈・会読のテキストを整理してみよう。日記の記事がテキストについて記すのは例外的な場合であるから、断片的な情報の寄せ集めにすぎないが、それでもだいたいの傾向はうかがうことができる。

素読…『論語』『詩経』『書経』
講釈…『孝経』『大学』『中庸』『論語』『孟子』『詩経』『書経』
会読…『左伝』『国語』『史記』『孔子家語』『礼記』

素読・講釈のテキストはもっぱら経書で、会読のテキストは史書を中心に経・子の場合もあった、と整理することができよう。表4に見られるように、天明期には『論語』のあとに引き続き『唐詩選』が講じられた例があり、会読で『蒙求』『論語古訓』『経済録』がテキストとされた例もあるが、このような例をどこまで一般化できるかについては即断できない。

さて、このようにテキストを整理してみても、学問内容についてはごく大雑把な傾向がわかるにすぎない。そこで作成したのが、表5「庶子屋敷日記の書物関係記事[19]」である。これによりつつ、庶子における書物の受容について考えてみよう。

庶子における書物の受容　まずは表5―3―2「文秀院様御本」を参照していただきたい。「文秀院様」とは亨和三年に二十六歳で早世した綏之介のこと、「文秀院様御本」とはその綏之介の旧蔵書のことで、庶子屋敷の役人によって管理され、必要に応じて弟たちの利用に供されていた。これによれば、庶子がある程度の蔵書を持っていたことは確実である。

問題はその規模や質であるが、注文・購入の記事は数箇所（15、36、50など）にすぎず、望み通りに書物を購入できる経済的余裕が庶子にあったとは思えない。日記の記事から知られるかぎりでは、書物の入手は、殿様・若殿様・兄・叔母などから頂戴したり儒者から献上されたりといったかたちのほうが、購入というかたちよりも、はるかに多く、庶子の蔵書は規模の点でも質の点でも限られたものであっただろうと思われる。ちなみに、庶子が自分の蔵書を貸し出した記事は二箇所しかない（19、56）。

したがって、読みたい本を読もうと思ったら、殿様などから拝借するか[20]、儒者・医者その他近侍している者から借り上げるかしかなかった。言うまでもなく簡単だったのは後者のほうで、後者の記事は、庶子の自発的な関心に基づく書物受容の記録となっているといえる。以下では、そこから読み取れる思想的傾向を指摘しておくこととしたい。

まず、表5について明らかなことは、徂徠学系の書物の割合が著しく高いということである。具体的に言うと、『政談』『鈐録外書』『孫子国字解』『訓訳示蒙』『射書類聚国字解』（以上、荻生徂徠）、『論語古訓』『六経略説』『周易反正』『紫芝園稿』（以上、太宰春台）、『南郭文集』（服部南郭）、『常山紀談』（湯浅常山）、『軍国富強録』（沢村琴所）、『蘐園集』『復讐論』『国語考』（以上、野村東皐）が徂徠学系の書物である。そして、このうちの『論語古訓』（19）や『孫子国字解』（23）については、天明期に、講釈や会読という共同的読書の形態で受容されていたことを確認できる。『論語古訓』は天明四年十一月に又介が始めた会読のテキストであったし、庭五郎に『孫子国字解』を差し上げた田中五介[21]は天明六年に始まる『孫子』講釈の講師で、このテキストについては以後の講釈・会読のなかで当然議論されたはずである。このように見てくるなら、上記のような徂徠学系の書物は一定の思想的深みをもって庶子に受容されていたと、すくなくとも天明期については言えるであろうし、また、勇吉の場合（表5―4）を参照するなら、同様のことは後年についてもある程度言えるであろう。文化元年の日記によると、この年二十二歳の勇吉は、庶子屋敷で『国語』の会読を始めるにあたって、かつて野村新左衛門が直富に指し上げた『国語考』という著作が「江戸御小納戸ニ相納」められているはずであり、「外ニ無之御書物ニ付、何卒御拝

表5　庶子屋敷日記の書物関係記事

【表5－0】広小路屋敷

	書名（著者名）	授　受　関　係
01	五経11冊	安永5年9/22，御小納戸より拝借．天明元年5/20の記事による．同年3/25の拝借額(05参照)に対し，01～04はすでに拝借ずみであることの確認をもとめられ、書付を遣す．
02	孝経4冊	
03	小学2冊〔→42〕	
04	古文〔真宝〕後集2冊	
05	五経其他	安永10年3/25,「御小納戸ニ有之候五経其外御読被遊候御本御借被遊候様仕度段御用人衆へ申上置候」.
06	古文孝経1冊［→14］	天明元年5/19，先達て拝借願った本を御小納戸今村十郎右衛門より持たせ来る．
07	三体詩3冊	

【表5－1】庭五郎

	書名（著者名）	授　受　関　係
08	嚢園集（野村東皐）	天明元年閏5/27，野村進左衛門献上．
09	万葉集	天明元年10/29，御衍様（叔母）より借り請け．『八代集』は三浦内膳方に貸し出し中のため取り寄せお貸しくださる由．
10	八代集	
11	唐賢詩帖	天明2年3月8日，野村新左衛門へ楷書に認め替え仮名を付け差し上げるよう仰せ出ださる．3/11，差し上げ．
12	復讐論（野村東皐）	天明2年4/19，野村新左衛門献上．
13	江戸割絵図	天明2年8/6，秋山八兵衛へお下げ．
14	古文孝経1冊［←06］	天明2年11/12，先達て詰所へ御下げ遊ばされたが，このたび御講釈につき再び差し上げ．
15	万葉集	天明2年11/20，先達てお買い上げ仰せ付けられた『万葉集』代を賄役吉原源右衛門へ渡す．
16	彦根家並帳	天明2年11/21，三上湛庵へお下げ．
17	宇治拾遺〔物語〕	天明3年7/2，真如院様（叔母）より贈られる．
18	史記50巻	天明4年6/29，若殿様より殿様の御本をお貸しくださる．「若殿様御本数も少ク殿様御本御借用御貸被遊候」.
19	論語古訓（太宰春台）	天明4年10/1，酒井三郎兵衛，庭五郎様から拝借した『論語古訓』5冊を返上．
20	七書真解13冊［三略欠］	天明6年7/15，若殿様お貸しくださる．ただしお買上次第返上するよう申し遣わされる．天明7年1/15，返上．
21	主図合結記（山県大弐）	天明6年8/24，安藤郷左衛門より差し上げ．
22	貞観政要	天明6年閏10/21，田中藤十郎へお下げ．
23	孫子国字解（荻生徂徠）	天明7年5/9，田中五介へお下げ．
24	政談（荻生徂徠）	天明7年5/16，山上元隣へお下げ．
25	御年譜3冊	天明7年5/17，田中五介より差し上げ．
26	六経略説（太宰春台）	天明7年5/20，三上湛庵より差し上げ．
27	武〔具〕要説・武〔道〕心鑑	天明7年7/13，荒川孫三郎へお下げ．
28	軍国富強録（沢村琴所）	天明7年7/17，山上元隣より差し上げ．
29	常山紀談（湯浅常山）	天明7年7/22，中川次郎左衛門より差し上げ．
30	直孝公御一代記	天明7年7/27，山田左右間より差し上げ．
31	鈐録外書（荻生徂徠）	天明7年8/6，石原純章へお下げ．
32	井家事略・御系図	天明7年8/12，田中五介へお下げ．

【表5－2】又介

	書名（著者名）	授　受　関　係
33	嚢園集（野村東皐）	天明元年閏5/27，野村進左衛門献上．
34	孝経	天明元年12/19，野村新左衛門，反り点并捨仮名付け差し上げる．
35	礼記	天明2年2/24，野村新左衛門，点直し差し上げる．
36	六経略説（太宰春台）	天明2年2/27，京都へ申越候様御賄衆へ申達す．
37	文選音註21冊	天明2年3/21，三浦五郎右衛門より差し上げ．
38	復讐論（野村東皐）	天明2年4/19，野村新左衛門献上．
39	蒙求2冊	天明2年7/4，岩崎九右衛門より差し上げ．
40	紫芝園稿［前稿後稿附録共］（太宰春台）	天明2年7/25，野村新左衛門より差し上げ．
41	玉篇12冊	天明2年12/1，野村新左衛門より差し上げ（代45匁）．
42	小学2冊［←03］	天明2年12/2，御拝借本お下げにつき御箪笥へ入置く．
43	唐詩七絶帖	天明2年12/2，稲川周庵へお下げ．
44	禁裡御法度十七箇条1冊	天明2年12/2，槻御殿より御拝借の御本，御返上．

45	五常三徳之弁1冊	
46	幼稚勧学之話1冊	
47	沙石集10冊	
48	曽呂里狂歌咄5冊	
49	一休諸国物語5冊	
50	史記	天明2年12/23,『史記』お買い上げ，天明3年4/10，金子2両1歩御賄役吉原源右衛門へ渡す.
51	国語	天明3年7/2，真如院様（叔母）より贈られる.
52	訓訳示蒙2冊（荻生徂徠）	天明3年11/5，三上湛庵へお下げ.
53	古注五経(書経6冊・詩経5冊・易経5冊・礼記10冊・六経音義1冊・易音義1冊)	天明3年12/23,「若殿様ゟ……被進候. 御内々之事ニ御坐候ニ付，方々様へ御吹寵御無用ニ被遊候様ニ申来候」.
54	前漢書1部	天明4年6/15，登城御頂戴.
55	後漢書1部	
56	国語［三翁国語考？］	天明4年8/15，若殿様，又介様から借り請けた『国語』1冊の筆写を終え返却. 次の巻を借り請けたい由.［※御殿ではすでに『国語』の会読が行われており、『国語』そのものを借り請け筆写するというのは不自然なので、『三翁国語考』（野村東皐ほか）のことではないかと考えられる］。
57	書経注疏12冊	天明6年7/22，安藤七次郎差し上げ.
58	国語（新刻）1部	天明7年2/17，若殿様より贈られる. 餞別として.
59	甲陽軍鑑	天明7年3/1，坂宗碩へお下げ.

【表5－3－1】武之介（綏之介）

	書名（著者名）	授　受　関　係
60	三体詩3冊	寛政3年6/1，銀之介様出府の節，お持ちの書物を武之介様へ差し上げ.
61	古文〔真宝〕2冊	
62	孝経4冊	
63	将棊書3冊	
64	史記	寛政4年7/12，殿様より贈られる.
65	射書類聚国字解（荻生徂徠）	寛政7年9/18，殿様より拝借の御本御返上.

【表5－3－2】文秀院様御本

	書名（著者名）	授　受　関　係
66	囊園集1帙（野村東皐）	享和3年2/12，勇吉様へ差し上げ.
67	南郭文集1冊（服部南郭）	
68	玉篇12冊	享和3年2/12，東之介様へ差し上げ.
69	御謡本3冊	享和3年2/14，東之介様へ差し上げ.
70	毛詩鄭箋1冊	享和3年3/3，東之介様へ差し上げ.
71	周易反正4冊（太宰春台）	享和3年3/12，東之介様へ差し上げ.
72	〔御伝授物秘書〕	享和3年3/22，御師範衆へ差戻す.
73	尚書	享和3年3/22，東之介様へ差し上げ.
74	御謡本四拾五番	
75	韻偶小彙（池維嘉）	文化元年9/25，東之介様へ差し上げ.
76	韋注国語10冊	文化元年10/14，東之介様へ差し上げ.
77	御謡本百五十番	文化元年10/29，東之介様へ差し上げ.
78	待鏡	文化2年9/27，東之介様へ差し上げ.

【表5－4】勇吉

	書名（著者名）	授　受　関　係
79	史記	寛政4年7/12，殿様より贈られる.
80	漢書	享和3年9/2，仰せ付けにより取り寄せ指し上げる.
81	論語古訓（太宰春台）	文化元年9/24，明達院様（又介）へ『論語古訓』1冊御返上.
82	［三翁］国語考（野村東皐ほか）	文化元年11/25，御屋敷において『国語』御会読につき，江戸御小納戸に納める『国語考』11冊の拝借を願い，許可される. 12/26『国語考』お渡し，翌文化2年7月21日，御写御用済み返却.
83	国語	文化2年7/21,『国語』3冊目，大菅権之丞より借り請け.
84	徂徠集（荻生徂徠）	文化2年7/21，大菅権之丞へお下げ.
85	左伝	文化6年3/27,『左伝』5冊，大久保弥七郎へお下げ，続巻借り請けたき旨申し遣わす.
86	詩経註疏	文化9年1/22，御拝借の『詩経註疏』を稽古館物主方に返納.

借」したいと願い出て、許可されているし、[22] その前後には明達院（又介）から『論語古訓』を借りたり、大菅権之丞から『徂徠集』を借りたりしている。

徂徠学系の書物の受容という観点から言えば、庭五郎が、天明六年の末に『経済録』（太宰春台）の会読を始めるとともに、翌天明七年には『政談』『鈐録外書』『軍国富強録』などの経世論的著作を集中的に読んでいる、という点が、大いに注目される。[23] 世子直富・藩主直幸が相次いで亡くなり、庶子庭五郎が期せずして第十一代藩主直中となるのは寛政元年（一七八九）のことであるが、この新藩主は就任直前の時期に徂徠学的政治論を集中的に読んでいたのである。彼は、世子となるべく江戸へ下った天明七年八月以後、彦根と江戸のあいだの三度にわたる往復（〜寛政四年五月彦根着）に、徂徠学を奉じる藩儒大菅権之丞を同道させているが（注9参照）、このことは藩主就任前後のこの時期に天明六、七年以来の彼の思想的関心が持続していたということを示唆しているだろう。

訳文并対問　最後に、『訳文并対問』（彦根藩井伊家文書三二一四七）という興味深い史料を簡単に紹介して、本章を終えることにしよう。この史料は、①『訳文并対問』、②『訳文并愚意言上』、③『訳文并対問』の三部が合綴された写本で、①には「壬寅秋八月」とあり、③には「野公台頓首頓首敬白」とあることから、野村新左衛門が天明二年八月頃に貴人からの下問に対（こた）えた著作であることがわかる。この場合の貴人が、当時彼が「御学事御用」をつとめていた広小路屋敷の御子様方のうちの誰か、すなわち庭五郎か又介であることは、内容からみて間違いない。①〜③は、それぞれ〈訳文〉と〈対問〉の二つの部分からなっていて、〈訳文〉は庶子からの質問を野村が漢訳した部分、〈対問〉はそれへの漢字片仮名混じり文による回答（③のみ漢文とその和解による回答）である。要するに、この史料は、庶子からの学問上の質問に野村が答えたテキストなのであるが、その内容は、非常に整然とした、徂徠学の学問論・政治論の概説となっている。その内容に立ち入ることはここではしないが、天明期の庶子屋敷における〈学び〉の思想傾向を端的に示すものとしてこのような史料があることには、注意を促しておきたい。

おわりに

天明・寛政期の庶子教育については、述べるべきことはすでに述べた。そこで、最後に、より広い視野から残された課題を確認して、本稿を結ぶこととしたい。

天明期の直幸の教学政策——御殿で御前講釈を行い近臣に陪聴させる——と寛政期の直中の教学政策——藩校稽古館を設立して一般藩士教育を行う——とを比較してみると、前者は〈御殿で・近臣を対象として〉行われたのに対し、後者は〈藩校で・一般藩士を対象として〉行われた、という違いがあるといえる。このような変化のなかで、教学政策の拠点は、御殿から藩校へと移っていった。このことは、寛政四年までは御殿で定期的に詩会が行われ直中の弟たちも出席していたのに対し、[24] 寛政五年以降は行われなくなり、さらにのちには直中の弟たちが登城する機会はもっぱら能や蹴鞠になっていく、という変化と、対応しているであろう。教学政策の拠点が御殿から藩校へ移ることにより、藩主の舎弟や子供たちはもちろん、藩主自身も、教学理念の形成に直接関与しなくてもすむようになり、御殿での営みも、講釈・会読・詩会といった理念性の強い営みから、能や蹴鞠といった文化的営みへと、中心が移っていったのである。直中は、天明期の教学政策を直接体験した人物であり、そのなかで藩校設立の素志を抱くようになったのであるが、その彼も、藩校が設立される寛政末年になると、みずから教学理念の形成に関与しようとするような姿勢を失っていき、むしろ御殿での文化的営みに退行していくように見える。藩校設立の実務を担った野村新左衛門の後継者たちがそのような直中をどう見ていたか、いまのところ確認できていないが、両者のあいだには齟齬が生じていったのではないだろうか。以上のようなかたちで把握できるのではないかと思われる寛政期の教学政策の問題については、機会をあらためて論ずることとしたい。

【注】

1　辻本雅史『「学び」の復権』、角川書店、一九九九年。

2　庶子屋敷日記の伝存状況、時期区分、第三期の日記の特徴などについては、本書論文編第一部 母利論文二六～三〇頁参照。

3　そのうちの天明三年（一七八三）分は本書史料編に翻刻されている。

4　母利論文四四頁に引用されているように、仰せ出された講日が日記に記されていることもあるが、それは幸運な例外であり、また講日が変更されることも多く、本文に記したような方法が不可避である。

5　本稿でいう「庶子」は、直幸の庶子のことなので、直中の襲封後は藩主の「舎弟」にあたるのであるが、混乱を避けるため本稿では一貫して「庶子」と表現することにする。

6　毎年三つともが行われたわけではなく、庶子の年齢によって何が行われるかが決まった。御講釈初は儒者の担当、御素読初は儒者または医者の担当、御手習初は手習の御相手をつとめている者の担当であった。なお、庶子屋敷日記では、「素読」よりも「読書」という言葉のほうが多く用いられているが、誤解を避けるため本稿の分析概念としては「素読」のほうを用いることにする。

7　毎年御稽古初のあとには武芸の御師範衆・学問の御相手衆に御酒・御吸物を下されるのが慣例であった。

8　土用中に休みになるのは、天明から寛政にかけては武芸の御稽古だけであったが、寛政末年以降は学問の御稽古も休みになっている

9　一七五四～一八一四、野村新左衛門門人。天明六年二月、「文事御用」を仰せ付けられて陪臣から召し出される（諸士格・十人扶持、のち十五人扶持に加増）。世子直富の病没をうけて直中が江戸へ下った天明七年八月以降、寛政二年八月まで、大菅が彦根で庶子の教育に携った形跡はないので、この間大菅は直中に従って彦根と江戸を行き来していたものと思われる。大菅は、寛政三年四月から同四年五月にかけての参勤の際も直中に同行して江戸に滞在しているが、寛政四年五月以降は彦根に留まっている。寛政八年五月には三年間の他国遊学を許可されるとともに「御直御用筋」（藩校調査か）を仰せ付けられており、寛政十一年八月には藩校稽古館の初代学問方となっている（『侍中由緒帳』）。

10　一七五一～一八二一、龍草廬嫡子、安永三年家督相続（諸士格・十人扶持、のち十五人扶持に加増）。天明元年三月三年間の京都遊学を許可され、寛政十一年八月藩校稽古館の初代学問方となる。理由は不明だが、のち文化九年には新知百石を賜っている（『侍中由緒帳』）。

11　日記の実際の記事とそこから私が再構成した原則とのあいだにどれくらいの距離があるのかについては、本書所収の天明三年分の日記と後掲の表4—4を対照することによって、検証してみていただきたい。

12　以下二段落の叙述に関しては、史料の出典も含め、本書論文編第三部所収拙稿「彦根藩武家社会の思想文化」一九九～二〇〇頁参照。

13　同様の事例はのちの大菅権之丞の場合にも見られるが、龍一郎の場合には見られない。

14　野村の在府中は、京都遊学中の龍が「御子様方御学問御稽古のため」呼び戻された（表4—4参照）。三年間の予定であった龍の京都遊学は結果的に二年で終わることになった。

15　又介の会読・詩会の出席者については、表4の関係箇所の備考欄参照。

16　たとえば表4—5の『蒙求』会読の備考欄参照。

17　又介（直在）は、長浜大通寺性徳の婿養子となるため、天明七年四月五日に彦根をあとにする。管見のかぎりでは、これ以後又介は、蘭洲・乗徳・明達院といった名前で史料に登場することになる。

18　又介の兄弟たちはみな一通り詩を作ることができたが、そのなかでもとくに又介は詩を作ることを好んだ。彼は、野村新左衛門の江戸滞在中もつねに詩稿を送って添削させていたし、できあがった詩を頻繁に近臣に書き与えたりもしている。

19　この表5からは、謡本に関する記事と弓術書に関する記事は除いてある。特定の領域のデータが多くなりすぎて表が本来の役割を果さなくなることを恐れたからである。謡本の受容に関しては、別の検討が必要である。

20　殿様の本を拝借するときのやり方には、庶子屋敷の役人が庶子の素読のテキストなどをまとめて拝借して自分の管理下におき庶子に指し上げる場合（01～07、14、42）と、庶子が個人的に拝借する場合の二つがあったようである。なお、興味深い例としては、藩校稽古館の蔵書を拝借している例（86）と江戸藩邸の蔵書を拝借している例（82）がある。

21　名は世誠、通称は藤十郎・五介、儒学を野村新左衛門に、兵学を岡本半介に学んだ。

22　『国語考』とは、本書所収の別稿で簡単に言及した『三翁国語考』のことであると考えられる。私は、野村が直富に差し上げたというのは誤りで、直富は又介から借り請けて筆写させたのではなかったかと推測している（表5の56参照）。

23　表5の20～32参照。この時期、庭五郎は、経世論的著作のほかに、兵学書や井伊家の歴史に関わる書物も集中的に読んでいる。

24　寛政二年六月九日に藩主としてはじめて彦根に戻った直中は、同年十一月二日に、御殿御詩会の定日を、毎月八日・二十三日と仰せ出す。初会は十一月八日で、銀之介（十四歳）・武之介（十三歳）も登城し参会している。直中在国中に御殿で詩会が行われていたことを確認できるのは、寛政四年までである。

〈付記〉

本稿は、彦根藩資料調査研究委員会「武家の生活と教養」研究班で行われた共同研究の成果をふまえつつ、筆者の責任でまとめたものである。膨大な分量の庶子屋敷日記を本稿のようなかたちで分析することができたのは、分析を分担された研究員各氏とデータ整理を担当された研究補助員高井多佳子氏のおかげである。記して謝意を表するとともに、至らない点へのご批正をお願いする次第である。

第二部　武家の生活

近世中期における彦根井伊家の奥向

福田千鶴

はじめに

大名家に生まれた女性たちは、その生涯のほとんどを屋敷の奥という空間で過ごした。そこで、彼女たちの生活を考える場合には、まず奥という空間の分析が不可欠となる。(1)通常、奥は表の世界から隔絶された閉鎖的な空間として捉えられるが、その場合の留意点として、奥という空間の構成者は必ずしも女性のみではない、ということがある。

たとえば、子のうち、女子は当然のこととして、男子も幼年の一定期間を奥で育てられた。(2)また、大名家の女性には出生直後に専属の男性の付人が付けられたし、奥の用向や財政を担当した用人・賄役などの男性役人も、奥という空間において重要な役割を果たした。あるいは、奥向での祝事には、これら男性役人も奥向で酒肴を頂戴し、贈答を行った。そこで、本論ではこうした男性の存在をも視野にいれた奥向の機能や構造について考察することを第一の課題としたい。

次に、近世中期頃の井伊家では、江戸屋敷は四箇所にあった。江戸城に近い外桜田には大名当主の居住空間である上屋敷（坪数一万九八一五坪五合余）があり、正徳元年（一七一一）三月五日にはこれに隣接する旗本屋敷を添屋敷として与えられ、井伊家では物見庭と称した（坪数三七〇〇坪）。世嗣や先代正室（大御前）の居住空間として用いられた中屋敷（坪数一万四七十五坪余）は赤坂にあり、下屋敷は南八丁堀（坪数七二七六坪・蔵屋敷）と千駄ヶ谷邸（坪数一八万二三四二坪余）の二箇所にあった。(3)

彦根の屋敷は、藩庁であり大名当主の居住空間でもある表御殿、先代当主（大殿）や世嗣（若殿）の居住空間として主に用いられた黒門前御殿（槻御殿）、庶子や側室が居住した広小路屋敷・大手前屋敷・山崎屋敷・尾末町屋敷・松の下屋敷などがあり、右以外には松原に下屋敷があった。

右の各屋敷は表と奥の空間に分けられており、大名当主とその正室が居住する江戸の上屋敷のみに奥向があったわけではない。その点に留意しつつ、本論では井伊家奥向の全体構造を明らかにすることを第二の課題としたい。

なお、本論では、近世中期の宝暦・明和（一七五一～七二）頃を中心に検討する。その理由は、賄役を勤めていた花木家に伝来する「江戸御奥方女中人数御擬附」一冊[4]（明和元年〈一七六四〉七月改め）が江戸上屋敷における奥向の構造を知るうえでの格好の素材を提供すること、七代井伊直惟の側室緑樹院の縁で享保十六年（一七三一）藩士に取り立てられた高橋家に伝来する「旅賄方万留」一冊[5]が宝暦九年（一七五九）五月以降の元方勘定奉行佐野兼帯の伺書を書留めたもので、これにより宝暦・明和頃の奥向財政の概要が判明するという史料条件の良さにある。当該期の井伊家の当主は、十代藩主となる直幸である。

そこで、第一節では、井伊家の系譜や奥向儀礼の記録などから、直幸の家族および親族の範囲を確定する[6]。第二節では、財政構造の分析から、江戸上屋敷の本奥を中心とした女中の構造について検討する。さらに、第三節では奥向儀礼の分析を通じて、上屋敷御本奥以外の女中や家臣の構造について明らかにする。

1　井伊家の家族と親族

（1）近世中期の井伊家の当主

近世中期の井伊家では[7]、当主が早世する事態が続いた。四代直興は、元禄十四年（一七〇一）三月に病気を理由に隠居を願い出て、十三歳になる八男直通に家督を譲った（兄はいずれも夭折）。しかし、直通が宝永七年（一七一〇）七月二十五日に二十二歳で彦根に病没したため、直興の十男直恒（十八歳）を直通の養子にして、同八年閏八月十二日に家督を継がせた。その直恒も、それからわずか二ヶ月後の十月五日に急死した。そこで、直興が再勤することになり、直興の十三男直惟が十八歳になるのをまって、正徳四年（一七一四）二月二十三日に家督を譲った。

七代直惟は、彦根の大久保新右衛門定能の屋敷で生まれた。母は直興の側室となるお八重（田山甚左衛門久豊の娘、青松院）である。誕生当時は兄が存生であったので、庶子として幼少期を国元で過ごし、直恒が死去した正徳元年（一七一一）に江戸に下り、嫡子として迎えられた。正徳四年（一七一四）に家督を相続し、享保二十年（一七三五）五月に隠居を願い出て弟直定（直興十四男）に家督を譲り、元文元年（一七三六）六月四日に四十歳（実は三十七歳）で死去した。

八代直定は、元禄十五年（一七〇二）二月十三日に彦根の平石久平次屋敷で生まれた。母は直興の側室となる平石弥右衛門繁清の姉（名は不詳、大光院）である。直定は同年四月二十三日に石居家に移り、石居又五郎を称していたが、宝永七年（一七一〇）に直興と同道して江戸に下り、兄直惟が家督を継いだ正徳四年（一七一四）に新田一万石の分知を受けて別家となった。しかし、享保十九年（一七三四）十月八日に直惟の養子となり、翌年五月に三十六歳で家督を相続した。

直惟には享保十二年九月八日に誕生した二男直禔がいたので、直定は元文二年（一七三七）八月二日に直禔を養子に迎え、宝暦四年（一七五四）六月十九日に隠居して家督を譲った。その直禔が同年八月二十九日に二十八歳で急死したので、直定が再勤することになり、同年十一月十三日に直定は直惟の三男直幸を養子に迎えた。

直幸（直章・直英）は享保十四年七月二十一日に彦根の今堀弥太夫方にて生まれた。母は直惟の側室寿慶院である。同十八年七月十七日に近江国下司惣持寺の弟子に出され、名を真全と改めたのち、さらに多賀別当不動院白川尊勝院の弟子となったが、寛保三年（一七四三）一月二十一日に束髪して民部直章を名乗り、尾末町の庶子屋敷に入った。宝暦四年（一七五四）十月二十六日に彦根を出発して、十月六日に江戸に着き、直定の嫡子として迎えられた。翌年七月二十五日に直定が隠居を願い出て、二十七歳の直幸に家督が譲られ、直幸は十代当主となった。

このように、井伊家では約五十年間に当主が五人も交替し、しかも直興と直定の二人が再勤する事態に陥るほど不安定な状態であった。これに対して、直幸の治世は宝暦五年（一七五五）から没する寛政元年（一七八九）まで三五年間に及び、久々に井伊家が安定することになった。

(2) 直幸の正室・側室・家女

直幸の正室は与板藩主井伊直存の娘伊予で、院号を梅暁院という。宝暦五年（一七五五）四月に縁組が取り決められ、同八年四月に婚姻した。二人の間に子は恵まれなかったが、梅暁院は庶出子全員の養母となり、寛政五年（一七九三）十二月二十日に没するまで、江戸奥向の中心的存在であった。

直幸の側室は四人である。まず、本覚院（おやす・周防徳山毛利家家臣江見五藤兵衛の娘）は、宝暦六年（一七五六）に長女錫（津山藩主松平康致室）を出産し、明和八年（一七七一）に「御上成」となり（「井伊御系図聞書」）、安永六年（一七七七）に江戸に没した（墓は豪徳寺）。紅林院（高橋源次妻の伯母・お力）は、宝暦十三年（一七六三）に四男直豊（世嗣）を出生したが、同年十月十二日に没した。死後に紅林院の名を与えられ、側室として遇された（墓は豪徳寺）。

量寿院（幕府馬方大武藤介の娘・おかよ・おかえ）は、宝暦十四年（一七六四）に五女職（徳島藩主蜂須賀治昭室）、明和三年（一七六六）に七男直中（十一代当主）の二人を出産した。智貞院（江戸町医坂本順庵の娘・千里・千代野）は、同四年に八男忠六郎（早世）、同六年に十一男直広（のち与板藩主）、同九年に十三男直専（のち松代藩主）、安永二年（一七七三）十一月に十五男錮十郎（早世）の四人を出産した。「井伊御系図聞書」によれば、量寿院と智貞院の二人は寛政元年（天明九・一七八九）十一月より「殿付けの会釈」の格式となったとある。同年一月二十六日に直幸が病死しており、右は二人の側室としての格付けを定めたものである。

さらに同史料では、寛政五年二月から量寿院は「御上成」の格式となったとある。この前後の他の記録をみると、智貞院が殿付けであるのに対して、量寿院は殿付けから様付けへと変化している(8)。すなわち、量寿院は「殿付けの会釈」より上位の格式になったのである。現当主直中の実母という点が、両者の格差をもたらしたといえよう。量寿院は直幸没後は彦根で余生を過ごし、享和三年（一八〇三）十二月八日に彦根に没した（墓は清凉寺）。智貞院は、初めは江戸の中屋敷に居住し、寛政四年（一七九二）に彦根の山崎屋敷に移り、さらに安清屋敷に移ったのち、同十年に江戸に下って中屋敷に居住し、文化五年（一八〇八）七月十七日に江戸で没した（墓は豪徳寺）。

側室以外で直幸の子を出産した者は、二十人を数える（二子の母名は不詳）。史料上では「家女」と記されるように、彼女たちは奥女中として井伊家に仕える身分であった。

江戸では、えにし・後藤氏（おその）・能勢氏（お多野・多山）・おきん・おさと・お留代・おきり・おせの(9)・かさし・藤堂氏（松代・おみよ）・亀菊・藤田氏（おもと）・おゆう・近藤氏（お千賀）・小林氏（おとみ・千代鶴）の一五人が確認できる。

このうち、藤堂氏（浅草寺中の娘）は、安永七年（一七七八）に十八男直明（部屋住み）、同八年に十四女盤（姫路藩主酒井忠道室）、天明元年（一七八一）に十七女鐸（島原藩主松平忠憑室）の三人を出産し、のちに定府の家臣藤堂又次郎に嫁いだ。藤田氏も天明三年に二十一男直容（部屋住み）、同四年に十八女鎌（会津藩主松平容住室）、同五年に十九女琴（古河藩主土井利広室）、同七年に二十女鋋（早世）の四人を出産し、のちに定府の家臣藤田貞兵衛に嫁いだ。小林氏は天明八年に二十五男直致（部屋住み）、寛政元年（一七八九）に二十六男重吉（末子、早世）の二人を出産し、のちに定府の家臣江見左内に嫁いだ(10)。

彦根では伊藤氏（おかつ）・渡辺氏（お文《ぶん》・文岡）・田中氏（お多さ）・池崎氏（お八百）・浅見氏の五人が確認できる。このうち、伊藤氏は、宝暦七年（一七五五）に長男直尚（早世）、同九年に二男直寧（早世）の二人を出産したが、のちに家臣（不詳）の妻となった。池崎氏は安永六年（一七七七）に十六男直軌（のち大野藩主）を出産し、のちに家士小林与一左衛門に嫁いだ。浅見氏は、天明元年（一七八一）に懐胎したまま家臣の印具清右衛門に渡された。安産後に子は女子であったので、鑄と名付けられて大通寺の御衎（直惟九女）のもとで育てられ、同四年に京都仏光寺門跡嫡子厚君と縁組し、同地に引越した。浅見氏はその後、家臣上田源右衛門に嫁いだ。渡辺氏（京都賀茂社渡辺氏の娘）は、宝暦十二年（一七六二）に四女斐（柳川藩主立花鑑門室）、明和二年（一七六五）三月に五男仙之允（早世）を出産したのちも女中として仕え、広小路屋敷で庶子たちの教育に携わった(11)。

以上のように、当主の子を出産しても側室となる女性は限られており、そのまま奥女中として仕える者もいれば、家臣の妻となって過ごすことを許された者もいた(12)。

(3) 直幸の子たち（男子・女子）

直幸の長男直尚は、宝暦四年（一六五四）に彦根の「御殿」で生まれ、同十二年には幕府に嫡子届けを出したが、明和三年（一七六六）に彦根

表1　井伊直幸の家族

関係	名　前	実母	出生地	生　年	没　年	葬　地
当主	直幸（直英　直章　民部　大魏院）	寿慶院	彦根今堀弥太夫方	享保14年7月21日	天明9年2月20（30）日	豪徳寺
正室	梅暁院（伊予）	—	—	—	寛政5年12月20日	豪徳寺
長女	錫（勢与　信源院）	①	江戸桜田邸	宝暦6年11月11日	安永6年7月30日	江戸天徳寺
長男	直尚（章之介　章蔵　聖諦院）	②	彦根御殿	宝暦7年10月27日	明和3年5月3日	清凉寺
養2女	鉄（美代　妙音院　蜂須賀氏）	小瀬氏	—	宝暦3年12月9日	安永3年9月2日	嵯峨二尊院
2男	直寧（篤之介　心苗院）	②	彦根御殿	宝暦9年11月28日	宝暦13年6月17日	清凉寺
養3女	弥（屋）恵（圭心院　井伊氏）	鈴木氏	—	延享3年7月13日	安永7年6月22日	上野護国院
4女	斐（宗鏡院）	③	彦根御殿	宝暦12年4月4日	天明6年6月15（25）日	下谷広徳寺
3男	某（一潮善滴童子）	④	江戸	宝暦13年8月2日	宝暦13年8月10日	豪徳寺
4男	直豊（豊吉　直富　竜泉院）	⑤	江戸	宝暦13年8月26(5)日	天明7年7月12日	豪徳寺
5女	職（俊　常篤院）	⑥	江戸	宝暦14年5月（4月15日）	天明6年9月27(19)日	徳島興源寺
6女	宣（成　多代　雍　窈聞院）	⑦	江戸	明和元年12月13日	寛政2年9月10日	麻布賢宗寺
5男	仙之允（秀天院）	③	彦根御殿	明和2年3月18日	安永9年11月30日（8月11日）	清凉寺
6男	正介（興竜院）	⑧	江戸	明和2年6月25日	安永2年4月15（10）日	小日向法勝寺
7女	静（智光院）	⑨	彦根御殿	明和2年10月20日	安永3年10月19日	長浜大通寺
7男	直中（庭五郎　観徳院）	⑥	江戸	明和3年6月11日	天保2年5月25日	清凉寺
8男	忠六郎（南渓院）	⑩	江戸	明和4年9月1日	明和9年4月19日	豪徳寺
9男	直在（又介　遍勝　明達院）	⑧	江戸	明和5年1月6日	文政11年10月29日	長浜大通寺
8女	某（桃苑幻華嬰女）	—	江戸	明和5年2月6日	明和5年2月6日	豪徳寺
10男	鶴之介（梅信院）	⑪	江戸	明和5年7月14日	明和5年12月16日	豪徳寺
9女	郷（花蕚院）	④	江戸	明和5年9月6日	明和8年1月9日	豪徳寺
11男	直広（外也　幸能　聞渓院）	⑩	江戸	明和6年6月1日	寛政4年閏2月14日	牛島弘徳寺
12男	某（古岸秋光孩亡）	⑫	江戸	明和7年8月8日	明和7年8月8日	豪徳寺
13男	幸専（順介　大暁院）	⑩	江戸	明和9年1月9日	文政11年7月17日	松代長国寺
14男	某（全現未兆孩亡）	—	江戸	明和9年6月17日	明和9年6月17日	豪徳寺
15男	錋十郎（錋三郎玉輪祖珍童子）	⑩	江戸	安永2年9月23日	安永4年2月12日	豪徳寺
10女	護（淝水蓮乗禅童女）	⑬	江戸	安永2年12月15日	安永3年6月27日	豪徳寺
11女	懿（花応院）	⑫	江戸	安永3年6月21日	安永8年1月4日	豪徳寺
12女	鋼（鍇　慈相智眼禅童女）	⑭	江戸	安永5年1月4日	安永6年8月6日	豪徳寺
13女	慶（克　宝山円珠禅童女）	⑮	江戸	安永6年1月19（29）日	安永7年5月18日	豪徳寺
16男	直軌（銀之介　利義　対松院）	⑯	彦根	安永6年6月27日	文政元年6月4日	浅草誓願寺
17男	久之介（普刹霊光童子）	⑰	江戸	安永6年8月13日	安永7年7月5日	豪徳寺
18男	直明（武之介　綏之介　文秀院）	⑱	江戸	安永7年3月29日	享和3年1月20（17）日	清凉寺
19男	房之允（現台移鏡禅童子）	⑲	江戸	安永7年10月27日	安永9年5月20（19）日	豪徳寺
20男	万平（悟法了心禅童子）	⑮	江戸	安永8年6月13日	安永9年8月24（19）日	豪徳寺
14女	盤（清雲院）	⑱	江戸	安永8年7月18日	寛政8年2月25日	浅草崇徳寺
養15女	皆（峰　瑞柳院　井伊氏）	田中氏	—	明和7年11月14日	天保7年8月25日	芝常林寺
16女	鐔（光暁院）	㉒	彦根	天明元年7月16日	天明6年7月19日	粟田口東山廟
17女	鐸（多寿　豊章院）	⑱	江戸	天明元年11月5日	文化9年12月28日	牛込宝泉寺
21男	直容（勇吉　真性院）	⑳	江戸	天明3年7月5日	天保10年10月25日	清凉寺
22男	栄吉（桂光院）	㉑	江戸	天明3年5月18日	天明5年8月14日	豪徳寺
18女	鎌（寿鳳院）	⑳	江戸	天明4年6月27日	天保3年7月17日	下谷広徳寺
23男	直一（鉀之介　俊寿丸　直心院）	㉓	江戸	天明4年9月14（15）日	天保11年1月15（20）日	長沢福田寺
24男	共雅（恵之介　善住院）	⑮	江戸中屋御殿	天明5年9月2（3）日	天保8年9月29日	長沢福田寺
19女	琴（松嶺院）	⑳	江戸中屋御殿	天明5年12月23日	文化10年3月13日	豪徳寺
20女	鎈（法姓院）	⑳	江戸中屋御殿	天明7年8（6）月19日	寛政3年9月4日	豪徳寺
25男	直致（東之介　有斐院）	㉔	江戸御本奥	天明8年4月25（28）日	天保2年3月18（20）日	清凉寺
26男	重吉（天質苗産禅童子）	㉔	江戸中屋御殿	寛政元年6月19日	寛政2年6月16日	清凉寺

注）実母は以下のとおり。①本覚院、②伊藤氏、③渡辺氏、④えにし、⑤紅林院、⑥量寿院、⑦後藤氏、⑧能勢氏、⑨田中氏、⑩智貞院、⑪おきん、⑫おさと、⑬お留代、⑭おきり、⑮おせの、⑯池崎氏、⑰かさし、⑱藤堂氏、⑲亀菊、⑳藤田氏、㉑おゆう、㉒浅見氏、㉓近藤氏、㉔小林氏

で死去した（十三歳）。宝暦十三年に江戸で生まれた四男直豊は、直尚が死去した年に嫡子届けを提出し、安永四年（一七七五）に将軍への目見えを済ませ、従四位下・侍従・玄蕃頭に叙任され、同九年には京都上使役を勤めたが、天明七年（一七八七）に病死した（二十八歳）。

次いで世嗣となる七男直中は、明和三年（一七六六）に江戸で生まれた（公称は宝暦十三年）。誕生当時は庶子の扱いであったため、安永三年（一七七四）九月二十六日に江戸を出発して彦根に上り、広小路屋敷に入った（九歳）。この時、明和五年（一七六八）生まれの九男直在（七歳）もともに江戸を出発し、広小路屋敷へ入った。直在は天明七年（一七八七）四月五日に長浜大通寺に婿養子に出され、同地へ引越した。

明和六年（一七六九）に江戸で生まれた十一男直広は、安永八年（一七七九）に与板藩井伊家と養子縁組した（十一歳）。明和九年（一七七二）に江戸で生まれた十三男直専も、天明五年（一七八五）に松代藩真田家と養子縁組した（十四歳）。

十六男直軌は安永六年（一七七七）に彦根で生まれ、広小路屋敷に入ったのち、天明八年（一七八八）に山崎屋敷へ移った。寛政三年（一七九一）四月に江戸へ行き、五月に大野藩土井家と養子縁組みし、六月七日に引越した（十五歳）。

安永七年（一七七八）生まれの十八男直明、天明三年（一七八三）生まれの二十一男直容、同八年生まれの二十五男直致の三人は、寛政元年（一七八九）一月に直幸が死去すると五月十三日に江戸を出発して彦根に上り、直明（十一歳）は山崎屋敷に入り、直容（七歳）と直致（四歳）は御本奥へ入ったのち、同年十一月二十二日に山崎屋敷へ引越した。この三人は幼年時に父直幸が没したためであろう。他家との養子縁組はなく、部屋住みのまま一生を彦根で過ごした。

天明四年（一七八四）生まれの二十三男鉀之介と同五年に生まれた二十四男恵之介の場合は、同七年九月二十三日に江戸を出発して彦根に上り、まず広小路屋敷へ入ったのち、山崎屋敷へ移った。鉀之介は長浜福田寺へ養子縁組みが取り決められ、寛政元年（一七八九）九月二十一日に引越した。恵之介は奥山六左衛門の養子に出されたが、病気のために戻され、のちに長浜福田寺直心院（鉀之介）の養子となった。

このように、江戸生まれの男子（庶子）は、他の大名家と養子縁組をする以外は国元の彦根に戻され、その後は庶子として暮らした。また、これ以外の男子はいずれも早世した。若死にした世嗣二人を含めると、二六人中、一六人が早世したことになる。

直幸の女子はほとんどが江戸で生まれて、同地で育てられた。宝暦六年（一七五六）生まれの長女錫は、明和六年（一七六九）十月に松平康致（津山藩）に入輿し（十四歳）、同八年六月二十七日に婚礼した。宝暦十四年生まれの五女職は、明和九年四月二十四日に蜂須賀治昭（徳島藩）と縁組（八歳）、安永六年（一七七七）九月二十七日に婚礼した（十四歳）。明和元年生まれの六女宣は、同五年六月に土屋左京寿直（土浦藩）と縁組したが（五歳）、左京の早世により未婚となり、安永七年に鍋島治茂（佐賀藩）に再縁組、同年十一月二十三日に婚礼した（十四歳）。安永三年生まれの十一女懿は、同七年四月十二日に酒井千熊（小浜藩）と縁組したが（五歳）、同八年に懿が早世した。同年生まれの十四女盤は、天明三年（一七八三）三月二十六日に酒井忠道（姫路藩）と縁組（五歳）、寛政五年（一七九三）十一月に婚姻した（十五歳）。天明元年生まれの十七女鐸は、天明五年五月に有馬藤三郎（久留米藩）と縁組したが（五歳）、藤三郎が早世し、同七年一月に松平忠憑（島原藩）と再縁組し、寛政八年十一月に婚姻した（十六歳）。天明四年生まれの十八女鎌は、同八年十月二十四日に松平容住（会津藩）と縁組し（五歳）、寛政九年二月に婚姻した（十四歳）。天明五年（一七八五）生まれの十九女琴は、寛政三年（一七九一）十二月二十九日に土井利広（古河藩）と縁組（七歳）、同十三年二月に婚姻し（十七歳）、文化八年（一八一一）十二月十八日に離縁した（二十七歳）。

彦根で生まれた直幸の娘のうち、宝暦十二年（一七六二）生まれの四女斐は、明和六年（一七六九）八月に江戸に下り、同年十月に立花鑑門（柳川藩）と縁組（八歳）、安永十年（一七八一）二月に婚礼した（二十歳）。明和二年（一七六五）生まれの七女静は、同七年四月二十五日に長浜大通寺に養女縁組し（六歳）、四月十八日に引越した。国元で生まれた場合には、幼年時に江戸に下るか、大通寺と縁組する場合が多かった。ほとんどが八歳までの幼年期に縁組が取り決められ、十四歳から二十歳までに婚姻している。

（4）家族と親族の範囲

明和五年の鶴之亮御七夜祝儀　明和五年（一七六八）七月六日に行われた十男鶴之亮（介）の御七夜祝儀[13]における贈答関係から、奥向における井伊家の家族と親族の範囲を確認する。鶴之亮の実母は江戸の生まれで、名をおきんという（「井伊御系図聞書」）。明和元年の「江戸御奥方女中人数御擬付」では御側女中にその名前がみえるが（一〇〇～一〇一頁表2参照）、祝儀の記録では女中の末尾に「産婦」として単に記されるに過ぎない。なお、鶴之亮は明和五年七月四日に生まれ、同年十二月に夭折した。

記録では、直幸から鶴之亮に産衣一重（綸子）・昆布一折・干鯛一折・樽代三〇〇疋・御守一箱・刀・脇差、正室（梅暁院）に干鯛一折・樽代二〇〇疋、直豊（世嗣、六歳）に干鯛一折が送られた。正室からは、鶴之亮に産衣一重（羽二重）・干鯛一折・樽代三〇〇疋、直幸に干鯛一折・樽代二〇〇疋、直豊に干鯛一折が送られた。江戸御子様方一同から鶴之亮には干鯛一折、彦根御子様方一同からも鶴之亮に干鯛一折が送られた。

鶴之亮からは、直幸に昆布一折・干鯛一折・樽代三〇〇疋、正室に干鯛一折・樽代二〇〇疋、直豊・勢与（錫・長女）に干鯛各一折宛、江戸御子様方に干鯛各一折宛、清蓮院（九代直禔後室）・昌平橋奥方（直惟五女中、上田藩主松平忠純室）・呉服橋奥方（直幸養三女弥恵、山形藩主秋元永朝室）に干鯛各一宛、玉光院（七代直惟側室）に干鯛一折・樽代三〇〇疋が送られた。以上は在江戸の家族および親族であり、兄姉からは相合で干鯛一折が送られたのに対し、鶴之亮からは各一人宛に送っている。

次に、直豊から鶴之亮に干鯛一折、直幸・正室に各干鯛一折宛が送られた。寿慶院（七代直惟側室・直幸実母）からは、鶴之亮に産衣一重（羽二重）・干鯛一折、直幸・正室に各干鯛一折宛が送られた。真如院（八代直定側室）からは、鶴之亮に干鯛一折・樽代二〇〇疋、直幸・正室に各干鯛一宛が送られた。慶運院（直興十六女、木俣守吉室）・衍（直惟九女、印具威重室）・桃源院（直惟十一女、木俣守融室）・数（直惟八女、大通寺横超院室）・緑樹院（七代直惟側室）からは、鶴之亮に使者のみが派遣された。

続いて、鶴之亮から兄姉（四女斐・五男仙之允・七女静）に干鯛一宛が送られた。この三人は「彦根御子様」にあたる。同じく彦根にいる真如院と寿慶院には、鶴之亮から干鯛一・御樽代二〇〇宛が送られた。最後に、直幸から真如院と寿慶院へ干鯛各一宛、正室から真如院・寿慶院へ干鯛各一宛、鶴之亮からは慶運院・衍・桃源院・数・緑樹院に使者のみが派遣された。いずれも在彦根の親族である。

以上から、当主（直幸）が祝儀を送った範囲は、第一に①鶴之亮（御出生様）、②正室（御前様）、③世嗣（若殿様）、第二に真如院・寿慶院という在江戸の先代の側室であり、江戸のごく狭い範囲である。正室からは当主より品数が減るものの、贈答範囲は同じである。世嗣は①当主・正室・鶴之亮であり、当主の第一の範囲に限られている。

一方、鶴之亮が祝儀を送った範囲は、第一に①当主、②正室、③嫡子・長女、④江戸子供、⑤在江戸の先代正室・大叔母・義姉（清蓮院・昌平橋奥方・呉服橋奥方・玉光院）であり、江戸にいる家族および親族となっている。第二には⑥兄姉（斐・仙之允・静）、⑦先代側室（真如院・寿慶院）となっており、これは彦根にいる家族と親族である。第三には彦根にいる大叔母・伯母（慶運院・御衍・桃源院・御数）や先代の側室（緑樹院）であり、これは使者のみ派遣するという関係であった。図1に示したのは直幸と血縁があり、明和五年段階で生存している人々であるが、上田藩主松平忠順に嫁いだ中（直惟五女）と三条実起に嫁いだ直英養女鉄[14]の二人を除く全ての家族・親族と鶴之亮は祝儀をかわしたことになる。

参考までに、安永九年（一七八〇）十一月六日に彦根の広小路屋敷で

図1　明和五年の井伊家

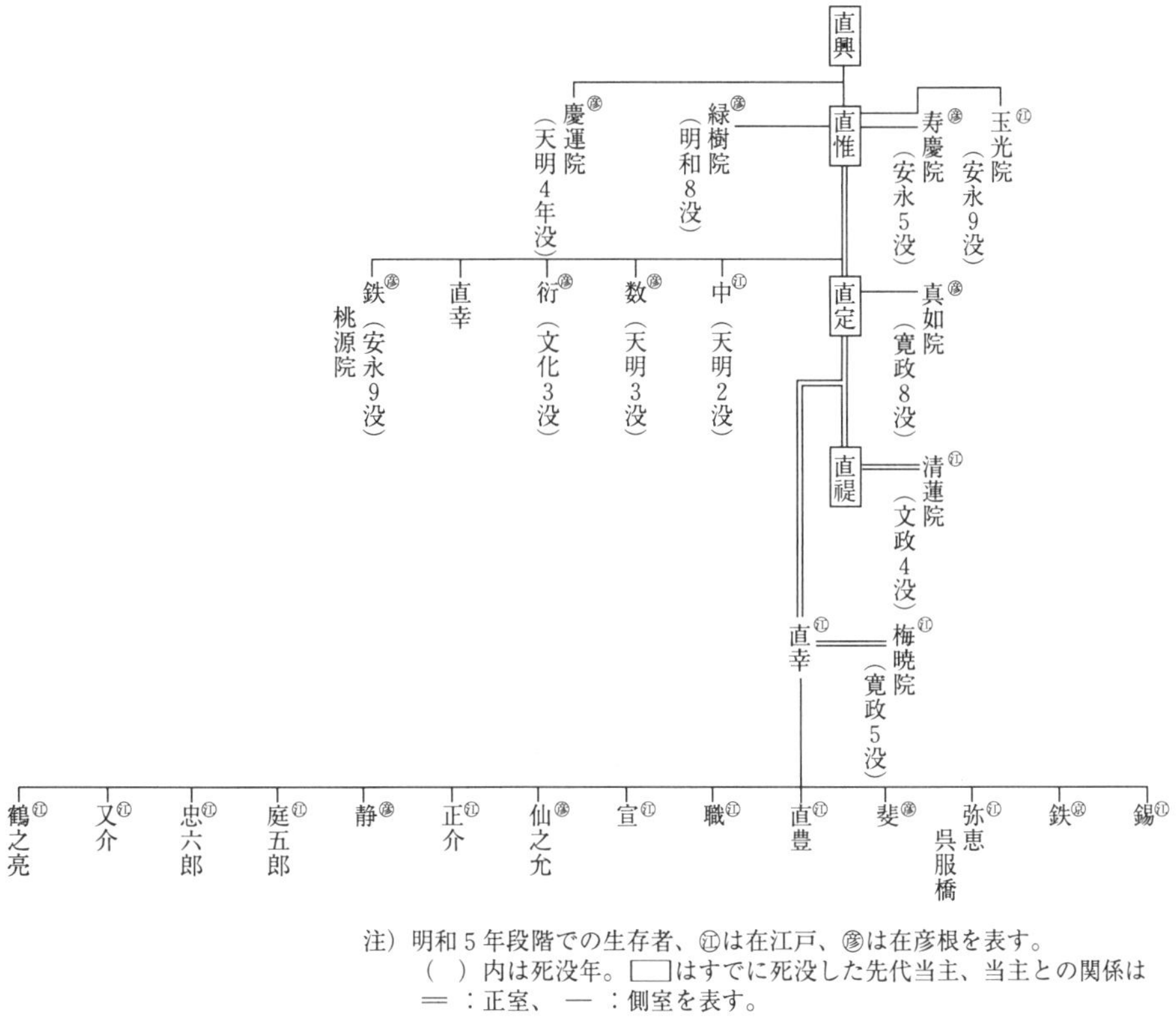

注）明和5年段階での生存者、(江)は在江戸、(彦)は在彦根を表す。
（　）内は死没年。□はすでに死没した先代当主、当主との関係は
＝：正室、―：側室を表す。

行われた庭五郎（のちの直中）の袖留祝儀から、庶出男子の成人儀礼の場合を示しておきたい。[15] 庭五郎の実母量寿院は女中の筆頭に「お哥代」とあり、やはり家族の中には入らない。直幸は在国中で、世嗣直豊（玄番頭）は在府中であった。在彦根の庭五郎と相互に贈答を行った範囲は、①当主（直幸）、②世嗣（直豊）、③正室（梅暁院）、④彦根兄弟・江戸兄弟、⑤大名小路御前（直中の同母姉俊、安永六年に蜂須賀治昭と婚姻）。山下御前（直中の異母姉宣、同七年に鍋島治茂と婚姻）、⑥真如院（直定側室）、⑦昌平橋（直惟五女）・大手（木俣氏屋敷カ）・山崎（印具氏屋敷カ）・長浜（大通寺）までである。

また、直幸から使者のみを送った範囲は②世嗣、③正室、④彦根・江戸男子、⑤真如院までで、直豊から使者のみを送った範囲は②当主、③正室、⑤真如院、正室から使者のみを送った範囲は、②当主、③世嗣、④彦根・江戸男子、⑤真如院、真如院から使者のみを送った範囲は、②当主、③世嗣、④正室となっている。

贈答の範囲が鶴之亮に比べてさらに狭いことが特徴的である。また、直幸が在国中のためか、直幸から江戸の親族には贈答がない。

明和二年宣姫の御色直・御箸初め・御髪置の祝儀　明和元年十二月十三日に江戸で生まれた宣（直幸六女、母は後藤氏）は、翌年三月十九日に御色直・御箸初め・御髪置の祝儀を行なった。[16] これより先、十七日に江戸を出発した飛脚が二十五日酉刻（午後六時頃）前に彦根に到着し、国元でも寿慶院に相談して二十六日・二十七日のどちらかで祝儀を行うようにと伝えられた。御本奥鎖前に出た老女がこれを承り、寿慶院と相談し、二十七日に祝儀を行うことになった。また、彦根・江戸両方での「御祝物御取遣帳面壱冊」も江戸の用人から届けられたので、その指示にしたがって彦根においても「夫々様江御使、其外」を執り行った。以下は、その史料である。

一、①若殿様・寿慶院様・斐姫様江宣姫様より御使、宇津木武兵衛相勤之
一、右御三方様江　殿様（直幸）・御前様（梅暁院）より御使、同人勤之
一、②真如院様初、御部屋様方江、宣姫様より之御使、勝平次右衛門勤之
一、斐姫様・寿慶院様江、若殿様より御使、御附御側役務之
一、若殿様・斐姫様江、寿慶院様より御使、地方御賄勤之
一、若殿様・寿慶院様江、斐姫様より御使、地方御賄勤之
一、御数様江、宣姫様より御使、旅御賄勤之
一、③右御使御請、三月晦日月残りニ江戸表江指上ル
一、宣姫様より御祝物ニ者御目録、其外様ニ者御目録無之
一、同役中御使者相勤候者斗、熨斗目半上下着用致候、其余服紗・小袖、若殿様御使熨斗目、御賄衆服紗・小袖
一、④真如院様初、当御地御女中様より之御祝物、於江戸表御当日同役中取計御使為相勤候間、右之段夫々御附江達置候様、三月十七日御使ニ申来ル、依之、夫々江申遣ス
一、御目録之義、御祐筆頭江申遣ス
一、御樽代金・干鯛御支度之義、御金方御賄方江指紙出ス
一、⑤同役中御本奥御鎖前江御歓ニ出ル、槻御門江茂同断、御部屋様方江組合使、⑥長浜江御歓状出ス（以下、三箇条省略、傍線・数字は

筆者補）

彦根御殿御本奥の中心人物は、七代直惟の側室で直幸の実母寿慶院であった。出自は、堀部左門の姉という。直幸は彦根の今堀弥太夫方で誕生したので、寿慶院は彦根の奥女中であったのだろう。安永五年（一七七六）に直幸が家督を継いだのちに、八代直定の遺言で「御殿御奥方」へ引き取ったという（「井伊御系図聞書」）。傍線①の若殿は長男直尚、斐は四女で、いずれも彦根にいた。また、傍線②にある真如院（直定側室）は槻御門に居住し[17]、御部屋様とあるのは広小路屋敷に居住した緑樹院と考えられる[18]。

まず、宣からは、寿慶院（祖母）・直尚（兄）・斐（姉）・真如院（先代側室）・緑樹院（同）・御数（大伯母）に使者が送られた。当主・正室からは、寿慶院・直尚・斐の三人のみに使者が派遣された。江戸への御請（返礼）は、三月晦日以前に使者を派遣した（傍線③）。真如院以下、彦根女中からの祝い物は、江戸で用人が取り計らった旨が各自に伝えられたので、真如院以下の御請の使者は派遣されなかった（傍線④）。当日は、用人中が御本奥鎖前に御歓に出かけた。槻御門（若殿の屋敷）も同様であったが、緑樹院には組合から使者を派遣し、長浜大通寺（数）には御歓状を送った（傍線⑤）。

以上のように、贈答の範囲は祖母・兄・姉・先代側室および大伯母となっているが、鶴之亮の時に見られた慶運院・衍・桃源院が含まれず、数のみに送られている。これは数が直幸の同母姉という関係によるものであろう。このように、庶出女子の場合、庶出男子よりさらに狭い贈答範囲となっている。

一方、寛政四年（一七九二）十二月四日に十一代直中の正室親光院から出生した文（穠）の場合は、井伊家で久々に本腹から生まれた嫡出長女のため、翌五年九月の宮参りではいずれの事例より広い贈答範囲となっている[19]。とくに上記に加えて、「彦根御舎弟様」「江戸御妹女様」に贈答している点が特徴的である。これは当主からみた場合の呼び方であり、文からは「彦根御伯父様」「江戸御伯母様」、家臣からは「彦根御子様方」「江戸御姫様方」と呼ばれている[20]。

以上から、奥向における大名家の家族の範囲は、当主・正室と当主の子たちまでで、のちに側室になる女中であろうと、家族の中には入らなかった。また、親族の範囲は生存する歴代当主の正室・側室・子たちが含まれたが、嫡庶・男女の違いにより贈答を送る親族の範囲には差異があったことがわかる[21]。

2　明和期の財政構造と奥向

本節ではまず「江戸御奥方女中人数御擬付」から、明和期の奥向財政について検討する。ここでいう「江戸御奥方」とは江戸上屋敷の奥向のことで、史料上では「御本奥」と記されることが多い。表2に示した全体の人数は、七九人である。内訳では、まず正室（梅暁院）付の女中として年寄二人・中老一人・御側一一人・御次四人・中居三人・御末四人・借人十人の計三五人がいる。御側女中ながら中老と同じ扱いを受ける別格の「えにし」は、宝暦十三年（一七六三）に直幸三男某（同年夭

表2　明和元年江戸御奥方女中人数

役職（人数・名前）	切扶金	扶持	呉服代	菜代銀 *1	鏡餅	菱餅	粽	蓬飯	地鯖
御年寄女中（1人：繁岡）	15両、内：7両2歩3月渡り・7両2歩9月渡り	3人半扶持、内：半扶持3合減・半扶持2合減、3斗2升4合2勺黒米渡り		8匁宛	4升5合	1升2合	7合	2升5合	2刺
御年寄女中（1人：鶴山）	12両、内：6両3月渡り・6両9月渡り	3人扶持、内：半扶持3合減・半扶持2合減、2斗4升9合2勺黒米渡り		8匁宛	4升5合	1升2合	7合	2升5合	2刺
御中老女中（1人：佐野）	10両、内：5両3月渡り・5両9月渡り	2人扶持、内：半扶持3合減・半扶持2合減、1人扶持黒米渡り		5匁宛	4升5合	1升2合	7合	2升5合	2刺
御側女中（1人：　えにし）	10両、内：5両3月渡り・5両9月渡り	2人扶持、内：半扶持3合減・半扶持2合減、1人扶持黒米渡り		5匁宛	4升5合	1升2合	7合	2升5合	2刺
御側女中（10人：おふみ・おその・おかよ・おきん・おそて・おくら・千里・おさと・おこん・おこの）	7両、内：3両2歩3月渡り・3両2歩9月渡り×10	1人半扶持、内：半扶持3合減・半扶持2合減、半扶持黒米渡り×10		5匁宛×10	4升5合×10	1升2合×10	7合×10	2升5合×10	2刺×10
御次女中（4人：お志賀・おえつ・おりよ・おみな）	5両、内：2両2歩3月渡り・2両2歩9月渡り×4	1人扶持、内：半扶持3合減・半扶持黒米渡り×4		5匁宛×4	3升5合×4	8合×4	7合×4	1升5合×4	1刺×4
御中居女中（3人：みなと・難波・総角）	2両2歩、内：1両1歩3月渡り・1両1歩9月渡り×3	半扶持2合減×3、3升7合5勺黒米渡り×3		2匁5歩宛×3	3升5合×3	8合×3	7合×3	1升5合×3	1刺×3
御末女中（4人：明石・春風・若松・紅葉）	2両、内：1両3月渡り・1両9月渡り×4	半扶持2合減×4、3升7合5勺黒米渡り×4		2匁5歩宛×4	3升×4	6合×4	3合5勺×4	1升1合×4	1刺×4
御借人女中（10人：国・花・とは・とめ・まつ・夏・むめ・てる・つね・つや）	1両1歩、内：2歩7匁5歩3月渡り・2歩7匁5歩9月渡り×10	半扶持2合減×10		1匁5歩宛×10	3升×10	6合×10	3合5勺×10	1升1合×10	—
御部屋									
御年寄女中（1人：松衛）	10両、内：5両3月渡り・5両9月渡り	3人扶持、内：半扶持3合減・半扶持2合減、2人扶持黒米渡り	①	8匁宛	4升5合	1升2合	7合	2升5合	2刺
御側御年寄女中（1人：おやす）	12両、内：6両3月渡り・6両9月渡り	5人扶持、内：半扶持3合減・半扶持2合減、4人扶持黒米渡り	②	8匁宛	4升5合	1升2合	7合	2升5合	2刺
御中老女中（1人・おたの）	10両、内：5両3月渡り・5両9月渡り	2人扶持、内：半扶持3合減・半扶持2合減、1人扶持黒米渡り	①	5匁宛	4升5合	1升2合	7合	2升5合	2刺
御小姓格（3人：おとさ・おみわ・お八代）	7両、内：3両2歩3月渡り・3両2歩9月渡り×3	1人半扶持、内：半扶持3合減・半扶持2合減、半扶持黒米渡り×3		5匁宛×3	4升5合×3	1升2合×3	7合×3	2升5合×3	2刺×3
御中小姓（1人：おゆら）	6両、内：3両3月渡り・3両9月渡り	1人扶持、内：半扶持3合減・半扶持黒米渡り		5匁宛	3升5合	8合	7合	1升5合	1刺
御次女中（5人：おもん・おこと・おとき・おすみ・おきん）	5両、内：2両2歩3月渡り・2両2歩9月渡り×5	1人扶持、内：半扶持3合減・半扶持黒米渡り×5		5匁宛×5	3升5合×5	8合×5	7合×5	1升5合×5	1刺×5
錫付御伽御小姓（2人：おこよ・田鶴ね）	5両、内：2両2歩3月渡り・2両2歩9月渡り×2	1人扶持、内：半扶持3合減・半扶持黒米渡り×2		5匁宛×2	3升5合×2	8合×2	7合×2	1升5合×5	1刺×5

御茶之間女中（1人：るん）	3両、内：1両2歩3月渡り・1両2歩9月渡り	半扶持2合減、3升7合5勺黒米渡り		2匁5歩宛	3升5合	8合	7合	1升5合	1刺
御中居女中（2人：紅梅・まち）	2両2歩、内：1両1歩3月渡り・1両1歩9月渡り×2	半扶持2合減、3升7合5勺黒米渡り×2		2匁5歩宛×2	3升5合×2	8合×2	7合×2	1升5合×2	1刺×2
御末女中（3人：若菜・花代・千鳥）	2両、内：1両3月渡り・1両9月渡り×3	半扶持2合減、3升7合5勺黒米渡り×3		2匁5歩宛×3	3升×3	6合×3	3合5勺×3	1升1合×3	1刺×3
御借人女中（9人：とり・かね・ふし・すて・みの・ふゆ・なつ・遊・ぶん）	1両1歩、内：2歩7匁5歩3月渡り・2歩7匁5歩9月渡り×9	半扶持2合減×9		1匁5歩宛×9	3升×9	6合×9	3合5勺×9	1升1合×9	—
御出生様方付									
豊吉付御小姓（2人：おりか・お鶴）	7両、内：3両2歩3月渡り・3両2歩9月渡り×2	1人半扶持、内：半扶持3合減・半扶持2合減、半扶持黒米渡り×2		5匁宛×2	4升5合×2	1升2合×2	7合×2	2升5合×2	2刺×2
職姫付御小姓（1人：お波）	7両、内：3両2歩3月渡り・3両2歩9月渡り	1人半扶持、内：半扶持3合減・半扶持2合減、半扶持黒米渡り		5匁宛	4升5合	1升2合	7合	2升5合	2刺
豊吉付御次女中（2人：おそめ・おのへ）	4両、内：2両3月渡り・2両9月渡り×2	1人扶持、内：半扶持3合減半扶持黒米渡り×2		5匁宛×2	3升5合×2	8合×2	7合×2	1升5合×2	1刺×2
職付御次女中（3人：おはま・おそよ・おろく）	4両、内：2両3月渡り・2両9月渡り×3	1人扶持、内：半扶持3合減半扶持黒米渡り×3		5匁宛×3	3升5合×3	8合×3	7合×3	1升5合×3	1刺×3
豊吉付御乳持（2人：はつ・そ代）	4両、内：2両3月渡り・2両9月渡り×2	喰扶持上白米にて御台所仕出し・1歩ト200匁里扶持代、但し毎月渡り閏月とも大小無構×2	③	—	4升5合×2	8合×2	1升×2	2升5合	1刺×2
職付御乳持（2人：たく・みわ）	4両、内：2両3月渡り・2両9月渡り×2	喰扶持上白米にて御台所仕出し・1歩ト200匁里扶持代、但し毎月渡り閏月とも大小無構×2	③	—	4升5合×2	8合×2	1升×2	2升5合	1刺×2
豊吉付御末女中（1人：老松）	2両、内：1両3月渡り・1両9月渡り	半扶持2合減、3升7合5勺黒米渡り		2匁5歩宛	3升	6合	3合5勺	1升1合	1刺
職付御末女中（1人：常夏）	2両、内：1両3月渡り・1両9月渡り	半扶持2合減、3升7合5勺黒米渡り		2匁5歩宛	3升	6合	3合5勺	1升1合	1刺

出典）花木家文書8
注1）*1　毎月渡り、ただし閏月とも大小構いなし。
注2）呉服代　①2両、御切苻金相渡り候節、両度に1両づつ被下　②10両、但し4季渡り
③金子3両、内：1両4月渡り御仕着代五菜代として・1両5月渡り右同断・1両10月渡絹小袖代五菜代として。
注3）乳持1人には上記以外に四ツ組椀本二腰高1人前・台之膳本二足折1人前を支給される。

折）を出産した。また、御側女中一〇人のなかでは、「おかよ」が既に同十四年に直幸五女の職を出産した。明和元年よりあとでは「おその・おきん・千里・おさと」も直幸の子を出産した。既述のように、このうち側室となるのは、おかよ（量寿院）・千里（智貞院）の二人のみである。

これとは別に「御部屋」付では、年寄一人・御側年寄一人・中老一人・小姓格三人・中小姓一人・御次女中五人・錫付御伽小姓二人・茶之間一人・中居二人・御末三人・借人九人の計二九人がいる。そのうち、御側年寄の「おやす」は、宝暦十一年（一七六一）六月に長女錫を出産し、のちに本覚院と称される。ちなみに、明和六年頃の記録である「旅御賄方万留」では、奥向経費として「御前様御用」「若殿様御用」「御弥寿様」を立項している。そのため、「御部屋」の主体は「おやす」であったが、奥女中としての立場は御側年寄であったとわかる。年寄の松衛より格下ながら、松衛の給金一〇両・呉服代二両に対して、おやすが給金一二両・呉服代一〇両と多いことも、右の関係を示していよう。ちなみに、御部屋付では中老おたのが明和五年（一七六八）に九男直在を出産するが、これも側室とはならなかった。

錫以外の御出生様方付としては、四男豊吉（母は紅林院）に小姓二人・御次二人・乳持二人・御末一人の計七人、五女職（母は量寿院）に小姓一人・御次三人・乳持二人・御末一人の計七人が付けられていた。乳持は乳児の間のみ必要なので、[22]これを除けば明和期には子一人に五人の女中が恒常的に付けられていた。

次に給与内容であるが、年俸的な性格をもつ切扶金（三月と九月の年二回）と月給的な性格をもつ扶持米が支給された。仮に一人扶持が玄米五俵とすれば、これを十二分割にした玄米を毎月支給される。そのうち、半扶持三合減らしというのは、表向での借米・上米の制度に相当し、基本給は三人扶持だが、奥向財政に補填するため三合を上納させたものと考えられる。なお、「黒米」とは玄米のことである。[23]

右以外には毎月、菜代銀が支払われ、節句の祝儀では、鏡餅・菱餅・

表3―1　江戸表向経費の定式割　（単位：両）

○江戸定式割（1ヶ年）	在　府	留　守
御手金（在府は御着の上、留守は上国前渡し）	150	150
御小納戸方御腰物御拵代其外共	150	150
御召呉服物代御音信御献上呉服物丹後紙代共	1000	700
御献上金諸御音信年頭歳暮并御祈祷料御奉納御褒美被下物御法事料共	1500	0
御後室様へ被進米代銀子 200 俵代（1俵：25 匁）	916	916
昌平橋御奥方様へ被進米代 1300 俵代并御女中渡り方共（1俵：25 匁）	547	547
玉光院様へ被進候炭薪代・御女中切符共	51	51
定府衆御知行米代（1俵：25 匁）	3005	3005
歩銀月割銀上下代呉服代帷子銀鯖代鯣代御役料米代御役料金代御城使衆中間若党給金御歩行衆中間世田谷定夫之内雑用銭	1041	692
内藤新宿御組合辻番所番人給金御割合千田谷伝馬役銭世田谷御代官紙筆料佐野御舟六艘御年貢銭同所竹木筏代大坂大廻運賃共	27	27
御振舞ニ付御客様方御家来支度料御小荷駄沓代御両替切賃小玉銀ニ仕替賃御知行取衆近国渡り方御借銀之内利払共	300	271
御扶持米代并餅米代馬大豆其外豆類小糠共米両八斗大豆餅米両七斗五升替の積り	4848	3124
御切米代御切符金共	1866	1866
御賄方諸御払方	691	315
（外ニ世田谷より豆葉納御年貢金引置候分）	300	250
御小雑用方諸御払方道中渡り方御飛脚御荷物渡り方共	1746	1228
御普請御作事方御土場方諸御入用	504	504
御桶畳方御入用	120	120
小　計	18762	13916
○臨時入用		
御内御音信御用当并不時御入用共	600	500
玉川上水御割合御出金并御普請方より例年指定候御出金共	300	300
御普請方御長屋向御修復一ヶ年分	350	350
御普請方ニ而御参勤前御入用積り	0	150
御賄方小雑用方不時御入用共	100	100
小　計	1350	1400
○例年別段御下有之分		
御上国御入用当高 160 貫匁分	2666.2	0
昌平橋御奥方様へ被進御小袖代御女中切符共	97.2	97.2
兵部少輔様被進米代 1500 俵代（1俵：25 匁）	626	625
猿楽米代	58・銀 13 匁 2 分	58・銀 13 匁 2 分
小　計	3447.4・銀 13 匁 2 分	780.2・銀 13 匁 2 分

粽・蓬飯・地鯖の支給も女中の階層によって定められていた。これ以外に、呉服代が支給された者もいる。また、次節で述べるように、奥向での冠婚葬祭の折々に下され物があった。

表3―1は、江戸における表向の経費予算の定式割である(24)。当主の所在によって差があり、在国中の経費が抑えられている。たとえば、在府中の当主の御召呉服物代・御音信御献上呉服物・丹後紙代共一〇〇〇両に対して、節句の呉服献上は在国中でも行われたが、在国中は七〇〇両と少ない。また、呉服以外の幕府への献上金や将軍はじめ老中諸役人への年頭・歳暮、法事などの贈答経費（「御献上金・諸御音信年頭歳暮并御祈祷料御奉納御褒美被下物御法事料共」）は在府中が一五〇〇両に対して、在国中の計上はない。なお、先代の正室・側室や婚家先の娘（昌平橋）の経費が表向から計上されている。

奥向の経費は、御奥方御入用米が二〇〇〇俵と御前様御小袖代并女中御切符代三〇〇両が基本であった。表2に示した奥方女中のうち、御前様付女中の切扶金は一九五両、扶持は玄米五俵で計算して七〇両となるので、合計二六五両となる。「御借人」九人の切扶金と扶持の合計が約二二両であり、これを差し引くと二四三両となるので、御前様の御小袖代（衣装料）は五〇両前後が予定されていたことになる。

また、「旅御賄方万留」によれば、御奥方御入用米二〇〇〇俵を一俵につき二〇匁積もりで直すと銀四〇貫目となり、金への両替を六七匁積もりで直すと五九七両銀九歩九厘となる。この支払いの内訳は、女中衆御切符金に三三五両、女中衆被下椀代に一両一歩一六匁六歩四厘、女中衆菜代に四八両三三匁七歩四厘、御奥方御用に二五〇匁、御前様御用に二〇〇匁、若殿様御用に一〇〇匁、御弥寿様御用に百匁、御奥方御用御子様方御奉納御用并被下御用共積もりに二五二匁八分八里を計上している。このように御奥方御入用米からは、御部屋付や御本奥以外の江戸屋敷にいる女中の給金、さらには奥向の諸経費・贈答費などを支払った。

しかし、明和期の奥向固有の問題としては、新たに出生した子の生計費や成長した子の経費増をどう賄うかということがあった。次はその経緯を記したものである(25)。

覚

一、御奥方御入用米之義、段々御子様方御出生ニ付御物入多、是迄通弐千表之御入用米ニ而ハ御不足之旨、御役人中被申聞候、段々御吟味之上、戌ノ年より三百両ツヽ、年々増御下シ被仰付候、尤是迄も御子様方之内、右帳面ニも有之通り、錫姫様へハ先年より百両ツヽ、若殿様・職姫様年々五拾両ツヽ、御割合有之処へ、右増御下シ有之上ハ、若殿様・職姫様・宣姫様・正助様共御壱人様七拾両ツヽ、年々御割合ヲ以、御着類并御附女中御切符等迄一式相済候様可被相心得候、尤御人別様御用相済候上、御余金有之分ハ別段ニ致置キ、後々御手金ニ可仕候、尤御人別様御入用御指引事御用人衆可被指出候、

一、若殿様ニハ御人別様御格段之御事故、右七拾両之上へ六拾両ツヽ、増御下シ被仰付、都合百三拾両之大積候間、割合之義ハ前段通可被致候、

一、御子様方分ハ御壱人様ツヽ之御入用金之内へ積込有之候得ハ右之内よりも出金、且前段之通大概千表斗も御増金候得ハ、臨時御用金、勿論

御指問申間敷候条、弥以万端御倹約も可被仰付候得ハ、無祓（抜）目随分
御為方相考、惣奥御入用金余金候様、専相心得可有之候（後略）、

つまり、御子様の出生が増えたことにより、これまでの御奥方御入用米の二〇〇〇俵だけでは不足するので、役人中へ申請して、戌年（明和三年カ）より三〇〇両ずつ増加となった。そこで、これまでは錫に一〇〇両、若殿・職に五〇両としていたが、以後は若殿・職・宣・正助は各七〇両づつと定めて、着類・女中切符などまで一切を済ませることにした。ただし、若殿に限っては格別なので、右の七〇両に六〇両を加えて、都合一三〇両積もりの召物代・大小拵代と取り決められた。

表3―2は、子供の状況から明和六年（一七六九）頃のものと推定できる。右を基本としながら、さらに予算は増加し、若殿は一六〇両となっている。宣・正助・職の七〇両は据え置きのままで御奥方御入用米から支給され、錫の一〇〇両も奥方御余之内から支給される予定である。今回、新たに江戸で出生した庭五郎・忠六郎・又介・職（郷の誤りカ）の経費は、彦根の賄方より各七〇両が支給され、明和六年八月に江戸に下った斐の経費一〇〇両も彦根より下る予定とある。

表3－2　江戸井伊家奥向経費

奥方御入用米	2000 俵	月割（不同）
御前様御小袖代并女中御切符代共	300 両	2月・11月
同戌年より増御下シ被仰付分（彦根より下る）	300 両	2月・11月
若殿御召物代御大小御拵代彦根下シ	160 両	内 70 両は江戸定式
庭五郎・忠六郎・又介・職（郷カ）× 70 両	280 両	彦根より下る分
斐	100 両	彦根より下る筈
錫（勢与）	100 両	御奥方御余之代之内ニ而被進候筈
宣・正介・職× 70 両	210 両	御奥方御入用米の内被進候筈

一方、彦根の庶子の経費に関しては、寛政二年（一七九二）の「山崎御屋敷日記」（五七〇三号）に一人三〇〇俵とあり、このとき山崎屋敷には六人の庶子がいたので計一五〇〇俵とある。一俵＝二〇匁、一両＝六七匁で計算すれば、三〇〇俵は約九〇両ということになる。[26] 明和期とでは物価が異なるので単純に比較できないが、江戸・彦根のいずれも子一人には七〇両から一〇〇両までの予算を立て、その中から各自の生活費・交際費や身の回りの世話をするお付の家臣・女中たちの人件費が支払われていた。[27]

3　奥向の全体構造

前節では奥向の中核である江戸上屋敷の御本奥を中心に、その構造を検討した。本節では、江戸上屋敷御本奥の周辺に位置する奥向の構造について、奥向儀礼における贈答関係を通じて考察する。

明和五年の鶴之亮御七夜祝儀　既述のように明和五年（一七六八）段階ではおやすが「御部屋」の主体であったが、家族には含まれず、祝儀では女中の筆頭に名前がある。直幸からは、おやす、繁岡（御本奥老女）・鶴山（同）・佐野（中老）・まつ江（御部屋付老女）に、鶴之亮付では、御次二人・乳持一人・中居一人・御末一人・おしめし洗一人・産婦（おきん）までに祝儀が送られた。

産婦には、正室、御子様方、鶴之亮、寿慶院から祝儀が送られた。寿慶院（在彦根）からは、産婦宿にも祝儀が送られた。正室からは、産婦宿、子安姥、草刈次郎右衛門（賄役・御勝手向取締懸）・小山門左衛門

（賄役）、小堝喜平太（旅賄役）、田中懌庵《えきあん》・綺田元厚（医師）、御鎖前御番人木原角左衛門（御産髪上ケ候者）、上野源七までに祝儀が送られた。右には直幸から祝儀は送られておらず、江戸奥向の差配を正室が行っていたことがわかる。

　続いて、在江戸の玉光院（七代直惟側室）付の大泉市右衛門（付人）、柘野・平瀬（老女）、御側より御次女中まで五人、中居より御末まで六人、中村伝左衛門（賄役カ）、上番四人、鎖前番三人、馬場孫八（諸色役）、小使九人までに下され物があった。また、江戸・彦根用人中より鶴之亮へ干鯛一折が送られた。これらの贈答ののち、用人・付人・賄役・医師、その他鎖前辺（上番・鎖前番）ならびに奥方向は、吉例通りに赤飯・酒・吸物が下された。

　以上、大名の家族を支える男性役人には用人（江戸・彦根）・付人・賄役・医師・鎖前上番・鎖前番・小使らがおり、出生した子付の女中は七人（乳持を含む）がいた。

寛政五年の文御宮参りの祝儀　寛政五年（一七九三）に直中長女の文が宮参りを行った際に、直中・正室（親光院）・文の三人から祝儀を送られた御本奥の女中は、次の通りである。瀧岡・瀧瀬（老女）に金子五〇〇疋宛、若年寄に金子三〇〇疋、中老に金子三〇〇疋、御側・小姓に金子二〇〇疋宛、表使二人に金子三〇〇疋宛、御次・御茶之間に金子一〇〇疋宛、中居・御末に南鐐一片宛、文の御付女中としては、中老に金子三〇〇疋、御側・小姓に金子二〇〇疋宛、御次に金子一〇〇疋宛、乳持に金子一〇〇疋、おさし・おしめし洗に南鐐一片宛が送られた。文の場合は嫡出長女であるためか、中老が付けられているのが特徴的である。

　続いて、宮参り後に文は養祖母の梅暁院のもとに立ち寄った[28]。その際に、文から梅暁院に羽二重紅白二疋と一種千疋折、叔母の多寿と琴に嶋縮緬二反・鯣一折宛を送った。女中では、御局・小野崎に金三〇〇疋宛、中老一人に金二〇〇疋、御側・小姓九人に金一〇〇疋宛、表使一人に銀三両、御次・御茶之間七人に南鐐一片宛、中居・御末六人に鳥目五〇〇疋宛、御姫様方御附女中に酒肴代金五〇〇疋宛を送った。男性役人には、付人二人に肴代二〇〇疋一折宛、賄役二人に同二〇〇疋一折宛、上番六人に同二〇〇疋一折宛、鎖前番七人・御料理人三人・元締役二人に銀一両宛、御鎖前辺末々迄に鳥目二〇〇文宛を送った。直中と正室の各々からは、梅暁院のみに御礼として鮮鯛一折と樽代三〇〇疋を送った。

　梅暁院の居所は特定できないが、上屋敷以外の井伊家屋敷で十六女の多寿と末娘（十九女）の琴とともに暮らしていたことがわかる。また、梅暁院付の女中は老女から御末まで計二六人がいた。明和元年のものと比較すると（表2参照）、全体としては明和期の三五人から借人九人を除いた二六人に表使一人[29]を加えれば二七人となるので、大御前の奥向は正室（御前）時代の基本構造が維持されている。その内訳は、年寄・中老の人数に変化はなく、御側一一人は御側・小姓九人に、中居・御末は七人から六人に減る一方で、御次・御茶之間は四人から九人に増えており、人数は同じでもより格下の役職に振り替えられていて、人件費が抑えられている。姫様付の女中の数は不明だが、これまで見たように各自に五人前後の女中が付けられていたと考えてよいだろう。御付の男性役人は上屋敷御本奥と同様の構成であるが、料理人・元締役が加わっているのが特徴的である。

寛政三年の銀之介出府の祝儀　最後に、寛政三年（一七九一）四月に銀之介（十五歳）が、大野藩主土井利貞の養子となるために出府する際の贈答品の留書から、彦根の奥向の構造について検討する。[30]［表4］

まず、銀之介に対する家族・親族からの進物は、兄弟四方（武之介・勇吉・恵之介・東之介）・量寿院・真如院・数・明達院・俊寿丸（直心院）から送られた。とくに真如院は、庶子日記を見ると日常的に庶子たちに書籍を与えている。今回も進物の中に七書一七冊・玉篇一二冊の書籍が含まれており、その教養の高さが知られる。

次に、奥女中からは、本奥老女（松園）・山崎屋敷中老（おりさ）・銀之介小姓（おうた）・同御次（おきく）・御次女中（おまつ以下全員）・槻御門屋敷中老（おぬい）・おます（高橋五郎左衛門妻）・園巻・おかつ（伊丹十左衛門妻）・おかね・おやを（大西順次郎妻）・銀之介乳持（いそ）までが進物を送った。女中からも書籍が送られている点は、奥向における子の教育に女中が深く関わっていることを示唆するものであろう。

続いて、家老（木俣土佐守将）、北野寺・清凉寺、加藤彦兵衛・青木貞兵衛、京御賄役（勝新五兵衛）、岡見可妩・細居休静、居合師範（河西庄右衛門）、山崎御子様方御附人（奈越江忠蔵）、賄役（水谷門兵衛他三人）、御上番・御抱守一九人、以上計二九人の名がある。末尾には、おりさ母・桂心院・御医師十六人がある。

右に対する銀之介からの返礼は、上番二人、抱守三人（御櫛上げに付）、抱守一四人、抱守当分介五人、元〆役二人（広小路屋敷初めより勤務に付）[31]、鎖前番二人（長年御番勤務に付）、鎖前番（柳松以下）六人、板之間一一人、御鑓持二人が記されている。

次に、中老おりさ[32]は銀之介が誕生した翌年から一昨年まで小姓に付けられて勤めたので金子一〇両、銀之介小姓おうたは誕生の節の御待請から勤めているので先例の通りに金子一〇両、銀之介御次きくは数年滞りなく勤めたため三両を送られた。

続いて、惣容右筆、武之介小姓、同御次、勇吉御次二人、恵之介御次三人、東之介御次三人、量寿院御次四人、東之介乳持一人・御末一人、上巻・老松・松風・おやを・銀之介乳持一人に送られた。以上は山崎屋敷における奥女中と考えられ、二一人を数える。さらに、御本奥女中として、老女松園（幼稚より世話に付）、御側お八重（直中長男欽次郎の実母）、御出生様（欽次郎）小姓一人・同御次二人、表使菊野、御次民の計七人、槻御門屋敷の女中として、中老一人、小姓一人、御次三人の計五人がある。

水谷門兵衛（量寿院賄役）、安藤郷左衛門（御誕生の節の御用懸り）、上田安常（誕生の節の御用懸り・現在は薬差上）、桂子院（誕生の節に産婦を預けられ、格別の世話に付）、平尾、おかつ、おます、了照、細居休静、岡見可妩、勝新五兵衛、青木貞兵衛・明塚藤五郎、師範十一人、片岡休賀（年々謡本借用のため）、医師一四人、津田自庵（幼年より世話・現在薬指上）、江戸表買物役二人、研屋権左衛門、柄巻屋新蔵、渡辺重右衛門、山岸宗太、愛知川宿見衛、高宮宿二郎右衛門、平田村休次郎、大坂村弥左衛門、子安ばば、五十嵐半次（真如院付人）、橋本八郎左衛門、林安之丞以下六人（在府の旧抱守）までに祝儀が与えられた。

右は銀之介が出生して成長するまでに関係した奥向とその周辺の表向

表4　寛政3年4月銀之介様御出府につき被進物并献上物留

銀之介宛

四方様	金1000疋
武之介・勇吉・恵之介	金500疋
量寿院様	御懸硯1箱
真如院様	七書17冊・玉篇12冊・諸白3升・浜切鯛2枚・交魚1ツ・蒸鮑2ツ
御数様・明達院様	文選六進注
明達院様	御鼻紙台
俊寿丸様	大奉書3帖・御帯2筋
松園・おりさ・おうた	漢書評林50冊
おきく	唐詩ひんゐ
おまつ初御次女中不残	周礼・儀礼
おりさ	末広酒　但徳利箱ニ入
おうた	砂糖漬1曲
おまつ初御次女中	並(壷カ)酒2升・鰯3把
おぬい・おます・園巻・おかつ・おかね	御干菓子1箱
大西氏内おやを	左氏伝注疏正義30冊
銀之介様御乳いそ	箱入ふた物
木俣土佐	御扇子1箱・五嶋鰑5把
北野寺	御守札・御菓子1箱
清凉寺	御干菓子1箱
加藤彦兵衛・青木貞兵衛	煙草粉1斤宛
勝新五兵衛	大奉書1帖・御扇子1箱
岡見可娓・細居休静	御肴1折　相合
河西庄右衛門	御弓張　10指
奈越江忠蔵	国語・御扇子1箱
水谷門兵衛・御賄中3人	世説新語補・御干菓子1箱　相合
御上番中・御抱守29人	御干菓子1箱・御肴1折
おりさ母	醒ヶ井餅1箱
桂心院	四書無点
御医師16人	古今詩珊
おりさ母	醒ヶ井餅1箱
桂心院	四番無点
御医師16人	古今詩珊

銀之介より

御上番（猿木茂兵衛・大岡彦太夫）	金子100疋宛
御抱守内（柄嶋喜平治・前川紋左衛門・渡辺要次）	金子200疋宛
御抱守（清水彦次郎以下14人）	金子100疋宛
御抱守当分介（中弥六左衛門以下5人）	金子300疋・御肴代
元〆役（高木文次・森宗次）	金子200疋宛
御鎖前番（古川九郎次・伊藤嘉左衛門）	銀子2両宛
柳松喜十郎・元持平介・建本伝蔵・田中久蔵・夏川他三郎・吉岡庄次郎	銀子5匁宛
板之間之者11人	鳥目300文宛
御鑓持2人	鳥目300文宛
御中老おりさ	金子10両
銀之介様御小姓おうた	10両
銀之介様御次きく	3両
御惣容様御右筆き智	金200疋
武之介様御小姓まつ	銀子5両
武之介様御次茂代	金100疋
勇吉様御次（やそ・りえ）	金100疋宛
恵之介様御次（たさ・もん・すま）	金100疋宛
東之介様御次（まき・ちを・かめ）	金100疋宛
量寿院様御次（とせ・きや・ふて・さへ）	金100疋宛
東之介様御乳持せき	銀子1両
御末若木	銀子5匁
上巻・老松・松風	銀子1両宛
大西順次郎妻おやを	銀子1両
銀之介様御乳持いそ	金子200疋
○御本奥	
御老女松その	金子500疋
御側お八重（銀之介実母）	同100疋
御出生様御小姓おしけ	鼻紙5束
同御次（ちさ・やち）	鼻紙3束
表使菊野・御次民	金子100疋宛
○槻御門	
御中老おぬい	金子200疋
御小姓およの	金子100疋
御次3人	南鐐1片宛
水谷門兵衛	金子200疋
安藤郷左衛門	紗綾帯地1筋
上田安常	金200疋
桂子院	金500疋
平尾	白玉紙10束
伊藤十左衛門妻おかつ	白玉紙10束
高橋五郎左衛門妻おます	金子100疋
了慧	金子100疋
細居休静	紗綾帯1筋
岡見可娓	同
勝新五兵衛	同
青木貞兵衛	萱原綿2把
明塚藤五郎	10匁の御肴
御師範（加藤彦兵衛・荒川孫三郎・山根善五右衛門・河西庄右衛門・佐藤孫兵衛・栗林弥一左衛門・龍一郎・大菅権之丞・田中益庵・山本元庵・西辻作右衛門）	佐野綿2抱宛
片岡休賀	10匁の御肴
小縣清庵以下14人	御扇子5本宛
津田自安	金子500疋
江戸表買物役（関左七・守野喜右衛門）	御扇子3本宛
須田喜右衛門	銀子1匁
研屋権左衛門	同
栖巻屋新蔵	同
渡辺重右衛門・山岸宗太	扇子3本宛
愛知川宿見衛	金子200疋
高宮宿二郎右衛門	金子100疋
平田村休次郎	500匁
大坂村弥左衛門	同
子安ばば	金子100疋
五十嵐半次	扇子5本
橋本八郎左衛門	扇子3本
林安之丞・野田勘六・長谷馬和吉・岩崎喜八郎・久徳右平太・福山雲治	金子100疋

出典）彦根藩井伊家文書7393より作成

の人々の総体ということになる。庶子日記をみると、銀之介の天明三年（七歳）までの表での行動は、御供一人程度を連れて屋外を歩行するのみだったが、同四年からは手習いを初め、歩行も御供一人・抱守・先払・医師を連れての本格的なものとなっている。同五〜六年の日記を欠くので詳細は不詳だが、天明七年（十歳）では兄庭五郎（二十一歳）・又介（十九歳）とともに御三方様と称されて武道稽古などを始め、兄たちと行動を共にするように変化する。要するに、銀之介は寛政三年まで奥住居であったが、昼間は表に出て武道・学文・芸能の師匠について学び、他所へ歩行に出かけた。そのため、医師・師範・抱守（成長後は伽役）といった人々が成長過程で深く関わることが男子の場合の特徴といえる。

おわりに

以上、明和期を中心に井伊家の奥向について検討した。直幸の時代（宝暦・天明期）には、宝暦五年（一七五五）から財政改革が本格的に開始され、筋奉行の改編や家老木俣土佐守による倹約政策が実施されたが、藩財政が好転した様子はうかがえないという。また、明和・安永期の具体的動向は不明とされるが[33]、当該期は前代までと違い直幸が四十六人の子供に恵まれて奥向財政が肥大化する傾向にあり、本論で用いた奥向財政関連の記録が明和期に多く残されたのも、奥向の構造・財政の再編が重要な課題であったためと考えられる。これらの要因が明和・安永期の藩政に与えた影響についても、今後の検討が必要であろう。

また、井伊家の奥向では一夫一妻による家族構成が基本であり、当主の子を出産した女性は産婦と記されるのみであった。その一部は側室となり、御部屋の扱いをうけたが、その場合でも奥向儀礼の際に家族構成のなかには入らなかった。ほとんどの側室は、当主が死亡、あるいは隠居したのちに家族の仲間入りを許されたが、その場合でも様付と殿付に象徴される格差もあり、一様ではなかった。

大名の各屋敷は表と奥の空間に分けられ、それぞれに奥向の家臣および女中が附属していた。その中核は正室の居所である江戸の上屋敷御本奥であり、彦根の御殿御本奥がこれに準じ、それぞれに老女が置かれて奥向を取り仕切った。ただし、直幸没後の梅暁院には引き続き老女以下の女中がおり、正室時代の奥女中の構造が継承されている。また、本論では触れなかったが、直幸の世嗣直富の正室（若御前・守真院）[34]は、実家の伊達家の由緒から江戸城大奥との交際があり、老女以下の女中を揃え、井伊家が大奥との交際を開始する際にも重要な役割を果たしている[35]。また、直中の嫡出長女には誕生直後から中老が付けられたが、庶出の男子・女子には御次以下の女中しか付かないといったように、個々人の格式に従って上位の奥女中の配置が異なっていた。

男性役人としては、用人・付人・賄役・上番・鎖前番・小使などが奥向の機構に不可欠な存在であった。また、男子は表に座敷を得るまでは奥で暮らしたが、昼間は奥と表とを行き来した。そのため、男子の成長に伴い、表で接する抱守・伽役・師範・医師などの男性役人も、奥向の周辺に位置して重要な役割を果たした。とくに彦根の庶子屋敷では右のような関係から、表向と奥向にある境界の厳格性が曖昧になる場面もあったようである。

天明八年（一七八二）九月二十一日に用人から達せられた「山崎御屋敷御鎖前御張紙御書之写」(36)では九箇条が命じられた。次はその要旨である。

①山崎屋敷の子供付人・賄役は、日中は鎖前辺に詰めて諸事相談して用向を勤めること、

②奥方鎖前より内に男は一切立入らせてはならず、上番・定番は昼夜鎖前に詰めて猥りなことがないよう勤番すること、

③奥向に病者がいて医者を通す時は、年寄（老女）の承諾をうけて賄役が同道すること、

④鎖前より外に女は一切出さないこと、用事があれば定番・板之間の承諾をうけて行うこと、中居・はした迄も心安くせず、形義よく行い、定番の者はとくに念を入れること、

⑤年寄に逢う場合は、賄役・上番一人宛が傍に附いて用事を達すること、

⑥奥向の火之本用心、

⑦家老の用事は座敷で済ませ、祝儀などは用人中より指出の張紙名書の通りに心得ること、

⑧附人・賄役の心得は諸事油断なく作法正しく行い、少も猥なことがないようにし、奥より出る女たちも上番・定番・末々迄心安くふるまうことがないよう気をつけること、台所廻りの者・小役人・定夫など迄同様のこと、

⑨上番は大切な場所の番人なので、本奥同前に念入りに勤番すること、

御本奥と同様に表と奥の関係を厳格にし、奥の閉鎖性の維持に努めている。逆にみれば、奥という空間は閉鎖的であっても、表との有機的関係によって成り立っているのであり、そうした関係性を前提に奥向独自の構造についての検討を深めていくことが必要であろう。

【注】

1　大名家の奥向を分析した主な研究には、柳谷慶子「仙台藩伊達家の「奥方」―七代重村の時代を中心に―」（大口勇次郎編『女の社会史　一七～二〇世紀―「家」とジェンダーを考える』山川出版社、二〇〇一年）、江後廸子『隠居大名の江戸暮らし』（歴史文化ライブラリー七四、吉川弘文館、一九九九年）、松崎瑠美「天下統一・幕藩制確立期における武家女性の役割―仙台藩伊達家を事例として―」（『国史談話会雑誌』四五、二〇〇四年）、同「近世武家社会のジェンダー・システムと女性の役割―近世中期の仙台藩伊達家を事例として―」（『歴史』一〇三、二〇〇四年）がある。また、井伊家の奥向に関しては、皿海ふみ「若君の宮参りと井伊家御成―井伊家奥向との関係を中心に―」（朝尾直弘編『譜代大名井伊家の儀礼』、二〇〇四年）がある。

2　直幸九男の又介の場合は、十四歳になった安永十年（一七八一）閏五月一日に広小路屋敷の奥から表に住居替えとなった（「広小路御屋敷御留帳」、彦根藩井伊家文書五六七五）。寛政九年（一七九七）の事例では、山崎屋敷にいた綏之介（二十歳）・勇吉（十五歳）・東之介（十歳）の三人が四月八日に槻御殿に移ることになり、すでに綏之介は山崎屋敷でも表住居であったが、勇吉は移った即日から表住居となり、同年十一月一日に勇吉は袖留の祝儀（半元服）を行ったが、東之介は槻御殿でも奥住居のままであった。（「山崎御屋敷日記」、彦根藩井伊家文書五七二四）。断片的な事

例であるが、井伊家の庶子は元服する十五歳前後に、奥住居から表住居に変えられたようである。

3 『東京市史稿』市街篇第四九、一九六〇年。

4 花木正氏所蔵花木家文書八（彦根城博物館所蔵写真帳利用）。

5 彦根城博物館所蔵高橋四郎兵衛家文書三五。

6 表向における大名家の交際範囲やその関係については、松方冬子「両敬の研究」（『論集きんせい』一五、一九九三年）がある。

7 本節での記述は、「井伊家系譜」（『新修彦根市史』六、史料編近世一、彦根市、二〇〇二年）を基本に、「井伊御系図聞書」（彦根藩井伊家文書典籍等E—二五）、「新訂井伊家系図」（彦根藩井伊家文書七二四八五）、「井家粗覧」（彦根城博物館寄託高橋四郎兵衛家文書三八）を参照した。

8 寛政四年十二月六日の勇吉・東之介の酒湯祝儀の記録では、量寿院は智貞院と同じく「殿」付（「覚」彦根藩井伊家文書七四〇五）であるが、翌五年九月の文の宮参りの記録では、量寿院は「様」、智貞院は「殿」と格差がみえる（「文姫様御宮参御色直御箸初御祝物御取遺帳」彦根藩井伊家文書八九二〇）。

9 寛政二年十二月二十二日に「恵之介様御腹おせの」が大坂から江戸に向かう途中で彦根に立ち寄り、恵之介に「機嫌伺い」のため暮六ツ時に屋敷へ着き、酒・吸い物などを拝領し、同夜七ツに出立している（「山崎御屋敷万留帳」、彦根藩井伊家文書五七〇三）。

10 寛政二年十一月一日に量寿院の母が江戸に戻るにあたり、「東之介御腹おとみ」が同道して江戸に下っており（前掲注9「山崎御屋敷万留帳」）、直幸没後も女中として仕えていた。

11 「広小路御屋敷御子様方御用日記留帳」（彦根藩井伊家文書六三一五）。安永三年十月に庭五郎と又介が江戸より彦根に上着して広小路屋敷に入り、彦根本奥にいた仙之允も広小路屋敷に移った。仙之允実母のお文は直幸から三人の教育に念を入れることと、庭五郎・又介には仙之允の名を呼ばせ、「御兄様」と呼ばせないようにと指示された。

12 文化十一年（一八一四）の著作である『世事見聞録』（岩波文庫）では、大名の子供を出産した妾が、出産後は大名家を追い払われて生活の保障もなく、町人・遊民等の妻となっている点が批判されている。家臣に嫁いだ以外で行方の判明しない者は、そうした境遇になった者もいたと考えられる。

13 彦根藩井伊家文書八五〇〇。

14 同じ養女の弥恵は与板藩主井伊直存の娘であり、井伊家との縁戚関係が深い。

15 「庭五郎様御袖留御祝物帳」（彦根藩井伊家文書八七六五）。

16 「宣姫様御色直御箸初御髪置祝儀次第書」（彦根藩井伊家文書八八二一）。

17 「真如院様御逝去一件書抜」（彦根藩井伊家文書八二四五）では、真如院の遺骸は「槻御門」にあると記されている。

18 「広小路御屋敷目録」（内題「緑樹院御上り屋敷目録」彦根藩井伊家文書七四四三）。

19 「文姫様御宮参御色直御箸初御祝物御取遺帳」（彦根藩井伊家文書八九二〇—一）。

20 こうした呼称からも、大名の子供は、男子は江戸で生まれても彦根に送られ、逆に女子は嫁ぎ先のこともあり、江戸に送られて暮らすという基本形が確認できる。

21 他の大名家に養子縁組をした男子の場合は、奥向儀礼の贈答範囲には含まれない。これについては、表向の贈答儀礼を通じた検討を要するので、今後の課題としたい。

22 寛政元年（一七八九）年六月に鉀之介（六歳）と恵之介（五歳）の乳持二人は、二人が「成人」したことから暇を与えられ、彦根から江戸に戻っている（「御指紙留并御指紙相願候　下」彦根藩井伊家文書五七六〇）。

23 「旅御賄方万留」の「御年寄女中御渡り方」では、右以外に膳椀代・味噌・汁之実・水油（行灯用）・小糠などが支給されている。

24 前掲注5「旅賄方万留」。

25　同前。
26　一俵＝二五匁、一両＝六〇匁で計算すれば一二五両。
27　「庭五郎様・又介様・銀之介様御入用積り」（彦根藩井伊家文書八〇〇二）によれば、庭五郎の入用は、①御膳米・御餅米・御膳味噌大豆二〇俵、②御呉服物代五〇俵、③神社御奉納并被進物被下物代一五俵、④御武芸御入用一〇俵、⑤御油御元結御入用三俵、⑥諸御紙筆墨代七俵、⑦御台所御入用其外六〇俵、以上合計一六五俵。他に⑧御馬入用・男女切符御扶持方が一一四俵二斗三升余あり、総計二七九俵二斗三升余となっている。又介・銀之介も同様の予算編成となっている。
28　「文姫様御宮参之節梅暁院様江御立寄ニ付御土産并被下物伺書」（彦根藩井伊家文書八九一九）。
29　明和元年（一七六四）に表使の職名は確認できないが、遅くとも寛政五年（一七九三）の文の宮参り記録では表使の役職が確認できる。井伊家は将軍若君の御成を契機に、江戸城大奥との交際を開始しており（前掲注1皿海論文）、大奥と交際のある他大名家と同様に表使という役職が井伊家でもこの時期に設置されたものと考えられる。
30　「銀之介様御出府ニ付被進物并献上物留」「銀之介様御出府ニ付被下物御指紙留」（彦根藩井伊家文書七三九三）。
31　銀之介は天明八年六月二十六日に広小路屋敷から山崎屋敷に移った。
32　寛政元年正月に銀之介が疱瘡にかかった際に、昼夜交替三人ずつで御伽をした女中五人として、銀之介小姓利佐・同御次うた・きく、鉀之介附女中むめ、恵之介附女中たさがおり、むめとたさの二人は借り切りで勤め、御末女中三人・大西順次郎妻やお・銀之介乳持いその三人は屋敷に上って御伽を勤めたとある「御指紙留并御指紙相願候　下」（彦根藩井伊家文書五七六〇）。したがって、おりさはこれ以降に山崎屋敷の中老に昇格したのであろう。
33　東谷智「彦根藩筋奉行の成立と機構改編について」、渡辺恒一「近世後期彦根藩地方支配機構の改編について」（いずれも藤井譲治編『彦根藩の藩政機構』彦根城博物館叢書四、二〇〇三年）。
34　守真院は天明四年（一七八四）に直富（天明元年に直豊より改名）と婚姻し、そのわずか三年後に直富が没した。守真院の祖父宗村の正室が吉宗の養女利根という由緒から、将軍家の一族として扱われた。
35　前掲注1皿海論文。
36　彦根藩井伊家文書七四一一。

井伊直憲の食事と板頭
—明治元年を事例として—

岡崎寛徳

はじめに

将軍も大名も旗本も、その食生活は十分に解明されていない。なぜか。筆者は大きく二つの理由があると考える。一つは、関係する史料があまり残されていないということである。政治的・社会的な関係のものは多く残存しているのに比して、より日常的な食生活に関するものは少ない。書き残しておく必要性が少なかったからでもあろう。その中でも比較的残されているのは、儀礼・儀式の際の献立記録である。

もう一つは、研究者があまり注目してこなかったということである。武家の研究が、私的な生活事象よりも、その政治的な分析が主たる関心であったことに起因する。献立内容を羅列するだけではあまり意味がないなど、方法的問題もあるだろう。

しかし、近世の食生活研究を先導する原田信男氏は、献立や料理の記録があまり重視されていなかった点をすでに指摘[1]しており、この十数年で漸く食生活関係史料への注目が集まり、研究の成果も多く現れ始めている。料理書などを扱った研究も見られるが、武家の食生活の実態解明は、その蓄積が非常に少なく、これからの分野と考えられる[2]。武家文書の中で食生活関係史料が少ないのは、それに携わる役職が中下級層であることも関係しているだろう。

そうした状況にあって、彦根藩井伊家文書[3]には大量の中下級層家臣の史料があり、食生活に関係するものも多く含まれている。本稿では、大名の献立の実態・傾向を把握し、当時の社会を検討することを目的とする。それらを通じて、食生活史と政治社会史の相互・融合理解を少しでも深めていければと思う。特に、「御膳帳」と「板頭日記」に限定し、かつ慶応四年（明治元年、一八六八）の井伊直憲を中心に述べていくこととする。

井伊直憲[4]は最後の彦根藩主となった人物で、父直弼が安政七年（一八六〇）三月の「桜田門外の変」で死去した翌月、次代藩主に就任した。

嘉永元年（一八四八）生まれの直憲は、当時まだ十三歳であった。その後、彦根藩は直弼の罪を問われて所領十万石を削減され、一方では横浜や堺の港湾警備などを担当した。そして慶応三年（一八六七）、彦根藩は朝廷側となることに決し、戊辰戦争でも藩兵がその一軍として転戦している。

慶応四年（明治元年）には、一月十九日に京都・大津から彦根へ戻った。二月に東山道軍先鋒を命じられたが、藩兵のみで、直憲自身は病のため加わらなかった。その後、八月二十四日に京都に入り、同月二十八日に明治天皇東幸の随従を願い出ている。しかし、直憲は天皇留守中の京都警護を命じられ、翌年一月まで京都に滞在することとなった。

なお、筆者は慶応四年「在京中御膳帳」と慶応二～四年「当座日記留帳」を使い、それぞれ別稿を発表しており[5]、本稿と重複する箇所があることを予め断っておく。

1　彦根「御膳帳」

井伊直憲「御膳帳」　膨大かつ貴重な史料群である彦根城博物館所蔵「彦根藩井伊家文書」は、食生活に関する史料も実に多い。彦根藩の職制に、賄方・膳方・板頭・料理方・肴方・漬物方・菓子方などがあり、各部局で書き留められたものが現在まで伝わっている。その中で特に着目したのが「御膳帳」と「板頭日記」である。前者は板頭が直憲の献立を毎日毎回記録したものである。後者も板頭の手によるもので、前者の内容を補完するだけではなく、当時の社会状況をより詳しく豊かに描くことのできる日記と位置づけられる。

その直憲「御膳帳」の年次を見ると、文久三年（一八六三）一月に始まり、明治二年（一八六九）まで続いているが、表1のようにその間の全てが残っているわけではない。これは直憲自身の居場所が大きく関係している[6]。明治元年八月から同二年一月までの「御在京中御膳帳」は直憲が京都に滞在、翌二月から七月までの「御在京中御膳帳」は東京に滞在している時のものである。一方、文久三～四年の京都・大坂（将軍家茂上洛）、元治元年の京都（禁門の変）、元治二年の江戸・日光（日光社参）、慶応元～二年の大坂・広島・京都（第二次長州戦争）などの「御膳帳」は残っていない。つまり、大半の「御膳帳」は彦根在城時である。

「御膳帳」は、毎日朝昼夕の献立記録であるが、慶応二年十一月七日に「朝より御奥方ニ而御膳御支度被致候、表御膳方〆切」[7]とあり、以降は特定日のみが記されることとなった。外出時や年中行事日等に限定された記録方法に変更されたのである。

家族との共同飲食　その中で、直憲が家族とともに食事をとる場合がある。当時、父直弼はすでに死去しており、直弼正室の貞鏡院は慶応四年三月五日に江戸から彦根に到着している。また、直憲が有栖川幟仁親王の三女と結婚するのは明治二年のことで、まだ妻子を持たない状況であった。ここでいう家族とは、直憲の姉睦姫（慶応四年二月二十八日より千賀姫）、弟智麿・保麿、柳村院（直弼側室で直憲の生母）・柳江院（直弼側室）らで、直憲が彼らと共食している時には、そのことが「御

表1　井伊直憲「御膳帳」・「板頭日記」

年月日	直憲居所	滞在理由	史料名	調査番号	記録作成者
【①御膳帳】					
文久3年1月1～29日	彦根		御膳帳	42750	浦部辰之介・小林長十郎・田中弥三郎
文久3年2月1～11日	彦根		御膳帳	6272	浦部辰之介・小林長十郎・田中弥三郎
文久3年2月12～晦日	彦根		御膳帳	6276-2	浦部辰之介・小林長十郎・田中弥三郎
文久3年3月1～晦日	彦根		御膳帳	6273	浦部辰之介・小林長十郎・田中弥三郎
文久3年4月1～29日	彦根		御膳帳	6274	浦部辰之介・小林長十郎・田中弥三郎
文久3年5月1～11日	彦根		御膳帳	6275	浦部辰之介・小林長十郎・田中弥三郎
文久3年5月12日～6月14日	京都・大坂	海防			
文久3年6月15～29日	彦根		御膳帳	6276-1	
文久3年7月1～晦日	彦根		御膳帳	42751	
文久3年8月1～晦日	彦根		御膳帳	42752	浦部辰之介・小林長十郎・田中弥三郎
文久3年9月1～29日	彦根		御膳帳	42755	浦部辰之介・小林長十郎・田中弥三郎
文久3年10月1～晦日	彦根		御膳帳	42749	
文久3年11月1～29日	彦根		御膳帳	42754	浦部辰之介・小林長十郎・田中弥三郎
文久3年12月1～16日	彦根		御膳帳	42753	浦部辰之介・小林長十郎・田中弥三郎
文久3年12年17日～元治元年5月18日	京都・大坂	家茂上洛			
元治元年5月19～晦日	彦根		御膳帳	42756	浦部辰之介・小林長十郎・田中弥三郎
元治元年6月1日～7月1日	彦根		御膳帳	42757	浦部辰之介・小林長十郎・田中弥三郎
元治元年7月2日～8月11日	京都	禁門の変			
元治元年8月12～晦日	彦根		御膳帳	42758	浦部辰之介・小林長十郎・田中弥三郎
元治元年9月1～晦日	彦根		御膳帳	42759	浦部辰之介・小林長十郎・田中弥三郎
元治元年10月1～29日	彦根		御膳帳	42760	浦部辰之介・小林長十郎・田中弥三郎
元治元年11月1～晦日	彦根		御膳帳	42761	浦部紋平・小林長十郎・田中弥三郎
元治元年12月1～29日	彦根		御膳帳	42762	浦部紋平・小林長十郎・田中弥三郎
元治2年1月1～晦日	彦根		御膳帳	6271	浦部紋平・小林長十郎・田中弥三郎
元治2年2月1～29日	彦根		御膳帳	42763	浦部紋平・小林長十郎・田中弥三郎
元治2年3月1～11日	彦根		御膳帳	42764	浦部紋平・小林長十郎・田中弥三郎
元治2年3月12日～慶応元年5月28日	江戸・日光	日光代参			
慶応元年5月29日～閏5月晦日	彦根		御膳帳	42767	浦部紋平・小林長十郎・田中弥三郎・林田仁左衛門
慶応元年6月1～29日	彦根		御膳帳	42767-2	浦部紋平・小林長十郎・田中弥三郎・林田仁左衛門
慶応元年7月1～晦日	彦根		御膳帳	42766	浦部紋平・小林長十郎・田中弥三郎・林田仁左衛門
慶応元年8月1日～9月2日	彦根		御膳帳	42768	浦部紋平・小林長十郎・田中弥三郎・林田仁左衛門
慶応元年9月3日～2年9月24日	大坂・広島・京都	長州戦争			
慶応2年9月25～29日	彦根		御膳帳	42771	浦部紋平・小林長十郎・田中弥三郎・林田仁左衛門
慶応2年10月	彦根		御膳帳	42769	(※開披不能)
慶応2年11月（特殊日のみ）	彦根		御膳帳	42770-1	浦部紋平・小林長十郎・田中弥三郎・林田仁左衛門
慶応2年12月（特殊日のみ）	彦根		御膳帳	42767-2	浦部紋平・小林長十郎・田中弥三郎・林田仁左衛門
慶応3年1～2月	彦根		御膳帳	42772	(※開披不能)
慶応3年3月1日～11月2日	彦根				
慶応3年11月3日～4年1月18日	京都・大津	大政奉還			
慶応4年1月19日～3月（特殊日のみ）	彦根		御膳帳	42773	浦部紋平・小林長十郎・田中弥三郎・林田仁左衛門
慶応4年4月（特殊日のみ）	彦根		御膳帳	42774	
慶応4年閏4月～8月21日	彦根		御膳帳	42783	
慶応4年8月24日～明治2年1月25日	京都	明治天皇即位	御在京中御膳帳	42787	浦部紋平・柴田松之介・岡嶋長之介・森権十郎・横居秀太郎
明治2年1月27日～2月21日	彦根		御膳帳	42789	
明治2年2月晦日～3月7日	東京	明治天皇東幸前駆	御在京中御膳帳	42790	浦部紋平・牧山金八郎・柴田角蔵・横居秀太郎
明治2年3月28日～7月10日	東京	明治天皇東幸前駆	御在京中御膳帳	42791	浦部紋平・牧山金八郎・柴田角蔵・横居秀太郎
明治2年7月27日～12月晦日	彦根		御膳帳	42789	
【②板頭日記】					
文久3年1～12月			板頭日記	42813	(※開披不能)
慶応4年1月～明治元年12月			板頭日記	42817	御板頭中
明治2年1～12月			板頭日記	42821	御板頭中

膳帳」に記されている。

というのも、直憲とその家族とは彦根の中で別々に暮らしていた。直憲は藩主として表御殿にいるのに対して、智麿らは槻《けやき》御殿という別空間で生活していたのである。それは別の居住空間であるばかりではなく、相互の往来は頻繁ではなかった。そのため、表御殿・槻御殿往来時の食膳を、特別なこととして「御膳帳」に記録することが通例になっている。

表御殿は彦根城の内堀内にある。一方、槻御殿は内堀外に位置しており、両者の距離は近いが、内堀を境として一線を画している。現在も残る大名庭園楽々園・玄宮園は槻御殿の庭として備えられたもので、史料には「御庭」と記載されている。

食事と行動　では、直憲が彦根に滞在していた、慶応四年一月～閏八月における食事と行動を「御膳帳」から見ていこう。関連するのは三冊で、①一月十九日～三月分、②四月分、③閏四月～八月二十一日分にあたる(8)。

この内、③は前半部が文化五（一八〇八）～十一年のもので、後半部の慶応四年と一緒に綴じられている。「慶応四年閏四月」といった記述はないが、内容が後述する「板頭日記」と照合できることや、七月分に「慶応四年　辰七月」とあることから、慶応四年分と判断して間違いない。八月分には「慶応三年　辰八月」とあるが、「四年」が正しい。それは、八月二十日条に「御登京」と記されていることからも確証を得られる。

また、①には浦部紋平・小林長十郎・田中弥三郎・林田仁左衛門が記されており、この四名が当時の板頭をつとめていた。その次に、「呼出し」として以下の四ヶ条がある。

一、正月十九日、御着城七ツ時頃、
一、二月廿六日、奥方ゟ御庭江御出、槻よりも御出、
一、五月十日、すつほん御養生ニ上ル、
一、五月十五日、槻御殿水揚りニ而、方々様御表御殿御引越、

いずれも慶応四年前半の特記事項として書かれたもので、まずこの四日分を確認しよう。

一月十九日、直憲は彦根に帰国した。「御膳帳」には、鯛の吸物、冷酒、熨斗・鯣・昆布の取肴をもって、「右御着城ニ付、表ニ御祝被遊候」とある。二日後には、弟の保麿が「御入」となり、直憲とともに食事をとっている。二月七日には、「槻御殿より御入」として、直憲は睦姫・智麿・柳村院・柳江院と共食していることがわかる。

さらに、直憲と家族の共同飲食は「御庭」でも行われている。二月二十六日、「九ツ時御供揃ニ而、奥向ゟ御庭江　槻御殿ゟ　睦姫様・智麿様・保麿様・柳江院殿御出被遊候」とあり、表御殿奥向から直憲が、槻御殿から睦姫らが「御庭」で合流・対面している。その食事は直憲側が持参し、振る舞っている。同日条には、担当した板頭の浦部紋平、料理人の横居秀太郎と田中弥太郎、「板之間三人」と「運四人」が記されており、また、「御次七拾人前被下」・「女中計弐拾人前被下」と、従者や女中にも食事が振る舞われた。

同月九日に直憲が「九ツ半時御供揃ニ而、御庭江御出被遊候」という時には、板頭林田仁左衛門・料理人植野源次郎・「板之間壱人」・「運弐人」が「御供」をしている。八月十五日の「御月見」時には、林田仁左衛門・田中弥太郎・小林長十郎ら九名が記されている。

五月十日の「呼出し」には、直憲は「御養生」のためにすっぽんを食したとある。同日の本文中からは、時間が「八ツ時」、場所が「奥方」（奥向）であることがわかる。表2のように、すっぽんはこの日以降、五月十二日・六月五日・同十三日・七月五日・同九日・八月十一日にも食している。いずれも、「御好」として「八ツ時」の食事である。

四ヶ条目の五月十五日には、「貞鏡院様・千賀姫様・智麿様・保麿様・柳江院殿御入ニ而、殿様　御惣客様方上ル」（井伊家家族を板頭が「客」と表現していることにも着目）とあるだけで、「槻御殿水揚り」や「御表御殿御引越」は本文中に見られない。しかし、六月十五日条に「洪水ニ付、表江当分御移り中」、同二十七日条に「殿様御好、方々様近々槻御殿江御引移りニ付被進、殿様・貞鏡院様・千賀姫様・智之介様・保麿様・柳村院様・柳江院殿江上ル」、七月二日条に「槻八ツ時御供揃ニ而、　殿様被為入」とあることから、槻御殿の浸水により表御殿へ一時的に避難していたことは確実視できる。

好物　これら「呼出し」に関すること以外でも、いくつかの興味深い記述がある。その一つが、直憲の「御好」である。「御膳帳」を通覧していくと、この「御好」という表現は頻繁にあらわれ、当時の好物を解明できる。

慶応四年の場合は、表2のように数日置きに「御好」文言を見ることができる。その内容はいくつかあり、特に握鮨・松原海老・蒲焼・鯉の洗いが注目される。握鮨は鯛や鮑で、その頻度は高く、八ツ時に食されることが多い。ちらし鮨・巻鮨を加えた鮨類となると、さらに回数が増え、月に三〜四回になる。松原海老は彦根城近くの松原で捕れた海老で、地元の産物を煎干にして食している。蒲焼の回数も多く、鮎・鮒・鱧・鰻など、これらはすっぽん同様、養生食でもあった。鯉の洗いは、六月十五日条に「殿様別段御好ニ而上ル」とあるように、直憲はとりわけ好んでいたようである。

握鮨については、その数量も「御膳帳」に記されている。例えば、三月九日は一三五、四月十三日は一七〇、同二十三日は一三〇、八月十日は一五〇といった数字である。勿論、直憲が全て食したわけではなく、振る舞うためのものでもあった。

その他、四月二十一日には直憲の「御祝誕」を赤飯や鯛の焼物で祝っている。閏四月七日には弁当を持参して「五ツ半時御供揃ニ而、北野寺御参詣」を行い、翌八日には「御庭ニて七十歳以上之者、外御近習向ハ汁鮎計被下」という記事が見られる。

そして八月二十日夕刻、京都行き前日に、「御登京御発賀御祝儀ニ付、殿様・柳村院様御祝被遊候」と、彦根着城日同様の祝膳をもうけている。同日八ツ半時には、「御好」として大鮎の蒲焼や鯛の握鮨を食し、鯉の洗いで終えている。また、「御茶弁当詰」と「御小弁当詰」も準備され、直憲は二十一日に彦根を出立した。

表2　彦根「御膳帳」に見る慶応4年前半の井伊直憲

年	月	日	事　項	内容（一例）
慶応4	1	19	①彦根着城祝儀②到来好み③着城につき直憲・柳村院祝儀	①鯛（吸物）・冷酒・熨斗・鯣・昆布②伊勢海老（吸物）・鮒（煎物）③鴨、鮒（焼物）
慶応4	1	21	保磨御入・好み	鰡・椎茸（煮染）・みかん
慶応4	1	23	①好み②到来好み	①鮒（吸物）・鯰（蒲焼）②鮒（煎物）
慶応4	2	2	到来好み	水魚（煎干）
慶応4	2	7	直憲・睦姫・智麿・柳村院・柳江院、槻御殿より御入	鯛（焼物）・鮑他（ちらし鮨）
慶応4	2	9	供揃えにて御庭（夕）	鮒（吸物）・鮑（煮物）・煮玉子他（ちらし鮨）
慶応4	2	11	①好み②到来好み	①鯰（南蛮煮）②諸子
慶応4	2	15	好み	鮑他（握鮨）
慶応4	2	16	供揃えにて御庭	焼玉子他（海草巻鮨）
慶応4	2	21	①好み（八ツ時）②到来好み	①鯛他（握鮨）・鮒（煎物）②鮒（鱠）
慶応4	2	23	①到来好み②御庭	①鮒（吸物）②（巻鮨）
慶応4	2	25	好み	松原海老（煎干）
慶応4	2	26	①供揃えにて奥向より御庭・槻御殿より睦姫・智麿・保磨・柳江院御出②到来好み	①鯉（吸物）・鮑（煮物）・鮒（鱠）②鯰（蒲焼）
慶応4	3	3	①上巳祝儀②奥方好み（八ツ時）	①鯛（吸物）・冷酒・熨斗・鯣・昆布②大根・蒟蒻・蓮根
慶応4	3	9	好み	鯛（握鮨）
慶応4	3	10	到来好み	鮒（鱠）
慶応4	3	11	到来好み	鮒（吸物）・鯛（刺身）・鮒（煎物）
慶応4	3	12	好み（八ツ時）	玉子他（ちらし鮨）
慶応4	3	14	御庭	鯛他（巻鮨）
慶応4	3	16	①到来好み②好み	①片貝（吸物）・イカ（鱠）②大根（向詰）
慶応4	3	24	好み（八ツ時）	鮑他（握鮨）
慶応4	4	4	到来好み	鮒（鱠）・鱒（煎物）
慶応4	4	5	①神前供・奥方祝②到来好み	①鮒（吸物）・神酒・赤飯②鮒（煎物）
慶応4	4	6	奥方好み	木の芽（煮物）
慶応4	4	7	①天神祭礼②到来好み	①鯛（焼物）・鮒（吸物）・鮑（煮物）②鮒（煎物）
慶応4	4	9	好み	松原海老（煎干）
慶応4	4	13	好み	鮑他（握鮨）
慶応4	4	15	好み	松原海老（煎干）
慶応4	4	17	家老他へ	鰡（煎物）・煎玉子他（ちらし鮨）
慶応4	4	18	①好み②到来好み	①鯛・椎茸（煮染）②鮑（煎物）・鯛（刺身）・鯛麺
慶応4	4	21	①直憲祝誕神前供②直憲祝誕③好み④到来好み	①赤飯・鏡餅・神酒②赤飯・鮑・鯛（焼物）・鮒（鱠）③鮒（吸物）・大鮎（蒲焼）・鯛他（ちらし鮨）④鮒（煎物）・鯛麺
慶応4	4	23	①好み（八ツ時）②到来好み	①鮑他（握鮨）②鮒（鱠）・鮒（煎物）
慶応4	4	29	好み	蓮
慶応4	閏4	2	到来好み	鯉（煎物）・鮒（鱠）
慶応4	閏4	4	好み	山椒（煮物）
慶応4	閏4	5	到来好み	鯉（煎物）
慶応4	閏4	6	好み	金海鼠（煮物）
慶応4	閏4	7	供揃えにて北野寺参詣	鮑・椎茸（煮染）
慶応4	閏4	8	御庭にて70歳以上の者へ	煎玉子他（ちらし鮨）
慶応4	閏4	13	好み	松原海老（煎干）
慶応4	閏4	17	甲子	黒豆飯・神酒・鏡餅
慶応4	閏4	18	奥方好み	鮒（煎物）
慶応4	閏4	19	好み	鯉（洗）・大鮎（煎物）
慶応4	閏4	20	①好み②到来奥方へ（八ツ時）	①しんじょ・椎茸（澄まし）②蒲鉾
慶応4	閏4	21	（昼）	鯉（洗）・海老（焼物）
慶応4	閏4	22	①（昼）②好み（夕）	①片貝（澄まし）②菊玉子（澄まし）
慶応4	閏4	23	好み（夕）	鯉（洗）・鯰（焼物）
慶応4	閏4	25	（夕）	鮒（煎物）
慶応4	閏4	29	好み	鯣（煮物）
慶応4	5	1	好み（八ツ時）	鮒（吸物）・鯉（鱠）・鯛他（握鮨）
慶応4	5	5	①端午祝儀②好み（昼）③到来好み	①粽・鯛（吸物）・冷酒・熨斗・鯣・昆布②鯛（焼物）・鮒（吸物）・鮒（蒲焼）③鯉（洗）・鮒（煎物）
慶応4	5	6	奥方好み	鯉（刺身）・鮒（煎物）
慶応4	5	10	奥方にて（八ツ時）	すっぽん
慶応4	5	12	好み（八ツ時）	すっぽん・鯛麺
慶応4	5	15	①貞鏡院・千賀姫・智麿・保磨・柳江院御入、直憲・惣客上る②到来好み#尾末町御三女へ	①鯛（吸物）・鯛（焼物）②鱸（吸物）・鯉（洗）③鯛麺
慶応4	5	17	好み	鯣（煮物）
慶応4	5	23	好み（昼・夕）	鯉（洗）・鱧（蒲焼）
慶応4	5	29	①奥方好み（八ツ時）②（夕）	①揚豆腐（煮染）②鰻（蒲焼）
慶応4	5	晦	①好み（昼）②土用入	①小鮎（鱠）②小餅
慶応4	6	1	①奥方（昼）②好み（夕）	①鯛（汁物）②鰻（蒲焼）
慶応4	6	2	（夕）	鯉（洗）
慶応4	6	5	①到来好み②貞鏡院へ進上③好み（八ツ時）	①鮒（焼物）②大鮎（焼物）③すっぽん
慶応4	6	8	①好み（八ツ時）②直憲より千賀姫・柳江院・智之介・保磨へ	①小鮎（鱠）②鮒・大鮎（焼物）
慶応4	6	10	好み	白寒天
慶応4	6	13	好み（八ツ時）	すっぽん
慶応4	6	15	①山王祭礼神前供②山王祭礼直憲・貞鏡院御祝③好み④山王祭礼智磨・保磨御礼	①赤飯・鏡餅・神酒②鯛（汁物）・鯛（椀物）③鯉（洗）④鯛（吸物）・鮒（煎物）

慶応 4	6	22	到来好み	鮒
慶応 4	6	24	好み(夕)	鱧(蒲焼)
慶応 4	6	27	①直憲好み・方々近々槻御殿へ引き移りにつき直憲・貞鏡院・千賀姫・智之介・保麿・柳村院・柳江院②到来好み	①片貝(吸物)・鮎(蒲焼) ②大鮎(煎物)
慶応 4	7	2	①槻御殿貞鏡院②槻御殿千賀姫#供揃えにて槻御殿	①鯛他(握鮨) ②鮒他(握鮨) ③鮒他(ちらし鮨)
慶応 4	7	5	好み(八ツ時)	すっぽん・鮎
慶応 4	7	7	①七夕祝儀②奥方好み	①鮒(汁物)・大鮎(焼物＝鯛の代わり) ②ちりめんじゃこ他(ちらし鮨)
慶応 4	7	9	好み	すっぽん
慶応 4	7	11	①好み(八ツ時) ②到来好み	①ちりめんじゃこ他②鮒(煎物)
慶応 4	7	14	好み(八ツ時)	大鮎
慶応 4	7	15	中元祝儀	蓮飯・鯖(刺身)
慶応 4	7	16	好み	鮒(鱠)
慶応 4	7	17	好み(夕)	鱒(吸物)
慶応 4	7	19	奥方好み	金海鼠
慶応 4	7	21	到来好み	鱒(吸物)・鮒(煎物)
慶応 4	7	22	到来好み	鱒(煎物)
慶応 4	7	23	御次へ	焼玉子他(ちらし鮨)
慶応 4	7	24	好み(夕)	菊玉子(澄まし)
慶応 4	7	25	①好み(昼) ②好み(夕)	①鯉(洗) ②鮎(煎物)
慶応 4	7	26	好み(夕)	鮎(煎物)
慶応 4	7	27	①好み(昼) ②(夕)	①蜆(澄まし) ②鯉(洗)
慶応 4	7	29	不快につき好み	鮒(煎物)
慶応 4	8	1	八朔祝儀	鯉(汁物)・大鮎(焼物)
慶応 4	8	4	①好み(八ツ時) ②(夕)	①鮎(焼物) ②鯉(洗)
慶応 4	8	5	小納戸へ(八ツ時)	蓮根(煮染)・酒
慶応 4	8	10	好み(八ツ時)	鮒他(握鮨)
慶応 4	8	11	①好み(八ツ時) ②(夕)	①すっぽん・鯛麺②鮎
慶応 4	8	15	①月供②月見③好み	①里芋・枝豆・神酒②里芋・枝豆・鮒(吸物)・鯛・鮎(焼物) ③鯉(洗)
慶応 4	8	20	①直憲登京発駕祝儀(夕) ②好み(八ツ時) ③到来好み④茶弁当⑤小弁当	鯛(吸物)・冷酒・熨斗・鯣・昆布・鯛(焼物)・片貝(吸物) 大鮎(蒲焼) ②鯛他(握鮨) ③鯉(煎物)・大鮎(焼物)・鯉(洗) ④焼玉子・豆腐・椎茸(煮染) ⑤大鮎(蒲焼)・鮒(煎物)
慶応 4	8	21	出懸祝儀	熨斗

2 「御在京中御膳帳」

明治天皇即位　「御在京中御膳帳」[9]には、慶応四年八月二十四日（九月八日に明治改元）から翌明治二年一月二十五日まで、計一五〇日間分の献立が記されている。記録者は板頭浦部紋平と料理人柴田松之介・岡嶋長之介の三名で、用向き増加に伴い、九月十九日に森権十郎、十二月十七日に横居秀太郎が加わっている。「御在京中御膳帳」は、直憲がいつ誰と会い何をしたかということも記されていることが特筆される。

この時期に直憲が京都にいたのは、明治天皇即位の礼が八月二十七日に行われたためであった。同日の「御在京中御膳帳」を見ると「七ツ時御供ニ而　御参内　御即位ニ付」と明記されている。その三日前に直憲は京都入りし、即位に合わせて参内したのである。

直憲は在京中、参内を繰り返していた。滞在一五〇日間の内、参内日数は四〇日以上にのぼる。実に三～四日に一日の割合で参内していることになる。

天皇は即位の後に江戸（東京）に東幸する。九月二十日に京都を発ち、十月十三日に江戸城到着、翌年の再幸を公表して十二月八日に出発、同月二十二日に京都に着いた。そして再び翌年三月に東京へ向かう。つまり、天皇は九月二十日から十二月二十二日までの三ヶ月間は京都を留守にしていたわけだが、その間も直憲は参内を繰り返していた。

参内　気になることは、参内日の食事のあり方である。食事の基本は朝・昼・夕の三度で、御膳料理の一汁三菜を基本としている。それに加えて、参内時には必ず弁当を持参しており、「御握飯」も持参する場合がある。弁当を食する時間もほぼ決まっているようで、これは参内の時間帯と密接に関係している。参内日の「御在京中御膳帳」には、「五ツ半時御供揃ニ而　御参内」という記述を多く見ることができる。直憲の参内時刻は五ツ半時（午前九時頃）あるいは四ツ半時（午前十一時頃）で、必ず朝膳をとってから外出している。

さらに、参内から屋敷に戻った後に昼膳をとっている。九月二十六日の場合、「五ツ半時御供揃ニ而　御参内、御小弁当上ル」とあり、参内後、昼膳より前に弁当を食している。

次のような例もある。明治二年一月十二日は朝膳後に参内し、「御小弁当詰」、「弐度目御小弁当詰」、「御小弁当詰三度目、御夜喰」と、一日に三回分の弁当を食していることがわかる。この間、直憲が屋敷に戻った形跡は見えず、「御昼御膳、御八ツ召上り物、御夕御膳、御夜喰召上り物、　右御支度不仕」と記されている。屋敷で昼膳や夕膳を食しておらず、準備さえもしていないのである。つまり、参内は一日にわたることが予定されていたと考えられる。御膳か弁当かは、食事場所が屋敷内か外かの判別素材になろう。

この他にも十一月十七日の場合は弁当を食した時刻も記されており、一度目は五ツ半時（午前九時頃）、二度目は七ツ時（午後四時頃）であった。

一方、参内中に振る舞われていることもある。九月二十日、「御東幸ニ付　御参内、　御前ニ而御酒被下」と記されており、明治天皇の東幸に際して直憲は参内し、そこで酒を下賜されているのである。

寺社参詣　次に、在京中の直憲の行動で、参内とともに特徴的な寺社参詣について述べる。

十月七日「五ツ半時御供揃ニ而、東山詩仙堂銀かく寺辺迄御出被遊候ニ付、御小弁当并御重詰上ル」。

十月十一日「五ツ半時御供揃ニ而、東山清水辺江御出ニ付、御弁当詰御重詰上ル」。

十月二十七日「御小弁当詰、五ツ時御供揃ニ而、泉涌寺へ御参拝ニ付上ル」。

十二月二十六日「五ツ時御供ニ而、泉涌寺へ御参詣被遊候、御蒸菓子御持セ有之」。

前二例は東山の詩仙堂・銀閣寺や清水寺方面に向かい、ともに五ツ半時に「御供揃」で屋敷を出て、弁当を持参している。後二例は泉涌寺への参詣であり、五ツ時に「御供揃」で出発している。いずれも、参内同様、午前中の行動であることがわかる。

しかし、参内と違うことは、菓子や酒も持参したことである。泉涌寺へは「御参拝」・「御参詣」と、詣でる目的が強いが、東山の場合には遊興的な性格が強いと思われる。持参した弁当を食し酒を飲みながら、一日かけて秋の銀閣寺などを廻ったのではないだろうか。東本願寺別邸枳殻御殿や桂御所、九月十五日の「両加茂江御遠馬被遊候ニ付上ル、下加茂ニ而御小弁当上ル」という例もある。

他家訪問　さて、「御在京中御膳帳」を見ると、直憲は在京中、頻繁に他家との往来を行っていたことがわかる。一五〇日間、京都に滞在していたが、表3のように、直憲が他家を訪れた日も、逆に他家が直憲を訪れた日もあり、合わせて五〇日以上にのぼる。この期間に参内も行っており、寺社参詣や遠乗・調練見分の日もある。これらを加えると一〇〇日以上となり、三日に二日以上の割合で直憲は外出したり客人を招いたりしている。常に慌ただしく交際関係を繰り返した時期であったと言えよう。

では、直憲が訪問した具体的な行き先であるが、高知藩山内家・鳥取藩池田家・松山藩松平家・福江藩五島家・萩藩毛利家・福岡藩黒田家・岡藩中川家の大名家、五条家・豊岡家・三条家の公家、そして「方々様へ御出」という日もある。

そうした際は、参内や寺社参詣と異なり、弁当を持参していない。訪問先で振る舞いを受けたのである。そこでどのような相談・協議が展開されたのかは明らかにできないが、屋敷往来は食膳振る舞いと一体的なものであった。

九月七日の場合、夕膳に関して「八ツ時御供揃ニ而　土州様御屋敷へ御出被遊ニ付、御膳御流ニ成ル」とあるように、八ツ時（午後二時頃）に直憲は山内家屋敷に行ったが、そのまま夕膳も山内家屋敷で振る舞われたのであろう、井伊家屋敷に戻って食す予定の夕膳が「御流」になっている。同月十七日の場合は、昼膳が「御流」となり、それが夕膳に出されている。十二月二十七日には、「長州様江暮六ツ半時頃、御供揃ニ而御出有之、御帰り九ツ時頃」と、毛利家屋敷から戻ったのは深更であった（夜七時から〇時）。

明治二年一月六日は、朝膳をとった後に「方々様江御出」となり、井伊家屋敷では「昼・八ツ時・夕御膳、御支度不仕候」と食膳の準備も中止となった。また、黒田家屋敷と豊岡家屋敷を訪れた同月十三日には、「御帰り夜四半時頃」（午後十一時頃）であった。この日は四ツ半時（午前十一時頃）に屋敷を出ているので、直憲は丸半日外出しており、その間、昼膳や夕膳は黒田家か豊岡家で振る舞われていたと考えられる。

来客　一方、井伊家屋敷を訪れている大名・公家は、より多彩な顔ぶれが記されている。「黒田筑前様、俄ニ御入ニ付、殿様御相伴ニ而上ル」（十二月二十五日条）や、「因州様・高松様、俄ニ御入ニ付、殿様御相伴ニ而上ル」（明治二年一月四日条）というように、急な客人もあった。公家の来訪も頻繁で、さらには清涼寺（近江）・井伊谷龍潭寺（遠江）・東本願寺（山城）といった井伊家との縁の深い寺院の者が在京中の直憲を訪ねている。

こうした井伊家屋敷への客人は一人の時ばかりではなく、十月十五日には「御客様御入」として、鳥取藩池田慶徳・松山藩松平定昭・日向高鍋藩秋月種殷・福江藩五島盛徳・上総小久保藩田沼意尊・三河挙母藩内藤文成・紀伊新宮藩水野忠幹・紀伊田辺藩安藤直裕の名が見える。彼らとは「殿様御相伴」というように、直憲とともに食事をしており、屋敷主である直憲が振る舞っている。この日の食膳として注目すべきものに牛肉の存在がある。その料理は「すき焼」と記されており、それを直憲は客人のために用意しているのである。ただし、膳料理が並べられている合間に「外ニ牛肉すき焼」と記されており、あくまで追加膳であった。十一月四日には直憲が屋敷に「御招キ」した熊本藩細川韶邦にも牛肉のすき焼きを振る舞っているが、この時も「外ニ」という文言が付されている。

直憲が客人に振る舞った食膳は、通常より数も多く、豪華である。しかし、全て直憲側で用意したものばかりで構成されていたわけではなく、客人が持参したものもあった。例えば明治二年一月九日、豊岡・黒田・毛利・吉川が井伊家屋敷に来た際、黒田は鴨などを、毛利・吉川は鯛などを持参している。それぞれ「〇〇様御到来」と記されており、それらを直憲共々食した。同月二十日も、三条・細川・黒田が「御到来物」を用意している。

お八つと夜食　また、「御在京中御膳帳」を通覧していくと、京都での直憲の食事は、お八つと夜食の回数が多く、その内容が多様であったことに気付く。

お八つについては、表3にその一覧を示した通り、一一二日食している。食していない日は三八日に過ぎず、三日に二日以上の割合となる。さらに、予定していながら「御流」になった日や、来客のために食さなかった日もある。「御流」の際は、近習（九月十九日条）や側役（十月七日条）に下賜されることもあった。これらも考慮すると、直憲はほとんど毎日のようにお八つを食する予定であったことになる。

その内容を分類すると、麺類、鮨類、飯類、餅類、それ以外の五つに大別できる。

麺類は、鯛麺・卓袱饂飩・蕎麦切り・煮麺・饂飩・卓袱蕎麦で、計六種類二二日分。

鮨類は、握鮨・散らし鮨・巻鮨・蒸し鮨で、計四種類二〇日分。

飯類は、栗御飯・茶飯・牡蠣雑炊・粥・牡蠣御飯・雑炊で、計六種類八日分。

餅類は最も多く、かき餅・雑煮・汁粉餅・小豆粥餅・葛餅・小餅・安倍川餅で、計七種類五一日分。米を使った鮨類、飯類、餅類を纏めると七九日分にのぼる。

それ以外は、焼栗・焼さつまいも・湯煮卵の計三種類一一日分である。

実に多彩で、全体傾向として饂飩や雑炊などの熱い料理があり、食材としては牡蠣・栗・さつまいもが使われている。これは、「御在京中御膳帳」の記されている時期が八月末から翌年一月までであり、秋から冬が中心であることによる。

では、なぜ上記のものを食しているのか。これは、彦根「御膳帳」でも見られた「御好」が関係している。食事の中でお八つには最も直憲の好みを反映することができた。朝膳・昼膳・夕膳と異なり、お八つは御膳料理ではない「御好」であった。

こうして直憲は、在京中の三日に二日は朝膳・昼膳・お八つ・夕膳という四回の食事をしていた。その中には参内などを行った日もあり、その時には弁当を朝膳の後に食し、屋敷に戻ってから昼膳を改めてとっているので、時には朝膳・弁当・昼膳・お八つ・夕膳という食事を五回とる日も数多くあった。

さらに夜食を食している日もある。夜食も御膳料理ではなく、お八つのように比較的自由な形態をとり、「御好」のものを食していたのである。その時間は「五ツ時頃」（午後八時頃）などであった（十月二十五日条）。

表3　「御在京中御膳帳」に見る慶応4年後半の井伊直憲

年	月	日	朝膳	午前の動向	昼膳	八つ	午後の動向	夕膳	夜食
慶応4	8	24		大津出発・京都へ		○	京都到着祝	○	
慶応4	8	25	○	参内(弁当)	○	○		○	
慶応4	8	26	○		○	○	来：(三条家) 丹波筑前守	○	
慶応4	8	27	○	参内(弁当)		○		○	
慶応4	8	28	○		○	○		○	
慶応4	8	29	○		○	○	来：(富小路家) 井上右衛門	○	
慶応4	8	晦	○	参内(弁当)	○	○		○	
慶応4	9	1	○	参内(弁当)	○	○		○	
慶応4	9	2	○		○	○		○	
慶応4	9	3	○		○	○		○	○
慶応4	9	4	○		○	○		○	
慶応4	9	5	○		○	○	来：(五条家) 西川善造	○	
慶応4	9	6	○		○	○		○	○
慶応4	9	7	○	行：土州(山内豊範) 屋敷	○	○		○	
明治元	9	8	○		○	○		○	
明治元	9	9	○	重陽祝儀、参内(弁当)	○			○	
明治元	9	10	○		○	○		○	
明治元	9	11	○	行：新屋敷(弁当)		○		○	
明治元	9	12	○		○		来：(彦根) 清凉寺	○	
明治元	9	13	○	参内(弁当)		○	(夜) 月見	○	
明治元	9	14	○		○	○	来：裏辻前中将	○	
明治元	9	15	○	両加茂遠馬(弁当)			両加茂遠馬	○	
明治元	9	16	○	調練上覧(弁当)		○		○	
明治元	9	17	○	参内(弁当)		○	来：(禁医典薬) 福井豊前守	○	
明治元	9	18	○	参内(弁当)	○			○	
明治元	9	19	○		○			○	
明治元	9	20	○	参内(弁当)	○	○		○	○
明治元	9	21	○		○	○	来：(彦根) 清凉寺	○	
明治元	9	22	○		○	○	来：(五条家) 西川善造	○	○
明治元	9	23	○		○	○	来：裏辻前中将	○	
明治元	9	24	○		○	○		○	
明治元	9	25	○		○	○		○	
明治元	9	26	○	参内(弁当)	○	○		○	
明治元	9	27	○		○	○	来：五条・(五条家) 西川善造	○	
明治元	9	28	○		○		来：(有栖川宮家) 藤木雅楽頭・(三条家) 丹波筑前守	○	
明治元	9	29	○		○	○		○	
明治元	10	1	○		○			○	
明治元	10	2	○		○	○		○	
明治元	10	3	○		○	○		○	
明治元	10	4	○		○	○		○	○
明治元	10	5	○	参内(弁当)	○	○		○	
明治元	10	6	○		○	○		○	
明治元	10	7	○	東山詩仙堂・銀閣寺参詣(弁当)			東山詩仙堂・銀閣寺参詣	○	
明治元	10	8	○	玄猪祝儀	○		来：裏辻前中将	○	
明治元	10	9	○		○	○		○	○
明治元	10	10	○		○	○		○	
明治元	10	11	○	東山・清水辺参詣(弁当)			東山・清水辺参詣	○	
明治元	10	12	○		○	○	調練上覧	○	
明治元	10	13	○		○		来：越前中納言(松平春嶽)・中川修理大夫(久昭)		
明治元	10	14	○	参内(弁当)	○	○	来：(遠江) 井伊谷龍潭寺	○	○
明治元	10	15	○		○	○		○	
明治元	10	16	○		○	○		○	
明治元	10	17	○	枳殻御殿(弁当)	○	○		○	
明治元	10	18	○		○	○		○	
明治元	10	19	○	枳殻御殿(弁当)	○	○		○	
明治元	10	20	○		○	○		○	
明治元	10	21	○	参内(弁当)	○	○		○	
明治元	10	22	○		○	○		○	○
明治元	10	23	○		○	○	行：因州(池田慶徳)		
明治元	10	24	○		○	○		○	
明治元	10	25	○	参内(弁当)	○	○		○	○
明治元	10	26	○		○		来：因幡中将(池田慶徳)・松山少将(松平定昭)・秋月長門守 (種殷)・五島飛騨守(盛徳)・田沼玄蕃守(意尊)・内藤金一郎(文成)・水野大炊頭(忠幹)・安藤飛騨守(直裕)	○	
明治元	10	27	○	泉涌寺参詣(弁当)		○		○	○
明治元	10	28	○	参内 (弁当)	○	○		○	
明治元	10	29	○	参内 (弁当)		○		○	
明治元	10	晦	○		○		行：松山 (松平定昭)		
明治元	11	1	○	参内 (弁当)		○			
明治元	11	2	○	参内 (弁当)		○	来：紀州中納言 (徳川茂承)	○	
明治元	11	3	○	参内 (弁当)				○	
明治元	11	4	○		○	○	来：肥後中将 (細川韶邦)	○	
明治元	11	5	○	参内 (弁当)	○			○	
明治元	11	6	○		○	○		○	
明治元	11	7	○	参内 (弁当)	○	○		○	
明治元	11	8	○	調練上覧	○		来：裏辻前中将	○	○

明治元	11	9	○		○	○	来：前田多慶若・島津淡路守(忠寛)・山内薫(豊誠)・水野大炊頭(忠幹)・本多修理	○	
明治元	11	10	○	参内(弁当)	○	○	参内(弁当)	○	
明治元	11	11	○		○	○	行：五島(盛徳)		
明治元	11	12	○	参内(弁当)			参内(弁当)	○	○
明治元	11	13	○	参内(弁当)		○		○	
明治元	11	14	○		○	○		○	
明治元	11	15	○		○			○	
明治元	11	16	○		○	○		○	○
明治元	11	17	○	参内(弁当)		○	参内(弁当)	○	
明治元	11	18	○	行：方々へ			行：方々へ	○	
明治元	11	19	○		○			○	
明治元	11	20	○		○	○		○	○
明治元	11	21	○		○	○		○	○
明治元	11	22	○		○	○		○	○
明治元	11	23	○		○	○	寒入り	○	○
明治元	11	24	○		○	○		○	○
明治元	11	25	○		○	○		○	○
明治元	11	26	○		○	○		○	○
明治元	11	27	○		○	○		○	
明治元	11	28	○		○	○		○	○
明治元	11	29	○		○	○	来：黒田少将(長溥)	○	○
明治元	11	晦	○		○	○		○	○
明治元	12	1	○	参内(弁当)	○	○		○	
明治元	12	2	○		○			○	
明治元	12	3	○	参内(弁当)		○		○	○
明治元	12	4	○	行：方々へ	○	○	行：方々へ	○	○
明治元	12	5	○	参内(弁当)	○	○		○	○
明治元	12	6	○		○	○		○	○
明治元	12	7	○	参内(弁当)			参内(弁当)	○	○
明治元	12	8	○	行：方々へ	○		行：五条	○	
明治元	12	9	○		○	○	来：五条・壬生・黒田(長溥)	○	
明治元	12	10	○		○	○	行：因州(池田慶徳)	○	
明治元	12	11	○	参内(弁当)					
明治元	12	12	○	行：桂御所(弁当)			行：桂御所		
明治元	12	13	○		○	○	来：東本願寺・因州(池田慶徳)・松山(松平定昭)・筑前(黒田長溥)		
明治元	12	14	○		○	○		○	○
明治元	12	15	○	参内(弁当)	○	○		○	○
明治元	12	16	○	行：方々へ・枳殻御殿			行：方々へ		
明治元	12	17	○		○	○		○	○
明治元	12	18	○		○		来：大炊御門		○
明治元	12	19	○	参内(弁当)	○	○		○	○
明治元	12	20	○		○	○		○	○
明治元	12	21	○		○	○	行：因州(池田慶徳)		
明治元	12	22	○	参内(弁当)	○	○	節分祝儀	○	○
明治元	12	23	○	参内(弁当)	○	○		○	
明治元	12	24	○		○	○	来：養春院	○	
明治元	12	25	○		○	○	来：黒田筑前(長溥)	○	
明治元	12	26	○	泉涌寺参詣(弁当)	○	○		○	○
明治元	12	27	○	参内(弁当)	○		行：長州(毛利敬親)	○	
明治元	12	28	○		○	○	有栖川宮家と結納	○	○
明治元	12	29	○	参内(弁当)		○		○	○
明治2	1	1	○	元旦祝儀	○	○		○	○
明治2	1	2	○	参内(弁当)	○		来：黒田(長溥)	○	○
明治2	1	3	○	行：方々へ	○	○	行：方々へ	○	○
明治2	1	4	○	調練上覧(弁当)	○	○	来：因州(池田慶徳)・高松(松平頼総)	○	○
明治2	1	5	○		○	○	来：細川(韶邦)	○	
明治2	1	6	○	行：方々へ(弁当)			行：方々へ(弁当)		○
明治2	1	7	○	七種祝儀、参内(弁当)			参内(弁当)	○	○
明治2	1	8	○		○	○		○	○
明治2	1	9	○		○	○	来：豊岡・黒田(長溥)・長州(毛利敬親)・吉川(経幹)		
明治2	1	10	○	行：方々へ(弁当)		○		○	○
明治2	1	11	○	鏡開き	○	○		○	
明治2	1	12	○	参内(弁当)			参内(弁当)		
明治2	1	13	○				行：黒田(長溥)・豊岡		
明治2	1	14	○		○		行：中川(久昭)	○	
明治2	1	15	○	行：三条	○	○		○	○
明治2	1	16	○		○	○		○	○
明治2	1	17	○	参内(弁当)				○	
明治2	1	18	○		○		来：近衛前左大臣・大炊御門前右大臣・裏辻前中将・黒田少将(長溥)・中川(久昭)・因州(池田慶徳)	○	
明治2	1	19	○	参内(弁当)		○		○	
明治2	1	20	○		○	○	来：三条・五条・細川(韶邦)・黒田(長溥)		
明治2	1	21	○		○	○		○	○
明治2	1	22	○	参内(弁当)		○		○	
明治2	1	23	○	行：方々へ			行：方々へ		
明治2	1	24	○	参内(弁当)	○	○	発駕祝儀	○	○
明治2	1	25	○	京都出発・彦根へ					

3　「板頭日記」

板頭・料理人の構成　慶応四年の「板頭日記」[10]は、一月十九日から十二月二十九日までの一年間の記録である。表紙に「八月廿一日ゟ御留守中共」とあり、直憲が彦根に滞在している時も、彦根を離れ京都に滞在している時も、変わらず書き継がれている。各日の下には当番の名前が記されている。以下、慶応四年は九月八日に明治と改元するが、必要でない限り年は記さず、月日のみを記すこととする。

板頭および料理人について、「板頭日記」の内容に入る前に、関連する別の史料（A・B・C）からまず見ておこう。

（A）構成員全員の系譜・履歴を明らかにすることはできないが、彦根藩士戸籍簿に浦部紋平・小林長十郎・田中弥三郎・森権十郎・横居秀太郎の名を見ることができ、明治四年の当主名や年齢が判明する[11]。

それによれば浦部は九代目で、四十六歳であった。文久二年に家督を相続している。また、初代六左衛門が寛永十二年（一六三五）から井伊家に仕えるという譜代の家柄であった。小林は六十七歳、文化二年（一八〇五）から井伊家に仕える三代目で、文政六年（一八二三）に相続した。田中は二代目で、文政十一年に当主となり、五十八歳。森も田中と同じく五十八歳で、天保七年（一八三六）に相続。森家は正徳五年（一七一五）から井伊家に仕え、権十郎は六代目にあたる。横居は安永四年（一七七五）から仕える四代目で、文久二年に家督を相続しており、二十九歳であった。

すなわち、逆算すれば慶応四年（明治元年）当時、浦部四十三歳・小林六十四歳・田中五十五歳・森五十五歳・横居二十六歳である。二十代から六十代、井伊家に召し抱えられて二代目から九代目の人々が、板頭や料理人として腕を振るっていたことになる。

（B）嘉永元年の「暮物伺」[12]という史料を見ると、浦部は父紋平も板頭をつとめていたことがわかる。まず、当時「御板頭役」であった八代目浦部紋平について、二俵の「増御役料」を願い出た文面。

> 右者、今年迄御奉公三拾八ヶ年相勤内、御料理方本役弐拾弐ヶ年、毎々江戸詰も仕、尚又拾壱ヶ年以前ゟ御板頭役見習被仰付、其後御板頭本役同様相勤居候処、昨年御板頭本役ニ被仰付、格別精勤、当時専御用立、江戸詰も仕居候者ニ御座候間、何卒件之通、増御役料米被下置候様仕度奉存候、尤、右様御例格無御座候得共、格別之御憐愍ヲ以願之通被下置候様仕度奉存候、

八代目浦部は、文化八年から三十八年にわたり井伊家に仕え、「御料理方本役」・「御板頭役見習」・「御板頭本役」を歴任した[13]。興味深いのは、その間、「江戸詰」も行ってきたということである。藩主直亮・直弼の参勤交代にも同行していたと考えられる。

次は、九代目浦部辰之介について、一〇俵の「御切米」を願い出た際の文面。

> 右者、天保十一子年見習被仰付、夫ゟ当年迄九ヶ年無滞出精相勤申候、尤年頃ニも相成、御用立候者ニ付、昨年も御願申上候得共不被下置、親紋平儀、昨暮御板頭本役ニ被仰付候間、何卒格別之　御憐

愍ヲ以件之通御切米被下置候様仕度奉存候、

但、親紋平儀、文化八未年御料理方見習被仰付、文政元寅年、

八年目拾表御切米被下置候処、辰之介儀者一ヶ年存し居候間、

何卒今年者願之通被下置候様仕度奉存候、

九代目浦部は本稿で登場する板頭（辰之介から紋平に改名）で、天保十一年（一八四〇）に十五歳で「御料理方見習」となった。浦部家は少なくとも二代にわたり、板頭・料理方をつとめていたのである。「板頭日記」にあらわれる板頭や料理人は同姓が多く見られ、浦部家以外にも世襲的な家の存在が想定される。

（C）板頭らの勤務体制に関して、「御板頭」・「御料理人」・「同見習」の名前が書き上げられた「五月」付（年記なし）の史料がある。(14)「御板頭」は浦部紋平・小林長十郎・田中弥三郎・林田仁左衛門の四名で、「右毎日壱人ツ、罷出、御用相勤可申候、尤煩指合有之節者、助合可申候」とある。「御料理人」は九名で、富岡金之介・柴田松之介・小林松次郎、堀卯左衛門・松林兵次郎・植野源次郎、岡嶋長之介・横居秀太郎・徳田常次郎が「右組合之通毎日罷出、御用相勤、壱人ツ、泊り御番可相勤候、煩指合有之節者、助合可申候」と、三名ずつの「組合」が形成されていた。「同見習」は田中弥太郎・林田仙之介・小林長之進の三名で、「右毎日罷出、見習相勤可申候」と毎日勤務していた。

すなわち、板頭一人・料理人三人・見習三人全員という構成により、日替わりで直憲の毎日の献立を担当していたのである。

さて、「板頭日記」には様々な事象が書かれているが、なかでも（Ⅰ）板頭や料理人の動き、（Ⅱ）献立の準備に関することの二つが特徴的である。

彦根・京都・江戸　まず（Ⅰ）について。慶応四年、誰が彦根に詰めていたか、誰が直憲と京都に同行したか、また誰が江戸に詰めていたのかがわかる。特に十一月二十八日の「覚」から、板頭と料理人の全容が判明する。

彦根「御板頭」四名＝浦部紋平・小林長十郎・田中弥三郎・林田仁左衛門。

彦根「御料理人」十二名＝柴田松之介・岡嶋長之介・小林松次郎・松林兵次郎・植野源次郎・横居秀太郎・田中弥太郎・徳田常次郎・堀栄之介・富岡音之丞・林田仙之介・小林長之進（見習）。

江戸「定府御板頭」四名＝吉田義八・西村太十郎・森権十郎・牧山金八郎（見習）。

江戸「定府御料理人」七名＝吉田義三郎・林鐙太郎・西村正吉・原房之介・小林菊次郎・林金蔵・牧山（見習、敬次郎か）。

総勢二七名にのぼる。板頭・料理人は、彦根詰と江戸詰にそれぞれ分かれていた。その内、「当時京詰仕居候」者は、彦根板頭の浦部紋平、彦根料理人の柴田松之介・岡嶋長之介、定府板頭の森権十郎の四名である。彦根・江戸双方から選抜された者が直憲に同行して京都に詰めていたことになる。

また、十月十四日条によれば、直憲の「御供京詰」は板頭・料理人だけではないことが判明する。浦部・森・柴田・岡嶋の他、飯役の利三郎、魚焼役の栄三郎、板之間の林蔵・文介・喜平が先行し、同日に板之間の庄三郎・清吉・権三郎・金蔵・廣吉・久吉・権二郎が加わり、総勢一六

人が在京中の直憲を支えることとなった(15)。京都滞在中に、柴田松之介は角蔵、岡嶋長之介は淳蔵、板之間の文介は市二郎に改名している（十二月一日条）。

「板頭日記」には、いくつか一紙文書が挿入されており、その中に、十一月一・二日彦根出立、一月十六・十九日帰着が記された「覚」がある。年次は記されていないが、直憲は慶応三年の十一月二日に彦根を出立して京都へ行き、翌年一月十九日に彦根へ戻っているので、慶応三年十一月・四年一月のものと見て間違いない。

その内容は、京都へ同行した板頭以下の名前が記されたものである。すなわち、十一月一日には小林長十郎と板之間の猪三郎が「御先詰」として先発し、二日には直憲の「御供」で浦部紋平・柴田松之介・岡嶋長之介、飯役の利三郎、魚焼役の栄三郎、板之間の林蔵・清吉・金蔵・廣吉・喜兵衛が京都へ向かった。帰路は、一月十六日に小林・岡嶋と清吉・喜兵衛・廣吉が先着し、十九日には浦部・柴田と利三郎・栄三郎・林蔵・金蔵が直憲とともに彦根へ戻っている。彼らは十月十四日条のメンバーとほぼ同一で、直憲が彦根を離れる際は、類似した構成員が同行したものと思われる。

二月九日午後、直憲は「御庭」へ出向くこととなった。そのため「ちらし鮨」が準備され、「御吸物」・「御八寸」とともに「御庭」へ運んでいるが、「御板頭　壱人」・「御料理人　壱人」・「板之間　壱人」も向かっていることがわかる。

閏四月七日、浦部紋平・柴田松之介・岡嶋長之介は、「右来ル十一日御発ニ而、殿様御登京被遊候」と、直憲の京都行きに同行することが命じられた。飯役利三郎、魚焼役栄三郎、板之間林蔵・喜平・文介や金蔵・権二郎も同様である。しかし、携行する弁当の準備もされたが、同月九日、「十一日御発京之処、御都合寄御見合被仰出候」となった。

その後、八月十日に再度、浦部・柴田・岡嶋が直憲「御登京」同行を命じられ、二十一日、「殿様御発駕籠、御機嫌克九ツ時前御立」と、直憲らは彦根を出立した。

前述の通り、京都へ先発同行した浦部・柴田・岡嶋に続き、森権十郎と横居秀太郎も後に向かっているが、それに関することは「板頭日記」にも記されている。九月十六日に森が「御用」のため京都に向かい、十二月十四日には彦根料理人である横居に、「右二日仕度ニ而京都へ増詰、今日被仰付候」と、「京詰」が増員となった。

この年は、「江戸定府」であった人々が彦根に帰国してきている。まず三月二十三日に林金蔵・牧山金八（「家族共」）、翌二十四日に吉田義八・西村太十郎・森権十郎・原房之介・小林菊次郎が彦根に到着した。続いて、四月十八日に吉田義三郎・林鐙太郎も彦根に到着。閏四月十五日には、「定府御板頭」吉田儀八・西村多十郎・森権十郎・牧山金八（見習）や「定府御料理方」吉田儀三郎・西村正吉・原房之介・林鐙太郎・小林菊次郎が、江戸詰から彦根勤務となり、彼らは早速交代で当番をつとめている。

五月十八日には、「江戸表御料理方」である「庖丁人　森権十郎」が、「加添　牧山金八」とともに、「御奥方」で「丹頂塩鶴」に庖丁を入れる命をうけた。

十二月一日には、直憲「御滞京御留守中」の勤務体制が指示されている。彦根板頭の小林長十郎・林田仁左衛門・吉田儀八・西村太十郎・牧山金八に対し、「右御滞京御留守中ニ付、壱人ツヽ日々御用向窺出勤仕リ候」との命が下り、魚焼役平三郎・重次郎と板之間利八・元二郎は二人ずつ交代で出勤することとなった。板之間については、二月一日に「昨卯四月江戸表へ罷下」っていた「板之間　庄三郎」らが彦根に戻るという記事もある。

彦根「御膳帳」から、五月十五日に槻御殿浸水のため直憲家族が表御殿に一時避難し、六月末に戻ったことを述べた。同様の記事は「板頭日記」にも見られ、五月二十日には裏門の「橋爪御番所水上りニ付、今日ゟ御免被仰付候」、そして「御料理方之分当　御殿ニ而　御部屋様方御膳も御仕立候事」となったため、橋爪番所の松林兵二郎・徳田常二郎・堀栄之介・富岡益之丞・林田仙之介が表御殿勤務に移っている。橋爪番所は、表御殿裏手の裏門橋の番所と考えられる。

献立の準備　次に（Ⅱ）について。一月十九日は直憲が京都から彦根に戻ってきた日で、「板頭日記」にも「殿様御着城」と記され、伊勢海老の吸物や鮒の煎物が準備されている。

彦根「御膳帳」によれば、二月七日に直憲は睦姫ら家族と対面、共同飲食をしているが、「板頭日記」二月五日条に、「槻御殿ゟ睦姫様・智麿様・柳江院殿御入ニ付、御献立明朝相伺候様御達」と、事前に献立内容を何にするかの伺いが行われていることがわかる。

また、直弼の正室貞鏡院が三月四日（実際は五日）に江戸から彦根へ到着することとなり、その対応が進められている。例えば、二月晦日には「貞鏡院様御着ニ而、彼方落附候迄ハ当方ゟ御板頭・御料理人共相詰候様、花木御氏御達し御座候間、左様御承知可被下候」とある。「花木御氏」は目付兼評定役の花木伝之丞である。三月三日には、林田仁左衛門・小林松次郎・植野源次郎・田中弥太郎が御用掛として、槻御殿に詰めることが決まった。

大量の数を準備することもあった。二月十五日、「あわひ・椎たけ・ミつ葉・かんひやう・しゐたけ」の「握すし」を「数百六七十計出来候様御達し」があり、作り届けている。三月九日、八ツ時に握鮨一二〇が命じられ、「御膳米弐升」を炊き上げている。四月二十三日に鯛の握鮨を「八ツ時御好、数百三十」、閏四月七日に同月十六日八坂野大調練の予定に関して「千三百人計いり物肴被下御達し」があった。八月十日、「御八ツニ握寿し被　仰付候、数百五拾」が命じられ、「鮒寿し三拾三、鮒不宜候ニ付、あわひ寿し拾七、都合ニ而五拾」、「椎茸寿し五拾」・「ミつば寿し五拾」が準備されている。これらの数量は彦根「御膳帳」とほぼ一致する。

そして、二月五日には、「昨年みそ漬茄子・粕漬さヽけ、明日漬物方ゟ御取寄御試済上、御奥方御上被下候」とある。前年に作った味噌漬けの茄子や粕漬けの大角豆を、漬物方から取り寄せ、試食をしてから奥方へ献上することとなった。漬物に関しては、他日にも「御試済」の語が見られ、試食後に差し出すことが通常行われていたのである。

さらに十月二十四日、「御奥方ニ漬込有之候粕漬白さヽけ・味そ漬茄子、御上リニ相成候ハヽ、相廻し候様、京都詰御板頭中ゟ申来候」とあり、彦根奥向の漬物を直憲が要望していると、京都に同行した板頭から連絡が入った。彦根からは早速その飛脚が送られている。

献立準備について、養生や好みに関する記事もある。五月二十三日には養生のために鰻を「三日ツ、位」食することを「御医師衆申上」げるとある。六月二日、「為御養生泥亀ニ鱧、代り〳〵一日後召上り申候」と、やはり養生のため、泥亀（すっぽん）と鱧を代わる代わる食することとなった。

奥向では饂飩が好まれていたようで、「八ツ時御好上ル」という記事が散見する。二月八日には熨斗餅を「御好ニ付、今日中ニ指上候様」という指示があり、すぐに準備されている。四月二十日には直憲の誕生祝を前にして、ちらし鮨や赤飯が用意され、その中で「貞鏡院様へ被進ニ相成候ニ付、たつふりと相詰候様御達し」と、赤飯の量が指示されている。

閏四月十九日、「御好」により鯛の蒲鉾を命じられたが、翌二十日、「昨日たいニ而拵指上候様御達候得共、払底ニ付、鯰ニ出来、八ツ時上ル」と、鯛がなかったため鯰の蒲鉾を作っている。「御在京中御膳帳」閏四月二十日条にも「かまほこ　鯰」とある。

味付け・仕上げに関する記事も見られる。五月二日、「蒲焼鱧、江戸之様ニ出来差上候趣、御好ニ而上ル」というように「江戸之様」に蒲焼鱧を料理している。六月七日には、蒲焼鱧について、「千賀姫様御好江戸蒲焼之通御仕立差上候様、花木御氏御達し」とあり、千賀姫の好みに合わせて、「江戸蒲焼」にすることがを命じられている。また、塩切鮒を「明日漬込被仰付候、此間之加減宜敷候間、其御加減ニ致し候様御達し」と、前回の塩加減同様にするようにといったことも記されている（六月三日条）。

慶応四年ならではの記事もある。七月十七日、井伊直安（直憲実弟）が京都から領地越後与板への帰途、十九日頃に彦根藩領内を通過、立ち寄ることとなった。彦根では二年前の「御例書」を参考に対応し、直安と直憲・家族揃って食事をしている。直安の帰国は、越後長岡周辺での戦争に関するものであり、井伊宗家の直憲は軍兵を直安に附属させた(16)。さらに、東山道軍に従った藩士には、十一月五日「戸塚隊」・十三日「川手隊」・二十一日「今村・青木隊」へ、彦根に戻った際に料理を供出している。

おわりに

以上、「井伊家文書」、主に慶応四年（明治元年）の彦根「御膳帳」・「御在京中御膳帳」・「板頭日記」を使用して、最後の彦根藩主井伊直憲の食事と行動の一端を明らかにしてきた。

直憲に限られたことではないが、藩主の食事は板頭や料理人などの藩士によってのみ形成されるものではない。より多くの人々の支え・協力が必要不可欠であった。

最後に、「板頭日記」から武家奉公人と御用商人を少しクローズアップしてみよう。

武家奉公人　武家奉公人については、魚焼役や板之間として取り上げたが、二月三日条に、「御魚焼役　栄三郎」が「病気ニ付引込」となり、代わりに「権次郎戻ル」とあるように代役が準備されている記事がある。魚を焼く専門の者は複数存在していた。

十月十一日、大堀村利八について、「右去ル五日実母病死仕候ニ付、忌引申来ル、仍宇尾平三郎最早忌明ニ付、代り出勤致申候様申達し、今日ゟ罷出申候」とある。九月十三日から魚焼役の宇尾村平三郎は忌引で欠勤していたが、利八の忌引きに伴ない再勤している。

十二月十四日、死去した「板之間　竹二郎」の代役として、大堀村の喜代次が勤務することの願いが出されている。大堀村は高宮宿に近い村である。喜代次は当時二十歳で、同月十六日に「右竹次代願置候処、今日御召抱被仰付候」との指示があった。

さらに、「板之間　新七」が同月二十二日に「先達ゟ病気之処、全快難相成候趣、永之御暇」を願い、「代り者」として大堀村の惣次郎二十一歳の召し抱えが推薦されている。「人躰宜者」であることも事前に確認され、翌二十三日に抱えられることが決まった。

これらのように、彦根近郊の村々の中には、板之間として井伊家に召し出される者もいたのである。裏新町からは長次・文介・捨次郎、外船町からは林蔵・廣吉が抱えられていたことが「板頭日記」に記されている。

また、五月六日条に「凡ノ指渡三寸五分計品、磯・松原南辺、板之間ニ吟味為致御内々御買上可申候様、花木御氏御達しニ付、林蔵・庄三郎へ申付候」とあるように、すっぽんは琵琶湖岸の村々で捕獲されていた。蜆も、「右相納候様、上田御氏御達し、尤当節高水故如何哉松原村問合候処、同所ニ而取不申候、磯村ニ而取申候様承、其趣肴屋申付置候」と、磯・松原両村が関わっていた。他にも、上多良村（四月二十二日条）や大藪村（閏四月二十七日条）が小鮎代銀を受け取るなど、藩と地域との関係を見ることができる。

御用商人　次に、御用商人も「板頭日記」にしばしば登場する。

①御肴屋五郎平。一月二十日には、「真鴨　壱羽」について「右召上り御用、花木御氏達しニ付、御餌割方へ申遣し候所、只今者無御座候由、参り次第ニ持参之趣返答の事」とある。板頭は鴨の注文を受けたが、餌割方に問い合わせたところ、今はないため、確保次第持参させることとなった。その二日後、「廿一日御達し鴨、今日雌壱羽、代六拾匁、御肴やゟ御買上ニ而、奥方上ル」とあるように、雌鴨を入手できたが、それは「御肴や」から代銀六十匁で買い上げたものであったことがわかる。

直憲は二月二十六日に「御庭」へ行くが、三日前の二十三日、尺二寸の鯛が用意された。その鯛には「前以腹塩ニ而も致置、御用節御事かけニ相成不申様、肴屋申付置候断、花木御氏御達」と、当日役に立たないことのないよう、事前の「腹塩」が命じられている。

九月十一日には、以前から京都より羽白鴨の要求があり、「先達京都ゟ申来候処、今日肴屋持参ニ付御買上、為御登セ相成申候」と、漸く準備することができた。肴屋はすっぽんも担当している（五月十八日・八月十日条）。

②松原肴屋。二月十一日には、「松原海老」について、「右猟取次第、例之通」塩辛にして献上することが「松原肴屋」に命じられている。「松原屋」は四月二日・八日条や六月十九日条にも見ることができる。

③川崎屋善平。四月二十九日、「八ツ時御蕎麦好ミ」のため、蕎麦粉

を川崎屋へ「打立」のために渡し、同日、できた蕎麦を川崎屋から買い上げている。川崎屋は蕎麦や饂飩が専門で、三月二十五日に蕎麦、四月一日に饂飩を納めている。

④宝船屋。餅や赤飯は宝船屋が取り扱っている。二月二十八日、菱餅について「右来ル晦日ニ相納候様御達しニ付、宝船屋へ申付置候間、参り候ハヽ、御賄衆へ御上ケ可申候」とある。四月六日には翌日の天神祭礼を控えて、宝船屋に赤飯が注文されている。

その他にも、⑤枡屋勘六が鰹節（閏四月十三日条）やすっぽん（七月八日条）、⑥八百屋長大夫がさつまいも（閏四月十九日条）・茄子（五月十六日条）・瓜（六月二十五日条）など、⑦加賀屋と⑧坂田屋が豆腐（閏四月二十七日条）を担当している。

京都での食事と政治的活動との関係、慶応四年（明治元年）前後の状況、江戸での食生活、そして板頭らの廃藩後における動向など、課題は多いが、いずれにしても、食生活関係史料は今後有用性があると考えられる。

【注】

1 原田信男「江戸の食生活と料理文化」（江戸遺跡研究会編『江戸の食文化』、吉川弘文館、一九九二年）。

2 丸山雍成「近世における大名・庶民の食生活―その料理献立を中心として―」（『九州文化史研究所紀要』第三八号、一九九三年）、江後迪子『隠居大名の江戸暮らし―年中行事と食生活―』（吉川弘文館、一九九九年）、同『大名の暮らしと食』（同成社、二〇〇二年）、大口勇次郎「消費者としての江戸城―将軍御膳の魚料理―」（『お茶の水史学』第四五号、二〇〇一年）、原田信男『江戸の食生活』（岩波書店、二〇〇三年）など。

3 彦根城博物館所蔵「彦根藩井伊家文書」。以下、「井伊」と略し、調査番号を付す。彦根藩文書調査団・彦根市教育委員会『彦根藩文書調査報告書（四）』（一九八三年）、彦根城博物館『彦根藩文書調査報告書（追加目録）』（一九九六年）を参照。

4 『彦根市史』下冊（一九六四年）、彦根史談会『彦根藩最後の藩主　井伊直憲』（二〇〇一年）、『新修彦根市史』第八巻史料編近代一（二〇〇三年）、および佐々木克編『幕末維新の彦根藩』彦根城博物館叢書1（サンライズ出版、二〇〇一年）所収の宮地正人「幕末彦根藩の政治過程」・佐々木克「彦根藩の戊辰戦争」・羽賀祥二「廃藩への道―王政復古と彦根藩の動向―」など。

5 拙稿「京都における青年大名の食生活―明治元年の井伊直憲―」（味の素食の文化センター『ｖｅｓｔａ』第四八号、二〇〇二年）、同「食材・料理贈答にみる大名の交際―最後の彦根藩主井伊直憲を事例として―」（『食生活研究』第二二八号、二〇〇二年）。

6 直憲の居場所については、朝尾直弘編『譜代大名井伊家の儀礼』彦根城博物館叢書5（サンライズ出版、二〇〇四年）巻末の「井伊家歴代の居場所」を参照。

7 「井伊」四二七七〇―一。

8 「井伊」四二七七三・四二七七四・四二七八三。

9 「井伊」四二七八七。

10 「井伊」四二八一七。

11 「井伊」九六三三・九六三七・九六四八・九六五四。

12 「暮物伺」（「井伊」八四六三）。藤井讓治編『彦根藩の藩政機構』彦根城博物館叢書1（サンライズ出版、二〇〇三年）によると、「暮物伺」は毎年末に行われた報償審査制度で、「各役方が配下の人物の功績について、勤務状況や勤続年数、また勤務期間での功績などを書き上げた書類を用人に提出し、用人は、提出された書類を審査するため、目付に対して人物評価や昇進・報償の先例比較を依頼し、その結果により用人が裁定した結果を家老へ提出するという手続きがとられた」という。

　また、「板頭日記」慶応四年四月二十七日条には、「暮物伺」に関して次のように記されている。

一、是迄下役御褒美当暮役頭ゟ被願出、御取調之上被下置候得共、今般御改革御一新被仰出候ニ付而ハ、以来常例御褒美ハ不被下置、人々勤振ヲ以被下置候間、篤ト取調可被申出候、就而ハ此上一同江無油断励精致候様、兼而可被申渡置候、

但、本文之通御達相成候得共、昨暮被相願候分ハ、御取調之上可被下置候間、其旨相心得可被申事、

右之通可相達旨、与右衛門殿御申渡しニ付相達候、

13　「井伊」四二七八三によれば、文化九年二月十一日条に浦部紋平の名がある。

14　「井伊」七四一三—五。林田が板頭になったのは慶応元年で、その年の五月に直憲は日光・江戸から彦根に戻っている。おそらく、直憲に同行していた者と彦根に滞在していた者が、ともに彦根勤務となり、その体制整備・明確化のため、慶応元年五月に用人が指示したものであろう。彼らの名前は、慶応元年時の「御膳帳」にも見ることができる。

15　文化五年の段階でも「御飯役」・「御肴焼」・「板之間」の活動を確認することができる。「井伊」四二七八三。

16　前掲注4佐々木論文。

〔付記〕本稿は、彦根藩資料調査研究委員会「武家の生活と教養研究班」第十七回研究会における研究報告「井伊直憲の行動と食生活」（二〇〇二年十一月三十日）を基盤として、その後の調査・研究を加えた成果である。

彦根藩と寺社

頼　あき

はじめに

近世大名と寺社の関わりについて、これまでは幕藩制の政治権力による宗教権力の統制や支配利用といった政治的編成の面が注目されてきた。(1)

また、彦根藩においては、近年、野田浩子氏により、大名側の立場から将軍家祭祀の実態や意識を論じる中で、大名家自身の先祖祭祀との比較を儀礼の面から検討されている。(2)

しかし、近世大名の宗教意識や宗教面の生活実態の研究は、少ないのが実状であり、この視点からの近世寺社の解明によって、これまでとは異なる新たな近世大名と寺社の関係を論じることができるのではないだろうか。

例えば、彦根藩と寺社の関係は菩提所以外にも藩領外の神社仏閣や井伊家の本貫地である遠江国井伊谷龍潭寺への遊山、また参勤や上国の無事、厄年の祈祷、治病、招福、長寿を願う民間宗教との関わり、藩領内の寺社の法事や堂舎修復に対する寄進など、あらゆる方面に広がっている。そういった宗教（寺社）との関わりについて、彦根二代藩主井伊直孝が、明暦四年（一六五八）五月「直孝公より直澄公へ被進候御書付之写」と題して世子直澄に対して示した「直孝公御遺書」(3)には、

一、寺社建立幷法事祭礼不可有懈怠候、雖領内寺社之公事心侭ニ落着可有遠慮、依様躰本寺社可致裁判事

とあり、寺社の建立や法事、祭礼、また寺社の立場を尊重する藩主の意識や姿勢が窺え、こういった史料の解明が必要である。

本稿は、このような問題意識から、彦根藩井伊家の一族が葬られている葬地(4)を改めて整理し、さらに主な菩提所である清凉寺への参詣の実態を明らかにし、今後の近世大名との宗教意識や宗教面の生活実態の解明への手掛かりをえようとするものである。

1　彦根藩井伊家の葬地

歴代藩主　彦根藩井伊家にとって、江戸時代を通じて彦根城下をはじめ藩領内の多くの寺社との関わりがある中で、もっとも深い関わりがあるのは菩提所であろう。

彦根藩井伊家の菩提所(5)は、国許彦根においては清凉寺、江戸においては世田谷の豪徳寺とされているが、歴代藩主をはじめ、井伊家一族がどこに葬られているかをまず整理しておく必要があろう。井伊家一族のうち、詳細が不明な側室および幼年のうちに早世した子女以外の葬地等を一覧表（表1）にした。まずこの表をもとに井伊家の葬地との関わりを概観しておきたい。

歴代藩主は、四代直興を除く、初代直政から十四代直憲まで皆清凉寺か豪徳寺に葬られていることがわかる(6)。さらに死去地を併せて見ると、三代直澄以外、死去地の菩提所に葬られていることもわかる。つまり、例外を除けば、国許彦根で亡くなった場合は彦根の清凉寺、江戸で亡くなった場合は彦根藩領である武蔵国世田谷の豪徳寺に葬られている。

清凉寺は、二代直孝が、慶長七年（一六〇二）に死去した初代直政のために菩提所として創建した。山号祥寿山は、直政の諡《おくりな》である「祥寿院殿清凉泰安大居士」に由来するものである。さらにいえば越前永平寺の末寺で曹洞宗の禅宗寺院である。その才識をもって直孝に知遇を得た愚明正察が、寛永八年（一六三一）十一月入寺し、開山となった。

寛永八年十月十七日付の木俣守安・岡本宣就宛ての「井伊直孝書状」(7)に、

清凉寺義、泰安公（直政）菩提所ニ御取立、新地開山、上野上後閑長源寺派ニ而正察和尚迄者住持無別義有之処ニ、長源寺其刻此方へ之挨拶不聞様ニ相聞候ニ付、宗派違正察和尚へ住持頼入候

とあり、寛永八年に直政の菩提所として新たに開かれた事がわかる。

清凉寺創建以前は、上州箕輪長純寺の住持が直政に従って彦根に移り、城下に建立した大龍寺（のちの彦根長純寺）が、井伊家の菩提所として位牌等を保持していたという(8)。

一方、豪徳寺は、はじめ弘徳寺といい、直孝が寛永十年に五万石を加増され、上野国佐野・武蔵国世田谷に藩領を拝領した際に、大檀那となって堂宇・殿舎を整備し、直孝が中興開基とされた。のち万治二年（一六五九）に直孝が亡くなると、その諡である「久昌院殿豪徳天英居士」にちなみ豪徳寺と寺名を改めたという(9)。

例外である三代直澄は、江戸で亡くなり、彦根清凉寺に葬られている。『寛政重修諸家譜』（以下『寛政譜』と略記。）には「葬地直政におなじ。」、弘化三年（一八四六）九月成立の「井伊家系譜」(10)にも、

延宝四丙辰年（一六七六）
一、旧臘廿八日より病気罷在、正月三日於武州江戸五十二歳而致死去候、江州彦根清凉寺江送葬、法名玉龍院忠山源功

とあるだけで、彦根が生誕の地であったためか、三代徳川将軍家光が家康に対する尊崇から日光東照宮へ葬送された(11)ように、直澄も初代直政に対する尊崇からか、その理由は定かでない。

表1　井伊家歴代一族の葬地

「井家粗覧」（宇津木三右衛門家文書Ｄ１－78）をもとに作成し、「井伊家系譜」「井伊御系図聞書」「彦根藩井伊家歴代一覧」「井伊家歴代戒名一覧」『寛政重修諸家譜』等で補い、整理した。詳細が不明なため側室および幼年のうちに早世したものは含んでいない。早世したものでも他家との縁組・養子などの経歴のわかるものは含まれる場合もある。月欄の○数字は閏月を示す。

代数	続柄	歴代・一族名	没年	西暦	月	日	死去地	葬地		備考
1		祥寿院（直政・父直親・母藩士奥山親朝女）	慶長7	1602	2	1	佐和山	彦根	祥寿山清凉寺	
1	正室	東梅院（松平康親女・徳川家康養女）	寛永16	1639	7	2	安中	上野安中	無辺山大泉寺	
1	女	清泉院（花・母松平康親女・松平忠吉室）	寛永4	1627	9	29		彦根	祥寿山清凉寺	
1	女	桂林院（亀・母松平康親女・宇和島藩伊達秀宗室）	寛永7	1630	8	7		江戸	厭離山宗安寺	
1	男	雲光院（直継・直勝・母松平康親女・分家安中藩主）	寛文2	1662	7	11	掛川	遠江上久野村	可睡斎	
2		久昌院（直孝・父直政・母藩士印具徳右衛門高重姉）	万治2	1659	6	28	江戸	世田谷	大谿山豪徳寺	
2	正室	隆雲院（徳島藩蜂須賀家政女）	元和7	1621	11	11		彦根	祥寿山清凉寺	
2	男	峻徳院（直滋・母五味金右衛門豊直姉）	寛文元	1661	6	9	近江	近江	釈迦山百済寺	
		生信院（直滋正室・安中藩井伊直勝女）	明暦元	1655	6	13	江戸	江戸	台花山生西寺	
2	女	掃雲院（亀・母藩士石居九郎兵衛道種女）	元禄6	1693	5	18		世田谷	大谿山豪徳寺	
2	男	龍滄院（直寛・母木下若狭守勝俊女）	寛文4	1664	4	7		彦根	弘徳山龍潭寺	
2	男	広度院（直時・母遠藤甚五兵衛実明妹）	万治元	1658	4	20	江戸	世田谷	大谿山豪徳寺	
		乾光院（直時正室・四辻公理女）	元禄16	1703	7	3		世田谷	大谿山豪徳寺	側室か
2	女	清光院（竹・母熊谷主水直常女・藩士中野助太夫三宣室）	寛文2	1662	1	10		彦根	弘徳山龍潭寺	
3		玉龍院（直澄・父直孝・母石居九郎兵衛道種女）	延宝4	1676	1	3	江戸	彦根	祥寿山清凉寺	
3	男	寿得院（本平・母石居九郎兵衛道種女・藩士武藤加左衛門本国養子）	享保18	1733	9	21		彦根	祥寿山清凉寺	
3	男	証得院（宣明・母角三徳清利女）	元禄11	1698	2	16		彦根	祥寿山清凉寺	
3	養女	香雲院（万・直時女・母遠藤甚五兵衛実明女・武蔵忍藩阿部正武室）	延宝7	1679	1	24		江戸	法輪山泰宗寺	阿部家子女菩提所
4		長寿院（直興・父直時・母藩士桜居彦太夫女）	享保2	1717	4	20	彦根	近江	瑞石山永源寺	遺言により
4	正室	高林院（徳島藩蜂須賀隆重女・未婚）	延宝6	1678	9	8		江戸	大雄山海禅寺	蜂須賀家江戸菩提所
4	男	智証院（直延・母家女中村氏女）	貞享3	1686	③	29	江戸	世田谷	大谿山豪徳寺	
4	女	円明院（算・母家女上原氏女・越後与板藩井伊直朝室）	宝永2	1705	10	24		江戸	牛頭山弘福寺	与板井伊家菩提所
4	女	仙寿院（詠・母家女宮本氏女・武蔵忍藩阿部正喬室）	宝永6	1709	3	9		江戸	法輪山泰宗寺	阿部家子女菩提所
4	女	法泉院（喜久・母家女竹内氏女・藩士松平倉之介康弘室）	享保20	1735	4	14	彦根	京都黒谷	紫雲山光明寺	松平倉之介家菩提所
4	男	光濶院（直矩・母家女寺沢氏女・越後与板藩井伊直朝養子）	寛保2	1742	3	19	（江戸）	江戸	牛頭山弘福寺	与板井伊家菩提所
4	女	慶雲院（当・母家女梅原氏女・藩士木俣多宮守喜室）	天明4	1784	2	20		京都黒谷	紫雲山光明寺	木俣家菩提所
4	孫	霊桟院（直員・慶雲院男・父木俣守喜・越後与板藩井伊直陽養子）	享保20	1735	4	5	（江戸）	江戸小日向	妙法山徳雲院	
4	女	真月院（辰・母家女里見氏女・藩士印具友之進保重室）	寛保3	1743	11	20	（彦根）	彦根	智証山円常寺	印具家菩提所
4	女	清光院（六・母里見氏女・転法輪三条公充室）	寛延2	1749	9	20		山城嵯峨	小倉山二尊院	転法輪家菩提所
5		光照院（直通・父直興・母家女小笠原氏女）	宝永7	1710	7	25	彦根	彦根	祥寿山清凉寺	
5	正室	本光院（転法輪三条実治女）	宝永5	1708	10	22		世田谷	大谿山豪徳寺	
6		円成院（直恒・父直興・母家女大橋氏女）	宝永7	1710	10	4	江戸	世田谷	大谿山豪徳寺	
7		泰源院（直惟・父直興・母家女田山氏女）	元文元	1736	6	4	彦根	彦根	祥寿山清凉寺	
7	正室	蓮光院（徳島藩蜂須賀綱矩女）	享保9	1724	6	1		世田谷	大谿山豪徳寺	
7	女	性海院（馬・母藩士高橋四郎兵衛久成妹・越後与板藩井伊直陽室）	享保16	1731	3	26	（江戸）	世田谷	大谿山豪徳寺	
7	女	柔桑院（和佐・母家女高橋氏女・武蔵忍藩阿部正尹室）	延享4	1747	3	23		江戸下谷	東光山西福寺	阿部家菩提所
7	女	智乗院（八代・母家女高橋氏女・信濃上田藩松平忠順室）	天明2	1782	1	16	（江戸）	江戸西久保	光明山天徳寺	松平家菩提所
7	女	有芳院（衍・母家女岡野氏女・藩士印具徳右衛門威重室）	天明3	1783	8	10	（彦根）	彦根	祥寿山清凉寺	
7	女	聞信院（嘉寿・母家女堀部氏女・長浜大通寺横超院性徳室）	文化3	1806	11	4		彦根	祥寿山清凉寺	
7	女	明源院（明・母家女高橋氏女・転法輪三条季晴室・未婚）	元文3	1738	7	8	（彦根）	彦根	祥寿山清凉寺	
7	女	桃源院（鉄・母家女岡野氏女・慶雲院養女・藩士木俣多宮守融室）	安永9	1780	2	20		山城黒谷	紫雲山光明寺	木俣家菩提所
8		天祥院（直定・父直興・母家女平石氏女）	宝暦10	1760	2	8	彦根	彦根	祥寿山清凉寺	

代数	続柄	歴代・一族名	没年	西暦	月	日	死去地	葬地		備考
8	正室	玉窓院(関宿藩久世重之女・未婚)	正徳6	1716	6	10		江戸下谷	金光山養玉院	久世家子女菩提所
8	男	霊松院(直賢・母家女姓名不詳)	寛保2	1742	10	26	江戸	世田谷	大谿山豪徳寺	
8	男	慧苗院 (直峯・母家女性不詳)	延享3	1746	4	23	(江戸)	世田谷	大谿山豪徳寺	
8	女	唯妙院(歌知・母家女姓名不詳・転法輪三条季晴室)	宝暦12	1762	6	29		山城嵯峨	小倉山二尊院	転法輪家菩提所
9		見性院(直禔・父直惟・母家女内藤氏女)	宝暦4	1754	8	29	江戸	世田谷	大谿山豪徳寺	
9	正室	浄観院(保濃・徳島藩松平宗員女・不婚)	延享2	1745	10	15	(江戸)	江戸	大雄山海禅寺	蜂須賀家菩提所
9	後室	清蓮院(姫路藩酒井忠恭女)	文政4	1821	10	19	(江戸)	世田谷	大谿山豪徳寺	
10		大魏院(直幸・父直惟・母家女堀部氏女)	寛政元	1789	2	30	江戸	世田谷	大谿山豪徳寺	
10	正室	梅暁院(越後与板藩井伊直存女)	寛政5	1793	12	20	(江戸)	世田谷	大谿山豪徳寺	
10	女	信源院(錫・母家女江見氏女・美作津山藩松平康哉室)	安永6	1777	7	30	(江戸)	江戸西久保	光明山天徳寺	松平家菩提所
10	男	聖諦院(直尚・母家女伊藤氏女)	明和3	1766	5	3	彦根	彦根	祥寿山清凉寺	早世、縁女伊達村侯女と離別
10	養女	妙音院(美代・徳島藩蜂須賀宗鎮女・母宗鎮家士小瀬弥兵衛忠雄・転法輪三条実起室)	安永3	1774	8	22		山城嵯峨	小倉山二尊院	転法輪家菩提所
10	養女	圭心院(弥恵・井伊直存女・母鈴木安兵衛喜近女・山形藩秋元永朝室)	安永7	1778	6	22	(江戸)	江戸上野	東叡山護国院	秋元家菩提所
10	男	心苗院(直寧・母家女伊藤氏女)	宝暦13	1763	6	17	(彦根)	彦根	祥寿山清凉寺	
10	女	宗鏡院(斐・母家女渡辺氏女・柳川藩立花鑑門室)	天明6	1786	6	25	(江戸)	江戸下谷	円満山広徳寺	立花家菩提所
10	男	龍泉院(直富・母家女高橋氏女)	天明7	1787	7	12	江戸	世田谷	大谿山豪徳寺	
		守真院(直富室・仙台藩伊達重村女)	弘化元	1844	9	11	(江戸)	世田谷	大谿山豪徳寺	
10	女	常篤院(職・母家女大武氏女・徳島藩蜂須賀治昭室)	天明6	1786	9	20	(江戸)	阿波徳嶋	大雄山興源院	蜂須賀家菩提所
10	女	窈明院(雍・母家女後藤氏女・佐賀藩鍋島治茂室)	寛政2	1790	9	10	(江戸)	江戸麻布	興国山賢崇寺	鍋島家菩提所
10	男	秀天院(仙之允・母家女渡辺氏女)	安永9	1780	11	29	彦根	彦根	祥寿山清凉寺	
10	女	智光院(静・母家女田中氏女・長浜大通寺超倫院乗央室)	安永3	1774	10	19	(長浜)	近江長浜	大通寺	
10	男	右岸(正介・母家女能勢氏女)	明和7	1770	8	8	(江戸)	世田谷	大谿山豪徳寺	誕生直ぐに卒去
10	男	南渓院(忠六郎・母家女坂本氏女)	安永元	1772	4	19	(江戸)	世田谷	大谿山豪徳寺	
10	男	明達院(直在・遍勝・母家女能勢氏女・長浜大通寺横超院性徳養子)	文政11	1828	10	29	(長浜)	近江長浜	大通寺	
10	男	聞渓院(直広・幸能・母家女坂本氏女・越後与板藩井伊直朗養子)	寛政4	1792	②	14	(江戸)	江戸牛嶋	牛頭山弘福寺	与板井伊家菩提所
10	男	大暁院(直専・幸専・母家女坂本氏女・信濃松代藩真田幸弘養子)	文政11	1828	7	17	(江戸)	信濃松代	真田山長国寺	真田家菩提所
10	男	興隆院(正介・母江戸の人)	安永2	1773	4	15	(江戸)	江戸小日向	徳勝寺	
10	男	玉輪(鐲十郎・母坂本)	安永4	1775	2	12	(江戸)	世田谷	大谿山豪徳寺	
10	女	花応院(懿・母有馬氏士山崎権左衛門某女・姫路藩酒井忠道縁女未婚)	文政11	1828	1	4		世田谷	大谿山豪徳寺	
10	女	宝山円珠童女(慶・母江戸産氏不詳・筑後久留米藩有馬頼貴縁女未婚)	安永7	1778	5	18		世田谷	大谿山豪徳寺	
10	男	対松院(直軌・利義・母家女池崎氏女・越前大野藩土井利貞養子)	文政元	1818	6	4	(江戸)	江戸浅草	田辺山誓願寺	土井家菩提所
10	男	普利(久之介・母江戸の人)	安永7	1778	7	5	(江戸)	世田谷	大谿山豪徳寺	
10	男	文秀院(直明・母藤堂氏女)	享和3	1803	1	20	(彦根)	彦根	祥寿山清凉寺	武之介・綏之介
10	男	現台(房之介・母江戸の人)	安永9	1780	5	20	(江戸)	世田谷	大谿山豪徳寺	
10	男	悟法(万平・母江戸の人)	安永9	1780	8	19	(江戸)	世田谷	大谿山豪徳寺	
10	女	清雲院(盤・母家女藤堂氏女・姫路藩酒井忠道室)	寛政8	1796	2	25	(江戸)	江戸	海嶋山崇福寺	酒井家菩提所
10	養女	瑞柳院(皆・井伊直朗女・母直朗家臣田中平右衛門久福女・出羽新庄藩戸沢正親室)	天保7	1836	8	25	(江戸)	江戸三田	虎獄山常林寺	戸沢家菩提所
10	女	光暁院(鏑・母家女塩野氏女・仏光寺光厚縁女未婚)	天明6	1786	7	19		世田谷	大谿山豪徳寺	
10	女	豊章院(多寿・母家女藤堂氏女・肥前島原藩松平忠馮室)	文化9	1812	12	28	(江戸)	江戸牛込	正覚山宝泉寺	松平家菩提所
10	男	真性院(直容・母家女藤田氏女)	天保10	1839	10	25	彦根	彦根	祥寿山清凉寺	勇吉
10	男	桂光院(栄吉・母江戸の人)	天明5	1785	8	14	江戸	世田谷	大谿山豪徳寺	
10	女	寿鳳院(謙・母家女藤田氏女・陸奥会津藩保科容住室)	天保3	1832	7	17	(江戸)	江戸下谷	円満山広徳寺	保科家菩提所
10	男	直心院(直一・暉玄・母家女近藤氏女・長沢福田寺闡道養子)	天保11	1840	1	15		近江長沢	福田寺	
10	男	善住院(共雅・摂有・母家女富森氏女・初め奥山共香養子・のち長沢福田寺暉玄養子)	天保13	1842	9	9		近江長沢	福田寺	
10	女	松嶺院(琴・母家女藤田氏女・下総古河藩土井利広室のち離縁)	文化10	1813	3	13	(江戸)	世田谷	大谿山豪徳寺	
10	女	法性院(鎈・母家女藤田氏女)	寛政3	1791	9	4	(江戸)	世田谷	大谿山豪徳寺	

代数	続柄	歴代・一族名	没年	西暦	月	日	死去地	葬　地		備　考
10	養女	桃林院(鋹・小出信濃守英持女・母小出氏臣原勝右衛門信克女・筑後柳河藩立花鑑門室)	天保6	1835	10	12		江戸下谷	広徳寺塔中宋雲院	立花家菩提所
10	男	有斐院(直致・母家女小林氏女)	天保2	1831	3	18	(彦根)	彦根	祥寿山清凉寺	東之介
10	男	天質(重吉・母家女小林氏女)	寛政2	1790	6	16	(彦根)	彦根	祥寿山清凉寺	
11		観徳院(直中・父直幸・母家女大武氏女)	天保2	1831	5	25	彦根	彦根	祥寿山清凉寺	
11	正室	親光院(陸奥盛岡藩南部利正女)	天保7	1836	5	15	(江戸)	世田谷	大谿山豪徳寺	
11	男	俊沢院(直清・母家女小嶋氏女)	文政8	1825	9	20	彦根	彦根	祥寿山清凉寺	室松平定信女、未婚離別
11	女	天桂院(穠・母親光院・徳島藩蜂須賀斉昌室)	文政3	1820	9	2	(江戸)	江戸	白銀下屋敷	阿波蜂須賀家下屋敷
11	男	蘭貞玉光(鋭三郎・母家女津田氏女)	寛政8	1796	7	5		彦根	祥寿山清凉寺	
11	男	眉山鐵月(亀五郎・母家女津田氏女)	寛政10	1798	9	6		彦根	祥寿山清凉寺	
11	女	貞知院(知・母家女勅使河原氏女・越後高田藩榊原政養室)	明治8	1875	10	19		江戸西久保	光明山天徳寺	
11	男	大錬院(中顕・母家女津田氏女)	嘉永5	1852	6	26		彦根	祥寿山清凉寺	
11	女	充真院(充・母家女勅使河原氏女・日向延岡藩内藤政順室)	明治13	1880	10	24		江戸西久保	光明山天徳寺	内藤家菩提所
11	女	不退院(秩・母親光院)	享和元	1801	10	30	(江戸)	世田谷	大谿山豪徳寺	
11	男	大鑑院(直教・久教・母家女山田氏女・豊後岡藩中川久貴養子)	天保11	1840	9	28	(豊後)	豊後七里村	龍護山碧雲寺	中川家菩提所
11	男	潤徳院(直福・政成・母家女勅使河原氏女・三河挙母藩内藤政峻養子)	万延元	1860	3	1		江戸白金	光台院	内藤家菩提所
11	女	天妙院(芳・母家女橋本氏女・肥前島原藩松平忠侯室)	天保6	1835	1	19	(江戸)	江戸青山	崑崙山玉窓寺	松平家菩提所
11	男	至徳院(勝権・母家女橋本氏女・下総多古藩久松勝升養子)						下総	隆盛寺	
11	男	押速雄甕魂命(中守・親義・母近衛家士山田小右衛門清伯女・藩士木俣土佐守易養子のち新野左馬助親矩名跡相続)	明治8	1875	6	12		彦根	弘徳山龍潭寺	
11	男	良性院(直元・母家女君田氏女・井伊直亮養子世子)	弘化3	1846	1	13	(江戸)	世田谷	大谿山豪徳寺	
		俊操院(綾・直元室・父直致・母朽見氏女)	万延元	1860	4	24		彦根	祥寿山清凉寺	
11	男	清光院(義致・母江戸住伊勢惣兵衛女・藩士横地佐平太義截養子)	弘化4	1847	9	3	(彦根)	彦根	宗安寺	横地佐平太家菩提所
11	男	豊安院(直与・政優・母家女君田氏女・三河挙母藩内藤正成養子)	嘉永4	1851	2	16		江戸白銀	光台院	内藤家菩提所
11	養女	宝台院(多喜・上総佐貫藩阿部正簡女・母阿部氏家士皆川十左衛門某女・越後与板藩井伊直暉室)	安政2	1855	10	6		浅草	西福寺	
11	男	興徳院(直恭・政義・母家女中嶋氏女・日向延岡藩内藤政順養子)	明治21	1888	11	18		青山	墓地	
12		天徳院(直亮・父直中・母親光院)	嘉永3	1850	9	28	彦根	彦根	祥寿山清凉寺	
12	正室	龍華院(讃岐高松藩松平頼儀女)	文化13	1816	2	28	(江戸)	世田谷	大谿山豪徳寺	
12	継室	耀鏡院(越前与板藩井伊直朗女)	文久3	1863	7	4	(江戸)	世田谷	大谿山豪徳寺	
12	養女	法雲院(豊・旗本南部信誉女・南部信侯室)	弘化4	1847	2	29	(江戸)	江戸	勝林山金地院	南部家菩提所
13		宗観院(直弼・父直中・母家女君田氏女・直亮養子)	万延元	1860	3	3	江戸	世田谷	大谿山豪徳寺	
13	正室	貞鏡院(丹波亀山藩形原信豪女)	明治18	1885	1	25		世田谷	大谿山豪徳寺	
13	女	清徳院(弥千代・母秋山勘七正家女・讃岐高松藩松平頼聰室)	昭和2	1927	1	6		浅草	谷中霊園／清光寺	
13	男	清霜院(直咸・智麿・母西村忠次本慶女)	明治20	1887	12	19		彦根	祥寿山清凉寺	
13	男	有安院(直安・重麿・母西村忠次本慶女・越後与板藩井伊直充養子)	昭和10	1935	8	25		世田谷	大谿山豪徳寺	
13	女	浄蓮院(待子・母不詳・青山幸宜室)	明治37	1904	10	2		江戸青山	梅窓院	青山家菩提所
13	女	普応院(美千代・母家女北川氏)	安政4	1857	7	17		彦根	祥寿山清凉寺	
13	女	霊泉院(砂千代・長浜大通寺能満院朗高と縁組未婚・のち霊寿院室)								
13	男	真相慧観禅童子(鑅麿・母家女北川氏)	安政6	1859	5	16	(彦根)	世田谷	大谿山豪徳寺	
13	男	廓心院(直達・保麿・母西村忠次本慶女)	昭和2	1927	2	18		世田谷	大谿山豪徳寺	
13	女	桂輪院(登代・母家女北川氏)	万延元	1860	7	3		世田谷	大谿山豪徳寺	
14		忠正院(直憲・愛麿・父直弼・母西村忠次本慶女)	明治35	1902	1	9	江戸	世田谷	大谿山豪徳寺	
14	正室	春照院(糦宮・有栖川宮幟仁親王女)	明治28	1895	1	4		世田谷	大谿山豪徳寺	
14	継室	覚正院(肥前佐賀藩鍋島直紀女)	昭和7	1932	9	28		世田谷	大谿山豪徳寺	

一方、四代直興は、彦根で亡くなり、近江国愛知郡高野村永源寺に葬られた。十八世紀半ばまでの成立とされている編纂物「井伊年譜 巻十」(12)には、

（享保）丁酉二年（一七一七）夏四月長寿公卒（中略）四月廿日申刻御逝去、御年六十一《二イ》歳、長寿院殿正四位上前羽林中郎将覚翁知将大居士ト諡ス、翌廿一日亥刻清涼寺へ御入館、廿二日御葬礼、同廿三日夜愛知郡高野村瑞石山永源寺へ御遺体奉葬、是御遺言ニ依而也

とあり、遺言によるといい、逝去の翌日、居住していた屋敷槻御殿から、まず彦根の菩提所清涼寺へ移され、その翌日死去二日後、清涼寺で葬礼が行われ、死去三日後永源寺へ葬られている。

直興は、藩主在任中の元禄年間（一六八八～一七〇四）から、永源寺の住持南嶺慧詢に深く帰依した(13)。その様子は追而書・覚を含む九十四通もの直興の書状から窺えるもので、その書状を介した帰依や交流は、宝永七年（一七一〇）九月二十五日付井伊覚翁（直興）書状が確認できることから、正徳四年（一七一四）六月十一日に南嶺が亡くなるまで続いたと推測できる(14)。このような南嶺に対する並々ならぬ帰依により、永源寺への葬送を遺言したと考えられる。

以上、井伊家の歴代は、遺言などによる例外もあるが、基本的には初代・二代藩主の由緒をもつ井伊家の菩提所清涼寺か豪徳寺において葬礼が行なわれ、葬られた。その区別の基準としては死去した場所によると考えられることが明らかにできた。

歴代藩主の正室　次に歴代藩主の正室について見ていきたい。婚姻が成立していれば、歴代藩主の慣例に従って、国許で亡くなれば清涼寺、江戸で亡くなれば豪徳寺とされたようである。歴代藩主は江戸と国許を行き来していたが、正室は基本的に江戸上屋敷に居住していたため、婚姻が成立したもののうち、初代と二代以外は死去地が江戸となり、豪徳寺に葬られた。それにより夫婦が別の地に葬られる場合もあった。表1に見るように二・四・五・七・十一・十二代が別であることがわかる。この事例は他藩にも見られ、井伊家と姻戚関係にある出羽国新庄藩戸沢家の場合を見ると、上総介正親の継室となった井伊家十代直幸息女瑞柳院の葬地は、江戸の戸沢家の菩提所三田の常林院であるのに対し、夫正親は『寛政譜』によると「寛政八年（一七九六）九月二十一日新庄にをいて卒す。」とあり、葬地は新庄の瑞雲院とある。戸沢家の場合、『寛政譜』に死去地や葬地が詳細に記されており、「新庄にをいて卒」した歴代は、「彼地（新庄）の瑞雲院に葬」られており、死去地の明記はないが、おそらく江戸で亡くなったであろう歴代は、三田の常林寺に葬られている。戸田家も死去地の菩提所に葬られることになっていたと推測できる。

その他の藩の場合を見ると松平秀康を祖とする家格家門の美作国津山藩松平家は、津山へ入封した四代宣富以来、歴代は江戸で死去したら江戸西窪の天徳寺、国許で死去したら津山の泰安寺へ葬られている(15)。

一方、三代直澄、四代直興、七代直惟の息女達が室となっている武蔵国忍藩阿部家では、寛永元年正月十一日に死去した忠吉が江戸神田の西福寺に葬られて以降、西福寺が代々の葬地とされた(16)。

また、十三代直弼息女が室となった讃岐国高松藩松平家では、歴代が江戸で死去しても国許へ「帰葬」されている(17)。

以上のように、各藩それぞれの慣例があったことがわかる。遺言など特別な理由がない限り、井伊家同様に国許で死去すると国許の菩提所、江戸で死去すると江戸の菩提所に葬ることになっていた藩も確認でき、井伊家の事例は江戸時代中期以降の諸大名において特殊ではないこともわかった[18]。移動に日数のかかる当時の状況からすると比較的自然な考え方であったと思われる。

一方、婚姻が決まって縁組みがなされた縁女の状態で、輿入れしないうちに死去するなどの理由で、実際婚姻が成立しなかった場合は、出身家の菩提所に葬られている。四代直興正室高林院・九代直禔正室浄観院がその例で、それぞれ父の蜂須賀隆重・宗鎮と同じ江戸浅草の海禅寺に葬られている。大雄院海禅寺は、『東京都の地名』には、

明暦の大火で焼失し、浅草に替地を与えられて（湯島妻恋坂から移転、阿波徳島藩主蜂須賀光隆らの寄進を得て諸堂を再建した。（中略）海禅寺は蜂須賀氏の江戸での菩提寺で、藩主の正室ら同氏の女性が多く葬られた。

とあり、阿波徳島藩主蜂須賀家の江戸での菩提所で、高林院と浄観院は江戸で亡くなり、同寺に葬られたと考えられる。一方、蜂須賀治昭と婚姻が成立した十代直幸息女常篤院が葬られた大雄山興源院は、徳島の蜂須賀家菩提所である。江戸で亡くなったが[19]、「井伊御系図聞書[20]」によると「御遺体阿州徳島御掟菩提所ニ被葬」とあり、興源院に移葬されたと考えられる。

以上、正室の場合、死去地と死去時に属していた家の慣例によって葬地が決まることがわかった。

歴代藩主の世子　次に歴代藩主の子女のうち世子について見ていきたい。

男子は成長にともない世子になるか、他大名家の養子になるか、寺院に入り僧になるか、庶子のまま彦根城下の屋敷で暮らすかである。

世子は、ゆくゆく藩主になる人物であるが、彦根藩では世子となった二〇人中五人は藩主になる前に死去している。その場合を『寛政譜』「井伊家系譜」「井伊御系図聞書」を照らし合わせて見ておきたい。

二代直孝の息男直滋は世子であったところ、『寛政譜』には、

万治元年（一六五八）閏十二月二十日やまひによりて嫡を辞し、近江国愛知郡百済寺に住居し、寛文元年六月九日同所にをいて卒す。年五十。

とある。また、井伊家一族の出自や進退の理由などを詳しく記す「井伊御系図聞書」には、

明暦元（一六五五）乙未年十二月廿日御遁世、東叡山江御入寺、三浦与右衛門を被遣諫言、御帰館、万治元戊戌十二月廿四日又東叡山源大寺江御入寺、翌亥四月御上り、直ニ比叡山麓坂本薬種院江御越、其後愛知郡百済寺ニ御屋鋪被構御蟄居、友山公ト称、寛文元御卒去

とあり、直滋自身が出家を志願していて[21]、最終的に直孝世子を辞し、百済寺に入り、同寺で亡くなり、葬られた経緯がわかる。

次に十代直幸の息男直尚は、宝暦四年（一七五四）十月二十七日彦根で生まれ、同十二年十二月十六日に世子となるが、明和三年（一七六六）五月三日十三歳で彦根において亡くなり、彦根清凉寺に葬られている。

同じく十代直幸の息男で直尚の弟にあたる直富は、直尚の死去により

明和三年六月五日世子となるが、十年余りの世子の後、天明七年（一七八七）七月十二日二十八歳で江戸において亡くなっており、世田谷豪徳寺に葬られている。

また、十一代直中の息男直清は寛政三年（一七九一）四月二十二日彦根で生まれて、同五年三月五日に世子となるが、「井伊家系譜」に、

一、文化二（一八〇五）乙丑年十二月廿日、虚弱ニ付、願之通退身被仰付候、
一、文政八（一八二五）乙酉年九月廿一日、於江州彦根三十五歳而致死去候、同国清凉寺江送葬

とあることから、世子や藩主をつとめることができない状態で世子を退き、「井伊御系図聞書」に「御病身ニ付御退身、松原御屋敷ニ御住居」とあることから、退身後は彦根城下の松原下屋敷に住していたことがわかる。その後、文政八年九月二十一日に彦根で亡くなり、清凉寺に葬られたのである。

同じく十一代直中の息男で十二代直亮の養子となった直元は、文化六年四月十六日江戸で生まれ、文政八年四月四日直亮の養子となり、彦根藩の世子となるが、弘化二年（一八四五）十二月二十四日江戸で病死し、世田谷豪徳寺に葬られた。

以上、世子はいずれの場合も亡くなった地の菩提所に葬られていることがわかる。

歴代藩主の息男　次に歴代藩主の子女のうち他大名家や藩士家の養子となった場合について見ていきたい。不明なものもあるが、わかる事例を検討し、全体像を見通したい。

［**掛川藩井伊家の養子**］　まず、彦根藩から分知された直継を初代とする遠江国掛川藩井伊家の養子となった四代直興息男直矩の場合を見ると、「井伊御系図聞書」には、

元禄七（一六九四）甲戌(22)正月八日大久保新右衛門宅ニ而御誕生（中略）宝永二乙酉江戸へ御下り、兵部少輔直旧（はじめ直朝）公之御養子ニ御成（中略）寛保二戌二月十五日(23)御卒去、四十九歳、弘福寺ニ被葬

とあり、藩主井伊直朝の養子となり、その後掛川藩井伊家の家督を相続、宝永三年（一七〇六）に転封となって、越後国与板藩主となる。葬地については『寛政譜』の先々代直武の記述に、

須崎村の弘福寺に葬る。のち直陽（直矩の次代）にいたるまでこれにおなじ。

とあり、直矩も江戸須崎村(24)の弘福寺に葬られたことがわかる。この他直興息女慶雲院の息男直員、十代直幸息男直広はいずれも与板藩主直陽、直朗の養子となり、家督相続をしている。その後、享保二十年（一七三五）四月五日と寛政四年（一七九二）閏二月十四日にそれぞれ亡くなっており、葬地は、江戸の小日向徳雲寺と須崎村弘福寺である。徳雲寺も与板藩の歴代のうち何人かが葬られており、おそらくこちらも江戸の菩提所という位置づけなのであろう。

［**他大名家の養子**］　次に、他大名家の養子となった場合について、十代直幸の息男直専（真田幸専・大暁院）は天明五年（一七八五）十一月十四日松代藩真田幸弘の養子となり、家督を相続している。文政十一年（一八二八）七月十七日に死去した後は真田家の菩提所松代の長国寺に葬られている。また、同じく直幸の息男直軌（土井利義・対松院）は、寛政三年五月二十日に大野藩土井利貞の養子となり、家督を相続した。

文政元年（一八一八）六月四日に死去した後は土井家の菩提所江戸浅草の誓願寺に葬られている。『寛政譜』によると利貞の三代前利房が亡くなった時の記事に、

（天和）三年（一六八三）五月二十五日大野にをいて卒す。年五十三。真誉涼山道空隆興院と号す。浅草の誓願寺に葬る。のち代々葬地とす。

とあり、土井家の場合、国許大野で亡くなっても江戸の誓願寺に葬られることになっていたようである。

［藩士家の養子］次に、藩士家の養子となった例について、三代直澄息男虎之介（武藤虎之介・寿得院）が武藤加左衛門家、十一代直中息男貞之介（誠光院）が横地修理家のそれぞれ養子となり、家督相続している例がみられる。また、十一代直中息男中守ははじめ木俣土佐守易の養子となり、その後父を殺害された幼少期の初代直政の助命をし、小田原の陣で跡絶となったという新野左馬助家の再興を命じられている。葬地は寿得院が清凉寺、誠光院が宗安寺、中守が龍潭寺である。中守は新野家の菩提所井伊谷龍潭寺に由来する城下の龍潭寺で、寿得院は出身家井伊家の菩提所である。誠光院が宗安寺に葬られたゆえんは定かでなく、事例も少なく詳細も不明なため断定できないが、藩士家の養子の場合、出身家の井伊家を重視しての葬送の可能性が考えられる。

［寺院の養子］次に、寺院の養子となった場合は、十代直幸息男直在（明達院）が近江国坂田郡長浜町の大通寺、同じく直幸息男直一（直心院）が同郡長沢村の福田寺、恵之介（善住院）は藩士奥山六左衛門家の養子家督相続の後、本苗井伊家に帰り、改めて福田寺の養子となっている。それぞれ家督を相続して住職となっている。葬地は、明達院が大通寺、他は福田寺で、いずれも養子先の寺院に葬られている。

以上、他家の養子となった息男たちは、基本的には養子先の菩提所へ葬られており、養子先が藩士家の場合は出身の井伊家菩提所への葬送の可能性が考えられた。

歴代藩主の息女　次に歴代藩主の子女のうち他大名家や寺院の内室となった場合について見ていきたい。

［他大名家の内室］江戸初期は詳細が不明ものもあるが、大名家では三代直澄の養女香雲院が武蔵国忍藩阿部正武の室、また四代直興の息女仙寿院が同藩阿部正喬の室となっており、江戸の泰宗寺に葬られ、七代直惟の息女柔桑院は同藩阿部正尹の室となり江戸の西福寺に葬られている。泰宗寺・西福寺はいずれも阿部家の菩提所で、『寛政譜』によると歴代藩主の葬地は神田から移転された浅草西福寺であるが、泰宗寺には阿部家の子女が葬られているという[25]。十一代直中養女で、上総国佐貫藩阿部正簡息女宝台院は、越後与板藩井伊直暉の室となっているが、阿部家の慣例か詳細は不明であるが、出身家の菩提所西福寺に葬られている。

また、十代直幸の息女松嶺院は、古河藩土井利広の室となって、のちに離縁となり、その後も他家への婚姻もなく死去したため豪徳寺に葬られている。

四代直興の息女円明院は、掛川藩井伊直朝（のち旧）の室となっており、掛川藩井伊家の菩提所、江戸須崎村の弘福寺に葬られている。

［公家の内室］次に公家の場合をみると、四代直興の息女六（清光院殿玉泉観月大姉）は、公家転法輪三条公充の室、八代直定の息女唯妙院は

三条季晴の室、十代直幸の養女妙音院は三条実起の室となっており、いずれも三条家の菩提所山城国嵯峨の二尊院に葬られている。しかし七代直惟の息女明源院は三条季晴と縁組が決まっていたが、輿入れ前に亡くなり、婚姻が成立せず、彦根清凉寺に葬られている。

［藩士家の内室］ また、息女の中には藩士家の室となっている者もおり、例えば二代直孝の息女竹（清光院殿慈眼善良大姉）は、中野助太夫三宣の室となり、中野家の菩提所城下龍潭寺に葬られている。また、四代直興の息女慶雲院は木俣多宮守喜の室、七代直惟の息女桃源院は同家木俣守融の室となっており、いずれも木俣家の菩提所山城国黒谷金戒光明寺に葬られている。

［寺院の内室］ 寺院へ輿入れしている場合は、七代直惟の息女聞信院が近江国長浜町大通寺横超院の室、十代直幸の息女智光院が同じく大通寺超倫院の室、また同じく直幸息女光暁院が京都仏光寺光厚の室となっている。光暁院は、縁組して輿入れの日取りも決まっていたが、それ以前に亡くなったため豪徳寺に葬られているが、他は婚家大通寺に葬られている。

大名家、公家、藩士家、寺院と婚家は様々であり、宝台院のような例もあるが、輿入れが済み、婚姻が成立していれば、たいてい婚家の菩提所に葬られ、松嶺院や明源院のように離縁や未婚の内に亡くなれば、出身家の死去地の菩提所に葬られるのが通例であったようである。

菩提所の成立　中世において、武家も故人の菩提を弔うため個々人の寺院建立が多く行われてきたが、その名残から江戸時代初期も家の菩提所というより個々人の菩提を弔うための寺を建立した。それは、井伊家初代直政祥寿院殿清凉泰安大居士のために建てた祥寿院清凉寺、、二代直孝久昌院殿豪徳天英大居士のための豪徳寺であった。その後それらに歴代を葬り、井伊家の菩提所となったのである。

これは他の大名にもみられ、例えば姻戚関係のある大名の場合を『寛政譜』でみると、十代井伊直幸の息女清雲院が室となった播磨国姫路藩酒井忠道の先祖重忠の場合、

元和三年（一六一七）七月二十一日（上野国）厩橋にをいて卒す。年六十九。源英傑叟龍海院と号す。のちあらためて修廣院と称す。厩橋の龍海院に葬る。龍海院はもと三河国にあり、重忠河越に封を移さるゝの時其の地に建立し、後又これを厩橋に移し、代々葬地とす。

とあり、院号と同じ名を持つ寺院に葬られ、その後歴代藩主の菩提所となっていることがわかる。初代井伊直政の息女桂林院が室となった伊予国宇和島藩伊達秀宗（万治元年（一六五八）六月八日没）、十一代井伊直中の息男息女が養子や室となった日向国延岡藩中川政順の先祖家長（慶長五年（一六〇〇）八月朔日没）、十一代直中の息男が養子となった豊後国臼杵藩中川久貴の先祖秀成（慶長十七年（一六一二）八月十四日没）も同様であることが確認でき、江戸時代前期建立の寺院が前期から中期にかけて、各大名家の菩提所として定着していったといえる。これは、天和三年（一六八三）七月二十五日に発せられた五代将軍徳川綱吉の時の武家諸法度十四か条目に、

一諸国散在之寺社領（中略）勿論新地之寺社建立弥令停止之、若無拠子細有之者、達奉行所、可受差図事、(26)

と規定され、新寺社建立が禁じられたことによるものと考えられる。

以上、井伊家一族の葬地についてみてきたが、初期ものについてはいまだ不明な部分もあるが、これは今後の課題として、わかったことを整理しておくと、基本的に葬地は、死去地と死去時に所属していた家によって決まり、所属する家によっては死去地がどこであっても必ず国許の菩提所へ葬る事になっているなどの慣例がある場合は、それに従っているといえる。

2　菩提所参詣

（1）藩主による清凉寺参詣

宝暦・安永期の状況　次に定期的に行われている先祖祭祀、特に先祖が葬られている菩提所への参詣についてみていきたい。菩提所への参詣については、すでに十代直幸と十二代直亮の時代の実態について、野田浩子「溜詰大名の将軍家霊廟参詣—彦根藩主井伊家の場合—」[27]で彦根藩主がおこなった将軍家の廟所参詣と比較し、相似していることを述べている。ここではその成果を参考に、参詣の仕方などの様子を補足して整理しておきたい。これはまた後述の庶子による清凉寺参詣との相違を明らかにするためのものでもある。

菩提所への参拝をはじめとした寺社との関わりについて、彦根在国中約一年間の年中行事を記した「殿中御作法向　年中行事之覚」[28]には、彦根城の殿中儀礼のマニュアルが記されているが、寺院参詣の記事もみられる。これは、十代直幸が藩主就任後初めて彦根へ入部した宝暦六年（一七五六）六月以降同十年頃までに作られたと考えられるものである。[29]これによると一月三日三代直澄・二月一日初代直政・七月二十五日五代直通の歴代藩主の祥月命日に清凉寺へ、[30]三月十九日から二十日にかけては四代直興の菩提所である永源寺への「御参詣」が見られる。この史料から宝暦頃には彦根の清凉寺に葬られている歴代三人の祥月命日と、近江愛知郡の永源寺に葬られている直興の命日近くに墓参をすることが規定されていたと考えられる。直興の命日は四月二十日だが四月は五月の江戸参勤前の諸行事で多忙なため、直興の命日を一ヶ月早めて三月に参詣することにしていたと考えられる。[31]

前掲野田論文では、清凉寺参詣の規定について明確な指示があったことが述べられている。それによると、宝暦六年（一七五六）六月、初入部後間もなく直幸は清凉寺参詣について指示をしている。それには毎月四日（実父直惟・六代直恒忌日）、二十八日（二代直孝忌日）、二十九日（先代九代直禔忌日）と、正月三日（三代直澄祥月命日）、四月二十日（四代直興祥月命日）、七月二十五日（五代直通祥月命日）に参詣することを規定している。また、「側役日記」により参詣実態として、祥月命日に参詣する日について忌日には家臣に代拝させ、二月朔日（初代直政祥月命日）には参詣、七月十四日には盆中の惣御霊屋参詣、十月十七日（養父・八代直定の生母大光院祥月命日）には家臣に代拝させている。さらに宝暦十年二月八日に直幸の養父直定が死去すると、八日（直定忌日）に毎月参詣し、二十九日（先代直禔忌日）は正月と祥月以外は代拝するように変更されているという。

直幸藩主時代の清凉寺参詣について、「側役日記」のうち比較的長い日数の五月十一日の入部から十二月までの記事が伝存している安永九年（一七八〇）の場合をみてみると、野田論文で指摘する以外にもみられた。それは、安永五年（一七七六）五月三日に没した実父直惟側室で直幸の実母寿慶院の忌日のため、六月三日に代拝をたて、九月三日に参詣をしている。三日は三代直澄の忌日と重複するが、直幸にとって実母の忌日は重要な参詣日と位置づけられていたのではないだろうか。これは野田論文の指摘するいわゆる儀礼的参詣とは性格を異にするものと考えるべきであろう。

参詣の仕方　さらに参詣について細かくみると、忌日の代拝は用人役もしくは用人役格の藩士がつとめている。用人役格の藩士は、用人役をつとめた藩士の子息で家督は相続したものの、まだ正式には役職を拝命していないものなどであるが、結果的には数年後に用人役になっている。また参詣と代拝の区別も明確であった。「側役日記」安永九年（一七八〇）五月十九日条と二十日条(32)に、入部後初めての忌日の清凉寺参詣の記事とともに「明日御当日者例之通御代拝被相勤候様被仰出、同人江申達」、「当日御霊屋へ正木舎人御代拝相務御請被申上候」とあり、藩主直幸自ら清凉寺へ赴いているにもかかわらず、忌日にあたる二十日の直興位牌及びおそらく惣御霊屋への参拝は用人役正木舎人が代拝をつとめており、明確な規定がされていた。

参拝の仕方については、同安永九年九月二日条に「明三日五半時御供揃ニ而、清凉寺　寿慶院(七代直惟側室、直幸実母)様御牌前江御参詣被仰出、例之通申達、但、泰(井伊直惟)源院様御牌前江も御参詣可被遊趣、兼而御沙汰御座候へ共□寿慶院様御牌前計御参詣被仰出」とあり、清凉寺参詣とは一般的に御位牌前における参拝を指すものと考えられよう。

御霊屋（廟所）への参拝について、惣御霊屋へは、野田論文指摘の「七月十四日盆中」のほか、直孝忌日で歳暮最後の忌日である十二月二十八日(33)に参拝することになっていたようである。

文化年間の状況　文化九年（一八一二）の「側役日記」は、六月から十二月までと比較的長い日数の記事が伝存しており、井伊直亮が初入部し、在国した一年のうちの藩主の行動を知ることができる。野田論文では、同日記の確認により、月次参詣は二十日（祖父直幸忌日）と二十八日（二代直孝忌日）で、七月・十二月の二十八日は代拝であったこと、祥月のみ参詣で他の月は代拝なのは一日（初代直政忌日）、三日（三代直澄忌日）、四日（七代直惟忌日）、十二日（直幸世子・叔父直富忌日）、二十五日（五代直通忌日）、二十九日（九代直禔忌日）で、直幸・直孝以外の歴代の忌日にあたり、祖父直幸と二代直孝に対してもっとも手篤い拝礼をしていることを指摘している。

参詣の仕方　野田論文で指摘する以外に、参詣の仕方や代拝から興味深いことがわかる。野田論文指摘の直幸と直孝忌日の月次参詣がやむなく代拝となった場合、代拝は家老がつとめている。祥月のみ参詣の場合に代拝を立てた場合も家老がつとめ、月次の代拝は用人役もしくは用人役格の藩士がつとめた。代拝の役職からみると、初代直政忌日は結果的には代拝の記事しかみられないが、代拝は家老がつとめているため、直亮時代には直幸・直孝に加え、直政も手篤い拝礼の対象であったといえ、野田論文の「直政への祭祀は文化年間には歴代藩主並になっている」という指摘は、厳密には直政へは他の歴代藩主より手篤い拝礼がおこなわれているという方がふさわしいだろう。

参拝の仕方として、清凉寺に葬られた歴代の場合は御廟と御牌前、その他は御牌前でおこなわれ、代拝の場合も同様である。さらに入部後はじめての参詣日である六月二十日（直興忌日）と歳暮の参詣である十二月二十日には惣御霊屋、七月十二日の盆中御拝には惣御牌前に参詣している。この他に盆中には聖諦院（直幸息男直尚・直亮伯父）・寿慶院（直惟側室・直幸実母・直亮曾祖母）・量寿院（直幸側室・直中実母・直亮祖母）の御牌前・御廟への代拝を用人役にさせている。

以上のことから、清凉寺に歴代の位牌が祀られていて、清凉寺に葬られた歴代や一族には、いわゆる墓にあたる「御霊屋（御廟）」があったことがわかる。つまり参詣時には該当藩主の位牌もしくは位牌と御霊屋に参詣し、代拝の場合も同様におこなわれ、初入部の後初めての参詣と歳暮の参詣は、「惣御霊屋御参詣」すなわち祀られているすべての御霊屋に参詣したのである。

天保年間の状況　小姓の役向きについて詳しく記されている「小姓役勤方手扣」[34]は、天保二年（一八三一）頃の藩主直亮の寺社参詣の状況や作法についてもわかる。これによると文化九年（一八一二）とは若干参詣の場所や仕方に相違がみられ、その点のみ以下に指摘しておこう。[35]

まず、二月朔日（初代直政祥月命日）と六月二十八日（二代直孝祥月命日）には、御位牌所や御霊屋以外に清凉寺内の護国殿[36]へも参詣した。その順序は、護国殿、清凉寺位牌所と参詣し、書院で坊丈《(方)》と会ったあと、御廟は帰りがけに参拝している。

また、年末最後の参詣時、藩主着城後初めての参詣時に加え、年始初めての歴代の命日である正月三日（三代直澄祥月命日）と江戸参勤の発駕前の参詣時には、惣御霊屋へ参詣している。さらに、七月二日は「御位牌所計」とあって、おそらく初代直政正室東梅院の祥月命日と考えられる参詣も見られ、三月二十日には高野永源寺へ四代直興の命日を一ヶ月早めた参詣がおこなわれていた。

同史料の指図によると、位牌所は清凉寺本堂内にあることがわかり、護国殿内の正面には徳川家康、向かって右には初代直政、向かって左には二代直孝、それぞれの木像が祀られていたことがわかる[37]（本書巻頭口絵参照）。

同様の史料[38]には、天保四年二月二十五日に先代直中（直亮父、同年五月二十五日没）の月次参詣とともに、直中側室容妙院（直亮養母、文政二年（一八一九）二月二十五日没）の祥月命日の参詣について記されている。それによると、位牌所には直中と容妙院の位牌があって同時に参拝し、あわせて容妙院御廟にも参詣しており、今後は二十五日の月次参詣時には容妙院御廟へも参詣するとしている。

小姓役の装束について、祥月命日と惣御霊屋への参詣時は熨斗目上下とし、月次参詣時は染小袖上下で、先詰は三人とされ、祥月命日と惣御霊屋参詣時は先詰四人と増員されている。祥月命日と年末年始などの惣御霊屋参詣はより手篤い拝礼といえよう。また、先の容妙院の祥月命日も小姓の装束は、熨斗目上下とされ、藩主同等の扱いであったことがわかる。

以上、宝暦・安永・文化・天保の各時期の藩主による清凉寺参詣の様子を概観することができた。藩主により若干参詣規定に相違があること、歴代藩主以外にも、安永九年（一七八〇）には実母、文化九年（一八一二）には実母、伯父、曾祖母、祖母、天保四年（一八三三）には養母など清凉寺に祀られている一族に対してもおこなわれており、儀礼面だけでは論じ尽くせない面があり、今後藩主の先祖供養の意識の解明が必要である。

(2) 藩主による永源寺への参詣

四代直興の菩提所永源寺への藩主の参詣は、前述のように参勤準備等との関係からたいてい一ヶ月早めて行われた。「永源寺参詣御供勤方書付」(39)には、文政六年（一八二三）三月十九日の十二代直亮参詣時の作法が詳しく書き留められており、「永源寺参詣次第・諸役人配置図書付」(40)の指図とあわせて見るとよくわかる。指図によると、直興と松源院（直興側室）の御廟、外門、山門、本堂、開山堂、堂、含空院と堂舎が並んでいる様子と、本堂の本尊に向かって左手に御位牌、右手に御絵像が置かれている様子がわかる。

前者の史料には、

一、同廿日六つ時御供揃ニ而、御参詣被遊候段被仰出候ニ付、御供揃者熨斗目・半上下着用御用人衆同道ニ而永源寺へ罷越、御参詣之御順ハ御霊屋、御位牌所、御絵像相済、夫ゟ含空院へ被為入、かけ抜相勤る

とあり、午前六時頃彦根を出発し、永源寺ではまず御霊屋（御廟）、本堂の御位牌所と御絵像の順に参詣し、その後塔頭の含空院へ入る。

また、天保二年（一八三一）頃の永源寺参詣の様子は「高野永源寺江御参詣被遊候一件」(41)に詳しく記されている。それによると、

御発駕、北蚊野村（愛知郡）御小休へ御着村并御立、中里村（愛知郡）迄御出、児子河原迄御出、御宿入等之申追有之、右中里村注進ニ而支度御本陣江罷出候而可然事、

（中略）

御参拝之御順者御霊屋、御位牌所、御絵像相済、夫ゟ含空院（永源寺塔頭）江被為入懸ケ抜相勤ル

とあり、永源寺までの順路や支度に関して詳しい。永源寺での参詣順序等は文政期とかわりはないようである。

直亮は文政七年九月十九日の永源寺参詣の際、二代直孝の息男直滋の菩提所百済寺喜見院御廟・御位牌所へも参詣しており、「永源寺・百済寺御参詣の節御宿図・先例覚書」(42)と題する史料によりその様子が窺える。永源寺ではないが一族の菩提所参詣なので、ここにあわせてみておこう。

一、文政七申年九月永源寺へ御出懸之節百済寺へ御参詣、直ニ喜見院へ被為入御上下ニ御召替、御座所御毛氈床際へ引寄る、御位牌所正面ニ不成為也、御座所ニ而御手洗指上、尤御香木ハ御拝前ニ上置、両人御位牌所之堺之襖披之、御次迄退居、御拝相済直ニ閉之、夫ゟ喜見院被為召、御意有之、其節御座所堺之襖披之、帯劔ニ而御次縁寄ニ両人着座、相済閉之、御出・御帰共玄関之事、夫ゟ御廟へ御参詣被遊候ニ付駈抜御廟へ参る、刀者番所へ入置、石段上ニ而御手浄指上る、御刀取も何も其所ニ居、御手洗指上候

者ハ喜見院ニ而御拝相済候得ハ御廟へ御先へ参ル、夫ゟ何も下（百済寺表坂下）山本村御小休へ御跡ゟ罷越ス

この時は直滋や直興の命日ではなくこの参詣の意味については不詳であるが、この史料によって百済寺には、かつて直滋が居住した塔頭喜見院に直滋の御位牌所があり、境内に御廟があったことがわかる。

史料的な制限により、以上のことしか今はわからない。更なる詳細な解明は今後の史料の発掘と研究に期したい。

（3）庶子による寺社参詣

庶子屋敷日記の寺社参詣記事　藩主以外の寺社参詣については、彦根城下の黒御門前御屋敷に居住していた庶子たちの場合、居住屋敷の役人の日記「黒御門前御屋敷日記」から実態が窺える。

基本的には、藩主・清凉寺がおこなう法事に参加するかたちをとっているようであるが、一周忌・三回忌・七回忌などの一族の法事について、同日記、寛政十年（一七九八）七月三日条(43)に、

一、来ル五日　蘭貞玉香様（直中息男、寛政八年七月五日没）御三廻忌、　同十九日　光暁院様（直幸息女、仏光寺光厚縁女、天明六年七月十九日没）十三回御忌　右、清凉寺并於京都御法事有之由、可申上段、御用人今村源右衛門殿御申達也

とあるように、日時の近い法事をまとめて庶子屋敷に達せられ、庶子たちに知らされている。しかし、法事に関する庶子の行動が記されていないため、周知されるだけであって参詣などは庶子には要求されていなかったと考えてよかろう。

清凉寺参詣　表2は、規則的に見られる清凉寺参詣について、寛政十年から十二年の三ヶ年の事例を整理したものであるが、当時黒御門前御屋敷には直幸の息男綏之介（直明、二十一才）、勇吉（直容、十六才）、東之介（直致、十一才）が居住しており、彼らの行動がわかる。これによると初代から九代の藩主と十代藩主の世子直富の祥月命日と毎月二十九日か晦日に参詣しており、毎月二十日に代拝を立てている。二十九日か晦日は、寛政元年（一七八九）二月晦日に没した先代で父直幸の忌日のため、晦日あるいは小の月は二十九日に参詣している。二十日は、寛政五年十二月二十日に没した養母で直幸正室の梅暁院の忌日のためと考えられ、四代直興の祥月命日にもあたる四月は参拝しているが、それ以外は毎月代拝を立てている。梅暁院の場合も、寛政十二年十二月二十日に勇吉が参詣していることから、基本的には祥月命日には参詣することになっていたと考えられる。

三人の庶子のうち勇吉は比較的身体が丈夫であったようで、雨天と年末以外は他に行事があっても参詣しており、参詣すべき日の四分の三以上参詣している。綏之介は病弱であったようで、勇吉と比較すると参拝事例は少なく全体の四分の一に満たない。東之介に至っては、年少であり、他の行事もある状況での無理な参詣は行っておらず、寛政十年から十二年に関しては推定も含むが参詣は皆無で、すべて代拝としている。

祥月命日参詣時には、清凉寺に葬られている歴代の場合は御霊屋へも参拝し、藩主の参詣と同様、年始の参拝となる一月三日には惣御霊屋へも参拝し、七月十二日の十代直幸世子直富の祥月命日には、清凉寺に葬られている藩主に対する礼を示してか、惣御霊屋へも参拝している。

参詣時刻は、御供揃は五つ半頃が多く、例刻はこれを示すと考えられ

表2　寛政10～12年における清凉寺参詣

各月日の記事は、上から順に寛政10年、11年、12年を示す。庶子名は、寛政10年2月晦日や3月晦日のように先に「御二方様」とある場合は、綏之介と勇吉と考えられ、(　)内に推定した庶子名を記した。

歴代藩主祥月命日

月・日	命日歴代	庶子名	行　動	御供／代拝	供揃	帰館	備　考
1・3	3直澄	綏・勇	参詣	山中(当番)他4名	5つ半	4つ半	惣御霊屋へも拝礼
		(記載なし)	代拝	山中(当番)			
		綏・勇	参詣	植田(当番)他4名	5つ半	9つ過	舟にて、惣御霊屋へ参詣
2・1	1直政	二方(綏・勇)	参詣	中村(当番)他4名	5つ半	9つ前	舟にて、御霊屋へも拝礼
		勇	参詣	山中(当番)他2名	4つ前	即刻	
		綏・勇／(東)	参詣／代拝	植田(当番)他4名／植田	5つ	4つ過	御霊屋へも参拝
2・8	8直定	綏	参詣	山中(当番)他2名	例刻	4つ過	
		勇	参詣	山中(当番)他2名	4つ	即刻	
		二方／東	参詣／代拝	中村(当番)他4名／中村	5つ半	9つ前	同船
6・4	7直惟	勇	参詣	中村(当番)他2名	5つ半	4つ半	御霊屋へも拝礼
			大雨に付延引、代拝	中村(当番)			
		二方／東	参詣／代拝	中村(当番)他4名／中村	5つ	4つ	
6・28	2直孝	勇／(綏・東)	参詣／代拝	中村(当番)他2名／中村	5つ半	4つ半	
		(記載なし)	(記載なし)				
		勇／綏・東	参詣／代拝	中村(当番)他2名／中村	5つ	4つ	
7・12	10男直富	勇／(綏・東)	参詣／代拝	中村(当番)他2名／中村	5つ半	4つ半	舟にて、惣御霊屋へも拝礼
		勇／綏・東	参詣／不快に付代拝	植田(当番)他2名／植田	5つ	4つ過	乗船、惣御霊屋へも参詣、龍泉院様13回忌
		勇／綏・東	参詣／代拝	植田(当番)他2名／植田	6つ半	5つ半前	舟にて、惣御霊屋へも拝礼
7・25	5直通	(勇)／綏・東	参詣／代拝	中村(当番)他2名／中村	5つ半	9つ	舟にて、御霊屋へも拝礼
		勇／二方	参詣／代拝	中村(当番)他2名／中村	5つ	4つ半	
		(記載なし)	風雨に付延引、代拝	中村(当番)			
10・4	6直恒	勇	参詣	山中(当番)他2名	4つ	即刻	
		勇／二方	参詣／代拝	中村(当番)他2名／中村	5つ半	4つ半	
		勇	参詣	中村(当番)他2名	6つ半	5つ半	

梅暁院忌日

月・日	命日歴代	庶子名	行　動	御供／代拝	供揃	帰館	備　考
1・20		(記載なし)	代拝	中村(当番)			
		(記載なし)	(記載なし)				
		(記載なし)	代拝	中村(当番)			
2・20		(記載なし)	代拝	山中(当番)			
		(記載なし)	(記載なし)				
		(記載なし)	代拝	中村(当番)			
3・20		(記載なし)	代拝	山中(当番)			
		(記載なし)	(記載なし)				
		(記載なし)	(記載なし)				
4・20	4直興祥月	二方(綏・勇)	参詣	山中(当番)他4名	例刻	直に	船にて
		勇	参詣	山中(当番)他2名	例刻	4つ半	歩行(往復)、殿様今日高野より御帰城
		二方(綏・勇)	参詣	植田(当番)他4名	6つ半	4つ半前	
閏4・20		(記載なし)	(記載なし)				＊寛政12年
5・20		(記載なし)	代拝	中村(当番)			
		(記載なし)	代拝	植田(当番)			
		(記載なし)	(記載なし)				
6・20		(記載なし)	代拝	中村(当番)			
		(記載なし)	代拝	中村(当番)			
		(記載なし)	代拝	中村(当番)			
7・20		(記載なし)	(記載なし)				
		(記載なし)	代拝	植田(当番)			
		(記載なし)	代拝	植田(当番)			

		（記載なし）	（記載なし）				
8・20		（記載なし）	代拝	植田（当番）			
		（記載なし）	代拝	植田（当番）			
		（記載なし）	代拝	中村（当番）			
9・20		（記載なし）	（記載なし）				
		（記載なし）	代拝	植田（当番）			
		（記載なし）	（記載なし）				
10・20		（記載なし）	（記載なし）				
		（記載なし）	代拝	中村（当番）			
		（記載なし）	代拝	中村（当番）			
11・20		（記載なし）	代拝	植田（当番）			
		（記載なし）	代拝	植田（当番）			
		（記載なし）	代拝	中村（当番）			
12・20	＊梅暁院祥月	（記載なし）	代香	中村（当番）			
		勇／綏・東	参詣／代拝	植田（当番）他２名／植田	５つ	５つ半過	舟にて

直幸忌日

月・日	命日歴代	庶子名	行　動	御供／代拝	供揃	帰館	備　　考
1・29		二方（綏・勇）	参詣	山中（当番）他３名	例刻	４つ半	座敷通り方丈へ御逢、お茶お菓子
1・29		勇／（記載なし）	参詣／代拝	山中（当番）他２名／山中	例刻	４つ半	
1・晦		勇／綏・東	参詣／代拝	中村（当番）他２名／中村	５つ半	４つ半	
2・晦		二方／東	参詣／代拝	山中（当番）他４名／山中		４つ過	船
2・晦	＊直幸祥月	勇	参詣	中村（当番）他２名	５つ半	４つ半	
2・29		綏・勇／東	参詣／代拝	植田（当番）他４名／植田	５つ半	４つ過	
3・晦		二方／東	参詣／代拝	山中（当番）他４名／山中	例刻	直に	
3・晦		勇	参詣	山中（当番）他２名	例刻	即刻	
3・晦		綏／二方	参詣／代拝	植田（当番）他２名／植田	５つ	４つ	船にて
4・29		二方（綏・勇）	参詣	中村（当番）他４名	５つ半	４つ半	寿慶院様法事、御代香中村
4・晦		勇	参詣	中村（当番）他２名	５つ半	４つ過	
4・晦		二方（綏・勇）	参詣	中村（当番）他４名	５つ半	４つ半	舟にて
閏4・29		勇／二方	参詣／代拝	中村（当番）他２名／中村	５つ半	４つ半	船にて　＊寛政12年
5・晦		勇／二方	参詣／代拝	中村（当番）他２名／中村	５つ半	４つ過	
5・29		勇	参詣	中村（当番）他２名	５つ半	４つ半	
5・30			雨天に付代拝	中村（当番）			
6・29		（記載なし）	参詣	中村（当番）他２名	５つ半	４つ半	舟にて
6・29			代拝	植田（当番）			
6・29		三方	雨天に付延引、代拝	植田（当番）			
7・29		勇	参詣	中村（当番）他２名	５つ半	４つ半	
7・晦		勇／二方	参詣／代拝	植田（当番）他２名／植田	６つ半	５つ半	乗船、明日御発駕に付登城
7・晦		勇／二方	参詣／代拝	植田（当番）他２名／植田	５つ	４つ過	
8・29		勇	参詣	山中（当番）他２名	例刻	９つ前	舟にて
8・29	＊９直禔祥月	勇／綏・東	参詣／代拝	中村（当番）他２名／中村	５つ半	４つ半	此節ハ不人数に付１人にて相勤
8・29		勇／二方	参詣／代拝	中村（当番）他２名／中村	５つ半	９つ	
8・晦		勇／二方	参詣／代拝	中村（当番）他２名／中村	５つ半	９つ前	舟にて　＊寛政10年
9・29		勇	参詣	山中（当番）他２名	例刻	即刻	
9・晦		勇／二方	参詣／代拝	中村（当番）他２名／中村	５つ半	９つ前	
9・30		勇／二方	参詣／代拝	中村（当番）他２名／中村	６つ半	５つ半	９つ勇稽古館、７つ勇・東殿様下屋敷へ御出
10・29		勇／二方	参詣／代拝	中村（当番）他２名／中村	５つ半	９つ過	
10・29		勇／二方	参詣／代拝	植田（当番）他２名／植田	５つ半	９つ前	
10・29		（記載なし）	代拝	植田			
11・晦		勇／（記載なし）	参詣／代拝	中村（当番）他２名／中村	例刻	９つ	
11・29			雨天に付延引、代拝	中村（当番）			
11・晦		勇	風気に付延引、代拝	植田（当番）			
12・29		（記載なし）	代拝	山中（当番）			
12・28		（記載なし）	代拝	植田（当番）			惣御霊屋
12・29		（記載なし）	代拝	中村（当番）			

る。御供揃えから帰館まで多くはひと時約二時間程度、長くても三時間程度で、午前中に参詣し、正午には帰館している。寛政十一年七月晦日や同十二年九月三十日のように当日登城などの行事がある場合は、六つ半の御供揃で五つ半には帰館している。

御供は、当日の日記筆者である庶子屋敷御付役人の当番を筆頭に庶子一人の場合は他に二名、庶子二人以上の場合は他に三名以上と、御先詰と御先払が各二名ずつつとめている。

代拝役も、当日の当番の御付役人がつとめる事になっていたようである。

以上、庶子の清凉寺参詣を見てきたが、寛政期の参詣実態が明らかにできた。歴代と先代世子直富、先代正室梅暁院の祥月命日と先代の忌日に参詣し、先代正室の忌日に代拝を行なうことになっていた。その他の法事に関しては、屋敷に通達され、周知されるが、それについての記事がないため、参詣はもちろん庶子として特段の対応は要求されていなかったと考えられる。

（4）藩主・世子による豪徳寺参詣

次に、江戸の彦根藩の菩提所豪徳寺に関して、現在わかっていることはごく僅かであるが、その範囲で述べておきたい。安永九年（一七八〇）の「側役日記」八月十日条に

豪徳寺御位牌殿御修覆之儀、百次郎《（長野）》殿被申上、則書付共入御覧候処、御大切之御場所之儀、宜御修覆をも可被仰付思召候へ共、当年者不御私用御物入多有之ニ付、窺之通当分御繕御修覆可仰付候、万事窺之通被仰出

とあり、また「世田谷豪徳寺御参詣跡騎馬心得之事」[44]には、

一、我等跡騎馬ニ而御供仕候間、中道御住居ゟ裏御門外迄御附方相勤、其所ゟ跡騎馬ニ而御供仕ル、世田谷入口縄手角ゟ御附方相勤、方丈被出居候前ニ而御下乗被遊、夫ゟ御入被遊候ニ付着用仕替、御霊屋御出御廊下之口へ相廻り御拝相済、又々着用仕替御出懸之通、杉縄手角迄御供仕、御裏御門ゟ御附方相勤ル

とあり、清凉寺同様に歴代の位牌が祀られていて、御霊屋があった事がわかる。

また、世子については、表3にまとめた通り「若殿井伊直亮豪徳寺参詣覚」[45]「若殿井伊直元豪徳寺参詣覚」[46]により直亮世子時代の文化三年（一八〇六）から同八年と直元世子時代のうち文政八年（一八二五）から同十一年のそれぞれの参詣年月日および不参の場合の理由がわかる。

以上のことから、豪徳寺にも清凉寺同様、御位牌所・御霊屋があり、ある一定の規則性をもって、藩主や世子、庶子が参詣していたと考えられる。今のところ藩主、世子の参詣に関係する史料は、わずかこの数点しか確認できておらず、参詣の規定や具体像については今後の課題としたい。

表3　井伊家若殿様の豪徳寺参詣

備考欄の数字は歴代藩主の代数を示す。また祥月命日、忌日を注記したが、参詣の対象と確定しがたいものもある。

直亮（文化2.12.25～9.2.4 世子）

年	西暦	月	日	内　　容	備　　考
文化3	1806	6	28	若殿様御参詣被仰出候処、天気合につき御延引	2直孝祥月命日
文化3	1806	8	29	若殿様惣御廟・不退院様御廟へ御参詣	9直禔祥月命日、不退院(直中息女・直亮妹)
文化4	1807	1	30	若殿様御参詣被仰出候へ共、御指問御延引	10直幸忌日
文化4	1807	3	4	若殿様御参詣	6直恒忌日
文化4	1807	6	28	若殿様御祥月につき御当日計御参詣	2直孝祥月命日
文化5	1808	1	29	若殿様御参詣	9直禔忌日
文化5	1808	6	28	若殿様御参詣、但、御法事有之	2直孝祥月命日
文化6	1809	2	7	若殿様御参詣、天祥院様御法事并年始旁	8直定　宝暦10/1760.2.8没
文化6	1809	6	28	御代拝	2直孝祥月命日
文化6	1809	10	4	若殿様御参詣、円成院様御法事につき、(付札)「但口宣着につき御登城有之、依而御参詣無之事哉」	6直恒祥月命日
文化7	1810	2	20	若殿様御参詣、但年始并御祥月につき	10直幸(寛政元/1789.2.30没)祥月
文化7	1810	6	28	若殿様御参詣被仰出候処、御風邪につき御延引	2直孝祥月命日
文化8	1811	2	18	若殿様御参詣、大魏院様御法事につき	10直幸3回忌
文化8	1811	6	28	若殿様御参詣被仰出候処、御風邪につき御延引	2直孝祥月命日

直元（文政8.4.4～弘化2.12.24 世子）

年	西暦	月	日	内　　容	備　　考
文政8	1825	11	20	若殿様御参詣	
文政9	1826	2	29	若殿様年始御参詣	10直幸祥月命日
文政13	1830	12	25	若殿様御参詣	5直通忌日
天保2	1831	2	20	若殿様御参詣	10直幸祥月？
天保2	1831	6	26	観徳院様御月忌につき御参詣	11井伊直中　天保2.5.25没
天保2	1831	9	7	観徳院様御百ヶ日につき御参詣	
天保2	1831	12	25	若殿様御参詣	5直通忌日
天保3	1832	5	24	観徳院様御一周忌につき御参詣	11直中(天保2.5.25没)
天保4	1833	5	25	観徳院様御三回忌につき御参詣	11直中(天保2.5.25没)
天保6	1835	5	28	若殿様御参詣	2直孝忌日
天保7	1836	5	25	親光院様初七日につき若殿様御参詣	11直中正室　天保7.5.14没
天保7	1836	12	4	年始御参詣	7直惟忌日
天保8	1837	6	28	年始并御祥月御参詣	2直孝祥月命日
天保9	1838	5	14	親光院様初七日につき若殿様御参詣	11直中正室
天保10	1839	12	25	今年初而之御参詣	5直通、11直中忌日
天保11	1840	5	28	若殿様御参詣、但25日御参詣之処御指問につき今日御出	11直中(天保2.5.25没)祥月命日
天保11	1840	6	28	御風邪につき御参詣不被遊、御代拝	2直孝祥月命日

おわりに

本稿では、彦根藩主をはじめとした一族の葬地を整理し、主な菩提所国許彦根の清凉寺への参詣を中心に藩主、世子、庶子の先祖供養の実態についてみてきた。史料の性格や記事の精粗など史料的制約に加え、著者の力不足により、厳密な規則性やその時代的変遷、画期を見出すまでには至らなかった。この点については、本稿をもとに今後研究を進めていきたい。また、はじめに指摘した多方面の寺社との関わりについても広く解明していき、その中での菩提所をはじめとした各寺社の位置づけを明らかにしていく必要があろう。また、他藩についても若干の研究(45)があり、今後それらとの比較により、江戸時代の大名と寺社との関わりの解明へと発展させていきたい。

注

1　杣田善雄「近世前期の寺院行政」(『日本史研究』二二三、一九八一年)、圭室文雄『江戸幕府の宗教統制』(日本評論社、一九七一年)、高埜利彦『近世日本の国家権力と宗教』(東京大学出版会、一九八九年)などの研究がある。

2　「溜詰大名の将軍家霊廟参詣―彦根藩主井伊家の場合―」(『彦根城博物館研究紀要 十六』彦根城博物館、二〇〇五年)。

3　横内家文書(『新修彦根市史第七巻 史料編 近世二』、彦根市、二〇〇四年所収)。

4　『寛政重修諸家譜』(続群書類従完成会)に使われている用語で、『日本国語大辞典』(小学館)には「遺体を埋葬する場所。墓地。」とあり、なきがらを葬った墓と認識でき、江戸時代中期にも認識されていたと考えられ、本稿で統一して使用する。

5　天和四年(一六八四)二月十五日宗安寺五代縦誉が記した「宗安寺由来」(宗安寺文書『新修彦根市史』第七巻 史料編 近世二 彦根市、二〇〇四年所収)に「御菩提所として」「東梅院様御菩提所」とある。また、木俣清左衛門家の『侍中由緒帳1』には七代目守将が寛政七年(一七九五)三月晦日、「京都黒谷菩提所江廟参」の暇を願い出て、許されているとあり、十七世紀後期から十八世紀後期にかけて「菩提所」という用語が当時の言葉として使用されているため、本稿においてこの用語を採用し、亡き人を葬送して祀っている場所として「菩提所」を使用する。

6　初代直政の息男直継は、直政没後、慶長七年(一六〇二)に彦根藩主となったが、直継の代わりに大坂の陣に出陣した弟直孝が帰陣後の同二十年に亡父直政の家督を相続したため、上野国安中に三万石を分知された。特殊な事例のため、本論では直継は検討対象に含まなかった。

7　清凉寺蔵、『彦根・清凉寺の美術』(彦根城博物館、一九九一年)掲載。愚明正察とその住持就任の詳細については「禅刹清凉寺の創建と歴代住持」(『同上』)参照。

8　『彦根市史稿 四十 寺院史 禅宗』(彦根市立図書館郷土資料)。

9　「風土記稿」(『日本歴史地名大系十三 東京都の地名』平凡社、二〇〇二年)。

10　『新修彦根市史』第六巻 史料編 近世一(彦根市、二〇〇二年)所収。

11　藤井讓治『人物叢書 徳川家光』(吉川弘文館、一九九七年)。

12　井伊家伝来典籍E二―八。

13　「湯治帰城以後ハ何かと用多」という文面の書状(十二月十五日付南嶺和尚あて井伊掃部頭書状、彦根藩井伊家文書三〇五五一)が確認できており、湯治ののち帰城した元禄七年(一六九四)か九年のものと推定できるため、遅くとも元禄九年には交流があったといえる。

14 彦根城博物館講座古文書からみる歴史「井伊直興の書状を読む①・②」（頼あき担当、一九九八年一月十七日・二十四日）、彦根城博物館友の会総会講演会「四代藩主井伊直興」（同担当、二〇〇〇年六月四日）、髙木文恵「仙琳寺の歴史と美術」（『彦根の寺社 仙琳寺の歴史と美術』彦根城博物館、一九九七年所収）。井伊直興の仏教信仰については別の機会に改めて論じたい。

15 『徳川諸家系譜 第四巻』（続群書類従完成会、一九八四年）。

16 『寛政譜』による。

17 『徳川諸家系譜 第三巻』（続群書類従完成会、一九八二年）。

18 各大名の菩提所については、秋元茂陽『江戸大名墓総覧』（金融界社、一九九八年）、河原芳嗣『図説 徳川将軍家・大名の墓［増補版］』（アグネ技術センター、二〇〇三年）に詳しい。

19 彦根藩井伊家文書「御城使寄合留帳」。彦根城博物館の御教示による。

20 井伊家伝来典籍E―二五。

21 『新修 彦根市史』第六巻 史料編 近世一（彦根市、二〇〇二年）の史料解説には「直孝の晩年に国元の仕置について直孝の不評を買い、出家させられ、万治元年閏十二月二日に愛知郡百済寺に入った。」とあり、直孝による廃嫡説もある。

22 『寛政譜』では「元禄六年近江国彦根に生る。」とする。

23 『寛政譜』では「寛保二年三月十九日卒す。年五十。」とする。

24 現在の東京都墨田区向島。

25 行田市郷土資料館より御教示頂いた。

26 『徳川禁令考 前集第二』（創文社、一九五九年）。

27 前掲野田論文。

28 彦根藩井伊家文書三一二五六。

29 本史料中に「一、御着城前より為御待請直定様被為入候事」とあるため、十代直幸が藩主就任後初入部した宝暦六年以降で、宝暦十年二月八日に没した先代直定が在世中で彦根に隠居している期間と考えられる。

30 『日本国語大辞典』（小学館）には「人が死んだ月日と同じ月日。」とあり、「「玉勝間」にもあるように、昔、親、先祖の死んだ日を月ごとに忌日とし、命日を他の月の日と区別して正日といい、その正日のある月というところから「正月（しょうつき）」と書いたが「しょうがつ」とまぎらわしいので、中国の小祥、大祥の「祥」の字を借りて「祥月」となったのだという。」とあるため、本稿では毎月の忌日と区別して使用する。

31 前掲野田論文で、徳川家康の祥月命日四月十七日に宗安寺内権現堂への参詣が毎年みられないこと理由として参勤交代時期と関連を指摘している。

32 彦根藩井伊家文書七〇六八。

33 「側役日記」（彦根藩井伊家文書七〇六九）安永九年同日条に「清涼寺江御参詣被遊 雨天ニ付御廟無之」とあり、廟所参拝も予定されていたと考えられる。

34 宇津木三右衛門家文書B二―一〇・B二―一一。

35 ここ以下は宇津木三右衛門家文書B二―一一による。

36 文化八年（一八一一）、十一代直中によって、護国安穏の鎮守として清涼寺内に建てられた。髙木文恵「井伊家歴代の肖像彫刻―藩主直中の造像活動 清涼寺護国殿と天寧寺観徳殿―」（『彦根城博物館研究紀要』一五 彦根城博物館、二〇〇四年）。

37 「護国殿御参詣式図」（宇津木三右衛門家文書B二―一二「御小姓手控」所収）。護国殿については、近江国の彦根藩領に詳しい地誌『淡海小間攫（第一分冊）』（彦根藩御鷹餌割奉行塩野義陳私選、寛政四年（一七九二）彦根藩士田中信精校訂。滋賀県地方史研究家連絡会編「近江史料シリーズ（5）」所収。）には「平常ハ表門ハ閉テ参詣スル事不許。元日、二月朔日、六月廿八日ト一ヶ年三度表門ヲ開テ藩士ノ参詣ヲ許ス也。」とあり、年に三度、家中は出仕が免除され、参詣することになっていたようである。

38 宇津木三右衛門家文書B二―一〇。

39　宇津木三右衛門家文書Ｂ二―三四。
40　宇津木三右衛門家文書Ｂ二―三五。
41　宇津木三右衛門家文書Ｂ二―一一「御小姓役勤方手扣」のうち。
42　宇津木三右衛門家文書Ｂ八―二。
43　「黒御門前御屋敷日記」（彦根藩井伊家文書五六七六）。
44　「上野増上寺御先立一件手控帳」（宇津木三右衛門家文書Ｄ一―七四）。
45　彦根藩井伊家文書二三七六九。
46　彦根藩井伊家文書二三七七〇。
47　江後迪子『隠居大名の江戸暮らし　年中行事と食生活』（一九九九年、吉川弘文館　歴史文化ライブラリー）には外様大名豊後臼杵藩稲葉家の江戸参勤への出発の際の、国許での菩提寺等における祈祷のほか、江戸での年中行事における寺社との関わりについて記されている。

武家の生活・文化と町人

横田冬彦

はじめに　―中村家と脇家―

本稿は、彦根藩の御用商人中村利兵衛家と彦根藩家老である脇五右衛門家との関係を素材に、彦根藩の武士の生活と文化が、中村家のような有力町人の経済力やその生活文化と深く結びつき、それに支えられている様相の一端を明らかにする。

中村利兵衛家　中村家は愛知郡中村を苗字の地とするが、その「系図」[1]（1521）が、朱筆で戒名などが書き込まれて具体的になるのは、初代とされる光全の頃からである[2]。光全は、永禄十一年（一五六八）の織田信長の上洛・近江侵攻で六角氏が亡び、家臣離散の際、自らも「牢々身」となったといい、戦国大名六角氏に仕えた土豪的な武士であった。光全の弟光忠もこの「江南合戦討死」したという。

永禄十一年九月、為織田信長公六角家及大破、此時光全遂苦戦、五ケ所負深手、既欲為討死、被良等助引退、其後江南諸士落城、後無是非四方令離散、光全成牢々身艱難、爰犬上郡沢山（佐和山）之地、聊有所縁、令居住、自是冷（零）落、天正十九年三月八日卒

光全はその後縁あって佐和山の地に移住するが、これは天正十八年（一五九〇）に石田三成が佐和山城を築き城下町を開いたこととも関係しよう。しかし光全の代にはなお「令落」していたというから、三成に仕えるなどのことはなかったようである。別の口上書（1514）では、慶長年中以来彦根河原町に住し（おそらく慶長八、九年の彦根築城間もない頃であろう）、元和年中の平田町開闢の時に地割を頂戴し、同時に平田町の町代役になったというが、初期の具体的なことはわからない。

元禄八年（一六九五）の「大洞弁財天祠堂金寄進帳」[3]では、平田町の筆頭に「町代酒屋利兵衛」として、女房・娘よね、手代五兵衛、下男左五兵衛他三人、下女なつ他一人、計一〇人の家族・家人が記されており、この五代全守の時には町代役で、酒造業を営んでいたことがわかる。またこの頃から家老以下藩士への貸付証文が多数残り、金融活動もさかん

になってくる。その後、宝暦・明和年間には彦根藩への貸付も確認でき（1146〜1150）、寛政年間頃には醤油醸造業も始めたという。(4)

脇五右衛門家　他方、脇五右衛門家の初代豊久は、同じように戦国大名武田氏に仕え、天正十年、やはり信長の甲斐侵攻によって主家は滅亡した。しかし、その後甲斐を配下に収めた徳川家康の指示で井伊直政に属せられ知行七二〇石を拝領。関ヶ原戦後、近江彦根を拝領した直政に従って彦根に移り、戦歴を加えて元和五年（一六一九）には二〇〇〇石を拝領、家老役・旗奉行となった。二代豊重も四〇〇〇石、家老役・侍大将となり、四代豊童の時弟に五〇〇石分知し、以後三五〇〇石となる。その後五代豊信が幼少により二〇〇〇石に減知された時期もあったが（延宝六年〜正徳四年）、おおむねこの高で、彦根藩家老家として続いた。しかし文化七年（一八一〇）、七代豊善が「在役中不都合」逼塞を命じられ、八代豊達相続の時、再び二〇〇〇石に減知され、そのまま幕末を迎える。(5)

後の覚書（661）によれば、中村家は、脇豊久が初めて彦根に来住した時、同家に寄宿した縁で、以後特別な関係になったという。

御首途之日、御笠・御杖又御持被遊候而御預り申、御発駕前日持参致し候得共、其節御酒・御吸物ニ而御悦ひ奉申上候而、御発駕之節摺針迄御見送り申上、其節別段ニ御逢被遊候、御迎之節も摺針迄御迎ニ罷出、別段御逢被遊候、尤古来彦根へ御有付之節、当家へ御引越被遊候而、其已来、大坂御陣、何角御出馬之節、笠と杖とを指上申候吉例也、常は私宅ニ預り居候と申吉例ニ而御座候

この最初の寄宿は、中村家が彦根河原町にあった時であろう。その際、笠と杖を献上したことが契機となって、以後も大坂の陣の出陣や江戸出府などの「首途（門出）」にあたって祝儀の宴を催し、出発前日に笠と杖を献呈する儀礼をおこなうことが吉例になった。

以下本稿では、第一に中村家の金融活動が、脇家の家老家としての生活や文化活動を財政面で支えていたことを明らかにし、次いで脇家の「首途」儀礼についてみていくことにする。

1　脇家の財政と中村家の金融活動

中村家に残されている史料のうち、脇家関係で早くに見られるのは、借銀関係の史料である。宝永六年（一七〇九）から元文二年（一七三七）まで、およそ五四通の借銀証文が残されており、これを一覧にして後掲表3に示した。

預け郷証文　その初見である宝永六年の証文（474）は、脇家家老衆の連署で、脇豊信の裏書がされているものであるが、正確にいうと借銀証文そのものではなく、知行米三〇〇俵による返済を約束したものである。

証文之事

一、三百表（俵）　知行米也

右者今度銀子入用ニ付、知行所之内伊香郡熊野村預ケ知ニ致シ、則御代官角田弥右衛門支配証判頼置申候、若表数不足候ハヽ、外

より指加、其埒年々無相違相済候様ニ致させ可申候、尤御代官右之百性中証文指引之義者、別紙有之候へ共、為念証文仍如件

宝永六年　　　　　　杉立三郎兵衛（印）
丑七月十六日　　　　佐藤竹右衛門（印）
　　　　　　　　　　荻野庄左衛門（印）
（六代全信）
中村理兵衛殿

（裏書）
「表書之通相違無之者也
（五代豊信）
脇内記（印）」

具体的には知行所の伊香郡熊野村を「預ケ知」として、代官角田弥右衛門のもとで、中村家へ直接年貢米を返済させるようになっている。ここでは「御代官角田弥右衛門支配証判」と、「御代官右之百性中証文指引」の別紙を添えることになっているが、宝永七年三月の「預ケ郷証文之事」(475)では、それを「御代官裏判、百性中判形証文別紙ニ致させ」と記している。

そして宝永七年五月には、裏判ではなく次のような代官角田弥右衛門の証文A(476)と、熊野村の庄屋・組頭の連署証文B(478)が残されている。ほんらいは借銀高と対象村名を記した家老衆連署で脇家当主が裏書した「預ケ郷証文」があったと思われ、これらはABセットでそれを保証する「別紙」にあたるものであろう。

A 一、御家中脇内記様御知行所伊香郡熊野村之内、高弐百九拾七石五斗八升五合之所、御預ケ知御証文ヲ以、拙者方へ所務支配致シ候、然者貴殿より内記様へ銀子御借り被成候ニ付、右御知行所預り納米ニ而、当寅之暮より御返済之極ニ候、然上ハ御知行所預り之内ハ、米納り次第、急度相渡シ可申候

B 一、御地頭脇内記様銀子御借用被成候ニ付、御知行所高弐百弐拾石（ママ）余之所、御筋方御書付ヲ以御代官角田弥右衛門殿御蔵江御預ケ被成候、当寅之御物成より右之銀子相済候迄、年々霜月切ニ納詰可仕候、我等共判形之上毛頭無相違御蔵江納、御地頭様江者納申間敷候、万一相違仕候者、如何様ニも御催促御取立可被成候

彦根藩では、おおよそ五〇石以上、平士以上については地方知行が与えられていたが、正保二年（一六四五）の改革以降、家臣の地方知行地についても、年貢収納以下、藩の筋奉行と代官が一元的に掌握することになった[6]。ただし彦根藩の場合、この代官は、享和元年（一八〇一）の改革までは武士身分ではなく、町人身分であった。正徳五年（一七一五）の時点で、藩の直轄台所入一三万石と藩士の給所一五万石合わせて二八万石のすべてを、一五人の町人代官がおおよそ一万五〇〇〇石～二万三〇〇〇石程度に分けて管轄しており[7]、角田弥右衛門もその一人である。年貢米が村から代官の蔵に納入され、まだ藩士に渡される以前に確保できれば、返済は確実になるわけであり、このように村方と代官の保証を得て、年貢米を直接債権者に委ねることが「預ケ郷」「預ケ知」と呼ばれているのである。

定式目録　次いで正徳元年（一七一一）八月二十三日付で、「卯之物成目録」(479)が家老衆連署で、中村利兵衛と小川甚左衛門に宛てて出されている（その内容を表1に示す）。

まず物成二一六三俵をあげているが、前述したようにこの時点では脇家の知行高が二〇〇〇石に減知されていたので、これは知行所収入すべ

てにあたる。(8) 次いで、その年貢米の払方について、正徳元年十二月に年貢米が納入された時点での八月から十二月までの支出の清算を行い（「右之払」分）、その残り六八三俵余を中村利兵衛と小川甚左衛門に渡すことを約束し、さらに翌年八月までの支出予定（「辰之春」分）を示したものである。すなわち年間支出の目途を示すことで、その縮減を約束し、知行地の年貢米すべての管理を委託したのである。「預ケ郷証文」のような個別的担保では間に合わず、脇家の財政全体を、中村利兵衛と、同じく債権者とみられる小川甚左衛門の二人が共同で請負ったことになる。

表1　正徳元年、脇家「物成目録」（中村尚家文書479）

2163俵	物成	
右之払		
100俵	上ケ米	a
56俵3斗	御蔵米入	a
150俵	隠居	d
30俵	奥方	d
188俵1斗8升2合	知行取	b
188俵	卯之暮惣切米	b
200俵	卯之八月より十二月迄扶持方	b
120俵	日用銀2貫400匁当テ、但卯之正月より八月迄分	d
60俵	日用銀1貫200匁当テ、但九月より十二月迄分	d
21俵2斗4升	卯之年中酒代、但シ420匁当テ	c
72俵	肴代、卯之年中	c
18俵	蝋燭代、卯之年中	c
90俵	薪代、但シ卯之年中、1貫800匁当テ	c
3俵	卯之年中、酢・いわう・たうしん・かわらけ代当テ	c
81俵	卯之暮歳暮・辰春年頭当テ、但シ寅之暮御書付面	d
17俵	珠光・妙寿・ちい・宮川孫左衛門	d
10俵	馬飼料藁糠くつ葉代、卯之年分	d
35俵	呉服代、但銀700匁積り	d
20俵	味噌・大豆・糀・米・塩代共	c
16俵	餅米	c
3俵	小豆	c
〆1479俵3斗2升2合		
残　683俵7升8合　余り		
内　12俵	両御代官口米共	a
辰之春		
320俵	正月より八月迄扶持方	b
183俵	辰春取替	d
120俵	日用銀2貫400匁分、但正月より八月迄	d
48俵	肴代、但正月より八月迄	c
14俵1斗6升	酒代、右同断	c
12俵	蝋燭代、右同断	c
60俵	薪代、但銀1貫200匁積り、右同断	c
18俵	下屋鋪御年貢当テ	
5俵4升	盆前入用、但銀102匁分	d
6俵1斗8升	当寺ニ而施餓鬼料129匁分	e
20俵	味噌・大豆・糀・米・塩代共、但正月より八月迄分	c
6俵	餅米、右同断	c
2俵	小豆、右同断	c
15俵	呉服代、右同断	d
8俵	馬飼料・藁糠くつ葉代、右同断	d
〆　837俵3斗8升		
内　154俵3斗2合　不足		

大久保家の場合　中村家には、この時期の藩士諸家の借銀史料がかなり残されている。脇家と同じ家老クラスの長野十郎左衛門家（五〇〇〇石）、三浦内膳（与右衛門）家（三五〇〇石）、西郷藤左衛門家（三五〇〇石）ばかりでなく、物頭・母衣役クラスの大久保新右衛門家（二〇〇〇石）、椋原治右衛門家（一〇〇〇石）、正木舎人家（五〇〇石）、武川源左衛門家（四〇〇石）、八木原太郎右衛門家（三五〇石）、杉原十太夫家（三五〇石）、高橋新五左衛門家（三〇〇石）、そのほか内藤喜右衛門家（一五〇石）、安藤喜左衛門家（一〇〇石）などの平士クラスまで多様である。(9) ただこれらの諸家の借銀証文の大半が一割半の有利子を記すのに対し、脇家の借銀証文のほとんどが利子を記していないのは、脇家との関係の特殊性であろう。

ここでは、借銀が深刻化していく過程が比較的よくわかり、脇家との年間支出の比較をおこなえる大久保孫左衛門家の場合を取り上げよう。三〇〇石、御近習・小納戸役・母衣役などを務める平士である。(10)

享保元年（一七一六）には「奥方入用」として五〇〇匁を一割半の利付き、翌年返済で借用した証文（911）が残されている。このように、本来は翌年の年貢米で返済するはずの一時的繋ぎ資金の借用であったと思われ、返済できている内は証文が残されていないのである。

しかし享保七年になると、「先旦那（初代員元、享保五年病死）段々入用ニ付、数年其元御世話被下、致借用置申所、方々借銀大分相重り致難儀候ニ付、無拠御理り申達、当寅之暮より亥之暮迄、元崩シ、十年譜ニ御理り申所」と、次第に借銀が重なり、「御理り」という返済不能に陥り、「元崩し」で減額の上、十年賦返済にしてもらうことになる（943）。この時、享保六年までの分を清算して七貫八四三匁、これを十年賦だから毎年七八四匁余の返済になり、米五〇俵分九五〇匁を渡して、一応返済可能な計画がたてられたのであるが、さらに四貫五〇〇匁の追加借用などが続く。

こうして享保十二年正月には、「一家寄合相談」の上、知行所五ケ村三〇〇石を全面委託するという「任せ証文之事」（963）が作成される。

一、先代より唯今猶以不勝手ニ而、常々別ニ致難儀申ニ付、一家寄合相談之上ニ而、其元より月次飯米・遣銀・下々取替米共、当年より其元より御渡し給候様ニ致し度候ニ付、皆々共連判致し相頼申候、然上は知行所不残右之五ケ村共ニ物成米、其元へ秋口初入より御納可給候、此方へは直納致間敷候、然上ハ、若急御用之儀出来候共、其元より相勤り申様ニ、末々共頼入候、先代より其元心寄之仕形何も得其意申候、暮毎其元より借用金銀米銭之分、知行米、十一月廿日限ニ仕切相定、御引取可被成候、且又暮払之儀、大積り相定、目録相添遣し置申事ニ候、表向之外、無心申間敷候

このとき「暮払之儀、大積り相定、目録相添遣し置」として同時に作成された「未之年諸色入用積」（1158）では、米一五〇俵余、銀八六三匁余になっており（その内容を表2に示す）、一俵二〇匁で計算するとあわせて米一九三俵余の支出になる。年貢米収入は三二四俵余になるから、残り一三一俵は借銀の年賦清算に使われることになる。その奥書は次のように書かれているが、藩士としての「面目」が基準となっていることに注意したい。

右定式入用目録立合相定候上者、件之面目相考、入増無之様ニ致シ、目録之外者一銭目も御無心申間敷候、万一御公用之儀ニ付、格外之儀、又ハ不時入用之儀有之候ハヽ、相談相遂可申候間、宜様ニ頼入存候、為其証人相立一札仍如件（1158）

このような過程を考えると、脇家の場合も、正徳元年に「卯之物成目録」（479）が作成される以前にも、おそらく十七世紀中頃から、単年度返済が可能な少額借銀がはじまり、次第にそれが滞るようになって「預ケ郷」のような担保が必要とされるようになり、さらに知行所全体の委託管理へと進んだと考えられる。しかし、「若急御用之儀出来候共」（963）、「万一御公用之儀ニ付、格外之儀、又ハ不時入用之儀有之候ハヽ」（1158）などとあるように、現実には様々な臨時入用によって返済計画はうま

表2　享保12年、大久保家「諸色入用積」（中村尚家文書 1158）

2俵1斗9升	猿楽米	a
6俵	貫目之利	a
18俵	役人米	a
60俵	飯米上下9人・若党中間昼扶持并外扶持方取分共	b
2俵	餅米	c
15俵	衣類諸色代	d
2斗	宗安寺2ケ所斎米	e
3俵	味噌大豆	c
3俵	同糀米室賃、塩代共	c
30俵	男4人切米	b
11俵	女3人切米	b
〆　150俵3斗9升		
192匁	薪代、1ケ月ニ200貫目積、但し100貫目8匁かへ	c
38匁4分	炭代、年中24表、1表ニ付1匁6分かへ	c
60匁	油代、年中3斗積り、1升ニ付2匁かへ	c
21匁6分	延紙代、1ケ月2束積り、1束ニ付9分かへ	c
14匁4分	塵紙代、1ケ月1束積り、1束ニ付1匁2分かへ	c
32匁4分	紙色々代、但し1ケ月ニ杉原1帖1匁2分・美濃紙1帖6分・半切100枚9分	c
18匁	蝋燭代、1ケ月5挺積り、1丁ニ付3分かへ	c
40匁	茶入用	c
21匁6分	たはこ代、1ケ月1斤半積り、1斤ニ付1匁2分かへ	c
312匁	台所銭、1ケ月2貫文、1貫13匁かへ積り	c
銭1貫文	宗安寺へ、水向料・年頭銀共	e
100匁	方々歳暮銀	d
〆　863匁4分		

くいかず、借財はさらに嵩んでいったようである。

定式入用の比較　二〇〇〇石（二一六三俵）の脇家と三〇〇石（三二四俵）の大久保家を、これらの年間支出「目録」で比較してみる（表1・表2、支出をa～eに分類）。

a、藩への上納

脇家では、「上ケ米」一〇〇俵と「御蔵米入」五六俵余が徴収されているが、大久保家には見られない。「上ケ米」は、藩財政の悪化にともなって元禄六年（一六九三）から始まるとされ、「彦根年代記」などによれば、同一四年には知行一〇〇石に付一五俵の上納となり、宝永三年（一七〇六）に一〇俵、さらに五俵へと減額されたが（脇家の数値はこのときのもの）、正徳五年からは「御家中一統半知」（つまり五〇俵）となる。その後、享保一一年には「今年斗上ケ米御免」とあり、大久保家の享保十二年正月の「目録」に「上ケ米」がないのはこのためであろう。しかし翌十三年には三分一上納となり、元文三年（一七三八）には階層別の比率が設定されたりするが、安永元年（一七七二）以降「半知」が恒常化し、時に「半知御免」の年があるだけになる[11]。

他方、大久保家には「猿楽米」「貫目之利」「役人米」があるが、「猿楽米」は一〇〇石に付三斗三升の割で懸けられている[12]（これが脇家にみえない理由は不詳）。三種あわせ、一〇〇石に付およそ九俵の上納になる。

b、陪臣・家人・奉公人への給与

脇家では「知行取」一八八俵余・「惣切米」一八八俵・「扶持方」五二〇俵で、あわせて全体の四一％を占める。元禄八年の「大洞弁財天祠堂金寄進帳[13]」によれば、脇家には、当主の家族二人のほか、用聞（家老のこと）四人・小姓二人・中小姓四人・若党一三人・足軽二人・坊主一人など二六人の陪臣が抱えられており、草履取二人・中間二二人・召使女二五人の奉公人、さらにその家族なども含め、総計一二四人の家人集団を構成していたことがわかるが、これを維持する負担の大きさがわかる。

大久保家では、「飯米上下九人、若党・中間昼扶持并外扶持方取分共」が六〇俵、男四人・女三人「切米」が四一俵で、全体の三一％である。

c、塩・薪などの日常生活経費

脇家では、味噌・大豆・麹米・塩・餅米・小豆が六七俵、肴代一二〇俵、酒代三五俵余など食費があわせて二二二俵。薪・蝋燭・灯心代等一八三俵。両方で三〇五俵、一四％。

大久保家では、味噌・大豆・餅米・糀米・塩代が八俵。薪・墨・油・蝋燭・紙・茶・煙草代、台所銭あわせて七五〇匁＝三七俵余。両方で四五俵、一四％と、両家はほぼ等しい。脇家で酒代が、大久保家で煙草代が特記されているのは、当主の嗜好か。

d、武士としての生活文化・交際費などの諸経費

脇家では、「日用銀」として毎月三〇〇匁、年間三貫六〇〇匁＝一八〇俵（実際には前年度分の一部も含め三〇〇俵）。盆前入用・歳暮・年頭・春取替などで二〇五俵余。隠居分・奥方分・子供分で一九七俵。呉服代で五〇俵。馬飼料で一八俵。あわせて六三二俵、三〇％。

大久保家では、衣類諸色代一五俵。方々歳暮銀一〇〇匁＝五俵。あわせて二〇俵、六％で、かなり少ない。また、馬飼料が記載されていない

のは、中級以下の士には「馬扶持」が支給されていたからであろうか。[14]

e、その他

菩提寺などの経費としては、脇家では、施餓鬼料六俵余。大久保家では宗安寺斎米など一俵ほど。

以上、第一に、a藩の「上ケ米」などの減奉措置が重くのしかかりつつあること。第二に、家老クラスの脇家では、平士クラスの大久保家に比して、b陪臣・奉公人数の多さとその維持経費の負担が大きいこと、d日常的な費用や奥方呉服代、馬の飼育費用、歳暮贈答など、上級家臣としての生活・文化水準＝「面目」を維持するための費用負担の比率がかなり高くなっていることが特徴として指摘できよう。そのためには減知された二〇〇〇石ではとうてい賄いきれず、すでに一五四俵、七％の赤字になっている。これに対し、大久保家は収支残額一三一俵、四〇％が借銀の返済に充てられることになっていた（現実に可能だったかは別問題だが、脇家では帳簿上でもそれができなかった）。

その後の借銀の動向　脇家の知行が三五〇〇石に復活したのは正徳四年（一七一四）である。しかし前述したように、翌五年から「半知」上納になるなど「上ケ米」の負担が恒常化していっており、脇家の財政はその借銀構造から抜け出せなかったようである。その後の借銀証文を表3で見ておこう。差出は脇家家老二〜六人の連署で、ほとんどに脇家当主の裏書があり、中村利兵衛宛である。

第一に、「〇月分日用銀」として定額三〇〇匁が借りられていることが注目される。これは先の「物成目録」（表1）の額に一致するから、「物成目録」の財政計画は実施に移されていたのである。借銀証文がすべての月で残されていないのは、証文が失われたか、その分が合算や返済などで処理されたために破棄されたか、あるいは共同で引き受けた小川甚左衛門の貸付になっていたか、などが考えられよう。

第二に、奥方入用・隠居要用、あるいは、盆前要用、暮銀払方要用といった日常的生活経費があるが、これらは必ずしも「物成目録」の額に一致しない。たとえば最初の正徳五年の「隠居要用」は七〇〇匁で、「物成目録」の一五〇俵＝三〇〇匁を大きく超えている。この時の隠居は五代豊信であるが四年後に病死するので、そうした費用が嵩んだのかもしれない。また、婚礼入用・加賀温泉湯治・汲湯代などもある。

第三に、「江戸入用」など臨時入用。第二の諸費用が多くてもせいぜい銀数百匁〜数貫匁程度、米数十俵から数百俵程度であるのに対し、「旦那入用」「江戸入用」とされるものは、享保二（一七一七）・三・五・一二年、元文二年（一七三七）など一〜数年おきに数十貫匁から百貫匁を越える巨額な借銀になる場合がある。知行三五〇〇石で年間総収入三五〇〇俵としても、銀七〇〜一〇〇貫ほどにしかならないから、それに匹敵するか、それを超える額である。これでは破綻しないはずがない。

この時期、脇家は知行石高の復活のためもあったのか、中老から家老への昇進にともなって、藩主井伊直該の日光代参の御供や将軍世子の加冠役の御用、藩主世子婚礼の使者役など、江戸での多くの御用をこなしている。[15] そうしたことが「江戸入用」の増大を招いていたと思われる。[16]

江戸入用　次の脇家家老書状（650）は年代不明ながら、[17] 中村家の金融と脇家の「江戸入用」との関係をよく示している。

一筆啓上仕候、甚寒御座候処、先以各様初御家内様御揃、弥御機嫌

表3　脇家の借銀証文一覧

年　月　日	貸　付　高	理　　由	文書番号
宝永6・7・16	知行米300表（俵）	今度銀子入用	474
正徳5・12	銀700匁	隠居要用	480
享保1・7	銀300匁	奥方盆前入用	481
享保1・12	銀50匁	—	482
享保1・12	金6両	旦那内用	483
享保2・2	515匁4	江戸支度用・木綿22疋代	484
享保2・2	250匁	江戸支度用・京都へ指越候ニ付	485
享保2・2	銀1貫600匁	江戸支度諸入用	486
享保2・2	銀300匁	当月日用銀	487
享保2・3・2	金5両	旦那内用	488
享保2・3・27	銀1貫200匁	江戸下りニ付支度諸事入用銀	489
享保2・4・1	300匁	当月日用銀	490
享保2・4・26	174匁+300匁	江戸用木綿7疋代＋賀州汲湯代、旦那要用	491
享保2・4・26	銀96貫942匁	旦那要用	492
享保2・7・2	銀1貫410匁＝金20両分	旦那江戸御用銀	493
享保2・7・2	銀1貫172匁85	旦那内用	494
享保2・7・2	200匁+150匁	献上物代＋4呉服代之内	495
享保2・7・2	銀750匁	下屋鋪畑銀・盆前入用	496
享保2・7・2	金30両	江戸用金	497
享保3・1	銀2貫172匁7	旦那内証用事	498
享保3・1	銀114貫140匁8	旦那要用	499
享保3・2	金20両＋同15両	—＋高160両目録之内、江戸へ差下シ	500
享保3・3	米333表7合＝銀3貫320匁7（1表ニ付40匁）	旦那江戸用事	501
享保3・5	銀300匁	六月分日用	502
享保3・8・18	銀350匁	旦那要用	503
享保4・7・24	四つ宝銀300匁	盆前要用	504
享保4・9・1	銀300匁	当月日用銀	505
享保5・1	新銀43貫774匁2	旦那用銀	506
子（享保5）・2・1	四つ宝銀300匁	二月分日用	507
子（享保5）・4・22	米9俵	旦那元服用	508
子（享保5）・6・1	四宝銀300匁	六月分日用銀	592
享保5・9	乾金5両2分	馬代金	509
享保5・12	米50表	古証文200表済口之内	510
享保6・1	75匁＝四つ宝銀300匁分	正月日用銀	511
丑（享保6）・3・1	四宝銀300匁	三月分日用	594
享保6・5・1	新銀75匁	五月分日用銀	512
享保6・5	米50表＝代銀新1貫500匁（1表ニ付30匁）	当取替用之内	513
享保6・8	新銀75匁	八月分日用銀	514
享保8・2	米50表＋利1割5分	旦那用事	515
享保10・3	米100表	旦那加州山中湯治用	516
享保10・12	小手形米30表	巳之暮銀払方要用	517
享保10	米100俵	当春取替用旁	518
享保11・1	巳之納米117表136合＝銀206匁26	—	519
享保11・8	銀130匁（内金2歩代28匁5分・銀10匁入）	当月日用之当	520
享保12・4	米145表＋銀900匁（50表之代銀）	午之暮借米＋未ノ四月借用銀	521
享保12・12	銀29貫149匁5分	古借銀	522
享保12・12	米200表＋利米1割半極メ	—	523
享保13・6	銀100匁	日用銀	524
享保13・9	銀1貫匁＋利2割	婚礼入用	525
享保13・10	銀500匁	婚礼入用	526
子（享保17）・閏5・20	正銀61匁7	献上諸入用	527
子（享保17）・7・11	68匁5 +206匁86+ 米札22匁9 ＋銭15貫文	献上＋畑銀＋同断＋盆用	593
丑（享保18？）・3・27	銀300匁	旦那要用	595
丑（享保18？）・7・13	銀150匁	屋鋪要用	596
元文2・3	新銀8貫400匁＋利7分	旦那江戸用	529
元文2・6	米20俵＋利2割	旦那要用	530

能被成御座、目出度珍重奉存候、誠ニ旦那様御出立前より何角御世話被成下置、忝仕合ニ奉存候、左様候得者、道中無滞、今月十五日何茂無事ニ御供致シ下着仕候間、此段乍憚御安気思召可被下候、右寒中御見廻何角御礼旁申上度如斯ニ御座候、恐惶謹言

十二月廿一日　杉（杉立）三郎左衛門

西村長兵衛殿

中村利兵衛殿

重申上候、旦那様ニも今月十七日御取次御番入被仰付、此段左様ニ御承知置可被下候

一、御道中御入用金為金拾壱両二朱

一、御長屋向諸道具代、金子五両被遣候

一、御着後御仲間様方御酒御肴代、御料理払、金三両壱歩弐朱

一、御すそほそ（裾細）壱足、此方ニ而御拵被遊、此代金壱両弐歩弐朱払被遣

一、当月晦日払、諸事町方台所御入用当ニ、五両入申候間

一、馬具類そんじ直し手間代、此金壱両三匁五分

一、御持馬御買被成候馬代五両当ニ而

〆三拾弐両弐朱三匁五分

内彦根表ニ而御出立之砌、三拾弐両請取被遊、指引致し当年中より御遣金無御座候間、来正月初御□り、何卒金子拾両御指越シ可被下候様、御頼申上候様、主人被申付、何分無相違初御飛脚御指越シ可被下候様、重々奉頼上候、委細書付ハ跡より夫々取揃指越シ可申候間、左様御承知可被下候、且又着後甚以主用多候故、取込早々御用捨可被下候、以上

江戸参府のための道中入用三二両を受け取っていたが(18)、江戸屋敷の長屋の諸道具代、御仲間との付合いの酒肴代や料理代、馬の購入・馬具の修理費用など（裾細袴も馬上用か）、江戸屋敷での上級家臣としての勤務や同輩との贈答・儀礼などの費用に使い果たし、さらに一〇両の仕送りを要請している。逆にいえば、武家の生活や儀礼・文化は、それ自身が中村家のような町人の経済力なしには成立しないものだったのである。

その後　なお、中村家文書には脇家をはじめ藩士諸家の借銀関係史料が、元文頃以降ほとんど見られなくなる。しかしこれは、文書の伝来に原因があると思われ(19)、中村家が金融活動を停止したことを意味しないであろう。

文政～天保期の九代中村全前の「日記」には、脇家の家老たちが「御屋敷の金談」に来訪する記事が散見され(20)、借銀関係は続いているとみられるからである。また、他にも家老三浦内膳家から平士クラスまで、いくつかの藩士家の「金談」記事がある(21)。また、たとえば青木平九郎頼春（六五〇石、母衣役(22)）の、次のような記事（文政四年一月二十二日条）では、中村家からの借銀について問題が起った時に、青木家の屋敷で百姓衆と領主青木家の話し合いが行われることになり、前日に中村家で算用が済まされたことがわかる。

西村信平様（青木家家老）入来、明日青木様にて百姓衆寄合ニ而、則其席へ御出被下、手前借し面の対談等被成被下候事也、今晩算用等被成被下候、

亥過刻御帰り

このことは借銀が「預け郷」の形で行われていたことを示すものであろう。いずれにしろ詳細は不明で、今後の課題としたい。

2　脇家の「首途」儀礼と中村家

最初にも述べたように、中村家は、脇家当主の彦根発駕の際には、「御首途（門出）」として祝われる祝宴を催し、発駕当日は摺針峠まで見送り、到着の際にも出迎える慣例であった。本章では、この「首途」儀礼がどのように行われたのか具体的に見てゆく。

首途儀礼の古例　先の覚書はこの慣例の初発を彦根藩創設時点に求めるが、史料上で確認できるのは、宝暦四年（一七五四）以降であり、一連の経過を記録した留書や祝儀の宴の献立書、脇家家臣からの関連書状などが残されている。

比較的まとまって経過がわかる天明五年（一七八五）の留書（542）・献立書（540）を、寛政四年（一七九二）・十一年の留書（548・551）などで補足しつつ、その経過を再現してみよう。

①脇家当主（旦那様）の江戸出府（御発駕）が決まると、その旨が中村家に通知される。中村家当主（利兵衛）は、すぐに脇家屋敷へ赴き、それを請ける旨を述べ、正確な日限を確認する。

②利兵衛は、祝宴の数日前ないし前日に、脇家屋敷へ献立書（半切紙）を持参、脇家当主の披見を受け、家老衆らと打ち合わせが行われる。

③利兵衛は、祝宴（御首途）当日の早朝、脇家下屋敷へ赴き、床の間の飾り付けなどの準備をする（これらの飾りは脇家から持参される）。裃を着して脇指を差し、脇家当主が下屋敷に到着すると中門のところまで出迎える。入室後しばらくしてから、利兵衛の謁見がおこなわれ、旦那様から懇ろな挨拶の言葉を賜り、麻絹の裃と扇子が下賜される（寛政四年には息子にも扇子、同十一年には母親にも白玉紙が下賜される）。利兵衛は、家老衆に、「旦那様より懇ろにお言葉を賜り、その上裃・扇子も頂戴し、有難く存じます。よろしくお取成しを頼みます」と述べて、その座を退く。

④その後、まず御盃と「鯛ひれ御吸物」を出す。御盃を下されるというので、前に出て控え居ると、盃が下賜され、頂戴する。次いで御肴

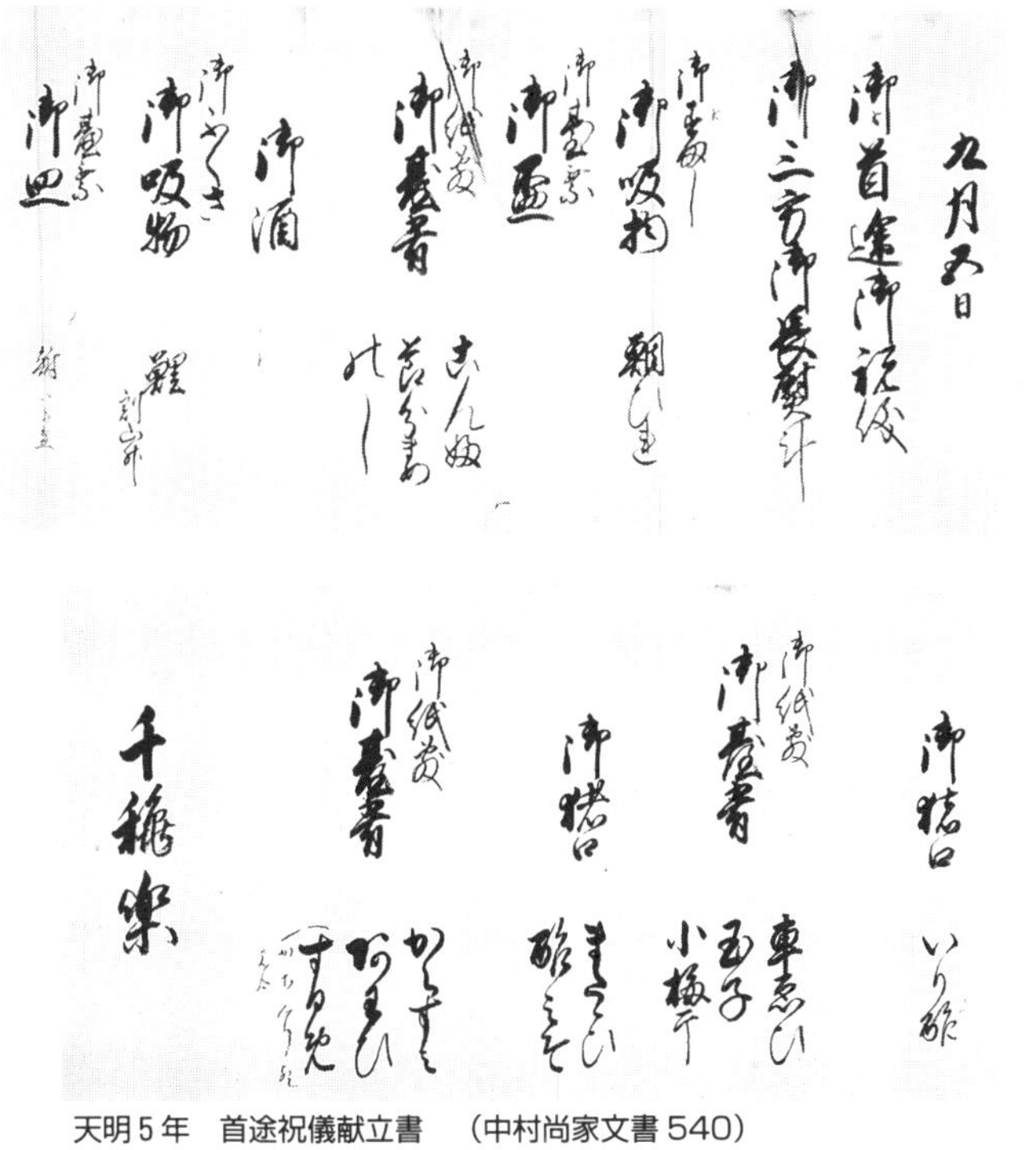

天明５年　首途祝儀献立書　（中村尚家文書 540）

を出す。二献目は、「是へ戻せ」と仰せられるので、盃の酒は飲まずにこぼして盃を濯ぎ、懐紙で拭ってから、盃台に載せてさし上げる。その時、「肴を」と仰せられるので、八寸に載せた台肴を進めると、「挟め」と仰せられ、八寸を取り直して、昆布・節分豆・熨斗の三品の中から一つを差し上げ、八寸は旦那様の前におく。そして三足摺り下がって、そのあと立ち出て座にもどる。再び家老衆に「旦那様より御盃を頂戴し、返盃まで仰せ付けられ、有難く、よろしく仰せ上げられ下さるよう」に申上げて、座を退く。この際は、脇指も扇子も差さない。

⑤その後、新しい「取替えの吸物（鯉）」以下の料理が出される。これらは古い献立書の通りであるが、その他に小漬け飯と「きん子・京いも・葛金砂かけ」などが季節に応じて出される。

⑥家老衆二～四人と取次の御相伴は、同じ料理。御近習衆四～五人は、「ひれ吸物」と「取替えの吸物」、大猪口に膾少々、取肴は昆布・節分豆・熨斗を出す。若党衆六～七人は、強飯に、肴は棒鱈、巻するめ・節分豆・大根など。御馬には豆一升。

⑦旦那様帰宅の際、御杖・笠が中村家へ預けられ、利兵衛はこれを持ち帰って手文庫に納める。その後、脇家屋敷へ御礼に行く。

⑧御発駕の前日に、脇家屋敷へ酒三升樽を献上。御杖・笠を持参し家老衆へ献上する。発駕時刻などを確認。利兵衛には御酒・吸物・肴などが振舞われる。

⑨御発駕当日、立付羽織で脇家屋敷へ行き、御供して摺針峠の望湖堂まで見送り、面謁がある。その後再び屋敷へ行き、御礼を申し上げる。

このように③④の面謁の際、脇家当主が懇ろな言葉を直接かけるのに対し、利兵衛は家老を通じてしか返答できない。また、裃・扇子などを下賜されることは、武士と町人としての身分の上下を確認する儀式であるともいえよう。しかし同時に、盃の交換が行われること、⑧で返礼の振舞いがおこなわれることなどからいえば、そこにある程度相互的・互酬的な性格をみることもできよう。

なお、安永六年（一七七七）の場合には、「脇伊織（七代豊善）様御中老役ニ而始テ江戸御首途」ということで、「尤是迄之御吉例御献立与ハ少々宜敷有之候得共、重而者以前之通ニ可致候事、此度之儀ハ始テ与申、少々談合も有之候故也」（535）として、台肴の品物が一部変えられているほか、最後に御菓子が加えられている（607）。

文化二年以後の省略儀礼と厳重倹約令　文化二年（一八〇五）四月の場合は、当初の連絡（①の段階）で「此度は御年限中厳重御倹約被仰出御座候得者、御吸物・台肴・猪口ニ而御献立被仰出」たので、せめて「小漬飯ニ而も指上度」と申し入れたが、結局「何分御時節柄ニ而御年限中は断」「とんと何も出し申間敷様」とされた。そこで、前日は（②）「御菓子指上ケ…末々まんちうニ而も」と持参したが、これも受納を拒否され、結局、奥方へ箱入りで差し上げることになった。また、当日は中門で出迎え、脇家当主（七代豊善）着座後、面謁。懇ろな挨拶があって、「御手つから熨斗被下置」、御礼を述べて退座した（③）。「是迄は麻絹上下・扇子等被下候得共、右御年限中別段之時節柄故、熨斗はかりニ而御祝儀相済」、一切の食事（④～⑥）もなく、暫くの休憩後、退出した。飾りとしての鷹の置物・卓香炉なども、自ら持参した（553）。

ここにいわれる「御年限中厳重御倹約被仰出」とは、この頃、井伊直中が出した五カ年厳重倹約令[23]の「音信・贈答・諸振舞・餞別・土産御停止之事」などをいうものであろう。文政三〜七年の五カ年も年限中でさらに延長されており、天保三年（一八三二）、八年、嘉永六年（一八五三）などにも厳重倹約令が出されている[24]。この間、⑦〜⑨は変わらないので、③〜⑥の「諸振舞」が問題であった。

ところで、脇家は、文化七年に七代豊善が在役中の不始末で逼塞、八代豊達は家督相続にあたって二〇〇〇石に減知、役儀御免を命じられていたが、同十一年将軍家慶の嫡子誕生を機に赦免され、同十三年六月、ようやく中老役并稽古館頭取を命じられた。

このため文化十四年七月の「首途」は、「初而御中老役ニ而江戸詰」ということで、「古来之通祝ひ呉候様」と通知され、「古来之通り之献立書」を差し上げ、「鯛ひれ酒」以下古例がほぼ復活した（555）。ちょうど倹約年限中の狭間にあたる。なおこのときから、脇家当主の到着、出迎え後、着座・面謁の前に「鎮守之宮へ御参詣」が加わった。

しかし、文政七年（一八二四）の「首途」では、「此度は時節柄ニ而、何角も質素之例、先達も例（文化二年のこと）有之故」として、一つに、麻絹裃・扇子ではなく、「手つから御熨斗」だけの下賜になり、二つに、食事は全く出されなかったが、菓子が出された。これは、事前に家老衆との相談なく、中村家側の判断で出されたもので、「朱之菊盆八寸ニ乗、青おほろ山高饅頭十、但し直段七匁つゝ、岡の雪十、但し直段七匁つゝ、数弐十」であった（559）。

そして、おおよそこれが、以後、文政十一年・十三年・天保四年・十三年と、厳重倹約令下における省略儀礼として先例になっていく（561・557・563・566）。文政十三年には、「先年ハ岡之雪紅なれ共、此間ハ残暑ニ而不出来故、やうかんニ致」、一〇〇〇石加増を祝して[25]「数を十ふやしける」といった程度の変更はあった。

ところが、天保十五年五月には、八代豊達が中老役として江戸詰を命じられ、また中村家も九代全前が前年に死去し「理兵衛方も代替り」（一〇代義乗）であるので、「旁以此度ハ已前ニ立戻り、吉例之通相務呉候様」と通知された。そのため倹約令の狭間に一時的に古例を復活させた文化十四年の献立書の写が差し出され、結局「旦那様ハ格別、御役人衆之献立ハ二品減」で、また豊達が病気だったこともあって「表向御首途与ハ御唱無之、御下屋敷へ御歩行」という名目で実施され、家老以下の分は「重詰」にされた。しかし、面謁では「此度ハ已前ニ立帰り吉例之通丁寧ニ致呉、大慶スル…上下を遣ス」と言葉をかけられて裃が下賜され、返盃なども古例にしたがって行われた（569）。

次いで嘉永四年にも、事前の家老衆の書状（613）では、「安永六年之吉例」を、たとえ形式的であれ復活したいと通知された。

一、来九日首途ニ而、御示談之趣、則申聞候処、何角御丁寧之御様子、大慶致候、右ニ付、安永六年之吉例、弥御用ひ被下候様致度、尤時節柄之事ニ而、献上之式ハ先例ニ任せ申度候へとも、品物之儀ハ、如何様ニ而も随分手軽ニ相成候様被致度含ミニ御座候、左様御承知可被下候

一、私初、近習等之小付飯之義ハ、間狭ニも有之、彼是混雑ト奉存候間、御止メ被下、吸物・御酒斗、随分軽く御祝被下候様、御相談及ひ可申旨、含ミニ御座候間、是又左様ニ御承知可被下候、

> 右ニ付、当日式書写為御心得、懸御目置申候、御留置可被成候

すなわち、「献上之式」の先例を形式上復活することが要で、料理の品物は手軽で、近習衆以下の分も省略するように指示されている。

安政二年（一八五五）に、九代豊武が家老本役に任じられ、京都警衛禁裏守護で上洛する際の「首途」では、再び、料理なく菓子のみの省略儀礼に立ち戻っている（585）。

以上のような経過をみてくると、文化年間以後の厳重倹約令下において、簡略化が余儀なくされたのであるが、脇家・中村家とも何とか家格にふさわしい古例を復活させたいとしていることがわかるのである。

町人の身分序列　ところで、安政二年（一八五五）、京都への発駕当日は高宮宿まで見送ったが、

> 一、七月廿一日御発駕、高宮御本陣迄御供仕候、尤早朝より御屋敷迄参候、御待合せ居候、尚又是迄御本陣ニて御逢も御座候故、其心得ニて扣へ居候処、此度ハ御役人衆不図御不案内ニて御逢無之、外御出入衆同様之振ニて、御本陣御立之節平伏致居申候、是ハ全ク間違ニ御さ候故、俄ニハ相不成事ニ御座候

立ち合い役人の不手際で、ほんらい脇家当主（十代豊固）と直接面謁できるはずが、他の出入町人と同じく本陣前で平伏させられたことを、先例に反するもので「全ク間違」としている（584）。

彦根帰着の場合も摺針峠や高宮宿までの出迎えと酒の献上が慣例となっているが、面謁が省略される場合には、たとえば文政二年には「少々御慎ミ」中であるとか[26]、安政二年には、

> 高宮迄御迎ひ之義ハ、此節御指合在之、相見合セ候様、則別紙参り申候ニ付、此度ハ御迎ひニ罷出不申候、（中略）右御指問之訳ハ、京御詰中、御家中方不埒筋ニて、不計御指扣へ御伺中、且木俣御隠居様此間御逝去ニ付、御忌服も相懸り、旁右両様御指問之よし、好ニ承り申候（586）

と、必ずその理由を記録している。ほんらいの先例を確保しなければならないからである。

城下の町人たちは、彼らが出入する藩士たちの彦根発駕・帰着に際しての見送り・出迎え、あるいはさまざまな祝儀や見舞いの挨拶をおこなっている（中村家もまた他の藩士たちとの関係では同様である）。その中で、中村家が藩家老脇家当主のために、「御杖・笠」の由緒を根拠に「首途」の祝宴を行うこと、発駕見送りなどに際しても直接面謁されることが重要なのである。そのことが、平伏するだけの他の出入町人と異なる、町人間の序列・家格を表示することになるのである。

おわりに

若干の補足―中村全前日記から―　以上、本稿の分析は、脇家と中村家の関係の財政的・儀礼的側面の事実確定に偏していたので、最後に、文政・天保年間に書かれた中村家九代全前の「日記」（2633～2649）などから、若干の事実をあげて、両家の関係がもつ人的・文化的な内容への広がりを示して補足としたい（すでに紙数が尽きているので、詳細は別

の機会にゆずりたい）。

一つは文政四年（一八二一）五～六月の記事で、脇家の元家臣（家老クラス）高野新八郎が、「子細有而離散、其後浪花へ参り被居」、名前も木下辰之進と変えていたのであるが、彦根へ戻ってきて上ノ町大丸屋に寄留し、五月二十九日、中村家に使者を寄越し、翌日「庭迄立寄」という形で訪ねている。中村全前は、六月二日に、脇家家老の市川を呼んで、高野からの「伝言など」を伝えており、五日には、市川方を高野が訪れて昼食、全前も同席している。その後も高野は中村家を訪れており、結末ははっきりしないものの、中村家の執り成しで帰参を願ったのではないかと思われる。

「日記」には脇家の家臣（陪臣）への「金談」も散見されるが、脇家との交流は、その陪臣たちとの人的な関係をも含んでいたのである。

第二に、脇家当主との間で和歌の贈答などもしばしば行われていたことが「日記」からわかるが(27)、中村家文書には次のような和歌が残されており、「首途」儀礼が和歌の贈答などの文化的関係にもつながっていることがわかる。香尚は脇五右衛門の雅号である。

・　東路に出立に、杜若ををりて中村ぬしに参らす　　香尚
　　別れ路にけふをるいけの杜若　こゝろ隔てぬ糸とたに見よ（664）
・脇公のあつま首途そ　昔よりかわらて祝ふ中村の宿（665）

第三に、中村家では仲間の町人たちとともに俳句の会や茶会なども行っており、上層町人クラスの文化的水準の高さがわかるのであるが、次の記事は、場合によっては町人が武士の茶道の指南をすることがあったことを示している。

嶋田氏と大坂屋（赤居甚吉）へ立寄候所、脇様の民弥様御出ニ而、嶋田ハ被帰候、おのれは兼而其御沙汰も有之、脇民弥様は伊織様（八代豊達）の御舎弟ニ而、此度山科日光様の御内の養子ニ御出ニ付、茶事御けいこ被成度趣ニ而、則甚吉殿へ御頼、御けいこ被成候事也、即おのれにも兼て御屋敷江も参り呉候様被仰候而、未此頃迄病気申立、御よろこひにも未不出、今晩風と御出逢申候事故、しはらくつとめけり、初夜頃帰宅（「日記」文政四年八月十日条）

大坂屋を屋号とする赤居甚吉は、中村全前と親しい豪商仲間で、自ら「菜摘庵」と号する茶室を建て、そこで茶会や句会を開いていたが(28)、ここでは中村家八代豊達の舎弟、脇民弥（乙也のことか）が、京都山科の毘沙門堂門跡公猷家臣の養子に出るために、赤居甚吉の所で「茶事」の稽古をしていたこと、そのため全前にも脇家屋敷への来訪が求められたこと、この日は菜摘庵でその茶事を勤めたことがわかる。

身分間の交流―まとめにかえて―　本稿で扱った中村利兵衛家と脇五右衛門家は、出自からいえば、いずれも天下人信長によって滅亡した戦国大名の家臣であった。しかし、その後、再び武士化のコースを歩んだ者と、町人化のコースへ転進した者と、いわゆる兵農分離過程において、両者のその後の運命は全く相反する方向をたどった。経済的・階級的、ないしは生産関係における位置からいえば、知行を与えられ、年貢収取権を含む支配身分を与えられた者と、酒造や商業などの実業を営み、被支配身分におかれた者という対極に位置することになった。

しかし、脇家の、上級武士として、それにふさわしい数の陪臣の扶養や同輩仲間間の社交、妻室の呉服などをも含む生活・文化水準＝「面目」

の維持は、財政的には、中村家などからの恒常的な借財関係によって成り立っていた。そしてほぼ元禄・享保期には、中村家などによって知行収入を経営・管理され、そこから費用を支給される関係が成立し、武士領主としての年貢収取も事実上名目的なものになっていた。

脇家の「首途」にあたっての中村家の祝儀の宴は、たしかに両者が武士身分と町人身分であることをあらためて確認する場であったが、しかし同時にそれは、脇五右衛門が中村利兵衛に対して懇ろな言葉をかけ、裃などを下賜し、盃を交換しあうという、むしろ身分間交流、お互いの共存を確認する場でもあったといえよう。脇家にとっては家老の家格を装飾するものであり、中村家にとっても町人身分内序列を確認する効果をもった。

また、脇家に要請された武士身分にふさわしい教養・文化も、俳諧・和歌や儒学にしろ、茶湯にしろ、むしろ中村家のような上層町人たちの主導で分厚く展開されることになったといえる。また、中村家は武士身分そのものになることはなかったが、その婚姻・縁戚関係は、中下級の武士身分をはじめ、郷士や医師、公家侍など、いわゆる支配—被支配間の中間身分に広く及んだ(29)。

近世の兵農分離体制は、たしかに武士と町人・百姓を身分的に区分する体制であったが、それを生活・文化の構造としてみる時、そこには意外に濃密な交流関係が存在していたのである(30)。

注

1 中村尚家文書、『彦根城博物館古文書調査報告Ⅳ 平田町町代中村家文書調査報告書』（彦根城博物館、一九九九年）目録整理番号1521号。以下、中村尚家文書による場合は、本文中に整理番号で示す。

2 光全の母の死亡記事（天正三年没）が最初である。なお、この「系図」の成立は近世後期、朱筆は幕末頃と推定される。

3 彦根藩井伊家文書。

4 中村家九代全前の日記「こころの茎」（2633～2649、以下「日記」と略記）文政三年二月二十八日条に「去ル年おのれ醤油売買初メし事ハ、深き思慮にて、限ニ此頃御上家中衆迄御けんやく、勿論時節柄不払等の時至り、酒抔も甚不けいきに相成、尤手前などハ所も空敷ゆへ甚売れもよろしからす、時に取てハ売いそぎもせす、扨醤油追々繁昌いたしけるも、是ハ所ニよらす、夫々徳意先へ遣し置候而宜敷ものゆえ、手前力次第ニ売ルものなれハ、雑用も少きものにて、懸方も取よきもの也けり」とある。

5 『彦根藩史料叢書 侍中由緒帳2』二九四～三三〇頁。以下、脇家の歴代についてはこれによる。

6 『彦根市史』上冊（彦根市、一九六〇年）、四七三～四七六、五〇八～五〇九頁など。

7 渡辺恒一「町人代官」（『近世の身分的周縁5 支配をささえる人々』吉川弘文館、二〇〇〇年）による。

8 正確には、「四つ物成」の四斗俵であるので、米八〇〇石＝二〇〇〇俵。それに八・一五%の「指口米」を加えて（『彦根市史』上冊、六〇八～九頁）、二一六三俵になる。

9 『侍中由緒帳』によって、おおよそ元禄～享保期の知行高、役職を示した。借銀関係史料は、834～1240。

10 『侍中由緒帳5』一三三～五頁。

11 『彦根市史』上冊、五一七、六二四～五頁。

12 同上、五一七、六一三～四頁。母利美和「能役者」（『近世の身分的周縁2　芸能・文化の世界』吉川弘文館、二〇〇〇年）。

13　前掲、彦根藩井伊家文書。

14　『彦根市史』上冊、五一〇～五一一頁。

15　『侍中由緒帳』の脇家の履歴でみると、宝永七年─井伊直通の日光代参に、家老木俣半弥の代として御供、正徳三年─井伊直該が徳川家継の加冠役を務めた時の御用、井伊直惟の結納祝儀の蜂須賀家への使者、井伊直惟元服の理髪御用、正徳四年─井伊直惟の将軍への家督御礼の際、将軍御目見、享保二年─井伊直惟婚礼の万事用向頭取、享保二十一年─江戸御門支配、旗奉行、元文二年─徳川家重長男御宮参に井伊家御成の際、御目見など。

16　そのほか、脇から中村家への、「今度御輿請取役被仰付」たので「入用金世話頼入候」という書状もある（644）。

17　本史料は近世中期以降のもの（寛政四年か）と思われる。

18　元禄三年には、江戸使者の往復費用は知行一〇〇〇石で、下人一〇人を召連れ、銀六七〇匁と旅籠銭一〇四貫五〇〇文が支給されることになっていた（『彦根市史』上冊、六一八頁）。これはおおよそ、金三七両になる。

19　中村尚家文書については、昭和初期に先代中村改一郎氏によって整理がおこなわれたほか、何度か整理が試みられたが、すでに廃棄されていたものもかなりあったようである。借銀関係については、町人関係は近世中・後期のものも残っているが、藩士関係は元文頃でほとんどなくなる。

20　「今朝市川曽右衛門（脇家家老）殿入来、御屋敷の金談ニ被参候」（「日記」文政三年八月二十二日条）といった記事が散見される。

21　脇五右衛門のほか、三浦内膳、青木平九郎、本多七右衛門、沢村軍六などとの「金談」の記事がある。

22　『侍中由緒帳3』二〇一～二頁。

23　『新修彦根市史』第六巻史料編近世一（彦根市、二〇〇二年）、四五四号。ただしこの二月二十七日付の法令の史料は写しで、「添書ハ三月朔日、文化元甲子年」とあるによってこの年にかけるが、年次ははっきりしない。彦根藩井伊家文書（三一七四九番）によれば、文化三年に「去酉年より五ヶ年御倹約尚又五ヶ年」とあり（渡辺恒一氏の御教示による）、これによれば享和元年～文化三年、さらに文化八年までが厳重倹約年限中ということになる。後考をまちたい。

24　『新修彦根市史』第六巻史料編近世一、四五八・四六一・四六四号。

25　なおこの増加理由を留書（557）は「千石御加増ニ而」とするが、『侍中由緒帳』の脇家履歴にはそのことを載せない。

26　「日記」文政二年四月二十四日～五月二十三日条。この時、脇豊達はいくつかの不祥事が重なって二〇日間の「指扣」を許されたばかりであった（『侍中由緒帳2』三一四～五頁）。

27　「日記」文政四年一月二十日条に「市川氏入来、今日脇御隠居様御下屋敷ヨリ梅一枝にたにさくゆひ付」とあり、翌日条に「脇様御隠居古随様へ御返し発句」などとある。

28　菜摘庵の創設は文政二年二月十二日（「日記」）。

29　前掲『平田町町代中村家文書調査報告書』所載「中村家略年譜」など参照。

30　拙稿「芸能・文化の世界」（『シリーズ近世の身分的周縁2　芸能・文化の世界』吉川弘文館、二〇〇〇年）、「近世の学芸」（『日本史講座』六、東京大学出版会、二〇〇五年）など。

第三部　武家の教養と政治意識

彦根藩「御家風」の形成

柴田　純

はじめに

次の史料は、木俣守盈を含む三人の家老が小姓衆に宛てた年未詳の書付である[1]。しかし、内容から正徳四年（一七一四）から享保二十年（一七三五）まで彦根藩主であった直惟への諫言書であることがわかる。少し長文だが、右の書付によって問題の所在を考えておく。

於御当地風聞之趣拙者共も及承、御目付共へも密ニ相尋、拙者共存寄言上候（略）淡路守様（蜂須賀綱矩）ニハ御知行高ハすくなく候へ共、二ヶ国御拝領地広ニ御座候へハ御物成大分之由、御家中之面々へも地方拝領仕、物成高一二倍取も有之由、兼々申触候、右之通り故、自然と西国筋之御大名方者諸事花麗ニ有之候、ケ様之御家風、御家なとニをいてハ御評判ニも及申儀ニも無御座、御家中末々迄少も　淡路守様御家中之風俗似せ申筈ニ無之処、近キ比ハ少々あなた様之御家中之風俗見習、不相応之仕ものも有之様ニ風聞仕申候、虚実ハ不奉存候へ共、是又御考ニも可被為成哉と申上候、件之趣近キ比相唱候品乍恐御為ニ不宜儀共ニ奉存候、　上ヲ学ひ候下ニ而候へハ、　上之御風儀前々ニ御相違も御座候而、御酒宴事も度重り御遊興之趣ニ相唱候而ハ、御家中不残其通ニ可罷成候、二三十年以来ハ御家中之風俗も悪敷、遊興色欲不苦様ニ罷成、端々法外之仕合も前廉ゟ風聞仕候、ケ様之風俗御当地ニ而急度御直シ被遊、武道厚考覚、風俗古来之通いかやう共思召一ツニて可罷成事ニ奉存候、然処近キ比之御様子、御前之御思召、御たくみの儀ニ無之、自然と　淡路守様御家風ニ似寄候様ニ罷成候而者、下ニ而ハ其善悪不相考　殿様御思召此通と相心得可申候へハ、御法度御掟いかほと御座候而も相立不申、日々ニ御家中風俗悪敷可相成と奉存候、於御奥方（蓮光院）も舞子三味線座頭打交り専御慰事御座候ハヽ、於御当地も押はれ此通りニ可罷成候、御奥方様ニもこなた様之御家風之通りニ被遊候様ニ仕度奉存候、御前之御思召一ツニ而如何様ニも被遊能御事と奉存候、　淡路守様へも御礼儀ヲ被尽御むつましく被遊、こなた様御家風ニ無之あやつり歌舞伎其外御遊興之品ハ急度御断被仰可然奉存候、此段御満足ニも不被思召候御様子ニ候共、其通りと奉存候、乍恐御為之儀と奉存憚成存寄申上候、　直孝様御代ニハ、大猷院（徳川家光）様専御酒御好被遊、御殿中又ハ御成先ニ而も御酒事有之、毎度　直孝様ニも御列座被遊候へ共、終ニ於御家者御酒宴事無御座候、於　御成先ニ御酒宴之節、松平越中守殿と御口論も有之候由申伝承候、　直孝様常々御意ニハ、酒宴ハ不礼之元、言葉之申違も有之もの、於内外酒事好申物ニ無之由、毎度　御意之由承伝候、ケ様之御一言誠以末々之もの迄も奉感候事ニ御座候、兎角向後之儀ハ御考も可有御座御事と奉存候

右の諫書は、直惟の正室蓮光院（享保九年死去）の父蜂須賀綱矩の「花麗」な日常生活が彦根藩に持ち込まれ、直惟がその「風俗」を「見習」った結果、家中の者までがそれに影響され、「淡路守様御家風ニ似寄候様」になってしまったことをまず指摘する。そのうえで、二代藩主直孝の行動や「御意」を根拠にして、阿波藩流の「遊興」になじみ、その撤回に難色を示す直惟に対する説得を試みている。そして、直孝の行動や「御意」が「こなた様之御家風」だとされ、阿波藩のそれとは異質だとして、彦根藩の「御家風」を順守することが求められたのである。

では、家老中のこうした諫言に対して、直惟はどう考えていたのだろうか。直惟が諸役人に倹約を説いた、享保二年（一七一七）の「御法度并風俗ニ付御示留」(2)に、

直孝公御時代よりの格を用ひ、倹約之定年久しかるへし、近規によらす万事因循ならす、其事々によって其詮儀有へし、下ニて極めかたき事ハ大小事ニよらす下知を請へし、若又奸佞の者ありて我を蔽て知せす、財用常ニ多、入費益広く、定も空しきに及は、大小の役人ニよらす見聞次第耳ニ達スへシ、又此節ニ至て費を好ミ、奢を進め或ハ倹約之道害のミありとて、邪悪之道理我ニ云者、其事広く遂糾明、道理次第規矩ニ違なハ其法厳ニ申付へし、若又人不言我ニ奢あらは、必其陳を思ふ所也、

とある。不正があれば「大小の役人」に関係なく「見聞次第耳ニ達ス」べきことが求められ、さらに「我ニ奢あら」ば諫言せよというのである。そうした際の基準が「直孝公御時代よりの格」であった。すなわち、直惟もまた彦根藩の「御家風」に従って藩運営にあたっていたことがわかるのである。

右の事実から、近世中期の彦根藩では、「御家風」が藩主や家臣団の行動や思想を強く規制していたことがわかる。以下本論では、まず始めに、直孝がどのような考え方を基本にして藩運営にあたったかをみていくことで、「御家風」の思想的内実を明らかにする。次に、直孝の意向が、代々の藩主や家老衆を通じて、「御家風」として定着していく過程を明らかにする。右の検討によって、彦根藩に固有な「御家風」の意義

だけではなく、「御家風」が彦根藩政をいかに支えていたかをも明らかにしていきたい。

1　直孝の治者意識

直孝は、大坂冬の陣を契機に彦根藩主となり、以後、慶長二十年（一六一五）、元和三年（一六一七）、寛永十年（一六三三）の三度にわたって五万石ずつを加増され、都合三〇万石を領することになった。この間、幕政での影響力を高める一方で、領地高の拡大に伴なう家臣の増強にという事態に直面して、新参の家臣を含めた家臣団に対して、藩運営の担い手としての意識を植えつけていくという課題が急務になった。ところが、寛永九年に秀忠が死去したあと、家光の後見として幕政に深く関わることになったため、寛永十一年以後、ついに一度も彦根に帰ることができなかったのである。そうした状況下で、直孝は家臣団の吏僚化を図るため、国元に頻繁に書付を送り、自己の意志を伝えた(3)。そうした書付には、直孝が期待した藩主像や家臣像が生々しく提示されている。すなわち、世子や家老、筋奉行、目付などが、それぞれの役割を自覚し、今風にいえば、主体的に自分の役儀を果たすように求めたのである。以下で具体的にみていこう。

（1）直孝の人間観

人間の向上可能性　直孝の治者意識を探っていくにあたって、まず始めに直孝の人間観をみていく。なぜならば、直孝が世子や家臣に期待した役割は、直孝の人間観が根本にあったと考えられるからである。なお、ここでいう直孝の人間観は、抽象的な人間一般というよりは、武士が主に念頭におかれていたことに注意しておきたい。

さて、直孝はすでに元和四年段階で次のような見解を述べている(4)。

家中之子共、此方へ参り候風躰見申処ニ、武士之風俗ハ唱失ひ、士之作法も無之、己か気侭ニ生立、皆若衆方之成行之躰ニ候、見懸ニしやうね《性根》も無之様ニ見へ申候、ケ様之儀ハ家之疵程ニ而候、畜類さへ人間之しやうねを入候へハ、其道理ニ落ると見へ候、常々之親之志悪敷故ニ子共侍之作法も無之様ニ見懸ケ見へ候間、左様ニ被相心得、武芸をも不嗜不覚悟なるものハ、重而子共召出候時も直孝申遣候時も可被致無用事

たとえ「畜類」であっても、「人間のしやうね」を入れてやれば、人間の「道理」を弁えるのだから、ましてや人間であれば、人間の「しやうね」を入れてやれば「侍之作法」を心得、「不覚悟」にはならないと述べ、人間の向上可能性を主張していたことがわかる。

直孝は右のような人間観を基本にすえ、終生変わることはなかった。例えば、寛永二十一年（一六四四）七月十七日、直孝が世子直滋の初めての彦根入国にあたって、家老木俣守安に相談役になることを求めた書付に次のようにみえる(5)。

家中之知行取を始切米取末々迄も吟味之儀も、此吟味者是非可仕と

懸り申儀ハ沙汰の限成儀ニ而候、如何様緩々と吟味候へ者、人間ニハ何とそとりゑのなき者余無之物ニ而候、何之道ニも不成者ハ大方しれ申物ニ而候間、右之儀も自然ニ吟味仕候様ニ尤ニ候

「人間ニハ何とそとりゑ（取柄）のなき者」は少なく、「何之道ニも不成者ハ大方しれ申物」、つまり、使い道のないような人物はすぐ判断がつくのだから、「是非可仕」といった性急な態度で「吟味」するのではなく、「自然ニ吟味」することが大切だとされる。人間はそれぞれ持って生まれた何らかの「とりゑ」があるのだから、それを生かすようにじっくり「吟味」することが大切だというのである。(6) 人間の向上可能性を認めた先の考え方と軌を一にしていることは明らかなのである。

直孝は右のような人間観をふまえたうえで、当世風の武士に次のような生き方を求める。すなわち、自分ほどの能力があれば、「他家中」で「高知行」を取れるといった「欲心成もの」は、「何事におゐても其心さし」があるため、かえって「引立られ」ないのだ。「人ハ」現在では「うり物抔之様に身躰をあきなひ（商）出申躰」になっているのだから、「主之目にも入被引立」れるような「不足」のない「奉公」をすることが大切だとされる。(7) 商の世にならい「高知行」を求めるのであれば、それに見合った「奉公」こそが必要だというのである。

当世風の武士　直孝は、一方で人間の向上可能性を認めつつ、他方で、当世風の武士が「身躰をあきなひ出」すようになっている状況を的確にとらえていた。直孝はそうした認識をふまえて、移ろい易い人の心の変化にも敏感であった。

例えば、承応二年（一六五三）三月十五日付書付で次のように述べている。(8)

年中召仕候浦々之船、其処之船もち庄屋ニ毎年せんさく被致可然候、万物ニかゝり候もの何程無欲成ものニ而も、一旦ハ勤申ものニ而候得共、往々ハ色々のむさふり（貪り）有之ものにて候間、片岡一郎兵衛申付候様ニ吟味肝要ニ候

「物ニかゝり候もの」は、「無欲成もの」であれば、最初は精勤していても、「往々」はさまざまな貪欲心をおこすようになるというのである。直孝の右のような人間観は、「人間の作法、行当候時斗ニ而、其後ハ上下共ニ忘申物ニて候間、油断被申間敷候」(9)とか、「兎角ニ人なれ候様成ものハ必悪事出来可申候間、兼日左様之所考尤ニ候」(10)といった言葉からも確認できるのである。(11)

では直孝は、右のような人間観を土台にして、藩運営にあたる国元の家老衆に対して、どのような基本的立場を求めていったのだろうか。次にこの問題を考えていく。

(2) 道理の重視と法度観

道理と損益　直孝は、正保三年（一六四六）十二月二十八日、木俣守安他家老中に宛てて次のような書付を国元に送った。(12) すなわち、西堀次兵衛が「彦根賄方之儀」について「存所申越」したのに対して、「成次第ニ被致候儀余成」ることと、十分に「僉儀」しなかったことを批判して、「具ニ吟味被致一々ニ分可被申越」と述べたあとで、「賄方諸人へあてかひ之儀、如何ニ徳分ニ候とて作法を違申義ハ大成あやまりニて候、理ニも叶損益之考も仕所吟味せんさく極処ニ而候」と主張する。

右にいう「理」とは、直孝の書付で「侍之作法」とか「士之作法」といった言葉が多用されていることから、武士社会の慣習的な道理や、もう少し広く領民までを対象にした法度などを含む、当時の社会で認められていた正当性の判断基準のことである。つまり、いかに藩庫の「徳分」になるからといっても、「損益之考」のみではなく、右の「理」にかなっているかどうかをも合わせて考える必要があり、それが「吟味せんさく」の「極処」だというのである(13)。

では、「理」を重視するとはどういうことだろうか。直孝は、正保三年十月十五日付の書付で次のように指示した(14)。

東沼波村百姓半三郎が「筋奉行へ訴訟」した際、「隣郷おとな百姓指出あつかひ済」ということで、筋奉行は「下ニ而相済候へ」と片付けた。しかし半三郎は承知せず、直孝へ「直目安」を上げた。直孝はそれに答えて、「彼半三郎目安之面見申所に、実正ハせんさく不仕候而ハ難知儀をあつかひと申付、打捨指置候儀、下ニてあつかひニ済候儀ハ其様子に依儀ニ可有之と存候、筋奉行不念と存候」と批判したうえで、「わけ不存候心ニハ、本帳をやめ中間のならし抔と申儀ハ、左様ニ候ハ、庄屋・おとなしき百姓斗のたち、小百姓者何時もおいつふされ可申様相聞へ候、か様之訳如何様成義ニ而候哉、委右之せんさく相極候ハ、様子具ニ書付越可被申候、か様之公事ハ、人間ハ不寄誰ニ理非ハ脇ニ成、其者之しかた悪敷候へハ其ニくきこころ理非所へも指出、相違成儀在之者ニ而候間、其心得善悪可被申付也」というのである。「吟味」もせず「下ニてあつかひ」を命じた筋奉行の態度を批判して、「公事」の場では、人間は「理非」よりも、公事の「しかた」に注目するので、その「しかた」次第によっては、「ニくきこころ」が「理非」にも「指出」て、思ってもみない結果をもたらすので、心して吟味せよというのである。つまり、「下ニてあつかひニ済」すことが良い悪いではなく、どうするかは「其様子に依」って判断すべきであったのに、筋奉行が機械的に処理して、十分検討しなかったことを問題にしたのである。

右のような不吟味をすれば、道理がどちらにあるかといったことは「脇ニ成」、相手を憎む気持ちのみが一人歩きして悪影響が出るから、吟味にあたっては、そうした事態を招かないように十分検討し、道理に照らして判断すべきだというのである。道理を重視するとは、武士の作法や法度を基準にするというだけではなく、正しい吟味を行うことでもあったのである。

法度の重視　では直孝は、法度に対してどのような態度を求めたのだろうか。石畑村左兵衛弟甚四郎が親次郎右衛門の「跡職」をめぐって「目安」を上げたのに対して、直孝は次のような判断を下している(15)。

紙面之通ニ候得ハ甚四郎不届至極候、兄弟在所ニ住居仕候ハ、、隠居之田畑家屋敷弟ニ親譲り申儀、此段ハ尤ニ而候得共、彼甚四郎他国かけ仕法度を背、只今兄と親之跡式之公事仕義、并青山弥左衛門相果候剋、弥左衛門町屋敷壱間取セ置候処、之をも相背他国、其上公事之段々不届成様子と相聞候処ニ、石畑村ニ百姓をも可為仕ため、兄之田地之内ハけ隠居屋敷をも取せ置候様ニ被申付候由、沙汰之限成各々分別ニ而候、左様に物毎用捨慈悲過候ハ、、以来迄も仕置法度可立儀ニ而無之候、悪敷道を被申付候故、彼甚四郎鞁負(直滋)ニ直目安上候、何時も右之被申付様ニ而ハ左様に可有之候、甚四郎筋奉行年寄中へ不申上、直目安上候儀不届之由被申越候、少しも不届と不存候、其子細ハ、公事聞被申候儀、皆々筋奉行寄合聞被申候上ニ而、分も無之用捨か間しき儀被申付候間、然上ハ年寄中筋奉行へ目安上可申様ハ無之候事

甚四郎が「他国かけ仕法度を背」いたこと、「兄と親之跡式之公事」をしたことなどから、甚四郎が「不届」なのは明らかである。それにもかかわらず、「石畑村に百姓をも可為仕ため」「隠居屋敷」を与えたのは、「沙汰の限」の「分別」である。こうした中途半端な「用捨慈悲過」のことをしていては、将来にわたって「仕置法度」が立つはずがない。また、甚四郎が「直目安上候儀不届之由」申越してきたが、「年寄中筋奉行」が「分も無之用捨か間しき儀」を申付けたのだから、甚四郎が「直目安」を上げたこと自体は「不届」と思わないというのである。直孝は、中途半端な「用捨慈悲過」の仕置を否定し、法度の厳格な適用を求めていたことがわかる。中途半端な仕置は、将来にさまざまな問題をひき起こすからである。

直孝の右の考え方は次の事例からも確認できる。すなわち、「札」を取らずに殺生した法度違反者に、「鳥奉行」が自分の「心得」で「過料」の処分を「申付」けたのに対して、「度々過料申付候斗ニ而指置申ニ付、左様成悪人有之と相聞へ候」と批判し、「在々の仕置、何時も過料斗ニ而相済来候へハ其考仕、悪人ハ如何程も出来申ものと相聞候間、かるき儀成とも、時ニより品ニ〆或ハ籠舎或ハ死罪ニ申付尤ニ候間、万々仕置、其考可在之事」と述べ[16]、「かるき儀」であっても、「時」と「品」により「籠舎或ハ死罪」に「申付」けるべきだと主張する。ここでは、中途半端でない時宜に応じた法度の適用が主張されている。

また、「本高之内ニ而無之余田広地なとの分、年来百姓作り押領仕儀ハ無届至極候間、左様成者ニハ考次第以来之仕置之為ニ而も候間、過料成とも籠舎成とも申付可然様子ニ候ハヽ、相談之上能様ニ可被申付候」[17]とか、「竹木盗切候」者に対して、「於何事も過料申付候斗ニ而法度不立候様成義ハ、相談品ニ〆死罪又ハ籠之内喰物之儀自飯米か惣郷中之もたいか、左様成考仕可被申付候（略）科人無届もの過料〳〵ニ而法度不立候へハ、大成仕置之なんニ而候間、左様之考肝要ニ而候」[18]と主張している。「以来之仕置之為」や「大成仕置」のことを十分に考慮し、「法度不立」るような事態が招来しないように、常に慎重に処罰を考えよと教諭されたのである。

ちなみに、右のような法度の厳格な適用方針は、百姓に対してだけではなかった。例えば、鉄炮での鳥打ち事件に関して、「惣別殺生之儀も札次第ニ申付候、鉄炮之札と申義ハ、兼而在之間敷候所に、右之通ニ候得とも、不審千万ニ而候、此吟味成程堅く被申付、万一家中親ニ懸り之子ともなと背法度候ハヽ、家老衆之子を初急度切腹可申付候間、左様ニ内々心得、至其期うらミ不足有之間敷儀ニ候」[19]と、「法度」違反は、「家老衆之子」であっても「切腹」を「申付」けるというのである。直孝が法度の厳格な適用を重視していたことがわかるのである。

（3）役儀の主体的実践

細心の吟味　さて、直孝のもう一つの基本的立場は「大方」の「成次第」ではなく、役儀において「細ニ吟味」して「以来之考」を工夫せよ

というものである。具体的にみていこう。

直孝は、慶安四年（一六五一）十月二十日に、木俣守安他家老中に次のように指示した[20]。

物別家くせニて万之儀細ニ吟味念も不被致、勿論筋奉行其外諸役人迄も指当義迄申付、考無之迄ニ而候間、郷中之儀も賄方其外京買物又ハ近国遠国ニ而之調物なと、其道を存候ものニいく人も申させ聞被申、能を用被申候様ニ仕度願ニ候事

「切米」に関して、「不似合高ふち又ハ加増扶持」は種々「考」え工夫すべきだと述べたうえで、彦根藩では、「万之儀」に「細ニ吟味念も」しない「家くせ」のため、「筋奉行其外諸役人」が当座のことだけ考え、将来の「考」もないと批判し、そうではなく、「郷中之儀」などは「其道」に通じた「いく人」かに尋ね、そのうちの「能」き方策を採用すべきだと指示するのである。

右のような細心の「吟味」と熟考、専門家の意見採用という主張は、寛永飢饉にあたって出された指示からも確認できる[21]。

一、在々かつへ（餓）人なとすくひ（救）之儀、又ハか様之時分仕置法度ニ申付可然義なとハ、結句侍ハ不知物ニて候間、在々之ものなとの跡々も飢死ニ及候儀ニ相候様成功才成年寄なと候ハヽ、左様之者をも召出し相尋候様ニ可被致事

一、大方ニ心得申候ハヽ、仕様ニぬけおほく候而物ハ入、仕置ハ不立、後ハいな有様ニ成行可申候間、左様ニ心得可被申候（略）大まかニ被致候ハ、必大成費ニて、仕置ハ以来迄も悪敷成可申候間、油断被致間敷事

すなわち、具体的な飢饉への対処法は「功才成年寄」に尋ね、「大方ニ心得」た「大まか」な対処は、かえって「大成費」となり「仕置」が立たないのでするなと指示されたのである[22]。

主体性の重視　ところで、飢饉への対応として出された次の指示は重要である[23]。丁寧に考えてみよう。

一、当年ハ此方ハ土用前ゟ至今事之外成旱ニ而作も大方ハ違、来年ハ飢饉可仕躰ニ相聞候、其元如何無心元存候、代官百姓任ニ不致、か様成時之筋奉行ニ而候間、見廻り作毛ニ念を入申付候様に肝要存候、定而油断ハ有之間敷候得共、欲心故又ハ他へ仕置聞之ためニて候間申越候、成次第と存候へ共、何之構ひ被成義ニ而ハ無之候得共、以来之考仕候上ハ無念毛頭有之間敷と存候事

一、御預ケ米又ハ少も蔵ニ有之米、最早今時分大津へ上セ払申時ニ而候間、か様ニ旱故か江戸ハ俄ニ米高直ニ成申間、諸国江戸之相場を請申義ニ候間、左様之考京・大津なとの様子をも態と成共慥成者指越承届損益考仕、大津ニ而払候様ニ可被致候事

一、何事も成次第と明らめ候得ハ、何も無之者ニて候、人間ハ如何様成者も死期之取沙汰肝要ニて候へハ、其考可在之儀と存候事

飢饉への恐れが高まっているなかで、筋奉行が「見廻り作毛ニ念を入」れ、「以来之考」をもって対応すべきことを求める一方で、払米に関して、「米高直」を予想しつつ、「京・大津」の様子を探り「損益」を考えて行動するように求めたうえで、「何事も成次第」と諦めてしまえば「何も無之物」とそうした態度を否定し、人間は「死期之取沙汰」が「肝要」、つまり、人は生前に何をしたかが重要なのだと主張する。すな

わち、飢饉になるかどうかは「成次第」でどうしようもない。しかし、だからといってすべてを「成次第」なあなたまかせで諦めてしまっては、人としての甲斐がない。そうではなく、人は人としてできる限りのことを尽くすべきで、そうした生前の行動で「死期之沙汰」が定まるとされている。つまり、何事に対しても運命任せで諦めてしまうのではなく、人は与えられた状況のなかで自己の最善を尽くすよう、主体的に問題解決のために工夫すべきだというのである。

直孝の右の主張は、戦国期までの「天道次第」の生き方に対して、近世になって強調されてくる「人次第」の生き方と一致していることがわかる(24)。すなわち、直孝は人の主体性を重視する考えをもっていたのである。

直孝の右の考え方に通じる指示をいくつかあげてみよう。例えば、「諸切米取上下ニよらす番等も不成候様成とし寄過、又ハ長病人も候哉、か様之吟味も被致、具ニ可被申越候、皆々も直孝も久敷召仕候とて用捨之心ふかく候て、大方ハ成次第ニ仕躰ニ成行候、万々役人左様ニ而ハ俄成時行当可申候間、兼而其吟味被致尤候(25)」と、直孝自身や家老らの「用捨之心」を自己批判して、「成次第」ではない「俄成時」のことを考えた吟味が指示される。また、「不覚悟成ものハ侍ニ不限下々之儀ハ勿論、喰物さへ候へハ、奉公の心指、立身之覚悟世間なミニ而一切無之与相聞候、安楽ニ徒ニ月日相送候と相聞へ候（略）件之通不覚悟者ハ成次第ニ仕と相聞へ候(26)」とあり、「不覚悟者ハ成次第」と等しく、「奉公の心指、立身之覚悟」のない者と断じられている。「成次第」の生き方が否定されたのである。さらにまた、「何事も此方ゟ存出申越候へハ、就其穿鑿仕申越候処相違無之候得ハ、御尤至極と斗ニ而年来事済儀ニて候、御尤至極と被申候斗ニ而ハ以来奉公ニハ成間敷かと存候間、左様ニ心得、主之為ニハ只今之通ニ成次第ニ被致候とも面々身之ためニ候間、少ハ何事にも被入精吟味可然かと存候(27)」と、直孝の意向を「御尤至極」とのみ繰り返すのは「成次第」の「奉公」と批判し、「面々身之ため」には「何事にも被入精吟味」が必要だと教諭されたのである。

直孝は右に述べてきたように、道理と損益をふまえた藩運営を基本としつつ、中途半端ではない厳格な法度の適用を要請した。そのうえで、「成次第」の「大まか」な藩運営ではなく、諸役人がそれぞれの役儀を「細ニ吟味」し、かつ当座のことだけでなく将来を見越して、「主之為」に精勤することが大切だと主張する。そして、そのためには自分でよく考えることが大切だとし、国元への指示で「能考見可被申」とか「左様之考肝要ニ而候」といった言葉を何度も繰り返し、執拗に自分で考えることの重要性を力説して、家臣を叱咤激励したのである。直孝が諸役人にそうした態度を期待したのは、直孝が人間は向上可能性を持つとともに、初心を次第に忘れ、事なかれ主義や私欲がちに成り易いという人間観をもっていたからなのである。

直孝の右のような立場をふまえたうえで、直孝が国元を預かる家老衆にどのような役割を期待していたかを次にみていく。

（4）家老衆の役割

諸役人の任務　直孝は家老衆に対して、寛永十九年十一月五日に、次のような指示を送った(28)。

庵原主税介
岡本半介

右両人之衆、午ノ霜月ゟ重而申越候迄、大細之事用之儀引受、其品々を被致僉儀、滞無之様ニ、早速埒明候様ニ、其役者々と吟味相談可被申付候

一、公儀御用之儀ハ、何時も清左衛門（木保守安）ニ申聞せ、又家中侍中ニ両人分別ニも難及程之儀出来候ハ、是また清左衛門ニ申聞せ、其上十郎（長野）左衛門ハ煩之儀ニ候間、相談も不成候ハ、各別之儀、（脇）五右衛門其元ニ居被申候ハ、、又半弥（木保守明）・与惣兵衛（長野）・印具徳右衛門・中野助太夫、側ニ而用申付候衆居候分、主税介所へ寄合、相談相調候様可被致候也（略）

一、去時分申越候ことく、郷中之儀ハ於何事も筋奉行衆次第ニ而候間、及相談可被申候由可被申渡候、是も面々不及分別、其当役ニ而候間、主税介・半介両人へ申聞せ落着可仕よし、三人之筋奉行へも急度可被申渡事

今後は、庵原主税介と岡本半介が「大細之事用之儀」を担当して「僉儀」し、「公儀御用」や両人が「分別」しがたいことは木保守安に「申聞せ」その判断をうけること、また「郷中之儀」は筋奉行「次第」だが、筋奉行は自分で「分別」せず、「当役」たる「両人」に「申聞せ落着」すべきだというのである。[29]家老衆と筋奉行の役割がここに示されている。

また目付の役割については、直孝が大坂陣で功績のあった足軽を知行取に引き上げた際、論功評価に不備があったと不平を言う者に対して、直孝が口を極めて反論した書付のなかで、[30]「とかく目付之者不届者と存候、如何様之儀をも書付折々越見セ可被申所ニ、終左様之儀無之候、其段可被申聞候、目付仕者ハ分別工夫思案入儀ニ而無之候、何事成とも申聞せ候役人ニて其段可被申聞候」と述べている。目付は「何事」も主君へ「申聞せ候役人」であって、自分で「分別工夫思案」する役ではないというのである。[31]

ちなみに、直孝は別の書付で、「勘定之もの」には「思案工夫分別たて」は不用で、むしろ「考たて分別たて」は「邪魔」で「はかも行す、しまる所もしまらす、悪物にて候」としたうえで、監督する筋奉行も、自分が「不合点成儀」または「おちつきかたき儀」があれば、家老に相談し「落着」するようにせよと「申渡」している。そのうえで、もし「気随成」筋奉行がいれば、「家老被仕候役ニ而候間」、家老は「一往ハ異見被申聞、其上ニ而も気随成躰ニ候ハ、急度可被申聞候」と直孝に「申聞」すように指示している。[32]右のことをふまえたうえで、先にみた家老の役割と関連づけて考えれば、「分別工夫思案」は、主君とともに家老が行なうべき任務だと認識されていたことがわかるのである。

また、家老中と諸役人が行なう「相談」の場は「せんさく」のためだから、「不入ぎしんたて」や「我申出候儀をたてたが」ることなく「真志」を専らにし、かつ「いか様成下々申儀」であっても、「能所へ付被申」意見であれば、それは「主之為」を考えてのことなので採用すべきだという。[33]「相談」の場での作法まで指示されていたのである。

ところで、先の「家老被仕候役」とあった書付には、家老衆のあるべき態度が、「天下之御老中朝五つ前ゟ八つ半時七つ切ニ定、毎日御城御詰、其外御用ケ間敷時者未明ゟ夜中迄不相極候内ハ御城ニ御詰候歟、又

ハ御用番之所へ御寄合候歟、件之通成御様子ニ而候、夜面々之宿ニ御入候而も御用斗ニ御懸之躰ニ常々被成来候、ケ様之儀も皆々を始承置可被申候」と示され、幕府の老中が日々「御用」のため精勤している様子を述べて、国元の諸役人がこうした事実を「承置」き、それにならってそれぞれの役儀に精勤すべきだと主張されたのである。右の書付が木俣守安、庵原主税介、木俣半弥の三人に宛てたものであることをふまえれば、三人が右のような幕府老中の精勤ぶりをよく認識するだけでなく、他の家老衆や諸役人に徹底させるように求められたことがわかるのである。

ところで、これまでの記述からわかるように、直孝は国元の藩政に関してさまざまな指示を与えていた。そうした指示は、家老衆や筋奉行、目付、普請奉行などといった面々に対してのことだけでなく、足軽、中間、細工人、手代など下級武士の人事や、さらには大津での払米や町中・在々の仕置、琵琶湖舟運から寺社への対応など、あらゆる藩政の問題にわたっていた。つまり直孝は、江戸に在府しながら、国元の藩政全般にわたる事項を詳細に把握していたことがわかるのである。

世子教育　右の事実は、直孝が藩主の資格として、藩政の全般にわたる事項を熟知し、藩政を主体的に領導する能力を備えているべきだと考えていたことを示している。直孝は、次代の藩主にそうした能力を獲得させるために、自ら教諭するとともに、家老衆にもそうした役割を期待した。前者については後述することにし、まず後者についてみていこう。

直孝は、寛永二十一年七月十七日、木俣守安に次のように指示した（34）。

靭負（井伊直滋）其元へ参、万之儀皆々江承穿鑿相談定而可申付候、万事其方江内談可在之候、未実ハ若輩ニ候間、急成儀と又緩々と仕儀と左様之考も無之、成儀も（ママ）も一たんに仕可調とせわしく可在之候、譬武道具を始急不申付候へば武方之心も無之様に可相聞なと、存急に申付候ハヽ、世間ゟ不審たて一大事之心ニ無之沙汰ニ逢可申候（略）何事も人之目ニも口ニも懸り不申候様ニ無油断自然に被申付可然候間、左様之所万之心持肝要ニ而候間、其心得可被申候事

直滋は直孝の嫡子で、慶長十六年（一六一一）に生まれ、寛永四年（一六二七）に世子となっている。その後、寛永十三年八月、将軍家光の命によって、直孝に代わり彦根藩政を裁決するよう命じられた。右の書付はこうした背景のなかで出されたものである。

さて、右の書付は、直滋が若輩なので、急いですべきことと、ゆっくりすべきことの分別がつかず、何事にもやみくもに行動するおそれがあるので、守安が周囲との軋轢などが生じないように指導すべきだと、具体的な事例をあげながら指示する。

また右の書付の別の箇所で、大坂陣で高名をあげた者の「子共に跡職」を申付けるにあたって、「今度靭負ニ若キ者之内ニ而も万ニ召仕候而も尤成者も候哉、左様成者をも皆々へ承可申開由申渡し候、就其是ハ推量ニ申候、家中之穿鑿不入所へ懸り、諸人迷惑、其上不足なとも出来、家中さわだち可申を気遣ニ存候、靭負者げにハ年若ク候間、右之仕合之様成義出来候ハヽ、其方壱人之越度に可成候間、左様ニ心得可被申事」と指示する。直滋が気負いすぎ「家中さわだち」のような事態になれば、守安「壱人之越度」だというのである。

右の事実は、直孝が世子直滋の藩主教育の役目を守安に期待していたことを示している。直孝は守安にそうした役割を期待したうえで、最後

に、「其方気相之躰未本復不被申候と相聞候、其方身と不被存奉公と被存、少も無油断急度養生被致、尤ニ候」としめくくっている。守安の「身」は守安自身のものではなく直孝への「奉公」が優先するのだから、そのためにも「養生」に励めという。守安は「奉公」のため「養生」につとめ、直滋に対する藩主教育にあたることが求められたのである。家老はこうした世子の藩主教育も重要な役割であったことがわかる。

　ところで、直孝は直滋に対して、『久昌公御書写』に収められた書付で直接繰り返し教諭している。しかし、直滋は万治元年（一六五八）閏十二月二十日に出家し、愛知郡百済寺に入った。直孝によって廃嫡されたのである。直滋廃嫡の理由は、紙数の都合で詳しくは述べないが、直孝が直滋を次期藩主として不適格だと判断したからである。例えば、「靭負被参候而も我等居申ニ付遠慮被致、家中之衆へ何事も急度不被申付候間、主なし程の者ニて候条、其のしめハ皆々覚悟ニ有之儀ニ候」[35]とか、「直孝ハ年寄今か〳〵と存候故之義存候、御慈悲ニ靭負被仰付候ハヽ、靭負代末々迄も右之通ニ而可有」[36]とあるように、直滋は直孝に「遠慮」し、家中の者に対して「急度」申付けることがなかった。直滋のそうした態度は、直孝にしてみればあまりにも「慈悲」すぎると映ったのである[37]。すでに述べたように、直孝が法度の厳格な適用を強調していたことを想起すれば、直滋に家督を継がせるわけにはいかなかったのである。

直興の述懐　さて、直滋の廃嫡によって、直孝の五男直澄（一六二五～一六七六）が万治二年四月に世子となり、同年六月直孝死去のあとをうけて、同年七月に藩主となった。そこで、直孝の直澄に対する養育方針を次にみていこう。

　直孝は、寛永十九年三月七日付の書付で[38]、「亀之介(直澄)其元ニ居候ニ付、賄方之義当坐之客人なとの様に物入結構になる様子ニ被申付間敷候、いかにも麁相ニかるく可被申候、以来身之ためニても候間、左様ニ心得可被申候」と指示した。「いかにも麁相ニかるく」とは具体的には、翌年の書付[39]で、「亀之介儀ハ来年三月時分此方へよひ申儀も可在之候間、不入小袖上下なと仕渡し候儀無用ニ可被申付候」とか、「亀之介膳部之義ハ、何ニ而も彦根ニ有之物ニて、汁一菜かうの物共ニ三ツ宛ニて給させ候様ニ可被申付候」と指示したように、質素倹約して育てることを意味していた[40]。「いかにも麁相ニかるく」とは、単なる修飾的表現ではなく、実態をそのまま反映していたことがわかるのである。

　ところで、直澄の後をついだ直興（一六五六～一七一七）は、嫡子直通への教諭の中で、往時を次のように述懐している[41]。

> 我等以前部屋住之内、直澄公末々之為ヲ思召諸事不自由ニ被　仰付候、御厚恩今以忘不申候、夫ニ而さへ今時考廻し候へハ、無専儀も多後悔ニ候、何事も幼年より致付聞覚申儀ハ、いつまても用ニ相立、年たけ致習候儀ハいか程ニ存候ても大方成就難成候

直興は、直澄が自分の将来のため「部屋住」時代から「諸事不自由」に育ててくれたことに感謝し、「何事も幼年より致付聞覚申儀ハ、いつまでも用ニ相立」と、直澄の養育方針が正しかったと主張しているのである。

　右の述懐は、直興が木俣守盈や家老衆に「存寄候儀ハ無遠慮　直通へ申達」すように求めた書付の中で語られていた。この点と、直孝が木俣守安に直滋の教導を求め、また直孝が直滋の養育に厳しさを求めていた

ことをあわせ考えるならば、直孝の養育方針が直澄、直興、直通（一六八九〜一七一〇）へと伝えられていたことがわかる。右のような継承性は、子育てに限らず彦根藩の藩運営でもみられたことに注目する必要がある。すなわち、これまでみてきた直孝の藩運営に対する諸指示が、その基本的部分を中心にして、やがて「御家風」となって代々継承されていったからである。

久昌院様御遺言　なお、万治二年に出された「直孝公より直澄公へ被進候御書付之写」(42)は内容から直孝本人のものと推定できる。これも紙数の都合で詳しく検証しないが、公儀への奉公や忠節、家中の手本としての藩主像、武勇を重視し譜代新参の区別を立てないことなどが強調されている。そのうちで五条目は、直孝以後に彦根藩内で事情の変化があったと考えられるので、この箇条のみ取り上げ検討しておく。

仮家老之雖為嫡子其人作法も不宜候ハヽ、家老職可被除候、物頭も可為其通候、年若ニ候共武道之心懸有之者物頭役可然候、其外諸侍之子とも其身覚悟次第諸役可被申付候、惣而侍大将共ニ奉公振并身躰之格を定被申間敷候、格有之候へハ少之事ニ恨出来、又ハ奉公人之励も無之罷成候

家老や物頭の人材登用を説いた箇条で、直孝の意向が素直に表現されている。ここで重要な点は、「格を定被申間敷候」とみえることである。なぜならば、十七世紀半ば頃から大名の家格が定まり、それに歩調を合わせて各藩内の家格が徐々に固定化していくなかで、彦根藩でも同様の動きが展開され、直孝の右の遺訓が必ずしも守られていかなかったと考えられるからである。そうした家格の固定化が、その後の制度疲労の元凶となっていき、直孝の危惧が現実化していったのである。この点については後述する。

さて、これまで述べてきたように、直孝の国元への指示がその後も継承され、やがて彦根藩「御家風」として定着していった。次章では、その定着過程を具体的にみていこう。

2　直興の教諭と木俣の諫言

（1）直興の教諭

家臣団教化　直興は直澄の養育方針をふまえて、世子直通への教諭を行っていた。本節では、直興が家臣に求めた態度から考察していく。

直興は、元禄三年（一六九〇）二月二十一日、日光修復普請見分のため江戸を出立したが、その当日に次の書付を国元に下した(43)。

諸役人之勤、近年ハ又々物事猥ニ罷成候様ニ相聞へ、沙汰之限ニ存候、面々私欲虚妄之様子ハ指而無之候へ共、役儀之心懸うすく、損益之考も大まかニ而、身はれ一篇に勘定之前を済候へハ能与存、我等近習之召仕、其外頭立候ものにたより、軽薄追従斗を元にいたし、役儀之道我等ためを存事ハ次ニ罷成候様ニ相聞へ候、左候得ハ面々役儀麁末ニ心懸うすき事ハ、役人之大成科の第一、私欲虚妄も同前と存候（略）先非を悔、此上覚悟をも改候ものは格別と存候、諸奉行下役人の手前めん〳〵支配ゟさつとを入、穿鑿随分勘略元ニいた

し、損益之考、我等勝手をも取直し候様ニ随分心かけ、一情出し相勤候様ニ可仕候、件之通目付衆・賄衆・納戸衆・普請奉行・大工奉行を始、諸奉行・諸役人之者共ニ急度可被申付候

直興はここで、近年の諸役人が「我等ため」を考えることなく、「役儀之心懸うすく、損益之考も大まか」で、当座の役儀さえ果たせばよいと考え、「近習」や「頭立候ものにたよ」って、役儀に主体的に取組んでいないと批判する。そして、そうした態度は「役人大成科の第一」で「私欲虚妄も同前」だと厳しく断罪する。直興の右のような主張が、すでにみた直孝の家臣教化と同趣旨であることは明らかなのである。

直興はまた別の書付で、(44)「惣而家も末々成、家人も子孫ニ至」ったためか、「近年ハ侍之真薄く、譜代之主人・普（譜）代之家人と存弁候道理不沙汰ニ成、大身小身共ニ」「身を打不申候所を専要ニのみ」考え、「真を尽し主人之為を存」ずる者がいなくなったと批判する。そのうえで、「家中の面々」の「真之奉公」は、本来は「侍之武をみかき男を立」ることだが、「太平之御代」では「畳之上の奉公」、つまりそれぞれの役儀を「陰ひなたなく」勤めることが大切だと主張する。「太平之御代」という新たな修飾語が加わってはいるが、直孝の教化と本質的な相違はない。右の二つの事例から、直興が直孝の家臣団教化を手本にしていたことがわかるのである。

直通への教諭　さて直興は、隠居後（直治と改名）の元禄十六年（一七〇三）十月五日、五代藩主になった一五才の直通に三四条にわたる教諭を与えた。(45)その十一条目に次のようにある。

家老衆初勤番之衆中、何にても貴殿身ため悪敷儀其外不宜品ハ、少も無遠慮存寄之趣、直々ニ成とも又ハ奥詰之ものを以成とも、申聞候様ニ可致候、平生機嫌の程を憚り身構致し、当分之間を合せ候様成面々ハ、大身小身不依誰真の忠臣とハ不被存候段被申付置、諫をも申刻ハ、其道理をも被相考、身之慎ニ可被致候、勿論奥詰之者共へも右之趣被申付置、尤詰番之衆中替り目ニハ、此段毎度改申渡置候様ニ可被致事

「真之忠臣」とは、「平生機嫌」をとったり、「当分之間を合せ」るような家臣ではなく、主君に諫言するものであるとしたうえで、その諫言が「道理」に合致していれば、それに従うようにと求めている。また、諫言は「家老衆初勤番之衆中」が「直々ニ」または「奥詰之もの」を介して行なうとされ、諫言の作法が定められたことがわかるのである。

ちなみに、直孝は家老衆に世子への諫言を期待していたが、まだ作法としては定着していなかったと思われる。ところがここでは、「直々ニ」行なう諫言と、「奥詰之もの」を介して行なう諫言という形で、諫言の二つのルートが示され、諫言が直興によって家臣の正当な行為だと認められたことがわかるのである。その点は、右の書付の最初に、「見分之上乾光院殿（直興の父直時の側室）へも懸御目ニ被申、家老衆其外勤番之面々へも見せ置候様可被致候」とみえ、「家老衆」や「勤番之面々」に「見せ置」くことが指示されていたことからわかるのである。

次に、右の書付のうち本節の課題に直接関わる事項を取り上げ考察していく。

まず藩主の基本的心得が、「惣て内外仕置向之儀、公儀へ之御奉公、次ニハ家之ため、家中諸人の為を以、第一ニ被相考」ることだとされ、

そのためには「直孝公直澄公以来之家風」を守ることが大切だとされる。すなわち、「身之風俗衣類之品刀脇差武道具迄、当時むさと致たる世上之はやりを不被用、従直孝公直澄公以来之家風を取失不申様ニ被相守、ものこと実躰ニ嗜と申儀肝要ニ候」とか、「直孝公直澄公両御代、御尤成被遊方之御作法御仕置向古来之物語、近習ニて覚候者へハ被相尋、慰なから咄させ承置候様ニ可被致」といったように、「直孝公直澄公」の事績が特に強調されていることがわかるのである。

次に家臣への対応に関しては、「惣して人と申もの、夫々の心同様成ものハ無之、十人が十色なるものニ有之間、奥詰を初近習ニ被召仕候もの共、それぞれに常々心を付考召仕」うようにとか、「唯今の内何を被申候ても、気に入候様ニ斗奉公勤候者ハ、先不宜奉公人と考置」くようにと、家臣の任用に細心の注意を払うよう求める一方で、「家臣と申ものハ、大身小身近習外様末々迄も、朝夕身命を貴殿へまかせ、何もまさかの時ハ公用私用共に用立申もの共に有之間、常々懇になさけ深く召仕」うことが大切だと教諭されている。

また直通の藩主としての行動に関しては、「万事ニ気随我侭之心無之様ニ被致、扨又小気成事ハ少も無之様ニ、随分心ハ大気相心得被申、たとひ山ほと成儀出来り候とも、少もあくみ（倦）不申様ニ可被存候、小気にて大成御奉公ハ難勤もの」と、繁忙であっても倦むことなく「大気」をもって事にあたるべきだとされ、さらに「目付共一ヶ月之内ニハ一度程宛前へ呼出し、替儀も無之哉と相尋、存寄之儀をも申させ被承、品ニより家老衆了簡をも被承、又ハ吾等方へも申越候様ニ可被致候、可及相談事」と指示し、「目付」に「存寄之儀」を報告させ、問題によっては「家老衆」や直興に相談せよと教諭したのである。

右のように教諭したうえで直興は、「右之条々常々失念有間敷候、此書付不断側近く被指置、折々不絶見分可有之候」と、右の教諭を常に「側近く」おき、藩主としての行動指針にせよと教諭をしめくくっている。直孝が期待した藩主像や家臣像は、直興の教諭を通じて繰り返され、「御家風」と意識されて定着していく様子が確認できるのである。

生なからの大名　ところで、直興は直通に対してだけではなく、家老衆に対しても直通への諫言を求めた。すなわち、木俣守盈と江戸詰番家老衆に宛てた書付において、[46]「忠臣之いさめをも用、自分と相考嗜可有」と直通に教諭し、さらに「客等有之節」の対応について述べつつ、

諸事をあきらめ自分ヲ慥ニ相務、儒仏神相兼天道ヲおろそかにいたす（さ脱カ）候得者、平生ハ不及申、上江之御奉公於戦場ニも武之冥加ニ相叶、家繁昌無疑候、ヶ様ニ相務候上者、運次第と天命ニまかせ、何事も悔候義ハ無之候、若又柔弱ニ物事成行候へハ、必家もおとろへ、上之御用ニも難立、今以例多儀ニ候、此所ヲ相考、自分ニも相務又ハ可為家老ものハより〳〵可申達事役儀之本意ニ候条、必油断有間敷候、尤此紙面具直通へ相達候様ニ可被致候

と結んでいる。右の教訓は、「諸事をあきらめ自分ヲ慥ニ相務」めること、つまり、藩主としての主体性を確立せよということで、それ自体はすでに述べた通りである。ここで重要なことは、後半で「可為家老もの」は右のような教諭を「可申達」きことが「役儀之本意」とされ、「此紙面」を直通に「相達」するように指示されたことである。すなわち、木俣守盈や家老衆の「役儀之本意」がどこにあるかを、直通や家老衆に周

知徹底させる意図があったと推測できるからなのである。

右の事情は、次の書付からも確認できる。[47]

当時人々生付古代と違ひ見掛斗ニ而、古人之忠臣より増シ候様ニ才発致成シ候得共、底根ハ中々身をかまへ仕、一日遁ニ自分斗ヲ相立、奸曲之仕形多事世間一同之儀ニ候、ケ様之族故大躰ニ而ハ仕置向浅ク罷成、申付候儀も慥ニ不相守諸事不しまり無法ニも成、年若成主人ハ存之外下ニて軽〆我侭申様ニ罷成ものニ候、古来今以例之多如此、放埒に有之上ハ、早速治りかたく、且又軍用も難達候、此段ハ下之あやまりならす、第一主人第二家老の悪敷故と唱可申ゟ外無之候、ケ様其所相考候而ハ、大家小家共ニ大将たるへき人ハ、昼夜其勘弁無之候而政道正かるへき道理無之候、此方家之儀者、世上之手本ニも申ならハし、古風を用ひ、外之家とハ違ひ申儀、別而仕置向大切成事ニ候、直通最早年比ニも段々罷成候得者、仕置向自分とも務方共ニ軽き事と不存了簡工夫此節ニ候、惣而生なからの大名ハ、堪難苦労不致候得ハ、善悪之差別も不弁、皆我侭気随に成立物にて候、直通幼少ゟ之家督ニ候得ハ右同意ニ候（略）惣て主人之仕形ヲ下ハ学ひ候得ハ、上と成候身ハ暫時之間もゆるやか成儀ハ無之、苦身仕身ニ候、必々大名ハ安楽致ス儀とハ存間敷候（略）勤方正敷後々迄此趣相違無之候へハ、第一上江之忠、第二先祖ヲ初我等江之孝、第三家中諸人之ぢひ不過之儀と、前廉ゟも申儀ニ候（略）存寄相残遠慮指扣又ハ諂ひ等有之、一日暮シの仕形於有之者、役柄不似合不届至極不忠第一と可存候、必無違変一筋ニ可相務候、直通江も件之通密々次て之節具ニ相達候様可被致候

前半は、「大将たるへき人」が「大躰」ではなく、細心の注意を払った「仕置」を行なうべきことを述べる。そして、「此方家」は「古風を用ひ」「世上之手本」となるべき家柄であるにもかかわらず、「幼少」で「家督」を継いだ直通は、「生なからの大名」で、大名は「苦身仕身」であることを十分理解しているとはいい難い。家老衆は本来そうした直通を教導するのが任務なのだから、「存寄相残遠慮指扣又ハ諂ひ等」せず、自分たちの「役柄」を果たすことが大切だとされる。直興の右の二つの書付から、家老衆が何を期待されていたかがわかるのである。では、家老衆はどのような諫言を行なったのだろうか。木俣氏を例にして具体的にみていこう。

(2) 木俣氏の諫言

守長の諫言　次の書付[48]は年月日未詳だが、文末に「右之段存寄候段御為と奉存候故不残申上候、憚之儀者御赦免奉願上候」とあり、また文中に、宝永元年（一七〇四）に死去した「乾光院」（直興の父直時の側室）の名がみえるので、木俣守長が直通の教導のため、小姓衆宛に差し出したものとわかる。さてこの書付に、

善悪共存寄申上ル儀ヲ入　御意ニ不申候由承及候、拙者儀者其段構無之申上候故、左様ニも不奉存候、　殿様御発明故ニハ可有御座候、然レ共人間之大知と申候者、人ニいわせて善悪ヲ聞分、夫々ニ道理次第ニ可仕儀、誠之大知と奉存候、御壱人之御分別ニ而ハ御苦労被成候斗ニて、善悪共ニ世間之了簡御存知不被成悪敷奉存候、御大将之御知慮ハ諸人之知慮と思召申様ニ仕度儀ニ御座候、此段も

御書付之内ニ被仰進可申哉

とある。最初に「存寄申上ル儀御入　御意ニ不申候由」とあることから、小姓衆が家臣の意見を直通に伝えない状況が生じていたことがわかる。直興が諫言の作法を定めていたにもかかわらず、諫言のシステムに一定の支障が生じ始めていたのである。

しかし、守長が「左様ニも不奉存候」と述べていることから、この段階では、諫言のシステムがなお機能していたことがわかる。守長は右のように述べたあと、「人間之大知」は「人ニ言わせて善悪ヲ聞分、夫々ニ道理次第に可仕」きことだと主張する。すなわち、主君は「御壱人之御分別」では「御苦労」ばかりなので、「世間之了簡」つまり「道理」を知るために「諸人之知慮」を求める必要があるという。主君は家臣の諫言を聞き入れ、「世間之了簡」を知ってはじめて、「誠之大知」をもって藩運営にあたることができると主張されたのである。なお、「御大将之御知慮ハ諸人之知慮と思召様ニ仕度」とあるように、主君が右のごとく「思召申」すように努めることが小姓衆の役割だとされていることに注意しておきたい。守長は直興の意をうけて、直通への諫言だけでなく、小姓衆の役割にも言及していることがわかるからである。直興の意向が、守長を介して直通や小姓衆に伝えられることで、彦根藩の「御家風」として定着していったことがよくわかるのである。

ところで、守長の跡をついだ守盈の代になると、直孝の行動や「御意」が「こなた様之御家風」と意識され、直惟への諫言にあたって根拠とされたことは、すでに「はじめに」で述べた。ここでは、守盈が自身の体験をふまえて、直惟にどのような意見書を提示したかを次にみておく。

直惟が、能の稽古への没頭は「所帯向」のことで「苦身」に思い、「慰」のためだと弁明した書付を守盈に送ったのに対して、守盈は次のように意見を加えた(49)。

乍恐拙者共儀も色々之儀仕慰ニ成申儀と存候所、一ツも年寄候ニ随ひ心慰候儀無之奉存候、只今ニ至り候而ハ、年若成時分覚へ気根も宜内ニ学文精出シ置候ハヽ、和漢之書物も読メ申慰ニも成可申所、不所存故歟只今ニ至り後悔仕候、漸草双紙躰を見申、古人と物語仕候心地ニ而日を暮シ罷在候、碁将棋鼓仕舞なとも四十前後ニ罷成候而ハ面白無之罷成候、武芸なとも昼夜面白稽古仕候へ共、年若成時分之様ニ足腰も達者ニ無之慰ニ罷成不申候、然共相止候而ハ御奉公相立不申候故、木刀竹刀も取折々乗馬も仕候へ共、慰ニハ成不申、嗜ニ仕斗ニ御座候、年寄候而慰も無之もの故、乍恐　御前ニも右之段ヲ実事と被思召、只今ゟ其御考被遊御尤ニ奉存候、御鼓御仕舞なとも被遊、又碁将棋御茶之湯なとも被遊、御武芸之儀ハ不及申上ニ、今十年程之内ニ被御精出、御軍学無御油断被遊、万御慰ニ可然奉存候（略）第一ハ御学文御素読、只今之内被御精出候ハヽ、二十年以後ハ殊之外御慰ニ罷成可申候、天下御後見之御家柄ニ候へは、御学文無御座候而ハ、後ニ御事欠可有御座候

このあと、儒者の佐藤直方の名をあげ、「政道之儀ニ志有之仁と相見へ、中分も能道理もそれそれニ規矩を以申」す人物と評価し、直方の「講談」などを聞くようにと求めている。守盈は、井伊家が「天下御後見之御家柄」であることから、「只今之内」から「御学文」に励む必要があると、自分の体験をまじえながら直惟に意見したのである。守盈はすでに述べ

た父守長と同じように、木俣家の役割を十分に認識し、自己の役割を果たしていたことがわかるのである。

ところで、右に見た守長や守盈の意識はどのようにして形成されたのであろうか。この点を最後にみていこう。

木俣氏の履歴は、徳川家康の近習であった初代守勝が、天正十年（一五八二）、家康によって「甲州侍之物頭」として井伊直政附属を命じられ、直政の死後その遺言で四千石を「拝知」したことに始まる。そして、守勝が大坂陣の三年前に死去した後、養子の守安が守勝の跡をついだ。守安は直孝の下で「御家老役四拾余年相勤」め、五千石に加増されて直澄の代に隠居した。木俣氏はこの守安の時に筆頭家老になった。その後、三代目の守明の代に八千石となり、元禄十二年（一六九九）四代目守長の時に九千石となった。さらに、宝永七年（一七一〇）に家督をついだ守盈が、享保七年（一七二二）に一万石を「拝知」し、以後、これが木俣氏の知行高として固定していったのである。(50)

父から子へ　さて、直澄の晩年、おそらく延宝初年頃に、二五才になった守長が「初て千石被下御馬被下江戸へ直澄様御供ニ」出立する際、父守明が守長に道中や江戸での奉公について、次のような教諭書を与えた。(51)長文なので一部のみ検討する。例えば、道中について

道中ニて旅籠屋なとニ而腰をかけ休申事、致油断候ハ、殿様御道はやく其まゝ其辺迄被成御座、自然御覧被成候儀なと候ハヽ、無首尾ニ可有之候、成程道中急油断無之様ニ、下々迄も急度申付可被申候、道中寝不申と申候ても、十日之間ニハ過不申候、是ニ而心得可有事ニ候

と述べ、また江戸での「御出入之御旗本衆」への対応を指示したあとで、

万御用之儀真実ニ理を以用を叶候へ者、御用の埒も早ク明可申候、江戸なとへ下り候とても少も苦労ニ存間敷候、上代之侍者甲鎧をしとねとして昼夜之さかひもなく、妻子眷属にもはなれ、安楽の思片時もなく山野を家とし、けふハ有明日ハなき身のおもひ、古キ衆之物語承伝候、今ハ御代静謐ニ成、江戸かよひの儀候なとハ遊山之様ニ存候、かやうの所を存、少も苦労ニ存間敷候

と述べる。そのうえで、江戸での暮らし方を次のように説く。

直孝様之御時分とハ違ひ只今ハ二年三年相詰候儀無之、漸一年詰ニ而候間、少之間之事ニ候間、片時之内も楽を願ひ、何にても隠私之思ひ毛頭あるへからす候、御長屋ニ罷在儀ニ候間、諸人之仕置之ためニ候之間、音曲鳴物何によらす慎可申候、身を木石のことくにもち、出仕其外居住をはなれ出候ハヽ、何によらす身にたくわへのこゝろ少も有之間敷候

「途中寝不申」とも「十日之間」なので辛抱せよとか、当今の「江戸かよひ」など「遊山」と変わらないとし、「直孝様之時分」に比べ現在がいかに楽になったかを述べたうえで、江戸では「身を木石のことく」して楽しみを願わず、主君のため奉公に努めよと教諭したのである。

ところで、右にあげた守明の教諭は、実は守明自身が直孝から求められた家老としての役割なのであった。例えば、慶安二年（一六四九）六月六日に、直孝が守安・守明他家老中に宛てた書付に、(52)「主税介（庵原）半弥（守明）与惣兵衛（長野）（略）此面々年若ニ候得ハ、昼夜何程用繁候而も草臥なと、申儀ハ毛頭無之ニ候、油断精入不申候得ハ主之為をちかわへ《本ノマヽ》ニ成行可申候間、

図1　彦根藩における井伊家と木俣家の関係図

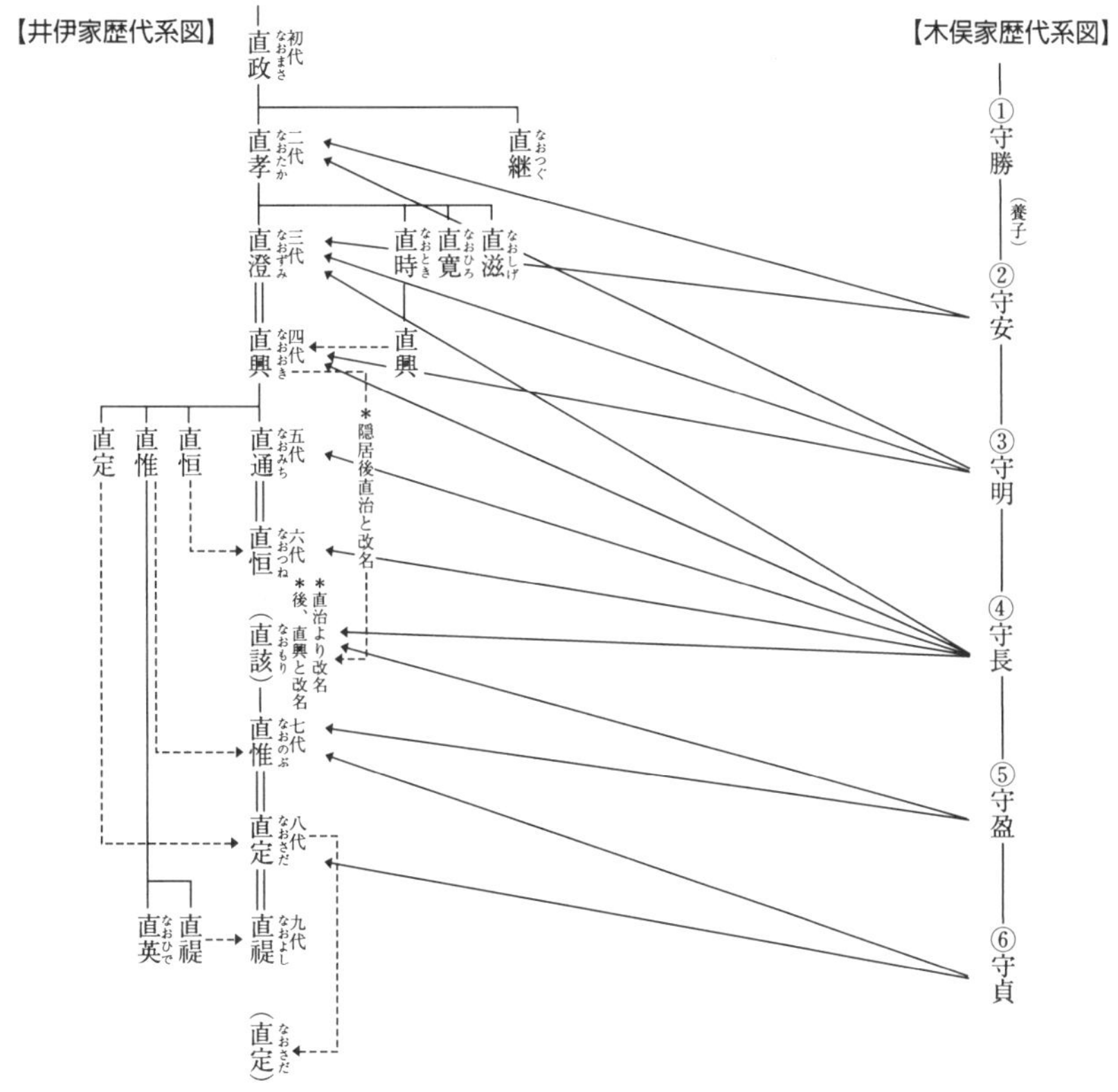

左様ニ心得可被申候」とある。守明は、「昼夜何程用繁候而も草臥なと、申儀ハ毛頭無之」と考える直孝の下で奉公し、そこでみずからが体得した奉公の機微を子の守長に伝えようとしたことがわかるのである。守安以降、筆頭家老の地位を獲得した木俣氏は、主君からの教諭や親から子のへの教諭を通じて、主君に諫言すべき家老としての役割を代々継承していったことがわかる。守長や守盈の諫言は、彼らが自己の役割に忠実であったことを示しているのである。

なお図1は、彦根藩における井伊家と木俣家の関係図である。あくまで概念図なので正確ではないが、以上述べてきたことを理解するうえで参考になると思う。参照していただきたい(53)。

おわりに

彦根藩では、直孝が幕閣の中枢にあって長く江戸に滞留したため、直孝が彦根藩政の細部にわたって様々な指示を国元に書き送らねばならなかった。本論では、そうした直孝の指示を基本史料にして、直孝の考え方の根本にある人間観や道理・法度観、さらには役儀を主体的に担う家臣観などをまず明らかにした。そして、右で明らかにした直孝の考え方が、近世の藩社会にふさわしい思想的内実を備えていたことに注目した(54)。直孝の思想は、彦根藩の「御家風」となりうる下地があったと考えられるからである。だからこそ、直孝の右の考え方は、歴代の藩主の教諭や家老衆の諫言のなかで繰り返されることで、「御家風」として範例化していくことができたのである。しかし、直通や直惟の頃になると、藩主が「生なからの大名」となり、また木俣氏も、この頃には生れなからの家老「家」となったため、藩主への諫言体制そのものが次第に形骸化していった。その背景には、十八世紀半ば頃になると、直孝が直澄への遺言で危惧していた通り、大名家だけでなく家臣の世界でも家格が固定化してきたことがあげられる。世襲化に伴なう制度疲労が強まった結果だといってもよい。右のような状況がどのようにして打開されていくかは、以下の宇野田尚哉論文、母利美和論文を参考にしていただきたい。

【注】

1 「守盈公御直筆御請留」三二四（井伊［旧中村］達夫氏所蔵文書所収）。なお、引用史料中の傍線や傍注はすべて筆者の付したものである。

2 彦根市史編さん委員会編『新修彦根市史』第六巻史料編近世一（彦根市、二〇〇二年）、四三八号。（以下『新修彦根市史』第六巻、四三八号と略記する）。

3 『久昌公御書写―井伊直孝書下留―』（彦根市教育委員会、二〇〇三年。以下『久昌公』と略記する）は、寛永十八年（一六四一）から万治二年（一六五九）まで、直孝が国元の家老衆などへ宛てた書下二〇九通を収める。以下の記述は右の史料集を基本文献にして考察する。

4 『新修彦根市史』第六巻、三七四号。

5 『新修彦根市史』第六巻、三八二号。

6 例えば、足軽から「役者」に取立てた理由について、「埴谷助八郎無文成ものニ而候得とも、此者義ハ内証之様子在之儀存候間、此度申付候（略）人間ハ草履をさけ候ても武道ニ而仕上ケ候儀ハ国持以下ニも有之者ニ而候間、其段ハ毛頭かまひ無之候、又加藤彦兵衛儀耳不聞候由申候得共、高く申儀ハ承付候由ニて候間、おんミつ之用之儀ニて無之条、役者之内へ入候」（『久昌公』五二号）とあることからわかる。

7 『久昌公』五三号。例えば、「其元諸侍之躰、武士之心かけハ第二ニ成行、身持のミ喰第一之様ニ相聞へ候、苦々敷有様ニ成行申候」（『久昌公』一五五号）ともある。

8 『久昌公』一八一号。

9 『久昌公』一五五号。

10 『久昌公』一七二号。

11 なお直孝は、「江州ハ百姓功者ニ而未進一度ハ徳ニ成申考仕候」（『久昌公』一七七号）とか、「所々商人なとに近付在之者ハ、以来迄も悪可有之候」（『久昌公』一七二号）と述べ、また「相果候もの候ハヽ、上下とも葬礼なと仕候義ハ無用ニ仕、其まゝ灰ニ仕」（『久昌公』一七号）とか「大方煩ハ本服仕ものにて候、死病ハいかやうニ養生仕候ても不成ものと見へ候」（『久昌公』七七号）と主張する。こうした百姓観や商人観、合理主義的な考えにも注意しておきたい。

12 『久昌公』七五号。

13 例えば、「唯今高直成米買込、其直段積り仕置候ハヽ、所ニ米も指而無之ニ諸人之つまりニ成可申、給人なとハ満足可仕候得とも、給人斗之満足ニ而相済申儀ニ而無之候、世間之米相場之様子承合、惣国なミニ売買仕候様ニ申付尤候」（『久昌公』一九〇号）とあり、「給人斗之満足」でなく、「諸人」のことも考えた「仕置」が求められている。なお、近世の大名が財政能力を必要としたことは、拙著『江戸武士の日常生活』（講談社、二〇〇〇年）参照。

14 『久昌公』六二号。

15 正保二年七月三日（『久昌公』五六号）。

16 明暦元年五月二日（『久昌公』二〇一号）。

17 慶安五年三月六日（『久昌公』一六九号）。

18　慶安四年十一月十五日（『久昌公』一六五号）。
19　明暦二年六月二十五日（『久昌公』二〇四号）。
20　『久昌公』一六四号。
21　寛永二十年三月七日（『久昌公』二四号）。
22　例えば、「余大まかな儀ニ而候」（『久昌公』八四号）とか「あまり大まか成斗」（『久昌公』一一七号）といった表現は頻出している。
23　慶安五年六月六日（『久昌公』一七三号）。
24　前掲拙著『江戸武士の日常生活』参照。
25　慶安三年閏十月二十七日（『久昌公』一四四号）。
26　承応三年九月四日（『久昌公』一九四号）。
27　慶安元年十二月七日（『久昌公』一一六号）。
28　『久昌公』一五号。
29　筋奉行については、東谷智「彦根藩筋奉行の成立と機構改編について」（藤井讓治編『彦根藩の藩政機構』彦根城博物館叢書4、サンライズ出版、二〇〇三年所収）参照。
30　正保元年十二月十九日（『久昌公』五三号）。
31　目付については、母利美和「彦根藩目付役の形成過程」（前掲『彦根藩の藩政機構』所収）参照。
32　承応三年九月四日（『久昌公』一九六号）。
33　寛永十九年十一月五日（『久昌公』一五号）。
34　『新修彦根市史』第六巻、三八二号。
35　正保三年二月十五日（『久昌公』六〇号）。
36　承応三年八月十二日（『久昌公』一九三号）。
37　正保二年七月三日（『久昌公』五六号）。
38　『久昌公』八号。
39　『久昌公』三〇号。
40　直通が隠居後の直興に宛てた書付に、「朝夕之御料理一汁一菜之外ハ不被仰付候由」（「直通公御書」横内家文書［那覇市所蔵］所収）とあり、「一汁一菜」が食事の原則になっていたことがわかる。
41　「守長公守盈公御直筆御請留」三一六（井伊［旧中村］達夫氏所蔵文書所収）。
42　「久昌院様御遺言」として流布しているもの。前掲「横内家文書」所収。
43　「井伊直興御書付」（「直孝公直澄公直興公御書写」前掲横内家文書所収）。
44　元禄八年三月十八日（『新修彦根市史』第六巻、四二三号）。
45　「直興公より直通公へ被進候御書付写」（前掲横内家文書所収）。
46　「直通勤方之覚」（前掲「守長公守盈公御直筆御請留」三一六所収）。
47　前掲「守長公守盈公御直筆御請留」三一六所収。
48　「守長公守盈公御直筆御請留」三一七（井伊［旧中村］達夫氏所蔵文書所収）。
49　「守盈公御直筆御請留」三二二（井伊［旧中村］達夫氏所蔵文書所収）。
50　彦根藩史料叢書『侍中由緒帳』1（彦根城博物館編、一九九四年）の木俣清左衛門家参照。
51　『新修彦根市史』第七巻、五三六号。
52　『久昌公』一二三号。
53　なお、六代目の彦根藩主直恒は、宝永七年閏八月十三日に藩主となったが、同年十月四日に死去したため、四代藩主直興が再び藩主となり直該を名乗った。
54　前掲拙著『江戸武士の日常生活』参照。

彦根藩武家社会の思想文化

宇野田尚哉

はじめに

「彦根藩武家社会の思想文化」と題する本稿の課題は、十八世紀彦根藩の中・下級武士層の場合に即して、儒学受容とそれにともなう政治意識形成の過程を概観することである。ただし、彦根は、徂徠学が「異常な発展をとげ」[1]たとされる地であるので、本稿でいう儒学受容は実質的には徂徠学受容に近くなる。以下では、藩の教学政策との関係をも視野に収めつつ、基本的な史料を紹介しながら、概観的叙述を行うこととしたい。

1　徂徠学以前

のちに彦根藩徂徠学派の総師となる野村東皐（一七一七〜一七八四）は、朱子学から徂徠学に転じようとした際の周囲の反対に触れて、次のように記している。「予、徂来先生の書を読みて、甚だこれを悦び、尽く其の旧学を棄てて学ぶ。親戚朋友、宋儒を信ずる者、相ひ聚りて予を責む。予、中心、狂の如し。従ふ所を知らず」（『蘘園集』前編巻一）。これは東皐の詩文集『蘘園集』の前編冒頭に収められている「雑詩二首」の小序の一節であり、元文初年に書かれたと推定される史料であるが、この時点で彼の周囲に「宋儒を信ずる者」が相当数存在していたこと、その反対を押しきるかたちで彼は朱子学から徂徠学へ転じたのであることが知られる。

絅斎・強斎と彦根・高宮　もともと、後述する沢村琴所（一六六八〜

一七三九）によって徂徠学がもたらされる以前の彦根は、浅見絅斎（一六五二～一七一一）・若林強斎（一六七九～一七三二）系の闇斎学の影響の強いところであった。たとえば、東皐門下の五代目公龍が藩主側近に取り立てられるまで代々藩医をつとめた西尾家の場合、代々京都に遊学して医学修行をしているが、三代目致遠は元禄七年（一六九四）十七歳で京都に遊学した翌年絅斎に入門しており、西尾家文書には元禄末～宝永初年に絅斎から送られた書簡などが含まれている。また、享保十一年（一七二六）に京都に遊学した致遠嫡子允迪が同年九月に若林強斎に提出した「誓文」（伝授された垂加神道の秘伝を口外しないことを誓う）の写しも残されている。[2] 翻っていえば、そもそも東皐の父淡斎（一六七一～一七三九、通称新左衛門）がすでに絅斎・強斎に師事・兄事した人物であり、東皐自身も最晩年の強斎のもとに一時身を寄せた経験をもっていた。

彦根と絅斎・強斎とのこのようなつながりは、距離的に近い京都への遊学者のなかから絅斎・強斎への入門者が出たことにもよるが、もともと強斎が「佐和山浪人ノ医者ノ子」で「佐和山」には彼の「故旧知音ノ人」が多かったことにもよる。[3] 強斎は、叔母の家がありみずからも土地を所有していた高宮を定期的に訪れて講釈をしており、次に引く『雑話筆記』『雑話続録』の一節からもうかがわれるように、彦根藩の藩士・陪臣のなかにもその講釈を聴きに訪れるものがあった。

先生曰。此度在所ニテ小学内篇ヲ講ジ終リ候。聴衆ニハ、武士モアリ百姓モアリ、色々ニテ候。……在所ニテハ、叔母ガ家ハセマク候ユヘ、別家ヲ一軒ウケ取リ、ソコニテ講習相ツトメ候（『雑話筆記』）。

正月ト七月ハ、例年暫ノ間、講書相止ム。其内ニ父母之国ト云コトニテ、両度ヅヽ、必江州高宮ヘ下リ、暫ク御逗留アリ。高宮ノ家、大方御門人ナルニヨリ、必御講釈ヲ相願ヒ、大勢集会スルコトナリ。其節、佐和山家中ノ家老何某モ、百姓町人ト一席ニテ講書承ル。コレハ何トゾ佐和山ヘ御出御講習下サレタキト段々相願フト云ヘドモ、先生御許容ナシ。「我等ハ大名ノ城下ヘ立入リ講書ナドスルコト嫌ヒナリ」トテ、御出無之ユヘ、志アル士ハ是非ナク高宮ヘ来レルナリ（『雑話続録』）。

現在『神道大系』に収められている強斎の『神道大意』は、享保十年（一七二五）八月二日に多賀社祠官大岡氏の邸で行われた強斎の講釈を淡斎が筆記したテキストに強斎自身が朱筆で補訂を加えたものである。[4]

絅斎・強斎系の闇斎学が彦根城下や高宮にどの程度浸透していたかについてはなお今後の解明を待たねばならないが、当時一定の影響力をもっていたことは間違いない。『雑話続録』には「先生曰……佐和山ヘ浅見文治郎ヲツカハシテ講釈ヲサセルニツキ」云々とあり、[5] 城下への出講の要請を断った強斎はかわりに浅見文次郎（絅斎の甥）を派遣して講釈させたようである。宝暦七年（一七五七）に彦根城下の御馳走所において藩士を対象とした講釈が開始された際、龍草廬とともに浅見文次郎が召し出されて『靖献遺言』を講じているが（後述）、この浅見文次郎の召し出しは、以上のような背景があって実現したものであったと考えられる。

2　沢村琴所とその門人

絅斎・強斎系の闇斎学が一定の影響力をもっていた彦根の地に徂徠学をもたらしたのは浪人学者沢村琴所である。本節では彼と彼の門人前嶋弥次右衛門について見ておこう。[6]

沢村琴所　沢村氏は、平氏の末裔で、代々「伊賀阿拝郡壬生野の邑主」であったが、織田信長に滅ぼされ、一族は四散したという。その流れを汲む沢村角右衛門（之相）は、彦根藩初代藩主となる井伊直政に仕えて軍功をあげ、ここに彦根藩の沢村家（本家）の基礎が築かれた。この沢村家は、代々二〇〇〇石を給せられて中老役を勤める上級藩士の家となる。その後、この沢村家の三代目角右衛門の次男左平太（之章）が、延宝四年（一六七六）に二〇〇石を給せられて出仕し、沢村家の分家が成立することになる。琴所は、この之章の長子で、元禄十二年（一六九九）十四歳のとき出仕し、三年間江戸で藩主に近侍した。しかし、元禄十五年（一七〇二）の冬十七歳のとき、「心疾に罹」って致仕し、彦根に戻り、沢村家（分家）は次男の之登が継ぐこととなった。

彦根帰還後、琴所は、「書を読むこと三年」、その後京都に一年間遊学し、「心を宋儒性理の学に潜ること凡そ六七年」、その後ふたたび京都に遊学し、伊藤東涯の門下で一年間学び、彦根に戻った。古義堂側の史料（伊藤東涯『初見帳』）によると、琴所の古義堂入門は正徳二年（一七一二）正月十四日のことであるから、二度目の京都遊学で古学に転じた琴所の彦根帰還は正徳三年のことであっただろう。その後琴所は、徂徠の著作を読むなかで、徂徠の学を奉じるに至る。「行状」は、彦根帰還後の琴所について、次のように伝えている。

> 治南松寺村に卜築して松雨亭と号す。徒を聚めて経伝若くは詩集を講ず。従遊日に多し。嘗て城中の柳町に入て、魯論・左伝を講ず。是より先、国中の士大夫、惟だ宋学を是れ講ず。未だ古学有ることを知らず。先生崛起するに迨んで、始めて古学を倡へ、靡然として風に向かふ。国中、今、詩若くは和歌を言ふ者有るは、亦た皆な先生の之を倡ふるに頼てなり。

琴所には、『琴所稿刪』[7]・『閑窓集』[8]・『彦陽和歌集』[9]・『井家新譜』[10]といった著作があり[11]、彼が和漢の学問に通じていたこと、系譜編纂・年譜編纂といった藩の文事にも協力していたことが知られるが、「行状」が「其の学は経済を以て主と為す」と述べているように、彼の思想の特徴をよく示しているのは、『軍国富強録』[12]と『斉桓問対』[13]の二著である。前者は、二五万石規模の藩をモデルとして藩家臣団のあるべき構成や望ましい制度について論じた著作、後者は、斉の桓公の政治に関する諮問に対《こた》えるという形式をかりながら彦根藩を念頭におきつつ政治を論じた著作である。

琴所の経世論　両著の特質は、格式が固定して人材の登用も滞りがちで言路も塞がりがちな彦根藩武家社会に対する痛烈な批判が含意されている、という点にある。両著の特徴的な論点を紹介しておくと、まず、二五万石規模の藩の筆頭家老であっても禄は二五〇〇石で十分だとされている。これは、彦根藩（三五万石）の現状（筆頭家老の木俣家は一万石を給せられていた）からはかけはなれた主張であり、それに対する批判が含意されていたことは間違いない。また、「役料」制による積極的な人材の登用を提案しているだけでなく、実績をあげられなかった藩士の禄は積極的に削減すべきであり、無能な者が三代も続いたら「千石ノ家モ…忽ニ下士ト為」るぐらいでちょうどよい、とも主張している。当時としては非常に過激な能力主義の主張であるといえよう。さらに、それぞれの藩士に対して農村に「本領」を与え、その「本領」とのつながりを強めさせることによって、城下に集住している藩士の奢侈をおさえるべきであるとする、一種の武士土着論をも展開している。

以上のような浪人学者沢村琴所の政治論は、彼のもともとの出身階層である中級藩士層の利害を強く反映した内容であると言える。上級藩士の特権を抑制しながら格式に縛られることなく能力に応じて中・下級藩士を登用せよ、というところに、彼の主張の眼目はあったと考えられるからである。元文四年（一七三九）に没した琴所が読みえた徂徠学成立後の徂徠の著作は、『学則』（享保一二（一七二七）年正月刊）・『答問書』（同年五月刊）・『弁道』『弁名』（元文二（一七三七）年刊）および『徂徠集』詩部・文部に限られると思われるが、琴所の政治論は、徂徠が『答問書』で上級藩士向けに展開した政治論を中級藩士層の利害に即するかたちで再構成したものであると特徴づけることもできよう。

ところで、琴所は、『軍国富強録』の末尾に、次のような問答を設けて、この書における自らの立場を明らかにしている。

問。孟子曰ク、政ハ不レ足ラ二与譏ルニ一、人ハ不レ足ラ二与テ責ムルニ一、唯ダ大人ノミ能ク格《ただ》ス二君心ノ非ヲ一。ソレ格《ただ》スレ君ヲハ治道ノ大本ナリ。然ルニ此篇ニ所レ論ズル皆区々タル事為ノ末ニシテ一モ其本ニ及ホスヿ無キハ何ソヤ。

答曰、治道ノ本ハ古ノ聖経賢伝ニ求ムヘシ。今何ソ贅言スヘケンヤ。此篇ハタ、此邦此日ノ要務ヲ論スルノミ。他国他日ニ施スヘキニ非ス。所謂救フレ旼ヲノ一叓ナリ。子カ所レ難ズル、固ヨリ有リ二其ノ理一ト云ヿ、経生ノ腐談ニシテ知ル二旼務ヲ一者ノ言ニハ非ス。何ソナレハ口ニハ可クシテレ言而不レバレ可カラレ施ス二於時ニ一也。（読みやすくするために原文よりも多く訓点を施した）

「君心ノ非ヲ格ス」ことを「治道ノ大本」とするような宋学的議論は、「口ニハ言フベクシテ時ニ施スベカラザ」る「経生ノ腐談」にすぎない。自分は、「治道ノ本」を「古ノ聖経賢伝ニ求」めつつ、「此邦此日ノ要務ヲ論」じているのだ。このように述べる琴所の言葉からは、朱子学を体ありて用なしと批判した徂徠学のインパクトを読み取ることができるとともに、「時務ヲ知ル者」としての自負や気概をも読み取ることができるだろう。

すでに述べたように、『琴所稿刪』や『閑窓集』からは琴所が和漢の学に通じた教養人であったことが知られるが、本稿の課題にとってより重要なのは、彼において、「治道ノ本」を「古ノ聖経賢伝ニ求」めつつ中級藩士層の利害に即して批判的に「此邦此日ノ要務ヲ論」じるという思想的立場が成立しているということであり、徂徠学がそのような思想的立場を成立せしめる契機となっていたということである。以後、程度の差はあれ、このような思想的立場が、中・下級の藩士・陪臣を担い手とする彦根藩徂徠学派の思想的特徴となっていく。

前嶋弥次右衛門の思想と行動　琴所門下に形成された彦根藩徂徠学派の

その後の展開を跡づけるためには、野村東皐とその周辺に注目する必要があるが、それは次節に譲って、ここでは琴所の主要門人の一人で東皐の先輩にあたる前嶋弥次右衛門（一七〇三〜一七四九、名は当完、字は士固）の思想と行動に注目しておこう。(14) というのも、彼の思想と行動は、程度の差はあれ彦根藩徂徠学派に共有されていた政治意識・政治思想を典型的に示すと考えられるからである。

　琴所主要門人の一人で禄三百石を給せられる中級藩士であった前嶋弥次右衛門は、寛延二年（一七四九）四七歳のときに、激越な内容の藩政批判の上書をしたため自ら命を絶った。すなわち、死諫という最も過激な諫言の方法に訴えたのである。弥次右衛門は、この諫書を側役を介して藩主に提出するよう親類に依頼する手紙を残したが、内容の激越さに恐れをなしたためか親類は提出しなかった。しかしながら、世子には弥次右衛門自身が自死の前に側役を介して提出していたため、そのルートで藩政を担当する人々の目にも触れることとなった。

　このようにして提出された諫書が、本稿付載史料「遂志論」の⑥である。詳しくはこの付載史料を参照していただくしかないが、その特徴を端的にまとめるなら、次の二点を挙げることができるだろう。すなわち、第一は、「天下之御先手」「御譜代頭」「天下諸大名ノ亀鑑」という自藩意識に立脚して「治国安民」の実現を強く求めている、という点、そして、第二は、言路の洞開・人材の登用・賞罰の公平・困窮した藩士に対する経済的救済など中級藩士層の利害に即した主張が具体的方策とされている、という点である。前嶋弥次右衛門は、沢村琴所から前述のような思想的立場を継承しつつ、死諫という最も過激な方法でその立場からの具体的見解を表明したと言える。以後このような政治意識・政治思想が強弱の差はあれ彦根藩徂徠学派の面々に継承されていったことは、付載史料①〜④に対する東皐の識語（付載史料⑤）や、天明三年（一七八三）にこの諫書を筆写する機会を得た際の東皐門人田中世誠の次のような識語からもうかがわれるだろう。(15)

　前嶋先生死諫ノ書、故アッテ寓目スルコトヲ得テ、一唱三嘆ノ余、私ニ写シテ帳中ニ秘ス。此書当時ニ流布シテハ漏洩之罪ニ帰スル所アレハ、世ニ公ニスルコトヲ憚ルトイヘトモ、冀クハ数十年ノ後ニハ世ニ布ンコトヲ。此書世上ニ流布セハ、義気ノ感動スル所、国家ニ益アルコト万々ニテ、先生忠肝ノ伸ル所トモ云ヘケレバ、漏洩ノ罪ヲ得ルトモ辞セザル所ナリ。天明三年癸卯秋　田中世誠謹写。

　藩側も、前嶋弥次右衛門の諫書を肯定的に評価した。弥次右衛門の自死後に病死ということにして家督をついだ善次郎（当時）は、世子だったころに弥次右衛門の上書を受け取った藩主井伊直禔が没した翌年の宝暦五年（一七五五）正月に、「親弥次右衛門義、見性院（直禔）様江段々忠義之志を以諫書ヲ差上候子細も有之ニ付、御武役をも可被仰付と御存生之内被為思召候之段被仰立」、母衣役を仰せ付けられており、弟左志馬（当長、兄の養嗣子となる）も安永九年（一七八〇）に召し出されている（『侍中由緒帳』(16)）。この兄弟はいずれも東皐の門下であった。

3　野村東皐とその周辺

野村東皐　野村東皐（名は公台、字は子賎、通称は新左衛門、東皐と号す）は、彦根藩で代々次席家老をつとめた庵原家の室老であった野村淡斎の子で、元文初年以後は庵原家に出仕し、最晩年には藩から「御合力米五十表」を給せられて直参（知行取格）に取り立てられている。しかし、享保六年（一七二一）に主家の庵原朝可が「不行跡」により処分されてから元文元年（一七三六）に庵原家の再立が実現するまでの間は、不遇な日々を送っていたようである。享保十三年（一七二八）から同十七年までは強斎のもとに身を寄せていたようであるが、同年に強斎が没したのちは大津・京都・大坂・尼崎などを転々としていたらしい。元文元年（一七三六）に庵原家の再立が実現すると、東皐も彦根に戻って庵原家に出仕し、沢村琴所に師事して、徂徠学へと転じていった[17]。本稿冒頭に引いたのは、その際の軋轢を伝える史料である。ところが、元文四年（一七三九）の正月九日には、沢村琴所が没してしまう。

楽群亭会業約　ここで興味深いのは、当時まだ二十代前半であった野村東皐と彼を中心とする琴所の門人たちが師の没後にとった行動である。彼らは、同年八月に、約を結んで会業（＝会読、ゼミ形式の勉強会）を始めるのである。東皐の手に成る「楽群亭会業約」（『嚢園集』前編巻六）は、この会業の性格をよく伝えている。次に引くのはその全文である（原漢文）。

予、城子雅・津彝卿・田立卿・堀子発・岡子通・善伯簡・種子伯・伊君平・種元民（＝種村箕山）・巌同甫（＝巌泉同甫）及び松某・堀某と社を結びて会を為す。若しくは経、若しくは史、以て諸子百家に暨ぶまで、漸次業を卒へて以て成ること有らんことを期す。己未の歳（＝元文四年）七月、諸君、一亭を僦りて以て会業の処と為す。亭は城南善利邨の東に在り。其の地僻陋、樹竹四囲、北は芹川に臨み、其の清幽閑寂、良に愛すべし。八月初三、諸君集す。亭に名づくる所以の者を謀る。不佞公台、乃ち言ひて曰く、「博習楽群は、古の道なり。斯の道や、将に亡びんとす。独り物夫子（＝荻生徂徠）の微を表《あらわ》にするなり。吾が党の士、亦た古道を与り行ふ。今、諸君と与に斯に習ひ、斯に群し、切劘問難、以て成ること有るを楽しむ。請ふ、命ずるに楽群を以てせん」と。諸君皆な以て可と為す。是に於て遂に之が約を為りて曰く、「凡そ斯の会に与る者、歯を以て班と為す。年を同じくすれば月を以てし、月を同じくすれば日を以てす。各々自ら其の班に就く。敢て譲を煩しくせざるなり。凡そ会の期、定日無し。毎会必ず後会の期を卜す。予が多務、宿諾すべからざるを以てなり。凡そ会の人、進むこと必ずしも強ひず、退くこと必ずしも遏めず。甚を為さざらんことを欲してなり。凡そ事は必ず倹、酒食の具を設けず、設くる所は独り茗具のみ。会具を庀ふることの簡にして行ひ易からんことを欲してなり。会主二人を置き、十余人の者、月々更ひに主と相ひ為る。凡そ事は皆な制を受く。令、出づる所有りて、事、肆に至らざらんことを欲してなり。集、多くは晡時に在り。黄昏乃ち散ず。時有て夜帰る。人定鐘を過ぐるを許さず。日既に昃き、集既に五人なれば、則ち後れて至る者を俟たず。以て不恪を懲らすなり。如し、事己に由らざる者、預め告ぐれば則ち否《しから》ず。凡そ会の談、必ず古道に於てす。戯謔雅を乱すことを許さず。其の它向《さき》に已に約する所、載せて盟書に在り。諸君当に記すべし」と。凡そ我が同盟、敬しんで斯の約に従ひて、庶はくは永く替はらず、以て成ること有るを底せ。若し其れ会業に非ずして時に来り集るも亦た咎めざる所、則ち此の限に在らず。元文四年秋八月初五。

この「楽群亭会業約」からは、この会業が、学問への志を抱いて徂徠に私淑する若手の武士たちが「多務」の合い間に自由意志で集って経・史から諸子百家におよぶまでを研究し真摯に古道について討論しあう、というような場であったことが、窺われるだろう。

この楽群亭会業がここに記された通りのものとしてどれくらい継続したかはわからない。しかし、「我れ兄弟三人の者」（『蘐園集』後編巻十一所収「与大菅瓚美」、「三人」とは野村東皐・大菅中藪・種村箕山のこと）・「兄の如く弟の如し」（『蘐園集』余編所収「祭巌同甫文」）と言われるほど親しかった野村東皐・大菅中藪・種村箕山・巌泉同甫らを中心として、若手の新しい構成員を加えながら、東皐を指導者とする会業が継続していったことは確実である。たとえば、二十七年後の明和三年（一七七六）七月十七日に「城東威徳院」で行われた会業には、「芳〔賀〕伯玉（＝芳賀仲全の子）、大菅瓚美（＝中藪）、〔越智〕伯孔、武義卿、河士厚、田文実（＝田中世誠）、巌〔泉〕同甫、柳季恵、浜伯元、藤孟察、〔前〕嶋文識（＝前嶋弥次右衛門の子）、勝汝文、横祐諸、尾仲淵（＝西尾公龍）」らが参加している（『蘐園集』後編巻八所収「舟遊記」）。

彦根藩徂徠学派の構成員とその活動

琴所のもとに形成され東皐を中心として拡大していった彦根藩徂徠学派の構成員について、現在知り得る範囲の事柄をここで簡単に紹介しておくと(18)、東皐の同世代には、大菅中藪(19)、種村箕山(20)、岩泉同甫(21)、芳賀仲全(22)、越智伯孔(23)・越智図南(24)兄弟らがおり、東皐の門人世代には、前嶋弥次右衛門の二子（当時・当長）・芳賀仲全の二子（君瑛・公瑗）のほか、西尾公龍(25)・田中世誠(26)・大菅南陂(27)らがいた。構成員という観点からいうと、中・下級の藩士・陪臣を主体としているという点が、彦根藩徂徠学派の顕著な特徴である。

彼らは、会業のみならず、講義や詩会なども日常的に行っていた。会業の実態については前引の「楽群亭会業約」や『三翁国語考』(28)からうかがうことができるが、講義については、『蘐園集』に「世説講じ竟る。崇信上人、特に宴を歓洽亭に設け、同に世説を読むといふを賦す」（後編巻二）、「余、春秋伝を法蔵別院に講ず。数歳にして業を卒ふ。是の日、以貫師特に酒を命じて余を犒ふ。余、諸子と与に驩然として遂に酔ふ。中酒、師、余が詩を索む。賦して示す」（同前）などと題された詩が収められていることから、寺院などで定期的かつ継続的に行われていたことが知られる。彼らがしばしば詩作の機会を持っていたことは、『蘐園集』や『諸家詩文集』(29)に明らかである。

また、宝暦三年（一七五三）の江戸滞在中に東皐が南郭と面会して以後、江戸の蘐園派との密接な関係を維持していったという点も、彦根藩徂徠学派の重要な特徴の一つである。『蘐園集』からは、服部南郭・稲垣白巌・大内熊耳・宇佐美灊水・高野蘭亭・滝鶴台・鵜殿本荘・服部白貴・宮田迂斎・宮瀬竜門・松崎観海・熊阪台洲・片山兼山らとの交流を知ることができるが、両者の関係が表面的なものでなかったことは、宝暦十三年（一七六三）に江戸で東皐が巌泉同甫を介して服部白貴から当時秘書扱いされていた荻生徂徠『太平策』の南郭手沢本を借り出し筆写していることからも了解されるだろう。(30) 東皐の文名が全国的なものとなったのは湯浅常山（一七〇八〜一七八一）や松崎観海（一七二五〜一七七五）との交遊を通してであったことを考えるなら、江戸の蘐園派との密接な関係は、彦根藩徂徠学派が藩に認知されることになる背景の一つとして重要な意味をもったといえる。なお、彦根藩徂徠学派の京都・大坂との結びつきは、江戸の場合と比べるとはるかに弱い。(31) これは、京都・大坂では反徂徠学の風潮が比較的強かったためであろうと考えられるが、彦根藩の藩士・陪臣における闇斎学から徂徠学への学風の変化は、思想の面で、京都とのつながりを弱め、江戸とのつながりを強めるという結果を生んだと言える。

講余私談　ところで、本節で見てきた講義・会業・詩会といった活動と、前節で指摘した彼らの政治意識・政治思想とは、どのように関係していたのであろうか。この点について考えるうえでの恰好の史料として、『講余私談』がある。(32) 野村東皐の「講余」の「私談」（講義や会業が終わったあとで仲間に語った談話）を彼自身もしくは彼の門人が書き留めたものであろうと考えられるこの史料は、次のような東皐の言葉を伝えている。

一、今時の御政事を観るに、法令を以て導き政刑を以て下を御するのミなり。上の威を以てたゝき付ケ抑へ付ておくまてにて、人心悦服する事なし。「道《クニ》之《ヲ》以《シ》政《ヲ》、斉《スルニ》之《ヲ》以《スレハ》刑《ヲ》、民免《レテ》而無《シ》恥《ルヲ》、道《クニ》之《ヲ》以《シ》徳《ヲ》、斉《スルニ》之《ヲ》以《スレバ》礼《ヲ》、有《テ》恥《ルフ》且格《ル》」（『論語』為政篇）と孔子の宣へるをハよく会得すへきなり。今世の政治は民免而無恥なり。民之心に恥る事なき故に、実に風俗正しくなりて善に赴くに非ず、上部ばかり法令に従ふなり。公台（＝東皐の名）が心ハそれを気の毒に存し、聖人礼楽の治は今世俄に行ふへからすといへとも、礼楽の遺意を得て政を行ハれハ、下のもの有恥且格にも至る事を得へしと存するなり。（下略）

一、当時の商賈の業、姦猾牟《ル》利《ヲ》こと一年甚《シ》於一年《ヨリ》凡海内皆然と申せとも、殊に江戸の商賈の姦猾言語に絶たり。海内の諸侯、己が国にて種々労心苦思してしほりあけたる金銀をハみな江戸へ持来りてつかひ捨る事なるに、如此商賈に害せられてハ此行末の極る所何となるべきや。怖るへき事の甚きなり。（下略）

一、当時第一の要職ハ留守居役なり。此留守居役の風はなハだ世界の害をなす。賄賂公行の悪風、其外種々の悪風、皆留守居役より醸し成す。甚にくむへき事なり。（下略）

このように、講義や会業が終わったあとの席での東皐の談話は、かなり激しい当世批判・政治批判に及ぶことがあったようである。現存する『講余私談』の表紙には「他見不許」とあるので、このような当世批判・政治批判が語られたのは信頼できる仲間内においてのみであったと考えられるが、彼らの講学活動がこのような当世批判・政治批判を背後に持ちつつなされていたという点は重要である。宝暦・明和・安永期の彦根藩徂徠学派には、沢村琴所の『軍国富強録』『斉桓問対』や前嶋弥次右衛門の諌書のようなまとまった政治論は今のところ見出せないが、(33)

彼らの講学活動の背後には沢村琴所や前嶋弥次右衛門から継承した批判的政治意識があったということをここでは確認しておきたい。

4　藩の教学政策の展開と徂徠学派

すでによく知られているように、十八世紀後半には、藩政改革の一環として、比較的規模の大きい藩においては盛んに藩校が設立されるようになっていく。そのような動きは、宝暦五年（一七五五）の熊本藩校時習館の設立あたりが起点であり[34]、安永四年（一七七五）の米沢藩校興譲館の設立が最もよく知られた事例であるが、ピークを迎えるのは天明・寛政期であり、寛政十一年（一七九九）の彦根藩校稽古館の設立もその一例である。

このように、十八世紀後半以降、とくに比較的規模の大きい藩においては、儒学による家臣団教化という課題が自覚化され始めるのであり、彦根藩もその例外ではなかった。彦根藩におけるこの課題への対応には、宝暦中頃、天明初年、寛政期という三つの画期がある。以下では、そのことを念頭におきながら、彦根藩における藩政担当者層と徂徠学派との関係の変化を見ていくこととしよう。

宝暦期の諸問題　彦根藩では、宝暦六年（一七五六）二月に、家老岡本半介の推挙により、京都の学者龍草廬（一七一五〜一七九二）が十五人扶持を給せられて召し抱えられた[35]。彼の当初の仕事は藩主の侍講や庶子の教育などであったが、翌年四月九日には城下京橋通りの御馳走所というところで藩士を対象とした講釈が開始され、龍草廬はこの仕事も担当することになる。『彦根市史』所引文書によると[36]、当初は、毎月二日・十六日に龍草廬が『論語』を、九日・二十六日に浅見文次郎が『靖献遺言』を講じており、『側役日記』[37]同年四月九日条によると、「御家中之面々出席仕候様に被仰付」ただけではなく、「御近習之面々」も「出席可仕旨」仰せ付けられている[38]。出席の強制はなされなかったようであるが、出席者名を藩主に報告して熱心な者に対しては藩主が褒詞を賜るというパターンが定着していくなど、一般藩士に対する出席の勧奨はなされている。また、『備陽国学記録』（岡山藩校の記録、岡山大学附属図書館池田家文庫所蔵）宝暦八年十月二十二日条には、彦根藩から岡山藩校に関する問い合わせがあり図面一枚と概況を説明した文書で回答したことが記されており、この時期、彦根藩は、他藩の藩校の調査も行うなど、かなり真剣に儒学による家臣団教化という課題に取り組んでいたことがわかる[39]。

ここで重要なのは、その際に藩政担当者が、藩内の徂徠学派を利用しようとはまったくしておらず、かえって京都から龍草廬を招いているという点である。都市文人的性格の強い龍草廬を彦根で歓迎したのは、奥山華嶽[40]・松平寒松[41]ら文人趣味をもった上級藩士とその周辺の人々で、彦根藩徂徠学派の面々は、明らかに距離をとっていた。京都で草廬門人によって編まれた送別詩集『綰柳篇』が刊行されたのは宝暦九年（一七五九）のことであるが[42]、その頃東皐は友人に次のように書き送っている（『蘘園集』後編巻十一所収「与友人」）。

近日、『綰柳篇』刻成る。載する所の詩文、多く観るに堪えず、人をしてこれが為めに赧然たらしむ。而してこれを海内に播す。何ぞ其の愧ずること無きの甚だしきや。台（＝東皐）、是に於て深く序中の称する所実に非ざることを悔ゆと云ふ。

草廬と東皐らとの関係が完全に破綻するのは、草廬が東皐の亡友の遺著を自著と偽って刊行するという事件を起こし藩儒の地位を息子の玉淵[43]に譲って京都に戻る安永初年以後のことであるが[44]、草廬と東皐らとのあいだには、詩会などで席を同じくする機会は少なくなかったにせよ[45]、当初から溝があった。

また、宝暦末年に、野村東皐らと中村仲裕とのあいだに、朱子学と徂徠学の得失をめぐるやりとりあった際[46]、東皐は、仲裕への返書の末尾に、次のように記している。

藩中風俗改り忠信の人生する様に勧め可申由被仰下候。此事ハ龍草廬或は御城下寺方之和尚上人へ任せられ可然奉存候。僕不才不徳陪臣之末に居て何を以てか風俗を改可申哉。

この時点では、東皐らは、儒学による家臣団教化という藩の抱えている課題とは全く無縁なところにいたわけである。

天明期の諸問題　一般藩士を対象として儒者に講釈所で講釈をさせ、出席者の名前を藩主に報告する、という宝暦七年（一七五七）に始まったやり方が、すくなくとも二十余年後の安永末年まで続いていたことは、『側役日記』の安永九年（一七八〇）十二月十九日条に「当月中講釈所出席之名前、御中老衆ゟ被指出、入　御覧」とあることにより確認できる。しかし、天明初年以後には、これとは別に、新たな対応がなされるようになる。藩政担当者層と彦根藩徂徠学派が結びつくのは、ここにおいてである。

新たな対応は、野村東皐の登用を軸としてなされた。『侍中由緒帳』の東皐の条から、重要な部分を引用してみよう。

幼年ゟ学文想懸候儀達　御聴、去ル天明元年辛丑四月朔日広小路御子様方御学事御用被　仰付相勤申候…翌二年壬寅十一月八日向後於　御座之御間御次経書講釈被　仰付候旨被　仰出、…相勤申候[47]。…翌三年癸卯…四月助右衛門召連江戸江罷下り申候処、同月廿六日於江戸向後於　御座之御間御次経書講釈被　仰付候。若殿様ニ茂御聴聞可被遊旨被　仰付、同廿八日ゟ相勤申候。同六月十六日ゟ若殿様於　御座之御間経書講釈被　仰付、御学事　御尋之筋者　御直ニ無指扣申上候様被　仰付候。

天明初年に野村東皐が藩主の御前での講釈と世子・庶子の教育を仰せ付けられていることがわかる。ここで注意すべきなのは、この御前講釈には、たんに藩主の御前で講釈するということ以上の意味があったという点である。「天明二壬寅年十一月　御直筆之御書付を以御近習之面々江被　仰出候御　書付之写」[48]と題された史料に書き留められた「近習之示令」には、次のようにある。

一、出番之節茂用向之暇にハ射術稽古書見会読等勝手ニ可相学候
一、平日責馬之節是迄免シ置候通相心得無懈怠罷出稽古可致候
一、兵学之儀第一半介講舎江可罷出候
一、毎月六度御居間之次におゐて野村新左衛門出席経書講釈可致旨助右衛門江申出シ置候間、側役始近習向医者共迄講席江可罷出候。尤無拠子細ニ無之ハ相断申間鋪候

釈日　表向用済ヨリ
四日　八日　十二日
十七日　廿日　廿八日
右者近習之者とも平日所作を設大略示之候。非番之節武術学文等の稽古者先年申出シ候通可相心得候（以下略）

このように、東皐の御前講釈については、「近習之者とも」に陪聴させるということが当初から前提されていたのであり、それは右のような一連の近臣教化策の根幹をなすものでもあった。このような施策の意図については、右の史料の下略部分に「近臣をして基本ともなり、一藩の士風あらたまらハ、本懐たるへく候」とあり、一藩の士風の改革の着手点がまず近臣に求められたのであることがわかる。この時期藩主直幸は儒教的政治理念を前面に押し出した従来とは趣きの異なる書付をさかんに発しており[49]、このような施策もそのなかで実現したものであった。

5　藩校稽古館の設立まで

前節で見たように、十八世紀後半以降、儒学による家臣団教化という課題が自覚化されていくなかで、彦根藩では、宝暦中頃・天明初年・寛政期という三つの時期に、それぞれ性格の異なる施策が実施された。それぞれの時期に「藩政改革」とよばれうるほどの体系性をそなえた施策が実施されたのかどうかについては藩政史研究の今後の進展を待たねば判断できないが[50]、儒学による家臣団教化という観点から見た場合、この三つの時期が画期となっていることは間違いない。そして、藩政担当者の側が彦根藩徂徠学派を新たな施策の担い手として見出したのは、すでに述べた通り、天明初年のことであった。本節では、その天明初年から寛政末年の藩校設立に至るまでの時期について概観しておこう。

藩校設立構想の起源　当時すでに全国的に文名を知られるようになっていた野村東皐が天明初年に登用された際[51]、最初に仰せ付けられたのは、「広小路御子様方御学事御用」すなわち当時広小路屋敷に居住していた庶子の教育であった。その庶子とは、具体的には、第十代藩主直幸の七男庭五郎[52]と九男又介[53]であるが、重要なのは、兄庭五郎は世子直富の急逝によって第十一代藩主となる人物であり、弟又介は注目に値する好学者であって[54]、東皐と彼らとの関係がのちに一定の歴史的意味をもったと考えられる、という点である。

当該期の庶子の学問受容の詳細については本書所収の別稿に譲るとして、ここでは、東皐が、のちに期せずして藩主となる直中らに対して〈学問の心得〉をいかに説いたかという点についてだけ見ておこう。彼の『学文乃意得』という著作には、次のようにある[55]。

凡王公大人の学文ハ、卑賤の者の学文と同じからず。卑賤の者の学文は、面々一人の力を極めて、みづからつとめ、己が徳を成就すへし。王公大人の学文は、聖人の道の至善なる事を深く尊信して、聖人の旨を能会得し、道しりたる賢者を多くまねき挙用ひ、其賢者の智を一ツに合せて、国家の用に供するより外なし。

士庶人ハ、人々其おのれが長所を知て、其長所をバ学文を以て養ひ立て、人々其才徳を成就し、国家の用に供するなり。王公大人は。そのさま〳〵ある学者賢者をみな我物にして、是をあげ用ひ、己が用に立る事、是王公大人の学なり。

人君は、自身に精根を尽して読書学文するばかりを学文とはいはず。家中の士、末々まで学文を悦ぶ風俗になりて、人才の生ずるやうにするを、人君の学とハいふ也。

一読して明らかなように、彦根藩徂徠学派は、学問論／人材論においても徂徠学に依拠していた。中・下級の藩士・陪臣を主体とする彼らは、おのれの「才徳を成就」して「国家の用に供する」ことをみずからの〈学問の心得〉とするとともに、「才徳を成就」した者を「あげ用ひ」て「国家」の「用に立」てることが藩政担当者の〈学問の心得〉であると考えていた。東皐は、庭五郎や又介に対して、このような立場から〈学問の心得〉を説いたと考えられる。

さらに、この立場をつきつめていくと、「人君」が学校を設けて「家中の士」を教育し「人才」を養成することが、有力な経世策として提起されてくることになる。実際、田中世誠は、天明元年に『学文乃意得』を筆写する機会を得た際、長文の跋文を付して、そのなかで次のように述べている。[56]

夫古聖王ノ法ハ、幼ヨリ学校ニ入レテ、才徳漸々ニ成就シ、自然ト文武ノ両輪ナルヿ《コト》ヲシル。故ニ文事アル者ハ必武備有ナリ。吾国学校ノ政ナシ。故ニ文ヲ学フヿヲシラス。幼ヨリ弓馬槍刀殺獲ノヿ而已ヲ教ユル故ニ、サイ徳成就スル人ナク、一代ノ精力ヲ尽シテモ、僅ニ匹夫ノ勇、一人ニ敵スル而已。……今ニモ学校ノ政起テ、人才成就シ、風俗変更セハ、文事アルモノハ必武備アルニテ、文ヨリ出タル武ヲ学ンテ、有用ノ士、済々タルヘシ。

このように、寛政末年に至って実現されることになる彦根藩の藩校設立構想は、宝暦中頃に開設された講釈所の延長線上に位置するものではなく、天明初年に登用された徂徠学派の学問論／人材論に由来するものであった。そして、次に略述するような紆余曲折を経つつも徂徠学派の構想が実現された背景としては、実務を担う中級藩士層に徂徠学派が一定の人的基盤をもっていたということに加えて、藩主直中と徂徠学派との関係が庶子時代に野村東皐の教育を受けて以来生じていたということを無視できない。天明初年の野村東皐登用は、このようなかたちで、寛政十一年（一七九九）の藩校稽古館設立に至る寛政期の教学政策に重要な影響を及ぼしたと言える。

稽古館設立までの紆余曲折　寛政元年（一七八九）の直中襲封から同十一年の稽古館開講に至るまでの紆余曲折について詳しく検討する作業は別の機会に譲らざるをえないが、その概略だけを紹介しておくと、次のようになる。直中は、襲封当初から藩校の設立を考えていたようであるが、具体的な動きが始まったのは、寛政二年（一七九〇）以来藩費を給せられて京都に遊学していた中村千次郎（禄二百五十石の藩士の倅）が学業半ばで病死した際に提出した寛政六年（一七九四）末の上書をきっかけとしてであり、翌年春には中老三浦元福が「御家中一統文武為稽古、学校可被仰付思召ニ付、右一件掛り取調之儀」を仰せ付けられている。しかしながら、のちにこの一件に関わるようになる元福嫡子元苗が国学の素養のある人物であったためではないかと思われるが、藩内における徂徠学と国学の対立を背景として、学校取調の実務が二派に分裂してしまうという混乱が生じることになる(57)。

彦根藩内に徂徠学と国学の対立があったことは、いわゆる国意考論争が野村東皐の『国意考』批判とそれに対する海量(58)の反批判から始まっていることからも知られるが(59)、学校取調の実務を一方で担当したのはこの海量であり、彼は、反徂徠学の立場から、正学派朱子学の徂徠学批判の論点を取り入れて、朱子学に基づく藩校の設立を主張した(60)。他方、野村東皐の主要門人の一人で天明六年（一七八六）に藩儒に取り立てられた大菅南陂も、寛政八年（一七九六）に「日数三年勧学之御暇」を与えられ「御直御用筋」を仰せ付けられており、海量とは別に徂徠学派の立場から学校取調を行っていたものと考えられる(61)。彦根藩では、藩校設立の準備は、このような対立をはらみながら進んでいった。

問題をさらに複雑にしたのは、中村不能斎『旧彦根藩学制志』（前掲）が説得的に推測している、寛政十年（一七九八）の学舎落成後の幕府の介入であっただろう。幕府の御儒者たち（正学派の柴野栗山ら）は、寛政三年（一七九一）に会津藩の古屋昔陽登用に介入した時点ですでに彦根藩の「異学」に目をつけており(62)、彦根藩で徂徠学に基づく藩校が設立されそうな情勢を座視したとは考えにくい。おそらく、幕府が異学禁止政策をとっているなかで譜代の名門が徂徠学に基づく藩校を設けるとはなにごとか、といった介入があったものと思われる。寛政十一年（一七九九）八月四日付で稽古館開講を周知するべく目付中から発せられた文書（前掲『旧彦根藩学制志』所引）の、「右ハ従来ノ文武諸芸ヲ一所へ相集メ稽古被仰付候事ニテ、学校ナト申筋ニハ無之間、一統可被存其旨候」（傍点引用者）という一節は、そのような幕府の介入に対する弁明としか考えられない。「稽古館」という何の理念性もない名称も、このような幕府との関係のなかで不可避的に選択されたものだったはずである。

彦根藩における藩校の設立は、以上のように、藩内の対立や幕府の介入による紆余曲折を経ながら進んでいった。その詳細についてはなお今後の解明を待たねばならないが、最終的に実現されたのが徂徠学派の構想であったことは、田中世誠が起草したとされる直中制定の稽古館「掟」（前掲『旧彦根藩学制志』所引）の第一条に、「文を学ふの肝要は孝悌忠信の道を基として治国安民の旨に通達し国用に可立様可相励事」とあることから明らかであろう。ここにいたって、「国用に可立」人材の養成という彦根藩徂徠学派の〈学問の心得〉は、藩の教学理念として採用されたと言える。

おわりに

本稿で述べてきた事柄を承けて、彦根藩徂徠学派の特徴を整理するなら、①中・下級の藩士・陪臣を主要な担い手としていたこと、②たんなる講学グループではなく、一定の政治姿勢をそなえたグループであったこと、③天明期以降藩政担当者層との関係が生じてくるなかで実際に一定の政治的役割を果したこと、の三点を指摘することができるだろう。これを踏まえて、最後に、今後の課題を確認しておきたい。

沢村琴所没後の彦根藩徂徠学派において指導的役割を果したのは学力の抜きん出た野村東皐であったが、東皐の没後、天明・寛政期の彦根藩徂徠学派において重要な役割を果したのは、藩儒大菅南陂よりもむしろ、中級藩士の西尾公龍や田中世誠であった。藩政担当者との関係が生じ、実際に一定の政治的役割を果すようになるなかで、学問に長じた人物よりも政治の実務に長けた人物のほうに彦根藩徂徠学派の重心が移っていった、ということである。

とするなら、次なる問題は、有能な実務官僚と特徴づけることのできる好学中級藩士―困難な状況のなかで藩校の設立を実現し藩主から褒美を賜った西尾公龍や田中世誠のような―が一定の政治的ビジョンを共有しつつ結集した政治集団として彦根藩徂徠学派を天明・寛政期の彦根藩政のうちに見出せるかどうか、もし見出せるとするならそれは当該期の藩政のなかでどのような具体的役割を果したのか、ということであるだろう。横内家文書中に伝存する西尾・田中らの膨大な量の和文書簡によってそのような問題にも取り組むことを当初は意図していたが、力が及ばなかった。今後の課題としたい。

【注】

1　笠井助治『近世藩校における学統学派の研究』下巻、吉川弘文館、一九七〇年、二〇〇〇頁。

2　『彦根城博物館古文書調査報告書』Ⅴ（彦根城博物館、二〇〇一年、西尾家文書等の調査報告書）参照。なお、同報告書の解説は、致遠嫡子の名を「允庵」としているが、私が見た範囲の史料には「允迪」とある。

3　この段落の叙述は、強斎門人山口春水がまとめた『雑話筆記』『雑話続録』による。両書は、『神道大系』論説編一三垂加神道（下）（近藤啓吾校注、財団法人神道大系編纂会発行、一九七八年）に収められている。引用は、同書四三頁、四五頁、九三頁、一〇二頁。また、『望楠所聞』（金本正孝編『強斎先生語録』〔渓水社、二〇〇一年〕所収）からは、彦根家中に強斎の縁者がいたことも知られる。

4　前掲『神道大系』論説編一三垂加神道（下）参照。

5　前掲『神道大系』論説編一三垂加神道（下）、一一四頁。

6　以下、琴所の履歴については、釈慧明「琴所先生行状」・宇野明霞「琴所先生墓碣銘」（ともに『琴所稿刪』所収）および『彦根藩史料叢書　侍中由緒帳』（注16参照）第二巻・第四巻の関係箇所（沢村角右衛門家・沢村左平太家）による。

7　門人が琴所の没後に編集刊行した漢詩文集。宝暦二年（一七五二）刊。元文三年（一七三八）の野村東皐の序文と宝暦二年（一七五二）の種村箕山の跋文を前後に配する。巻上は詩類、巻下は文類、附録は前出の「行状」「墓碣銘」からなる。

8　宝永七年（一七一〇）から享保二十年（一七三五）のあいだに書かれた和歌・和文をみずから編集した和歌・和文集で、写本で伝わる。京都大学附属図書館所蔵本・筑波大学附属図書館所蔵本・大阪市立大学附属図書館森文庫所蔵本（「沢村琴所遺稿」）・彦根市立図書館所蔵本（二種）が知られている。なお、京大本は、諸伝本中最善のものではあるが、自筆本とするのは誤りである。

9　琴所編の彦根の歌人の和歌集。享保十三年（一七二八）冬成立。写本。碧沖洞叢書第七十二輯所収本・刈谷市立図書館村上文庫所蔵本・彦根城博物館所蔵本（井伊家伝来典籍M七四）・彦根市立図書館所蔵本が知られている。

10　写本。彦根藩井伊家文書七三九〇・七三九一。

11　書名のみ知られている琴所の著作としては、『井家新書』（前出の『井家新譜』のことか）・『軍国要覧』・『軍士要覧』・『八陣本義』・『古今集序解』がある。

12　写本。慶応大学附属図書館蔵。元文三年（一七三八）仲夏朔日跋。

13　写本。京都大学経済学部図書室蔵。

14　琴所は次女を前嶋弥次右衛門の息子に嫁がせており、両者の関係の緊密さがうかがわれる。

15　この「死諫ノ書」の諸伝本については、付載史料の解題参照。諸伝本のうち宇津木家文書所収本と彦根市立図書館所蔵本が田中世誠筆写本系の写本であり、田中世誠の識語を有する。ここでは両本を参観して双方の誤りを正して引用した。

16『侍中由緒帳』（彦根藩井伊家文書）は、彦根城博物館編集の彦根藩史料叢書というかたちで翻刻刊行されつつある（一九九四年～、第九巻まで既刊）。以下でこの史料の既翻刻部分について注記する場合は、同叢書の巻数と頁数を記す。前嶋弥次右衛門とその二人の息子については、同叢書第五巻五八頁以下参照。

17　野村東皐の履歴については、旧稿「十八世紀中・後期における儒家的知の位相」（大阪歴史学会『ヒストリア』第一五三号、一九九六年十二月）参照。本節の叙述はこの旧稿の後半と重なる部分がある。ここで野村東皐の著作を列挙しておくと、詩文集『嚢園集』前編（八巻五冊、明和七年刊）・後編（十二巻六冊、寛政九年刊）・余編（写本、詩類二巻文類二巻、横内家文書［那覇市所蔵］所収。彦根市立図書館本は文類二巻のみ）、『復讐論』（安永八年刊）、『論語徴考』（写本三冊、滋賀大学附属図書館蔵）、『世説新語補筆解』（写本四冊、国会図書館蔵）、『三翁国語考』（後述）、『学文乃意得』（後述）、『訳文并対問』（写本、彦根藩井伊家文書三二一四七など）、『講余私録』（後述）、『講余私談』（後述）などがあり、ほかに重要な内容の和文書簡が複数伝わっている（宇津木家文書、横内家文書）。

18　彦根藩徂徠学派の構成員のそれぞれについて履歴等を明らかにする作業は複雑な考証を必要とするので、ここでは結論だけを記すにとどめ、具体的な論証は別の機会に譲ることとしたい。

19　一七一二～一七七八、名は圭、字は瓚美、通称は権兵衛、中藪・中養父と号す。印具徳右衛門家室老。のちに彦根藩校稽古館の初代学問方となる大菅南陂の父。

20　一七二〇～一八〇〇、通姓藤田、名は済、字は元民、通称は新治、箕山と号す。微禄の藩士で、元文元年（一七三六）出仕、寛保元年（一七四一）家督を相続して三五俵（のち加増されて五〇俵）を給せられ、「計吏」として「清廉の誉」があったという。

21　生年未詳～一七七六、藩士。履歴の詳細は未詳であるが、江戸詰の機会が多かったらしく、彦根の徂徠学派と江戸の蘐園派とのパイプ役を果した。

22　一七二三～一七六七、名は完、字は仲全、西郭と号す。禄一五〇石の藩士。

23　生没年未詳、通姓大林、長野十郎左衛門家室老。

24　一七三五～一七五五、伯孔の弟、長野家家臣、のち致仕して江戸に遊学。

25　一七四八～一八二一、名は公龍、字は仲淵・子雲、通称は豊吉・宗治・隆元・隆助、混山と号す。禄一五〇石（のち五〇石加増）の藩士。『侍中由緒帳』によって藩校設立までの履歴の概略を記すと、公用役→城使役→評定目付役→側役・城使役兼帯→寛政七年五月願により御役御免→同年七月城使役に帰役→寛政九年十二月五〇石加増→寛政十一年八月四日「今度稽古館御造立ニ付、先達而ゟ御用懸り御家老中江存寄等申出致、出精一段ニ被為思召」御褒美（彦根藩史料叢書第七巻一三六～一四〇頁参照）。

26　一七四九～一八一六、名は世誠、字は文実、通称は藤十郎・五介、散木と号す。禄一〇〇石（のち五〇石加増）の藩士。『侍中由緒帳』の当該部分（第二十四冊）は現在所在不明となっているので、それに基づいて記されたと思われる中村不能斎『旧彦根藩学制志』（原本は所在不明、『日本教育史資料』に抄録）により、彼の履歴の概略を記しておくと、目付→評定目付→川除奉行→新田開墾掛兼帯→系譜編集掛兼帯→細工奉行（系譜編集掛兼帯）。稽古館造立に際しては、「致出精候趣一段之事ニ」つき御褒美、物主兼書物奉行となる（『日本教育史資料』巻十二参照）。

27　一七五四～一八一四、名は集、字は翔之、南陂・蘭沢と号す。大菅中藪の養嗣子で、もとは父と同じく印具家家臣。『侍中由緒帳』によると、天明六年十人扶持諸士格にて召出、寛政十一年藩校稽古館の初代学問方となる。

28　井伊家伝来典籍N八三。宝暦三～四年（一七五三～五四）に当時江戸にいた野村東皐と国許の講学仲間との間で交わされた往復書簡をまとめたもの。この間彼らは往復書簡を交わすかたちで『国語』の会業を継続していた。

29　横内家文書所収。東皐門下の世代の詩文を多く収める。

30　野村東皐の『太平策』跋文参照。日本思想大系『荻生徂徠』（岩波書店、一九七三年）八〇八頁所引。なお、彦根市立図書館所蔵の『太平策』もこの跋文を有する。

31　『襄園集』によって交流があったことを確認できる人物は、岡白駒・宇野明霞・釈大典・木村蒹葭堂らにとどまる。

32　井伊家伝来典籍Q三七、写本一冊。現存するのは一冊のみであるが、表紙に「第二」とあり、本来の分量はもっと多かったと考えられる。

33　天明期以後のものと推測される上書としては、野村東皐『講余私録』（彦根藩井伊家文書三二一三八「東皐先生之論」がこれにあたるようである）、田中世誠『田中藤十郎上書』（井伊家伝来典籍I八四）などがある。

34　「藩校」をどう定義するかにもよるが、時習館に先立って設立された藩校は、寛文六年（一六六六）設立の岡山藩学校、享保四年（一七一九）設立の萩藩校明倫館、元文元年（一七三六）設立の仙台藩学問所などに限られる。

35　龍草廬については、『龍草廬―京から招いた彦根藩儒学者の軌跡―』（彦根城博物館で一九九三年に開催された同名のテーマ展の図録）参照。

36　中村直勝監修『彦根市史』中冊、彦根市役所発行、一九六二年、五六〇～五六一頁。原本は所在不明で、彦根市立図書館所蔵稿本『彦根市史稿』までしかさかのぼれない。『市史』と『市史稿』で語句に若干の異同があるが、『市史』に従った。

37　彦根藩井伊家文書。宝暦七年分の調査番号は七〇五三、のちに引く安永九年八～十二月分の調査番号は七〇六九。

38　『侍中由緒帳』によると、同年九月二十七日には、中老沢村角右衛門が「為重り《おもりとして》」出席するよう仰せ付けられている（彦根藩史料叢書第二巻三六一頁参照）。開講時に近習の面々が出席するよう仰せ付けられたのも、教化の対象として出席することを強制されたのではなく、出席して一般藩士向けの講釈を権威づけるよう命ぜられたのだと考えられる。

39　『侍中由緒帳』によると、江戸では、江戸詰藩儒の飯田喜太夫が宝暦九年以後江戸藩邸で「儒書講釈」を行っており（宝暦九年は月に一度、翌年からは月に二度）、一般藩士を対象とした儒書講釈を開始するという国許でとられたのと同じ措置が江戸でもとられていたことがわかる。

40　一七二八～一七八九、名は共建、字は子樹、通称六左衛門・右膳、華嶽と号す。七〇〇石を給せられた上級藩士。公的履歴については、彦根藩史料叢書第三巻一八三頁以下参照。

41　一七四六～一八一三、名は康純、字は少卿、通称は安五郎・倉之助、寒松と号す。一二〇〇石を給せられた上級藩士。公的履歴については、彦根藩史料叢書第三巻三六頁以下参照。

42　『絹柳篇』の序文は奥山華嶽と野村東皐の二人が書いており、ともにそのなかで草廬を高く評価している。

43　一七五一～一八二一、名は世華、字は子春、通称は一郎・衛門、玉淵と号す。安永三年（一七七四）家督相続。

44　この事件に関しては詳細な考証が必要であるが、別の機会に譲る。なお、この事件のあとも、奥山華嶽・松平寒松らは京都の龍草廬と親しく交わっている。

45　たとえば『明和三年丙戌正月既望東光山集』（外題「彦根墨客詩集」、彦根市立図書館所蔵）参照。
46　中村仲裕は、生没年未詳、通称は郷右衛門、禄二五〇石の藩士。当時仲裕は大津蔵屋敷奉行で、このやりとりは書簡でなされた。関係書簡は宇津木家文書・横内家文書に含まれている。
47　原文には「去ル天明二年辛丑」「翌三年壬寅」とあるが、干支にあわせてそれぞれ元年・二年に改めた。
48　彦根藩井伊家文書八二六〇。目録上の史料名は「近習江仰出書」。
49　たとえば、彦根市史編纂委員会編『新修彦根市史』第六巻史料編近世一（彦根市、二〇〇二年）八三八頁以下参照。
50　ただし東谷智「彦根藩筋奉行の成立と機構改編について」（藤井譲治編『彦根城博物館叢書4 彦根藩の藩政機構』、サンライズ出版、二〇〇三年）は「彦根藩宝暦改革」について論じている。
51　東皐は、天明三年（一七八三）に刊行された太宰春台『老子特解』に序文を寄せており、安永中頃に蘐園派の重鎮たちがあいついで没したあと、東皐がその代表的存在とみなされるようになっていたことがわかる。
52　名は直中、一七六六～一八三一、天明元年の時点で十六歳。
53　又助とも。名は直在、一七六八～一八二八、天明元年の時点で十四歳。
54　又介は天明六年（一七八六）に長浜大通寺性徳の養子となるが、『蘐園集』後編の跋文や種村箕山の墓碑を書いた蘭洲乗徳とはこの人のことであり、大通寺に入ったのちも長く彦根藩徂徠学派との関係を保ったことがわかる。
55　『学文乃意得』は、彦根城博物館に、野村東皐自筆本（井伊家伝来典籍X二）と田中世誠筆写本（「学文意得」（井伊家伝来典籍X一））の二本が所蔵されており、宇津木家文書・横内家文書にも含まれている。ここでは自筆本による。
56　前掲田中世誠筆写本による。
57　このあたりの経緯については、さしあたり、『旧彦根藩学制志』（前掲）・『彦根市史』中冊（前掲）など参照。三浦元福・元苗の公的履歴については、彦根藩史料叢書第二巻一〇〇頁以下参照。なお、東京大学附属図書館本居文庫には『三浦元苗詠草』が所蔵されている。
58　一七三三～一八一七。彦根近郊の覚勝寺の住職。真宗僧だが、賀茂真淵らに学び、国学の素養が深かった。
59　いわゆる国意考論争は、野村東皐「読賀茂真淵国意考」（『蘐園集』余編所収）から始まった。それに対する最初の反批判が、海量『読国意考にこたふるふみ』（外題「読国意考弁」、無窮会専門図書館蔵）である。改造文庫版『国意考』（改造社、一九四四年）参照。
60　彦根城博物館所蔵の海量の上書（彦根藩井伊家文書三一二六四・三一二六六・三一二六七）参照。
61　彦根城博物館所蔵の『学校考』（井伊家伝来典籍A四七）・『謹上国字疏一則』（同前D四八）参照。
62　豊田武編『会津藩家世実紀』第一三巻（吉川弘文館、一九八七年）四七二頁参照。

付載史料

前嶋弥次右衛門「死諫ノ書」

宇野田尚哉

拙稿中で紹介した前嶋弥次右衛門の上書（田中世誠の識語にならって「死諫ノ書」とよぶことにする）については、次の四種類の伝本が知られている。（一）宇津木家文書（彦根城博物館寄託）中の単行写本（目録上の史料名は「前島死諫之書」、『彦根城博物館古文書調査報告書Ⅲ　宇津木三右衛門家文書調査報告書』一〇〇頁所載、調査番号Ｄ２―２）、（二）彦根市立図書館所蔵の単行写本（目録上の史料名は「死諫の書の写」、同図書館『郷土資料目録』第三集四頁所載）、（三）横内家文書（那覇市市民文化部歴史資料室所蔵）中の『遂志論』（外題）と題された写本（天保三年横内慎卿写、全一冊、調査番号１３―お―３５）所収のもの、（四）中川禄郎編『三諫録』（巻九「死諫」のみ伝存、彦根藩井伊家文書、『彦根藩文書調査報告書』第三巻二八七頁所載、調査番号３２１３９）所収のもの、である。このうち、（一）（二）は田中世誠筆写本系の写本で、拙稿中に引用した田中世誠の識語を有する。（三）（四）はそれとは異なる系統の写本で、関連史料をも収録している点に特徴がある。以下では主として（三）『遂志論』によりながら、関連史料も含めて「死諫ノ書」を翻刻紹介する。

（三）『遂志論』の内容は、①「遂志論」（前嶋弥次右衛門）、②「永訣友人書」（前嶋弥次右衛門）、③小県静庵宛漢文書簡（前嶋弥次右衛門）、④小県静庵宛和文書簡（前嶋弥次右衛門）、⑤「遂志論・永訣友人書」識語（野村東皐）、⑥「死諫ノ書」（前嶋弥次右衛門）、⑦「奉中上候口上之覚」、⑧「前嶋士固与野子賤先生書」（前嶋弥次右衛門）、⑨「野先生題前嶋士固書」（野村東皐）、⑩「前嶋道徹君墓誌銘」（野村東皐）からなる。以下では、『嚢園集』所収の⑩を除く①～⑨を翻刻紹介する。なお、（四）『三諫録』には、（三）『遂志論』に収められていない今村平次宛書簡が収められているので、これを④と⑤の間に補入した。漢文史料の句点・返点については、底本を尊重することを原則としたが、翻刻者が改めたり補ったりした箇所もある。

①②③については、『諸家詩文集』（横内家文書、１３―お―５３）所収の別本も参観して、底本の誤りを正した。①の〈　〉内は、小県静庵

（前嶋が③④で①②の添削を依頼した人物）によるもので、底本では（表題の注釈にあたる最初の一文を除き）二行割注となっている。⑥⑦については、底本と他の諸本との異同を、理解に役立つと考えられる箇所に限って、本文中もしくは本文傍らに〔　〕つきで補った。①〜⑨を通じて、（　）内は翻刻者による注記である。

［本付載史料には、現時点において人権を侵害する恐れがあるかと思われる史料も含まれているが、彦根の歴史的事実を正しく理解するために、原文を忠実に掲載することとした。ただし、現市民の人権をそこなう恐れのある表現の一部については該当箇所を省略した。この趣旨を理解され、人権尊重の視点にもとづき、本史料を活用していただきたい――彦根城博物館］

①遂志論（前嶋弥次右衛門）

〈易象曰。沢無水困。君子以致命遂志。士固此篇。蓋取象辞〉。

昔在我　先公。従　神祖于戎馬之間。受殊遇之恩。夙夜勤労。忠義惇厚。有元勲。以為股肱之臣。且為先鋒。恒従　神祖。戦功居多。諸侯莫敢出于其右者。其後世々相襲。為旧勲諸侯魁。　神祖胙之土。藩屏要害之地。　先公乃篤志於治国之道。明于治乱興廃之機。有開四門之知。旁招俊桀之士。日夜与之議政事。君臣然否于朝。従器官之。任之無疑。諸臣各尽才能。以致其身。庶事尽康。諸官能治。黜陟得其道。賞罰無偏私。賢才日進月将。唯恐名不称于後世。進思成君美。退思寡其過。君臣相和。上下相親。一出令。則信之守之。忠信淳朴。以重義知恥為風俗。而士女無為一不義行一無礼者。故有康良之美。而無隋隳之刺。其為士大夫子弟者。恐辱其父祖。不淫佚游。或欲輔相以致治於仕進之日。或日学射御不懈。愚不肖猶欲為干城之臣。而無一素餐者。而　公有子庶民之仁。能達於否泰之義。以為上下不交通情。国不可得而治矣。且夫民国之本。而武備之要也。是以田猟振旅。能知農事艱難。審察其所好悪。以行仁政。河伯不為水溢之災。禽獣不為菽麦之害。民日夜労四体。深耕易耘。五穀能熟。上入不懈。無責税歛（斂か）之吏。農買不易業。有恒産則有恒心。仰足以事父母。俯足以育妻子。民各得其所。無散四方者。而　公亦身倹而節用。不数年府庫大盈。国儲富饒。凶年飢歳。封疆之民無凍餒之色。而尽力於農事。無困於収歛（斂か）。而失田宅之患。怨讟之言不興。如　先公。誠可謂民之父母耳。而祭祀以時。明徳馨香。鬼神錫之百禄。嗚呼盛哉。嗚呼偉哉。而今也季世反於此何也。曰。公卿及士大夫不問学也。曰。問学而不及古何也。曰。神祖既定海内。諸侯沐浴于覆載之仁。不駆馳于戎馬之間。百数十年于此矣。公侯卿士大夫。殊不知世変俗移。在位之士。不期而驕。世禄之臣。不期而侈。因循苟且。駸々〈駸恐当作駸〉至于期矣〈期県改作斯〉。其憂国戒無虞之君子。盍不〈不字似衍〉長大息乎。凡為臣者。孰不欲尽忠於君。而不学則其所以為忠者非忠也。夫学非一端也。余所謂学者。学先王之道以稽古也。慎旃慎旃。或不慎其所学。必毫厘之差。千里之誤。其不及古。不亦宜哉。夫生于今之世為臣者。仰懐古昔之盛世。俯哀方今之衰世。憂思悲歎。不知所往愬。而余嘗聞　世子能愛人能知人。実有人君之度。竊喜以為　世子即位。必行救時反正之政教。以恢復　先公之治化。故恒願有輔佐之良臣。日祈天之永命。有年于此矣。臣身雖在山川万里之外。而心未嘗一日不在東都赤阪別邸之上矣。而余進欲献治安之書。則幼患目疾。無位于朝。且未信而諫。則以為謗。退欲従夫聖訓。則懐国恩。而不能舎也。而当時君門数重。否塞士民之言路。然則其如之何。曰。生以無由献言。唯為黄泉鬼以遂志耳。維年号月日。服虔于梅柳下。〈県。作維(一七四九)寛延己巳三月二十八日。伏剣云々。案服虔二字。姑避人窺察仮用者也〉。而欲見　先君于黄泉下。以祈天之永命矣。惟冀　世子哀憐以立志之一助耳。〈県按。世子以下十一字当塗抹〉。世子憫余意。(世子以下十一字、底本は左側に傍点あり、別本はなし)篤志於治国之道。問学以稽古。明于治乱興廃之機。(七字衍か)篤志於治国之道。有子庶民之仁。能達于否塞之義。使下情能達于上。審問民之疾苦。以行救時反正之政令。教以孝弟忠信。則我　先公之治化。復行于封内。如及　世子之世。不恢復　先公之治化。其何時之期。雖然。此豈易事哉。非苦心焦思。焉能至于茲。自古人君即位之始。無不黽勉求治。而終不免浮雲蔽白日之患。遂怠惰淫佚。殆至于喪祖宗之業者多矣。　世子能知否九五之義。自戒謹惕厲。深懐　神祖之殊遇。潜思　先公之勤労。憂慮季世衰頽。以救時反正為任。以開四門之知。而広以国人耳目為耳目。賢才求直言骨鯁之士。虚心納善言。聞政教之過失。不耽佚游。不好田猟。去讒諛。遠酒色。尊賢良。親有徳。取才能于微官。挙俊桀于遠臣。世禄不世官。卑賤之勤労。必審察之。一善一芸。必勧奨之。不孝不義。必貶黜之。賞罰無偏私。遠近一体。上下相親。則国無遺才。野無遺賢。士女重義知恥之治化。復隆于今世。而後世子孫。永保先鋒之命。千載如一日。如有事于日東之日。恒為先鋒有元勲。猶　先公之於　神祖之時可知世〈世恐也誤〉。而封疆之士民。沐浴　世子之仁沢。悦之如大旱而膏雨降也。而祭祀以時。明能〈能恐徳誤〉馨香。鬼神錫之遐福。子々孫々万寿無疆。余嘗憫屈原之意。屈原楚国貴戚之臣。遇于庸君。数諫不用。其純忠至誠。如彼而不能開喩之。傷其喪祖宗之業。懐無窮之悲。自沈于汨羅。嗚呼。如命何。嗚呼。如命何。今也余献治安之言於賢明之主以為黄泉鬼。其梓一也〈梓恐揆誤〉。而其心不可同年而語乎。然而此知命君子之所為耶非耶。余将楽夫天命以終身。今背吾初心。且恥夫素餐之言。(以下三十五字別本にはなし)故欲因近臣達素志耳。臨書涕泣。惟冀為　世子立志之一助耳。近臣請憐察区々之愚忠焉。故為此事以告後之君子。

年号月日〈県。作(一七四九)寛延二年己巳三月二十八日〉　前嶋士固当完謹識

②永訣友人書（前嶋弥次右衛門）

不佞当完将終。謹告友人諸君。我　彦藩世為　朝廷之先鋒。而旧勲諸侯之魁。治国安民之政教。宜海内諸侯来取法於我　藩中。而今也政教失其道。諸官非其人。混濁不分。変白為黒。倒上為下。蝉翼為重。千鈞為軽。黄鐘毀棄。瓦釜雷鳴。党人高張。賢士無名。此吾所憂。而不能無感於屈原之遺則。暮春三月。伏剣于梅柳之下。此固非知命君子之事。彰明較著也。遺言以永訣友人諸君。々々

請憐察焉。
寛延二年（一七四九）己巳三月二十八日

辱交生前嶋士固当完

呈
藩中友人諸君

③小県静庵宛漢文書簡（前嶋弥次右衛門）

此篇及遂志論。顛倒錯置。足下請改正。可㆔以伝㆓観宇小岡三氏及諸友人㆒。
季春丙子

前嶋当完

呈
小県君足下

④小県静庵宛和文書簡（前嶋弥次右衛門）

愈御平安被成御座奉珍重候。然ハ兼而得御意候儀
世子ニハ謂志於治国之道而不斥事、　大主ニハ多斥其事申候。遂志論永
訣友人書顛倒御改何もへ御見せ可被下候。
智清并妻儀奉頼候。妻別而産後病身灸治も難成御座候。何卒息災ニ成候
様奉頼候。
娘とも多不便千万ニ存候へとも貧窮無是非候。郷中へなり共何方へ成と
も御世話被成可被下候。幾重ニも奉頼候。
御家内御揃随分御堅固ニ被成御座、御息様方御成長御学業御成就可被成
候。同しくハ医業ハ御止別ニ何ニ而も御家業願候武家に御成候様ニ願申
候。以上。
三月廿八日

弥次右衛門

静庵様
小野田氏一封御届可被下候。

㊗今村平次宛書簡（前嶋弥次右衛門）

兼而得御意候通
若殿様何とそ御明将ニ被遊御成候様ニ奉願寸志ニ而申上候得共、名聞な
ど、被思召候而者無其甲斐候間、丹誠を顕し度候而、一命を指上申候。
老くれたる者幼少之者も御座候得共、忠孝二なから全しかたき事ニ候へ
者、治国之御志願御立被遊候少し御助けにも相成候ハ丶、死後之本望不過
之と奉存候。何分ニ茂宜敷被仰上可被下候。偏ニ奉願候。以上
三月十九日

前嶋弥次右衛門

今村平次様
猶々丹次殿江『帝範』『臣規（軌）』進申候。御覧可被成候。小部成ものニ
而君臣之肝要悉く備り申候。貴様方随分御堅固御長命ニ而　御明将と
奉中上候様御勤労可被成候。拙者義於泉下　若殿様御息災延命を可
奉祈候。以上。
君を祈る心は朽しことの葉の露と消にし苔の下まで
きみかため玉の緒たへて帚木のをれ行末を見ぬそかなしき
いとけなき子の世の末を見ぬもなと何か嘆かん君かためには

⑤【遂志論・永訣友人書】識語（野村東皐）

遂志論。永㆓訣友人㆒書。予今得始受読焉。未㆑及㆑竟㆑篇。掩㆑巻而泣者再三矣。嗚乎士固之忠誠。可㆑謂㆑不㆑媿㆓屈原㆒矣。謹茲手写。因加㆓句読㆒。以蔵焉云。

安永乙未(一七七五)孟陬十三日野公台謹識

⑥死諫ノ書（前嶋弥次右衛門）

御前(井伊直定)御儀、自御家督以前於江戸賢君と沙汰仕候段、奉承知罷在。其節御書面ニ、専古法ヲ被遊御用、士民之困窮御憐愍ニ被思召候故、専被遊御倹約、御役人中御為ニ相成候儀申上候様ニ被仰出候御儀、誠以明将賢君之御儀と御家中万民も奉仰候。其後庵原一閑殿・三浦元宣殿御勘気被遊御免候事、偏ニ　御前之御仁徳と御領内貴賤万民奉仰候。去冬長野十郎左衛門殿遠慮被仰付候事、御仕置之正敷儀と御家中一統奉称美候。当春
泰安様(井伊直政)百五十年御忌被遊御取越、御家中へ御酒御吸物被下置候儀、其上蒙御懇之　御意候儀、誠ニ以思召入難有仕合冥加至極ニ奉存候。関ヶ原大坂御陣御供仕候者共、一人も生而帰り可申心底之者ハ有御座間敷奉存候。只今之諸士、多ハ其者共之子孫ニ御座候。然処度々御為ニ相成候儀申上候様被仰出候へ共、瑣細成させる益もなき事ハ申上、はかく〳〵敷御為ニ相成候儀申上候事ハ承及不申候。依之越品之重罪其恐不少候へとも、御為と奉存候儀各迄申上候事左之通ニ御座候。

一、国を治るの要ハ賢才を用るの一事ニ御座候由。賢才を被遊御撰御役人ニ被仰付候様ニ仕度奉願候。御撰之被遊様は、只〔今〕迄之通御役人中ニ限リ不申、広く諸人の耳目を以て被遊御撰候ハ、、賢否邪正之相違も有御座間敷候半かと奉存候。就中御目付役ハ御法度之出る所ニ而御座候へは、乍恐　殿様ニも御遠慮被思召、御家老衆尤可為其通御役儀と奉存候。忠義之者御座候而、御為と奉存候而御意ニ背候をも不顧申上、古今事実も能覚、心寛仁なる者ヲ可被遊御撰儀と奉存候。只今の御目付役ニハ人々隔心仕候へハ、御政道之善悪・人之賢否邪正も広くハ承り不申、万事相違も可有御座かと奉存候。瑣細なる事而已〔殊之外〕繁多ニ相成、御役儀之本意を取失ひ申候。惣而御役替度々被仰付候故、何レも御役儀之筋ヲ呑込不申、大方得心も可仕者ハ御役替仕候間、御役筋ニ専心ヲ用申者無御座、只成合ニ落度無御座様ニ相勤候と相見へ申候。広く諸人之耳目ヲ以人才を御撰被遊、御役儀被仰付、二三十年乃至一生涯も相勤候様ニ仕度〔願〕奉存候。其器量御座候と被思召三四百石以下之小身者、御大役被仰付候ハ、、御役料被下置、御加増不被下置候様ニと奉存候。〔貧窮之節〕貧窮之小身者御大役相務、殊之外及難儀、子共有之候者武芸稽古も弥怠り候様ニ相成〔申〕候事。

一、国之大事ハ戎と祀とにありとやらん申候。戎ハ軍旅之事ニ而、何時御陣参御座候而も事欠不申候様ニ常之〔ならし〕内有ニ仕置候事ニ御座候。祀ハ祈禱之事ニ御座候。寺社之御祈禱料、御不勝手ニ付減シ申候、人臣として冥加おそろ敷儀、可仕事ニ無御座候。大知見御座候而、士民困窮仕候而ハ何程結構成御祈禱も無益之義と能々存る者ならてハ、仕間敷儀と奉存候。御武運長久御子孫繁昌之御祈禱ハ、士民之困窮難義不仕候様ニ被遊候より外ハ無御座奉存候。古来之通ニ御増被遊候様ニと申上るニハ無御座候事。

一、賞罰ハ国之大柄ニ而国家之治乱ハ賞罰之正と不正とニ御座候由。能々御僉儀之上貴賤親疎少も無御差別可被遊儀と奉存候。青木津右衛門儀、武役御免被遊候事、諸士〔之〕恥辱過之たる儀無御座候。尤子共教訓宜からぬハ親の咎ニ御座候へ共、武役御免迄ニハ及間敷儀と奉存候。鶴田杢兵衛ニハ大小不被下置、青木広之丞ニハ大小被下置候事、是も相違候様ニ奉存候。杢兵衛儀、不行跡ニ候へ共、男道之立不申候事ハ及承不申候。貧窮蓄方難義仕候故ニ御座候得へハ、御憐愍ニ被思召新知被下置候上ニも相改不申候ハ、急度可被仰付儀と奉存候。先年も右之類御座候而〔二〕（他本にこの空欄なし）―――御叱之上新知被下置候へハ、其後少之勝負〔少も不行跡〕も不仕候と及承候。是等諸士何も申談候。惣而御仕置之儀、国中貴賤とも御尤至極と申候様ニ可被遊儀と奉存候。御制服ニ付諸士少ニ而も相背候へハ急度被仰付候所、倍(ママ)臣百姓なと相背候者、手筋も御座候へハ、其通〔御見通〕ニ而相済候事、不本意ニ奉存候事。

一、民ハ国之本武備之要ニ御座候由。然ハ筋御役人ハ大節之儀ニ而、万民之難儀ヲ救候様ニ専ラ心〔耳目〕ヲ用可申之所、瑣細之末ニ而已心を用ひ、御役筋を取失ひ申候。先年米価高直ニ而、山中在々致餓死候者も不少、御城下へ多ク乞食ニ出候間、御救米可被下置由ニ而、庄屋共願申候所、中々餓を免レ候程之事ニ無御座、其後ハ願候者も無御座候。万民困窮難儀仕リ、年々家屋敷を売、田地を他領江売払、或ハ商人と成、或ハ奉公ニ出、他領江参候者不少候へハ、耕作之手ハ足リ不申、ほしか類高直ニ而養ニも不足仕り、耕作ハ殊之外骨折候事ニ候へ共、食物も十分給不申候者共も御座候。耕作之苦労所々ニ而様々成事ニ御座候。能御存知被遊御憐愍ニ可被思召儀と奉存候。右之通ニ〔御座〕候へハ、

秋ニ至リ利受も不宜候処、不功者之御検見ハ、上中下田の無差別取立、水損皆無之所ニも用立不申候ひゐニも御年貢取立、猶其上筋役人一向利受のよしあしを不存候而もり〔盛〕を上候事、誠ニ以不仁之至と奉存候。御領他領ハいな草又ハ家居の様子ニ而相知候由。御外聞悪敷義、悲ミ歎キ入リ奉存候。御借用之儀ニ付而も、他領御返済ハ不滞、御領内百姓町人江之御返済ハ相滞リ、たまく被下置候へハ、引替も無之大米札又ハ様々之米手形出来、直段高下大ニ相違御座候を、其差別不知様ニ相認め、百姓ヲ欺キ、右之手形他領へも〔多〕参リ候事故他領より御勘定所へ訴へ候由及承候。信ハ大将之最も重せらる、儀ニ而、賤キ匹夫さへ信を失ふハ大ニ恥る事ニ而御座候処、偽ヲ国中ニ行(ママ)われ候事、御不勝手より諸役人御役筋之本意を取失ひケ様ニ相成候事、天下之御先手と云御譜代頭の御家柄ニ而可有御座儀とハ不奉存候へハ、悲歎之至可申上様も無御座候奉存候。御用銀多ク被仰付候者、たまく及難儀候様ニ及承〔候〕。川除御普請ハ、御田地之為ニ候へハ、随分念入候様可被仰付候処、大ニ麁相ニ相成、日用米さへ減シ、御普請ニ御年貢竹を用候処、近年御年貢竹ハ上納仕リ、別ニ木竹御買上ニ相成候故、其代銀僅ならてハ不被下置候。御鷹御用ニ付、本より村方困窮ニ而御百姓ハ減申候処、人足ハ前々ゟ多ク遣(ママ)われ難儀仕リ、其外村方之費不少候由。農業は時日を争ひ仕候事なるニ、無用の人足ニ被遣、農業之害不少候由。困窮村ニ而も人ニ勝れ農業精出し宜敷ものも御座候由。是等御褒美も御座候様仕度奉存候。近年宿々并御用米迄焼失仕リ、公儀倹(ママ)使之節御米不足ニ付麦稗表〔俵〕を納め、御城中〔下〕盗賊相知不申候之類、公儀隠し目付も可有御座、御外聞悪敷事共、無申斗奉存候。御武運長

久御子孫御繁昌之御祈禱、万民之難儀を御救ひ被遊候より外ニハ無御座候へハ、——(他本にこの空欄なし)何とそ広く諸人之耳目ヲ以人才を被遊御撰、御役儀被仰付候様仕度奉願候事。

一、二三十年来之公事、大半御領分勝ニ相成不申候由。筋御役人郷方之儀一円不案内又ハ御不勝手故共承り申候。先年普賢寺村穢多〔皮田〕□ニ而、大津御代官所ニ於而隕〔殞〕馬之儀ニ付無失を請〔受〕罷帰り候所、多く金銀を被入、二条ニ〔於二条〕於而無失を御正シ被下置候由。境目公事ハ特ニ御為大切なる事ニ而御座候へハ、何卒勝ニ相成候様ニ仕度奉存候。筋御役人川除方ハ尤大節成御役ニ御座候間、地味方之訳村百姓とも心入〔地方之訳地方百姓共心入〕を能存知可申者、忠義之者御座候而、御為と奉存候へハ、御意をも用不申者共ニ可被仰付奉存候。

長寿院様〔井伊直興〕矢倉川ニ而御川狩之為ニ御田地少々つぶし候様ニ筋役人江御直ニ被仰付候へ共、耳をつぶし罷在御請不申上候。然ル処御叱ハ不被遊、却而御菓子頂戴仕候由。誠ニ以人君之度被遊御座候と奉仰候事。

一、佞邪之臣ほど可恐者ハ無御座候と奉存候。泰源院様〔井伊直惟〕之御伶俐ニ而も庵原一閑殿・三浦元宣殿逼塞被仰付候事、木俣全閑我意を振ひ度キとの所為ニ御坐候而、

公儀より御尋之節殊之外御迷惑被思召御病恨〔痛〕ニも御成被遊候由。其節阿部豊後守様御意之趣も及承罷在候。兎角御意ニ叶候様ニ申上候者ハ能々御勘弁可被遊儀と奉存候。　長寿院様ニも最初ハ御政道正敷被遊度思召ニ而御座候へ共、後ニハ仏道女色ニ御迷ひ被遊候様及承候。高野に寵女八人之石塔御座候事、御外聞悪敷儀と奉存候。若唯今ニ御座候ハ、御はき被遊候様仕度奉存候。背御意ニ候をも不顧申上候直言極諫之者ならでハ御為ニ相成不申候。古来ハ御側役ニもケ様之者とも御座候由。右申上候筋御役人ハ大根田猪右衛門ニ而御座候。右之外御為ニ宜敷儀とも多く御座候由。古キものへ御尋被遊候様仕度奉存候事。

一、御勘定所ハ当時別而大役ニ御座候由。二三十年来殊之外入組事六ヶ敷繁多ニ成、上役人ハ一円呑込がたく、下役人ハ年来相務候事故能得心相勤候事之由。御借用方ハ別而右之通ニ而、下役任セニ而相勤候由。惣而下役御座候御役人、大方何も此通ニ御座候由。何卒毎々御役替無御座候様ニ仕度奉存候。御勘定役別而人才被遊御撰候様ニ仕度奉存候事。

一、御家中風儀大ニ衰へ、義を重んし恥を知る事薄く、其上貧窮ニ而、諸士之所行ニあらぬ事を仕り、先祖をも恥かしむる族不少御座候。惣而貴賤学問不仕候へハ、士たる之道を存る事薄く、御仕置の根本ニ心を用る事深からす、不入瑣細之末ニ而已心を用ひ、年々ニ事繁多ニ相成申候。困窮ニ付義を重んし恥を知る事薄きより、似セ封・謀判之類又ハ郷中ニ而似セ銀仕リ、二条より取〔捕〕ニ参リ、唯今多く似セ札出来、他領ニ而ハ「似セ札之出来候筈之儀。上ゟ似セ札・似セ手形〔手形〕米出来候へハ、其筈之事」と申など承り申候。

一、(底本以外は前条の続き)御家老衆只権威強く諸士之申上度儀不被申上候。下情よく上へ通し不申候而ハ、末々之儀可達御聴様無御座候。依之　久昌院様ニハ日々御家老衆初諸役人を被召、万事御直ニ被遊御尋御仕置被仰付候由及承罷在候。　御前ニも何卒折々諸役人江御直ニ被遊御尋候様ニ仕度儀と心あるものハ申候。唯々士民之申上度事共よく上へ通し候様ニ被遊候事今日御仕置之第一と奉存候。御家老衆諸士を軽んし、江坂三太夫御

役義御免、功刀庄左衛門朝鮮人御用ニ付証文認候ニ、下役と同列ニ名を認候事御断申上候へハ、夫とハなく御用御免、二十度斗も御家老衆へ参り候得とも逢不被申候。町方ニ而理不尽之仕方多ハ倍臣（ママ）之様ニ承申候処、諸士一統ニ棒からミの御触御座候而、久保田六郎左衛門事出来、町人御吟味ハ無御座候事、何も沙汰仕候。右之類なる事様々可有之奉存候。御役人之内忠義才能之者も可有御座候へ共、右之通ニ而ハ少々之過失御座候へハ忽ニ災難ニ逢申候得ハ、只落度なき様にと口をつぐみ居リ申候。年若なる者とも、武芸稽古怠リ、上手も出来不申、弓馬別而下手ニ相成リ、年々肴屋ハ出来候得共、弓矢師一人も無御座、「天下之御先手ニ御座候而ケ様之儀共、今ハ井伊家も末ニ成候」なと国大名家ニも譏られ俗〔旅〕人も承り記録ニものり候半かと奉存候へは、悲歎無申斗奉存候。小身もの家督多減少被仰付候故、今日蓄方ニ迷惑仕リ、武備武芸之心懸ケ薄く、人々唯家督之減し不申候様にと存、意地むさく相成申候。右之内ニも武芸も精出し武備も怠リ不申候ものも御座候。是等ハ御褒美ニ而も被下置、小身師匠之者共ニハ御役料ニ而も被下置、弟子取立候様ニ被仰付候ハヽ、励ミも出来申候半歟と奉存候。帰参之面々に御番被仰付候儀、御尤ニ奉存候。本より貧窮之事ニ御座候へハ、殊之外難儀ニ御座候。何とそ御役料被下置候様ニ仕度奉存候。何卒御不勝手も御直リ被遊御家中風義も年々を以相改候様ニ仕度奉願候事。

一、御前ニも御近習之者ニ被仰付、記録物御読ませ御聞被遊候様ニ仕度奉存候。『太平記大全』など御仕置之為ニ能書ニ御座候由。其外近年出候『武夜〔野〕燭談』の類、宜ものニ御座候わん乎と奉存候。尤『書経』なと人君之御読可被遊書ニ候得とも、是ハ読易からぬ書ニ御座候。文学なくて不叶事故　久昌院様（井伊直孝）之御明将ニ而も林道春毎度被召候由承り申候。又古来の諸士、文才なくして義を重んし、恥を知り、心力才智を尽し、不顧身命御奉公仕候事、唯今学文御座候ものニ遙ニ勝り候事、能々被為遊御工夫候様ニ奉存候事。

一、御前方々へ御腰を被懸候事、尤難有奉存可申儀ニ御座候。乍然困窮之時節勝手向殊之外難儀可仕奉存候事。

一、（前条の続きとする本あり）〔八、〕武芸御覧之儀被仰出候得ハ、御下《クタ》リ前、何卒御覧奉願候。不被遊御好候而御覧不被遊候而も不苦儀と奉存候。唯師匠ともへ弟子共之内精出し候者之儀被遊御尋、折々拝領物ニ而も頂戴被仰付、油断不仕候様ニ御励まし被遊可然候半かと奉存候。惣而御家督之初ニハ御政道ニ御志も御座候へ共、後ニハ御志も薄く被為成、申上候儀も不被遊御用候様ニ相成候。『久昌院様御遺書』ニ「御気侭ニ不被遊御成候様ニ」と御座候ハ、恐なから此節の儀と奉存候。直言極諫之士背御意候をも不顧申上候者を御用被遊候様ニ仕度奉願候事。

一、若殿様（井伊直藏）御儀、御生質宜敷候段奉承知候。御年若なる御儀ニ御座候へハ、乍恐随分被添御心賢君と御成被遊候様ニ好キ人々多被遊御附御教訓被遊候様ニ奉願候事。

一、祥寿院様（井伊直政）　久昌院様御忠勤比類無御座候ニ付、御代々被為蒙御先手之仰候儀ニ御座候へハ、御子々孫々ニ至迄御家中之風儀御仕置筋万端天下諸大名の亀鑑と御成可被遊儀、何時御陣参御座候とも御軍功あらん事必御先代之通ニ可有御座儀と奉存候。御先代諸士を親ミ重セられ候故、諸士心力才智を尽し不顧身命御奉公仕リ、万民も農業専精出相勤

申候。何卒〔万端〕御先代之通可被遊と日夜御苦労ニ被思召候儀、御忠義且御孝行之至と奉存候事。

右之条々申上候事、越品之重罪其恐不少奉存候へ共、何卒仕り(ママ)、「天下諸大名之亀鑑、誠ニ以御譜代頭」と諸大名ニ称せられ候様ニ仕度年来日夜奉祈願候愚忠之寸志ニ御座候間、不顧其恐各方迄申上候。中上候而も名聞なと丶被為思召被留御賢慮不被下置候而ハ無其甲斐奉存候。返々も被留御賢慮被下置候様ニ仕度、一命を捨候而申上候。病身愚昧〔暗〕之拙者、公辺之儀一円不奉存、御内証向之儀少々見聞仕候儀共申上候。相違之事共も可有御座、其段ハ御免可被下置候。是を以万端之様子御吟味被下置候様ニ御憐愍を以被留御賢慮被下置候ハ丶、誠ニ以御武運長久万民之大幸不可過之奉存候。恐惶謹言。

寛延二年(一七四九)己巳三月廿八日

前嶋弥次右衛門印

御側役衆中　御披露

⑦奉申上候口上之覚

奉恐〔入〕候儀ニ御座候へとも、以前　直定(井伊直定)様御代拙者弱年之砌、亡父儀不顧恐　天祥院様　見性院(井伊直禔)様両殿様へ奉捧諫書度相認遺し自殺仕候。依之死去翌日御側役中ヲ以奉指上候様ニ親類共へ頼之紙面を相遺し置申候〔候〕。然ル処奉恐入候事故、奉指上間敷ニ親類共相談相極、　天祥院様へハ不奉指上候。　見性院様へハ死去少し前御側役中を以則亡父儀奉指上候由、後ニ及承申候。右之仕合ニ付、亡父奉指上候と奉存候諫書、今日迄空敷差置申候。甚奉恐入候得共、右遺し置申候諫言〔書〕奉指上候間、御憐愍ヲ以御覧被下置、万分之御一助ニも相成可申候ハ丶、亡父於泉下も乍恐本望之至ニ可奉存候。不肖之拙者儀、不憚御上仕方、絶言語恐入、罪科相重リ申候得共、御憐愍を以御取上被下置候ハ丶、冥加至極難有仕合〔ニ〕可奉存候。以上。

此文言ハ子息弥次右衛門上ケ候時之文也。隠居して維尚といふ。(左の一文は彦根市立図書館本による)

⑧前嶋士固与野子賤先生書（前嶋弥次右衛門）

僕竊聞足下謁二岡先生一。足下誠俊傑之士也。成二不朽盛業一。以顕二名於天下後世一。足下請速去レ国。我国若文学盛行。則復二帰父母之国一。以教二育英才一。何周二旋於汚泥之中一。屈レ心抑レ志之為哉。足下請熟察焉。

己巳(一七四九)孟夏。

⑨野先生題前嶋士固書（野村東皐）

此士固将レ死前一日。所レ貽レ余書也。士固死後数日。乃得二此書一。余読レ之。泣涔淫下。不レ能レ卒レ篇。人亡物存。観レ物思レ人。雖レ不レ可三復見二其面一。而此書可三以見二其心一焉。夫士固誨レ余以二出処之義一。余雖二駑下一。敢不二感激一。但時与レ勢。無二如レ之何一者也。丈夫圖(汜々か)レ棺。而事始定。何為遽焉哉。雖レ然。余之懦弱。無レ所レ立レ志。今且汜々然与レ世浮沈。則大有レ慚二於士固之霊一。己巳(一七四九)四月十日。

幕末期彦根藩の政治意識

――井伊直弼の政治意識形成過程を中心に――

母利美和

はじめに

十八世紀の彦根藩は、文化九年（一八一二）から文政元年（一八一八）にかけての、十二代井伊直亮の家督相続、婚礼、庶子の他大名家への養子引越、日光名代、京都上使の諸費用など八一九〇〇両・銀六貫七〇〇目余りにのぼる臨時入用により支出が激増するという状況の中で財政状況が悪化し、文政から天保期には隠居中の大殿様井伊直中の「御世話」による五カ年の勝手向倹約をはじめ、三度に渡る家中倹約令がおこなわれた。しかしながら、この状況は十八世紀中頃になるとさらに深刻度を増した。その最大の原因は、弘化四年（一八四七）二月十五日、異国船に備えた江戸湾防衛のため、相州警衛を拝命したことである。警衛にあたり幕府から最終的に相模国において私領同様預所として約六〇〇〇石の加増を得たものの、「相州御備場御用」のための「莫大之御入費」や、嘉永元（一八四八）・同二年の領内での十二万五千石に及ぶ損毛などにより藩財政は相当厳しい局面に至っていた(1)。

弘化四年二月十六日、警衛拝命の直後の彦根藩内部では、井伊家は「京都守護」の内命を受けた家格であり、「誠ニ以此度之大変当家之瑕瑾、血涙ニ及候」「是と申も全く極上ノ御招キ被遊候事(2)」という世嗣直弼の意見に代表されるように、家格不相応の幕命であるとの藩論が噴出した。警衛が始まると、「外三家与見競候得者何分手薄ニ付」という警衛不備の噂が世間に広まる現状に対しても、「大事ヲ大事共不存」という「重（家老）職之振廻(3)」が見られ、警衛が徹底しない中で、幕府への持ち場替えの内願をしようという動きも見えた。

一方では、いったん幕命を請けた上は、警備を充実させ、井伊家に相応しい万全の備えを行った上で、相州警衛の免除（持場替え）を願うべきとの現状認識から、井伊家の家格にふさわしい警衛が実現しなければならないという、藩内の一部有志の間では現状打開へ向けて改革の政治意識も高まりを見せた。

こうした藩内の窮状の直接的原因は相州警衛の拝命であったが、これに対する対応の不備についての要因が、当時の藩主井伊直亮の専制にあることは藩内有志の共通する見解であった。井伊直弼も同じ考えを持っており、直亮が特定人物を重用し、人材登用の道がふさがれていること、家臣の諫言を受け入れないため、現状に対する無批判な家老・側近を輩出していること、藩校弘道館の沈滞化により士気が低下していることなどから、藩政改革の必要性を認識するに至っていたのである。(4)

幕末期の彦根藩は、対外的には相州警衛などをめぐる対幕府・対諸藩との関係調整が重要課題であったが、内政的にはこれらへの経済的負担やそれらを克服するための藩内政治体制の課題を抱えていた。

彦根藩は十七世紀から十八世紀中頃まで、決して安定した政治体制を維持してきたわけではない。十八世紀初頭にはすでに財政状況が悪化し、これに対処する家中の政治意識の低下などが問題となり、目付役による人事管理制度の確立や筋奉行の機構改編および財政改革を中心とした藩政改革がおこなわれ、(5)また十八世紀末から一部藩士層の政治意識の高揚(6)を背景とした藩政改革による倹約を中心とした支出抑制政策や国産政策により、寛政七・八年（一七九五・六）頃には一時的に財政危機的状況から脱出し、比較的安定した時期を迎えていた。(7)この時期には、財政的な裏付けによる御殿改修や華やかな文化活動も見られ、また、改革意識の啓発の目的から、寛政十一年には藩校稽古館が設立され、文武にわたる士気の高揚と有能な人材登用を中核とした政治意識の高まりも見られた。(8)しかし、その後、再び財政状況が悪化するなかで、相州警衛や直亮の専制という内外の課題を抱える事態を迎えていたのである。

本稿では、幕末期の彦根藩が抱えた政治的課題に対して、直亮死去後の家督を嗣いだ井伊直弼および藩内有志たちがどのような政治意識を持ち対処しようとしたのかを具体的に検討する。その際、以下の三つの視点から分析を試みたい。

第一に、当時の政治課題をもたらした要因の一つである井伊直亮専制の具体像を、第二に、政治課題に対する藩内有志の政治意識の具体像と井伊直弼の政治意識の形成過程を、第三に、直弼の藩主就任後に召出される長野義言の政治意識と井伊直弼の政治運営の関係を検討する。

1　井伊直亮専制の実情

直亮側近犬塚正陽の書状　弘化三年（一八四六）二月、兄直元の急死により彦根藩の世嗣となった井伊直弼は、思いがけない身の昇進を歓び、将来の仁政への志を親しい藩士に伝えつつも、(9)未知の生活への不安をいだきながら江戸での生活を送っていた。その生活は必ずしも充実した毎日ではなく、「(江戸に)着後一日も休息無之、日々出殿いたし居、登城之外ニは老中廻勤、又ハ親類廻り等ニ而誠ニ世話敷、皆々馴不申事共ニ而実ニ当惑致候、有様之処ハ疲馬ニ荷か過キ申候故之事ニ候、(10)」と多忙で不慣れな生活を嘆いていた。当時の直弼にとって、江戸での生活は幕府関係者や同席大名などとの交際など、かつての彦根の庶子屋敷での規律正しくも家来に傅かれながら自らの意志で諸芸に励んだ生活とは異なり、当面は、ただ側近の言うがままに諸儀礼・行事を果たしていく窮屈な生活であった。

江戸での生活の問題は、それだけではなく、養父となった直亮との関係である。直弼は信頼する家臣犬塚正陽（直亮の側役）に直亮の性向について「御上御不徳ニ被為在」、「御不憐愍御不道理勝ニ有之候」などと漏らし、「誠ニ身ヲ切り候様ニ被存候」と自らの心痛を述べ、また、「常々諫言御用無之候ニ付、今ハ執政之面々茂強而御止メ申間敷との意趣、扨々驚入候次第、其方ニ茂落涙之段、我等ニ茂同様之事ニ候」と、直亮が家臣の諫言を用いず専制に陥っている現状を犬塚とともに嘆いていた(11)。この現状に対して犬塚は、「（藩主直亮のことについて）御家中一統大悪口仕、執政衆も共々菱喰のミニ御座候、悪口之根元ハ奥方第一、其次ハ御側役、御小納戸、御小姓ゟ外へ出候事ニ而、一人之殿様御ひいき仕候者無之、下々敵ニ御成被遊、下が御憎くより外ハ無之候様ニ御意被遊、又下ゟもケ様之御不徳人ハ二百年来無之人情なしと申立、町人・百姓迄も御気之毒ニ申上候」という現状を踏まえ、直弼に対し、「何分ニも小事ニ御心ヲ被労候御儀ハ大な損と思召、行末之善政ヲ御たのしミ、今ハ何と相成候共、流レニ御随ひ被遊候様祈上候」と性急な言動を慎むよう忠告していた(12)。

弘化三年十月頃における犬塚の現状に対する認識は、次のようなものであった(13)。

> 極上には御自身の御儀も又御家の事も、善悪御差別なき様に存ぜられ、扨々恐れ入り奉り候御儀に御座候、折々は興の覚え候御事計りにて、度々心中極め申し候事に御座候、執政に御人これなく、やむを得ず土佐を相手につかまつり、此人もこわい事に御座候えども、御家の御為に候間、中々強く申し上げられ候御儀も御座候、外に誰も上へ申上候者トント御座なく候、誠に以て泣くより外は御座なく候

「極上」とは藩主直亮を差しているが、御自身のことも、井伊家のことも善悪の区別がなく、「興の覚え候御事」のみ専心していること、これに対して諫言する家臣は筆頭家老の木俣のみであり、「誠に以て泣くより外は御座なく」と絶望感を露わにし、また犬塚は「兼より世子之御ひいき可仕かと御疑心」と、直亮から直弼に接近していることについて彼自身に対して疑心を懸けられていると感じ始めていた(14)。犬塚は文政十一年（一八二八）以来、直亮の側役を勤め、天保十三年（一八四二）には評定目付役の兼帯、弘化二年（一八四五）には用人格、側勤評定役という家老評議にも参画する職に就くなど、直亮が当時最も信頼する側近であったと見られることから、この評価は犬塚の偏向的見解とは考えられない。

井伊直亮は、文化八年（一八一一）、十一代直中から家督を嗣ぎ、すでにこの頃五十三歳に達し、三十五年間も藩主の座にあった。天保六年（一八三五）十二月から同十二年五月までは、大老職に就いている。彼の業績は、彦根藩における洋学者の登用による天保期の洋学興隆(15)や、雅楽・能楽の興隆(16)など、大老就任期に感じた時勢の動向から積極的な西洋知識の導入や、多彩な文化的教養などが見られ、政治的言動から一面的に評価することは問題がある(17)。しかしながら、直亮の性向が晩年に至り専制的傾向にあったことは、側近犬塚の言から見れば否定はできないで

あろう。しかも、実父直中は、こうした直亮の性向について生前すでに見抜いていたのである。

井伊直中の遺言状　次の史料は、文化九年（一八一二）に隠居した直中が、文政三年（一八二〇）一月五日付で、家老宛に書き置いた遺言状と、それに添えられた書下(18)であり、いずれも直中自筆である。

【井伊直中書下】

存付候事も有之候得ハ、左ニ認下候、

某事も五十五歳ニ及候、極老と申ニハ無之候得共、何と無根気も薄く相成申、久々政事向も手懸不申故、気も離れ候、然処、旧冬より勝平方の世話再三之頼ニ寄、令承知候而より、日夜心ニたへす心労のミニ候、其故哉、腹中之様子も違、積気之申分も有之、食事も常躰ニ無之、人命ハ定り不申もの、明日も知レ不申候ものニ候、少しツヽ申分有之候得者、猶更心ニ懸り候、兼て存候事も有之候得ハ、書付一封預ケ候、某存命之内ハ必々開封仕間敷候、不全

文政三甲辰年

正月五日　直中

木俣（守前）土佐殿
同（守易）大隅殿
小野田（為典）小一郎殿
宇津木（泰交）兵庫殿
横地（義戴）佐平太殿
長の（業実）美濃殿

【井伊直中遺言状】

掃部頭事者嫡妻ノ子ニ候得ハ、賢愚之考も致不申嫡子ニ願、家督迄譲り候、段々政事之様子も考申候処、不安心ニ存候事、古語ニ子ハ親の為に不言、親ハ子ノ為に不言と有之由、然時ハ何事も不言しか〴〵、不言時ハ国家ノ憂とならん歟、彼を用ハ是に憂、此方之道理ニしたかへハ古語ニ背キ、何レ用ひて可然か、愚者の及さる所也、しかれ共、捨置へき事ニ非されハ、千慮致見るに、他国之人ニ対してハ古語を守、又国家之為に家来述るハ古語ニ背、道理にも有へからす、左ニ委記、

一、勇気乏ク物事不決談（断）ニ相成候事
一、家来共気服不致候様被存候事
一、怒ヲウツス事
一、何事も人ニ隠ス事
一、物毎是非不分明之事
一、もの言分明成さる事
一、某申事も心頭ニ懸さる様子、不孝と存候事

右等之事かけさる者ハ少ク候得共、障りニ成と成さると之斐（あや）ニて候、委敷事ハ認不申候ても、各も重職被勤候事ニ候得ハ、様子得心被致候事と存候、某申候事もコハミ被申候事も候得ハ、家老衆被申候事ハ、猶以之義、しかれ共、唯今ハ年輩の衆も候得ハ宜候得共、追年之上ハ某も不居、家老衆も不残其身より年若ニ相成候上ハ、いか様之政事出来候も難斗、大事之儀と存候、遠慮無之時ハ、近憂有と申儀も有之、其上人命ハ明日も知不申候得ハ、認置候、是迄申出度存

候得共、時来ラス、其上家老衆ニも日々存寄もくるひ、何分不安心ニ存候故、無拠認残し候、此上ハ掃部頭へ早々申聞、隠居致候様取計可被申候、当家之全ニ有之へくと存候也、

文政三甲辰年

正月五日（印）＊印文は「直中」

木俣土佐殿

木俣大隅殿

小野田小一郎殿

宇津木兵庫殿

横地佐平太殿

長野美濃殿

まず、家老六人に宛てられた書下から見てみよう。直中は当時五十五歳、隠居の身であったが、用人役勝平次右衛門（歳行）の再三の依頼により政務に復帰していたと見られる。心労にたまりかね、自身の余命も計り知れないので、井伊家の行く末を案ずる心情があらわれている。直中は「兼て存候事」があるので直中の「存命之内ハ必々開封仕間敷」と念を押したうえで、「書付一封」を家老中へ預ける旨を記している。

その「書付一封」が、次の遺言状である。冒頭には、直中から直亮への家督相続について、「嫡妻ノ子」であるので、直亮の「賢愚」の考慮もしないで嫡子願をし家督まで譲ったと、その経緯を述べている。実は直亮を嫡子とする以前、直中はすでに家女との間に生まれた長子直清を寛政五年（一七九三）三月に嫡子として幕府に届けていたが、翌六年六月、正室（南部利正息女）との間に直亮が生まれたことにより、文化二年十二月、直清を「虚弱」を理由に廃嫡し、直亮を嫡子としたのであった。しかし、直中は、直亮が家督相続して以来の「政事之様子」を見るにつけ、「不安心」となり、文政三年にいたり後悔し、思いあまってこの遺言状を認めた。「古語ニ子ハ親の為に不言、親ハ子ノ為に不言と有之由、然時ハ何事も不言しか〴〵、不言時ハ国家ノ憂とならん歟、彼を用ハ是に憂、此方之道理ニしたかへハ古語ニ背キ、何レ用ひて可然か、愚者の及さる所也」とは、直中が遺言状を認めるに至った苦悩の心情を如実にあらわしている。

直中が示した「不安心」は、次に掲げられた七箇条にわたる直亮の人格の問題であった。第一に決断力の欠如、第二に家来の信頼を得られないこと、第三に怒りを露わにする気性の荒さ、第四に隠し事をすること、第五に善悪の判断がつかないこと、第六に物言いが不分明なこと、第七に親の言うことを聞かないことである。

直中は、直亮に対する「不安心」を列記したうえで、これらが欠けていない者は少ないが、「障り」になるとならないとの「斐《あや》」であるとし、直亮の場合はいずれもが「障り」となると指摘する。委細は書き記さないが「重職」を勤める家老衆たちは様子を理解していることと思うと同意を求め、直中が直亮に忠告することも拒む事があるので、家老衆が諌言する事はなおさらであり、今は年輩の家老衆もいるのでよいが、この先は直中もいなくなり、家老衆も皆直亮よりも年若になったなら、「いか様之政事」となるか計りがたく「大事之儀」と思うと述べている。そして最後に、直中の死後は、この遺言により藩主直亮を隠居させるよう

締めくくっている。すなわち、家老衆による直亮の「押込」を示唆したのである。

直亮の「政事」　このような事態を招いた直亮の「政事」について、何が問題であったのか、個々の政策についての具体的分析作業が必要であるが、ここでは、ちょうどこの遺言状が認められた頃の事例から検討してみることとする。

文政三年（一八二〇）正月十一日、家老役木俣土佐（守前）・家老加判役の木俣大隅（守易）の父子に対し、「乍勤指控」の処分が申し渡された(19)。その理由は以下の通りである。

「近年御勝手向必至与御指問」のため、大殿様直中へ「御世話御願」することを藩主直亮から相談をうけ、木俣はじめ家老衆も同意の旨を申し上げ、直中へ御願したところ承知された。ところが去る六日になり、直中から「御断」があった。直中が断った理由は明らかでないが、この件について、直亮は家老衆に問い質した。そして「御答方之趣ニ而ハ御不都合」との思召であった。具体的にいかなる「御答方」に「御不都合」を感じたのか不明であるが、家老らの「存寄」もあれば、前もって申し上げるべきことであり、また事によっては大殿様へ御願いすべきことだが、そのように取りはからわず、大殿様御用向頭取を兼帯する家老小野田為典と相談し事を進めたことに対して、「不都合之至」との思召によりこの処分が下った。要するに、藩財政逼迫のため直亮が大殿様直中へ協力を依頼しようと家老達と協議の上で御願いしたが、直中が一端は承知されたことを撤回されたので、家老たちの事前の協議の進め方や問題点についての直亮との意思疎通に不備があったという。

この三日前の正月八日には、家老小野田為典・横地義戴が「御役前之義」、家老宇津木泰交が「御倹約之儀」について進退伺いをおこない、木俣処分と同日に直亮から指控を命じられており(20)、一連の問題であったと考えられる(21)。小野田は父盛庸の勤役中、寛政十年（一七九八）に藩主直中の小姓として百俵八人扶持で召し出されて以来、直中の小納戸役・側役・側用人役と昇進し、文化十三年（一八一六）には家老格、そして同年十月に家老本役にまで昇進を遂げた、いわば井伊直中の最も信頼する側近であった。しかも、直中隠居後も大殿様御用向頭取を兼帯するなど、当時の藩政運営においては両殿様の取次を行える立場にあった。その小野田をはじめとする彼らの処分は、大殿様直中へ直亮の協力依頼が不調に終わったことへの対応であったと考えられるが、この事態を招いた根本的原因は、おそらく先に述べた直中の直亮に対する見限りとも思える決心であったと考えられる。

直中が何故直亮の依頼を一端は承知しながら断ったのか具体的理由は不明であるが、彼は翌二月十五日、藩主直亮の再三にわたる直々の願いにより承知し、家老中へ諸役人への次の書下により布達を命じた(22)。

①近年物入打続、勝手向指問難渋之儀共有之、夫ニ付旧冬ゟ我等世話致候様掃部頭并家老衆へも再三被申聞、一旦令承知候得共、之ニ世話致候儀者不相好、其上少々子細も有之ニ付、及断候処、其後又候毎々掃部頭直々被申聞、いかにも被致心配、無拠儀共被申聞、夫々尤ニ而、此上及断、忽指問ニ相成候儀を乍見捨置候事ハ難致、又々暫之処ハ令承知候間、安心出府被致候様返答及候、仍之諸役人不一通相心得、新規近例ニ不致因循、可相成丈古格へ引戻し、事々物々

無油断厚詮議之上、兎角無益之費用奢侈之筋を相省キ、てきはきと埒合可致候、自然役人とも心得違致し、下を憐心なく微細之末、利を穿鑿貪着致し居候而者、都而埒合遅ク、却而繁雑而已ニ而、其害不少と存候、②且亦此度厳敷省略申付候ニ付而ハ、末々不行届儀、或ハ不録（禄）も出来可致、左様之処ハ夫々役人共ゟ補佐可致儀ニ候得者、縦令昨今申付候為役人とも、不指控申出候様可仕候、若其身を厭ひ存付なから其侭ニ致置候歟、又者如何と存候儀も我等之機嫌を憚り、其品不申出候而者不忠之至り、万一も面従後言之輩於有之ハ、其罪厳重ニ可申付候、呉々も諸役人無怠慢厚相心得、下をいためす一致ニ厳重倹約筋精勤仕、近年ニ見通も付、追々勝手向取直し候ハ、家之幸不少候、件之趣掃部頭も相談之上申出候条、各ニも其旨被存、諸役人江可被申渡候、委細之儀ハ猶追々可申出候、

二月十五日　直中

御家老御連名宛

まず冒頭傍線①の部分では、直中は「之ニ世話致候儀者不相好、其上少々子細も有之」と、「御世話御願」を一旦は承知しながら断った理由を記し、その後、直亮が直々に直中に御願をし、「いかにも被致心配」と直中が直亮の心情に配慮し、やむを得ない事情をくみ取り、これを断って「指問」となるのを見捨てておくことはできないと判断した経緯が記されている。そして、倹約へ向けて「新規近例ニ不致因循、可相成丈古格へ引戻し」との諸役人への基本姿勢を示したうえで、傍線②の部分では今後の対応にも触れ、新規拝命役人でも「不指控」意見を申し出るよう命じ、自身の保身のため「存付なから其侭ニ致置」こと、「如何と存候儀」を直中の機嫌を憚って申し出ないことは「不忠之至」であり、後より発覚した場合は「其罪厳重ニ可申付」と厳しい態度で臨むことを宣言している。これにより、直中の「御世話」による五ケ年におよぶ倹約令が発令された。

直中が「御世話」を承知した理由は二点ある。一つはこの件の世話をすることは「不相好」ことであり、「近年御勝手向必至与御指問」という藩政の一大事という状況の中で、大殿様直中へ「御世話御願」という、直亮の藩主でありながら自らの使命を放棄するような無責任な行動に対する不満がそうさせたのではないだろうか。

勝手向の指問に対する政策は、文政元年（一八一八）十二月二十六日、すでに「諸御役所御定式并紙筆墨」の経常経費を、文政二年から五カ年にわたり一律二割削減するという倹約令が出されていた(23)。文政三年になって、直亮が直中への「御世話」を依頼する背景には、この成果があがらなかったことが想定されるが、その一つの要因は、直亮と家臣との主従間の不信感による家臣の不作為があったのではないだろうか。

文政五年五月七日付で、家臣の実子幼年相続に際しての減知を廃止した法令(24)では、藩主直亮単独ではなく、大殿様直中との連名で家老衆から家中へ申し渡すよう命じている。

彦根藩で藩主と大殿様が連署して家中法令を発令した事例は、正徳四年（一七一四）八月十二日付で、藩主井伊直惟と前藩主直興が連署して発令した二つの倹約令と、宝暦六年（一七五六）二月二十一日、藩主井伊直幸が前藩主直定と連署した三カ年の家中納米令などで確認されるが(25)、これらの場合、正徳四年に直興が連署した理由は、六代直恒の没後

に再勤した直興から、この年二月に直惟へ家督を相続したため、元服間もない新藩主直惟への代替わりという政治的不安定さを補うためと推測され、宝暦六年の例も直幸の家督相続後八ヶ月という特殊事情があった。これに対し文政五年の直中連署の場合は、直亮が藩主就任後すでに十年目に入っており、年齢も二十七歳に達していることから、これらの前例とは異なる原因を想定しなければならないであろう。その原因の一つは、先述した木俣をはじめ家老らに対する「指控」処分に見られる直亮と家老衆の確執があったと推測され、直中が連署することにより藩主直亮の権威を補強したものと考えられよう。

そして、もう一つの理由は「少々子細も有之」である。「少々子細」とは、暗に直中が右のような経緯から先の遺言状を認めたことを指しているのであろう。こう仮定すれば、この「御世話御願」により、以前から直中が直亮に対して抱いていた「不安心」は確定的になり、直中が遺言状を認める決心が固まったと推測できよう。

この直中の遺言状は、直中の没後、家老らにより開披され、直亮に見せたようである。直中の死去は、天保二年（一八三一）五月二十五日であるので、遺言状が認められてからすでに十一年が経過していた。遺言状の包紙は、刃物で切り開かれ、その上に新たな包紙で包まれ「政事向秘事ニ付他見無用」と直亮自筆で墨書され、再び封印されたのである。この開披の際の家老らと直亮のやりとりについては記録も伝承もない。しかし、直亮は遺言状には従わず、家老衆による主君「押込」は成立しなかった。

ここで留意しておきたいのは、直中の遺言状は家老衆に宛てられており、直亮宛ではないことである。直中は、おそらく当時の武家社会における藩主親族や家臣による主君「押込」慣行の存在を承知していたと思われるが[26]、彼はあくまで、直亮の「押込」を家老衆に委ねただけである。直中は、彦根藩における家老衆評による藩政運営の原則を守った上で、この遺言状を託したと見るべきであり、問題は、直亮だけにあるのではなく、直亮と家老衆との関係にもあったと見るべきである。

遺言状が開披された時点での、直亮の「政事」における家老衆との関係は、大きな問題は発生しておらず、直亮は隠居することなく、その後も嘉永三年（一八五〇）九月二十八日に病死するまで藩主の座にあった。実に四十年間におよぶ治世であった。しかし、その晩年には直中の「不安心」が的中する事態となり、彦根藩は直亮専制という閉塞状態に陥っていたのである。

2　藩士たちの政治意識と井伊直弼

ここでは、前章で見た直亮専制という状況の中で世嗣となった井伊直弼の政治意識の形成過程を検討するため、後に直弼が藩主なってから彼の側近として活動した藩士たちの政治意識を検討し、直弼の政治意識にどのような影響を与えたかを見ていきたい。

藩儒中川禄郎　直弼は世子となった翌年、弘化四年（一八四七）九月、藩校弘道館の教授を勤めていた儒学者中川禄郎に、人君の道についての意見を求めた。中川はそれに答えて「蒭蕘之言」と題して私見一冊をまとめ、十一月に直弼に献呈した(27)。

「蒭蕘之言」は、四巻二十編で構成され、巻之一では、力行修身・敬奉天職・規矩準縄・徳止於仁・孝仁之本・朋友助仁・閨門女謁など、大藩の封土を受けることは天命と心得て、人民を預かり撫育し、政道の基本を仁、つまり慈悲の心で行うべきことを説き、巻之二では、玩物喪志・都在知人・務開言路・使臣以礼・節用愛人など、節倹の要と人材登用を、巻之三では、衣食足而知栄辱・文武育材・臨下以簡・農業国本・市肆之弊など、奥向きの節倹と人材育成の要や民政の重要を、巻之四では、沙汰僧道・女官之弊・胥吏之弊など、仏道や奥向き女官重用の弊害や、元締めなど小役人の人選を説く。

基本的に中川の主張は、幕藩関係の中での井伊家の家格や彦根藩の立場だけに力点があるのではなく、藩政運営に重点を置き、彦根藩の具体的な歴史事象や藩政への現状批判を踏まえた説となっている。巻一では「中庸」などを事例とした儒学的政治観を基本に置いた君主論を中心に説を展開するが、とくに「規矩準縄」では、幕府創設期や以後の幕藩関係における井伊家の歴史的な立場と、その関係の中での「規矩」の重要性を述べる。その理解のため、中川は直弼に武家に関する歴史書の読書を勧め、武家の歴史として「東照宮御遺訓同附録」をはじめ三十八部の書物と、井伊家および井伊家家臣に関する「井伊新譜・彦根史外伝・井家美談・中野円心上書・古老物語・消閑雑話・士譜」などの書物を列挙している。また、「朋友助仁」では「南龍言行録」をはじめ十一部の「明君英主」の「善言徳行のあらまし」を記した書物を挙げ、「御座右ニ被差置」ことを勧める。それらの中には武家社会の成立と展開や武家政治に関する様々な書物とともに、井伊家の歴史に関する書物が含まれているが、徂徠学・陽明学など諸学派の政治思想書や経世書は含まれていない。中川の政治意識は、学派的偏向性をもったものではなく、こうした歴史認識から得た政治意識をまず前提としていたと考えられる。

巻二では、彦根藩の現実的課題から、藩主と家臣の関係を中心として節倹や言路洞開による諫言の重要性、君臣間の礼節のあり方を説く。とくに、巻二の「務開言路」に見る諫言についての見解は、近世武家社会で広く共有された政治意識であり、彦根藩でも二代直孝以来、歴代藩主・家老木俣家などで伝統的に継承され、重んじられてきたものである(28)。中川は、「古今の間、諫諍を聞くは盟主たり、諫言を妨げる者は暗君たり」「久昌院様御代、毎月大評定と申ことこれある由承る、黒田長政は毎月腹立講と申す事を催さる」などの事例を挙げながら、君主は諫言を受け入れることが大事であると訴える。

そして、巻三・四では、具体的政策の提言がなされており、「文武育材」の項には、身分に応じた教育の必要と、藩校の改革を訴える。彦根藩では十一代井伊直中の時代、寛政十一年（一七九九）に藩校として稽古館が設立され、藩士子弟の文武教育が行われるようになった。十二代直亮は、これを弘道館と名を改めていたが、直弼が世子となった頃は、「蒭蕘之言」に記されるように「たとへば蝋燭の如く、時々しんをきらねば暗くなり候と同様ニて、只今学校の士気一向衰へ申候」という事態となっていた。禄郎は、現状を打開するには、「上より一振」しなければならないとし、藩主自身が臨館し、時には賞罰、御前稽古などをおこない藩士に緊張感を持たせること、また厳しいばかりでなく、詩歌会を催し、休息をとらせるなど、硬軟を使い分け撫育することが必要であるとする。

中川の藩校に対する現状認識は、のちに直弼にとっても重要な案件として意識され、直弼の藩主就任後約一年を経た、嘉永四年（一八五一）十一月に改革を着手するが、そのねらいは、藩主および家老ら重役が率先して学ぶことにより、好学の風儀を自然と行き渡らせ、藩士教育体制の根本から改革することにあった(29)。

元方勘定奉行三浦安庸　彦根藩士三浦十左衛門（安庸）は、直弼が世嗣となった弘化三年（一八四六）には藩の財政を担当する元方勘定奉行であり、下野国の飛地を治める佐野奉行を兼帯していた。三浦は翌年三月、直弼に対し六箇条にわたる上諫書を提出し(30)、その冒頭には、次のように諫書の意図を記している。

当代藩主直亮の初世には、側役であった大久保権内（忠虎）のように「忠諫者」がいたが、彼が死去してからは、執政職（家老）や侍臣（側役）たちには忠諫者がいない。とくに直亮が大老職を拝命して以降は、「御尤」としか言わない者が増え、「忠臣ハ埋レ、言路相塞」がる状態である。現在の直弼の側近も「弊風」に泥み、忠諫する者も覚束なく、当四月に三浦は彦根に帰りしばらく逢えないので、「古ヘ賢君良臣ノ言行」に「愚慮ノ旨趣」を取り混ぜて申し上げる。

諫書の内容は、第一に、人君は諫を受け入れること、第二に、忠諫を用い何事も老職らとの衆評を以て行うこと、第三に、臣下を撫育し、万民を仁愛し、国家を安定させること、第四に、井伊家は徳川家先鋒の家として武備を厳重にすること、第五に、初代直政・二代直孝以来の「御家法」を守ること、第六に、賞罰を厳正に行うことである。

三浦が、第一にあげた忠諫を受け入れることを直弼に説いたのは、実はこれが初めてではない。三浦は、この前年の夏、直弼が世嗣となって間もない頃に最初の諫書を上呈しており、その際にも忠諫の道が絶えることを嘆いていたようであり(31)、彼の考える彦根藩の現状認識を表明したものである。そして、三浦だけでなく、藩内の「有志ノ者」の共通した認識でもあった。さらに、第二にあげた老職衆評による意思決定は、彦根藩が歴史的に形成してきた、藩としての意思決定の原則であったと考えられ(32)、当時の彦根藩は、老職衆評の原則が崩れ、藩主直亮の専制状態であったことが推測される。

これらの三浦の諫書は、特定の政治思想に基づく主張ではなく、中川と同様に、井伊家家臣としての意見を武家政治や彦根藩の歴史を踏まえて説いたものであり、三浦自身が冒頭の部分に「昨夏出府以来、書籍ニ盲眼ヲサラシ罷在候」、また「拙臣末期ノ寸忠トモ思召」と記すように、有志の一人として、真摯な現状認識に基づいた主張であった。

これらの三浦の諫書に対し直弼は好感を持ち、「妄言卒忽ノ罪ヲモ無御咎、剰蒙御懇之仰候」と忠諫を受け入れる態度を示したため、三浦は、今後は「御賢明ノ御徳」によって、年月を追い忠諫するものが増えて来るであろうと述べている。

諫言の拡大　直弼のこうした姿勢は、三浦に対してだけでなく、他の藩士にも同様であった。嘉永元年（一八四八）五月十三日、直弼が三浦安庸と同役であった元方勘定奉行の大鳥居彦六（満正）に宛てた書状に

は、次のように記している。(33)

過日は存付の件々申し越し熟見致し候、一々尤も至極、厚志の段なのめならず満足せしめ候、（中略）三浦十左衛門ニは其方ニも懇意之由、先達留守詰之比より心寄厚ク、種々為方申越呉、実ニ頼母敷存居候処、此度其方ニも同様不浅心入ニて、有益之条々申越、大慶不過之候、我等か心底略前文ニ申述候通りニて、聊も我慢心は無之候間、此後随分無遠慮善悪共申聞候様致度候、猶国家之大事、一家中之風儀等、十左衛門共申談し、追々と申出候様ニ致度候、（以下略）

大鳥居は、世嗣直弼へ「存付の件々」「種々為方」を申し出てきたようで、直弼に度々忠諌を提出してきた三浦十左衛門と懇意のようであるから、「国家之大事、一家中之風儀等」を三浦と相談して申し出るように依頼している。この三浦・大鳥居への依頼は続き、直弼は彼らへ度々書信を通じて意見を請い、嘉永三年三月から四月にかけて、両人が目付役に転役を命じられ江戸を離れることを残念がっている。

これら藩士からの諌言は、直弼の諌言受容の姿勢が、家中の有志から有志へと広がりを見せたことを物語っているが、直弼の側に立ってみれば、養父直亮との確執の中で、将来の治世へむけた側近たる人材発掘のための有力な手段であった。(34)

また、嘉永三年九月朔日には、京都留守居役竹岡衛士（景光）も直弼に対して書付を差し出し、直弼は「一々尤も至極、大ニ発明致候、厚志之段令満足候」と三浦安庸に返書している。(35)

直弼は、これら藩士との交信のなかで、一部の家中における一定の政治意識の高揚を感じ取り、嘉永元年十二月には、中川禄郎に命じて忠諌の事例を集めた「三諫録」を編纂上呈させた。(36)これは、さきに中川が上呈した「芻蕘之言」の中で、家臣による諌言の重要性を述べたことを補足したもので、その具体例を歴史書の中から選び、直諌（主君に直接諌言する）・諷諌（遠回しに諌言する）・死諌（諌言をした上で自死する）の三つに分類し編纂したものである。中川の同年十二月十九日付書状(37)によれば、九巻九冊を編纂したことが知られるが、現存するのは九巻の死をもって主君を諌めた事例を記す「死諌」の巻のみである。

末尾の事例では、寛延二年（一七四九）三月二十八日、彦根藩士前嶋弥次右衛門（当完）が側役を通じて、藩主井伊直定と世子井伊直禔に対し死をもって上呈しようと、人材登用と人事管理をおこなう目付役の職務の厳正化、軍事祭祀の重要性、賞罰の厳正、農政批判、佞邪家臣への批判、経済政策の重要性、士気衰退への批判、藩主へ学問奨励など治国の枢要を述べた「死諌書」(38)が収録されている。前嶋弥次右衛門は、この諌書を親類に託して、同年四月三日、自死して果てた。通常であれば、前嶋家は絶家になるところであったが、のちに前島の行動は藩主にも受け入れられ、彼の死は公式には「病死」とされ、実子善次郎に五十石減知で二百五十石の相続が許された。(39)この前島の行為は、当時の為政者への痛烈な批判であったが、諌言が重視され、人材登用の道が開かれた。その記憶は強く印象づけられ、「死諌書」の写本は藩主のみならず藩内有志の間にも流布し、幕末期に至るまで伝承されていたのである。(40)

井伊直弼の藩主就任と藩政改革　このような中川禄郎をはじめとする藩内有志の政治意識は、嘉永三年（一八五〇）十一月二十一日、井伊直弼が藩主に就任することにより、その施策に反映されていくこととなる。直弼が最初に手がけたのは、藩主側近にある側役と藩政衆評をになう家老など、藩政運営にかかわる人事の異動であった[41]。

藩主直亮の側役は、西尾隆治・藤堂次郎太夫・加藤彦兵衛・河北主水・高橋要人の五人がいた。世嗣直弼付の側役は細江次郎右衛門と青木十郎次がいた。しかし、直弼の藩主就任にともない、同年十一月三日、町奉行浅居忠兵衛が側役に役替え、十二月六日、在藩側役であった加藤・河北・高橋は、直亮の病状を直弼に報じなかった廉により察当を受け、免職あるいは役替えとなった。翌嘉永四年正月十一日には、直弼世嗣時代から信頼を得ていた三浦安庸が側役に抜擢され、十月朔日には青木が町奉行に役替え、同月二十五日には目付役安藤長三郎が替わりに側役に抜擢された。また藤堂は、嘉永四年正月に死去し、結果的に直弼の側役は、従来からの直弼付側役西尾・細江に加え、浅居・三浦・安藤の五人となった。

家老人事では、嘉永四年正月朔日、庵原助右衛門（朝儀、五〇〇〇石）と新野左馬助（親良、一〇〇〇石）が家老に任命された。次章で詳述するが庵原・新野は長野義言門下であり、直弼と意思を通じていたものと考えられ、直亮のもとで権勢を保った家老木俣守易は、同年二月二日に隠居謹慎処分となった。直弼は、まず側役などの側近を固めるとともに、来るべき改革のため家老評議においても布石を打ったのである。

一方では、実父十一代直中が十代直幸の死去に際して、寛政元年（一七八九）四月十三日に前藩主の「御遺志」として遺銀を家中に下賜したのに倣い、嘉永四年正月十日、前藩主井伊直亮の御遺金下賜をおこなった[42]。この際、御遺金下賜の対象は家臣のみならず領内の民や寺社にまでおよんだという[43]。さらに嘉永四年六月十一日、彦根に初入部すると、逼迫する財政改革のため、八月十五日、地方支配機構の改編のため代官役を増員し、代官役の勤向を享和元年（一八〇一）四月四日の「御代官勤向御条目」に戻すよう指示し、筋奉行の百姓公事訴訟システムを構成する筋方元締、郷中御用懸り、町宿（公事宿）などの利権にメスを入れ、筋奉行・代官役の「直吟味」体制の確立をはかった[44]。そして、同年九月十五日から五日間、全領内にわたる巡見の手始めとして愛知・神崎郡の琵琶湖岸の村々を見分し、安政四年までの在国中には必ず領内の各地を巡見し、合計九回にわたりほぼ領内全域を見て回った。彦根藩では四代藩主以降、入部儀礼として「統治する領地を確認する」ために初入部後に領内巡見をおこなっており、十八世紀後期以降、「民之風俗・農業艱苦の所」を藩主が実見する「領民の存在を意識した儀礼」の側面があらわれ、十三代直弼の巡見は、「巡見範囲の拡大（巡見村の増加）、褒賞内容の拡大、間接的ながらも領民諸階層との接触など、この時点で、藩主巡見は領民を客体とし、その統合をはかる目的とし儀礼へと変質した。」と指摘されるように[45]、直弼の入部以来の一連の施策は、対領民統治と撫育とを強く意識したものであったと位置づけられる。

つづいて、嘉永四年十一月には、世子時代から中川禄郎が直弼に指摘してきた藩校弘道館の改革に着手した。同月十日、家老庵原助右衛門・家老見習西郷軍之助の両人は、直弼の御前に召され、弘道館の弊風を改革し、藩校創設当初に復古するため、「弘道館用向重立相勤候様申付候間、政治向同様之心得ヲ以、可申聞筋者聊心底ヲ不残諸事遂吟味、入念大切ニ相勤可被申事」と、直書により弘道館改革の取り調べを命じられた。[46] 従来、弘道館の最高責任者は、中老クラスが勤めた弘道館頭取であったが、以後は、家老が「政治向同様之心得」により、この改革にあたることとしたのである。直弼の改革に懸ける意気込みを示したのである。嘉永五年六月四日には、さらに家老長野伊豆にも「弘道館御用向」を命じ、改革の強化をはかっている。

彼らは、目付役・弘道館物主書物奉行らに調査を指示して意見を聞き、二度にわたる「書取」により改革建議をおこなった。[47] 十二月二十五日付建議書の骨子は、一時に改革の成果は期待できないが、①まず教導方規定を改革し、旧弊を改めることからはじめ、②文武専心のため家中の奢侈を禁じ、③家格・役職に応じた文事の重要性、③士風正しく国用に立つ教導の必要性、④「日本之書籍」「御家之書物」の重視、⑤人材の登用と才気に応じた教育、⑤「三十歳以上御定年済」の者も文武芸に励むよう命じられること、⑥家芸師範家の世襲の弊害があり、芸道抜群の者へ師範を譲ること、⑦儒者の処遇を改善し「大儒」を招聘することの七点である。これらの内、何が改革として実施されたかは不明であるが、大筋では、「教導方」「師範家」「儒者」についての改善と、人材登用のための適材適所をはかる文事教育の重要性を骨子としている。

これより先、中川は嘉永四年十二月に家老へ上書を提出し、「近来学館之諸生忠孝之風も衰へ、人物も乏敷相成候事、是全く師範之罪にて、諸生の咎ニ非ず」と、現在の藩校衰退の原因は学ぶ藩士にあるのではなく、教える側に問題があるとして、まず、藩主および家老ら重役が率先して学ぶことにより、好学の風儀を自然と行き渡らせ、藩士教育体制の根本から改革することを提言していた。この点でこの建議書は、ほぼ中川禄郎の主張に沿った建議であるといえる。また注目すべき点は、④に掲げた「日本之書籍」「御家之書物」の重視であろう。前述したように、中川禄郎も「芻蕘之言」のなかで、これらの書物を読むことを直弼に勧めているが、本来武家政治思想の基本である儒学書や徂徠学・陽明学など諸学派の政治思想書や経世書が挙げられていない点である。この点については、次章で詳しく検討したい。

3　長野義言の政治意識と井伊直弼

長野義言の政治意識　長野義言と直弼の出会いは、天保十三年（一八四二）七月頃に直弼が初めて長野へ送った書状を契機に、[48] 同年十一月二十日、直弼附の御伽役西村孫左衛門の案内で長野が直弼の住む尾末屋敷を初めて尋ねたことにはじまる。その際、直弼は「敷島の道」について長野と三夜語り明かし、「今よりハ義言うしハ吾か師なり、おのれは義言うしかをしへ子なり」と長野への礼状に記したように、[49] 二人の出会いは和歌の道での交流に始まった。その後も、歌書の質疑、和歌の添削、経済的援助の依頼などの交信は見られるが、文学を中心とした交友関係である。しかしながら、弘化二年（一八四五）頃、長野は直弼の求めにより「古学答問録」などの執筆にとりかかっており、直弼が歌学から国学への関心を高めていた様子が窺える。ただし、ここから直弼の政治意識の芽生えをよみとることは無理がある。「古学答問録」は、同年七月四日には草稿六冊が完成し、彦根へ届けられていることから、直弼がこれを目にした可能性はあるだろう。しかし、直弼が当時直元の死去を予測し政治に関心を持ったとは考えられず、また、この書を熟覧し始めるのは、彼が世嗣となって以降のことである。

直弼は江戸出府後、多忙な中で永らく長野との音信を欠いていた。しかし、長野についてでは直弼の従弟である福田寺摂専に「彼者義者何卒其地ニ行々足ヲ留メ申度、とふそく御たらし置、余国へ参り不参様希候」と述べており[50]、直弼は長野を将来取り立てる構想をもっていた。弘化二年閏五月十七日には音信を再開し、「古学答問録も追つきて出来ぬらん、ここニハとにかくニ怠りしを、今よりハ日増しニとりかかりぬへし」と「古学答問録」の閲覧を始める旨を述べている[51]。翌弘化四年十二月頃には長野から教えを受けた「皇国学」について、「小子ニ者一たひ皇国学ニも思入候事故、神代ノあやニくすしき事ノかきり耳なれ候得者、桃之（長野）屋（義言）ノ説も左のミあやしとも思ひたらす」と述べ、これまで学んできた「儒仏ノ学」とは異なる国体論に強い関心を示し[52]、嘉永二年（一八四九）四月には、直弼は「古学答問録は、いそしみの中よりも、をりくくとり出し見侍るに、こは一方ならぬ大人のいさを（功）にて、今迄の国学者流のひとしなみにハ侍らす、いとくちからを得し事すくなからす、そのうれしさハ筆ニもこと葉にもつくしかたくこそ」と賞賛するに至っている[53]。

この間、嘉永元年四月頃には、在江戸の直弼が「彦根家中」の者たちに、長野に入門する意志のある者は奨励する旨の達しをおこなうなど、直弼は着々と将来の治世へ向けて長野の引き留めと、長野門人の拡大をはかっていた[54]。

ちょうどその頃、長野は、世嗣直弼から将来の藩主としての心得を諮問されたのに対し、「沢能根世利」一巻を著して上呈した[55]。本書は上巻のみ伝存し、続巻の存在は不明である。上巻の構成は、「此書かけるゆえよし」と題する序文にはじまり、仁者行跡協古道・正道廃必自外道・古之政事先祭祠・質素世有俊徳・政事要言其一・政事要言其二・政事要言其三・改革要言の九編からなる。長野自身の著作「古学答問録」を踏まえて、本居派の神道説と国体論にもとづいた政治論としてまとめたもので、儒学を外道として排し、神道を皇国の正道と位置づけ、さらに進んで、国家の根本は民ではなく朝廷であるとの尊王論を説く。しかし、長野の尊王論は幕府を倒して政権を朝廷へ返すという革命説ではなく、神意により次第に武家の治世となり、徳川幕府による治世を認めつつ、その政権は朝廷の合意の元に幕府へ委任されたものであるとする。また、「国君」つまり藩主は「朝廷の直命奉るを得ずとも、公儀（幕府）の命令則それ也」とするように、藩主は政治を私事としておこなえば威徳を失い、幕府の命に従えば大過ないとする持論を展開する。

「沢能根世利」が、いつ頃直弼に提出されたのかは定かでないが、直弼は、嘉永二年三月二十六日、長野に対して「いとくくふかきくさくく、世のひとしなみにはあらす、国家の為にも成ぬべきことなん多かりける」と「沢能根世利」を評しており、長野の説く尊王論にもとづく幕府肯定論が、直弼の政治理念に深く影響したことが推察される。

長野義言の召抱えと門人拡大　井伊直弼が世子となって出府以来、嘉永四年（一八五一）六月に藩主として初入部するまで、直弼が長野義言と逢う機会は全くなかった。しかし、直弼は彦根に到着するやいなや、長野との対面を望み、過去の身辺整理を依頼した。翌嘉永五年閏二月十四日には、長野の登用について検討をはじめ、側役三浦安庸に次のように伝えた。すでに長野門人となっていた家老庵原・新野に打診したが、彼らは後々「国用」に立つと考えられるので賛成とのことである。しかし、両人は長野の門人でもあるので、贔屓の人事と誤解されるかもしれないと案じていると。

これに対し、三浦がどのように返答したかは不明であるが、結果的には、藩内の調整に時間を要したものか、直弼が参勤のため彦根を出立する前日、同年四月二十六日に「国学相嗜候」という理由で、二十人扶持、諸士格として召し抱えられている。(56) 長野登用がいかに慎重に進められたかが窺える。

しかし、直弼は藩内への配慮か、性急に長野を側近に置くことはせず、直弼の参勤には従わせなかった。長野は、しばらくは坂田郡志賀谷に居住し、同年十月十五日から和歌山・伊勢を遊歴、十一月二十五日に帰藩する。翌嘉永六年六月朔日、井伊直弼が上国すると長野は城下の元安養寺町にあった小県清庵跡屋敷を拝領した。二日後、六月三日に浦賀へ異国船入津したとの急飛脚が六月八日暮時に彦根に到着し、長野は返翰の草案作成を命じられた。六月十一日、幕府老中からの直弼への御用召しがあったため、直弼は、急遽十七日に彦根を発足し出府する予定であったが、(57) 持病のため幕府に延期を願い、実際には七月十三日に出立し、同月二十四日、江戸に到着した。この出府には、家老庵原助右衛門が御供をしたが、それに先だって、家老岡本半介が江戸勤番を命じられ、六月十五日に彦根を出立し、六月二十四日に江戸に到着している。つまり、江戸には庵原・岡本の両家老が詰めたことになる。この直弼出府には、側役三浦十左衛門らが御供をし、また藩儒中川禄郎と長野も少し遅れ、直弼の跡を追うように同月十七日に彦根を出立、二十七日、江戸に到着した。

長野は江戸に到着すると、「此度異船之処置御用懸りにて、日々出殿、夫々愚意申上、度々御褒詞頂戴之」と、家老や側役・藩儒中川らとともに直弼の相談役を勤めている。この時の長野の具体的建言の内容はわからないが、直弼が最初に幕府に提出した「初度存寄書」に見える朝廷への奏聞や神慮伺いについては、義言の建言が影響していると指摘されている。(58) 同年十月六日には、国学方を命じられ儒者次席となり、安政元年（一八五四）五月十九日には、系譜編纂御用懸りを命じられている。以後、井伊家の系譜編纂に従事するが、同年五月二十二日、上京の上、御所炎上による書物を焼失した天皇への内々書物献上や、伊勢両宮・石清水八幡宮・春日社への祈禱代参など特命による御用を勤め、十月二十七日には、直弼の淀堤鷹場巡見後の京都立ち寄りの準備のため上京を命じられ、十一月朔日から八日までの御用向を、側役三浦十左衛門と共に勤めるなど、直弼が最も信頼した側役三浦と同様、直弼の側近としての役割を果たすようになり、この頃、すでに対朝廷への特命は長野が中心となっていた。(59)

このように長野の召抱えを契機に、彼は彦根藩の藩政運営に深く関わるようになるが、その影響は一人直弼の政治思想だけではなく、家老庵原・新野をはじめとする藩士たちに広がりを見せる。

表　彦根藩家中の長野門人一覧　　　＊「授業門人姓名録」より作成。

入門年月日	人　名	実　名	居所	備考（役職・分限など）
天保 14.11.18	青木平輔（千枝）	藤原千澄	彦根	七十人歩行　＊嘉永4年、直弼子の息御附
同日	西村孫左衛門	光長	彦根	彦根歩行、奥内用達役　＊元直弼の伽役、側室里和の実父、嘉永4年、直弼子息の御附
11.20	上田文脩	藤原成伴	彦根	御典医　＊嘉永4年、奉役加薬、号稲垣内
同日	佐藤貞之丞	藤原重敏	彦根	不明
天保 15.2.3	小県清庵	藤原常臣	彦根	御典医　＊嘉永四年、奉役加薬
同日	上田鉉策	藤原成美	彦根	御典医
3.6	岡嶋春常	勝知	彦根	御典医
同日	石原隆見	源　有敬	彦根	不明
同日	上田育之進	藤原道康	？	不明
3.10	庵原徳之進	藤原朝栄	彦根	庵原三郎左衛門のこと
同日	庵原静好	朝栄母	彦根	号慈章院
弘化 3.2.5	**庵原助右衛門**	**藤原朝儀**	**彦根**	**弘道館頭取、5000石　＊嘉永4年、家老**
5.15	後藤弥三右衛門	藤原基昌	彦根	弘道館諸用役、180石
同日	上松祐之進	義憲	彦根	120石
同日	江坂兵記	義達	彦根	扶持方取
6.20	堀田道賢	紀	彦根	御典医
同日	浅嶋進士	藤原正克	彦根	七十人歩行
同日	稲葉正輔	良穂	彦根	足軽（芹橋組）
同日	上田高子	成伴妻	彦根	御典医妻
嘉永 2.6.12	**新野左馬之助**	**良親**	**彦根**	**2000石　＊嘉永4年、家老、号清来**
嘉永 3.11.2	大塚新平	正信	彦根	足軽
11.28	堤柳助	源　龍麿	彦根	足軽
嘉永 4.1.17	中嶋伝左衛門	藤原泰雄	彦根	不明
4.15	**三浦内膳**	**平　正猷**	**彦根**	**中老、2500石　＊嘉永6年1月20日家老役**
嘉永 5.②.5	川口藤右衛門	藤原宗美	彦根	不明
7.18	西村勇助	延辰	彦根	不明
嘉永 6.8.9	藤堂喜三郎	藤原良和	江戸	中屋敷留守居役
8.27	今村平次	源　正戴	江戸	奥御用使役
8.27	岡嶋七右衛門	勝善	江戸	奥御用使役
9.1	奥野藤兵衛	源　信房	江戸	直弼嫡男愛麿御伽役
9.23	坂　寿仙	源　安文	江戸	奥医師
10.17	君田十助	源　道恒	江戸	中小姓　**＊直弼の生母の実家**
11.28	牧山齢慎	源　一之	江戸	蘭方医
嘉永 7.1.8	武笠七郎右衛門	藤原宣豫	江戸	元方勘定奉行、150石
同日	**西尾隆次**	源　高光	**江戸**	**側役**
同日	**浅井庄太夫**		**江戸**	**側役**
同日	**三浦十左衛門**	平　安庸	**江戸**	**側役**
同日	**柏原与兵衛**	藤原行尭	**江戸**	**側役**
同日	**宇津木六之丞**	平　景福	**江戸**	**側役**
同日	大久保小膳	藤原員好	江戸	小納戸役、**後に側役**
同日	杉原此面	平　守一	江戸	小納戸役
同日	村山丹宮	源　長紀	江戸	小納戸役
同日	酒居三郎兵衛	源　勝英	江戸	御供頭兼鷹頭取　**＊安政4年に側役**
同日	杉原惣左衛門	平　守禮	江戸	小納戸役、**安政7年に側役**
同日	宇津木蔵人	平　忠恕	江戸	小姓
同日	田中惣右衛門	因賢	江戸	（小姓）
同日	西村又次郎	藤原有年	？	中筋代官　＊維新後の権大参事西村捨三
同日	今村剛二郎	正幹	江戸	小姓、**安政6年に側役**
同日	松居主計	源　忠實	江戸	不明
同日	柏原徳之進	藤原行則	江戸	小姓、与兵衛惣領
同日	武笠源二郎	藤原資節	江戸	小姓、七郎右衛門家惣領
同日	鈴木相馬	源　正功	江戸	小姓、平左衛門家惣領
同日	三浦鐘之進	平　高照	江戸	小姓、五郎右衛門家次男
同日	河北銀之介		江戸	小姓、勝兵衛家惣領

入門年月日	人　名	実　名	居所	備考（役職・分限など）
同日	村山熊次郎	源　長寛	江戸	小姓、宮内家惣領
同日	勝千三郎	歳順	江戸	小姓、平次右衛門家惣領
同日	長野初馬	在原業俊	江戸	小姓、十之丞家惣領
同日	河手佐十郎	源　良鐘	江戸	小姓,文左衛門家惣領
同日	早乙目他次郎	藤原昌治	江戸	小姓、八郎左衛門家惣領
同日	青木松之丞	藤原秀好	江戸	小姓、角次家惣領
同日	三浦義太郎	平　安忠	江戸	小姓、十左衛門家惣領
同日	臼居安之丞		江戸	御馬役兼奥御用使役
同日	青山与五左衛門		江戸	奥御用使役
同日	高田新右衛門	敬継		不明
閏7.3	田部傳慶	源　朝香	（彦根）	不明
閏7.5	宮崎軍介	源　正並	（彦根）	号好静舎
8.17	藤田弾之丞	藤原季慶	（彦根）	不明
同日	宇津木文之進	平　景伯	（彦根）	小姓　宇津木六之丞養子。嘉永7年8月9日召出。
不明	西尾小源吾	源　高基	（彦根）	小姓、嘉永7年8月9日召出
8.23	古川林哲	高永	（彦根）	茶道頭
同日	中村虎之進	源　善述	（彦根）	不明
10.3	橋本伊三郎	春郡	（彦根）	中組（足軽）
10.14	松平倉之助	源　康達	（彦根）	中老兼弘道館頭取、1200石。
安政2.1.12	林久左衛門	越智通臣	（彦根）	扶持取、40俵4人扶持
1.14	水谷十左衛門	源　貴正	（彦根）	不明
1.17	椋原主馬	藤原正紀	（彦根）	用人役兼側役　＊安政元年12月10日側役兼帯
1.27	田中雄助	橘　信意	（彦根）	不明
3.17	横地永之介	義知	（彦根）	一代切小姓、＊安政2年3月10日召出、同4年3月15日、愛麿様御伽
同日	小林孫九郎	正賢	（彦根）	小姓、＊安政2年3月10日召出、100俵8人扶持
4.23	岩泉善左衛門	平　善晴	（彦根）	不明
4.15	椋原杢		（彦根）	一代切小姓、＊安政2年4月朔日召出
5.5	藤本	源　重雄	（彦根）	不明
8.7	舟橋六之進	正義	（彦根）	小姓、＊安政2年7月2日召出、同4年3月15日、愛麿様御伽、100俵8人扶持
同日	沢村久之進	之義	（彦根）	不明
8.17	松居嘉次馬	藤原義矩	（彦根）	＊安政2年12月18日、新知80石となる
11.7	宇津木幹之進	源　泰翼	（江戸）	一代切小姓、宇津木治部右衛門家庶子
安政3.2.28	居林安太郎	守如	（江戸）	
3.5	元島彦太郎	明次	（江戸）	
8.18	正木外弥	越知通康	（彦根）	不明
7.23	水谷繁次郎	源　義秀	（彦根）	不明
8.17	山田甚五右衛門	利哲	（彦根）	小納戸役、330石。
9.7	広瀬美濃	（将粛）	（彦根）	中老役兼弘道館頭取、1000石
安政4.1.15	中野邦之進	藤原蘭三	（彦根）	（中野助大夫家息男？）
同日	西郷銀之進	員恵	（彦根）	西郷藤左衛門家養子（安政3年11月、一代切小姓）
同日	西尾常之丞	朝廉	（彦根）	一代切小姓、＊安政3年11月21日、100俵8人扶持
1.28	浅居忠兵衛	（重安）	（彦根）	足軽辻着到付役、＊安政4年4月21日、御金奉行
同日	今村市十郎			不明
2.17	荒居治太夫	善幹	（彦根）	＊安政4年3月25日、小納戸役。元直弼小姓。
2.27	渥美鍋吉			＊安政4年3月25日、小姓、100俵8人扶持。
同日	中居忠蔵			小姓、＊安政3年12月25日召出、同4年3月25日、愛麿様御伽。
5.2	永原所之介			
安政6.	大久保権内			公用人、＊安政5年6月1日。
	富田良三郎			

長野の門人は「授業門人姓名録」(60)によれば、天保十二年（一八四一）から安政六年にわたって見られ、その国別の分布は近江が最も多く、坂田郡八四人、伊香郡九人、犬上郡一一六人、神崎郡一七人、その他六人と、合計二三八人を数える。その他の国では、美濃二四人、山城一〇人、大和・三河・出雲・江戸・遠江が各一人となっており、圧倒的に近江が多く、しかも、湖北坂田郡志賀谷に活動拠点を置いていたため、坂田郡に隣接する美濃国不破郡にも比較的多くの門人が広がっている。

この門人の内、犬上郡の人数のほとんどが在国・在府を含めた彦根藩士たちである。掲載の表は、彦根藩井伊家中における長野門人を入門年次順に示したものである。これを見れば、長野の門人は天保十四年から徐々に増え、庵原・新野・三浦ら重臣の入門をはじめ、平士・医師・歩行・足軽など様々な階層にわたることが確認できるが、長野が藩士として召し抱えられる嘉永五年四月以前では、一部の重臣・平士を除いて、歩行身分以下の下級藩士や御典医がほとんどであり、彼らは、直弼が居住した尾末屋敷に関係する藩士・藩医や、歌学・国学を通じた一部の藩士たちであったことが窺える。

ところが、長野が仕官し、嘉永六年七月に直弼の御用召しによる江戸参勤にともない長野が江戸詰となって以来、御殿奥向き諸役人を中心に平士層にも急速に拡大し、とくに嘉永七年一月八日には、側役・小納戸役・小姓・奥御用使役などの近習諸役人三十一人が一斉に江戸で入門している。この入門経緯は明らかでないが、前年の浦賀への異国船渡来における意見具申などにより、長野が直弼側近藩士のなかで徐々にその存在が認知され、江戸藩邸内で長野がおこなった御前講釈に彼らが出席したものと考えられ、おそらく先述した嘉永元年四月頃と同様に、藩主直弼の奨励があったことが想像される。これ以後も家中における長野門人は増え続け、安政元年七月月以降も、近習に就役前後に入門する例が多く見られ、藩士と確認できる者のみでも七七人を数える。(61)

これら長野門人となった藩士は、庵原・新野・三浦ら後に家老となる重臣をはじめ、側役など彦根藩の政策立案に関わる人物のほとんどが長野の門人となっていることは注目される。藩士が直弼側近となる際に形式的に門人となる可能性も考えられ、彼ら個々の具体的政治意識については今後の検討課題であるが、先に見た庵原・新野・三浦の家老登用などの事例(62)から見れば、直弼の政治活動において、彼らが重要な役割を果たしたことは推測できるであろう。彦根藩家中における長野の門人拡大は、直弼の藩主就任・長野の藩士取り立てにより急速に進み、表面上は、彦根藩の中枢部のほとんどが長野の影響下に置かれたことになる。

おわりに

十七世紀前半における二代井伊直孝の理想とした政治意識は、道理と損益を考え、将来を見据えた詳細な吟味を求める合理主義と、「下々」「軽き衆」の意見尊重や人材登用をはかり、賞罰の適正化と「直目安」の容認という、言路洞開を重視する姿勢など、藩政運営においての家臣の能力を最大限に活用するものであり、その上に立つ藩主には、藩士の模範としての教養と人格を求めた。直孝はこうした政治意識のもと、自らの男子には「諸事不自由」という厳格な生活規範の中での教養と人格の形成をはかり、家老たちには藩主を支える資質を求めていた。その政治意識は、遺訓や書付として次代に伝えられ、代々の藩主の訓戒や家老中の諫言として再生され、十八世紀初頭には井伊家の「御家風」として定着を見せていた。しかし、かれらは互いに「生なからの大名」であり、また、生まれながらの家老であるため、十八世紀中頃には諫言を受け継ぐ政治意識が低下し、制度疲労を起こしていたのである(63)。

本書論文編第三部の宇野田論文が指摘するように、十八世紀に見られた彦根藩中下級武士層の政治意識の高揚という現象は、こうした背景から現実の政治課題を直視する徂徠学派の藩士層の間から生起し始め、十代直幸の治世(一七五五~八九)や、続く十一代直中の治世(一七八九~一八一二)には、再び諫言重視の政治姿勢があらわれ、彼らを側役などに登用することによって藩政改革がおこなわれた(64)。しかし、そうした政治意識も再び後退し、十二代直亮の専制の前には、ほとんど諫言すらできない有様となり危機的状況に陥っていたのである。

直亮自身、こうした諫言を重視する井伊家の「御家風」を知らなかったわけではない。彼は、家督相続の前年にあたる文化七年(一八一〇)には、万治元年(一六五八)五月、二代藩主井伊直孝が、息男直澄を世継に定めるのに際して、御法度を遵守し、世上の勤めや家中の作法を守るよう訓戒し書き残した遺訓であり(65)、以後の彦根藩主・家中の規範とされた「井伊直孝御遺言」を自ら筆写しており、藩主としての心得を意識していたはずである。彼が世嗣となったのは文化二年のことで、すでに十二歳になっており、その直前は庶子として松下屋敷に居住していたことが確認されるが(66)、それ以前の様子は明らかでない。彦根藩の庶子は、十八世紀末以降、武芸や学文を身につけるだけでなく、統治者階級としての人格を含めた教養を身につけることを目的に特別な環境のもとで養育されていた(67)。しかし、直中の遺言状からは、直亮は正室の実子であるがゆえに、「生なからの大名」として特別視されていた様子も窺える。そうした養育環境が、彼の人格に影響を与えた可能性もあるであろう。

井伊直弼が尾末町の庶子屋敷での生活を送っていた弘化二年(一八四五)、藩主井伊直亮の意向で御殿奥向住居となっていた井伊中顕の息男貫名茂代次について、「たしかなる附人」がいないため、行く末が案じられる旨を家臣犬塚正陽に吐露したように(68)、直亮が正室の実子として十二歳まで特別視され、なおかつそれ以降は世嗣として御殿住居へ移行したとするなら、彼の人格形成には、直弼が貫名に対して危惧するような悪影響があったことも考えられるであろう。

世嗣となった直弼が直面した課題は、対外的には相州警衛という軍事的課題と幕政運営の中での諸藩との関係が重要であったが、藩内には、直亮専制という状況の中、財政逼迫や藩校衰退に象徴される家臣の政治意識の低下という重大な政治課題があった。

しかし、大半の家臣が諫言を怠る状況の中でも、将来の直弼の治世に期待する有志も存在した。彼らは、直弼が井伊家の「御家風」にしたがった庶子屋敷での生活経歴に期待し(69)、ひそかに直弼に上諫書を送る有志もあらわれた。これらの政治意識を持った「忠諫者」は、直亮専制を憂慮する直弼に歓迎され、能力に応じた人材登用の道が再び開かれ、将来の直弼の政治行動における側近集団を徐々に形成したのである。直弼の藩主としての姿勢は明確である。その基本は、言路洞開・人材登用による仁政を目標とし、具体的には藩校改革による家中の意識改革と、領内統治における家中・領民からの信頼回復をはかることであった。

そして、直弼の周辺に形成された側近集団は、彦根藩における伝統的な政治意識を継承しながら成立したが、嘉永五年の長野義言の召出は藩内の政治意識に大きな転機をもたらす。直弼側近の大半が彼の門人となることにより、家老衆評を原則とした藩内の政治運営は容易になるかに見えるが、藩論の大勢がこれにより左右されるという危うさも感じざるを得ない。直弼が藩主就任後も家臣の諫言と家老衆評を重視した姿勢は確認されるが(70)、長野門人の陰に隠れた藩士の存在が問題となるであろう。

宮地正人氏は、井伊直弼没後の彦根藩の状況について、「直弼大老時には藩政中枢から排除されていた人物」である家老岡本半介の行動と、彦根藩下級武士を中心とする「至誠組」の活動を中心に、文久二年（一八六二）以降の藩政動向を概観し、「幕末期の彦根藩は、大老井伊直弼の政治力及び文久二年以降の岡本半介・至誠組の模索の両者を過不足なく勘案・評価することによって、はじめて正しく位置づけられる」と指摘したが(71)、岡本をはじめとする彼らの政治意識と長野門人を中心とした政治意識との間の相克や葛藤が、幕末期彦根藩の政治動向を解明する上で重要な視点となるであろう。さらにその上で、幕末期の諸藩で血を血を洗う分裂闘争が展開する中、文久二年の家老木俣・庵原の隠居謹慎処分、長野・宇津木の斬罪、桜田事変関係者の追加処分などがおこなわれながらも、藩内分裂の方向へは向かわなかった原因は何なのか。彦根藩の内政構造の何が分裂を避けさせたのか、今後の検討課題としておきたい。

【注】

1　渡辺恒一「近世後期彦根藩地方支配機構の改編について」（藤井讓治編『彦根藩の藩政機構』彦根城博物館叢書4、サンライズ出版、二〇〇三年）

2　弘化四年二月十六日付、井伊直弼書状（安東貞信宛、『大日本維新史料類纂之部　井伊家史料』一―一三六、以下『井伊家史料』一―一三六と略記する）。

3　弘化四年九月二十七日付、井伊直弼書状（城使役宇津木景福宛、『井伊家史料』一―一六〇）。

4　相州警衛における藩内の動向や政治意識の高揚については、岸本覚「彦根藩と相州警衛」・母利美和「井伊直弼の政治行動と彦根藩―意思決定と側近形成過程を中心に―」（佐々木克編『幕末維新の彦根藩』彦根城博物館叢書1、サンライズ出版、二〇〇一年）を参照。

5　母利美和「彦根藩目付役の形成過程」（前掲注1　藤井讓治編『彦根藩の藩政機構』）。

6　本書論文編第三部所収、宇野田尚哉「彦根藩武家社会の思想文化」参照。

7　東谷智「彦根藩筋奉行の成立と機構改編について」（前掲注1　藤井讓治編『彦根藩の藩政機構』）、母利美和「彦根藩目付役の形成過程」（同前）、渡辺恒一「近世後期彦根藩地方支配機構の改編について」（同前）など。

8　『彦根市史』中冊（彦根市、一九六二年）、第四編、第六章文教、一九六二年。

9　弘化三年閏五月朔日付、井伊直弼書状（藩主側役犬塚正陽宛、『井伊家史料』一―九四）、弘化三年六月六日付、井伊直弼書状（用人三浦五郎右

衛門高秋宛、『井伊家史料』一—九八）など。

10　弘化三年五月九日付、井伊直弼書状（福田寺摂専宛、『井伊家史料』一—九三）。

11　弘化三年閏五月朔日付、井伊直弼書状（藩主側役犬塚正陽宛、『井伊家史料』一—九四）。

12　弘化三年閏五月十三日付、犬塚正陽上書（井伊直弼宛、『井伊家史料』一—九五）。

13　弘化三年十月十一日付、犬塚正陽上書（井伊直弼宛、『井伊家史料』一—一一三号）。

14　同前。

15　『彦根市史』中冊、第五編　第一章　彦根藩の洋学。

16　齋藤望・渡辺恒一「資料翻刻　楽器類留（上）（下）」（『彦根城博物館研究紀要』七・十号、一九九六年・一九九九年）。

17　『彦根市史』（前掲注15）では、「退嬰保守的な藩の重臣達には直亮の意中が汲み取られなかった。やむなく彼等を無視するようなやり方で、洋書の購入・蘭学者の高禄召抱えを断行した。このため、直亮は「むつかしき殿様」と密語されるにいたった。」とする従来の直亮の評価は一面的であり、洋学興隆や、これにかかる人材登用の面から評価すれば「「むつかしき殿様の時代」と従来いわれているように決して彦根藩の暗黒耳朶ではない」と記している。

18　二通同封（彦根藩井伊家文書二一三九二）。

19　彦根城博物館編『侍中由緒帳1』（彦根市教育委員会、一九九四年）木俣清左衛門家、八代目守前・九代目守易の同日条。

20　彦根城博物館編『侍中由緒帳2』（彦根市教育委員会、一九九五年）小野田小一郎家・横地修理家・宇津木治部右衛門家。

21　この時、処分されなかった家老は長野業実のみである。彼は正月八日の時点では大殿様附の「御用向頭取」であり、かつ「家老中江御政事向茂申談候様」と命じられ、座列は大殿様の屋敷である。槻御殿では小野田の上席、藩主直亮の表御殿では「御家老中向座」に着座を直中から命じられ（『侍中由緒帳1』長野十郎左衛門家）、直亮の前では他の家老たちと一線を画しており、直亮からみれば「御家老中」と見なしていなかったか、もしくは家老不在の事態を避けるため、処分を見送った可能性もある。

22　「御省略一件書抜」（彦根藩井伊家文書三一二六〇）。

23　「御省略一件書抜」（同前注）。

24　「被仰出之留」（『新修彦根市史』第六巻、史料編　近世一、四五五号）。

25　「木俣留」（『新修彦根市史』第六巻、史料編　近世一、四三六・四九九号）、「直禔公御書附写」（同前五〇八号）。この他に、藩主と大殿様の連署ではないが、天明四年四月十日、藩主井伊直幸と世嗣直富が連署した家中相続時の減知定の事例がある（「井伊（旧中村）達夫氏所蔵文書」同前五一五号）。しかし、この場合も、藩主直幸が御用部屋入りした代行としての若殿様直富の発令という特殊事情があった。

26　笠谷和比古『主君「押込」の構造』（平凡社選書、一九八八年）。

27　母利美和（前掲注4）。これに先立つ、弘化三年八月二十一日に、中川はある人物から入手した徳川家康から徳川吉宗までの歴代将軍や諸侯の「名君英主の名言徳行を書集め」た書物を筆写した「月夜の友」（「井伊家伝来典籍」X—八）を入手したが、藩主の蔵書として「井伊家伝来典籍」に伝存することから、「蒭蕘之言」と同様に、中川から直弼へ献呈された可能性がある。

28　笠谷和比古『主君「押込」の構造』（前掲注26）、柴田純『江戸武士の日常生活』（講談社選書メチエ、二〇〇〇年）。

29　前掲注4母利論文。

30　弘化四年三月付、三浦安庸上諫書（井伊直弼宛、『井伊家史料』一—一三三）。

31　最初の諫書は伝存しないが、弘化四年三月の上諫書に「先書ニ奉言上候置候軽薄ノ悪弊追々居押移り、忠諫ノ道モ相絶候歟ト歎ケ敷奉存」と記す。

32　前掲注4 母利論文。
33　嘉永元年五月十三日付、井伊直弼書状（大鳥居満正宛、『井伊家史料』一―一七七）。
34　前掲注4 母利論文。
35　嘉永三年九月朔日付、井伊直弼書状（三浦安庸宛、『井伊家史料』二―九五）。
36　彦根藩井伊家文書三二一三九。
37　嘉永元年十二月十九日付、中川禄郎書状（『井伊家史料』一―一九一）
38　内容についての詳細は、本書論文編第三部収録の宇野田論文「彦根藩武家社会の思想文化」を参照されたい。
39　その後、宝暦五年（一七五五）には、「親弥次右衛門義、見性院様（井伊直禔）へ段々忠義之志を以諫書ヲ差上候子細」があるとして、母衣役を命じられている。さらに安永三年（一七七四）には、勤務滞りなく、江戸詰めも勤め、かつ「御子細」も有るとして、五十石を加増され、親弥次右衛門の分限に復した。
40　「前嶋先生死諫之書」（彦根藩井伊家文書三二一三九）、前嶋弥次右衛門死諫書（『宇津木三右衛門家文書』D二―二）、前嶋弥次右衛門死諫書（「横内家文書」一三―お―三五、那覇市所蔵）など。本史料翻刻文は、宇野田尚哉「彦根藩武家社会の思想文化」付載史料に所収。また、中川は、直弼の治世となっていた嘉永七年（一八五四）六月には、日本における古代から近世にいたる「古人忠勇節義倹素」に関する事例を集めた家臣への教訓書として「規箴叢記」三十巻（「井伊家伝来典籍」Q―七、二五冊）を、さらに「続規箴叢記」三十巻（「井伊家伝来典籍」Q―八、一五冊）を編纂するなど、当時の家臣としての意識改革を重視していた。
41　前掲注4 母利論文。
42　『侍中由緒帳1』木俣清左衛門家の同日条など。
43　吉田常吉『井伊直弼』（吉川弘文館人物叢書、一九六三年）。吉田氏は、前藩主の遺金下賜は四代直興も見られると指摘されているが、『侍中由緒帳』では確認できない。また直亮の御遺金下賜は金十五万両で、井伊家三〇万石の一年間の実収に相当すると指摘するが、これを裏付ける史料は管見の限り確認できていない。なお、嘉永四年当時の藩財政は文政期以降の度重なる倹約令の発令や相州警衛の負担などにより逼迫していることが指摘されており（前掲注1 渡辺論文）、御遺金下賜の実施規模については再考の余地がある。
44　この領内統治政策には、中川禄郎の影響が及んでいると推定されている（渡辺恒一「彦根藩主の領内巡見」（朝尾直弘編『譜代大名井伊家の儀礼』彦根城博物館叢書5、サンライズ出版、二〇〇四年）所収）。
45　前掲注44渡辺論文。
46　『井伊家史料』二―二〇一。
47　『井伊家史料』二―二〇四・二一〇。
48　『井伊家史料』一―一四。
49　『井伊家史料』一―二〇。
50　『井伊家史料』一―九三。
51　『井伊家史料』一―九六。
52　『井伊家史料』一―一六八。
53　『井伊家史料』一―二一四。
54　佐藤隆一「長野義言が伊勢国堀内家にもたらした情報」（前掲注4 佐々木克編『幕末維新の彦根藩』所収）。
55　『日本思想体系51　国学運動の思想』（岩波書店、一九七一年）所収。
56　長野義言の登用経緯については、前掲注4 母利論文）参照。
57　『井伊家史料』三―四八。
58　吉田常吉『井伊直弼』。
59　前掲注4 母利論文。
60　彦根藩井伊家文書二七四三六。
61　歩行以上は「侍中由緒帳」（彦根藩井伊家文書）、足軽は「彦根藩士戸籍簿」（彦根藩井伊家文書）による。表①参照。

62　前掲注4 母利論文。
63　本書論文編第三部の柴田純「彦根藩「御家風」の形成」参照。
64　本書論文編第三部の宇野田論文「彦根藩武家社会の思想文化」参照。
65　彦根藩井伊家文書四〇三八一。
66　文化二年「松下屋敷日記」には、三月十二日条に、若殿様（井伊直亮）が黒御門前御屋敷へ御移りになるので、御二方様（勇吉・東之介）が尾末町松下三浦数馬跡屋敷へ御引移るよう仰せがあった旨が記される。
67　本書第一部の母利論文「彦根藩井伊家庶子の生活と教養形成」参照。
68　弘化二年八月十八日付、井伊直弼書状（犬塚正陽宛、『井伊家史料』一—六七号）。
69　藩士の中には、「御前（直弼）ニハ少しハ華美ヲ御好ミ被遊候様ニ、此方ニ而ハ御ひがミニ御座候、」と庶子屋敷での生活を知らない者は、少年期を隠居生活の実父直中のもとで養育されたことに対する僻みもあるが、「御前之儀ハ久々御難儀被遊候而、下情ニよく御通し被遊候ニ付、御意之端々何となく世間へ移り、御善心布満仕、世子ニ被為成候より追々士民共々奉仰望候」と、十五年間にわたる庶子屋敷での生活を送った直弼に対する期待が藩士の間に見られた（弘化三年閏五月十三日付、犬塚正陽上書（井伊直弼宛）『井伊家史料』一—九五）。
70　母利美和（前掲注4）。
71　宮地正人「幕末彦根藩の政治過程」（前掲注4 佐々木克編『幕末維新の彦根藩』所収）。

史料編

凡　例

1　史料編には、彦根藩の庶子屋敷附人が作成した日記である天明三年（一七八三）の「広小路御屋鋪御留帳」三冊（国指定重要文化財　彦根藩井伊家文書調査番号五七一二―一番、五七一二―二番、五七四五番）を翻刻した。

2　史料の概要については、「解題」（次頁）を参照されたい。

3　史料翻刻の表記にあたっては、次のとおりとした。

（1）原則として常用漢字を用い、一部の固有名詞および以下に掲げる文字は原文の文字をそのまま使用した。

忰（倅）　龍（竜）　躰（体）　嶋（島）　侭（儘）　并（幷）

餅（餠）　尓（爾）　厩（廏）　ゟ（より）　〆（しめ）

（2）かなは現行のひらがな・カタカナに改めたが、者（は）・茂（も）・而（て）・与（と）などについては、もとの字体のままとし、文中では活字の大きさを小さくして表記した。

（3）史料には読点「、」や並列点「・」をつけた。

（4）校訂者による補注は、丸括弧に入れて傍注とした。誤記・意味不明・衍字などの場合には、正しい字を傍注するか、右傍に（ママ）を付した。脱字や疑念が残る場合は右傍に（カ）を加えた。一部、割付の都合上左傍に付した箇所もある。

（5）本文以外の部分は、上下にカギ括弧を付し、その右肩に（表紙）などと傍注を付した。

（6）原本に上書きや塗抹、貼り紙などで改変のある場合には、左傍に「〻」を付し、右傍にカギ括弧を付して改変後の文字を記した。虫損・汚損・破損などで文字の解読が不能な場合には、字数の判明するものは□□で、字数が判明できないものは［　　］で示した。

（7）史料に付箋・掛紙などを貼付し、長文を記している場合、貼付位置に※を付し、続いて付箋などの記載内容に記した。

（8）原文における欠字の箇所は、翻刻文では一字空きとし、平出の箇所は二字空きとした（注：欠字は、人物・場所などに敬意を払い場合、そのすぐ上を一字か二字空ける表記方法。平出は、行を改め、前の行と同じ高さにその文字を書く表記方法）。

（9）本史料は、横帳形式の帳面に記載され、独自の書式で記されている。翻刻では、できるだけ史料の原文の雰囲気を残すため、一続きの文でも途中で改行をおこなっている箇所がある（文書の体裁は口絵一頁の写真を参照）。

4　本史料に登場する人物の彦根藩での役職地位等については、史料編末尾の「天明三年「広小路御屋鋪御留帳」登場人物一覧」にまとめて掲載した。

5　本資料編の構成および掲載史料の選択は、彦根藩資料調査研究委員会「武家の生活と教養研究班」の研究員が行い、史料翻刻の校訂は渡辺が行ない、瀬島宏計氏の協力を得た。史料翻刻原稿の作成は、瀬島宏計・高井多佳子両氏の協力を得た。解題は渡辺が執筆した。

解題

彦根藩井伊家文書には、十代藩主井伊直幸・十一代藩主直中の時期の、井伊家庶子屋敷関係の史料が多く伝わっている。

本来、直接には庶子屋敷附人の保存管理となる右の史料が、なぜ藩主家や藩主側近役人の作成・伝来文書を主たる内容とする彦根藩井伊家文書に含まれているのか、その伝来経緯は、庶子屋敷関係資料の性格や、井伊家の家政構造を解明するうえできわめて重要な点と思われるが、この点は、現時点では不明であり、今後の課題とせざるをえない。

さて、右の庶子屋敷関係資料は、庶子屋敷で作成・授受され、集積された古文書と帳簿、覚書などを含む記録からなる。その中核となるのが本翻刻史料を含む庶子屋敷日記の一群である。

庶子屋敷日記の伝存状況、成立過程の史料的性格については、本書論文編第一部共同研究の母利論文、また、記載内容については同じく母利論文、宇野田論文が詳細に分析しているので参照されたい。ここでは、史料を理解するうえで、基本的な点のみを以下に記しておく。

第一に、庶子屋敷日記を井伊家庶子屋敷の賄役あるいは附人による役方日記という意味で一括すれば、延享元年（一七四四）から文政九年（一八二六）の八二年の期間にまたがる五七冊の庶子屋敷日記が現在確認できる（本書論文編第一部母利論文二七頁の表3を参照）。

第二に、これらの日記が書かれた屋敷は、①尾末町御屋敷、②広小路御屋敷、③山崎御屋敷、④黒御門前御屋敷、⑤松下御屋敷、⑥尾末町御屋敷と時期的に変遷するが、特徴的な点は、これらの日記が時期的に重複せず、継起的な関係になっていることである（同前表2）。

第三に、各日記が強い関連をもっていることである。右の①尾末町御屋敷の日記は、のちに藩主となる井伊直幸（当時井伊民部）附賄役の日記であるが、②の日記成立に直接影響している（前掲母利論文）。また、②から⑥の日記は、屋敷こそ変遷するが、登場する庶子を基準にすると内容が連続するものであり（前掲母利論文一七頁表1）、②の一部を除き、同形式の帳面であり、記事の記載基準も共通している。

最後に、本翻刻史料の天明三年の「広小路御屋鋪御留帳」の原本の状態について記しておく。

天明三年分の日記は、①同年正月から4月の「広小路御屋鋪御留帳」（彦根藩井伊家文書五七四五番）、②同年五月から八月の「広小路御屋鋪御留帳」（同前五七一二―一番）、③同年九月から十二月の「広小路御屋鋪御留帳」（同前五七一二―二番）、の以上三冊からなる。三冊とも二穴袋綴じの横帳で、表紙は三冊とも同筆跡で、記載期間の年月日と「広小路御屋鋪御留帳」と記す（ただし、①の表紙は「四月」から「十二月」と書き改められている）。法量と丁数は、①が縦一四・五cm×横四一・〇cm、一七四丁（表紙を含む）、②が縦一四・一cm×横四〇・七cm、一五〇丁、③が縦一四・四cm×横四〇・八cm、一七一丁である。

日記は、広小路御屋敷御子様方附人である安東平左衛門と青木貞兵衛の二人によって書き継がれている。両人が隔日で交互に朝出となる勤務形態をとっており、日記の筆跡も一日の内で両人のものがみられる。本日記が附人の勤務時に記された勤務日記原本であることがわかる。

「（表紙）
天明三癸卯年
広小路御屋鋪御留帳　十二
正月朔日ゟ四月晦日迄　ゞ　」

正月朔日

一、六ツ時出勤伺　御機嫌、夫ゟ　御盃頂戴ニ御殿江罷出候
一、御殿御側役衆ゟ、只今御登　城被遊候様申来り、直ニ　御二方様、四ツ時御登　城被遊候、　殿様、奥方江御入被遊、追付御表江御出、御逢相済、直ニ御帰り、御供青木、御抱守　御二方様ニ六人被召連候、御先払両人被召連候
一、殿様江、銀之介様、御年頭之御使、田部与八郎を以申上候、御相応之御返答被仰出候
一、順介様江、　御三方様、御年始御使、田部与八郎を以申上候処、御相応之御返答被仰出候
一、於御表ニ御祝儀被為請候、元〆・御番人、例之通御通り懸御目見
一、殿様・若殿様・御前様ゟ御使　西山内蔵允
御直答被遊候
一、右御礼之御使者、鈴木平兵衛江申達候処、当番三浦左膳へ申可達由、被申聞候
一、銀之介様、御礼御使、田部与八郎を以申上候、御使中村伝左衛門
一、干鯛一折三
一、御扇子一箱三本入
真如院様江、右之御品々御持参、先達而御案内旁廻し置、　御二方様、九ツ半時過御出被遊候、御雑煮御吸物御祝被進候、八ツ半時過御帰り、御供青木、御抱守六人、御先払壱人被召連候
一、御先例之通、於拾五畳御間ニ而、　御二方様、御盃被下置候、御返盃被仰付候、御賄衆同断、御抱守御筆並順之御流御盃被　下置候
一、順介様　御使　高橋与兵衛
武之介様
盤姫様
澤（鐸）姫様
御直答被遊候
一、真如院様　御使　高杉喜左衛門
一、慶運院様　同　五十嵐半次
一、御衍様　同　古田新九郎
御直答
右之御旁様江、御祝儀御使青木相務申候、　御直答被遊候
一、真如院様ゟ御出被遊候御礼御使被進候、此御方様ゟも御礼御使被進候
一、御書壱通　若殿様へ、御四方様ゟ
一、右同断　御前様江、右同断
一、右同断　山下御前様江、右同断
一、右同断　大名小路御前様へ、右同断
一、右同断　下谷御前様へ、右同断
右、年始御祝儀被仰進候

右例之通、今晩御便ニ被指越候様、御老女衆へ相達相渡し被申候様、御賄方へ申遣候処、高橋与兵衛、慥ニ請取申候由、御番人中瀬九十郎へ被申聞候由

一、銀之介様、御部屋へ被召、　御盃被下置、御二ノ膳被下置候

一、年頭御祝儀被罷上候　庵原助右衛門殿

一、右同断　西郷軍之介殿

一、右同断　長野百次郎殿

一、右同断　脇伊織殿

一、右同断　木俣半弥殿

一、右同断　松平内蔵介殿

一、右同断　木俣多十郎殿

一、右同断　小野田小一郎

一、右同断　勝平次右衛門

一、今朝ゟ不快引込　安東平左衛門

一、年始御祝義被罷出候　西山内蔵允

一、右同断　正木舎人

一、右同断　西尾治部之介

一、拝診番　永末昌運

御二方様御免、

銀之介様被　仰付候

○二日

一、拝診番　中嶋意伯

一、御射初　渡辺逸道

一、御読書初　三上湛庵　安達見龍

一、御書初　平居惣九郎

右之御順被遊、論語少々ツ、被遊候、　御二方様、御哥御試筆被遊、

先例之通、年神棚江上ケ被置候様、御賄衆へ被仰付候

一、御乗初、相済被上候　羽田六兵衛　薬袋平介（伝七）　臼居多膳

新用月毛一疋牽せ被上、右御馬、　庭五郎様、御地道五扁（反）被召候、

又介様、御屋敷之御馬、右同断被召候

右、何茂一統御酒・御吸物被下置候

一、年頭御祝儀被罷出候　木俣土佐殿

一、年頭之御礼罷出　堤周貞

御目見被仰付候、　庭五郎様、旧冬ゟ少し御眼赤く被為　入候ニ付、

御診被　仰付、御洗薬指上候

木俣半弥殿

庵原助右衛門殿

西郷軍之介殿

長野百次郎殿

脇伊織殿

右、昨日御祝儀ニ被上候ニ付、為御挨拶御使被指越候　（御使）柄嶋喜平次

一、兼而、明三日節分御祝儀御登　城御刻限之儀、勝平次右衛門殿へ申上
置候所、以書付、
明三日節分ニ付、御登　城御刻限相伺候処、昼時頃ニ御祝儀被　仰上
候様　御意ニ御坐候趣申来り、則申上、返答申遣候
一、右ニ付、御抱守衆江御供触、并御用持衆へ達し置被申候様申達候
一、明日、木俣土佐殿へ御使御坐候ニ付、御用持衆へ達し置被申候様、
御抱守衆へ申達置候
一、例年之通、御賄衆、暦其外品々御買初被致候
一、銀之介様拝診　西尾隆元
一、御使（御挨拶）被下置候御礼使被指出候　西郷軍之介殿

節分
〇三日

一、拝診　小県清庵
一、今日ゟ不快引込　永末昌運
一、御在城ニ付、去年ハ七日ニ被　野村新左衛門
仰付候得共、当年日者、今日被　仰付候、当年者　御意も有之、去
年之通名披露
一、銀之介様拝診　西尾隆元
一、昨日年頭被上候御挨拶御使　木俣土佐殿
被遣候、前野杢介相務
一、御礼使被指出候　右同断
一、節分御祝儀、御家老中惣使被指出候
一、真如院様江　御使　青木貞兵衛
一、慶運院様江　同　同人
一、御衍様江　同　中村伝左衛門
一、殿様江節分御使　銀之介様ゟ被進候、岡嶋丹蔵を以申上候、
順介様へ右同断、岡嶋丹蔵を以申上候
一、御二方様、節分之為御祝儀、九ツ時御供揃ニ而、御登　城、御表へ御
通り被遊、夫ゟ奥方江御通り被遊候、御刻限之儀、御用人衆へ承り合
候処、昼時御上り被遊候様被　仰出候、御供青木、御先詰前野杢介・
橋本弥五郎、御番人元持平次
一、慶運院様　御使　五十嵐半次
一、真如院様ゟ　御使　高杉喜左衛門
一、御衍様ゟ　御使　元持弥三郎
一、御数様ゟ　御使　山岸宗太
右、例之通、中村伝左衛門懸合被申候
一、御家老中惣使を以御祝儀被申上候
一、御用人中不残被罷出候
一、　成瀬孫太〻夫〻（作）
同　孫市
右、夜五ツ時過、被罷出、例年之通、　庭五郎様御居間、夫ゟ　又
介様御居間、十五畳、夫ゟ表御座敷、夫詰所前、御賄所前、夫ゟ御台
所、七所也、相済、（但し大豆はやし）　御二方様、御表へ御出、御祝儀被為　請候
一、成瀬氏、例之通、御酒・御吸物被下置、為御祝儀白銀二両被下置候
一、御二方様御危（厄）払、元〆役両人ひろひ申候
一、奥御台所大豆はやし、中村伝左衛門相務被申候、　銀之介様ゟ御扇

子弐本、伝左衛門へ為御祝儀被下置候、　銀之介様御危(厄)払、御番人鈴田吉次ひろい申候、御新建者三年大豆まき無之由

一、当番切、御酒御取肴被下置候、折節御有合ニ付、御吸物被下置候

一、御二方様、九ツ時御供揃ニ而、清凉寺　御参詣被仰出、夫々相達し申候、但し御供三人ツヽ被召連候旨、相達し候

○四日

一、御札一台ツヽ、　北野寺
御三方様江上ル

一、拝診　坂替番　津田自安

一、銀之介様拝診　西尾隆元

一、御二方様、九ツ時御供揃ニ而、清凉寺江御参詣被遊候、御供青木、御抱守橋本・林・前野・野田・久徳・長谷馬、御先詰猿木・高田・倉地・富永、御先払元持・古川、八ツ半時頃御帰り被遊候、御出御帰り共、勝平次右衛門殿へ申上候、天気能御留主残り不被仰付候、　又介様、初而御参詣ニ付、御香奠御備被遊候、左之通

一、金子百疋　御香奠

一、明五日之晩、御謡初可被遊被仰出、片岡一郎兵衛江謡被　仰付、申達候処、奉畏候由

○五日

一、御二方様、伺　御機嫌御登　城、今日者御出被遊ニ不及申候段被　仰付候旨、三浦左膳方ゟ書付来り、則申上候

一、今日、御出初御供ニ罷出候ニ付、　西尾隆元
銀之介様拝診御断被申上候

一、拝診　自安替　宗碩介　中嶋意伯

一、年頭御祝儀　北野寺隠居

一、順介様、為年頭御祝儀御出被遊候、御長熨斗御茶出ル、御吸物、又者御菓子ニ而も可被進処、急成御義故、右ニ而相済申候、右之為御礼、御抱守衆御礼御使被　仰付、　御三方様、表御座敷ニ而御逢

一、右御礼御使　倉地介左衛門

一、順介様ゟ御使　松宮弥太夫

一、今晩立、京都御飛脚ニ御用之御小鼓調緒二懸、木田余兵左衛門方へ頼遣し候、尤直段壱懸、金百疋位之処申遣候

一、明晩立江戸表御飛脚御延引相触申候

一、御扇子一箱ツヽ、三本入　奈里吉六
右、御三方様江例年之通、年始御祝儀以呈札指上申候

一、殿様、今日御野廻り初、御機嫌能御帰り、右ニ付、恐悦御機嫌伺御使入り可申哉、先年者　御子様方御上り被遊候事も留記ニ相見へ、御使者被指出候事も御賄衆留記ニ相見へ、聢与相定り申候事難知、御側役三浦左膳江懸合申候処、及其義申間敷由ニ付、以来御使者不被進候御格合ニ覚居可申申談置候

一、御交肴一籠　鱈一　鯛五　文岡
松園
おか代

御三方様江、為年頭之御祝儀被指上候　　一お千代
一、御扇子三本　　おか代
庭五郎様江、為年頭之御祝儀被指上候　　印具友宜
一、年頭御祝義被罷出候　　片岡一郎兵衛
御謡初ニ付
一、暮時ゟ被召候
御謡初　　地謡　片岡一郎兵衛
林安之丞
倉地助左衛門
富永彦十郎
鈴田吉次
サシヨリ曲舞
曲舞ヨリ
御鼓被遊候
老松　　御シテ　又介様
御鼓　庭五郎様
四海波ノ所
高砂
以上
右、例年孟彦・佐十郎被召候得共、孟彦指障り有之、佐十郎在江戸ニ付、件之通被　仰付候、例年、東北茂御坐候得共、当年ハ前段之訳故、祓（抜）申候也
右相済、例年之通、御酒・御吸物被下置候、五ツ時頃相済下り申候也

○六日
一、又介様御祝誕、例之通御祝被遊候、左之通御使被進候
一、殿様ゟ　　御使　勝平次右衛門
御前様ゟ例御口上被　仰進候得共、松平下総守様御隠居御死去、御前様御伯父様也、御朦中ニ付、御口上無之由、勝平次右衛門被申聞候、御直答
一、右御礼御使御口上、今村平次を以申上候処、今日　御出有之、後刻可申上由被申達候
一、拝診番　　中嶋意伯替番　小県清庵
一、銀之介様拝診　　西尾隆元
一、御二方様、九ツ半時ゟ御乗馬被　仰出、御厩へ申遣候
一、御前髪執御袖留
恐悦呈書　　増田治右衛門
吉用隼丞
一、右同断　　江戸詰御医師
□□（破損）十五表御加増
□□呈書　　岡嶋文庵
一、御請書壱通　　御使　藤堂次郎太夫
（一）□若殿様江、御鏡餅　（御）□前様・武之介様・盤姫様・鐸姫様江、□暮御祝儀之御使被務候御請也
一、順介様江、為持遣し被入御覧、相済候ハヽ、戻し被申候様、御賄方へ為（江申）持遣し候
一、御前髪執
御袖留
恐悦　　佐藤新五右衛門名代　桃居杉右衛門
一、御二方様、九ツ半時ゟ、御屋敷前ニ而御乗馬被遊候、春秋月毛・仙台栗毛被　召候
重而者、九日ニ　御乗馬被　仰出候　　羽田六兵衛
北村文左衛門
臼居多膳

一、　岡見半太夫
一、又介様、御祝誕ニ付、御盃被下置候、御膳付之御肴被下置候

○七日

一、旧冬廿六日、　権現様御誕生日、昨年者支干も御相当ニ付、御登
城御祝儀可被　仰上旨、　若殿様江、御老中様御連名之御奉書御到
来、翌廿七日、御登　城被遊候処、　御目見御懇之被為蒙　上意、
其上御祝儀之御料理被遊御頂戴候段、申上候様、勝平次右衛門殿被申
聞、則申上候
一、御二方様、四ツ時、御登　城、当日御祝儀、并右御歓被　仰上候、御
供青木、御抱守、御番人、例之通
一、殿様江、　銀之介様当日御祝儀、若殿様御歓、御使者三田村岡之丞
を以申上候
一、順介様江、　御三方様右同断、御使右同人を以申上候
一、真如院様江　御使　青木貞兵衛
一、慶運院様江　同　同人
一、御衍様江　同　同人
右旁様へ、当日御祝儀御使者相務申候
右旁様ゟ御使者被進候
一、真如院様ゟ　橋本八郎左衛門
一、慶運院様ゟ　五十嵐半次
一、御衍様ゟ　丹下安右衛門
御祝儀御使者被進候

一、御数様ゟ〔長□（浜）〕　山岸宗太
右同断御歓使被進候
一、真如院様　御使　橋本八郎左衛門
　同　中村伝左衛門
一、慶運院様　同　五十嵐半次
　同　青木貞兵衛
一、御衍様　御使　古田新九郎
　同　青木貞兵衛
若殿様御歓、御互様ニ御使者御取遣有之候
一、拝診番　清庵替　中嶋意伯
一、銀之介様拝診　西尾隆元
一、御家老中惣使　木俣土佐殿
一、御祝儀恐悦被罷出候　御用人衆不残
一、御扇子一箱ツ、二本入　七里九竹
御三方様へ、年頭之御祝儀、例之通献上、呈書出し申候
一、年頭呈書指出し申候　佐生理兵衛
　同　誠太郎
一、若殿様、旧冬之御拝領之雁肉、　殿様ゟ御配分被進、今日　御披被
遊候ニ付、御下頂戴被　仰付候
　青木貞兵衛
　中村伝左衛門
　吉原源右衛門

一、銀之介様、右同断、御小性女中江御下被　下置候

一、御二方様、今日御登　城被遊候ニ付、来ル九日御登　城被遊候ニ及不申候旨、　御意ニ御座候由、来ル十一日ニ定而　御登　城可被遊御意被遊候ニ付、御登城被遊候旨、御請被仰上候由、　御子様方御意被遊候

一、御抱守へ、九日御登城御延引、来ル十一日御登城被遊候旨、申達置候

一、松平下総守様御隠居様松平信濃守様御儀、旧冬廿七日御卒去被遊候旨、申上候様、勝平次右衛門殿被申聞、則申上候、　殿様江も御祝儀事相済、今日申上御坐候由

一、御祝儀恐悦旁被申上　　木俣多仲

一、御肴一籠三　ほうほ

○八日

右、　御二方様江、　順介様ゟ御到来被遊候由ニ而、御老女衆御奉文ニ而被進候

○八日

一、旧冬、　御前髪被為　執、御袖留ニ付、山王江、　殿様・庭五郎様・又介様御代拝、吉用隼丞相勤被申、御請書勝平次右衛門殿ゟ為持来り、入　御覧申候

一、御老女衆ゟ例年、下谷・山下・大名小路御年頭被進之割鰯、　順介様茂御一所ニ被遊度由、尤箱も三ニ而出来、大サ申来り、来ル十五日迄ニ奥方へ指出し申候様、但し十八日、御荷物便ニ被指越候由申来

内法り　長サ壱尺壱寸

御箱　巾　八寸五分

深サ弐寸

一、拝診番　　坂宗碩

一、御二方様、明九日、高宮御弁当ニ而御射鳥御出被遊度、御伺之御使相務申候処、田部与八郎を以御勝手ニ御出被遊候様被　仰出候、

明九日六ツ時御供揃、相違し候、

但し御野廻り装束

和田真左衛門
中嶋意伯
中嶋元哲
稲川周庵
上田祐安

庭五郎様御供被　仰付

林安之丞
野田勘六

又介様、虎口ニ而被　仰付候

九日

一、御二方様、六ツ時御供揃ニ而、高宮御本陣御弁当ニ而、御射鳥御出被遊候、京橋口ゟ御出、　庭五郎様本町口ゟ中藪組裏、夫ゟ八丁目、河原町、安清、長者屋敷、野田山辺、夫ゟ高宮上手御本陣へ被為　入候、又介様、京橋外ゟ御別レ長純寺前、夫ゟ水流町、外馬場、長者屋敷辺、御本陣へ被為　入候、昼迄青木・中嶋意伯、　庭五郎(様脱)御供、昼ゟ又介様御供替り合申候、和田真左衛門・上田祐庵野田勘六・柄嶋喜平次・久徳右平太・加藤十右衛門、御番人伊東喜八・元持平介

一、又介様御わらつ、善利村五郎右衛門方ニ而御召替被遊候

一、御重之内、千柿よりあめ
御数様ゟ　御三方様江被進候由、御老女衆被申聞候由ニ而、御賄方
ゟ為持参り候
一、蛤一台　たせ
右到来仕候由、　御二方様へ指上申候
一、来ル十二日、　御講釈初　野村新左衛門
五ツ半時揃、中庸御講釈相勤申候段、宜申上候様、三浦左膳・今村平
次方ゟ申来り申上候、尤両人衆熨斗目上下着用被致候由、申来り候
一、拝診番　津田自安
御二方様、御留主、　銀之介様被相診候由
一、江戸表へ御飛脚九日晩立御延引、十一日晩立被遣候由、申来り候

○十日

一、拝診番　意伯替　小県清庵
一、銀之介様拝診　西尾隆元
御快被遊御座、今日ゟ御休薬
一、昨夜、江戸表ゟ御飛脚着、　若殿様、益御機嫌能御超歳被遊、元
日・二日・三日御登城、　御盃御頂戴、御時服御拝領、万端御先格
之通被相済候段、御用人中ゟ申上有之候
一、来ル十五日、御松囃子被　仰付、五ツ半時過ゟ被為　入候様被　仰出
候旨、御用人勝平次右衛門殿ゟ申来り、尤御番組書付上ル、　庭五
郎様、融被遊候様ニ書付有之、御相手シテ内膳・太鼓作兵衛・太鼓源
之進・笛軍六

一、御二方様、御熨斗目御上下四ツ時、御歓御登　城被遊候、御先詰青木・倉地・富永熨斗目上下
御供
御番人古川
一、真如院様へ、御歓　御使　青木貞兵衛
一、殿様へ、銀之介様ゟ御使青木貞兵衛相務申候、三田村岡之丞を以申上
候
一、順介様江、右同断　御使　同人
御三方様ゟ御歓被　仰進候、三田村岡之丞を以申上候
一、慶運院様　御使　青木貞兵衛
同　五十嵐半次
一、御衍様　同　吉原源右衛門
同　丹下安右衛門
一、御歓惣使　木俣土佐殿　奥村利左衛門
一、御書箱一ツ　松嶋
一、同　幾嶋　松尾
一、同　菊園　岡野　染山
一、御奉文　梅崎
右、御賄方ゟ来り指上申候
一、御歓ニ被上候　庭五郎　御用人中
一、御二方様様、御下屋敷ニ而、御乗馬被遊候、春山・越清・仙台栗毛被

召候
　重而、来ル十三日昼時過ゟ、御乗
　馬被　仰出候　　羽田六兵衛
　　　　　　　　伊藤利介
　　　　　　　　臼居多膳
　　　　　　　　梅崎
一、外也様ゟ御奉文
御覧相済、御賄方へもとし申候、被進之干鯛、江戸表ニ残り之由、此
方様ゟも被進可然、右之干鯛御次合之埒合ニ被致、御二方様、御奉札
ニ而　外也様へ被進候様ニ御老女衆江被申達候様、御賄方へ申遣し、
承知也
一、大名小路様ゟ御書入御状箱壱ツ、　順介様へ被入御覧候様、御老女衆へ被申達被
相渡候様申遣候
一、来ル十三日九ツ時、御講釈初上り　野村新左衛門
申候様申達候
一、右同日五ツ半時、被罷出候様申達　山根二右衛門
候

○十一日

一、拝診番　小県清庵
一、御熨斗目御二方様、四ツ時御登　城被遊候、御式書ニ者無御坐候得共、例年御熨斗目
登　城被遊候而宜也、御帰ニ御厩前ニ而、責馬御見物被遊候、御供青
上下木、御抱守猿木・高田・倉地・富永、御番人逸見三右衛門
一、例年之通、御鏡披也、一統末々迄、例之通頂戴仕候
一、御札一枚ツヽ、　北野寺

右、例年之通、大般□若ニ付、件之通、以使僧被指上候
一、今日、御登　城被遊候ニ付、明日御登　城御定日ニ御坐候へ共、御上
り被遊ニ相及不申、尤御講釈初ニ御坐候間、御勝手ニ御聴聞御出被遊
候様、三浦左膳ゟ申来り、申上候
一、御役料三拾表頂戴之御礼　津田自安
一、御前様へ御四方様ゟ御書壱通
　御年頭御規式被為済候御歓
一、右同断右同断右同断
　旧冬御料理御頂戴之御歓
一、若殿様江御四方様ゟ右同断
　右同断
一、右同断右同断
　右同断
一、下谷御新造様江御四方様ゟ右同断
　年始御礼被仰進候御礼
一、大名小路御前様へ右同断右同断
　右同断
右、今晩御便ニ被指越候様、御老女衆へ御申達被相渡候様申達候、慥
ニ落手之由、返答来ル
一、　吉用兎毛
右、近日御松囃子御坐候ニ付被　召、其外其節之御相手松居作兵衛・
今村源之進・塚本軍六被　召、御稽古被遊候旨、勝平次右衛門殿へ申
達候処、御承知之由

○十二日
一、拝診番　坂宗碩
一、御二方様、今日、　野村新左衛門
於御殿御講釈初、五ツ半時揃相務申候ニ付、御登　城被遊候、御供青
木、御抱守柄嶋・村田・野田・丹下、御先払元持
一、両人昼過ゟ被　召、御稽古　被　吉用兎毛
片岡一郎兵衛
遊候　柄嶋喜平次
鈴田吉次
地謡被　仰付候
一、今日御開講、御目見被仰候御礼　野村新左衛門
ニ罷出候
○十三日
一、拝診番　津田自庵
一、御二方様、御鎗術・御釼術、五ツ半時、御遣初被遊候、例之通、御
酒・御吸物、左之面々江被下置候　山根二右衛門
同　助十郎
百々善介
鈴木権十郎
一、上田敬介、忌引ニ付不罷出候　上田清蔵
花木十介
一、荒川八左衛門、旧冬ゟ閉門ニ付、御相手衆被　召、御遣初被遊候

一、御講釈初　野村新左衛門
右、九ツ時ゟ被　仰付相済、例之通、御酒・御吸物被　下置候、
一、御二方様、八ツ時頃ゟ、御馬責御門前ニ而被遊候、二本松鹿毛・新青
毛・仙台栗毛・新青毛・仙台、　又介様、被　召候　羽田六兵衛
重而十六日と被　仰出候　薬袋伝七
建本栗毛御尋　土田甚五郎
○十四日
一、拝診番　意伯番替　坂宗碩
一、正銀廿六匁　年頭御献上　御扇子代
右、御納戸方江為持遣し申候
一、御幅紗包壱ツ、　庭五郎様へ封之侭指上候様、御本奥おか代との来
り、指上申候
一、　片岡一郎兵衛
吉用兎毛
今村源之進
松居作兵衛
塚本軍六
明日、御松囃子御相手勤被申候衆被　召、御稽古被遊候、御酒・御吸
物被　下置候
地謡被　仰付候　鈴田吉次
久徳右平太

柄嶋喜平次

明日、御登城御先詰御名指ニ而、右両人被　仰付候

一、下谷・大名小路・山下、右之　御旁様江、御年頭例年被進之御割鰑箱出来、御本奥江為持遣し可申由、御賄衆被申聞候、当年者　順介様ニ茂御相合也

一、明日、御松囃子ニ付、御番人元持平次借渡し候様、御賄方ゟ申来り、承知候旨返答申遣し候

十五日

一、当日御祝儀　　木俣土佐殿
　　　　　　　　　奥村利左衛門
御家老中惣使被指出候

一、拝診番　　小県清庵

一、慶運院様ゟ　　御使　五十嵐半次
右同断様へ　　御使　青木貞兵衛

一、真如院様ゟ　　御使　古田新九郎

一、右御同所様へ　　同　吉原源右衛門

一、御数様ゟ　　同　山岸左右太
例之通、吉原源右衛門懸合被申候

一、御松囃子ニ付、　御二方様、五ツ半時過、御登城御支度も宜出仕も相済申候段、御用人勝平次右衛門殿ゟ知らせ来り、申上、直ニ御登城、桜之御間御休所へ直ニ御入被遊、夫ゟ奥方江被為　入、御逢御坐候由、夫ゟ御用部(屋脱)江御出、御家老衆へ御逢被遊候、桜之間御休息所へ御小性衆両人ツヽ、詰居被申候、右之段、御側役加藤彦兵衛被申達候、御抱守、御小性衆とハ少々次ニ着座、御抱守御用之節ハ御小性衆被召、御抱守被召候様ニ可申上置旨、加藤氏被申達、其段も申上置候、三浦内膳、今日之御相手ニ付、御礼被申上、其旨申上候処、被召御逢被遊候

一、御膳者奥方ニ被召上候

一、御黒書院裏ニ御小湯所出来有之候、桜之御間御台子、御手水盥、湯瓶有之候

一、御相手衆御礼(被相務後)被申上、則夫々御目見、御意有之候

一、御囃子相済、直ニ奥方へ被為入

一、銀之介様、四ツ時過、被　召、直ニ御本奥江被為　入候、吉原源右衛門・野田勘六御供、雨天故、御駕ニ而御出被遊候、女中も御側御次壱人被参り、(ママ)御帰り六時過御駕、右之御駕又々取寄、二挺相揃、御二方様も御駕ニ而御帰り被遊候

一、御二方様、御囃子御拝見、庭五郎様、御鼓被　仰付候御礼御使者、御側役加藤氏へ被申候ニ付、御小納戸杉原十介を以申上置候

一、銀之介様御礼、御使岡嶋丹蔵を以申上候

一、御二方様御先詰久徳右平太・柄嶋喜平次、雨天ニ付、青木貞兵衛も御先へ参り申候、六ツ半時御帰被遊候、青木并御抱守両人とも御懸合被下置候、先年之時者、御抱守壱人御懸合被下候、壱人ハ頂戴不、夫故、明塚藤五郎引節御賄役相勤居り、岡見半太夫引籠り居申候ニ付、藤五郎方ゟわり籠申越し申候由、御賄衆留記ニ相見へ、壱人わり(御懸)合不被下候義、不審ニ存、此度御用人勝平次右衛門殿へ願、両人とも被下置候

一、板之間壱人小□(遣)のため詰させ置申候

一、青木、御抱守拝見（御囃子）仕候、御抱守ハ末ゟ拝見仕候様、勝平次右衛門被申（可）
達旨被申聞候、　順介様御抱守衆一所ニ而拝見被致候

十六日

一、拝診番　　宗碩本番替　中嶋意伯
一、御乗馬御延引被（昼時ゟ）　仰出、則御厩へ申遣候
一、又介様、被召、　　稲川周庵
申遣候由、御賄被申聞候、則罷出被申候
一、御鷹之鴫雌一羽
右、　庭五郎様・又介様江御料理ニ被仰付候様ニとの　思召被
進候旨、宜申上候旨、勝平次右衛門殿奉りニ而被進候
一、右之御礼御使者相務申候、今村平次を以申上候
一、　　逸水三右衛門事　野中三右衛門
右之通、□（苗）字相改候由申聞候
一、銀之介様、昨日御本奥江被為入候節、吉原源右衛門御供ニ而被罷出候
処、四五日ニ一度程ツヽ、昼御膳相済、御機嫌伺ニ御入被遊候様、被（御）
申達（老女衆）、私共江申達呉候様被申候由、源右衛門被申聞候

○十七日

一、拝診番　　津田自安
一、御二方様、御講釈日ニ付、御登　城被遊候、相済、奥方江御通り被遊
候、御供青木、御抱守猿木・林・倉地・富永、御先詰丹下・村田、御
先払伊藤喜八

一、明日昼時過ゟ、御乗馬被　仰出、御厩・御庭方江も申達候

○十八日

一、拝診番　　中嶋意伯
一、御二方様、御登　城日ニ御坐候処、昨日、　御対面被遊候間、今日御
登　城被遊候ニ不及候旨、被　仰出候段、加藤彦兵衛ゟ申来り、則返
答遣候
一、昨日、　御二方様被伺御機嫌候節、少し御疝気重ニ被為　入候由、
御機嫌伺御使者相務申候様被　仰付、直ニ罷出、御使相務、加藤彦兵
衛を以申上候処、御当分之儀、昨日御同様ニ被為　入候由、御案不被
遊候様可申上被　仰出候
一、銀之介様、御機嫌御伺御使、岡嶋丹蔵を以申上候処、御続被遊御快被
遊御座候旨、被　仰出候
一、御乗馬、朝之内可被遊被　仰出、御厩へ参り、其段申達、直ニ（四ツ時）被罷出、
則二本松鹿毛・越清青毛、為牽被罷出候、仙台栗毛、三ツ共御屋敷前
ニ而被　召候　　羽田六兵衛
土田甚五郎
臼居多膳
重而廿一日、御乗馬被　仰出置候
一、拾匁弐分五厘（御年頭被進御扇子割合）、　順介様分、御賄方ゟ為持来り請取、御賄衆へ渡ス
一、四匁四分五リン、　割鮹御割合、　下谷・山下・大名小路御年頭被
進、順介様御割合、右同断
一、御歳暮被進之御小袖綿、　御三方様共分、御納戸方江御指紙被出候

様、勝平次右衛門殿へ申上候処、御承知

十九日

一、拝診番　　小県清庵

一、御二方様、　殿様江御機嫌御伺、御使今村平次を以申上候処、同人を以　御返答、御当分之御義御続被遊御快、御使被指出候ニ及不申候段、被仰進候

銀之介様、右同断御使、三田村岡之丞を以申上候、御返答右御同様

一、金弐歩　御鼓調緒弐懸代

右、先達而京御賄衆へ御買上頼遣し、今日昼立御飛脚ニ件之通代物遣し申候

一、御射御延引申達候　　渡辺逸道

一、当番之由、替番出来難御断り申上候　　平居惣九郎

一、御講日申達候　　山根二右衛門

一、右同断　　野村新左衛門

○廿日

一、拝診番　　宗碩番替　中嶋意伯

一、御内講　　山根二右衛門

御稽古日申達候　　花木十介
上田清蔵
羽田六兵衛
三上湛庵

一、明廿一日、江戸表御飛脚御延引相触申候　　安達見龍
片岡一郎兵衛
野村新左衛門 〃〃〃〃〃〃

一、御二方様、御講釈日ニ付、御登　城被遊候、御供青木、御抱守林・猿木・倉地・富永、御先払野中三右衛門、八ツ半時御帰り

一、御先詰柄嶋・加藤被罷出候得共、天気も能、道宜敷成り、御暇被下置候

一、明日、　御二方様、北海江御射留ニ御出被遊度、御下屋敷へ御出有之ニ付、右へ参り、田部与八郎を以申上候処、明日者、　殿様、南筋へ御出被遊候由、西尾平太郎分鉄炮被遣候由、御人無御坐候由、被仰出候

一、拝診番 〃〃〃　　小県清庵 〃〃〃

廿一日

一、御鈫術御稽古御延引　　上田清蔵
花木十介

一、御乗馬御延引申達候　　羽田六兵衛

一、拝診番　　自安番替　中嶋意伯

一、柏崎之本上ル 摘　　片岡一郎兵衛

一、三百目萱原綿

御三方様御歳暮被進御小袖中入綿、去寅年分当春御指紙出、御納戸方ゟ請取、御賄衆へ相渡し申候

一、御講釈、唐詩共　　野村新左衛門

拝聴

稲川周庵

又介様、御詩会出席、被　仰付置
候由被　仰出候

上田安常
西尾隆元
草山隆庵
三上湛庵
稲川周庵
前野杢介

右同断、蒙求御会読、被　仰付置
候由被　仰出候

三上湛庵
安達見龍
稲川周庵
前野杢介
富永彦十郎
林安之丞

一、御重之内、饅頭三十　慶運院様ゟ今日御本奥江被為入候由、御老女衆
ゟ御奉文ニ而、　御三方様江被進候

一、御書入御状箱　松嶋
一、右同断　張岡・梅岡
一、右同断　高嶋・清嶋
一、右同断　幾嶋・松尾
一、右同断　右同断

一、御奉文壱通　松嶋
一、同五通　張岡・梅岡

一、丹後嶋一端宛
御前様ゟ庭五郎様・又介様江被進候由、御本奥ゟ為持来り指上申候

一、御札一台ツヽ、
一、御扇子一箱ツヽ、三本入
右、山王智乗院ゟ上り申候由、御賄方ゟ来り候

彦根御子様方
一、御請壱通
庭五郎様
一、御使被相務候紙面壱通
又介様
一、右同断
庭五郎様
一、御請壱通
又介様
一、御請壱通

右、為持来り入　御覧申候、紙面弐通者相済申候後、戻し申候様、勝
平次右衛門殿ゟ申来り、返し申候

一、右壱通、　順介様御覧ニ為持遣し申候、翌日帰り申候

一、江戸表　御旁様ゟ御来状も右同断、翌日帰り申候

廿二日

一、今日出勤　安東平左衛門

一、拝診番　中嶋意伯

一、御二方様、例之通、四ツ時、御登城被遊候、御先詰高田・猿木、御供
安東・長谷馬・野田・水谷・村田、御先払野中、御〻　御留主ニ付、

御口上被　仰上置候、御帰りニ御厩前ニ而責馬御覧被遊候

一、又介様御詩会、九ツ時過ゟ四ツ時前退出　稲川周庵

三上湛庵

野村新左衛門

上田安常

御断申上候　草山隆庵

西尾隆元

一、庭五郎様、御門前ニ而、御乗馬、新用月毛・春秋月毛・仙台栗毛

来ル廿五日、御乗馬被　仰出申

達候　羽田六兵衛

北村文左衛門

臼居多膳

一、御奉書　御前様ゟ庭五郎様 又介様江　一包ツヽ

一、御扇子

一、御包之内　御同所様ゟ銀之介様江

一、御扇子　清蓮院様ゟ庭五郎様 又介様江　一包ツヽ

一、御絵草紙　御同所様ゟ銀之介様江

一、御煎餅　下谷御新造様ゟ御三方様江　一箱

一、御絵半切　大名小路新御前様ゟ庭五郎様 又介様 順介様江　一包

一、御包之内　御同所様ゟ銀之介様江

一、御半切　山下御前様ゟ庭五郎様 又介様江　一箱

一、御包之内　御同所様ゟ銀之介様江

右、為年頭御祝儀、件之通被進候

一、御帯　清蓮院様ゟ庭五郎様 又介様江　一筋ツヽ

一、御袴地　大名小路新御前様ゟ庭五郎様 又介様 庭五郎様江　二端

一、御帯地　御同所様ゟ又介様江　二筋

右、旧冬　御二方様御前髪被為　執、御袖留被遊候為御祝儀、

件之御品々被進候

右、御荷物便ニ参着之由、奥方ゟ為持来り候、夫々指上申候、

一、明日昼立京都御飛脚触申候

廿三日　青木朝出 安東昼出

一、拝診番　小県清庵

一、庭五郎様御延引、又介様被遊候　山根助十郎

持病気御断　山根二右衛門

御役用御断　百々善介

御断　鈴木権十郎

忌引　上田敬介

一、庭五郎様御延引、又介様被仰付候　野村新左衛門

拝聴　　稲川周庵

○廿四日　五ツ半時出、安東

一、御二方様、御稽古御延引被仰出候ニ付申達ス　　渡部逸道

一、御断申上候　　平居惣九郎

一、拝診番　　坂宗碩

一、明廿五日御延引、重而　庭五郎様、藤渡、　又介様、嵐山可被遊、右之段申達置候　　片岡一郎兵衛

一、御二方様江御札御守　　山門　華蔵院

右、例年之通、被指上候、返書遣候

一、来月十日、御荷物便、五日晩立ニ相成り申候由触来り候

廿五日　青木朝出　安東昼出

一、御機嫌伺　　勝平次右衛門

一、御二方様、四ツ時御供揃、例之通、御登　城被遊候、御供青木、御先詰林・富永、御供柄嶋・水谷・橋本・前野、御先払中瀬

一、拝診番　　津田自安

一、明廿六日、六ツ時御供揃ニ而、北海御射鳥ニ御出可被遊被　仰出候ニ付、夫々御供触相達候　　和田真左衛門

三上湛庵

中嶋元哲

上田祐安

一、明日、御供ニ被召連候旨、指障も無之候ハヽ、可罷出候段、相達し可申旨、被　仰出候ニ付、申遣ス　　渡部逸道

右御礼御請被申上候

一、明廿六日、御稽古御延引、尤雨天ニ有之候得ハ罷出可被申旨、達し遣ス　　花木十介

上田清蔵

一、御素読御延引、文言同断　　三上湛庵

安達見龍

一、九ツ時過ゟ、御屋敷前ニ而、御乗馬被遊候、新青・最中・仙台　　羽田六兵衛

薬袋伝七

土田甚五郎

重而者、廿九日と被　仰出候ニ付、相達置申候

一、銀之介様、九ツ半時、御本奥江被為　入候、暫在之、御帰被遊候、御供中村伝左衛門・長谷馬和吉、御先払中瀬九十郎

一、明廿六日六ツ時御供揃、相触候処、正六ツ時ニ御出可被遊候間、不遅候様ニと被　仰出候ニ付、右之趣ヲ以、七ツ半時過、不遅候様御屋敷江相揃被申候様、追触指出シ申候

一、庭五郎様御供　　橋本弥五郎

加藤十右衛門

一、又介様御供　　猿木鉄次郎

野田勘三

右之通、被　仰出候ニ付、相達シ被申候様、杢介江相達シ申候、尤御

供揃七ツ半時過相揃居被申候様相達シ置申候
一、御留守残り、例之通、両人被相達候様、是又杢介江相達シ置申候
一、来月六日晩立、江戸表江之御飛脚繰越、来月朔日之晩立、江戸表江御
飛脚被遣候由申来候
一、塩引鮭一　お哥代宿ゟ
庭五郎様江、例年之通、献上有之候ニ付、老女衆ゟ被指出候

○廿六日　安東朝出

一、今日御出、雨天ニ付御延引被　仰出候、尤御用役中迄、右之段宜被仰
上候様、以書付申遣候
一、拝診番　中嶋意伯
一、庭五郎様御延引、（花木十介
上田清蔵
又介様被遊候
一、御伽ニ被罷出候　熊谷他三郎
一、殿様、四月朔日、此御地　御発駕、東海道十一日経可被遊御旅行段、
今日被　仰出候段、西山内蔵允殿ゟ被申上候
一、右之御歓御使者、青木貞兵衛相勤申候、御側役三浦左膳ヲ以申上候、
同人ヲ以御返答被　仰出候、
勿論、今日之儀、御使者ニ而相済可申哉之段、掛合申候処、畢境御請
御同前之義ニ御座候得ハ、御使者ニ而可然旨ニ御座候、以来為見合記
置候
一、銀之介様、御使三田村岡之丞ヲ以申上候、同人ヲ以御返答被　仰出候
一、御鷹之鴨雄　壱羽

右、　庭五郎様・又介様江、被　進候旨、勝平次右衛門殿ゟ被指上
候
一、右御礼御使者青木貞兵衛相勤申候
一、槻御殿江　御使　青木貞兵衛
一、御同所様ゟ　御使　高杉喜左衛門
一、庭五郎様御用、鯉《コヒ》網龍頭木ニ而形ハつりかねニ拵被指上候様申遣シ候
得と被　仰出候間、右之段相達候　礒嶋三左衛門
一、明廿七日、天気能、風も吹不申候ハヽ、北海江御射鳥ニ御出被遊候様、
三田村岡之丞ヲ以、青木貞兵衛江被　仰出候ニ付、右之段　御二方
様江申上候、則、右之御礼御請、貞兵衛相勤申候、岡之丞ヲ以御口上
申上候
一、明廿七日暁七ツ半時過御供揃被　仰出、夫々相触遣シ候
和田真左衛門
渡部逸道
三上湛庵
一、庭五郎様御供　稲川周庵
橋本弥五郎
加藤十右衛門
一、又介様御供　猿木鉄次郎
野田勘六
尚又、両人御留守残りも相達シ置候

廿七日　朝出青木　昼出安東

一、御二方様、今日御射留、米原御弁当ニ而可被遊御出処、風も強、御射
留難被遊ニ付《其上》、御用役中ゟ申来り候趣ニ付、御出御延引被遊候、揃罷
在候面々へ申達候
一、右御延引之旨、御用役中へ以書付申遣候処、三田村氏ゟ返答来ル
一、拝診番　小県清庵
一、庭五郎様被召候　中嶋意伯
一、又介様御会読ニ被罷出候　稲川周庵
前野杢介
富永彦十郎
無拠用事之由、御断被申上候　三上湛庵
今朝他出之由　安達見龍

○廿八日　安東朝出番　青木朝ゟ出ル

一、今日御断被申上候　平居惣九郎
一、拝診番　坂宗碩
一、四ツ時御供揃ニ而、御二方様御登　城被遊候処、今日ハ九ツ半時ニ
御登　城可被遊候旨被　仰出置候趣、今村平次申上候而、御帰り被遊
候、御供安東、御抱守水野・長谷馬・橋本・前野、御先払古川
一、御帰り後、例之通、於御表被為請御祝義候
一、御二方様御上下被為召、九ツ半時、御祝儀ニ御上り被遊候処、御講釈
相済申候ハヽ、御下屋(敷脱)江御出被遊候様、御側役衆へ被　仰出被置、御
講釈済、其侭之御服ニ而御下屋敷へ御出被遊候、御羽織袴取寄せ置申
候処、指上申候様被　仰出、御召替被遊候、七ツ時頃、　殿様御同
道ニ而御黒御門ゟ直ニ御殿へ被為　入候、惣御供者、御裏御門へ廻り
申候、青木、御黒御門ゟ御供仕申候、御駕申遣し候様被　仰出、御駕
ニ而、暮時前表御門ゟ御帰り被遊候、□表御門橋之上ニ而御駕ニ
被　召候、御供橋本・水谷・長谷馬・前野、御先払古川
一、銀之介様、昼過ゟ腰曲輪辺御歩行、八ツ半時頃御帰り被遊候由、御供
久徳
一、出勤、年頭之御礼、旧冬拝領物　栗林弥一左衛門
之御礼被申上候
一、又介様御詩会御礼　上田安常
西尾隆元

廿九日　青木朝出　安東昼出

一、庭五郎様被遊候、　渡辺逸道
又介様御延引
一、塩鮭、拙者共両人・御賄衆両人江、　庭五郎様ゟ被　下置候
一、拝診番　中嶋意伯
一、銀之介様、九ツ半時比ゟ、腰曲輪辺ゟ御下屋敷江御歩行被遊候、御供
富永
一、九ツ半時過ゟ御下屋敷ニ而、　御二方様御乗馬被遊候、能州鹿毛・
春秋月毛・仙台栗毛　羽田六兵衛
薬袋伝七
土田甚五郎

重而ハ、三日ニ御乗馬可被遊候段、猶又追而相達シ可申旨申達シ置候

一、明後二日、主用ニ付、御講釈ニ　野村新左衛門
得上り不申候段、御断相願申候

○二月朔日

一、御二方様御登城、例之通、四ツ時御供揃ニ而、御出被遊候、　殿様、
清凉寺江御参詣御留守ニ付、暫御見合、　御帰館後、御祝儀被　仰上、
御帰り被遊候、御供安東、御抱守丹下・柄嶋・村田・加藤、御先払元
持平介

一、拝診番　御使　小県清庵

一、真如院様　御二方様へ　高杉喜左衛門
御口上来ル、五日六日之内、御障り無之日、御昼御膳被進度、御招被
進候、御留主ニ付、後刻可申上高杉氏へ申達候

一、真如院様江　御使　青木貞兵衛
来ル六日、何之御指合も無人〔之〕、御出被遊度旨御返答、御礼御使相勤申
候処、御相応之御返答、高杉氏を以被　仰出候

一、今日ゟ引込、安達見龍を以被申　中嶋意伯
越候

一、御小紙包壱ツ
一、御用状壱通
右、宮崎音人方江、　又介様御用、　若殿様江被進之御詩一章、
右小紙包御用状、今晩江戸表江之御便ニ被指越候様書付添、留所江指
出し申候

一、呈書返答、沢村角右衛門殿へ之（ママ）指出し申候

一、同　森川八蔵
右、同苗与次右衛門方へ遣し申候

一、御代拝、清凉寺江
御子様方御代拝、安東平左衛門相務申候

一、御二方様御延引　安達見龍

一、鷲一羽
右、取れ申候由、加藤彦兵衛ゟ被入　御覧候

御前様江、庭五郎様ゟ
一、御書壱通
御同所様江、又介様ゟ
一、右同断
右、旧冬御前髪被為　執御袖留ニ付、御祝物被　進候御礼

御前様江、御四方様ゟ
一、御書壱通
山下御前様江、御四方様ゟ
一、右同断
大名小路新御前様江、御四方様ゟ
一、右同断
右、為年頭御祝儀、品々被進候御礼

大名小路新御前様江、庭五郎様ゟ
一、御書壱通
御同所様江、又介様ゟ
一、右同断
右、旧冬御前髪被為　執御袖留ニ付、御祝物被　進之御礼

〆七通
右、例之通、御賄方江、今晩御便ニ江戸表へ被指越候様、御老女衆へ
被渡候様ニ申為持遣し候、　清蓮院様へ御奉文ニ而被進物之御礼、
宜可申上候様、御老女衆へ被申達候様是又申遣候、承知之由、落手之

返答来り申候

○二日　青木朝出　安東昼出

一、又介様、御灸治被遊候　小県清庵

一、銀之介様、御灸治被遊候

一、右ニ付被罷出候　坂宗碩

一、拝診番、右同断

一、今日御講御断被申上候　羽田六兵衛

一、庭五郎様御用 此間之龍頭、小さる割レ申候ニ付、礒嶋三左衛門方江仕直し被上候様
為持遣し候

一、御灸治ニ付、例之通、いりまめ・饅頭・鶉焼被　下置候、御医師衆江
ハ、例之通、御初灸故、御酒・御吸物御下被　下置候

一、銀之介様、御歩行ニ御出被遊候、御供橋本弥五郎

一、又介様蒙求御会読　三上湛庵　安達見龍　稲川周庵　林安之丞　前野杢介　富永彦十郎　御断申上候

○三日　安東朝出

一、御二方様御延引　山根二右衛門

一、拝診番　小県清庵

一、御書　弐箱　弘岡
内壱箱御守之由　梅岡
一、同　壱箱　御返書　松嶋

右、指上可申旨、御老中衆被相達候由、御賄中ゟ被指出候ニ付、則指
上申候趣返答申遣ス、尤硯ふた・ふくさ、則御使へ相戻候

一、九ツ時過ゟ、御下屋敷ニ而、御乗馬被　仰出候ニ付、相達シ置申候

一、御二方様、御下屋敷ニ而御乗馬被遊候、春山・越清・仙台栗毛
重而、来ル七日と被　仰出、申　羽田六兵衛　北村文左衛門　臼居多膳
達置候

一、御書入御状箱弐ツ
順之介様江入　御覧候様被　仰出、則御本奥江為持遣し候、即刻相済、
戻り申候、直ニ指上申候

一、御幅（袱）沙包壱ツ　おか代殿ゟ
庭五郎様へ封之侭指上申候、御賄衆へ書状添来り申候

一、御網之龍頭小さる出来、礒嶋三左衛門持参、指上申候

○四日　青木朝出　安東昼出

一、拝診番　坂宗碩

一、御二方様、御下屋敷へ御出之思召ニ而、御出懸ニ承りニ遣申候処、
殿様、今日被為　入候由、御断申来り、直ニ御馬屋前ニ而、御責馬有
之、御覧被遊候、九ツ時前御帰り被遊候

一、御射術御延引被遊候　渡辺逸道

一、九ツ半時御供揃、御講釈ニ御二方様御登　城被遊候、御供安東、御抱
守村田・加藤・猿木・野田、御先払元持
一、明五日、北海江御射鳥ニ　庭五郎様被為入候様被　仰出候間可申上
旨、岡嶋丹蔵ゟ可申上候、則申上候而、右之御礼御請返答ニ申上、尚
又、安東罷出、御礼御請之御使相勤申候
一、明五日七ツ半時過御供揃、米原御弁当ニ而北海江、庭五郎様御射鳥ニ
御出、御供触夫々相達ス、御船も申遣ス
和田真左衛門
三上湛庵
渡部逸道
橋本弥五郎
加藤十右衛門

○五日

一、庭五郎様、六ツ時、北海江御射留、御船ニ而御出被遊候、御供
安東平左衛門
塩野左近右衛門
三上湛庵
渡辺逸道
橋本弥五郎
加藤十右衛門
古川九郎次
一、米原源十郎ニ而御弁当済候上、夫ゟ内海ニ而真鴨雌弐ツ御射留被遊候、
壱ツハ札木ニ而、壱ツハ尾末町裏ニ而
一、御二方様、今日之御謡御延引、　片岡一郎兵衛
申達候
一、又介様、被召候　稲川周庵
一、拝診番、
庭五郎様御留守　小県清庵
一、庭五郎様御射留之鴨、安東平左衛門、御奥方江持参、御用役田部与八
郎ヲ以、　庭五郎様御口上申上、入　御覧候処、御感心被思召、
御料理ニ被仰付候趣ヲ以被　進候、則右之段申上、御礼御使ヲも安東
相勤、与八郎ヲ以申上置候
一、又介様、昼時過ゟ御下屋敷江御出、七ツ半時頃御帰り被遊候、稲川周
庵被召連候、御供青木、御抱守久徳・前野、御先払中瀬九十郎

○六日　青木朝出　安東昼出

一、今日、御稽古御延引被遊候段、　花木十介
達シ遣ス　上田清蔵
一、御講釈御延引　野村新左衛門
一、拝診　宗碩所替番之由　小県清庵
一、殿様、有卦ニ被為　入候ニ付、江戸彦根御子様方御相合、干鯛一折被進候旨、
御使者相勤可申段、西尾治部之介殿ゟ申上り、青木御使相勤申候
一、槻御殿江、御二方様、九ツ時前ゟ被為　入候、尤兼而被　仰進被置候
ニ付テ也、御供青木、御抱守高田・加藤・富永・倉地、御先払伊藤、御供帰り被
仰出候、尚又、御迎八ツ時ニ参り候様被　仰出候、尤青木者居残り罷

在候、七ツ時前御帰り被遊候
一、右之御礼御使者、青木貞兵衛相勤申候
一、真如院様ゟ　御使　橋本八郎左衛門
一、右御同所様ゟ　御使　右同人
今朝、愈御出被進候様被　仰進候、御直答、此御方ゟも御使者青木貞
兵衛相務申候
一、御二方様、兼而今日七ツ時頃ゟ御有気ニ被為　入候、御歓ニ御本奥江
御出被遊候様ニとの御義、七ツ時只今御出被遊候様、田部与八郎方ゟ
申来り、則申上、御登　城被遊候、暮時前御帰り、御供安東、御抱守
高田・倉地・野田・村田、御先払伊藤、尤御入後、御用持野田・村田
両人者御暇被下候

○**七日**　安東朝出

一、御内講御延引
一、長浜ゟ　御使　山根二右衛門
　　　　　　　　高田無右衛門
右、　殿様、江戸表江御発　駕、四月朔日御治定被遊候ニ付、御
歓御口上
一、御二方様、御下屋敷ニ而御乗馬、二本松鹿毛・熊(能)州鹿毛・仙台栗毛被
召候、御供青木・猿木・丹下・野田・村田、御先払元持平介
重而十日、御乗馬被　仰出、申　羽田六兵衛
達置候　北村文左衛門
　　　　伊東利介
一、弐百目　萱原摘綿
一、百目　佐野摘綿
銀之介様、当年御常式之内、右之通、仮切手遣し、御納戸方ゟ請取申
候
一、拝診番　清庵番替番　坂宗碩
夜ニ出ル、不被　仰付候

○**八日**

一、庭五郎様御延引、　山根二右衛門
又介様被遊候　百々善介
　　　　　　　鈴木権十郎
　　　　　　　上田敬介
一、今日ゟ不快引込　安東平左衛門
一、御用米御蔵奉行被　仰付候御礼　石黒縄次郎
一、拝診番　坂宗碩
一、御代拝、清涼寺江相務　吉原源右衛門
一、御役用ニ而被　出候節々御断も　百々善介
不申上、兼而御断申上置候由、則達　御聴置申候
一、御講釈日ニ付、九ツ半時、　御二方様御登　城被遊候、御供青木、
御抱守長谷馬・水谷・久徳・前野、御先払中瀬
一、御用米御蔵奉行被　仰付候御礼　石黒縄次郎

○**九日**　青木

一、拝診番　小県清庵

一、御二方様、四ツ時、御登　城被遊候、御供青木、御抱守林・高田・富
永・猿木、御先詰丹下・加藤、御先払野中三右衛門
一、御伽ニ罷出候　熊谷他三郎
一、御二方様共被遊候　平居惣九郎

○十日

一、庭五郎様御延引、　野村新左衛門
又介様被　仰付候
一、拝診番　坂宗碩
御講釈拝聴　稲川周庵
林安之丞
一、又介様、明十一日、米原御弁当ニ而北海江御射留ニ御出可被遊被仰出、
御供触申候　渡辺逸道
塩野左近右衛門
安達見龍
水谷十左衛門
富永彦十郎
七ツ半時過揃
一、庭五郎様御乗馬、又介様御延引、御屋敷
重而十三日と被　仰出、則申
達置候　羽田六兵衛
伊藤利介
栗林弥一左衛門
一、又介様御詩会
今朝ゟ留被置、御懸合被　下置候
野村新左衛門
稲川周庵
西尾隆元
三上湛庵
草山隆庵
前野杢介

○十一日

一、又介様、七ツ半時過御供揃ニ而、礒村御弁当ニ而御出被遊候、夫ゟ秋
塚五郎大夫方江も御立寄、御小弁当被遊候、松原太郎ケ崎辺ニ而小鴨
壱羽御射留被遊候、七ツ半時過御帰り被遊候、御出御帰り共、西尾治
部之介殿へ例之通申達候、御射留之小鴨、御本奥江持参、例之通御使相務
申候処　御感心被遊候由、被進候間御料理ニ被　仰付候様被　仰進候、
御供青木
渡辺逸道
奥山伝右衛門
安達見龍
水谷十左衛門
富永彦十郎
古川九郎次
小県清庵
一、拝診番
一、庭五郎様、御厩御馬責馬御覧御出被遊候由、則御馬被召候由
一、今日ゟ御抱守御免　村田大介

○十二日

一、拝診番　　坂宗碩

一、御役前誓紙被　仰付御礼　　石黒縄次郎

一、御二方様、例之通御登　城、御供青木、御抱守猿木・高田・倉地・富永、御先払野中三右衛門

一、御機嫌伺　　西尾治部之介
御抱守村田大介事被申聞候

一、御二方様、御釈日ニ付、御登　城被遊候、御供右同断

一、銀之介様、御機嫌伺ニ御出被遊候、御扇子弐本御拝領、順介様ゟめしろ三羽御籠とも被進候、御供中村伝左衛門・林安之丞、御先払伊藤喜八

一、御三方様御出ニ付、御用持ニ付柄嶋喜平次被罷出候御留守居

一、明日、御乗馬、五ツ半時と御下屋（敷脱）ニ而可被遊被　仰出、御厩御庭方へ申達候、御鑓術御延引被仰出、是又山根氏へ申達候

一、明日、礒江御出ニ付、御時刻難計由、御庭方ゟ申上

○十三日

一、拝診番　　小県清庵

一、御二方様、御屋敷前ニ而御乗馬、二本松鹿毛・新青毛・仙台栗毛出ル、又介様、新青毛被　召候　　羽田六兵衛
伊藤利八
臼居多膳
重而、十六日と被　仰付、申達置候

一、御延引　　山根二右衛門

一、庭五郎様御延引、
又介様被　仰付候　　野村新左衛門

○十四日

一、庭五郎様被遊候、
又介様御延引　　渡辺逸道

一、拝診番　　坂宗碩

一、無拠義ニ付御断申上候　　平居惣九郎

一、又介様、去十一日御射留之鴨一羽、若殿様江被進度思召候ニ付、御伺被遊候処、御伺之通被進候様、三田村岡之丞を以被　仰出、直ニ三田村岡之丞江懸合、御番人古川九郎次相添為持遣し候、慥ニ請取候由本塩ニいたし、江戸表へ参り申候由、三田村氏被申聞候

一、旧冬請取残ニ付、左之通、於納戸方ゟ去ル十二日請取申候

一、百目　萱原摘綿

一、百目　佐野摘綿

一、寅之年、御定式被進之綿、御指紙未出不申候ニ付、御納戸役衆被申聞、旧冬極月、御月番小野田小一郎殿江御指紙御出し被下候様申上候処、御承知之由

庭五郎様分
一、七百目　萱原摘綿
一、三百目　佐野摘綿

又介様分
一、右同断　右同断
右同断

銀之介様分
一、四百目　萱原綿
銀之介様、御本奥ニ被為入候内ニ、佐野綿四百目・萱原綿百目、老女衆被請取候由

庭五郎様分
一、壱貫目内　萱原綿七百目
　　　　　　　佐野綿三百目
又介様分
一、右同断内　右同断
銀之介様分
一、八百目内　萱原五百目
　　　　　　　佐野綿三百目
右、此間於納戸方江、当卯之年被進御綿之御指紙出し被申候由、西尾治部之介殿被申聞候、　銀之介様御綿、当暮品ゟ増御［　］御坐候事可有御坐、左候ハヽ、［　］御願可申候間、御承知御置被下候様ニ申置候処、御承知之由、御入用之節申上候様被申聞候

一、山吹一かふ・紅葉五本・さつき一かふ
　庭五郎様御用、御庭方へ頼遣ス
清蓮院様江
一、干鯛一折
御二方様、御前髪執御袖留御祝儀干鯛被進候御答礼、御老女衆先便ニ御奉札ニ而被進候旨、今日、中村伝左衛門御本奥へ被罷出候節、まつ園被申聞候由
庭五郎様ゟ
一、干鱈
又介様ゟ
一、割鰑一箱
右同断為御答礼、大名小路様江被進可然由、重而御便之節迄ニ御支度致被置候様、中村伝左衛門へ御老女衆被申聞候由、被申聞候

十五日

一、御二方様、例之通、御登城、下司惣持寺御礼有之、御退出、暫御見合御下り被遊候、御供青木、御抱守丹下・猿木・林・倉地、御先詰野田・加藤、御先払野中三右衛門
一、拝診番　小県清庵
一、紅葉三本・山吹一かふ・さつき一かふ・きり嶋壱本・椿壱本
右、　庭五郎様御用、御庭方ゟ被指上候
一、土筆一籠
殿様、一昨日御猟之品之由、御老女衆ゟ御奉文ニ而、　御三方様江被進候、御二方様御礼者御登城候節、被　仰上候、　銀之介様御礼、田部与八郎を以申上候
一、庭五郎様御延引、　片岡一郎兵衛
（又介様被遊候
（嵐山之本指上置候
一、弟乙蔵御目見之御礼　勝平次右衛門
一、次男小野織人、御目見之御礼　西尾治部之介
一、次男与惣次郎、御目見之御礼　小野田小一郎

十六日

一、御二方様御延引　上田清蔵
一、拝診　宗碩替番　小県清庵
十七日・十八日、宗碩罷出候由
一、今日ゟ引込　坂宗碩
一、又介様蒙求御会読　三上湛庵

一、庭五郎様御乗馬、又介様御延引、御門前ニ而被遊候、御庭方御断、新用月毛・越清青・仙台栗毛　安達見龍

重而、十九日と被　仰出、申達置候　羽田六兵衛　土田甚五郎　伊藤利八

一、銀之介様、御本奥江九ツ時過ゟ　御出被遊候、御供中村伝左衛門・猿木、御先払鈴田吉次

一、外郎餅三棹

順介様へ御持させ被進候、山から一羽、浅草海苔御頂御帰り被遊候

十七日

一、拝診番　小県清庵

一、庭五郎様御延引、　安達見龍

又介様被遊候

一、庭五郎様、少々御頭痛気ニ被為　入、今日御講釈御聴聞御登　城無之、右之御断伺　御機嫌御口上、今村平次を以申上候

一、又介様、例之通、御登　城被遊候、御供青木、御抱守水谷・橋本、御先払古川九郎次

一、御三方様江児饅頭一箱　七里九竹

右、御当地江罷越候ニ付、伺　御機嫌、右之品献上仕候

一、明日用事ニ付遠方へ罷越申候度伺之候願通被　仰付候　猿木鉄次郎

一、十八日・十九日之内、天気次第御馬療治被伺、其通被仰出候　桃居杉右衛門

十八日

一、庭五郎様、少々御風気被為入候、御用人衆江も申上候、御側役今村平次を以申上候

一、今日、御登城日ニ付、御機嫌伺御断、御使三浦左膳を以申上候、御相応之御返答被　仰出候

一、御薬御用小県清庵へ被仰付候、御用人衆へも可申上由

一、又介様、例之通、御登　城被遊候、　殿様、御口中御痛、御頭痛気ニ被為　入、御表へ御出無之、奥方へ御通り被遊候、御供青木、御抱守柄嶋・林、御先詰橋本、御先払伊藤喜八

一、庭五郎様、御登城不被遊候ニ付、　殿様容躰御伺之御使并、銀之介様御同様之御使、青木相勤、田部与八郎を以申上候処、御相応之御返答被　仰進候

一、拝診番　小県清庵

庭五郎様拝診、夜分ゟ御薬御用被　仰付候

一、御先詰相済　橋本弥五郎

其後ゟ　庭五郎様御伽被　仰付候

一、昼時ゟ上ル、同刻下ル、替番　水谷十左衛門

林安之丞

一、右同断上ル、右同断下ル、替番　長谷馬和吉

柄嶋喜平次

一、御伽ニ被罷出候　　熊谷他（三脱）郎

一、　　高田翁次郎

右、同苗無右衛門方江、文岡はしか相煩被申、為養生下り被居同居ニ付、恐引被相伺、御内々相伺、恐引可然趣ニ付、西尾治部之介殿へ申達候処、御承知畏奉候段、御請被申上候

一、銀之介様江御乳指上候もの、夫江戸詰仕、甚困窮ニ付、御老女衆を以御救相願申候ニ付、左之通、被下置候段、御賄衆へ申達申渡ス、尤御老女衆、弐表と申事ニ御坐候得とも、尓今ニ不限義と存、相談之上左之通被下置候

一、五貫文

一、御交肴一折　　愛知川宿酒や助市母　ミゑ

御三方様へ、献上仕度、奥方へ願、御老女衆ゟ代拾匁為持来り、右之品指上申候

一、御抱守被　仰付候由、被罷出候　　広瀬組　小原八郎左衛門

一、庭五郎様御延引　　野村新左衛門

又介様被　仰付候

一、月代歩行願之通被　仰付候由　　中嶋意伯

一、麻疹煩之人同居ニ付、恐引被　仰付候　　高田翁次郎

一、小鯛七枚　　お哥代

庭五郎御風邪気ニ付、為伺　御機嫌被指上候

一、　　高田翁次郎

御老女文岡麻疹被相煩、同苗無右衛門方江御下ケ被遊、同居之義ニ付恐引被伺候ニ付、伺之通被　仰付候由

一、　　福山雲次

右、高田翁次郎、前段之通ニ付、当分助被　仰付候由

一、　　小原八郎左衛門

右、村田大介代り御抱守被　仰付候由、件之通、西尾治部之介殿ゟ申来り、則申上候

○十九日

一、御三方様、御目見被　仰付候　　福山雲治

一、右同断　　小原八郎左衛門

一、拝診番　　小県清庵

一、殿様江伺　御機嫌御使岡嶋丹蔵を以、御三方様御口上申上候、御同篇之由、御当分之御義、御案不被進候様被　仰出候、御使青木貞兵衛相務申候

一、又介様、今朝ゟ少々御風邪気ニ被為　入、御薬御用小県清庵江被　仰付候、未御沙汰なし也

一、九ツ時ゟ　庭五郎様被召候　　稲川周庵

一、御三方様、病気御尋ニ付、以書付申遣候　　安東平左衛門

一、御断申上候　　渡辺逸道

一、療治ニ付御断申上候　　羽田六兵衛

一、御延引申達候　　平居惣九郎

一、御馬療治ニ付、御厩江為（ママ）被牽越し、相済申候

一、酒弐升、鰑三把

右、御馬療治ニ付、例年之通、御馬取江被　下置候
一、右之御礼　　桃居杉右衛門
一、御尋之御礼、書札を以申上候　　安東平左衛門
一、以書付伺　御機嫌候　　同人
一、御下屋〔敷〕之十勝之書、三田村岡之丞方ゟ　又介様江指上申候様、為持
来り指上申候

○廿日

一、拝診番　　小県清庵
一、殿様御機嫌御伺御使者三田村岡之丞を以申上候、尤　御三方様御使
者相務申候
一、　　草山隆庵
　　　　西尾隆元
右、拝診之衆引込多、出勤迄当分拝診被　仰付候旨、西尾治部之介殿
ゟ申上ル
一、夜分ゟ産穢引申来り候　　稲川周庵
一、江戸表へ、廿一日晩立御飛脚御延引、廿三日晩立御飛脚被遣候旨、触
来ル
一、又介様、九ツ半時御供揃ニ而、御講釈ニ付、例之通御登　城、　殿
様御不例、御機嫌御伺被遊候、御供青木、御抱守猿木・長谷馬、御先
払元持平介
一、御鍼術、明日御稽古御延引被　仰出、夫々触遣ス

○廿一日

一、拝診番　　小県清庵
一、出勤　　坂宗碩
一、拝診助御免　　（草山隆庵
　　　　　　　　　西尾隆元
一、御二方様、御機嫌御伺御使三浦左膳を以申上候、御返答御同篇之趣
一、銀之介様、右同断、田部与八郎を以申上候処、御返答右同断
一、銀之介様、少し御風邪気ニ被為　入、小県清庵御薬御用被　仰付候、
尤御沙汰なし也
一、庭五郎様御延引、　　野村新左衛門
又介様被仰付候、并明日昼時過ゟ罷出候様被　仰付候
一、明日、御杢馬御延引申達候　　羽田六兵衛

○廿二日

一、去十五日、次男初而御目見之御　　小野田小一郎
礼被申上候
一、〔又〕御介様、例之通、御登　城被遊候処、奥方江御通り被遊候様被　仰出、
則御通り被遊候、御供青木、御抱守野田・福山、御先払元持平介
一、庭五郎様御使、直ニ加藤彦兵衛を以申上候処、御相応之御返答、
銀之介様御使岡嶋丹蔵を以申上候、御返答同断
一、御三方様拝診　　小県清庵
一、拝診番　　坂宗碩
一、今日御詩会御断申上候　　（草山隆庵

一、江戸表江廿三日晩立御飛脚、廿五(日脱)晩立被遣候間、触来ル　上田安常
一、又介様御詩会　西尾隆元
三上湛庵
野村新左衛門
一、御三方様江金子百疋
今日、長浜おミゑ様御本奥江被為入候由、御肴代右之通、御老女衆被
渡候由、御賄衆ゟ此方御賄衆へ為持来り、則中村氏披露被致候

○廿三日

一、御延引　山根二右衛門
同　助十郎
一、御機嫌伺　岡見半太夫
一、拝診番　小県清庵
一、御二方様ゟ御機嫌御伺御使今村平次を以申上候、夜前者強御口中御痛被遊候由、
今朝者御快方ニ被為　入候由、御返答被　仰出候
一、銀之介様、右同断御使岡嶋丹蔵を以申上候処、右同断
一、庭五郎様御延引、　野村新左衛門
又介様被　仰付候
拝聴　林安之丞
一、御札一台
一、右同断一台
真如院様ゟ御内々　御二方様へ被　進候、尤御本奥お千代殿奉り、
おすミと申女中、吉原源右衛門江被相渡候由、　真如院様御所持之
鬼子母神、於妙源寺彼岸中開帳修行之御札、　御二方様ゟ御礼御使
吉原源右衛門、御老女繁野を以被申上候由

○廿四日

一、御二方様、　御機嫌御伺御使者三浦左膳を以申上候、御返答御同篇ニ
被為　入候段被　仰出候
一、銀之介様、右同断、田部与八郎を以申上候処、御返答右同断
一、御三方様拝診　小県清庵
一、拝診番　坂宗碩
一、昨日、江戸表ゟ着、　前嶋弥次右衛門
若殿様御口上、　御三方様へ被　仰進、又介様様御御(マヽ)直答、
庭五郎様・銀之介様、御風邪気、御直答之趣ニ御礼御請被申上候様被　仰
出、申達候
一、御稽古御延引　渡辺逸道
一、御断申上候　平居惣九郎
一、明日、御稽古御延引申遣候　片岡一郎兵衛
一、御三方様江御重之内重御萩、　真如院様ゟ被　進候、御礼御返答、中村氏被申
越候由

○廿五日

一、庭五郎様御風気、未聢与不被遊、以御使　御機嫌御伺被遊候、御返答、
夜前ゟ少々御風邪気ニ被為　入候得共、御頭痛御歯之痛御快被遊御座、

今日者御表へ御出被遊候段被　仰出候、　又介様、例之通、御登城、
雨天故御駕、御供青木、御抱守橋本・前野、御先詰長谷馬、御先払元
持平介
一、拝診番　小県清庵
一、今晩立、江戸表江之御飛脚御延引之由、指出し申候、御書戻り指上申
候
一、御機嫌伺被罷出候　西尾治部之介
一、明日、御稽古御延引被　仰出候　（花木十介
上田清蔵
一、明晩立、江戸表江之御飛脚参り由、触来り候

○廿六日

一、庭五郎様御延引、　三上湛庵
又介様被遊候
一、拝診番　坂宗碩
一、庭五郎様、御風邪御快、今日御月代被遊、　御機嫌御伺御登　城被遊
候処、　殿様御風邪気ニ而、御表江今日ハ御出無之、奥方江御通り
被遊候被　仰進、御通被遊、御膳も被召上、七ツ時前御帰り被遊候、
御供青木、御抱守野田・富永、御先払中瀬九十郎、尤弁当御供中遣ニ
返し申候、御用人西尾治部之介殿へ、御風邪御快御月代被遊候段申上
置候、為御養生御薬者御用被遊候旨、此段も申上置候
一、又介様・銀之介様、御機嫌御伺御使相務申候、御相応之御返答被　仰
進候
一、銀之介様、御歩行ニ御出被遊、七ツ時御帰り被遊候
一、若殿様へ、庭五郎様ゟ御書壱通　御射留之鴨被進候段被　仰進候
一、若殿様へ、又介様ゟ右同断右同断
今晩、江戸表へ御便被指越候様被申達、御老女衆へ被相渡候様、例之
通御賄衆へ申遣候
一、庭五郎様ゟ干鱈二枚
一、又介様ゟ刻鰑（名）一箱
大小小路御前様へ、旧冬御前髪被為執御袖留為御祝儀被進有之候御礼、
御老女衆へ御賄衆ゟ為持被越候由、被申聞候
一、庭五郎様昨日被伺　御機嫌候由　加藤彦兵衛
一、御三方様へ御重之内、品之餅
右、長浜おミゑ様ゟ御到来候由ニ而被上、夜ニ入御到来候由、御賄衆
被申聞候

○廿七日

一、庭五郎様御延引、　野村新左衛門
又介様被　仰付候
拝聴　稲川周庵
一、銀之介様、少し御手ニ御痛所、御膏薬被　仰付候　稲川周庵
一、庭五郎様、五ツ半時ゟ御下屋敷ニ而御乗被遊候、建本・二本松・仙台
栗毛、御途中被召候、御供青木、御抱守丹下・加藤、御先払伊藤喜八

一、庭五郎様・又介様、御機嫌御伺御使今村平次を以申上候、御返答御同篇、　銀之介様、御機嫌伺御使田部与八郎を以申上候処、御返答同断

一、又介様御詩会　三上湛庵
安達見龍
御断申上候　稲川周庵
林安之丞
銀之介様御番ニ付御断　富永彦十郎
前野杢介

一、御交肴一折
当御屋敷并　順介様御相合ニ而、長浜おミゑ様御帰りニ付、被　進候旨、安藤郷左衛門被申聞候、尤御割合ニ不及、御表ゟ被進候由、被申聞候

一、拝診番　小県清庵
庭五郎様御留守之内ニ罷出、今日ハ拝診御免被　仰出候

一、銀之介様、御近所御歩行被遊候

一、昨晩立御飛脚、今晩立ニ江戸被遣候由、依之、　御二方様とも御書御認替御取替被　仰出、御賄吉原氏、御賄衆方へ例之通被指越候由、昨日之　御書弐通共返り申候由

○廿八日

一、御二方様、御機嫌御伺御使加藤彦兵衛を以申上候、御返答御同篇被遊御座候由

一、銀之介様、右御同様岡嶋丹蔵を以申上候、御返答右同断

一、拝診番　坂宗碩

一、銀之介様拝診　稲川周庵

一、又介様御用、龍草廬江御額認指　龍一郎
上候様被　仰出、則申達候、紙為持遣候

一、御二方様、九ツ半時御供揃ニ而、御講釈御聴聞御登城、御供青木、御抱守橋本・久徳・前野・小原、御先払元持平介

一、御断申上候　平居惣九郎

廿九日

一、御二方様、御機嫌御伺御使今村平次を以申上候処、御返答御同篇之由被　仰出候、　銀之介様、御使三田村岡之丞を以申上候処、右同断

一、拝診番　小県清庵

一、銀之介様拝診　稲川周庵

一、御二方様共御延引　渡辺逸道

一、御奉文四通下谷山下大名小路
江戸表ゟ御飛脚参り、右入御覧、尤御老女衆ゟ為持来り候也、直ニ戻し申候

一、　華蔵院
御機嫌伺被罷出、御座敷ニ而　御二方様御逢被遊候

一、扇子二本　村田大介
半紙壱束
右、此度江戸表へ罷下り候ニ付、被下置候

○晦日

一、拝診番　坂宗碩

一、御二方様、御機嫌御伺御使三浦左膳を以申上候処、御同篇ニ御座被遊候段被　仰出候、　銀之介様、右同断御使田部与八郎を以申上候処、右同断

一、庭五郎様御延引、　安達見龍
又介様被遊候

一、庭五郎様、四ツ時ゟ御門前ニ而御乗馬被遊候、春山・仙台栗毛、又介様ニ茂被　召候
　羽田六兵衛
　栗林弥一左衛門
　土田甚五郎

一、湯治ゟ罷帰候由、御機嫌伺　津田自安

一、明日、江戸へ発足ニ付、御機嫌相伺、御目見於御表被　仰付候　村田大介

一、又介様御詩作、大介江被下置為持遣し候

○三月朔日

一、当日御祝儀　御用人中惣使　西山内蔵允

一、例之通、御登　城後、御表ニ而被為御祝儀請候

一、拝診番　津田自安

一、御二方様御延引　安達見龍

一、庭五郎様、明日明七ツ半時過御供揃ニ而、三河村元三大師江御馬ニ而御出可被遊被　仰出候御供触

　坂宗碩

御供
　稲川周庵
　野田勘六
　林安之丞
　福山雲次
　柄嶋喜平次
　猿木鉄次郎

長浜御先詰
　倉地介左衛門
　加藤十右衛門

大師へ御先詰
　丹下栄介

御馬役衆
　羽田六兵衛
　伊藤利介
　神尾惣左衛門
　土田甚五郎
　伊藤利八

一、聯一枚唐紙六枚
又介様、草廬江書写被仰付、為持遣し申候

二日

一、庭五郎様、七ツ半時御供揃ニ而、御馬ニ而、三河村元三大師江　御参詣、　紀州様、海道筋御通りニ付、御歩行ニ而むし山越御出、御馬共者、御馬役衆付添海道筋、夫ゟ梅ケ原辺へ廻し置申候、夫ゟ御馬ニ

而御出被遊候、米原源十郎方ニ而御小休、長浜御本陣ニ而御弁当、御本陣御菓子献上仕候、　元三大師ニ而暫御休、其内ニ御酒・御吸物御茶菓子被指上候、御奉納金百疋、　御帰りニ長浜御本陣ニ而御小休、其節、　御数様ゟ山岸宗太御使ニ而、外郎五本被　進候、　御直答被遊候、御本陣へ金子百疋頂戴為致候、夫ゟ米原源十郎御小休ニ而御小弁当、御供中江御酒被　下置候、夫ゟ海道筋之方江御帰り被遊候、暮六ツ時、御出御帰り共、西山内蔵允殿へ申上候、坂宗碩御出懸、米原ゟ長浜迄之内ニ持病疝気指発り、長浜御本陣ニ留り駕ニ而御跡ゟ参り被申候

一、御数様ゟ被進候、御菓子并長浜御本陣指上候品、御土産ニ被遊候、おか代殿、饅頭百献上ニ而、長浜御小休之節指上、御下、御供中江御番人迄被下置候、米原源十郎御帰り之節御小休

一、拝診番　　小県清庵

三日

一、御表ニ而御祝儀為請候由

一、拝診　　坂宗碩

一、御二方様、例之通、御登城被遊候、青木貞兵衛引込申候ニ付、中村伝左衛門、雨天ニ付御先詰被　仰付候由

一、風気ニ付引込申候　　青木貞兵衛

一、御二方様、八ツ時前ゟ　槻御殿江被為　入候、中村伝左衛門御供

一、願通、月代歩行被　仰付候　　安東平左衛門

一、殿様江、銀之介様ゟ御祝儀御使中村伝左衛門相務申候

一、三御部屋様ゟ五十嵐・古田・元持御使被相務候

一、長浜ゟ高田御使被相務候

一、御老女衆ゟ、例之通、以書付御祝儀被申上候

四日

一、拝診番　　津田自安

一、御延引　　渡辺逸道

一、家内麻疹引　　高田翁次郎

三番湯相済、恐引仕罷在候処、罷出候様被申渡候由、西山内蔵允殿申来り候由

一、御二方様、御講釈ニ付、御登　　三居孫太夫
城御供

一、高田出勤ニ付御免之由　　福山雲次
西山内蔵允殿ゟ被申上候由

一、殿様、明日五ツ時御供揃ニ而、御船ニ而御出被遊候ニ付、　庭五郎様被　仰進、尤おか代殿御奉文ニ而被申上候由、御野廻り羽織御袴被召候哉之旨、承合被　仰付候処、右之通之由、右御礼御請被申上候旨、返答仕候様被仰付候由

一、江戸
〃〃〃

五日

一、庭五郎様、六ツ半時、御殿江御出被遊候由、永田権右衛門御供番之処、御早ク御出ニ付、御抱守計被　召連候由

一、拝診番　小県清庵
一、銀之介様、両度御下屋敷へ御出被遊候由、御供倉地、　又介様ゟ饅
頭被進候由
一、御断被申上候　片岡一郎兵衛
一、庭五郎様　小県清庵
又介様御休薬被申上候由
一、江戸表へ御飛脚参候

六日

一、拝診番　坂宗碩
一、御鍼術御延引　花木十介　上田清蔵
一、庭五郎様、御門前ニ而御乗馬被遊候、春山被牽候由、雨天ニ付一疋被
召、御延引ニ成候由　羽田六兵衛　土田甚五郎　伊東利八
一、十日御荷物、十四日ニ相成候由
一、妹疱瘡ニ付恐引　長谷馬和吉
西山内蔵允殿ゟ被申上候由
一、庭五郎様御延引　野村新左衛門
又介様被　仰付候
拝聴　稲川周庵

一、鱒三本 鮒三枚　昨日御猟之御肴、　御三方様へ松繭ゟ奉文を以被□（進）〻御礼、
御使中村伝左衛門・田部与八郎を以被申上候由

七日

一、拝診番　津田自安
一、御内講御延引　山根二右衛門
御書物御覧被遊候ハ、可指上由相伺候処、指上置候様被仰出候由、則
上ケ被置候由
一、御二方様、俄ニ松原辺へ御猟ニ御出被遊度、御伺之御使被仰付、御伺
之通被　仰出、昼時ゟ御出被遊候、御供植田長左衛門・三上湛庵、一
向御猟無之由、七ツ時御帰り被遊候

八日

一、拝診番　中嶋意伯
右、今日ゟ出勤
一、御二方様被遊候　山根二右衛門
同　介十郎
一、御二方様、九ツ半時ゟ御講訳（釈）ニ付御登城、御供永田権右衛門
一、殿様御発駕之時分、御昼休迄大小鯛青籠入被指上、例之通可被指上哉、
被伺候由、西（西山）内蔵允殿、例之通可得相心得旨被申候由、御附出勤仕（候脱カ）ハヽ、
夫々相務可然由、引込居申候ハヽ、御賄衆之内相務被申候様被申候由
一、当御屋敷御老女之儀、被　仰付候義被申上候由、処指当り御人無御坐、
併被申上難渋之趣尤之由、達　御聴置可申由、西内蔵允殿、中村伝左

衛門へ被申候由

九日

一、拝診番　　津田自安

一、御二方様、四ツ時、例之通御登城被遊候由　御供植田長左衛門

一、御延引被遊候由　　平居惣九郎

十日

一、拝診番　　中嶋意伯

一、庭五郎様御延引、　　野村新左衛門
又介様被遊候由　　稲川周庵

一、庭五郎様、八ツ時迄被遊御懸　　渡辺逸道
合被下置候

一、西山内蔵允殿ゟ御賄衆被罷出候様申来り、中村伝左衛門被罷出候処、
御二方様御出之節、表御賄衆之内、御供ニ被罷出候処、　御発駕前御
用多御人少付、　殿様御出有之節者、　御子様方御出も難被遊、
御指間ニ可相成被相伺候処、左様之節、御屋敷御賄之内ゟ御供ニ被罷
出候様被　仰出候段、表御賄衆へ懸合相勤被申候様被相達候由

一、休引　　林安之丞

一、又介様御詩会　　野村新左衛門
三上湛庵
稲川周庵

一、御櫛御用被　仰付候　　久徳右平太
栄介御筆頭ニ御坐候得とも不綴（鍛）練ニ付、右之通被　仰付候

一、大鳥母衣五手ツ、
殿様ゟ　御二方様御弓御出情被遊候ニ付、加藤彦兵衛ゟ御奉札ニ而
被進候由、則御礼御使中村伝左衛門江被仰付、則加藤彦兵衛を以申上
候由、右之御拝、彦兵衛被進候様申上候由、物語候由

十一日

一、拝診番　　小県番之処　中嶋意伯

一、御二方様御延引　　花木十介
上田清蔵

一、御二方様、御乗馬被　仰出置候処、雨天ニ付御延引

一、外郎餅五棹　　安東平左衛門

一、右同断　　文岡
御三方様ゟ病気為　御尋、両人江被下置候、文岡江者松薗ゟ被相達候
様御賄衆頼遣し候由

十二日

一、拝診番　　小県清庵

一、御伽ニ被罷出候　　熊谷他三郎

一、殿様、来ル十五日、　御成可被遊、其趣相心得居候様、岡嶋丹蔵ゟ右
他三郎江被申越候由

一、御二方様、四ツ時御登　城、御供植田長左衛門

一、御二方様、御講釈ニ付、九ツ半時御登　城、御供植田長左衛門
一、御三方様、病気御尋被　下置候　青木貞兵衛
一、殿様、此度江戸表へ御参勤ニ付、御旁様江被進御茶三箱并被　下置之
御目録金・御茶、夫々松薗方江為持遣し候由、御賄衆被申聞候、来ル
十四日朝立御荷物便ニ先達而江戸表へ指下し置可申由也

十三日

一、拝診番　小坂宗碩
一、今日ゟ出勤　青木貞兵衛
一、御鑓術御延引　山根二右衛門
一、庭五郎様、御門前ニ而御乗馬、春山鹿毛・仙台栗毛、被　召候、自是
御馬とも御道中前ニ而御責馬も相止申候由、御乗馬御断被申上候
羽田六兵衛
北村文左衛門
栗林弥一左衛門
一、庭五郎様御延引、　野村新左衛門
又介様被　仰付候
　拝聴　稲川周庵
御二方様御字、野村新左衛門江相考申上候様被　仰付、則左之通、相
認指上候
　子和　中和中庸
　子建　建」中詩経
　子美　美在」中易書
右、庭五郎様へ指上候
　子寛　説文宥寛也
右、又介様江指上候

十四日

一、拝診番　津田自安
一、御稽古被遊候　渡辺逸道
一、御殿江罷出、岡嶋丹蔵へ懸合申候処、十五日九ツ半時頃ゟ、御成可
被遊由被申聞、依之御礼御使者相務申候、則丹蔵を以申上候、御料理
被指上度、并　順介様御同道被進候様被遊度思召候旨申上候処、左
様ニ思召候ハヽ、御餅菓子被進候様、御料理者御止メ被遊候様、順介
様ニ者、追而御暇乞御出被遊候様被　仰出候、例之通、御献立之義、
岡嶋丹蔵へ懸合相伺申候、御賄衆是又例之通、御頼之由、申達候、奉
畏候由
一、御断申上候　平居惣九郎
一、明日、御花之事、角田道古江申談候、尤花之事、御庭方江申遣し置候
一、　三十一巻
殿様ゟ　又介様江、松薗・お千代御奉札ニ而、御賄衆方江目出度被
進候旨、為持来り、則被指上候、右之御礼御使被　仰付、青木相勤申
候、三田村岡之丞を以上候
一、嵐山謡本　片岡一郎兵衛
一、高雄道之記　小県清庵
又介様、御下ケ被遊、為持遣し候、御謡御稽古、御二方様御延引申達

候

十五日

一、拝診番　　中嶋意伯

一、　　西郷軍之介殿使
岸宗太

右、忰子孫太郎、名替之義、願之通、御懇之御意之上、■被仰付、勘兵衛与名改申候、御礼以使被申上候由

一、御三方様御重之内、御萩

真如院様ゟ只今被　仰付候ニ付、以御奉札被進候

一、八月五日立、江戸詰被　仰付候　　富永彦十郎

御礼　　加藤十右衛門

一、七月五日立、右同断　　久徳右平太

一、御二方様、例之通、四ツ時御供揃、御登　城被遊候、御先詰水谷・猿木、御供高田・橋本・前野・小原、御先払野中三右衛門、青木御供

一、銀之介様御使、今日被為　成候ニ付、愈被為　成候様、御願御伺、田部与八郎ヲ以申上候、　御二方様ハ御直ニ被　仰上候故、御使不相勤候

一、御交肴一折 鱒二本 鮒五枚

御三方様へ、今日被為　成候ニ付、御老女衆御奉札ニ而被　進候、御老女衆御先詰之面々江、懸合御肴ニ鱒御吸物ニ被　仰付候

一、かつをふし　　おか代

生小鯛三ツ

右、今日　御三方様へ被指上候

一、御重之内、品之餅一重

御三方様へ、今日、松その被指上候、御子様方へ御初穂指上、御次女中衆被下置候

一、おか代献上之小鯛御煮付被　仰付、御肴ニ被上候

一、殿様、九ツ半時過、被為　成候、兼而被仰出之通、御長のし御菓子、鰭之御吸物、御肴御盃事被遊候、御替御吸物御肴被進候、貞兵衛義、被　召出、　御意被　下置候、小野田小一郎、御先詰岡嶋丹蔵、御供三浦左膳・徳谷登・藤田勝次・今村市之進・西堀源蔵・草山隆庵・山上周碩・田部宗三・林弥五郎、御騎馬歩衆六人

一、御帰館後、御礼伺御機嫌、三浦左膳を以申上候、　銀之介様御使岡嶋丹蔵を以申上候

十六日

一、拝診番　　小県清庵

一、御二方様、御稽古御延引被　仰出候　　花木十介
上田清蔵

一、御二方様、昼時ゟ大藪辺へ御歩行御出被遊度旨、御伺御使三田村岡之丞を以申上候処、御勝手御出被遊候様被仰出候

当番
中嶋意伯
中嶋元哲
猿木鉄次郎
久徳右平太
倉地介左衛門

富永彦十郎
小原八郎左衛門
御留守居　丹下栄介
御用持衆
一、屋形御船、片岡一郎兵衛方へ申遣候
一、銀之介様、昼時ゟ御近辺御歩行被遊候、御供水谷十左衛門
一、御二方様、九ツ時御供揃、御船ニ而大藪江御出、北川梁(簗)之内、御網被
遊候、鮒小もの共少し取レ申候、長大夫方へ御立寄、御小弁当被遊候、
御先払野中三右衛門・元持平介、御帰り松原迄御歩行、夫ゟ御船
被召候、御出西内蔵允殿へ申遣候、御帰り正木舎人殿（西山氏被頼候由）へ頼被置候由、
右へ申遣ス
一、猟師へ七百文被下置候段、元〆文次為申聞せ候、暮六ツ半時御帰り被
遊候
一、御弓三張　渡部逸道
右へ為持遣候
一、妹病死ニ付、御定之通忌引　長谷部和吉
一、又介様御会読御延引

十七日

一、庭五郎様御延引、　三上湛庵
又介様被遊候
一、拝診番　坂宗碩

一、御二方様、御講釈ニ付、九ツ半時御登　城被遊候、御供青木、御抱守
丹下・柄嶋・野田（小原）・加藤、御先詰勘六・杢介、御先払古川九郎次
一、庭五郎様、御途中ニ而、長野百次郎殿、御時宜請之節、御駕打上ケ
不申由、御断申上候、西山内蔵允、御時宜請之節、御戸引申候義御遅
ク思召候、打込不申候内ニ御戸重而ゟ引申候様被　仰出候、則御抱守
当番中江申達、落不申候様、次々江申送り被申候様申達候

十八日

一、拝診番　中嶋意伯
一、庭五郎様拝診、御膏薬被　仰付候　中嶋元哲
一、殿様、来ル廿日暁七ツ時御供揃、三河村元三大師江　御参詣、米原迄、
御行帰り共御船ニ而御出被遊候旨、小野田小一郎殿ゟ被申上候
一、　渡辺逸道
御子様方御射術、御在府中も不相替拝見、只今迄之通り被仰付候旨、
西山内蔵允被申聞候、右之趣申上置候
一、御鈒術拝見ニ罷出候者、是又西山内蔵允殿へ申上置候処、追而被相伺
可申達由
一、御二方様、四ツ時、御登　城、御供青木、御抱守久徳・野田・水谷・
前野、御先詰丹下・倉地、御先払野中三右衛門
一、銀之介様、昼時ゟ御歩行、橋本、御番人伊東喜八
一、御定日并御鎖前番御番帳御認替りニ付持参、相渡し申候、西内蔵允殿
一、御二方様共被仰付候　野村新左衛門
拝聴　稲川周庵

十九日

一、拝診番　小県清庵

一、庭五郎様、　殿様、朝妻江御出ニ付、被　仰進、五ツ半時ゟ御本奥へ御出被遊候、七ツ半時、御迎ニ罷出候様ニとの御事御坐候、御供帰り

一、又介様、四ツ時ゟ御下屋敷江御出被　仰出候

一、御断申上候　平居惣九郎

一、御請書一通
此度御使ニ参候由、西内蔵允殿ゟ被指上候

一、又介様、四ツ時ゟ御下屋敷へ御出、昼御膳廻し申候、夕御酒・御吸物被　仰付、御次江少　御前以下并新左衛門江も被　下置候、御供青木・丹下・高田・前野・中瀬九十郎、昼ゟ元持平介、高田義松原辺へ寄せ打ニ被遣候、
御下屋敷江被　召、詩作被仰付候、　西尾隆元
稲川周庵
野村新左衛門
新左衛門義、十勝并其外得与拝見
被　仰付候、助右衛門殿所持之遠
目かね、御借り御覧被遊候、新左衛門持参仕候

一、庭五郎様、暮合ゟ御迎ニ、奥方御鎖前へ参り申候、青木・猿木・富永・元持

一、御弁当一箱
御拝領、則為御持御帰り被遊候、御帰り四ツ時前

一、御断申上候　平居惣九郎

○廿日

一、拝診番　坂宗碩

一、庭五郎様御痛所拝診被罷出候、　中嶋元哲
御膏薬被指上候

（紙挟込）
「殿様、元三大師江、七ツ時御供揃ニ而、　御参詣、七ツ半時頃御帰被遊、例之通、御機嫌伺御使杉原十介を以申上候、　銀之介様御同様御使三田村岡之丞を以申上候、両方共御相応之　御返答被　仰出候」

一、御内講御延引　山根二右衛門

一、御責馬被仰出、申遣候、則両人とも責馬被致候　北村文左衛門
伊藤利八

一、御弓喜八方へ遣し候様、御人遣し申候　渡辺逸道

一、昨日、　御出先ニ而、　御懇之御意之上、立帰り、御参勤御供被　仰付候御礼被罷出候　西山内蔵允

一、明廿一日、江戸表へ発足ニ付、　中野三季之介
伺御機嫌被罷出候

一、殿様江金三百疋　まめのこ包

一、順介様江金弐百疋　御硯蓋ニ乗指上申候

右、御三方様ゟ為御餞別、件之金子、何も思召付無御坐由候ニ付、御目録ニ而被進候間、宜被指上候様ニ　思召候旨、御老女衆方へ為持指出し申候処、承知之由、返答来り申候、尤明日可指上由

一、御三方様御初穂金子百疋　山門華蔵院

一、又介様江九重御守被上候御挨拶金子百疋　華蔵院

右、岡嶋丹蔵方江頼遣し申候

廿一日

一、拝診番　中嶋意伯

一、御二方様御延引　上田清蔵
　花木十介

一、朝五ツ時御用之義ニ付、御断申上、　青木貞兵衛
御殿へ罷出ル、昼時相済、御家中一統也

一、松原辺へ御歩ニ御出可被遊　庭五郎様被仰出、御伺御使相務申候、
田部与八郎を以申上候処、御承知御返答被　仰出候

一、庭五郎様、九ツ半時過ゟ松原辺へ御船ニ而御出、夫ゟ大藪北川江御出、
御網被遊候、長大夫方ニ而御小弁当ニ被　仰付候、暮時過御帰り、鮒
少々取レ申候、猟師江三百文被　下置候様、元〆宗次相極ル也、御出
御帰りとも正舎人殿へ申遣候、御供御野廻り装束、三本柳ニ而加藤勘
八郎遠的間ニ而、人形弟子衆射被居、三立御覧被遊候、跡ゟ中り付被
上候　安達見龍
　久徳右平太
御供　小原八郎左衛門
　伊東喜八

一、御礼ニ被罷出候　加藤勘八郎

一、上馬場ニ而、近日寄せ馬御坐候由、羽田六兵衛へ承合申候処、来ル廿
三日御坐候由被申上候ニ付、上田安常方江、可被為　入、内々懸合置
申候

一、庭五郎様御延引、　野村新左衛門
又介様被　仰付候
論語御講釈相済申候、唐詩撰も相済申候

廿二日

一、拝診番　小県清庵

一、御二方様、御登　城、例之通、殿様御船ニ而御出被懸、御逢無御坐候、
一両日之内、馬寄御覧ニ御出候義、御伺被遊候処、御出被遊候様被
仰進候、御供青木、御抱守丹下・柄嶋・加藤・高田、御先払元持平介

一、庭五郎様　西尾治部之介
此間御直ニ被　仰付候御鉄炮御稽古被遊度思召候段、西内蔵允殿両人
被相伺候処、可宜　思召候由、就夫、御師範稲垣弥五右衛門可宜由、
御稽古場椿原、又者宇津木弥平太・沢村角右衛門埜野〔別墅〕抔、可然由、御
鉄炮并玉鋳形御胴薬入、御口薬入等御拝借可然由、御小納戸衆へ可申
達置候、追々御用向御坐候ハヽ、可相伺旨、且又　御発駕御間も無之、
弥五右衛門御役用も多可有之、御立後、被召御用被　仰付、可然旨被
申聞候、則申上、治部之介殿、於御居間御目見被　仰付、御礼被申上
候様被　仰付候

一、松本何右衛門矢場、其外新宮、何方ニ而被遊候而も苦間敷由、万々
追々、御同役中相考可申上由、御下屋敷ハ宜間敷由、被　仰出候由也

一、御杢馬日　羽田六兵衛
上り申候義、今日ゟ御免被　仰出候

一、明日、　殿様御首途御祝儀被遊御祝被遊候旨、西山氏・正木氏ゟ申
上有之候、尤六ツ半時御供揃ニ而、千代宮江御参詣被遊候旨、申来り
候
一、痛所、長着座成不申、今日之御　　三上湛庵
詩会御断被申上候
一、庭五郎様、被　召候　　渡辺逸道
一、又介様御詩会　　野村新左衛門
一、被罷出候　　稲川周庵
一、銀之介様江御乳指上申候者　　いそ
右者格別之者ニも有之間、相願申候ニ付、伺　御機嫌申候様申渡候由、
文岡被申聞、則御賄衆へ申達候
一、寅之年御勘定、去ル十九日、無滞相済申候段、御賄衆元〆役被申聞候
一、九両壱歩　金子
一、弐拾匁　銀子
一、百三拾貫文　代物
一、三拾弐表　米
右、寅之年御残り物
一、百弐拾表
右、米直段、兼而被仰出之通、壱表代弐拾匁積り仕候得ハ、右之通、
百弐拾表御不足ニ相成り申候
一、庭五郎様へ、御膏薬付替被指上候　　中嶋元哲
拝診者不被仰付
一、明日、外馬場江馬寄せ仕候由、尤九ツ時ゟ乗申候由、羽田六兵衛ゟ申
上候、九ツ前時御供揃ニ而、　御二方様御覧ニ御可（出脱カ）被遊旨、上田安
常方江可被遊御出被仰出候御供触
渡辺逸道
又介様被　仰付候　　中嶋意伯
稲川周庵
御抱守当番
御用持両人
一、御抱守両人、御留主残り被　仰付候旨相達し申候
一、江戸発足も近々ニ成り、論語御　　野村新左衛門
講釈も終り、今日切ニ而御免申達候
一、金子百疋　　同人
又介様御詩作御世話申上、右ニ付、件之通被　下置候、尤今日御詩作
ニ付召　御前ニ而頂戴為仕申候

○廿三日

一、拝診番　　中嶋意伯
一、殿様御首途被遊候ニ付、　御二方様為御歓、四ツ時御登　城被遊
候、前日御供触いたし置候、御供例之通也、御装束御熨斗目被召可然
也、御用部屋衆不残のしめ也
（一紙挟込）「一、真如院様
一、御衍様　御歓御使者被進候
一、御数様　右同断
一、右此方様ゟ茂被進候

一、慶運院様ゟ者御使者無之、此方ゟも右故不被進候」

一、御二方様、九ツ前時御供揃ニ而、馬寄　御覧、外馬場上田安常方江被
為　入候、前日御幕毛氈縁取す〻ミ台抔、例之通、板之間遣し申候、
庭五郎様ニ者、七ツ時ゟ御帰り被遊候、　又介様仕廻申候迄御座被
遊候、御帰り懸ニ、坂宗碩方へ御腰被懸候、　庭五郎様ニ者御帰り
御膳被召上、直ニ御奥方江御出被遊候、五ツ半時過御帰り被遊候、青
木、外馬場ゟ御供仕候、右、今朝御直約之由奉拝聴、御賄中村伝左衛
門、御供被　仰付候、　又介様御帰り之節、御供被　仰付候、其外渡
部逸道、御医師衆、　又介様御供被　仰付、庭五郎様御帰り之節者御
供御免被　仰付候

御用持　野田勘六
　　　　猿木鉄次郎
　　　　前野杢介

御用持　久徳右平太
　　　　橋本弥五郎
　　　　倉地助左衛門
　　　　富永彦十郎

御出済御供御帰り前、御先へ帰り
御留主居と被仰付候

御留主居残り（水谷十左衛門
　　　　　　　渡辺逸道

当番　三上湛庵
　　　安達見龍

一、御延引　稲川周庵
　御書物被願御下被遊候　山根二右衛門
　両人江戸発足無之、今日切ニ而御免　同　助十郎

一、佐野綿二抱　上田敬介
　　　　　　　　野村新左衛門
右、近々江戸表へ発足仕候ニ付、件之通被　下置候様、御用人衆へ願
置候処、御納戸方へ御申渡置候由、勝手ニ請取頂戴為仕候様被申達候
両人共御礼ニ被罷出候　上田安常
　　　　　　　　　　　坂宗碩

庭五郎様江
一、御肴一籠　蚫壱
　　　　　　　ほうほ二ツ
順介様ゟ奥方ニ而被　進、御賄吉原氏へ奥方ゟ遣し候

一、銀之介様、九ツ時過、為御歓奥方江被為　入候、今朝御歓御使三田村
岡之丞を以申上候

○廿四日

一、出勤　永末昌運
一、拝診番　同人
一、御稽古被遊候　渡辺逸道
一、美濃紙壱束　津田自安
右、明日江戸表へ発足ニ付、　御三方様御目見被仰付候、件之品被
下置候、
若殿様・御前様・御惣容様へ御口上被　仰進候
（紙挟込）
「一、美ノ紙壱束　羽田六兵衛

一、御扇子三本ツ、　薬袋伝七
桃居勘五郎
臼居多膳
山根介十郎
田部与八郎
岡嶋丹蔵
一、右同断　三田村岡之丞
上田敬介
一、美濃壱束ツ、　津田自安
一、右同断　西尾隆元
一、右同断　平居惣九郎
一、飛紗綾帯　上田安常
馬寄御覧ニ御出ニ付、右之通被　下置候
一、手拭二　坂宗碩
扇子三本
又介様、右之節、御腰被為懸候ニ付被下置候
一、手拭二　岡見半大夫
扇子三本
一、金子百疋　林安之丞
半紙壱束
扇子三本
右、此度御供ニ而江戸へ罷下り候ニ付被下置候
御二方様ゟ
一、真綿二把　野村新左衛門

又介様ゟ
一、金子百疋　同人
右同断　」
一、明日江戸へ発足　野田勘左衛門
御二方御居間ニ而御目見被　仰付候
一、饅頭三十　礒
御二方様江為御機嫌伺指上申候、此度者其侭、重而ハ御表住居ニ御坐
候得ハ指上物不仕候様申達候様、御賄衆へ申達置候
一、銀之介様江、同人御機嫌伺ニ上り、軽キ御料理被下置候、尤左之通献
上いたし申候
一、するめ五把
一、饅頭五十　礒
一、御酒弐升
一、庭五郎様、御直約ニ而、九ツ時過御登　城被遊候、御供青木、御抱守
水谷・長谷馬、御番人元持平次、御供帰り、御下屋敷へ被為入、暮時前御帰
り、五ツ半時過、御本奥ゟ御帰り、御下屋敷ニ而御酒・御吸物・御田
楽、御前ニおゐて頂戴
一、明日五ツ半時、岡之御下屋敷へ　御出、　庭五郎様ニも御出被遊
様被　仰出候
一、　おか代
明朝、江戸表へ発足被致候ニ付、先例之通、御番人野中三右衛門為見
送被指越候
一、拝領物之御礼　津田自安

一、明日江戸へ発足、伺御機嫌被申候　　　田部与八郎
又介様御目見被仰付、御包之品被　下置候、　庭五郎様御留主
一、銀之介様ゟ弐朱銀　　　磯
一、御二方様ゟ小玉弐匁五六分計　　　同人
右、今日被　下置候、頂戴為仕申候
一、江戸表近々発足之衆、例年被　下物有之面々、夫々為持遣し、頂戴為
致申候
一、佐野綿二把、尤包立ニ而請取、
真綿二把来ル
右者野村新左衛門へ被下之綿、御納戸方へ請取切手入請取置申候

○廿五日

雨天
一、今日、岡之御下屋敷江之御出御延引被遊候様、御老女衆ゟ御奉文ニ而
申来り候、　庭五郎様、八ツ時ゟ被為入候様被　仰進候
一、拝診番　　　中嶋意伯
一、御二方様、四ツ時、例之通御登城被遊候、御供青木、御抱守丹下・加
藤・高田・小原、御先詰野田・前野、御先払伊東喜八
一、真綿二把　　　野村新左衛門
右、呼寄拝領為致申候
一、御二方様、野村新左衛門事、於御表御目見被　仰付、　御意も有之候
一、庭訓往来　　　平居惣九郎
御二方様江不残相認指上申候
一、庭五郎様、八ツ時御供揃ニ而、御本奥江御出被遊候、何茂御供帰り、
暮時前御迎ニ何茂罷出候様被　仰出候、　殿様ニ者、岡之御下屋(敷脱)、
夫ゟ安清御衍様江被為　入候由、御留主、夜五ツ時御帰り、　庭五郎
様、五ツ半時御帰り、暮時御迎ニ参り申候、青木、御抱守丹下・加藤、高田ミミ
御番人元持平次、御留主居　銀之介様方被務候、久徳相務被申候

○廿六日

一、拝診番　　　小県清庵
一、殿様、今日土佐殿松原下屋敷江御出ニ付、　庭五郎様、御老女衆御奉文ニ
而、四ツ半時奥方へ被為入候様、尤御同道可被　進被仰出候旨申来り
候
一、　　　庵原助右衛門殿
使藤田弥之丞
昨日者召仕野村新左衛門　御二方様御目見被　仰付、御綿頂戴被
仰付、難有奉存候、右之御礼、拙者共迄以使被申上候由
一、庭五郎様、御本奥江四ツ半時御供揃ニ御出被遊、何茂御供帰り被　仰
出候、土佐殿下屋敷へ御出被遊候由
一、又介様、今日大藪辺へ御歩行被遊度、御伺之通被　仰出候、岡嶋を以
申上候、同人を以被仰出候
御供触　　　中嶋意伯
御抱守衆当番　　倉地介左衛門
前野杢介
御用持御供被仰付候　　丹下栄介
薬袋伝七
一、明日御先馬出立ニ付伺御機嫌
一、御抱守御番帳、正木舎人殿指出し申候様被申聞、則為持遣し落手被致
候

一、又介様、九ツ時御供揃ニ而、長曽根ゟ御船ニ而大藪へ御出被遊北川梁(簗)之
内御網被遊候、御猟無之、小もの少々入　御手入、御宿長大夫方へ御
入、御猟之御肴御吸物ニ被　仰付候、百五十文被下置候由、元〆役申
聞候、御帰り船ニ而広小路迄御帰り被遊候、片岡方へ御屋方船申遣候
処、　殿様、土佐殿下屋敷へ御出ニ付、御船出し不申御断申上候、
御屋敷渡り之船ニ而御出被遊候、暮時御帰り被遊候、御帰候段、正舎
人殿へ申遣候、御出之節ハ御殿ニ而直ニ正木氏へ申候

御供　中嶋意伯
当番　倉地介左衛門
前野杢介
御用持御供、長曽根ゟ陸御先へ帰り申候　丹下栄介

一、庭五郎様、四ツ時前御帰り被遊候

一、御三方様江御墨一箱三丁入壱箱ツヽ、　佐生理兵衛
同　誠太郎
右、御当地罷越申候ニ付伺　御機嫌、右之品々指上申候、理兵衛儀病
気之由、誠太郎罷出申候

一、明日御先馬ニ而発足、御機嫌伺　薬袋伝七

○廿七日

一、拝診番　永末昌運

一、御乗馬、四ツ時可被遊被　仰出、則御厩江申達候

一、御二方様共、九ツ半時ゝ、御本奥江御出被遊候様、御賄方ゟ申来り、直ニ
御出被遊、御供帰り、　殿様、八ツ時ゟ御下屋敷江御出、　御二
方様ニ御同道御出被遊候、七ツ半時過御帰り、御本奥江被為　入候、
御子様方暮時御帰り被遊候、青木御供、於御下屋敷、御酒・御吸物・
御菓子頂戴、　庭五郎様御箸付御肴頂戴仕候

一、旧冬ゟ射留御用被　仰付、依之御　加藤彦兵衛
綿三把拝領之御礼　同　鉄蔵

一、又介様御詩会御延引

○廿八日

一、拝診番　中嶋意伯

一、江戸表へ御下り候ニ付伺御機嫌、　三田村岡之丞
拝領物御礼、尤丹蔵引込申候ニ付無手透、今日罷出候由

一、庭五郎様、被　仰付置候大網之儀　鈴木平兵衛
申上候処、御承知被遊候由、松原浦・礒浦二かわ御勝手ニ一日ニ被仰
付候様、御不猟ニ而も又々者成不申由、御礼御請之儀者取計可申上由

一、　正木舎人殿
右、御用有之由、御殿へ罷出候様申来り、　庭五郎様、此度御鉄炮御
稽古ニ付、稲留(富)流御筒御鉄炮、其外鋳形但し三匁壱分之由、玉目御借し被進
候由、御鉄炮奉行衆へ申達し被置候由、御胴薬之儀も指紙出し置候由

一、御子様方御学文御稽古之ため、御　龍一郎
在府中被召呼被置候由、罷下り申候ハヽ、御勝手ニ被　仰付候様可申
上候由

一、　荒川文次郎
右、御師範被　仰付、御請太刀等も相勤り申候由、只今迄之御相手功

者ニ被致候衆被申上候様可相心得申上候様被申達候
一、　草山隆庵
右、拝診御用、御薬御用被仰付候由
一、　清瀬道健
右、御供御用罷登申候ヘハ被　仰付候由、追而書付相渡し可被申由、
右之通被申聞候
一、三拾弐表　米
一、百三拾貫文　代物
右、御三方様、去寅之年分御勘定相遂候処、米直段も宜御坐候ニ付、
件之通残り申候由
一、米壱表十八匁之御積りニ仕見申候得者、百弐拾表程御不足ニ相見へ申
候段、書付申上候、御承知候由、正舎人殿被申聞候
一、五ツ半時ゟ　庭五郎様被　召、　渡辺逸道
御弓拝見被　仰付候
一、庭五郎様、八ツ時、御本奥江御出被遊候、御供青木・柄嶋・小原、御
先払元持平介、何茂御供帰り、七ツ半時御迎ニ参り申候
一、四拾表
右、御馬壱疋、御馬取壱人入用如此と、正木舎人殿へ申上置候
一、銀之介様、明日御出之事、御老女衆へ懸合申候処、明日委細可申上候
由
一、御二方様、夜五ツ時御帰り被遊候

○廿九日

一、拝診番　小県清庵
一、銀之介様、今日九ツ半時ゟ奥方江被為　入候様、御老女衆ゟ申来り候
一、御二方様、八ツ時ゟ御本奥江被為　入候様、三田村岡之丞ゟ申来り候
一、雨天ニ付、　又介様・銀之介様、御本奥江被為　入候ニ及不申候段申
来り候
一、庭五郎様御羽織袴、八ツ時ゟ御本奥江被為　入候、御供帰り、青木・前野・長
谷馬、御番人古川九郎次、御召替ニ御上下も入置申候
一、御用人衆ゟ御殿へ罷出候様申来り、御抱守御番帳、正木舎人被相渡候
明日ゟ御抱守御番被　仰付候　森田源九郎
森野喜右衛門
福山雲次
明日ゟ御抱守御番御免　加藤十右衛門
高田翁次郎
一、庭五郎様、兼而御馬御増被遊候御願、厳敷御検(倹)約之御時節ニ御坐候間、
少々之事ニ御坐候得とも御承知難被遊、御願之義御見合被遊候様可申
上旨、正木舎人被申達候
一、順介様、四ツ時、為御暇乞被為　入候、御三方様御座敷ニ而御逢被遊
候、御長熨斗、御干菓子、御煎茶、御双方様御上下御着用、当御屋敷何
茂上下着
一、御菓子三袋、去々年之通、御次江被　下置候様、　順介様江被進候
一、　西山内蔵允
若殿様・御前様・御惣容様へ、御三方様へ御口上被　仰越候

一、若殿様へ、御口上申合申上候様被
仰付候
鈴木平兵衛
今村平次

一、御前様へ、右同断
安藤郷左衛門
高橋与兵衛

一、御師範被　仰付候御礼ニ罷出、御
目見被　仰付候
荒川文次郎

一、御当地へ着仕候ニ付、罷出申候
龍一郎

一、明日江戸表へ発足ニ付、御暇乞ニ
被罷出候、被申上置候
庵原介右衛門殿

※　右の条文には、斜線が墨引されている。

一、(ママ)
庵原介右衛門殿
右へ被罷出為御挨拶御使被遣候、加藤十右衛門被相務候

一、
御同人
使者
尾崎弾蔵
右之為御礼使者被指出候

一、順介様へ御礼御使被進候
加藤十右衛門

一、御同所様ゟ御礼
明日御供ニ而江戸表へ発足ニ付、伺
御機嫌被罷出候
森野喜右衛門
西尾隆元
上田安常
田部宗三
坂宗碩
三田村岡之丞
小板橋茂左衛門
林弥五郎
山上周碩
岡見半大夫
羽田六兵衛
桃居勘五郎
上田敬介
山根介十郎
松宮弥大夫
上野弥惣次
岡田加右衛門
林安之丞
平居惣九郎
秋塚藤五郎

一、御二方様、明朝之御上り御時刻、三田村岡之丞を以承合申候処、六ツ時御本奥江御上り被遊候様、　銀之介様ニ者六ツ半時御上り被遊候様ニとの義ニ御坐候

一、御二方様御供御抱守六人、御先詰弐人、御留主弐人、　銀之介様御供御抱守弐人、中村伝左衛門相務被申、其外夫々申達候

一、御三方様江御茶碗
奈里吉六
此御地へ罷越候ニ付献上仕候由

一、庭五郎様御手本、此間平居惣九郎方江下ケ置申候、十二月往来取戻し指上申候、跡ゟ相認可指上由

一、明日御見送り御使、吉原源右衛門へ被　仰付候、御音物宰領、御番人古川九郎次、板之間弐人申渡候

一、焼小鯛青籠入十枚
右、御見送り御使者を以被進之大小鯛、御賄衆へ頼置申候得共、例年之通之壱尺余り之品無御坐、例年七枚被進候得とも、六七寸計之小鯛故、十枚被進候、例之通、御肴方ニ而封いたし来り申候
一、又介様御詩二章
右、三田村岡之丞を以指上申候、御相応之御返答被　仰出候
一、御前様江御書　庭五郎様
又介様
銀之介様
一、若殿様江御書　右同断
一、大名小路御前様江御書　庭五郎様ゟ
〆三通
右、持参、三田村岡之丞を以、御老女衆へ相渡申候、尤御発駕飛脚ニ被指出候様申達相渡候処奉畏候由

○四月朔日

一、御二方様、六ツ時、奥方江被為入候、御発駕前御表へ御出、御逢相済、例格之通、松之御間江被為入候、五ツ時、　　殿様御発駕御機嫌能被遊候
一、銀之介様、六半時、御本奥江被為　入候、四ツ時頃御帰被遊候、御抱守弐人、中村伝左衛門御供、御番人壱人
一、御二方様御供青木、御抱守六人、御先詰弐人、御番人・御先払両人、御留主残り二人
一、庭五郎様、少々御膝御痛被遊候由、　又介様御表ニ而例之通御祝儀被為　請候
一、焼小鯛一籠十枚但し青籠
右、御昼休江持参、御見送り御使被相務候　吉原源右衛門
一、御目録二百疋頂戴　御番人　古川九郎次
一、順介様ゟ同百疋頂戴
一、銀二両　御番人　板之間　二人
一、鳥目　板之間
例之通頂戴之由
一、庭五郎様御痛所御診被　仰付候　稲川周庵
一、拝診番　永末昌運
一、御二方様共御延引　三上湛庵
一、江戸彦根御子様方御相合干鯛一折
殿様御発駕為御祝儀、御三方様御使三浦左膳を以、御口上申上候処、御相応之御返答
一、御家老中惣使御歓被申上候　木俣土佐殿
正木舎人
小野田小一郎
西尾治部之介
勝平次右衛門
御歓被罷出候
一、真如院様　御使　古田新九郎
一、慶運院様　同　五十嵐半次

一、御衍様　　同　元持弥三郎
一、長浜御数様　　同　高田無右衛門
　右、御旁様ゟ　御発駕御歓御使被進候
一、三御部屋様江御歓御使　　青木貞兵衛勤候
一、当月月番之由被可申聞候　　和田真左衛門
一、今晩九ツ時、西中島礒嶋源五郎宅出火、右ニ付
一、御衍様江御見廻御使相務申候　　青木貞兵衛
一、為御尋板之間もの被　下置候　　塩野左近右衛門
　渡部弥五左衛門
　同　逸道
一、青木貞兵衛、即刻御礼申上候

○二日

一、拝診番　　中嶋意伯
一、火事ニ付、板之間之もの被下置候　　塩野左近右衛門
　御礼　　渡辺弥五左衛門
一、又介様、今日之御会読、御用御坐候ニ付、今暮六ツ時前ゟ上り被申候
　様申達候様被仰出候、相達候　　安達見龍
　両人御断被申上候　　稲川
　渡辺周庵
　三上湛庵
一、御二方様、昼時ゟ御下屋敷御出可被遊、則御庭方江申遣候

一、御衍様ゟ　　御使　元持弥三郎
　夜分出火御見廻御礼被仰越候
一、長浜御数様ゟ、夜分出火、御見廻被仰進、則御相応之御返答申上候　　御使　高田無右衛門
一、庭五郎様御痛所拝診　　稲川周庵
一、庭五郎様御用
　御鉄炮壱挺　玉目三匁壱分
　御尺八合玉袋付
　御口薬入
　御鋳形
　萌黄羅紗御鉄炮袋
　御鉄炮一箱
　右、借り切手入、御鉄炮奉行衆ゟ請取指上申候
一、御二方様、御下屋之御出御延引被　仰出、則申遣候

○三日

一、拝診番　　草山隆庵
一、御稽古御延引　　百々善介
　鈴木権十郎
一、末子此節疱瘡ニ付、恐入不罷出候　　山根二右衛門
　由、御断申上候
一、庭五郎様、御喉ニ魚之骨、昨日相　　小県清庵
　立、右ニ付今日拝診被罷出候処御快、拝診不被　仰付候

一、明四日九ツ時ゟ御乗馬被仰出、相触申候
北村文左衛門
伊東利介
神尾惣左衛門

一、御伽ニ被罷出候　熊谷他三郎

一、銀之介様、昼時ゟ御歩行被遊候、八ツ時頃御帰り被遊候、御供長谷馬、御番人中瀬九十郎

一、御二方様御抱守衆被召御的被遊候

一、尾越ゟ只今罷帰り、　御発駕之恐悦、并留守之内近所出火有処御人被下置候御礼　片岡一郎兵衛

一、庭五郎様御痛所拝診、御膏薬持参　稲川周庵

一、来ル五日六日両日之内、外馬場(ニ脱)而馬寄御坐候由、物語ニ土田甚五郎被申聞候、若　御覧之御沙汰御坐候ハヽ、神尾惣左衛門方江御申越可被下由、被申聞候ニ付、御沙汰申上候得ハ、　御覧御出可被遊被仰出候ニ付、上田祐安方江又々申遣候

○四日

一、拝診番　小県清庵

一、此間痛所ニ付御断被申上候　渡辺逸道

一、拝見被罷出、拝見被仰付候　加藤彦兵衛

一、御庭方江今日九ツ時御乗馬申遣候

一、御毛氈縁取御涼台御幕并板之間者共、上田祐安方江遣し申候

一、御二方様、昼時ゟ御下屋敷ニ而御乗馬被遊候
北村文左衛門
被罷出候　栗林弥一左衛門
伊藤利八
右相済、御遠的被遊候、御夕御膳廻させ申候、暮時御帰り被遊候
森野喜右衛門
御供　柄嶋喜平次
御弓御相手被　仰付候　富永彦十郎
久徳右平太
小原八郎左衛門

一、銀之介様、御歩行御出被遊候、御供水谷十左衛門、御番人(マヽ)

○五日

一、拝診番　中嶋意伯

一、庭五郎様御痛所拝診　稲川周庵

一、昨夜、江戸表ゟ御飛脚到着、殿様・順介様、益御機嫌能、三州岡崎駅迄御旅行被遊、御太慶被遊候由、并先月廿六日、盤姫様御縁組御願之通被仰付、難有　思召候段被　仰進候由、正木舎人殿ゟ申上有之候

一、三御部屋様方江御歓御使、中村伝左衛門へ申達置候

一、筆架
一、硯屏　龍一郎
右、此度此御表へ罷下り候ニ付、御二方様江献上

一、御延引、雨天ニ候ハヽ、被罷出候　片岡一郎兵衛
様申達置候

一、昨夜、今日九ツ時御供触置申候　安達見龍
一、江戸表江之明日御飛脚御延引相触申候
一、明日日着京都へ御飛脚被指越候
一、銀之介様、昼時ゟ御歩行ニ御出被遊候、御供野田、御番人鈴田吉次
一、盤姫様御歓、御家老惣使　木俣土佐殿使
一、右同断、岡崎宿被申越以使御歓　庵原助右衛門殿使
被申上候
一、御衍様ゟ　盤姫様御歓　御使　元持弥三郎
一、真如院様、兼而御願被置、今朝京都へ御出被遊候由、尤至而御質素ニ
而御出被遊候由、依之前方ニも不被仰進候旨、古田新九郎被参被申聞
候ニ付、右之御様子、曽而御存知も不被遊、前方　御機嫌も不被相伺
候由、中村伝左衛門挨拶置被申候由
一、御二方様、九ツ半時、御供揃、御馬役衆ゟ御左右被申上、即刻御出被
遊候、上田祐安方江被為入、馬御覧被遊候半ニ而、御茶菓子被召上候、
御小弁当者不被遊候、暮時前御立被遊候、祐安被　召御目見、御菓子
被下置候、伊藤利介・神尾惣左衛門・土田甚五郎も詰被居、御目見被
仰付候、暮六ツ時御帰り被遊候、御出御帰り共、正舎人殿へ申遣候

青木貞兵衛
安達見龍
御抱四人
御用持弐人
御番人弐人
御留主居弐人
御供被　仰付候
内壱人ハ　銀之介様御用済残り

中嶋意伯
祐安方ニ取持詰被居候

草山隆庵
三上湛庵
稲川周庵
龍一郎
前野杢介
毎月六日　十六日　廿七日
但し三日共昼時ゟ
又介様御詩会、右之通被罷出候様以
書付触達置申候

草山隆庵
三上湛庵
安達見龍
稲川周庵
前野杢介
小原八郎左衛門
毎月二日　十日　廿二日
但し三日共昼時ゟ
又介様蒙求御会読、被罷出候様申達
触置申候

一、慶運院様ゟ御歓御使者五十嵐被進、此御方様ゟも青木貞兵衛御歓御使
相務申候
一、真如院様へ右御歓御使中村伝左衛門相勤、御使之節可申上候由

○六日

一、拝診番　永末昌運
一、御二方様御相手、初而相務被申候、
依之両人江御酒・御吸物被下置候
荒川文次郎
同　孟彦
花木十介

一、慶運院様御祭礼ニ御先約申候　上田清蔵
由、御詩会御断被申上候　草山隆庵
一、銀之介様、昼時ゟ御歩行被遊候、御供丹下栄介、御番人中瀬九十郎、七ツ時
御帰り被遊候
一、御稽古日被　仰出、申達候
朝　二　七
同　三　八　御内講当分御延引
同　四　九
昼時ゟ　二七二八二七
荒川文次郎
山根二右衛門
渡辺逸道
一、又介様、九ツ時ゟ御詩会
三上湛庵
安達見龍
暮時ゟ御断被申上候
龍一郎
三上湛庵
稲川周庵
前野杢介
小原八郎左衛門
草山隆庵
今日ハ御断被申上候
夜四ツ時過相済、御酒・御吸物・御懸合被下置候
一、銀之介様、来ル九日ニ御祭礼御祝ニ付、正木舎人殿へ以書付申遣候
一、痛所ニ付引込　森田源九郎

○七日
一、拝診番　草山隆庵
一、御二方様共、当分御謡御稽古御休　片岡一郎兵衛
可被遊被　仰出、申達候
一、御二方様、明日天気も能候ハヽ、北野寺天満宮江御参詣可被遊被　仰
出候ニ付、御供夫々内触致置候
一、銀之介様、右同断、尤朝之気色次第御供触之事、御賄衆へ申談置候
○八日
一、拝診番　小県清庵
一、御二方様、四ツ、御供揃ニ而北野寺天満宮江天気能御坐候ニ付、御参
詣被遊候、尤早朝ニ北野寺へ御賄衆へ前日申談置候通、案内書付遣し
候
一、例之通、御袴羽織、北野寺ニ而当年者初而故、御熨斗目御上下御召替
被遊候、御昆布熨斗・御茶・御干菓子被指上候、御次江も御酒取肴被
出候
御供
青木貞兵衛
三上湛庵
橋本弥五郎
小原八郎左衛門
前野杢介
野田勘六
守野徳之丞

猿木鉄次郎
御先詰上下着　丹下栄介
柄嶋喜平次
御番人　鈴田吉次
中瀬九十郎

一、銀之介様、九ツ時過ゟ北野寺天満宮江御参詣、御羽織袴
吉原源右衛門
羽織袴　久徳右平太
長谷馬和吉
中嶋意伯
御番人　野中三右衛門

御三方様御出御帰りとも、正舎人殿へ申遣し申候

一、殿様・順介様、大井川、五日午之上刻御渡川、嶋田駅御止宿被遊候旨、
正木舎人殿ゟ申上ル

一、大井川恐悦　木俣土佐殿ゟ
御家老中惣使

一、御衍様ゟ　御使　元持弥三郎
此御方様御使青木貞兵衛相務

一、慶運院様　御使　五十嵐半次
右同断、青木貞兵衛相務申候

一、真如院様へ　青木貞兵衛相務
大岡儀右衛門へ申達ス、御便之節可申上候由

一、以使御歓被申上候　庵原介右衛門殿

大井川恐悦被罷出候　正木舎人
小野田小一郎
西尾治部之介
勝平次右衛門

九日

一、拝診番　昌運替番　中嶋意伯

一、銀之介様御祭礼御祝被遊候、
御二方様へも例之通御料理被進候

一、殿様ゟ銀之介様御祭礼ニ付、御素使例之通被進候、御直答
御使　正木舎人

一、痛所ニ引込　倉地介左衛門

蒙求御会日
四日　十日　廿三日
但し九ツ半時ヨリ
七日　十八日　廿七日
但し九ツ時ヨリ昼中
右之通、御会日御替被　仰出、左之面々江相達候
草山隆庵
三上湛庵
安達見龍
稲川周庵
蒙求御会　前野杢介

御詩会

小原八郎左衛門
龍一郎
草山隆庵
三上湛庵
稲川周庵
前野杢介

毎月朝五ツ半時ゟ
六日　十一日　十六日　廿一日　廿六日
孟子御講釈被　仰付候段、相達申候　龍一郎
一、庭五郎様、少々御不快之様ニ被　思召、小県清庵拝診被　仰付候処、
御薬被指上候程之事ニも不奉存候由、思召次第ニ被　仰付候様、御請
申上候処、御薬被　仰付指上申候

○十日

一、拝診番　意伯番返番　永末昌運
庭五郎様、何茂御変不被遊候由
一、文岡逢申度由被申越、青木奥方江罷出候処
一、金子弐両壱歩
又介様旧冬之御買上ケ之史記之代、件之金子、文岡被相渡、則請取帰り、
御賄吉原源右衛門江相渡申候、尤此金子、留記ニ能留置呉候様被申聞候
一、又介様御会読、被罷出候　（草山隆庵　三上湛庵
用事有之由、御断被申上候　（安達見龍　稲川周庵

一、庭五郎様拝診被罷出候　小県清庵
御当分之事、日々拝診ニ罷出申間敷、御断も被申上置候由
一、明日御乗馬、九ツ時ゟ被仰出、申達候
北村文左衛門
伊東利介
神尾惣左衛門
稲垣弥五右衛門
一、明日八ツ時被罷出候様申談候処、
可罷出由

○十一日

一、拝診番　草山隆庵
一、孟子御講釈、今日ゟ相務　龍一郎
御二方様御聴聞
一、今日ゟ病気ニ付引込　古川九郎次
一、庭五郎様、御門前ニ而御乗馬被遊候、
又介様御延引被遊候、
北村文左衛門
伊東利介
神尾惣左衛門
殿様江　御三方様ゟ
一、御書二通
若殿様江　御三方様ゟ
一、同二通
御前様江　御三方様ゟ
一、同二通
盤姫様御縁組、大井川御渡川之御歓被　仰進候

右、今晩御便ニ江戸表へ被指越候様、御老女衆へ被相達候様、御賄方
江為持遣候
又介様ゟ
一、御包之品　お多野江
右同断
一、御書一通　右同断
右同断為持遣し候、両方とも落手之趣返事有之候
一、　稲垣弥五右衛門
今日被　召御鉄炮御目見被　仰付、其後、　御手前拝見被　仰付候、
初而拝見仕候ニ付、御酒・御吸物被　下置候
一、銀之介様へ御下屋敷へ昼時ゟ御歩行、御供橋本弥五郎、御番人中瀬九十郎、七ツ時分御帰り被遊候
一、今晩御便ニ沢村・増田氏・吉用氏・西山氏・鈴木氏、愚札返答出ス
一、庭五郎様御気分御快、御休薬被　仰出候

○十二日
一、拝診番　小県清庵
一、庭五郎様御延引、　荒川文次郎
又介様被遊候　花木十介
御断被申上候　上田清蔵
一、庭五郎様御延引　安達見龍
又介様被遊候
一、庭五郎様、千射被遊候　（柄嶋喜平次
御相手相務　福山雲次

○十三日
一、拝診番　中嶋意伯
一、御二方様御延引　鈴木権十郎
一、引込候由御断　山根二右衛門
一、又介様御灸治被遊候、七九十一章門被遊候、外ニ天枢被遊候
一、又介様御灸治ニ付、被罷出候　（永末昌運
中嶋意伯
一、御二方様、昼御膳御済せ、松原辺へ御船ニ而御出可被遊旨被　仰出候、
御供当番切、御医師御野廻り装束御供申達候
中嶋意伯
福山雲次
久徳右平太
猿木鉄次郎
長谷馬和吉
守野喜右衛門
橋本弥五郎
〃〃〃〃
富永彦十郎
一、御二方様、御船ニ而松原江御出被遊、御網寄打被遊候、善五郎方ニ而
御小弁当被召上候、暮時□（前カ）御帰り被遊候、御番人鈴田吉次・元持平介

十四日
一、拝診番　永末昌運
一、御二方様被遊候　加藤彦兵衛
一、御伽被罷出候　熊谷他三郎

一、明十五日九ツ時ゟ御下屋敷ニ而　御乗馬被　仰出候ニ付、相触申候
　北村文左衛門
　伊東利介
　土田甚五郎

○十五日

一、拝診番　草山隆庵

一、御二方様、例之通、御表ニ而御祝儀被為　請候

一、銀之介様、五ツ半時ゟ御下屋敷へ御歩行御出被遊候、御供守野喜右衛門、御番人元持平介

一、昼時過ゟ　銀之介様右御同所へ御出、七ツ時頃迄御歩行、御供右同断

一、御二方様、御下屋敷ニ而御乗馬被遊候
　北村文左衛門
　土田《神尾》惣左衛門
　栗林《〃〃》弥一左衛門
御乗馬相済、御遠的被遊候、御夕御膳廻させ申候、暮時御帰被遊候、渡辺逸道被罷出、加藤彦兵衛方来ル十八日　御出、弟子中弓御覧可被遊被　仰出候、則逸道江伝言、加藤氏へ申達候

一、　石居三郎四郎
銀之介様江途中ニ而御時宜はつし被申候由、御断ニ被罷出、御留主ニ付御帰り之上可申上由申遣し候、跡ゟ御断り申上、御承知被遊候旨申達候

○十六日

一、拝診番　小県清庵

一、御二方様、聴聞被遊候　龍一郎

一、庭五郎様、御稽古御延引被　仰出、　稲垣弥五右衛門
申達候

一、又介様、少シ御痛《頭》痛気ニ被為入候由、今朝清庵拝診、御脈躰等御平世ニ御替り被遊候義も無御坐、思召次第、御養生薬被仰付候ハヽ、指上可申由申上候由、八ツ時頃被　仰出、清庵方江御薬取ニ指越し申候

○十七日

一、拝診番　永末昌運

一、江戸表ゟ御飛脚到着、　殿様倍御機嫌能、今月十一日中刻、御着府被遊候旨、正舎人殿ゟ申上り候

一、干鯛《御相合》一折　御使　森源兵衛
右、御着府為御祝義被進、御使被相務候、御請書一通、是又、正舎人殿ゟ上り申候

一、銀之介様御灸治被遊候、心柱七九十一被遊候
　小県清庵
　永末昌運
例之通、御灸醒し、御菓子被下置候

一、銀之介《昼時ゟ》様、御下屋敷御出被遊候、御供野田勘六、御番人元持平介

一、御歓惣使被出候　木俣土佐殿

一、御歓使被指出候　庵原助右衛門殿

御歓被罷出候
正木舎人
小野田小一郎
西尾治部之介
勝平次右衛門

一、真如院様江　御使　中村伝左衛門
一、慶運院様江　同　青木貞兵衛
一、御衍様江　同　中村伝左衛門
御着府御歓御使、右之通相務候
一、慶運院様ゟ
一、御衍様ゟ　御使　五十嵐半次
一、銀之介様、夜ニ入少々御熱被為出、永末昌運御診被　仰付、御薬被
仰付候
一、明日御鑓
御講釈　御延引相違申候
御素読
御詩会

十八日

一、　永末昌運
銀之介様拝診被罷出候、御熱も大方御醒被遊、御膳も先御平世躰ニ被
召上候
一、拝診番　中嶋意伯
庭五郎様拝診御免

一、今日天気も宜、弥弟子中弓　御覧　加藤彦兵衛
被遊候ニ付、被伺　御機嫌候処、右之通被　仰出候
一、御二方様、四ツ半時御供揃ニ而、御地廻り御歩行、加藤彦兵衛方江被
為　入、弟子衆射　御覧被遊候、出前四拾人有之候、内矢場ニ而御二
方様、弐拾本計り被遊候、八寸的も拾本計り被遊候、御相手加藤鉄
蔵・池田久右衛門被　仰付候、八寸的、脇勇馬・舟越庄介・都筑弥次
右衛門、三人被仰付候、則今日四ツ矢被致候衆ニ御坐候、相済、外ニ岡沢勝手
太左衛門鎮守御覧被遊候、御菓子御表并勝手ニ而も（道脱）被献候、七ツ半時過御帰り
被遊候、加藤彦兵衛・同鉄蔵・渡辺逸・池田太右衛門、御礼ニ被罷出
候、御出御帰り共、正舎人殿へ申遣候
青木貞兵衛
中嶋意伯
久徳右平太
富永彦十郎
福山雲次
橋本弥五郎
猿木鉄次郎
小原八郎左衛門
御先詰
丹下栄介
長谷馬和吉
一、銀之介夕拝診　被打続御快方ニ　永末昌運
被遊御坐候
一、出勤　森田源九郎

○十九日

一、拝診番　草山隆庵
　　　　　　永末昌運

一、銀之介様拝診
　最早段御快、明朝拝診可罷出由

一、御二方様被遊候　加藤彦兵衛

一、又介様、今日九ツ時ゟ御詩会被　仰付、申達候
　　　　　　草山隆庵
　御断　　　三上湛庵
　御断　　　稲川周庵
　　　　　　龍一郎
　　　　　　前野杢介
　夜四ツ時過相済、御暇被下置候

一、明廿日五ツ半時、御乗馬被　仰出相達候
　　　　　　北村文左衛門
　　　　　　伊東利介
　　　　　　土田甚五郎

○廿日

一、拝診番銀之介様被罷出候　永末昌運

一、拝診番　小県清庵

一、庭五郎様、五ツ半時過、御屋敷前ニ而御乗
　又介様御延引
　　　　　　北村文左衛門
　　　　　　伊東利介
　　　　　　土田甚五郎

一、御作事方ゟ御朶屋祢御修覆参り申候

一、五枚之人形之内二枚、御庭方江只今戻し申候

廿一日

一、拝診番　永末昌運

一、庭五郎様御延引、　龍一郎
　又介様被　仰付候

一、出勤　安東平左衛門

一、江戸表ゟ着、御機嫌被相伺　天岸他久間
　　　　　　　　　　　　　　大岡彦太夫

一、御書三通
　殿様
　若殿様　御三方様ゟ
　御前様江
　右、今晩之御便ニ江戸表江被指越候様、御老女衆江相達シ被相渡候段
　被仰出候趣ヲ以、書付相添、御賄方江持せ遣ス、御老女衆江、則相渡
　し候段、御賄方ゟ返書来ル

一、御用人衆并御出入之衆中、呈書之返報、夫々指出ス

一、明廿二日、高宮御弁当ニ而、四ツ時御供揃御出被　仰出、例之通夫々
　相触遣ス

和田真左衛門
安達見龍
上田祐安
一、御抱守壱人増、虎口ゟ被罷出候様相達候
外ニ　又介様被召連候　　野田勘六
一、銀之介様、御下屋敷江御出被候　　雲次
九十郎
一、明廿二日、御稽古御延引相達ス　　荒川文次郎
一、御二方様、御下屋敷江御出被　仰出候
一、御稽古御延引被　仰出、申遣ス　　稲垣弥五右衛門
一、御二方様、八ツ時ゟ御下屋敷へ御出被遊候、暮時御帰り、御抱守森
田・橋本・野田・久徳、御先払逸見

廿二日

一、拝診　　中嶋意伯
一、銀之介様、御続被　遊御快ニ付、　　永末昌運
今日御休薬被遊候
一、出勤　　古川九郎次
一、御二方様、四ツ時過御供揃ニ而、御射留、外馬場幟町、安清、野端へ、
夫ゟ善利向、善利江、夫ゟ野浪（沼波）へ御出、夫ゟ大堀松縄手、夫ゟ高宮下
裏通、小林留十郎方御弁当、多賀祭礼御見物被遊候、鴬子・ほしろ子
見出し置候由ニ而献上、御供中江も赤飯・にしめ重箱ニ詰、酒・鉢肴
一種出し申候、草山隆庵・永末昌運、御機嫌伺被申候、昌運次男召連
参り、　御目見被　仰付候、七ツ半時御立、裏通りゟ小泉、夫ゟ平田
村、俄ニ戸塚左馬之進下屋敷へ御腰被懸、御小弁当被　仰付候、暮時
御立被遊候
青木貞兵衛
安東平左衛門
和田真左衛門
安達見龍
上田祐安
久徳右平太
柄嶋喜平次
水谷十左衛門
長谷馬和吉
野田勘六
富永彦十郎
小原八郎左衛門
例之通、中村伝左衛門御供被　仰付候、先達而留十郎方へ参被申候
一、御出御帰り共、正木舎人殿へ申遣候
一、銀之介様、四ツ時過ゟ御下屋敷、昼時ゟ八ツ時頃迄再御出被遊候、御供丹下
栄介

○廿三日

一、拝診番　　草山隆庵
一、又介様、今日之御会御延引被　仰出、夫々達し申候

一、御二方様被遊候
山根二右衛門
鈴木権十郎
渡辺勘之丞
渡辺氏、初而被罷出候ニ付、　御二方様御目見被　仰付候、
一、明朝立、京飛脚立申候ニ付、龍草廬方江返答遣し申候
一、銀之介様、四ツ時ゟ御下屋敷へ御出、昼時御帰り、御供橋本右平太、
御番人元持平介、再昼時過ゟ御出、御供橋本、御番人鈴田吉次
一、御二方様、五ツ時御供揃ニ而、千代宮、夫ゟ威徳院、八幡宮江御参詣
被　仰出候、御供者御抱守三人ツヽ、御先詰両人ニ而両所相務被申候
様申達候
御三方様御供相触申候
中嶋意伯
三上湛庵
一、銀之介様、九ツ時御供揃ニ而、同日千代宮　御参詣、御供両人被罷出
候様申達候
一、御三方様千代宮御参詣之儀、長光寺へ申遣候
一、御二方様御参詣、威徳院へ申遣候
一、御二方様、御馬ニ而御出可被遊旨被思召候ニ付、北村文左衛門呼ニ越
シ懸合申候処、庵原主税之介馬承り可申段ニ付、則懸合申候処、指上
可申旨ニ付、右之段申上候而、　御二方様、弥御同刻御供揃被仰出
候
一、御馬之御装束二疋分、北村氏江懸合請取申候
一、御馬役衆、御供触申遣ス
北村文左衛門

神尾惣左衛門
土田甚五郎
森田源九郎
一、忰子水痘ニ付、今日ゟ恐入引仕候

○廿四日

一、拝診番　小県清庵
一、御二方様、五ツ時御供揃ニ而、　千代宮江御参詣、例之通、庵江御腰
被懸、御召替、御拝礼、又庵江被為　入、夫ゟ威徳院、八幡宮御参詣、
座敷へ被為　入候、夫ゟ御拝礼相済、干菓子被　指上候、御召替被遊
御帰り被遊候、御道筋、京橋・上片原・油や町・沢町・彦根町・外舟
町・切通町・縄手、御帰り道、切通町・瓦焼町・藪下・威徳院、夫ゟ
小川町・大工町・油懸口・油屋町・片原・京橋口と被為　入候、威徳
院ニ而御供中江御酒・取肴出ル、御出御帰共、正木舎人殿へ申遣候
御供
安東平左衛門
青木貞兵衛
安達見龍
守野喜右衛門
久徳右平太
野田勘六
福山雲次
前野杢介
小原八郎左衛門

千代宮、夫ゟ威徳院御先詰　丹下栄介
猿木鉄次郎
御番人　伊東喜八
中瀬九十郎
一、庵原主税之介馬、北村文左衛門借り被上、庭五郎様、庵原氏持馬
被　召候、　又介様、御屋敷之御馬被　召候
御供ニ被罷出候　北村又左衛門
伊東利介
土田甚五郎
一、銀之介様、今日之御出、昼時ゟ雨天ニ付御延引被　仰出候
一、被罷出候処、今日御延引、明日被　加藤彦兵衛
罷出候様被　仰出候、可被罷出被申上下り被申候
一、昨廿三日、正木舎人殿へ青木罷越、　銀之介様御幟御用、御普請
方・御作事方・御細工方・御賄方江、例年之通被　仰渡被下候様申述
候処、御承知之由
一、御医師衆御薬御用并拝診御供番書付、正木舎人殿ゟ申上候様ニ申来り
候、左之通
拝診　田中懌庵
草山隆庵
綺田守源庵
小県清庵
永末昌運
石原松庵
御出之節壱人ツ、
御供　芝原秀意
中嶋意伯
永末昌運
三上湛庵
安達見龍
中嶋元哲
清瀬道健
岡嶋文庵
稲川周庵
上田祐庵
御薬御用　田中懌庵
綺田守源庵
小県清庵
永末昌運
芝原周意
一、今日御鑓御相手被申渡由、正舎人　渡辺勘之丞
殿ゟ申来り候

○**廿五日**　朝出青木　昼出安東
一、拝診番　中嶋意伯
一、今日ゟ不快引込　永末昌運
一、被罷出、御弓共御覧被入、御表　加藤彦兵衛
ニ而御逢被遊候

一、御手本二本、今日上り、以上五本　龍草廬
被上候
一、弓七張　加藤彦兵衛
右、今日被入御覧候弓五張、先日為御持被遊候弓一張、　又介様為
御持被遊弓一張、以上七張、今日為持遣し申候
一、銀之介様、御幟御用、例年之通、御籏指拾人来ル、廿七日ゟ来月六日
迄割渡被申候様申遣候、尤御普請方江申達候
一、御賄方江右同断御用、例年通、御鎖前番壱人・御中間弐人・御毛氈拾
五枚、来ル廿七日ゟ来月六日迄借渡し被申候様申達候
一、右同断御用、御細工方へ明□□(廿六)日、例年之通、夫々請取可申申遣候
処、承知之由、但し口上ニ而申遣候
一、御作事方江者、此間申遣候、此節大工参り御拵為仕候
一、去ル廿三日、御苅込、御庭方江頼相済申候
一、来ル廿八日・五月三日両日共、　山根二右衛門
御稽古御延引申遣ス
一、銀之介様、千代宮江御参詣被遊候御道筋、京橋口ゟ沢町・沢口ゟ彦根
町・切通シ、千代宮御拝礼相済、御帰り、瓦焼町・東新町・小川町・
大工町・油懸口・京橋口ゟ被為入候　中嶋意伯
中村伝左衛門
前野杢介
水谷十左衛門
三右衛門・九十郎
御出御帰り、正木舎人殿江申遣ス、　銀之介様、初而之千代宮御社
参ニ付、御入後御供之面々江御酒被下置候

廿六日　朝出安東　夕出青木

一、江戸表ゟ着、御機嫌被相伺候　岡嶋文庵
一、出勤　倉地介左衛門
一、拝診　草山隆庵
一、江戸表ゟ着、御機嫌相伺　芝原秀意
御前様初御子様方ゟ并清蓮院様、下谷御前様より御伝言被　仰進候ニ
付、　御三方様御目見被　仰付候
一、江戸表ゟ着、御機嫌相伺候　西村平八郎
一、当十三日、　両殿様御前江　沢村角右衛門
被　召御懇之　上意ヲ以、彦根表江之御暇被　下置、拝領物等仕、難
有奉存候、今日上着仕候ニ付、被相伺　御機嫌候
一、江戸表ゟ着、御機嫌相伺被申候　小森理右衛門
一、今日御稽古御延引、明日昼時ゟ　稲垣弥五右衛門
被罷出候様可申遣旨被　仰出、相達候
一、江戸表ゟ着、　御前様・　綺田守源庵
清蓮院様御伝言、　御三方様、御　石原松庵
目見被　仰付候
一、江戸表ゟ着、　若殿様ゟ　正木辰之丞
御三方様御伝言被　仰進候ニ付、　御三方様御目見被　仰付候
一、今日昼時過ゟ御下屋敷江、　御二方様御出被　仰出候、尤夕御膳相

廻シ候様ニ被　仰出候
一、明廿七日九ツ時、御乗馬被　仰出候ニ付、相達シ遣ス　北村文左衛門
神尾惣左衛門
伊藤利八
一、江戸表ゟ着、御機嫌被相伺候　田中懌庵
御前様・清蓮院様・下谷御前様、御伝言被　仰上候
一、銀之介様、昼時ゟ御下屋敷へ御出被遊候、御供水谷、御先払○九十郎
一、御二方様、昼時過ゟ御下屋敷へ被為　入候、御遠的被遊候、御夕膳
も為廻申候、暮時御帰り被成候、御供青木、御抱守野田・久徳・福
山・冨（カ）永、御番人元持平介

○廿七日　朝出青木

一、拝診番　小県清庵
一、今日ゟ出勤　倉地助左衛門
一、御兜一頭御熨斗包添　御使小野田小一郎
殿様ゟ　銀之介様江為御祝儀、例年之通被進候、右之御礼御請　御直
答被遊候
一、銀之介様御幟立御用、御普請方江申遣候返答、并御籏指拾人廿七日ゟ
来月六日迄相渡し申候段名前書付来り申候、尤昨日来り申候、
一、庭五郎様御屋敷前ニ而御乗馬被遊候　北村文左衛門
又介様御延引　神尾惣左衛門

一、御鉄炮御稽古被遊候　伊藤利八
稲垣弥五右衛門
一、庭五郎様御延引、　三上湛庵
又介様被遊候
一、昼時ゟ銀之介様、御下屋敷江御出被遊候、御抱守弥五郎、御先払［　］
一、鮮鯛二尾
御酒弐徳利
右、御本奥御老女文岡・松園ゟ書付到来、此度とよと申人、御老女格
ニ被仰付、難有奉存候御礼申上候ニ付、献上仕候段、則御三方様江入
御覧候
一、又介様御詩会被遊候　草山隆庵
三上湛庵
稲川周庵
龍一郎
一、御機嫌伺、見廻り被罷出候　前野杢介
正木舎人
一、御鉄炮一挺、袋入箱共
右、御引金味堅ク候ニ付、直シ上ケ被申候様ニ被　仰付候間、持セ遣
シ申候　稲垣弥五右衛門
一、弓一張　加藤彦兵衛
一、銀之介様御幟之御治ニ付、御二方様江御酒御吸物被進候
右、今朝被　仰越候所、他出之由、夕方持セ被指出候ニ付、則　庭
五郎様江指上ケ申候

廿八日 朝出安東 昼出青木

一、御伽ニ被罷出候　熊谷他三郎

一、御二方様、御表ニ而例之通、御祝儀被為　請候

一、昨日被仰付候御小筒引金直し被指上候、則指上申候　稲垣弥五右衛門

一、御用人中惣使　正木舎人殿ゟ

一、拝診　中嶋意伯

一、此度御供被　仰付候御礼ニ被罷出候　清瀬道健

一、明日、御下屋敷御弓御稽古被遊候、昼時過ゟ悴子同道ニ而上り被申候様、尤不断稽古之的矢・遠的矢弓為持被出候様申達ス、御礼御請ニ被罷出候　加藤彦兵衛

廿九日 青木朝出 安東昼出

一、拝診番　草山隆庵

一、御二方様、四ツ時ゟ御下屋敷江御出被遊候、暮時前御帰り、昼夕両度御膳も相廻り候、尤昼時過ゟ加藤彦兵衛悴鉄蔵召連被罷出候而、御弓拝見并鉄蔵義御相手被仰付候、御抱守久徳・富永・猿木・倉地、御先払鈴田、熊谷他三郎ニも御供被致候

一、鉄蔵、今日初而御相手被　仰付候御礼ニ被罷出候　加藤彦兵衛

一、御薬御用、拝診之御礼　綺田守源庵
田中懌庵

一、御野廻り之節、御供被仰付候御礼　岡嶋文庵

一、竿七本、御庭方ゟ例年之通被指上候

晦日 安東朝出 青木夕出

一、拝診　綺田守源庵

一、銀之介様御幟、今年ニ而御建納ニ候間、御跡仕廻取計方御用人中江御附中ゟ相伺、御用人中御指図次第ニ致シ候様ニ、御本奥御老女衆ゟおりさ迄申来り候由、尤昨日右之趣申来り候処、御附衆御供ニ被罷出候而、得御通達不申候由、今日右之段おりさ安東江被申通候

一、引込〈拝診ヽヽ〉被仰付候処、引込ニ付、以書付被申聞候　芝原周意

一、拝診被仰付候御礼　石原松庵

一、明朔日八ツ時過、御乗馬被仰出、相触申候
佐藤新五右衛門
土田甚五郎
栗林弥一左衛門

一、御二方様、昼時過ゟ御下屋敷江御出、夕御膳廻させ申候、御弓被遊、暮時御帰り、青木、御抱守丹下・猿木・橋本・小原、御番人野中三右衛門

（表紙）
「天明三癸卯年
広小路御屋鋪御留帳
五月朔日ゟ八月廿九日迄」

五月朔日　朝両人出　昼時ゟ安東

一、御二方様、例之通、御表ニ而御祝儀被為　請候
一、御用人衆惣使　小野田小一郎
一、拝診番　小県清庵
一、御菓子壱箱　御三方様江
長浜御数様ゟ被進候、松園持参被致候
一、御菓子壱箱　松園
御弐方様江献上被致候、今日御奥方江被上ニ付、　御二方様御目見
被仰付候
一、明日ゟ御抱守被仰付候段、御届　大岡彦太夫
ニ罷上り被申候
一、明二日ゟ御抱守被　仰付候　大岡彦太夫
一、同日ゟ御抱守御免被　仰付候　富永彦十郎
右之趣、小野田小一郎殿ゟ被申上候ニ付、則申上候、
一、御前様　順介様ゟ御伝言　江戸表ゟ着　関佐七
被進候ニ付、御三方様御目見被仰付候
一、御鉄炮御稽古被遊候　稲垣弥五右衛門
一、庭五郎様、御下屋敷ニ而御乗馬被遊候　佐藤新五右衛門
又介様御延引被遊候　土田甚五郎
　栗林弥一左衛門
御乗馬相済候上、直ニ御弓被遊候而、夕御膳も相廻り、暮時御帰り被
遊候、御抱守柄嶋・前野、御先払伊藤

二日　安東朝出　青木昼出

一、拝診　石原松庵
一、当番ニ付出勤、御目見被仰付候　大岡彦太夫
一、御請書壱通　千代宮御祭礼御使
右、小野田小一郎殿ゟ被指出候ニ付、則入御覧候
一、御羽　平薄尾二手分ツヽ、
若殿様ゟ庭五郎様・又介様江、先達御射留鴨被進候ニ付、為御挨拶被
進候、御側役衆御奉文相済、則　御二方様江入御覧指上申候
一、御二方様御延引　荒川文次郎
　花木十介
　上田清蔵
一、御書　壱箱　痛所ニ付御断　松嶋
一、同　同　つほね
　大浦
　梅岡
一、同　同　、岡野

菊園
染山
お哥代

一、箱壱ツ　御請類入由
外ニ御老女衆奉札并懸札九通
右、御風呂敷包封之侭、御老女衆、御賄衆江被相渡候ニ付、其侭被指
出候段、書付相添被指出候ニ付、則相披キ申候所、右之通ニ御座候間、
夫々入御覧指上申候、尤御賄方江落手之返報遣シ、御奉札并愚札類、
追而御下ケ可被遊旨申越、御硯ふた・御ふくさ・御風呂敷者、使江相
戻シ申候

一、御肴代　銀子弐両
清蓮院様ゟ銀之介様江端午御祝儀ニ被進候段、御老女衆より御奉文ヲ
以申来り候、則御肴代ハ御附おりさ江相渡候由、伝左衛門被申聞候

一、庭五郎様御延引、　安達見龍
又介様被遊候

一、御幟拝見ニ上り、奥方へ通り申候　礒

三日　青木朝出　安東昼出

一、拝診番　中嶋意伯

一、御伽ニ被罷出候　熊谷他三郎

一、八ツ時前ゟ御下屋敷江　御二方様、御出被遊候、御夕御膳相廻り申
候、御抱守久徳・福山・橋本・丹下、外ニ御弓御相手ニ野田・前野・
小原、御供被致候、御先払九十郎

一、御庭方ゟ明四日ゟ五六日之内、御乗馬・御弓等御断被申上候、刈込相
済次第可申上旨、龍之進被申候ニ付申上置候

四日　安東朝出　青木昼出

一、拝診　田中懌庵

一、蒙求御会読御延引

一、二男疱瘡ニ付、朔日ゟ又々恐引仕　森田源九郎
候由被相届候

一、先達而正木舎人殿、御医師衆拝診・御供番・御薬御用、名前書付筆者
間違有之由、戻し申候様申来り、則戻し申候

五日　朝両人出　居残り安東

一、殿様
御前様ゟ干鯛六折　御三方様江一折ツ、

一、若殿様ゟ御素使
右、御使ヲ以、端午御祝儀として御口上被仰進、御直答被遊候
御使　勝平次右衛門

一、順介様
武之介様
岩姫様
鐸姫様
御四方様ゟ御素使、御直答被遊候　御使　永田権右衛門

一、御表江御出、御三方様御祝儀被為請候

一、拝診　草山隆庵

一、御家老中惣使　　西郷軍之介殿ゟ
一、御用人中御祝儀ニ被上候
一、家内痘有之ニ付、指控不被罷出候由　　西尾治部之介
一、出勤　　芝原秀意
一、引込之由　　小県清庵
一、□御屋敷江御使者相勤候
一、粽弐把　御細工奉行衆江　　青木貞兵衛
一、酒三升
鰑三連　御細工人中江
右之通、例年被下置候ニ付、奉文相添持セ遣シ候
一、山崎御屋敷ゟ　　御使 元持弥三郎
一、御同所様江　　同 中村伝左衛門
一、長浜御数様ゟ　　同 山岸左右太
一、大手御屋敷ゟ　　御使 五十嵐半治
一、御粽
御附・御賄・御抱守・御番人・元〆御末々迄、夫々被下置候
一、御粽　弐わ　奉行衆江被下
御酒・鰑　下役中江被下候、右之御礼ニ被罷出候　　八田四郎兵衛
（木村勝左衛門
とよ事名相改候由 とへ
一、饅頭
御三方様江献上仕度由ニ付、老女衆ゟ書付相添、御賄中迄被指出候間、
則入御覧候

六日　安東朝出 青木夕出
一、拝診　　綺田守源庵
一、庭五郎様御延引、　　龍一郎
又介様被　仰付候
（貼紙）
「庭五郎様・又介様江献上
一、重之内　花餅三十
一、御幟拝見ニ上り奥方江被通候」　　小林与一右衛門勝手
一、若殿様ゟ先達而御射留鴨被進候御　　鈴木平兵衛
挨拶、御矢之羽被進候御礼、御奉札　　三浦九右衛門
返書、今晩御便ニ指出し申候　　今村平次
　　石居次郎兵衛
一、又介様御詩作、添削被　仰付候御　　野村新左衛門
用状今晩指出し申候
一、増田・吉用・西山・増、（ママ）其外呈書返答今晩御便ニ指出ス
一、明七日六ツ半時前御供揃、箕浦御弁当ニ而　御二方様御出被仰出候、
米原迄御船ニ而御出可被遊被仰出候間、例之通、御供触夫々相達シ申
候、御抱守ハ福山・前野・大岡・倉地被仰出候　　塩野左近右衛門
　　三上湛庵
　　中嶋元哲
一、御稽古御延引申遣候　　稲垣弥五右衛門
一、明日、御稽古御延引申遣候　　荒川文次郎
一、又介様御詩会、明七日御延引、雨天ニ候ヘハ被罷出候様申達候、

草山・三上・稲川・龍、夫々申遣候

若殿様江御二方様ゟ
一、御書壱通

御同所様へ御三方様ゟ
一、同　二通

御前様江右同断
一、同　一通

大名小路御前様江右同断
一、同　同

右、今晩御便ニ江戸表へ被指越候様、御老女衆へ被申達候様、御賄方江指越し申候

一、痛所ニ付引込　　柄嶋喜平次

七日　両人共六ツ時過出

一、六ツ半時過御供揃、箕浦御弁当ニ而北筋江御出被遊候、尤米原迄御舟ニ被　召候而、孫右衛門方江御腰被為懸、暫有之、直ニ御立、寺村辺ゟ御釣被遊候而、御昼、箕浦ニ而周貞方江被為入、御弁当被召上候、周貞義ハ此間但州江湯治ニ罷越シ候而、在宅不仕候得共、留主ゟ御酒献上仕度趣ニ付、指上候而、御二方様江指上申候、夫ゟ又々飯村辺迄御釣被遊候而、　又介様ニ者飯村ゟ直ニ米原江御移り被遊候、庭五郎様ニハたら梁(簗)迄御下り被遊而、上たら(多良)ゟ米原江御移り被遊候、米原ニ而孫右衛門方江被為入候

岩捌
一、蚕豆
円豆　　指上申候

猶又、御酒・御吸物指上申候、御供中江も支度指出し申候、尤孫右衛門義ハ此節大津江罷越シ、留主之由ニ御座候、暮時前、又々御舟ニ而、五ツ時過御帰り被遊候

(貼紙)
「御供青木・安東両人共出ル　　塩野左近右衛門
中嶋意伯」

一、両人共御供仕、御抱守大岡彦太夫・倉地介左衛門別段ニ守野喜右衛門
右三人　庭五郎様御供ニ被仰付候

御抱守　　中嶋元哲

庭五郎様御供　　福山雲治
前野杢介
守野喜右衛門

又介様御供　　大岡彦太夫
倉地介左衛門
橋本弥五郎

御先払　　伊藤喜八
中瀬九十郎

御出御入共、小野田小一郎殿江申遣ス

一、拝診　　石原松庵

一、銀之介様、少々御風気ニ被遊御座候ニ付、御診被　仰付候、御薬被仰付候　　綺田守源庵

八日　朝出安東
夕出青木

一、拝診　　芝原秀意

一、銀之介様拝診　　綺田守源庵
一、御二方様御稽古御延引、申遣ス　　山根二右衛門
一、御毛氈十五枚
銀之介様御幟御用、御賄方ゟ借り置申候処、御用相済申候ニ付、為持
返し申候
一、明八日ゟ当分奥方御上番被　仰付　　水谷重左衛門
候由
一、右之代り　　渡辺甚平
明八日ゟ当御屋敷被務候様被仰付候由、小野田小一郎殿ゟ申上り、則
御賄衆・御抱守江も申達置候
一、明九日、昼時ゟ御乗馬被　仰出申　　佐藤新五右衛門
達候　　臼居彦右衛門
栗林伝内
一、明日、五ツ半時過ゟ被上候様申達　　加藤彦兵衛
候　　同　鉄蔵

○九日　青木朝出　安東夕出

一、拝診番　　中嶋意伯
一、銀之介様拝診　　綺田守源庵
一、御弓拝見被仰付候　　加藤彦兵衛
御相手被仰付候　　同鉄蔵
一、御伽ニ被罷出候　　熊谷他三郎
一、御庭方ゟ茅苅、昨日切ニ而相済申候由、安東方へ申来候
一、御羽糟尾四矢分　　加藤鉄蔵
右、　庭五郎様ゟ被下置候
一、雨天ニ付、御乗馬御延引、明日天　　佐藤新五右衛門
気能候ハヽ、昼時ゟ御乗馬被仰出　　栗林弥一左衛門
候ニ付相達候、別段ニ相触申間敷　　同　伝内
候間、被罷上候様ニ三人衆へ相達、承知
一、気分悪敷ニ付引込　　久徳右平太
一、痛所ニ付引込　　野田勘六
一、御普請方ゟ縄見方参り、御矢場水抜場所見分致ス
一、庭五郎様御用御弓弐張　　加藤彦兵衛
右、御下ケ被遊候ニ付、御番人中瀬九十郎指添持セ遣シ申候
右之御弓ハ、今朝彦兵衛被上候節、御櫓之御弓入御覧置被申候所也

十日　安東朝出　青木昼出

一、拝診番　　田中懌庵
一、銀之介様御窺　　綺田守源庵
一、庭五郎様御屋敷前ニ而御乗馬被遊候、
又介様御延引　　佐藤新五右衛門
臼居彦右衛門
栗林伝内
一、御櫛御用介被　仰付候　　森野喜右衛門
大岡彦太夫
一、庭五郎様、今日八ツ時ゟ御下屋敷へ御出被仰出候

一、又介様蒙求御会読被遊候　草山隆庵
三上湛庵
安達見龍
前野杢介
小原八郎左衛門
稲川周庵
故障之筋御断

一、庭五郎様、八ツ時過、御下屋敷江被遊御出候、御抱守大岡・福山、御先払古川、御膳も相廻り候、外猿木被召候、暮時過御帰り被遊候

十一日　青木朝出　安東昼出

一、拝診番　草山隆庵
一、銀之介様拝診、御月代被申上候　綺田守源庵
一、庭五郎様御延引、　龍一郎
又介様被遊候
一、庭五郎様御灸治被遊候　（草山隆庵　綺田守源庵）
一、庭五郎様、八坂辺迄、御船ニ而御出被　仰出候、則御供申遣候　三上湛庵
一、御稽古御延引申遣ス　稲垣弥五右衛門
庭五郎様
一、八ツ時御供揃ニ而、八坂辺江御船ニ而御出被遊候　青木貞兵衛
三上湛庵
丹下栄介
猿木鉄次郎
御先払鈴田吉次
御出御入、小野田小一郎殿江申遣ス

一、　七十人御歩行　今村八次郎
林龍左衛門
右、御抱守引込多有之ニ付、件之面々、当分御抱守被仰渡候、八次郎儀、近日誓詞被　仰渡候上、出勤可有之候段、小野田小一郎殿ゟ被申上候

一、御札　北野寺
御三方様江被指上候

一、真如院様ゟ　京都ゟ罷下り候ニ付　橋本八郎左衛門
御三方様江、御口上被仰進候ニ付、御直答之趣ニ取計申候、尤八郎左衛門ハ新九郎と交代之為罷帰り申候由也

一、系紙板　稲川周庵
庭五郎様ゟ先達拝借仕有之候由、今日持参返上被致候ニ付、指上候

十二日　安東朝出

一、拝診番　綺田守源庵
一、悴病死七歳未満遠慮引　森田源九郎
一、御三方様、御目見被　仰付候　林龍左衛門
一、御二方様、御延引被遊候　荒川文次郎
花木十介
上田清蔵
痛所ニ付御断

一、庭五郎様御延引、　安達見龍
又介様被遊候
一、明十三日、犬上河江御出被仰出候而、御供触遣ス、六ツ時過御供揃、
御舟ニ而御出之趣被仰付候
塩野左近右衛門
安達見龍
清瀬道健
庭五郎様御供　渡部甚平
福山雲治
橋本弥五郎
又介様御供　丹下栄介
前野杢介
倉地介左衛門

十三日

一、昨夜中、書付を以、小野田小一郎殿ゟ、先月廿八日、　上使倉橋長
右衛門様御出、御懇之被為蒙　上意、翌晦日、御老中御連名之御奉
書御到来、当月朔日、　御登　城被遊、御参詣之御礼御首尾好被　仰
上候段可被申上旨、被　仰付越候段被申上候
一、殿様御前様江干鯛一折　森源兵衛
一、若殿様へ御素使　同人
御子様方ゟ端午御祝義御使被相務候、御請書被指出候
一、御歓ニ被罷出候　小野田小一郎

一、御札一台宛　西大寺 金剛院
御二方様江江戸表ゟ参り申候由、御賄方ゟ参り指上申候
一、御書箱壱ツ　お哥代
一、箱壱ツ
右、庭五郎様江　お哥代指上
一、御奉文五通
右、御賄方ゟ持セ被指出、則指上申候、硯ふた・ふくさ・風呂敷者、
直ニ御使へ相戻之候、御奉文ハ跡ゟ御戻シ可被遊旨返報遣ス
一、拝診番　小県清庵
一、御歓以使被申上候　庵原助右衛門殿 使尾崎弾蔵
一、今日誓詞相済候由、御礼ニ罷出候　今村八次郎
一、御奉文五通
御覧相済、御賄方へ御老女衆へ被渡候様為持遣し申候
一、慶運院様　御使 安東平左衛門
一、御衍様
右、御旁様江御参府御礼被　仰上候、御歓使相務申候
一、恐悦被申上候　勝平次右衛門
一、御家老衆御歓惣使被指出候　西郷軍之介殿ゟ 千田勝右衛門
一、今日誓詞相済、出勤可有之段相　今村八次郎
心得可申旨、小野田小一郎殿ゟ書付来ル
一、慶雲院様ゟ　御使 五十嵐半治
御直答之趣ニ取計申候
一、御衍様ゟ右同断　御使 丹下安右衛門

十四日　安東朝出

一、御三方様、御目見被仰付候　今村八次郎
一、今日御稽古日之処、痛所ニ付御断　渡部逸道
被申上候、彦兵衛義も無拠故障之儀御座候間、得上り不申候段、以書
付御断、逸道ゟ被申上候ニ付、則申上候
一、拝診番　石原松庵
一、御猟之鯡七　渡部逸道
庭五郎様ゟ被下置、且又逸道痛所之御尋も被　仰付候間、奉札相添持
セ遣ス
一、逸道へ拝領之御肴之御礼ニ被罷上　渡部弥五右衛門
候
一、庭五郎様、少々御気分気ニ被為入候ニ付、田中懌庵拝診、御薬被指上
候様被　仰付、則指上被申候
一、庭五郎様、御伽ニ被召候　稲川周庵
一、御熱被為出、七ツ時前被召、拝診　田中懌庵
被　仰付候
一、夜四ツ時前被召、拝診被　仰付候　田中懌庵
一、御熱も昼七ツ時ゟハ少々ツ、御軽キ方ニ被為入候段、懌庵申上候、併
今晩者懌庵儀泊相勤居申候
一、泊り相務居申候　安東平左衛門
一、御抱守当番之外ニ御用持、虎口ゟ四人被　召候而、御伽被　仰付候
一、翌十五日朝、拝診、夜中御同扁之　田中懌庵
御容躰之趣申上候而下り申候

十五日

一、庭五郎様拝診　田中懌庵
一、銀之介様拝診　綺田守源庵
一、恐悦ニ被上候、尤引込有之候ニ　正木舎人
付、延引之由
一、拝診番　芝原秀意
一、遠慮引明キ候所、病気ニ付引込　森田源九郎
一、出勤　野田勘六
庭五郎様江
右、直ニ御伽ニ被召置候
一、庭五郎様御伽ニ被罷上候　（稲川周庵
三上湛庵
一、庭五郎様御機嫌伺ニ被上候　正木舎人
一、庭五郎様夕拝診　田中懌庵
一、庭五郎様御方、御抱守御用持弐人出番被　仰付候、外ニ野田勘六御寝
成り候迄相詰候様被　仰付候、明日も四人番之積り也
一、又介様、例之通、御表ニ而被為請御祝義候
一、小野田小一郎殿へ罷出申候処、御医師衆御供之義、只今迄之通ニ相心
得居申候様被申達候

十六日　安東朝出

一、庭五郎様御機嫌伺ニ被罷上候　小野田小一郎
一、拝診番　中嶋意伯
一、庭五郎様拝診　田中懌庵

一、庭五郎様御延引、　龍一郎
又介様被仰付候
一、庭五郎様御伽ニ被罷上候　中嶋意伯
稲川周庵
一、御稽古御延引申遣ス　稲垣弥五右衛門
一、庭五郎様被伺御機嫌被罷出候　芝原周意
一、右同断　稲垣弥五右衛門
小原八郎左衛門
小野田小一郎
一、庭五郎様、昼過ゟ被召候　田中懌庵
一、夕拝診被罷出候　田中懌庵
一、夕伺ニ罷出候　安東平左衛門

十七日　青木朝出　安東昼出

一、御伽ニ被罷出候　熊谷他三郎
一、出勤　柄嶋喜平次
一、銀之介様拝診　綺田守源庵
一、拝診番　田中懌庵
一、御二方様共御延引　荒川文次郎
花木十介
一、黒御塗弓一張
右、鳥打之辺木竹損吟味致指上候様、喜右衛門へ被申付候様、渡辺逸
道方江為持遣し申候
一、今明日之内、上り被申候様申遣候　西村平八郎
昼ゟ五日　朝ゟ十日　昼ゟ十五日　同廿日　昼ゟ廿五日

又介様、右之通被　仰出候、追而者御替被遊候　思召候由被　仰出候
一、御櫛御用介御免被仰付候　大岡彦太夫
一、庭五郎様被伺御機嫌候、直ニ御留　稲川周庵
被置候
一、夕拝診被罷出候　田中懌庵
一、又介様、九ツ半時過ゟ御下屋敷江御出被遊候、御膳も相廻り申候、青
木御供仕候、御抱守猿木・小原、御先払元持

十八日　安東朝出

一、御延引　山根二右衛門
鈴木権十郎
渡部勘之丞
一、当番出勤、御目見被仰付候　柄嶋喜平次
一、又介様御手習御講日申達候　西村平八郎
尤昨夜遅ク申候ニ付、今朝罷出候由
一、庭五郎様拝診　田中懌庵
一、拝診番　草山隆庵
一、庭五郎様被伺御機嫌候　石原松庵
一、御責馬仕候　佐藤新五右衛門
一、御素読、昼ゟ之処、被相願候而、　三上湛庵
朝之内、又介様被仰付候
一、出勤　森田源九郎
一、御詩会ニ而罷出候、暮時何茂御暇　龍一郎

被下置、御酒・御吸物被下置候　稲川周庵
前野杢介
小原八郎左衛門
〃〃〃〃〃〃
一、　林龍左衛門
右、森田源九郎出勤ニ付、御免之旨、小野田小一郎殿ゟ申来り候
一、廿一日晩立御飛脚繰越、明十九日晩立ニ被遣候由、触来り申候
一、夕拝診　田中懌庵

十九日　青木朝出
安東昼出

一、銀之介様拝診　拝診番　綺田守源庵
一、庭五郎様拝診　〃〃〃〃　田中懌庵
一、御二方様共御延引　加藤彦兵衛
渡辺逸道
一、出勤　久徳右平太
一、久徳右平太出勤ニ付、御抱守御免　今村八次郎
之旨、小野田小一郎殿ゟ被申上候
一、御重之内饅頭花餅　御使　居戸源左衛門
右、慶雲院様ゟ時候為御見舞被進候
一、御弓三挺　塗　沢田喜右衛門江
右、持セ遣シ申候、尤逸道殿方江被罷出候而、委細承り可被申段、相
達シ遣ス
一、夕拝診　田中懌庵
一、御書□（二カ）通　御参府御礼被　仰上候御歓
右、殿様　若殿様　御前様江御三方様ゟ

一、御書壱通　お哥代江
右、　庭五郎様ゟ
右、江戸表江今晩之御便りニ被指越候様、御老女衆江御達シ御渡シ被
成候様被　仰付候段、書付相添、持セ遣ス、御賄方江落手、則老女衆
江相渡候由、返答来ル
一、御用人衆并田部与八郎ゟ呈書之返答出ス

廿日　安東朝出

一、御伽ニ被罷出候　熊谷他三郎
一、拝診　清庵所孫疽ニ付　石原松庵
一、庭五郎様拝診　田中懌庵
一、又介様、御手習被遊候　西村平八郎
一、娘疱瘡ニ付遠慮引　森田源九郎
一、明廿一日、八坂御弁当、六ツ半時御供揃ニ而、御出可被遊旨、
又介様被　仰出候ニ付、例之通、御供触申遣ス
塩野左近右衛門
安達見龍
御抱守　渡部甚平
倉地介左衛門
福山雲次
猿木鉄次郎
一、御櫛御用御免　森野喜右衛門
一、御機嫌伺　加藤彦兵衛

一、庭五郎様夕拝診　田中懌庵
御痞御塞之御為、御針治可宜申上、上田祐安被　召候
一、庭五郎様、針治被　仰付候　上田祐安

廿一日

拝診番
一、又介様　芝原周意
ゝゝゝ
一、庭五郎様拝診　田中懌庵
一、御講釈御延引　龍一郎
一、御延引申達候　稲垣弥五右衛門
一、御機嫌伺来ル、廿四日御断被申上候　渡辺逸道
一、一重白糸　たね
御二方様江致献上候
御三方様ゟ
一、鮒一折五枚　御使　中村伝左衛門
慶運院様江時候御見廻、御容躰伺此間御使者を以被仰進候御挨拶旁被
進候
一、庭五郎様、針治被仰付候　上田祐安
一、右同断拝診　田中懌庵
一、六ツ半時御供揃、八坂御弁当ニ而、又介様、犬上河江御出被遊候、御
供安東出ル、御抱守甚平・介左衛門・雲治・鉄次郎、御先払九十郎
御餌割衆　和田真左衛門
御医師　安達見龍
御出御帰り、小野田小一郎殿江申遣ス
一、鰣弐百弐拾、御猟御座候

猟師江酒弐升・鴨三抱被下候、
尤河料弐貫四百文被下置候
一、御猟之御肴、両人ヲ初、御賄衆・元〆当番御抱守御用持并今日出番之
衆へ不残、且又、板間迄も夫々頂戴被仰付候
一、鰣十　加藤彦兵衛
一、同十　渡部逸道
右江件之通、　又介様ゟ被下置、奉札相添遣ス

廿二日　安東朝出

一、庭五郎様被伺御機嫌候　山根二右衛門
一、拝診番　中嶋意伯
一、庭五郎様拝診　田中懌庵
又介様ゟ被進御鰣者頂戴被致候
一、庭五郎様御機嫌相伺、又介様江
御肴拝領之御礼ニ被罷出候　渡部逸道
一、鰣七ツ、、　又介様ゟ被下
置、持セ遣ス　（和田真左衛門　安達見龍
一、此度御当地江罷下り候ニ付、御
機嫌伺ニ上ル　七里彦次右衛門
一、御二方様御稽古御延引　荒川文次郎
上田清蔵
花木十介
無拠用事之由、御断
一、又介様ゟ頂戴御肴之御礼并御講
書ニ被罷上候　安達見龍

一、庭五郎様、御針治被仰付候　上田祐安
一、御札一台宛　山王 智乗院
御二方様江江戸表ゟ参着之由、御賄方ゟ為持来り、則指上申候
一、庭五郎様夕拝診　田中懌庵
一、明日、御責馬之儀、佐藤新五右衛門方江申遣置候
一、又介様ゟ頂戴御肴之御礼ニ被罷出候　和田真左衛門

廿三日　青木朝出

一、拝診番　田中懌庵
一、銀之介様拝診　綺田守源庵
一、御会罷出候義、今日御断被申上候、　稲川周庵
庭五郎様御機嫌被伺候
一、引込　渡辺甚平
一、御責馬被致候　佐藤新五右衛門
一、御鑓御稽古御延引　（山根二右衛門 鈴木権十郎
一、又介様御灸治被遊候、合膏七九十一十三御章門典枢被遊候、田中懌庵
拝診番ニ付、壱人ニ而相済申候、尤相伺申候処、壱人ニ而為御済可被
遊被　仰付候
一、御機嫌被伺候　小野田小一郎
一、此間御細工方ゟ借り申候、御紺幕六張、今日返し申候　草山隆庵
一、蒙求御会読　三上湛庵
余ハ皆御断不罷上候　前野杢介
一、庭五郎様、御針治被仰付候　上田祐安
一、庭五郎様夕拝診　田中懌庵

廿四日　安東朝出

一、拝診番　草山隆庵
一、庭五郎様拝診　田中懌庵
一、御用持御抱守被相詰候事、伺之通、今日切ニ而　御免被　仰付、則福
山雲次へ申達候
一、御代見被　仰付候御礼　加藤彦兵衛
一、御矢筒
御番人鈴田吉次、右出来ニ付、持参仕候ニ付指上申候
一、夕拝診　田中懌庵
一、御針治被　仰付候　上田祐安
一、御札一枚宛（御三方様江）　山門 華蔵院
右岡嶋全之進方ゟ書状為持被越、則披露致申候
一、庭五郎様伺御機嫌被申候　桃居杉右衛門
一、明日四ツ時頃ゟ被召候　渡辺逸道

廿五日　青木朝出

一、引込　石原松庵

一、拝診番　綺田守源庵
一、庭五郎様拝診　田中懌庵
一、庭五郎様御弓拝見　渡辺逸道
一、庭五郎様被打続御快、昨晩御月代被遊候、右之趣、小野田小一郎殿江
　書付ニ而申遣被置候
一、又介様、御手習被遊候　西村平八郎
一、庭五郎様、御針治被遊候　上田祐安
一、龍草廬方江之金子入書状相認、元〆江御預ニ成り候様、伝左衛門江渡
　ス

廿六日　安東朝出

一、庭五郎様拝診　田中懌庵
一、拝診番　芝原秀意
一、庭五郎様御延引、　龍一郎
　又介様被仰付候
一、御二方様、御下屋敷へ八ツ時ゟ御出、御膳も廻させ申候、暮時御帰り
　被遊候
一、御延引　稲垣弥五右衛門
一、今晩御針被　仰付候　上田祐庵
一、明廿七日昼時過ゟ御乗馬被　仰出候触遣し候　佐藤新五右衛門
　臼居彦右衛門
　栗林伝内

廿七日　青木朝出

一、拝診番　中嶋意伯
一、銀之介様拝診　綺田守源庵
一、庭五郎様拝診　田中懌庵
一、段々御全快○雨湿深ニ候ヘハ、当月中御養生ニ御薬被召上、来月朔日ゟ御休薬被遊可
　然由
一、御二方様共御延引被遊候　荒川文次郎
　花木十介
　上田清蔵
一、庭五郎様御下屋敷ニ而御乗馬被遊候、　佐藤新五右衛門
　又介様御延引　臼居彦右衛門
　栗林伝内
一、御二方様、御下屋敷江御同刻ニ御出被遊候而、御乗馬後、御茶屋ニ被
　為入候、御膳も相廻り、暮時御帰り被遊候、又介様、御詩作被遊
　候ニ付、被　召連候　草山隆庵
　稲川周庵
　前野杢介
一、鮎一鉢　文岡
　御三方様江被指上候　松園ゟ
一、御二方様御延引　安達見龍
　湛庵と替番之由

廿八日　安東朝出

一、御伽ニ被罷出候　熊谷他三郎
一、病気ニ付引込　大岡彦太夫
一、拝診番　田中懌庵
一、庭五郎様御延引、　山根二右衛門
又介様被遊候　渡部勘之丞
　鈴木権十郎
一、五拾匁　御手本五帖之代
右、今日昼立京都江之御飛脚相触候ニ付、草廬方江之物入書状可指出候様ニ、元〆方江達シ可被申旨、源右衛門江申達ス、則留所江指出し申候由、森宗治申聞候、右、廿五日認置、龍氏江遣ス金子入書状之事也
一、多賀江参詣仕度被相伺候処、伺之通被　仰付候　森野喜右衛門
一、枇杷壱籠
右、御衍様ゟ御庭前ニ出来之由、御三方様江被進候

○廿九日　青木朝出

一、拝診番　草山隆庵
一、庭五郎様拝診　田中懌庵
一、御二方様、御稽古被遊候　渡辺逸道
一、当分御抱守助被仰付候、尤明日ゟ相勤候段、小野田小一郎殿ゟ以書付申来ル　小倉伴五左衛門
一、御礼ニ罷出ル　小倉伴五左衛門

晦日　安東朝出

一、御三方様、御目見被仰付候　小倉伴五左衛門
一、拝診番　綺田守源庵
一、庭五郎様御座之間前日覆被　仰付候ニ付、御作事方江掛合相達シ置候
一、庭五郎様拝診、段々御快被遊御座候ニ付、今日ゟ御休薬被申上候間、此趣小野田小一郎殿江書付ニ而申遣シ候　田中懌庵
一、銀之介様、御続被遊候而、御快被為入候ニ付、御休薬被申上候　綺田守源庵

○六月朔日　青木朝出

一、御二方様、例之通、御表ニ而被為御祝儀請候
一、拝診番　芝原周意
一、御用人中惣使　勝平次右衛門殿ゟ
一、八ツ時ゟ御下屋敷江、　御二方様御出被遊候
一、明二日六ツ時過御供揃ニ而、　御二方様八坂御弁当、犬上川へ御出被仰出候間、夫々御供触相達ス　奥山伝右衛門
　中嶋意伯
　清瀬道健

庭五郎様御供　　森野喜右衛門
福山雲治
小原八郎左衛門
又介様御供　　猿木鉄次郎
前野杢介
倉地介左衛門
尤御舟ニ而御出可被遊段被　仰出、例之通、元〆江相達ス

○二日　両人御供ニ罷出ル

一、御二方様、六ツ時御供揃ニ而、八坂犬上川江御猟ニ御出被遊候、御供前日触之通、川原ニ御幕打させ日覆御弁当被仰付候、猟師共江三貫文ニ而川御売上、例之通、酒弐升被下置候、尤御舟ニ而御出被遊候
一、当朝御供被仰付申遣、五ツ半　　渡辺逸道
時頃ゟ川へ被罷出候様申遣、罷出被申候、御菓子献上被致候
一、御出御帰り共、勝平次右衛門殿へ申遣ス、暮六ツ時過御帰り被遊候
一、御細工方へ、当朝御幕二張借りニ遣し申候
一、拝診番　　意伯替番　田中懌庵
一、　　文岡
奥方見廻り伺　御機嫌ニ被上候
（付箋挟込）「一、延紙三束　文岡へ被下置候」
一、饅頭鶏焼五十　　御三方様へ献上被致候
一、金子百疋　　おゑつ
銀之介様ゟ、近々江戸江罷下り申候ニ付、御本奥ニ被為　入候節、御世話申候ものニ付、件之通被下置候
一、御稽古御延引申遣候　　荒川文次郎
一、右同断　　三上湛庵
一、江戸表ゟ御飛脚着、御転任御祝儀、且又、御加冠御用御務被遊候ニ付、来ル九月中両度、御老中様御招請被遊度段、先月廿三日朝、御用番久世大和守様江長谷川太郎兵衛様を以、御窺書被指出候処、同廿四日、大和守様江御城使壱人被召呼、来ル九月五日暁、同七日番御出可被成旨、御書付御渡し被成、早速御指図相済、御太慶　思召候旨申上候様被　仰付越候由、勝平次右衛門殿ゟ申来り、則申上候、返答翌日遣候
一、御二方様、兼而御願被遊被置候御朱印、御本奥ゟ為持来り候ニ付、御賄衆被指上候

○三日　青木朝出

一、拝診番　　中嶋意伯
一、御二方様共御延引被仰出候　　山根二右衛門
渡部勘之丞
鈴木権十郎
一、昨日之返書、勝平次右衛門殿へ遣候
一、御鉄炮并鋳形玉壱ツ　御鉄炮方へ為持遣し候
一、壱封　　野村新左衛門
此度御便ニ　又介様御詩作添删仕、江戸表ゟ来り、指上申候、尤夜前着いたし申候
一、庭五郎様ゟ鰣十　又介様ゟ同九　　青木貞兵衛

一、（同）同十　（同）同九　安東平左衛門
一、　御賄衆両人
一、（庭五郎様ゟ）鰣十　渡辺逸道
一、（同）同　稲垣弥五右衛門
一、（又介様ゟ）同五ツ　中嶋意伯
一、　（奥方）女中
一、　熊谷他三郎
一、御伽ニ被罷出候　同人
一、（庭五郎様ゟ）鰣十五　加藤彦兵衛
一、人形壱枚御下ケ被遊候、為持返し
申候　武居龍之進
一、拝領物、昨日御供被　仰付御礼　渡辺逸道
一、当月中頃、江戸へ出立被致候様被
仰付越候由　文岡
一、明日、蒙求御会読、御断被申上候　稲川周庵
一、御肴頂戴御礼ニ被罷出候、并御弓
京都ゟ参着持参、被入御覧候、尤先御留被置候　加藤彦兵衛
一、御肴頂戴御礼ニ被罷出候　稲垣弥五右衛門
一、明四日、昼時ゟ御乗馬被　仰出候ニ付、触遣ス　佐藤新五右衛門
臼居彦右衛門
伊藤利八

四日　安東朝出

一、拝診番　草山隆庵
（庭五郎様、御猟之御肴被下置候
一、御二方様、御稽古被遊候　加藤彦兵衛
一、所持之弓弐張持参、庭五郎様江
被入御覧候　同人
一、疝（癪）積気ニ付御断被申上候　渡部逸道
一、昨日、御鉄炮方へ御下ケ被遊候　沢村軍次郎
御小筒持参被指上候、御玉目相考吟味仕候処、三匁弐分之御鋳形ニ而
鋳立合セ見申候処、柑子口ニ乗候而、一向御玉込相成不申候ニ付、三
匁一分五厘之御鋳形も候ハ、と吟味仕候得共、御役所ニ者無御座候間、
仕方御座なく候、其上、右指上置申候御鋳形ニ而之玉、柑子口ニ而者
至而宜被存候、勿論、御筒奥ニ而者少々緩く被存候得共、御薬込等被
遊候ハ、可然様ニ御役所ニ而者何も相考申居候事□御座候、右ニゟ先
御鉄炮并御鋳形、先達之持参指上申候由、且又、御角五枚、合串五本、
是又持参被指上候ニ付、右之趣ヲ以、具ニ申上候而指上置申候
一、風気ニ付御会読御断被申上候　三上湛庵
一、御二方様、御乗馬御延引、御責馬　佐藤新五右衛門
被　仰付候

五日　青木朝出

一、拝診番　綺田守源庵
一、御用出来、御断申上候　西村平八郎

一、勝平次右衛門殿ゟ壱人参り可申旨申来り、安東罷出候所、先達伺置候銀之介様御幟御道具被下方之儀ニ御座候、御有物之内、御幟壱本者、青木貞兵衛頂戴可仕候、御纏ニ吹直し相添、安東平左衛門頂戴可仕候、御幟壱本ハ小林与一右衛門妻内願通ニ取計可申旨、尚又其余者夫々相考配当仕被下ニ可仕候、併配当出来候ハヽ、書付一応相見セ可申段被相達候
一、御二方様、八ツ時ゟ御下屋敷江御出被遊候、御膳も相廻り申候
一、六日之晩立、江戸表江之御飛脚御延引、八日之晩立ニ被遣候由、触来り候

六日　安東朝出

一、拝診番　芝原秀意
一、銀之介様、御下屋敷江御出被遊候
一、庭五郎様御延引、　龍一郎
又介様被仰付候
一、御稽古御延引被　仰出申遣ス　稲垣弥五右衛門
一、御二方様、八ツ時御供揃ニ而、御下屋敷へ御出被遊候、御膳も廻させ申候、御供青木、御抱守守野・丹下・福山・前野、御先払中瀬九十郎、暮時御帰り

七日　青木朝出

一、拝診番　中嶋意伯
一、来ル十二日　惇信院様二十三回御忌ニ付、於増上寺、明八日ゟ御法事御坐候由、勝平次右衛門殿ゟ申上ル、返答遣候
一、三番湯為済候由、今日ゟ出勤　森田源九郎
右、御抱守被相勤候様、御申渡候旨、勝平次右衛門殿ゟ申来ル
一、娘疱瘡ニ付不罷出候旨被申聞候　三上湛庵
一、庭五郎様、昼過ゟ御下屋敷へ御出被遊候、御供安東、御抱守橋本・久徳・猿木、御先払古川九郎次
一、銀之介様、御同所へ、九ツ時ゟ御出、御供小原、御先払伊藤喜八郎
一、又介様御詩会　龍一郎
草山隆庵
前野杢介
御供ニ出御断　小原八郎左衛門
娘疱瘡ニ而恐引　三上湛庵
御断　稲川周庵
一、銀之介様、御兜類・御鑓類、夫々頂戴書付指出し申候処、勝平次右衛門殿、御同役中江も被相見せ、追而御申達可有之由

○八日　安東朝出

一、拝診番　田中懌庵
一、御二方様御延引　山根二右衛門
渡部勘之丞
鈴木権十郎
一、殿様江御二方様ゟ御書壱通
御石印被進候御礼

右、今晩江戸表へ之御便ニ被指越候様、御老女衆へ被相渡候様、御賄方江申遣候

一、明後十日、御乗馬可被遊被仰出候、刻限相伺相触可申事

○九日　青木朝出

一、拝診番　草山隆庵

一、夜分ゟ少々持病気ニ付、今日、御講御断被申上候　加藤彦兵衛

一、明日七ツ時ゟ御乗馬被　仰出、触遣ス　佐藤新五右衛門　臼居彦右衛門　栗林伝内

御庭方江も申遣し置候

一、塩押鮎二十、同鮹二十五御紙包壱封、右之御品共、明日之御荷物便りニ江戸表おか代方へ相達し候様被指越可申旨、御老女衆へ可申遣候段、庭五郎様、被　仰付候ニ付、御本奥御賄方江指出し候趣、伝左衛門被申聞候

十日　安東朝出

一、拝診番　綺田守源庵

一、又介様、御手習被遊候　西村平八郎

重而、十五日ニ者、御用筋ニ付御断申上候

一、勝平次右衛門殿ゟ只今罷出候由申来り候ニ付、安東罷出候処、明日、庭五郎様御祝誕之義、此節公儀御法事中ニも候得ハ、明日ハ御延置被遊可然趣可申上旨被相達候間、右之段申上候

一、銀之介様御幟御道具被下方、此間之書付面之通、夫々相達、頂戴為仕候趣ニ、是又平次右衛門殿相達し被申候

一、又介様御会読　草山隆庵　安達見龍　前野杢介

稲川御断申上候、三上恐引、小原当番ニ而御断

一、今日之御乗馬御延引、明十一日、七ツ時ゟ被罷出候様、申達候、御庭方江も申遣候　佐藤新五右衛門　臼居彦右衛門　栗林伝内

一、金弐百疋　文岡

近々江戸表へ罷下り被申候ニ付、御三方様ゟ被下置候、松園方江御賄衆ゟ為持被越候様申達、則遣し被申候

一、銀之介様御幟壱本　小林与一右衛門妻

一、右同断　青木貞兵衛

一、御吹貫　安東平左衛門

御纏

一、御緌　中村伝左衛門

御長刀

一、御台笠　吉原源右衛門

御立傘

一、御鳥毛鎗弐本　安藤郷左衛門

一、御兜一列　　おりさ
御破魔弓
右、夫々頂戴仕候
一、御兜拾壱列　　御徒士衆　御抱守　拾弐人
御白熊鑓壱本　橋本弥五郎頂戴ニ中ル
一、御鑓三本　　七十人御徒士衆　御抱守　三人
右、善悪有之、明十一日、何茂被呼寄、鬮取ニ被　仰付、頂戴被　仰
付候

○十一日　青木朝出

一、庭五郎様御延引、　龍一郎
又介様被　仰付候
一、拝診番　芝原秀意
一、庭五郎様、御屋敷前ニ而御乗馬被遊候、
又介様御延引
一、文岡ゟ御目録頂戴之御礼被申上候　佐藤新五右衛門／臼居彦右衛門／栗林弥一左衛門
伝内代りニ出候由、星合者伝内ニ致呉候趣被申聞候

十二日　安藤朝出

一、拝診番　中嶋意伯
一、御二方様御延引　荒川文次郎／上田清蔵
花木十介
無拠義ニ付御断申上候
一、出勤　大岡彦太夫
一、御抱守介被　仰付候由　浜甲右衛門
一、庭五郎様、来ル十五日、御祝誕御祝可被遊被　仰出、御賄衆へ申達候、
御用人衆へも申達候、則勝平次右衛門殿也
一、庭五郎様御延引、　安達見龍
又介様被遊候
一、御抱守介被　仰付候由御礼　今村八次郎
一、御櫛御用被務候衆、江戸休ニ懸申候衆有之ニ付、久徳右平太代り願被
申候、尤弥五郎被申聞候
一、御肴一籠二ツ鱒　文岡
御三方様江被指上候、明日、御暇乞ニ上り可被申由被申越候　小林与一右衛門　妻
一、銀之介様ゟ
此度、御幟拝領之御礼呈書、御本奥ゟ為持来り申候

十三日　青木朝出

一、御二方様御延引　山根二右衛門／百々善介／渡辺勘之丞
御断　鈴木権十郎
一、拝診番　田中懌庵

一、御機嫌伺、見廻り被罷出候　勝平次右衛門
一、御抱守介、明日ゟ相務申候様被
仰付候由、罷出候　村田甚右衛門
一、明後十五日、江戸江発足之由伺　文岡
御機嫌被罷出候、御目見被　仰付候、　御物容様へ御口上有之候、御
酒・御吸物・御懸合、於奥方被　下置候
一、御二方様、御膳済ゟ御下屋敷へ御出被　仰出、尤御膳も廻し申候様被
仰付候、御下屋敷へ申遣候
一、銀之介様御甲拝領之御礼　大岡彦太夫
一、御二方様、八ツ時ゟ御下屋敷江御出被遊候、御抱守森田・久徳・野
田・小倉、御先払伊藤

十四日　安藤朝出

一、御伽ニ被罷出候　熊谷他三郎
一、同苗丹治、御側役被　仰付、其上　西山内蔵允
新知被下置候御礼呈書被指出候
一、拝診番　草山隆庵
一、御側役被仰付并新知被下置候御礼　西山丹治
呈書被指出候
一、御二方様、御稽古被遊候　加藤彦兵衛
気分悪敷候旨、御断申上候　渡部逸道
一、庭五郎様、先達而右同人江被仰付置候御塗弓出来ニ付、今日被指上候
一、出勤　渡部甚平

銀之介様ゟ御兜拝領之御礼被申上候
一、御櫛御用被　仰付候　森野喜右衛門
一、御書　壱箱　つほね・大浦・梅岡
一、同　同　松嶋
一、御守入壱箱　つほね
毘沙門天御守、御三方様江被進候　大浦・梅岡
一、御請箱一　お哥代
一、奉文四通
右之通、御老女衆ゟ被指出候旨、御本奥御賄衆ゟ持セ被指出候間指上
申候
一、有徳院様三十三回（来ル廿日）御忌御相当、来ル十七日ゟ、於上野御法事御坐候
段、
勝平次右衛門殿ゟ申上ル、則返答遣ス

十五日

一、御二方様共御祭礼御祝被遊候
一、殿様御使　御祭礼　正木舎人
一、同　殿様・御前様ゟ庭五郎様江御祝誕　同人
庭五郎様御祝誕御祝被遊候ニ付、右御使被進候、件之通、一緒ニ被務
候、尤　御二方様とも　御直答被遊候

一、拝診番　綺田守源庵
一、御二方様、例之通、御祝儀御表ニ而被為　請候
一、明十六日、七ツ時ゟ御乗馬被　仰出、申遣候　佐藤新五右衛門
伊藤利介
神尾惣左衛門
一、御抱守介、今日御免之由罷出候　浜甲右衛門
一、山王御祭礼御祝儀、御昼ニ被遊候、御二方様ゟ銀之介様江御祝義御膳被進候
一、庭五郎様御祝誕、夕御膳ニ御祝被遊候、御二方様江も庭五郎様ゟ御祝儀御膳被進候
一、御二方様、御盃頂戴被　仰付候　青木貞兵衛
安東平左衛門
中村伝左衛門
一、御酒・御赤飯、一統被　下置候

○十六日　安東朝出
一、御二方様、御目見被　仰付候　村田甚右衛門
今村八次郎
一、拝診番　芝原秀意
一、御素読御免　三上湛庵
安達見龍
一、御二方様、被　仰付候　龍一郎
一、御出之節、御供被　仰付候御礼被罷出候　草山元益
一、御抱守被　仰付候ニ付、御礼ニ罷出候　清水大次郎
福冨乙三郎
一、拝診番、以来御免　小県清庵
一、御抱守介御免　村田甚右衛門
今村八次郎
浜甲右衛門
一、庭五郎様御石印彫刻出来之儀、申遣ス　七里彦次右衛門
一、御二方様、御下屋敷へ八ツ時ゟ御出被　仰出候、御膳も廻させ申候様被　仰付候、暮時御帰被遊候、御供青木、御抱守猿木・長谷馬・野田・小原、御先払古川九郎次
右、御下屋敷ニ而、七ツ時ゟ　庭五郎様御延引、　又介様、御乗馬被遊候　佐藤新五右衛門
伊藤利介
神尾惣左衛門

○十七日　青木朝出
一、拝診番　中嶋意伯当番替　田中懌庵
一、御二方様御延引、　荒川文次郎
土用中者例年之通御休被遊候段、被　花木十介

仰出、則相達申候　　上田清蔵
御三方様共、御目見被　仰付候　　清水大次郎
福冨乙三郎
一、悴子疱瘡ニ付恐引　　中村伝左衛門
一、御弓弦壱懸
庭五郎様江、献上被致候　　加藤彦兵衛
一、御的矢四ツ矢六組
庭五郎様江、被入　御覧候、追而御下ケ可被遊旨、不残御留被置候
右同人
一、御伽ニ被罷出候　　熊谷他三郎
一、孫疱瘡三番湯迄済セ候ニ付、被伺　　小県清庵
御機嫌候

十八日　安東朝出

一、御二方様御延引、　　山根二右衛門
土用中、例之通、御休可被遊候趣　　渡部勘之丞
相達候　　鈴木権十郎
一、拝診番　　中嶋意伯
一、又介様御詩会　　龍一郎
稲川周庵
前野杢介
小原八郎左衛門
草山隆庵
寒熱御断

一、孫疱瘡相済、出勤、其上瘧疾引籠　　西尾治部之介
快気出勤ニ付、伺　御機嫌、江戸表ニ而被為蒙上使候恐悦御着府被仰
上、恐悦被申上候
一、　　加藤彦兵衛
昨日、被入　御覧候矢之内、さわし（醂）篦七印四矢被留置、其外不残五組
共御下ケ被遊候、則為持遣し申候、但し直段四矢弐拾匁之由

○十九日　青木朝出

一、拝診番　　草山隆庵
一、御二方様、御稽古被遊候、　　加藤彦兵衛
又介様、御牒被　仰付候
一、御下屋敷御弓之節之日覆、大風ニ而損し、追出来仕候ハヽ、左右可被
御庭方ゟ
致由○、申来り候

廿日　安東朝出

一、拝診番　　綺田守源庵
一、又介様被遊候　　西村平八郎
一、御賄方ゟ明晩立御便ニ土用入御機嫌御伺として　御三方様御相合ニ
而何歟被進候義、例年江戸表ニ而御支度被　進候義ニ御坐候由、当年
も右之通り彼方江可申越哉之旨、御老女衆被申聞候由、相伺、否哉之
義可及返答申来り候ニ付、則相伺申候処、例年之通、宜取計被指上候
義、江戸表へ可被申越旨、御老女衆へ被相達候様ニ可申達旨被　仰出、
其旨及返答申候

土用入
廿一日　青木朝出
一、拝診番　芝原周意
一、庭五郎様御延引、　龍一郎
又介様被仰付候
一、山崎大手両御屋敷江、御使相勤申候　御使　青木貞兵衛
一、山崎御屋敷ゟ御使被進候　御使　丹下安右衛門
一、御家老中惣使　長野百次郎殿ゟ
一、長浜御数様ゟ　御使　高田無右衛門
一、山もゝ一台　御庭方
御三方様江被指上候
一、先達而被　仰付候御塗弓、来月　沢田喜右衛門
二日三日比ニ出来、指上可申候段、御請申上候
一、白木御弓壱張、御弦添右同人江はなれヲ付ケ指上可申旨被　仰出、則持セ遣
シ申候
一、御書九通
一、中将様江　暑気御機嫌御窺一　御書被進候御礼一
一、少将様江　御同様二
一、御前様江　御同様二
一、大名小路一　山下一　下谷一
三御前様方江、暑気御見舞、御三方様ゟ合九通、今晩立、江戸表江之
御便ニ被指越候様、御老女衆江被相達候様被　仰出候趣ヲ以、御本奥
御賄方江持セ遣ス、○落手、御老女衆へ相達シ相渡し候趣、返答来ル
一、又介様御詩作弐枚
右、江戸表江指越、野村新左衛門江添削被致候而可被指上旨、奉文相
添、今晩御便りニ指出申候
一、大手御屋敷ゟ御使被進候　御使　五十嵐半治
御三方様、御直答之趣ニ取計申候
一、西山氏父子呈書、返報指出ス
○廿二日　安東朝出
一、拝診番　中嶋意伯
一、御庭方ゟ御弓御場所日覆も出来仕候ニ付、被申上候
一、木本馬市ニ参り申候由、御機嫌被　佐藤新五右衛門　伊藤利介　神尾惣左衛門　土田甚五郎　栗林伝内
伺候
一、庭五郎様、御左手之大指、少々御　稲川周庵
痛被遊候ニ付、御伺被仰付候間、申遣ス、則罷上り御伺被　仰付候上、
御膏薬被上候
○廿三日　青木朝出
一、庭五郎様拝診　稲川周庵
一、拝診番　田中懌庵
一、廿二日ゟ産穢　草山元益
一、御機嫌伺　木俣多仲
一、暑中御機嫌伺呈書被指出候　松園ゟ

○御肴 蒸かます弐ツ 同あぢ三ツ

御三方様江被指上候

右返報遣ス、御肴台・風呂敷戻ス

一、勝平次右衛門殿ゟ、佐藤半左衛門御賄役誓詞相済候段為知置候趣申来ル

一、又介様蒙求御会読　隆庵・周庵・見龍、何レも御断

小原八郎左衛門上ル

一、御精進日御改、以来者指上置候書付之通と被仰出候間、御賄衆江も相達置候、書付別紙ニ有之候

○**廿四日**　安東朝出

一、御伽ニ被罷出候　熊谷他三郎

一、拝診番　草山隆庵

一、庭五郎様拝診　稲川周庵

一、御賄役ニ被　仰付、御役義之誓詞相済申候旨、勝平次右衛門殿ゟ申来候　佐藤半左衛門

一、庭五郎様御碟代　廿匁 内歩金一ツ 小玉二ツ

右、加藤彦兵衛方江為持遣し申候、落手之由

一、醒ヶ井餅一箱 三百枚入

真如院様江京都御滞留中并暑気為御見廻与　御三方様ゟ被進、此方御賄衆方へ御便候節、被届候様申、為持遣し候、尤高杉喜左衛門方へ御奉札付遣し被申候、古田新九郎下り被申候由、元〆役慥ニ受取申候由、翌廿五日、新九郎、御屋敷江被罷出、御便り次第指越可申旨被申聞候

一、明廿五日、七ツ時過、御乗馬被仰出、触遣し申候、何も承知

北村文左衛門
臼居彦右衛門
栗林弥一左衛門

一、御二方様被遊候　加藤彦兵衛

七ツ時ゟ被罷出候、重而も七ツ時ゟ被罷出候様被　仰付候由被申聞候

○**廿五日**　青木朝出

一、拝診番　綺田守源庵

一、庭五郎様拝診　稲川周庵

一、又介様、御手習被遊候　西村平八郎

一、御乗馬御延引、御責馬被仰付候

北村文左衛門
臼居彦右衛門
栗林弥一左衛門

○**廿六日**　安東朝出

一、拝診番　芝原秀意

一、庭五郎様拝診　稲川周庵

一、御二方様被　仰付候　龍一郎

一、御抱守助御免　渡部甚平

一、右代り被　仰付候　榎並惣介

右之趣、勝平次右衛門殿ゟ申来ル

一、御礼ニ罷出候　　　　同人
一、明日、五ツ半時頃迄ニ御使可被相務、西尾治部之介殿ゟ被申越候
一、只今、江戸表ゟ御飛脚着之由、殿様益御機嫌能、今月十四日、松平周防守様ゟ御封状御到来、同十五日、御用之儀有之間、御登　城可被遊御座旨被為蒙仰、則御登　城被遊候処、於御用部屋、御老中例(列)座ニ而、向後御礼有之節被遊　御着座、且御登　城之砌、御用部屋江も被遊御入候様、松平周防守様御達有之、其上、於　御座御間　御目見、格別重キ被為蒙　上意、難有　思召候段可申上旨、被　仰付越候段、勝平次右衛門殿ゟ申上り候、返答相済申候旨、吉源右衛門被申聞候

○廿七日　青木朝出

一、拝診番　　中嶋意伯
一、御歓被申上候　　長野百次郎殿ゟ惣使
一、右同　　西尾治部之介
一、同　　正木舎人
一、同　　小野田小一郎
一、恐悦呈書出ル　　庵原介右衛門殿
一、同江戸詰御用人中
一、同江戸詰御医師中
一、慶運院様、御歓被　仰進候　　御使　五十嵐半次
一、御同所様江　　御使　青木貞兵衛相務
一、銀之介様御祝誕御祝被遊候、御二方様へ例之通、御料理被進候
一、右ニ付　殿様・御前様ゟ御祝　　勝平次右衛門
儀御使者被進、　御直答被遊候取計也
一、恐悦被罷出候　　佐藤新五右衛門
一、木之本ゟ昨罷帰り、御機嫌伺　　栗林伝内
一、御札一枚一台　　山王　智乗院
御洗米一包
右、江戸表ゟ御飛脚ニ参り候由、御賄方ゟ参り申候
一、恐悦被上候　　北野寺
一、恐悦書札ニ而、例之通被申上候　　御老女衆
一、山崎御屋敷ゟ御使被進、　御直答ニ取計　　御使　丹下安右衛門
一、御同所様江　　御使　吉原源右衛門相務
一、此間被仰付候四弓、離レ付出来、持参指上申候　　沢田喜右衛門
一、御重之内、柏餅六拾三
右、慶運院様ゟ暑中為御見舞、　御三方様江被進候、五十嵐半次御奉札相添、則御奉文返報遣ス
一、来朔日之晩立、江戸表江之御飛脚被遣候由、触来ル
一、又介様御詩会被遊候　　龍一郎
稲川周庵
小原八郎左衛門
余者御断

○廿八日　安東朝出
一、拝診番　田中懌庵
一、庭五郎様拝診　稲川周庵
一、清凉寺御代拝　青木貞兵衛
一、庭五郎様、八ツ時ゟ被召候、御弓拝見被　仰付候　加藤彦兵衛

○廿九日　青木朝出
一、拝診番　草山隆庵
一、庭五郎様拝診　稲川周庵
一、出勤　草山元益
一、被上候　熊谷他三郎
一、御二方様、御弓被遊候　加藤彦兵衛
七ツ時ゟ被罷出候、重而も七ツ時ゟ被罷上候由
一、十五日之恐悦、使者被指出候　中野氏智清ゟ

○七月朔日
一、拝診番　綺田守源庵
一、庭五郎様拝診　稲川周庵
一、御書壱通
殿様江御三方様ゟ御歓
一、同　同
若殿様江御三方様ゟ同断
一、同　同
御前様江御同様同断
一、同　壱通　お哥代江
右、庭五郎様ゟ
合四通、右、今晩立江戸表江之御便りニ被指越候様、御老女衆江御達御渡被成候様被　仰付候間、指出し申候、御老女衆江御達御渡シ被成候様、書付相添、持セ出し申候処、慥ニ相渡し候趣、返答来ル
一、又介様御詩作
殿様江被進候、尤文岡江被指上候様御書ヲ以被　仰越候ニ付、是又御賄方へ指出し候所、慥ニ老女衆へ相渡候由申来ル
一、助右衛門殿
御用人中
御医師中ゟ之呈書共返答指出ス
一、山王御祭礼之節、御奉納銀拾匁、御二方様御割合、安藤郷左衛門ゟ被申越候ニ付、今晩之御便りニ指出ス
一、お哥代殿ゟ▨〔青〕木・安東両人方江、先便書付到来、唐紙十五枚、京都ゟ取寄、庭五郎様江指上申候段返答、是又、今晩立ニ指出ス、尤代銀ハ自跡可申遣旨、相達置候
一、又介様御詩稿　野村新左衛門江
御直シ被　仰付候ニ付、奉文相添、江戸表江指越ス
一、祖母病死ニ付忌引　吉原源右衛門
一、御賄役無之ニ付、助被仰付被下候様、西尾治部之介殿へ参、願申候、御承知之由

一、御賄役　　山岸宗太
両人引込ニ付、当分介被　仰付候、即刻　御目見被仰付候
一、御用人西尾氏ゟも申上り候、返答翌朝遣ス

○二日

（貼紙）
「御三方様江
一、西瓜弐
長浜
御数様ゟ御到来之由、被進候」

一、拝診番　　芝原周意
一、庭五郎様拝診　　稲川周庵
一、真如院様、昨日京都ゟ御帰ニ付、御機嫌御伺御歓御使者相務申候　　御使 青木貞兵衛

庭五郎様江
一、宇治拾遺
又介様江
一、国語
銀之介様へ
一、御手遊ひ御巾着 虎 御将棋盤　　御使 橋本八郎左衛門
真如院様ゟ、江戸表ニ而被蒙上使并御参勤之御礼、此度御部屋入之御歓、
且又、右之品々被　進候、御直答被遊候

一、御二方様、昼時ゟ御下屋敷へ御出被　仰出、則申遣候
一、金子百疋 扇子弐本　　久徳右平太
一、半紙壱束　　森田源九郎
一、半紙壱束　　福山雲次
一、半紙壱束 扇弐本　　冨永彦十郎
右、七月五日、江（戸脱）発足ニ付、件之通被　下置、為持遣候

一、右之御礼罷出候　　久徳右平太
福山雲治
森田源九郎
一、御二方様、八ツ時ゟ御下屋敷江御出被遊候、御膳も相廻り候、七ツ時ゟ加藤彦兵衛被為召、御弓拝見被仰付候、且又、鉄蔵ヲも同道被仰付候而罷上、御相手ニ被仰付候、暮時過御帰り、御抱守猿木・長谷馬・橋本・野田、御先払伊藤
一、槻御殿江
上使
殿様御参勤御礼并此度御用部入被為蒙仰候御歓、且又、被進物之御礼　　御使 青木貞兵衛
旁御使被遣候

○三日　安東朝出

一、拝診番　　中嶋意伯
一、庭五郎様拝診　　稲川周庵
一、悴子疱瘡三番湯相済候由、出勤　　中村伝左衛門
黒糸巻
一、夏御弓御繕出来、渡辺逸道方ゟ被上候
一、明日ゟ忌御免、西尾氏ゟ申来り申上候　　吉原源右衛門

○四日　青木朝出

一、拝診番　　田中懌庵
一、今日ゟ引籠　　三上湛庵
一、今日ゟ御賄当分介御免、西尾氏ゟ　　山岸宗太

申来り、則申上候
一、今日ゟ出勤　吉原源右衛門
一、庭五郎様拝診　稲川周庵
一、拝領物之御礼、今日出勤之由　冨永彦十郎
一、明日、江戸表へ発足、御目見被　森田源九郎
　福山雲次
　久徳右平太
仰付候
一、御抱守御番割御書付、　庭五郎様御出被遊、則御抱守衆へ申達候
一、北山十蔵方ゟ唐紙十五枚申遣候処、返書到着、追而吟味調遣し可申由
一、被罷出候　熊谷他三郎
一、又介様蒙求御会読被遊候　草山隆庵
　安達見龍
　前野杢介
　小原八郎左衛門
　御断　稲川周庵
一、御二方様、御稽古被遊候　加藤彦兵衛
七ツ時過被罷出候、重而も七ツ時ゟ被上候由
○五日　安東朝出
一、拝診番　隆庵所替番　綺田守源庵
一、庭五郎様御用、紫之巻握皮持参、　沢田喜右衛門
今昼時ゟ罷上可申旨、被　仰出候間、則相達候、然ル所今日者当番之
由、明日上り可申段御請申上候

一、御責馬被　仰出、達シ遣ス　佐藤新五右衛門
一、明晩立江戸表江之御飛脚御延引、触来ル
一、御書弐箱
内　壱箱ハ　つほね
　大浦
　松岡
壱箱ハ　幾嶋
　松尾
一、御用指上之品四箱　お哥代ゟ
庭五郎様江
一、金子百疋一包
右、　御前様ゟ御三方様江、暑中之御見舞、何そ宜敷取と、のへ被
進度段、つほねゟ松園奉文相添、右之御目録ニ而到来
一、金子百疋一包
右者、つほね此度結構ニ被　仰付難有奉存候ニ付、恐なから御三方様
江御肴献上仕度段、松園迄愚札被指出、右目録ニ而被指出候ニ付、入
御覧候
一、御奉文并ニ愚札、御老女衆ゟ六通、外ニ御医師衆ゟ松園迄、　御子
様方暑中御機嫌伺之書付壱通
合七通有之、跡ゟ御下ケ可被遊旨、返報ニ申遣ス、硯ふた・ふくさ・
風呂敷等ハ直ニ御使之者へ相戻シ申候
一、庭五郎様拝診　稲川周庵
一、又介様被遊候　西村平八郎

一、素麺五拾把　青木貞兵衛
御三方様へ、暑中　御機嫌伺、例年　安東平左衛門
之通相合指上申候　中村伝左衛門
吉原源右衛門
一、七ツ時ゟ上り被申候様可申遣旨、　加藤彦兵衛
庭五郎様被　仰出、申遣候処、無拠用事ニ付御断被申上候
一、今日之御責馬、無拠義出来候由、　佐藤新五右衛門
明朝罷出度由、其通り返答申遣候
一、民部卿様御息女　庸姫様御卒去ニ付、四日ゟ六日迄、鳴物・高声御
停止、普請作事御構無之段、西尾氏ゟ申上り有之候
一、娘疱瘡ニ付恐入之義、御用人中へ　中村伝左衛門
も届候由、恐引相届被申候

○六日　青木朝出

一、　中村伝左衛門
娘疱瘡ニ付、昨日恐入之義被伺、伺之通被申渡、尤三番湯相済候ハヽ、
被罷出候様被申渡候由、西尾治部之介殿ゟ申来り申上候
一、拝診番　守源庵番替　草山隆庵
一、庭五郎様御延引、　龍一郎
又介様被遊候
一、御責馬被　仰付候　佐藤新五右衛門
一、明七日晩立、江戸表江御飛脚被遣候趣触来ル
一、庭五郎様、御弓弐張、御握皮巻替　沢田喜右衛門
被　仰付候
一、庭五郎様御用、紫握皮三枚、京都ゟ取寄可申旨被　仰出候ニ付、矢師
佐兵衛方江、安東承りヲ以申遣ス
一、庭五郎様拝診　稲川周庵

○七日　両人出

一、殿様
若殿様
御前様ゟ当日御祝儀御使被　進候ニ付、　御素使　西尾治部之介
御三方様御直答被遊候
一、槻御殿ゟ御使被　進候処、早朝、未御膳相済不申候ニ付、御直答ニ取　御使　高杉喜左衛門
計申候
一、大手御屋敷ゟ　御使　五十嵐半治
御三方様御直答
一、山崎御屋敷ゟ　御使　元持弥三郎
一、右同所様江　御使　吉原源右衛門
一、於御表、例之通、　御三方様被為請　御祝儀候
一、御家老中惣使　西郷軍之介殿ゟ
一、御用人中御祝儀ニ被罷上候
一、拝診番　芝原秀意
一、庭五郎様拝診　稲川周庵
一、御書壱通　御三方様ゟ
御前様ゟ御書被進候御礼
一、同壱通同断
下谷御前様江右同断

一、同壱通
庭五郎様ゟ　お哥代江
右、今晩、江戸表江之御便りニ被指越候様、御老女衆江被相達御渡し候様被　仰付候段、書付相添、持セ出申候、御本奥御賄方ゟ老女衆江相渡し候趣、返報来ル
一、助右衛門殿
御用人中　西尾治部之介

其余呈書共、夫々返答出ス
一、又介様御詩稿、野村新左衛門江
御添删被　仰付候ニ付、是又指出ス
一、大手御屋敷江　御使 安東平左衛門
一、八ツ時御供揃、御二方様、槻御殿江御出被遊候、青木御供仕候、御抱守榎並・猿木・橋本・小倉、御先払逸見、御供惣麻上下
一、浜切鯛弐尾
真如院様、京都ゟ御帰り後、初而之御入、且又、彼方様ゟ先達而被進物御座候ニ付、右之御品、御三方様ゟ被進候間、御出前相廻さセ置候
一、御同所様江、銀之介様御使青木相勤申候
一、長浜　御使 山岸左右太
御数様ゟ
一、御二方様へ、槻御殿ニ而、御幅紗包并西瓜一籠、桃一籠被進候、御帰り後、右御器類持セ返上仕候
一、西瓜壱台弐ツ　清太ゟ
御三方様江献上仕候
一、一両日之世間鳴動、就中今晩鳴動強、依之為伺　御機嫌惣使被指出候

一、真如院様　御使 橋本八郎左衛門

○八日　青木朝出
一両日之鳴動、今朝強御坐候ニ付、為御見廻御使者被進候
一、右同様ニ付伺　御機嫌　細居九介
一、拝診番　中嶋意伯
一、鳴動強有ニ付、今朝ゟ出ル　安東平左衛門
一、被罷出候　熊谷他三郎
一、真如院様江、今朝御使被進候御礼　御使 青木貞兵衛
御見舞旁御使ヲ以、　御三方様ゟ被　仰進候
一、庭五郎様拝診　稲川周庵
一、七ツ時ゟ用事無之候ハヽ、被罷　加藤彦兵衛
上候様可申遣旨、庭五郎様被　仰出候間、申遣ス、則七ツ時被罷上候

○九日　安東朝出
一、拝診番　田中懌庵
一、土用も明キ申候ニ付、五ツ半時　加藤彦兵衛
比ゟ可上哉被相伺、伺之通ニ被　仰出候
一、庭五郎様拝診　稲川周庵
一、昼過ゟ御二方様、御庭江御出可被遊被　仰出候ニ付、御庭方江申遣ス
一、被罷出候　熊谷他三郎
一、御二方様、八ツ時ゟ御下屋敷江被為入候、御供青木、御抱守橋本・清

水・柄嶋・倉地、御先払元持、熊谷他三郎も御供被致候、御膳も相廻
り候、暮時過御帰り
一、御賄吉原源右衛門も無拠義ニ付、下宿ニ付、安東居残り居申候

○十日　青木朝出

一、又介様被遊候、　西村平八郎
尤来ル十五日、御免被仰出候
一、拝診番　草山隆庵
一、京御賄衆へ、兼而頼遣し申候処、唐紙拾五枚、昨夜京都ゟ着致し申候、
直段拾枚ニ付六匁八分之由　八分之由
一、庭五郎様拝診　稲川周庵
一、側黒御弓二張　但シ袋入
右、竹の皮巻ニ被仰付、沢田喜右衛門方へ為持遣し候、尤廿日頃迄ニ
可指上由
一、御鑓御鈒術、盆後ゟ可被遊、御定日ニ被罷出候様、山根氏・荒川氏へ
申達ス、但し書付遣し候
一、京賄衆ゟ唐紙包参り、桐油漬物方へ届呉候様被申越、則京賄衆ゟ之
○漬物方へ之
○渡し切手指添、為持遣し候、尤請取書取帰り申候様申渡し遣候、△
請取書取帰り候
一、庭五郎様江、先達被指上置候、白弓弐張御下ケ被遊候ニ付、持セ遣シ
申候　加藤彦兵衛
一、庭五郎様、少々御腹合気ニ被為　綺田守源庵
入、御伺被　仰付候、御薬被　仰付候、御用人中江ハ先不申上候段、
守源庵被申聞候、
一、又介様蒙求御会読被遊候
草山隆庵
安達見龍
前野杢介
小原八郎左衛門
稲川周庵　御断被申上候

○十一日　安東朝出

一、拝診番　綺田守源庵
一、出勤ニ付被伺　御機嫌候　三上湛庵
一、庭五郎様伺　御機嫌、今朝出ル　青木貞兵衛
一、庭五郎様御延引、　龍一郎
又介様被　仰付候
一、殿様・御前様・御老女衆御奉札、文岡呈書、町飛脚ニ参り、奥方御賄
衆ゟ参り、御覧相済戻し申候
一、加藤彦兵衛方へ御碟請取書案文遣し候
一、庭五郎様拝診　綺田守源庵
一、昼時過ゟ被召候段申遣、奉畏候由　加藤彦兵衛
（御）□請被申上候

○十二日

一、拝診番　芝原周意
又介様少々御風邪気被為入、御薬御用被　仰付候

一、庭五郎様拝診少々御風気ニ被相　　綺田守源庵
診、御薬御加減被指上候
一、庭五郎様拝診　　稲川周庵
一、五匁五分　　御木刀壱組
此代五百三十七文
九十四文かへ
御二方様御木刀代荒川氏ゟ今明日中ニ遣呉候様申来ル、即日持セ遣ス
一、庭五郎様御弓弐張袋入　　加藤彦兵衛
右、持セ遣シ候
一、九拾五匁　御弓弐張
御矢壱組代　　右同所江
右、今日持セ遣シ候
一、拾弐匁弐分　　但シ、拾枚ニ付六匁八分
唐紙拾五枚代并箱代共　　仮箱代弐匁
右、今晩立京都江之御便りニ北山十蔵江被払渡候様頼遣ス
一、庭五郎様拝診　　綺田守源庵
一、雷鳴ニ付罷出控居被申候得共、則　　綺田守源庵
鳴止申ニ付下り被申候　　芝原秀意
一、御抱守中雷鳴ニ付被伺御機嫌候
○十三日　安東朝出
一、拝診番　　中嶋意伯
一、庭五郎様拝診　　綺田守源庵
一、又介様拝診　　芝原秀意
一、庭五郎様御弓弐張、先達加藤彦兵衛方江御下ケ被遊候所、今日鉄蔵持
参、返上被致候、御弓袋二ツ添
一、新弓弐張、此度矢師佐兵衛持参仕候而参り有之候之由被入　御覧候
様可申遣旨被仰出候間、則申遣シ候処被入御覧、　庭五郎様江指上
置申候　　加藤彦兵衛
一、昨日雷鳴之伺御機嫌呈書被指出候　　松園
一、今朝被入　御覧候新弓二張御下ケ被遊、加藤彦兵衛方へ為持遣し申候
一、明十四日・十五日　　稲川周庵
拝診御免被　下置候様願之通御快被遊御座候間、御免被　仰付候
一、引込　　長谷馬和吉
○十四日　青木朝出
一、御代拝
清凉寺へ　　安東平左衛門
御二方様御風邪気ニ付被　仰付候
一、拝診番　　田中懌庵
一、庭五郎様拝診　　綺田守源庵
一、又介様拝診　　芝原周意
一、気分悪敷ニ付引込　　野田勘六
一、気分悪敷ニ付引込　　小倉伴五左衛門
一、色附弓四張左兵衛持参ニ付、被　入御覧候所、内勘吉打弓一張暫御留
置被遊候而、残り三張御下ケ被遊候間、右三張持セ遣ス
　　加藤彦兵衛
右三張弓慥ニ落手之趣返答来ル
一、此間　　熊谷他三郎

庭五郎様ゟ拝借被致候御弓、只今御入用之趣返上可被致候旨被　仰出
候ニ付申遣ス

一、御塗弓壱張袋ニ入、右同人返上被致候ニ付指上申候

○十五日　安東朝出

一、拝診番　草山隆庵

一、庭五郎様拝診　綺田守源庵

一、又介様拝診　芝原秀意

一、先年ゟ之例ヲ以御表者無之候
　但、御抱守中ニも麻上下着被相務候事

一、御用人中惣使　西尾治部之介殿ゟ

一、昨日御留置被遊候勘吉打弓一張、今日御下ケ被遊候ニ付、持セ遣ス、
落手之返答来ル　加藤彦兵衛

一、廿五匁　勘吉打　一、廿五匁　勘吉打

一、三十匁　隼太打　一、廿匁　無判

右参り合せ有之弓被入　御覧候様被　仰出、加藤彦兵衛方へ被達候処、
件之通四張被入　御覧指上置候

一、金子百疋　鈴田吉次
白木綿一反
右先達而御矢筒細工被仰付、依之、右之通被下置候ニ付頂戴為仕候

一、今日御居り之御蓮飯鯖一ッ宛両人頂戴、則安東方江茂為持遣し候、御
賄衆も同様

一、明日ゟ御末女中共藪入為致申候由女中被申聞候由、御賄衆被申聞候

一、御抱守衆三人被引込、介之義、御用人衆へ願呉候様被申聞、則西尾治
部之介殿へ参り申候処、御承知之由

○十六日

一、拝診番　綺田守源庵

一、又介様拝診　芝原周意

一、庭五郎様拝診　稲川周庵

一、庭五郎様又介様御延引、　龍一郎
ゝゝゝ
又介様被仰付候

一、隼太打弓三十匁　一、かん太郎打百疋
又介様御用ニ付、加藤彦兵衛方へ申遣候処被入　御覧、指上置候

一、庭五郎様御用昨日被入御覧候
新弓四張之内　早太打三拾匁、壱張御残シ置
残り三張御下ケ被遊候ニ付持セ遣ス　加藤彦兵衛
落手之由返答来ル

一、明十七日、御責馬被　仰出候ニ付申遣ス　佐藤新五右衛門
今村八次郎
村田甚右衛門

一、御抱守当分助被　仰付候

右、西尾治部之介殿ゟ申上り、則申上候

一、庭五郎様ゟ拝借致候　中嶋意伯
雑箸返上被致候ニ付指上申候

一、庭五郎様
猿木鉄次郎　御矢
小原八郎左衛門　御弓
御塗弓壱張代拾五匁
御的矢四矢代五匁御払ニ被　仰付、頂戴被致候

○十七日　安東朝出
一、拝診番　芝原秀意 綺田守源庵
一、御目見被仰付候　〃〃〃〃 今村八次郎
村田甚右衛門
一、御伽ニ被罷出候　熊谷他三郎
一、庭五郎様拝診　綺田守源庵
一、庭五郎様拝診　稲川周庵
一、庭五郎様御延引、　荒川孟彦
又介様被遊候　花木十介
上田清蔵
頭痛仕候由ニ付、御断被申上候　荒川文次郎
一、産穢引込　猿木鉄次郎
一、伺御機嫌ニ被罷上候　西尾治部之介
一、又介様御快被為入候ニ付、今日切　芝原秀意
御休薬被申上候
一、御責馬　佐藤新五右衛門
○十八日　青木朝出
一、拝診番　中嶋意伯
一、御新弓早太打
右鳥打之辺はなれ申候ニ付、沢田喜右衛門方ニ付ケ遣し申候、先達而
竹之皮巻ニ被　仰付候御弓之袋ニ出来之上入指上申候様申遣候、竹の
皮巻御弓者袋ニ入申候ニ不及申被　仰出、則其段申遣候、桐油直ニ戻
し申候
一、庭五郎様拝診　綺田守源庵
御月代被遊不苦候旨被申上候
一、庭五郎様拝診　稲川周庵
一、竹之皮巻被仰付候御弓二張共出来、今日沢田喜右衛門指上申候、御袋
二ツ之内壱ツ戻し申候、残り壱ツハ新弓放レ付、出来之節入レ可指上
由
一、又介様江被入　御覧候早太打弓・かん太郎打弓一張都合二張御下ケ被
遊、加藤彦兵衛方江為持遣し候、かん太郎打弓力之程之御手ニ合之間、
参合も無之候ハヽ、右之恰合程之弓、京都へ被申越被上候様申遣候
一、御二方様御延引　山根二右衛門
鈴木権十郎
渡辺勘之丞
一、又介様被　仰出候御弓格合之力宜弓、当時参合無御座候ニ付、京都江
可申越段御請被申上候
但、弓袋・手綱被戻候間、御手綱ハ御番衆江相渡し、御馬掛ニ為相渡
候
加藤彦兵衛
一、庭五郎様被　仰出候ニ付、今日　加藤彦兵衛
八ツ時ゟ被罷上候様申遣ス所、追付被罷上、御弓拝見被　仰付候
一、又介様御詩会被遊候　龍一郎
三上湛庵
前野杢介

一、池田太右衛門忰子久右衛門義、明日昼時ゟ鉄蔵同道ニ而上り被申候様
庭五郎様被　仰出、加藤彦兵衛方江申遣ス

御断
草山隆庵
稲川周庵
出候

○十九日　安東朝出
一、拝診番　田中懌庵
一、今日四ツ時ゟ的矢・遠的矢両様持　熊谷他三郎
参被罷出候様相達シ可申旨、　庭五郎様被　仰付、申遣ス
一、御二方様今日四ツ時過ゟ御下屋敷江御出可被遊旨被　仰出候ニ付、御
庭方江も申遣ス
一、庭五郎様拝診　綺田守源庵
一、今日御伺　御免ニ付被下候　稲川周庵
一、御二方様四ツ時過ゟ御下屋敷江御出被遊候
加藤彦兵衛
同　鉄蔵
池田久右衛門
榎並惣介
熊谷他三郎
右被召、御弓被遊候、御昼御膳も廻させ申候、御夕御膳も為廻申候、
右之面々江も御懸合被　下置候、昼時過安東・青木代り合申候、御供
森野・村田・今村・小原、御先払野中三右衛門、暮時過御帰り
一、加藤彦兵衛・池田太右衛門・同久右衛門初而被召候ニ付、御礼ニ被罷
出候

○廿日　青木朝出
一、拝診番　草山隆庵
一、庭五郎様拝診　綺田守源庵
御薬御有合ニ而御休薬被申上候
一、同　稲川周庵
一、庭五郎様御巻藁拝見被　仰付候　加藤彦兵衛
一、娘□疱瘡三番湯相済出勤　中村伝左衛門
御三方様御目見被　仰付候
一、西尾治部之介殿ゟも右之通申上有之候、返答遣ス
一、又介様御手習被遊候　西村平八郎
一、夕方雷鳴ニ付伺　御機嫌ニ罷出候　青木貞兵衛
一、右同様ニ付被伺　御機嫌候　大岡彦太夫
前野杢介
村田甚右衛門
小原八郎左衛門
今村八次郎
榎並惣介
一、御盃　四枚　代四匁弐分ツヽノ由　合拾六匁八分
右御幅紗　弐ツ　紅　浅黄
殿様・御前様江両御目見ニ被進之義申来り、例之通り御支度御老女衆
ニ而出来ニ付、御盃代御老女衆江遣シ申候、御幅紗ハ切レ取寄セ指出

し候、是も仕立ハ御本奥ニ而出来ニ候

○廿一日　安東朝出

※一、拝診番　綺田守源庵
庭五郎様御休薬被申上候
一、風気ニ付御断申上候　龍一郎
一、庭五郎様御遠的矢拾本被仰付候ニ付、矢師吉右衛門呼寄セ、御注文得と申付候
御羽ときノつぼミ御下ケ被遊候、尤、壱枚不足候間足シ被仰付候
はぎ黒筈巻朱ニ被為仰付候
但シ、御矢弐本御手本ニ吉右衛門方江相渡シ置候
（※部分貼紙）「黒はぎノ方矢壱本
篦廻り之御手本
朱はぎノ方御矢壱本
羽長ケ右ニ弐分短くと被仰付
□御手本
右弐本吉右衛門方江相渡シ置候」
一、昨日之雷鳴ニ付呈書被指出候　松園ゟ
一、出勤　野田勘六
一、庭五郎様拝診　稲川周庵
一、唐紙拾五枚代拾匁弐分
庭五郎様へお哥代との献上、右之代物被指越候様今晩江戸表へ之御便
書状御賄方へ頼遣ス

一、山門華蔵院江暑中伺御機嫌呈書返答、岡嶋丹蔵方へ頼遣ス

○廿二日　青木朝出

一、御巻藁〆ニ加藤彦兵衛方ゟ頼置候御足軽両人今朝被指出、則〆させ申候
一、拝診番　芝原周意
一、御二方様御延引、文次郎瘧疾相煩被申由、　荒川孟彦
引込者不仕候得とも、難相勤罷出候由、　花木十介
清蔵痛所ニ付御断申上候
一、庭五郎様拝診　稲川周庵
一、御巻藁虎口切之事、御畳方へ申遣候処、明日両人出し可申由返答申来り候、明日ニ而ハ御急ニ而万事埒悪敷又々申越候へハ、昼時ゟ両人出申候

○廿三日　安東朝出

一、拝診番　意伯所替番　草山隆庵
一、御二方様御延引　山根二右衛門
渡部勘之丞
鈴木権十郎
一、出勤　長谷馬和吉
一、庭五郎様拝診　稲川周庵
一、又介様御詩会　草山隆庵
三上湛庵

御断申上候

一、明廿四日五ツ半時御乗馬被　仰出候触遣し候

前野杢介
安達見龍
稲川周庵
小原八郎左衛門
佐藤新五右衛門
土田甚五郎
伊藤利介

○廿四日　青木朝出

一、拝診番　田中懌庵

一、庭五郎様御乗馬御屋敷前也、又介様御延引
五ツ半時
佐藤新五右衛門
土田甚五郎
伊藤利介

一、御弓
御稽古被遊候　加藤彦兵衛

一、明日ゟ用事ニ付、京都へ被参候由被申聞候、
且又明廿四（五）日・廿五（六）日彦兵衛無拠用事
有之由
加藤鉄蔵
池田久右衛門

一、庭五郎様拝診　稲川周庵

○廿五日　安東朝出

一、拝診番　隆庵変番之由　中嶋意伯

一、庭五郎様拝診　稲川周庵

一、腹痛ニ付御断申上候　西村平八郎

一、鷺草三躰（鉢）　御庭方ゟ
御三方様江被　入御覧指上申候、尤、花相済申候ハヽ、御下ケ可被下置
候旨被申越、此段も申上置候

一、御代拝（清凉寺）　安東平左衛門

廿六日　青木朝出

一、拝診番　綺田守源庵

一、庭五郎様拝診　稲川周庵

一、今日ゟ出勤　猿木鉄次郎

一、明廿七日大網之儀伺ニ罷出候処、
来月江被仰付候　片岡一郎兵衛

一、庭五郎様御延引、又介様被　仰付候　龍一郎

一、御抱守今日ゟ御免、西尾治部之介被申上候　今村八次郎

一、御二方様八ツ時前ゟ御下屋敷江被遊御出候、御夕御繕も相廻させ申候、
御抱守猿木・福留・柄嶋・倉地、御先払伊藤

一、庭五郎様被為召候　榎並惣介

○廿七日　安東朝出

一、拝診番　芝原秀意

一、庭五郎様拝診　稲川周庵
一、庭五郎様御延引、　荒川孟彦
　又介様被遊候　花木十介
　　　　　　　　上田清蔵
　瘧ニ付、文次郎ニ者御断申上候
一、御扇子弐本　加藤十右衛門
　御半紙壱束
　右、近々江戸表へ出立ニ付被下置候ニ付、為持遣シ候
一、又介様御詩会之所、御断申上候　草山隆庵
　　　　　　　　　　　　　　　　　稲川周庵
　　　　　　　　　　　　　　　　　三上湛庵
　　　　　　　　　　　　　　　　　龍一郎
　　　　　　　　　　　　　　　　　前野・小原罷出ル
一、拝領物之御礼罷出候　加藤十右衛門
一、　御洗濯物役　明石
　右、久々引込居り、急々快気も難仕病躰之由奉畏入、永之御暇昨日願出候由、今日願之通永之御暇申渡候様元〆役江申渡候由、御賄中村伝左衛門被申聞候
一、大鮎十　渡辺逸道
　右、為御尋被　下置、為持遣候
一、　西尾治部之介
　右、今月十六日、御生身魂之御祝儀御祝被遊、例年之通御料理被進、御満足被遊候段、江戸表ゟ被仰付越候段被申上候、返書済

一、御請壱通　御使　藤堂次郎大夫
　御三方様七夕之御祝儀、　殿様・若殿様・御前様江御使被勤候御請被上候返書済
一、御書箱三ツ
一、御請入箱壱ツ
一、御奉文其外呈書八通
　右、今日江戸表ゟ御飛脚着、御老女衆被相渡候由御賄方ゟ来り、入御覧申候、御幅紗・御風呂敷・御硯蓋直ニ戻ス
一、御詩　七月朔日指越候　野村新左衛門
一、同　六月廿一日指越候　同人
　右、添删仕指越、則指上申候
一、山王祭礼之節御割合物銀子落手之由、安藤郷左衛門方ゟ返書来ル
一、庭五郎様七ツ時ゟ被召被罷出候　加藤彦兵衛
一、逸道病気御尋御肴拝領之御礼　渡辺弥五左衛門

○廿八日　青木朝出
一、十月朔日立江戸触御礼　榎並惣介
一、御二方様例之通御表ニ而被為請　御祝儀候
一、拝診番　中嶋意伯
一、庭五郎様拝診　稲川周庵
一、御三方様江勇吉様ゟ被進之干鯛　松園ゟ被指出候ニ付、入　御覧候、尤、於江戸表御七夜御祝儀ニ付而、当十八日ニ御使者ヲ以被進候由也
一、被伺　御機嫌候　西尾治部之介

此度浅間山焼候儀之書付并ニ焼石降候而、途中ニ有之候ヲ拾ひ参り申
候由ヲ被入　御覧候間、指上申候
一、被罷出候　熊谷他三郎
一、御二方様八ツ時前御供揃ニ而、御下屋敷江御出被遊候、御抱守前野・
小原・森野・野田、御先払中瀬、夕御膳相廻り、暮時過御帰り被遊候
一、紫握皮三枚代三匁
庭五郎様御用ニ付、京都ゟ取寄指上申候　矢師 佐兵衛方ゟ

○**廿九日**　安東朝出
一、拝診番　田中懌庵
一、御二方様御弓被遊候　加藤彦兵衛
一、御伽ニ罷出候　熊谷他三郎
一、庭五郎様拝診御免、明日上り候様被　仰出候　稲川周庵
一、今日ゟ病気引込　橋本弥五郎
一、早太打御弓去ル十八日ニ先達はなれ付被　仰付、則出来、沢田喜右衛門持参指上申候

○**晦日**　青木朝出
一、富士太鼓　片岡一郎兵衛
源三位
右、章直し被仰付為持遣し候、留主之由指置候由
一、庭五郎様拝診　稲川周庵
一、拝診番　草山隆庵
一、四ツ時御用　青木貞兵衛
一、九ツ時御用　安東平左衛門
右、代り合御用番軍之介殿江罷出候、納米被　仰付候
一、銀之介様御歯御伺被　仰付候、御　金田宗悦
粉薬指上申候
一、信源院様七回御忌ニ付、今日於清涼寺軽キ御法事有之段、西尾治部之
介殿ゟ申上り候
一、清涼寺江御代拝相勤申候　安東平左衛門
一、庭五郎様俄ニ風疹御発被遊、田中懌庵拝診被　仰付、御薬御用被　仰
付候

○**八月朔日**　早出安東 青木
一、庭五郎様御風疹ニ付、御表江御出無之
一、又介様・銀之介様御表へ御出、御祝儀被為　請候
一、慶運院様　御使 五十嵐半次
一、御衍様　同 元持弥三郎
一、真如院様　御使 橋本八郎左衛門
右御旁様ゟ当日御祝儀御使被進、　又介様・銀之介様御直答被遊候、
庭五郎様御直答分ニ被申上候様懸合申候
一、当日御祝儀　御家老中ゟ 脇伊織殿使
一、大手・山崎江御祝儀　使 青木貞兵衛
一、真如院様江同断　安東平左衛門
一、拝診番　綺田守源庵
一、庭五郎様拝診　田中懌庵

一、右同断　稲川周庵
一、明二日御責馬ニ被出候様申遣候　佐藤新五右衛門
一、殿様・若殿様・御前様ゟ　御使 正木舎人
御三方様江八朔御祝儀被　仰進、御直答之趣ニ懸合
一、例之通呈書を以御祝儀被申上候　松園
一、長浜 御数様　御使 高田無右衛門
当日御祝儀被　仰進候
一、御用人衆何茂御祝儀被罷出候
一、富士太鼓　片岡一郎兵衛
源三位
章直し五六日相懸り可申指上可申由御請申上候
一、庭五郎様夕拝診　田中懌庵

○二日　青木朝出

一、拝診番　芝原秀意
一、庭五郎様拝診　田中懌庵
被打続御快今夕拝診罷出申間敷宜申上由、御痔之御養生御薬七日計指上可申由、明日者御月額被遊候而も苦間敷、御鬱不被遊候様可然、御弓も明日頃ゟ被遊苦間敷由被申聞候
一、庭五郎拝診　稲川周庵
一、御二方様共御延引被仰出候　荒川孟彦・花木十介・上田清蔵
一、柏崎　片岡一郎兵衛
右、先達而上ケ置候処、御下ケ被遊、為持遣候
一、湯屋・融之本指上候様被　仰出、則申遣候処、則湯屋之本指上候、融之本之方損し申候間、二三日中直し可指上由
一、新弓壱張 先月十六日上り候 早太打
庭五郎様御下ケ被遊候ニ付、加藤彦兵衛方へ為持遣候
一、為御奥方見廻り被上候　松園
御二方様江醒井餅壱重被指上候、尤、指上物被致候ニ付、　御二方様ゟ延紙三束被　下置候

○三日　安東朝出

一、拝診番　中嶋意伯
一、庭五郎様拝診　稲川周庵
一、江戸表ゟ着、被伺御機嫌候　前川文五郎・岩崎九右衛門・渡部要治
一、庭五郎様拝診　田中懌庵
一、御馬不食致候ニ付煉薬被用候　桃居杉右衛門
尤、為指儀相見へ不申候由被申聞候
一、御二方様御延引　山根二右衛門・渡部勘之丞・鈴木権十郎
一、昨日之御礼、呈書被指出候　松園

一、龍草廬方江返書、同苗一郎方江頼為持遣し候
一、御馬駐与不仕候ニ付、申遣見分被致、　桃居杉右衛門
煎薬被用候
一、夜五ツ時頃迄詰被居候由　松宮長次

○四日　青木朝出

一、拝診番　田中懌庵
一、庭五郎様拝診　稲川周庵
一、持病頭痛気候由、御断被申上候　加藤彦兵衛
一、御馬見分薬被用候　桃居杉右衛門　松宮長次
御三方様江
一、一籠かほちや二ツ
真如院様ゟ被進候、高杉氏病気引込ニ付、御賄橋本八郎左衛門方ゟ御
奉札ニ而参り、返書遣候
一、御作事方ゟ大工参り申候
一、明四日発足ニ付、御機嫌被伺候、御目見　富永彦十郎　加藤十右衛門
御表ニ而被　仰付候
一、又介様蒙求御会読被遊候　草山隆庵　安達見龍　小原八郎左衛門
一、右御会読御断申上候　三上湛庵　稲川周庵　前野杢介

一、御馬取壱人、今朝桃居杉右衛門江懸合置候通、今晩ゟ弥御指出し有之
候様ニ致度旨申遣候処、則被指出候

○五日　安東朝出

一、拝診番　草山隆庵
一、御伽ニ被罷出候　熊谷他三郎
一、四百目　佐野綿
六百目　萱原摘綿
右者　庭五郎様　又介様分御納戸方ゟ請取
一、百目　佐野綿
弐百目　萱原摘綿
右者　銀之介様分御納戸方ゟ請取
一、庭五郎様拝診　田中懌庵
一、同断　稲川周庵
一、庭五郎様、今日八ツ時ゟ被召候ニ付申遣ス　加藤彦兵衛
一、富士太鼓・源三位御謡本章直し指上申候　片岡一郎兵衛
一、融謡本　同人
庭五郎様へ指上置申候
一、又介様被遊候　西村平八郎
一、庭五郎様御弓拝見被　仰付　加藤彦兵衛
一、新弓四張　早太打　勘吉二張　無判壱張
右、持参被入　御覧候
一、　戸恵事　玉江

今日御老女並ニ被召抱候而、名も被　下置候由、御礼呈書被指出候
一、当六日晩立ゟ御飛脚来ル、八日晩立ニ相成候旨触来り候

〇六日　青木朝出

一、拝診番　綺田守源庵
一、庭五郎様拝診　稲川周庵
一、庭五郎様御延引、又介様被　仰付候　龍一郎
一、今日御延引、明七日例刻ゟ被罷出候様　稲垣弥五右衛門
被　仰付奉畏候由
一、さひ竹壱本　村上十右衛門
右、被指出候ニ付指上申候、御留置被遊候、然し思召ニ叶不申、七寸廻り位之処吟味仕指上被申候様被仰付、申遣候
一、新弓四張　加藤彦兵衛
右、昨五日持参被入　御覧候処、思召ニ被叶、今日御下ケ被遊為持遣し候
一、御馬見分　桃居杉右衛門
右、勘平召連　高野勘平
来り、療治為致被申候
一、　吉田清太夫
右、申越、御馬病躰見せ置申候
一、庭五郎様被　召候ニ付申遣ス　加藤彦兵衛
追付被罷上候而、御巻藁拝見被　仰付候、夕方御的前も拝見被　仰付候

〇七日　安東朝出

一、拝診番　芝原秀意
一、庭五郎様拝診　稲川周庵
一、同断　田中懌庵
一、庭五郎様御稽古被遊候、　荒川孟彦
又介様御延引　花木十介
上田清蔵
一、御馬病躰同扁（篇カ）ニ付、今日ゟ転薬療治被　仰付候　吉田清太夫
一、御矢羽弐拾包払羽之由、御慰ニ庭五郎様江　加藤彦兵衛
被入　御覧候ニ付、指上置候
一、御延引被　仰出、申遣ス　稲垣弥五右衛門
一、又介様御詩会　龍一郎
三上湛庵
前野杢介
御断申上候　草山隆庵
稲川周庵
一、御馬療治被罷出候　吉田清太夫
一、　同　清介

八日　青木朝出

一、拝診番　中嶋意伯

一、御二方（様脱）共御延引　山根二右衛門
渡部勘之丞
一、庭五郎様拝診　稲川周庵
一、被伺御機嫌候　正木舎人
一、明九日御延引、今日被上候様被
仰付、申遣ス　加藤彦兵衛
一、御書壱通
右、
御前様江　御三方様ゟ
一、同　壱通
成姫様江　御三方様ゟ
一、同　壱通
庭五郎様ゟ　お哥代江
右、今晩立江戸表江之御便りニ被指越候様被　仰出候旨、御老女衆江
御達し、御渡し被成候様御本奥御賄衆へ書付相添持セ遣ス
一、御書壱通
又介様ゟ文岡江合四通指出ス
右四通餞ニ落手御老女衆江相渡し候段、口上ニ而御賄衆ゟ被申越候、御番人九郎
次御書使
一、明九日六ツ半時、磯村御弁当ニ而御二方様御出被　仰出候ニ付、右御
供触申遣ス　草山元益
岡嶋文庵

一、明日大網被　仰付候ニ付被　召候間、　西尾治部之介
書付ヲ以申遣ス　三浦左膳
一、明日被　召候段、庭五郎様御直ニ御意有之候　加藤彦兵衛
一、御抱守中惣御供之儀、例之通夫々相達し置候
一、若殿様江又介様御詩被　進候ニ付、宮崎音人江奉文ヲ以被指上候様ニ
指出ス
一、岡見半太夫并御医師衆呈書之返答指出ス
一、又介様御詩御添刪被　仰付遣ス、并御詩一章　野村新左衛門
被　下奥候ニ付此又指出ス
一、庭五郎御石印弐ツ出来
京都　七里九竹方ゟ指出シ候ニ付、指上申候、先達而被遣候御石之内
壱ツ石骨有之、工人難刻旨取替させ候由、依之、被遣候石一ツ戻シ申
候
一、百疋　右之刻料石代共、如此之旨、九竹ゟ申遣シ候間、伝左衛門江書
付相渡し置申候

○九日
一、雨天ニ付、今日之御出御延引被　仰出候
一、気分悪敷引込　青木貞兵衛
一、拝診番　田中懌庵
一、庭五郎様拝診　稲川周庵
一、御伽ニ被罷上候　熊谷他三郎
一、御馬見分被致候　江坂清兵衛

一、御重之内
　焼団子
右、真如院様ゟ御三方様江被進、御奉文高杉喜左衛門ゟ来り、御返答御奉文遣ス、御重箱・御硯ふた・御ふくさ・御風呂敷、御使へ返上済
一、御衍様御儀、少々御容躰御勝レ不被遊候段、丹下・元持ゟ申来り候ニ付、則右之段申上候上、安東御使者相勤候、御容躰食厥之御中風之由、至而急成御発病之趣奉承知、此段も具ニ申上候

○十日

一、拝診番　草山隆庵
一、御衍様御容躰御指重り、至而御大切之旨、今朝又々丹下・元持ゟ御知らセ申来り、即刻安東御使ニ罷越候、御容躰至而御大切ニ被為入候由奉承知、具ニ申上候
一、御衍様江干温飩十把
　鮎七尾
右、御三方様ゟ為御見舞被進、御奉文ヲ以持セ指出シ候
一、融　片岡一郎兵衛
庭五郎様御用相済、御下ケ被遊候ニ付、持セ遣ス
一、殿様御部屋入恐悦被申上候、　植田長左衛門
尤久々引込罷在、今日出勤仕候由、被伺　御機嫌
一、気分悪敷今日ゟ引込　柄嶋喜平次
一、被進物之為御礼御衍様ゟ御使被進候　御使 元持弥三郎
一、蒙求御会読　前野杢介
一、今夜四ツ時亥ノ上刻　余ハ不残御断
御衍様御逝去之御知セ丹下・元持両人衆ゟ書付ヲ以申来ル
一、御悔御使
真如院様ゟ被進候　御使 古田新九郎
一、御家老中惣使　脇伊織殿ゟ
一、正木舎人殿ゟ山崎御屋敷江罷出可申旨申来り、安東罷出候所、御衍様御逝去ニ付、御忌懸り御二方様十日御受被遊候様可申上旨被　相達候、尤、　銀之介様ニ者御忌無之候段
一、十三日卯刻、御出棺
同巳刻御葬礼、御葬礼之節、円常寺江御代拝相務可申旨被　相達候
一、今晩江戸表江御飛脚相立候、御老女衆御奉文ニ而相済候

○十一日

一、拝診番　綺田守源庵
一、庭五郎様拝診　稲川周庵
一、庭五郎様昨日御下ケ被遊候融本、正落手之旨、御風呂敷今日持セ被指出候　片岡一郎兵衛
一、気分悪敷引込　小原八郎左衛門
一、御忌中之中諸御稽古御延引相達シ置候
一、庭五郎様　御尋之御礼以書付被申上候ニ付、御披露申上候　青木貞兵衛

一、御櫛御用当分介被　仰付候　　大岡彦太夫

一、御用人衆御悔ニ被上候

一、御悔ニ被上候　　木俣多仲

○十二日

一、拝診番　　芝原秀意

一、庭五郎様拝診　　稲川周庵

一、庭五郎様拝診　　田中懌庵

一、銀之介様御歯御抜ケ被遊候ニ付、尚　　金田宗悦
今日ゟ御休薬被　仰出候
又御伺被仰付候、外ニモ御替り被遊候御歯御座候ニ付、是又御粉薬上
ケ申候

○十三日

一、拝診番　　中嶋意伯

一、庭五郎様拝診今日御免、明日ハ被罷出候　　稲川周庵

一、御衍様御出棺卯刻
右、御見立使被仰付、相勤候

一、御葬式巳刻、円常寺ニ而御代香相勤申候　　右両様共 安東平左衛門勤候

一、明十四日ゟ御抱守被仰付候由、　　岩崎九右衛門
被　伺御機嫌候　　前川文五郎
渡部要次

一、庭五郎様
御大小御修覆被　仰出候、尤、御刀者御鍔色付させ可申旨、御脇指者
御柄巻替并ニ御鞘塗替可申渡旨被　仰付、則硎師〔硎屋〕屋権左衛門呼寄申付
候

一、庭五郎様御矢筒、鈴田吉次へ底蓋拵指上候様ニ被　仰付候、何も模様
御好等無之候、尤、黒塗さつと致候而宜旨、金物真鍮是モ何も御好無
之段被　仰出候ニ付、吉次呼寄委申達シ、御矢筒竹吉次方江持せ遣ス

一、明十四日ゟ御抱守被　仰付候　　前川文五郎
岩崎九右衛門
渡部要次

一、明十四日ゟ御抱守　　御免　　倉地介左衛門
小原八郎左衛門
村田甚右衛門
小倉伴五左衛門

右之趣、舎人殿ゟ書付ヲ以申来候

○十四日

一、拝診番　　田中懌庵

一、真如院様ゟ御朦中御見舞御使被進候　　御使 古田新九郎

一、被伺御機嫌候　　山根二左衛門

一、御衍様御悔ニ在之ニ付延引仕候由　　熊谷他三郎

一、庭五郎様拝診　　稲川周庵

「一、庭五郎様御手本出来被指出候、尤　　龍草廬

壱本ニ而書相済申候由、五言絶句不残相済候
一、右御手本紙代壱本ニ付
代拾匁　書付被指出候間、御賄衆へ相達置候
一、庭五郎様先達而被　仰出之五言絶句唐詩七拾三首相済申候ニ付、先是
ニ而認さセ申候儀御止メ被　仰出候
一、御数様御息女おさゐ様御儀、江戸小日向徳恩寺江御嫁被成御座候処、
此間御病気御養生無御叶御死去之由、御本奥御老女衆ゟ此方奥方へ申
来り候由、右ハ御老女衆ゟ御奉札ニ而宜申遣候間、夫ニ而相済候由申
来り候旨、おりさ伝左衛門江被相達候趣被申聞候
一、御二方様江此節御伺御機嫌　銀之介様ゟ
御菓子被進候　饅頭うつら焼ニ而数五拾

○十五日　平服ニ而勤ル
一、拝診番　草山隆庵
一、庭五郎様、湯屋御下ケ被遊、簾被　片岡一郎兵衛
上候様被　仰出、申遣ス、則被指上候ニ付、指上置申候
一、庭五郎様御矢筒、此間吉次江被　仰付候節、蓋何之御好も無之段被
仰出候処、御印ニ亀之古文字金ふんニ而可被仰付候、尤、右之御ふた
出来之上、文字ノ格合ハ可被　仰付候間、御ふた出来之砌可入　御覧
旨被　仰付候ニ付、此段吉次江申達シ置候
一、庭五郎様被　仰出候御台子置所御鎖前之入候内江場所替被　仰付候ニ付、此所御畳半畳ニ
仕替、板はめ等ニ御作事大工昨日ゟ入申候
一、右御台子御茶水并炭等之義、以来者御番人之持ニ被　仰付候、勿論御
茶被　召上候節々も御番人御用相勤可申旨御賄中江可相達旨被仰付候
得共、御番人モ至而御用多ニ相勤申候得ハ、昼夜之御茶之御用御番人
之持前ニ相成候而ハ、却而御用之御支問(ママ)モ出来仕候而ハ奉恐入候間、
御茶水并御炭等之御用計為相勤候様ニ仕度奉存候、御茶被　召上候節
ニ者是迄之通御抱守中之存寄(カ)ニ仕度旨被相伺候処、此旨者御承知被遊
候、併以来御番人モ右御場所ニ居合候節ニ者指懸り申候節ハ御心見モ
仕、直ニ指上候様相心得可居候段被　仰出候間、奉畏候旨御請申上置
由、源右衛門被申聞(カ)候
一、御壱籠之内ぶどう
真如院様ゟ御三方様江被進候、尤、御庭前ニ出来之由、高杉喜左衛門
御奉文相添、則右御奉文返答遣ス、御籠・御硯ふた・御ふくさ・御風
呂敷ハ直ニ返上候、
一、又介様御詩稿七月七日出シ申候、八月十五日ニ添削到着、尤、江戸表
八月七日日附也　野村新左衛門
一、御書箱　壱ツ　つほね　岡野
染山
一、同　同　幾嶋　松尾
一、壱箱
庭五郎様江大名小路御前様ゟ被進之品入
一、壱箱
御用
庭五郎様江被進之御品入
外ニ奉文共八通

右、御老女衆ゟ被指出入御覧候、尤奉文跡ゟ御下ケ可被遊旨返報遣ス
一、正木舎人殿ゟ申上り
只今江戸表ゟ御飛脚到着、今月五日為　上使堀田式部様御出、
御鷹之雲雀被遊　御拝領難有被　思召候、此段可申上旨被仰付越候条、
此旨　御三方様江宜申上段被申上候
一、御請書　壱通
此度結構ニ被為蒙　仰候ニ付、御内祝御整被遊候節之御使
一、同　壱通
八朔御祝儀之御使
右弐通舎人殿ゟ被指出、入　御覧候

○十六日

一、拝診番　綺田守源庵
一、庭五郎様拝診　稲川周庵
一、今日ゟ出勤　青木貞兵衛
一、昨日御老女衆ゟ被指出候御奉文共八通御下ケ被遊候ニ付、持セ遣ス、
正ニ落手之趣御本奥御賄衆ゟ返答来ル
一、雲雀御拝領之御歓　御家老中
惣使　脇伊織殿ゟ
一、今日出勤被致候　伊藤利八
一、御拝領雲雀之御歓使者被指出候　庵原介右衛門殿
一、御重之内　御萩　弐重　御したし物 御香之物
右、
慶運院様ゟ此節為御見舞　御三方様江被進候、五十嵐半治ゟ奉札相
添、尚又奉札ヲ以返答遣ス、尤御器物者跡ゟ返上之趣申遣ス
一、御書面ヲ以御綿拝領仕候由御礼被申上候　石黒綱次郎
一、忰子御召出シ并ニ来ル十月朔日　西村平八郎
立江戸御触之御礼

○十七日　安東朝出

一、拝診番　秀意当番之所 中嶋意伯
一、御伽ニ被罷出候　熊谷他三郎
一、長浜御数様ゟ御歓御使　御使 高田無左衛門
一、饅頭七十　安東平左衛門
青木貞兵衛
中村伝左衛門
吉原源右衛門
御三方様江右之通相合ニ而御機嫌伺指上申候

○十八日　青木朝出

一、拝診番　意伯返番 芝原周意
一、庭五郎様拝診　稲川周庵
一、又介様、御詩会御延引被仰出候、三上・龍・前野へ申遣ス、草山・稲川相済（カ）
一、御櫛御用介被仰付候ニ付、以書付　前川文五郎

達シ申遣候処、追付罷上り御請被申上候

○十九日　安東朝出

一、拝診番　田中懌庵

一、被伺御機嫌候　佐藤新五右衛門

一、庭五郎様、御鉄炮御稽古来ル廿二日、沢村角右衛門善利下屋敷へ御出
可被遊被仰出候ニ付、正木舎人殿へ申遣候処、承知之由口上答申来ル、　取次 赤田勇蔵

御忌明
○廿日　青木朝出

一、拝診番　隆庵番替 綺田守源庵

一、庭五郎様拝診　稲川周庵
御快一両之内ニ御伺可申上申上置候由被申聞候

一、真如院様　御使 青木貞兵衛

一、慶運院様　同 同人

右、御旁様江御忌明ニ付、御悔并御見舞御音物被進候御礼御使者相勤候

一、御鉄炮御相手被　仰付候、御請申上候由、　榎並惣介
吉原源右衛門被申聞候

一、雲雀御拝領恐悦被罷出候　小野田小一郎

一、右同断　西尾治部之介

一、風気ニ付引込、　稲垣弥五右衛門
明日・明後日之義御断申上候

一、真如院様ゟ　御使 橋本八郎左衛門
雲雀御拝領之御歓被仰進候

一、真如院様　御使 安東平左衛門

一、慶運院様　御使 同人

右、御旁様雲雀御拝領之御歓被　仰進候

長浜
一、御数様　御使（ママ）
御忌明御使・御音物被進候御礼、御鷹之雲雀御拝領之御歓御使被相務
候様吉原源右衛門へ相達置候

一、庭五郎様、昼時ゟ被召被上候　加藤彦兵衛

一、又介様、御手習御延引被遊候　西村平八郎

一、又介様、八ツ時ゟ被召候　稲川周庵

一、雲雀御拝領恐悦被罷出候　正木舎人

一、慶雲院様ゟ　御使 五十嵐半治
（運）
御歓被　仰進候

○廿一日　安東朝出

一、拝診番　守源庵へ返番 草山隆庵

一、殿様ゟ　御三方様へ　御使 小野田小一郎
干鯛　一折
右、此度御結構ニ被為蒙　仰候ニ付、御内祝被遊候間、被　進候間、
御祝被進候様ニ御口上　御三方様御直答被遊候

一、右ニ付、　上使ヲ以干鯛一折
御樽代金頂戴之御礼ニ被上候

小野田小一郎
正木舎人
西尾治部之介

一、御書　壱通
中将様江御三方様ゟ雲雀之御歓
一、同　同
少将様□（江カ）御三方様ゟ同断
一、同　同
御前様江御三方様ゟ同断
一、御書　壱通
殿様江　御二方様ゟ御石印被進之御礼
一、同　同
大名小路御前様江庭五郎様ゟ
一、御書　壱通
大名小路御前様江御三方様ゟ御返書
一、同　同
庭五郎様ゟ　お哥代江
合七通
右、今晩江戸表江之御便りニ被指越候様御老女衆江御達し被成候様可得御意（カ）旨被　仰付候趣書付相添、御本奥御賄方江持セ遣ス処、御書七通正ニ落手、御老女江相渡候段返答来候
一、御用人中呈書五通共、今晩立之御飛脚ニ返書指出ス
一、九ツ時過御供揃、御二方様御下屋敷江御出被遊候、尤夕御膳も相廻り申候
一、御屋敷之御船御下屋敷御水門へ相廻さセ置可申旨被仰付候ニ付、廻さセ置申候、青木御供仕候、御抱守惣介・台次郎・鉄次郎・文五郎、御先払元持
一、加藤彦兵衛父子御供被　仰付候
一、古城大洞山辺猪追仕候ニ付、　御二方様共御舟ニ而指合辺迄御一覧被遊候而、御下屋敷へ御帰り、御膳被召上、御弓稽古被遊候、暮時御帰り被遊候

○廿二日　青木朝出

一、拝診番　芝原周意
一、被罷出御馬見分被致候　桃居杉右衛門
吉田清太夫
桃居氏、田中藤太夫江見分被　仰付候様被申聞、則申越、則被罷出見分、存寄無之由、今日ゟ桃居薬ニ致し申候
一、今日沢村角右衛門下屋敷へ御鉄炮御稽古ニ御出御延引被　仰出、正木舎人殿へ申遣候
一、御二方様共、御稽古御延引被　仰出候　荒川孟彦
花木十介
上田清蔵
一、今日ゟ出勤　柄嶋喜平次
一、亀印様箙謡本御下ケ被遊、片岡一郎兵衛方江為持遣候
一、右同断羽衣紅葉狩謡本指上候様被　仰出、取ニ遣候、弐冊共指上ル

一、御櫛御用介従今日ゟ御免申達ス　大岡彦大夫
一、庭五郎様、昼時過ゟ御下屋敷へ御出、御供安東、御抱守野田・渡辺・
加藤彦兵衛・同鉄蔵・熊谷他三郎被召候処、彦兵衛・他三郎両人御断
被申上候
一、庭五郎様、御遠的矢拾本出来、吉右衛門持参仕候ニ付、指上申候

○**廿三日**　安東朝出

一、拝診番　中嶋意伯
一、蒙求御会読御断申上候　三上湛庵
一、雲雀御拝領之御祝、且又四拾人組　勝平次右衛門
御組替御礼、尚又此間之御内祝拝領物之御礼等被申上候、尤此間引込
罷在、今日出勤被致候之由
一、御二方様御延引　山根二右衛門・渡部勘之丞・鈴木権十郎
一、銀之介様、御灸治被遊候ニ付被罷出候　田中懌庵・中嶋意伯
一、庭五郎様拝診ニ罷上り候処、御続被　稲川周庵
遊候而御快被入候間、此後被罷出候義御免被　仰出候
一、又介様蒙求　御会読并御詩会暫御断申上候、
右、御断申上候も、少々気分不勝候ニ付、時々御断申上候も奉恐入候
由、追而全快之上又々御願可申旨被申、申上候　草山隆庵

一、庭五郎様昼時ゟ被召候由申遣候段、　榎並惣介
源右衛門被申聞候
一、明後廿五日、佐野表へ罷下り候ニ付、　池田太右衛門
被伺御機嫌候、尤、明日も罷上り可申候間、今明日何レニも御目見相
願申候ニ付、申上候処、明日罷上り候節御目見可被仰付候段被　仰出
候間、明日五ツ半時過被罷上候様ニ相達し置候
一、有芳院様御法事、明廿四日於清凉寺一昼之御法事有之候、依之
上方様　御代拝相勤申候間、其旨一往御申上、各方之内　御代拝可被
仰付候儀と存候段以書付正木舎人殿ゟ被申上候
一、庭五郎様九ツ半時御供揃、御下屋敷江御出被遊候、御供青木、御抱守
大岡・清水、御先払伊藤、加藤鉄蔵・池田久右衛門俄七ツ時前ゟ被召候、三人とも御懸合被下置候
御供被　仰付候　榎並惣介
一、又介様蒙求御会読ニ被罷出候　安達見龍
一、松園御奥方見廻りニ被上候、　御二方様江梨被指上候

○**廿四日**　青木朝出

一、拝診番　田中懌庵
一、御弓拝見　加藤彦兵衛
一、御二方様共、昼時ゟ御下屋敷御出被　仰出候、加藤彦兵衛・同鉄蔵・
御相手衆三人計被召候旨、彦兵衛へ被　仰付候
一、銀之介様、御下屋敷五ツ半時頃ゟ御歩行御出被遊候、昼時御帰り被遊候
一、明日発足ニ付罷出、御目見被　仰付候　池田太右衛門
有芳院様御法事
一、清凉寺御代拝相勤候　青木貞兵衛

一、御二方様、九ツ半時御供揃ニ而、御下屋敷江御出被遊候、安東御供仕
候、御抱守榎並・前川・野田・丹下、御先払鈴田
一、加藤彦兵衛父子、御相手衆同道御下屋敷江被罷出候
岡沢多左衛門
越石何右衛門
林田勘次
右三人之衆南之台御茶屋ニ而御二方様御目見被　仰付候、尤、何茂暮
時迄被召置候ニ付、御掛合被　下置候、御帰り暮時過
一、（ママ）

○廿五日　安東朝出

一、拝診番　隆庵替番　綺田守源庵
一、悴子御相手被　仰付候御礼ニ参候　林田加左衛門
一、庭五郎様、九ツ半時御供揃、御下屋敷江御出被遊候、青木御供仕候、
御抱守森野・長谷馬、御先払中瀬　加藤鉄蔵
一、同刻ゟ被召候　清水大次郎
七ツ時過御帰り被遊候
一、今日ゟ出勤之由、被伺御機嫌候　稲垣弥五右衛門
一、明後廿七日、御角前御稽古被　仰出候ニ付、右同人江相達シ置、尤明
日ハ罷出申候ニ不及候段被　仰出、是又相達申候
一、右ニ付、沢村角右衛門下屋敷ニ而庭五郎様来ル廿七日御鉄炮御稽古可
被遊候段被　仰出候旨、書付ヲ以正木舎人殿へ申遣シ置候、承知之趣
返答来ル
一、御手習拝見御断り申上候　西村平八郎
一、松茸一包　加藤彦兵衛
御二方様江指上度旨ヲ以被指上、則入　御覧候、硯ふた・覆紗持セ返
し申候

○廿六日　青木朝出

一、拝診番　返替番　草山隆庵
一、庭五郎様御延引、又介様被　仰付候　龍一郎
一、さひ竹壱本
右、村上十右衛門様・桃居庄兵衛下役召連葛籠町庄屋持参、入御覧、
御意ニ入申候ニ付、人足代百銅・多葉粉二ツ庄屋へ頂戴為仕候
一、六拾目　御胴薬
一、五匁　御口薬
右、御鉄炮方ゟ請取、則切手参り
一、銀之介様御口中伺罷出候　金田宗悦
一、御馬聢々不仕、馬医半七ニ伺申候様、桃居杉右衛門被申聞、則半七申
遣候
一、又介様、明日之御詩会御延引被　仰出、相達シ申候、尤雨天ニも候
ハヽ、例刻ゟ被罷上候様ニ達シ置候
三上湛庵
龍一郎
前野杢介

一、明廿七日九ツ時御供揃ニ而、沢村角右衛門下屋敷江　御二方様御出
被遊ニ付、御供触遣ス　草山元益
岡嶋文庵
一、御鉄炮御相手被仰付候ニ付申達ス　岩崎九右衛門
榎並惣介
其外御供触例之通夫々達候
一、　馬医平七
右之者参り申候間、桃居杉右衛門ニ被罷出候様ニ申遣候処、追付被罷
出御療治被申渡候、考も有之候ニ付、薬用ひ可申旨、杉右衛門被相達
候、右之趣一応達　御聴置候

○廿七日　安東朝出

一、拝診番　芝原秀意
荒川孟彦
一、御二方様御延引被遊候　花木十介
上田清蔵
一、庭五郎様、御供被仰付置候処、俄ニ　榎並惣介
夜前ゟ寒熱往来仕候ニ付、御断被申上候、長谷馬和吉罷出申上候
一、御馬勝レ不申候ニ付、朝ゟ罷出ル　青木貞兵衛
一、被罷上候　熊谷他三郎
一、又介様御供被仰付候　稲川周庵
一、御馬殞申候ニ付、正木舎人殿へ罷越、右之趣申達、殞馬取片付之儀、
御馬役頭取衆へ御馬之通埒方被致候様御申渡被下候様申候処、御承知
之由
一、右之通御馬殞申候ニ付、取片付之儀、宜被申渡候様、尤御用人中ゟも
其御方江御申達可有之旨以手紙佐藤新五右衛門方へ申達候、他行之由、
其後佐藤新五右衛門被罷出候処、両人共御供ニ罷出居逢不申、又々小
頭両人被指出、段々日も暮取片付之御支度明日ニ可成旨被申越、則承
知之旨返答申遣候
一、御二方様九ツ時御供揃、沢村角右衛門善利下屋敷江御出被遊候、
庭五郎様、御鉄炮御稽古被遊候、又介様、御詩作被遊候、弥五右衛
門・平左衛門、御抱守九右衛門・勘六御相手被　仰付候、又介様、周
庵・元益○杢介御相手被仰付候、九右衛門・勘六・要次・熊谷他三郎・大
次郎・喜右衛門・文五郎・杢介・元益・文庵御供、御先払九郎次・平
介・貞兵衛事、御馬之埒合ニ懸り、御跡ゟ参り申候、暮時御帰り、夫
ゟ宝珠院へ御二方様御出、上坂丈右衛門弟子揚火　御覧被遊候、芝原
周意・大岡彦大夫・猿木鉄次郎参居申候様ニ被　仰付、参り居被申候、
四ツ時過相済、御帰被遊候、右ニ而も御小弁当・饅頭指上申候、御供
中へ弁当・御菓子御下被下置候、住寺へも御菓子饅頭頂戴為致申候、
御出・御帰り共正木舎人殿へ申遣ス
一、今日出勤仕候由、御機嫌相伺被申候　荒川文次郎
一、江戸表御用人衆ゟ　御衍様御卒去之　御機嫌伺書札相届申候

○廿八日　青木朝出

一、拝診番　中嶋意伯
一、御二方様御延引　山根二右衛門
鈴木権十郎
渡辺勘之丞

一、板之間之者沢村下屋敷へ御玉ふるひニ参り候様元〆役へ申渡ス
一、御機嫌伺　　正木舎人
御馬被進候様仕度相願出申候旨、江戸表へ御申上被下候様願申候、御
承知之由
一、又介様昼時ゟ被　召候筈之由御意被遊候　　稲川周庵
一、庭五郎様御下屋敷へ昼時ゟ御出可被遊被　仰出候
一、御鉄炮掃除御手入、御鉄炮方へ申遣、相済参り申候
一、八寸角三枚・四寸角三枚請取申候、請取切手認参り候、追而調印可遣
事
一、此間之焔焇（硝カ）口薬請取切手、両人とも調印為持遣、落手之由返答来ル
一、病気快気出勤ニ付、　御機嫌伺　　礒嶋三左衛門
一、御衍様御逝去ニ付、　御機嫌伺使者　　庵原助右衛門殿
被指出候、尤、江戸表ゟ被申越候由
一、八ツ時過被罷出候　　稲川周庵
一、御賄方ゟ槻御門御鎖前番壱人御用ニ付組戻し被　仰渡、右代り御城中
上り番壱人入替被仰渡、然ル処槻御門御鎖前番・御城中上り番共ニ三
人ニ相成候ニ付、当御屋敷江上り番壱人被指越、御番人壱人戻し申候
様《ハ、》槻御門江指越候様、正木舎人殿御申渡ニ付、金田次郎兵衛組松村孫
ゝ次右衛門与申者、来月二日誓詞為致指越可申由、当御屋敷御番人之内
野中三右衛門戻し申候様申来り候ニ付、野中三右衛門・鈴田吉次・中
瀬九十郎、此節　御子様方御用被　仰付置候事共有之、半途ニ相成
候而ハ御用向難弁、元持平介戻し可申由返答申遣候、何之返答も無之、
定而承知と存候
一、庭五郎様、昼時過ゟ御下屋敷へ御出、熊谷他三郎被召候処、他行之由、
御断申来ル
一、庭五郎様八ツ時御供揃ニ而、御下屋敷江御出被遊候、御供安東、御抱
守野田・柄嶋、御先払鈴田
一、七ツ時ゟ被　召候ニ付被上候　　加藤彦兵衛

○廿九日　　青木朝出替番

一、拝診番　　田中懌庵
一、清凉寺御代拝　　安東平左衛門
一、庭五郎様御巻藁拝見　　加藤彦兵衛
一、御胴薬廿五匁御鉄炮方江請取ニ遣候、則請取切手調印為持遣し候
一、昨日八寸角三枚・四寸三枚請取切手調印遣候
一、明朔日、宇津木弥平太下屋敷へ庭五郎様御鉄炮ニ御出可被遊被仰出候
段、正木舎人殿へ申遣候
御供触例之通夫々相達ス、五ツ時過揃
御医師　　三上湛庵
一、御相手被仰付申達ス　　岩崎九右衛門
　　　　　　　　　　　　野田勘六
一、御二方様御弓御稽古被遊候　　加藤彦兵衛
　　　　　　　　　　　　　　　同　鉄蔵
御相手衆　　三浦源六
　　　　　　和田龍左衛門
　　　　　　大久保繁平
於御座敷被請御目見候
一、夜八ツ時比、木俣並之丞屋鋪小屋壱軒焼失、安東・青木罷出候、早速
鎮火　御目覚無之候

（表紙）
「天明三癸卯年
広小路御屋鋪留帳
九月朔日十二月廿九日迄」

九月朔日　青木朝出

一、御二方様、例之通、御表ニ而御祝儀被為　請候
一、御祝儀被申上候　惣使　小野〔田脱〕小一郎
一、庭五郎様、五ツ半時御供揃ニ而、宇津木弥平太下屋敷江、御鉄炮御稽古ニ御出被遊候、御供安東・御抱守柄嶋・前川、外ニ岩崎・野田、御相手被　仰付候、稲垣弥五右衛門御用御坐候由、相済次第、御跡ゟ可罷越由、御医師三上湛庵御出、小野田小一郎殿へ申遣候　隆庵替番　芝原周意
一、拝診番
一、罷出候ニ付、直ニ参り被申候様申達ス　稲垣弥五右衛門
一、北野寺へ今朝案内申遣候処、役僧被指出、御厩清執行相済、件之僧江銀壱封・御茶菓子頂戴為致候
一、江戸ゟ着、伺御機嫌被申候　森川八蔵
一、又介様、昼過ゟ被　召候　稲川周庵
一、御［御奉文］少々火事、御機嫌伺呈書出ル　〃〃〃（まつその玉江
一、庭五郎様、七ツ半時頃ゟ御帰被遊、小野田小一郎殿へ申遣ス
一、昨日、忰子御弓御相手、初而罷出候御礼　和田真左衛門
一、御矢筒竹為持遣候　佐藤半左衛門

○二日　安東朝出

一、拝診番　綺田守源庵
一、又介様、御灸治被　仰出候ニ付申遣ス、膏合七九十一天枢章門七対被遊候　田中懌庵
一、昨日之古玉十一持セ遣ス、落手之趣口上ニ而返答申来ル　稲垣弥五右衛門
一、庭五郎様、御鉄炮掃除礒被　仰出、御鉄炮方江持セ遣ス、則掃除出来被指上候
一、御二方様御延引　荒川文次郎
　花木十介
　上田清蔵
一、御鎖前番　松村孫次右衛門
右者今日誓詞相済候由、当御屋敷御鎖前番入被申渡、元持平介、今日ゟ戻シ可申旨、御賄方ゟ書付ヲ以申来り、承知之趣返答申遣ス

○三日　青木朝出

一、拝診番　芝原御返番　草山隆庵
一、御二方様共御延引被遊候　山根二右衛門
　鈴木権十郎
　渡辺勘之丞
一、毎月四日、蒙求御会読、此以後毎月三日ニ御替被遊候段被仰出候、則

今日例刻ゟ被罷出候様、三上湛庵・安達見龍方へ申達候、残之面々江者兼而被　仰出被置候由

一、蒙求御会読、当分御断　稲川周庵

一、今日ゟ引籠　安東平左衛門

一、今日御会読御断　三上湛庵

一、御普請方江、里根山古城御山松茸盛之時節被申上候様被　仰出候段、申達候処、返答来ル

一、明四日ゟ御馬場御茶屋近辺快晴三日計之内、芽苅ニ付、御出御断被申上候、相済候ハ、知らせ可申由

一、蒙求御会読　安達見龍
　前野杢介
　御断被申上候　三上湛庵

一、又介様御詩之題指上ニ出ル召ル　稲川周庵

一、御講日毎ニ御相手被仰付候面々　加藤彦兵衛
召連可罷出段、被相伺、其通ニ被　仰付候、御巻藁も　庭五郎様拝見被　仰付候

○**四日**　青木朝出

一、拝診番　意伯替番　田中懌庵

一、出勤　橋本弥五郎

一、御書入箱一ツ　つほね
　大浦
　梅岡

一、六通御奉文
右、御賄方ゟ、今日江戸表ゟ参着ニ付御老女衆被相渡由、被指出候

一、四拾目　御胴薬
右、御鉄炮方ゟ請取、例之通請取切手も来ル、翌日切手調印遣ス

一、梨一台　柄嶋喜平次
右、実父久徳十太夫方ニ出来申候由、　御三方様へ献上

一、銀子拾弐分
右、江戸表おか代殿ゟ、先達而庭五郎様へ被指上候唐紙参り代被越御賄伝左衛門へ相渡申候

一、御詩 八月八日指出し候　野村新左衛門
右、添刪仕指上申候

一、詩一章　同人
又介様へ指上申候、并先達頂戴御詩作呈書出ル

一、右之衆被罷出、御相手被仰付候、　加藤彦兵衛
松沢・大久保、初而被上、御目見被　同　鉄蔵
仰付候　松沢源之丞
　大久保専介

一、松沢源之丞・大久保専介御礼被申上候

○**五日**　青木朝出

一、拝診番　懌庵替　中嶋意伯

一、夜分ゟ引込　福留乙三郎

一、明六日、沢村角右衛門下屋敷へ御鉄炮御稽古ニ御出被　仰出候、尤昼九ツ時

時御供揃、岩崎・榎並・野田、御供相手被　仰付、野田事胴薬切し申
候由、御断申上候
　　御供触申候　　稲垣弥五右衛門
　　　　　　　　　安達見龍
　　　　　　　　　稲川周庵
　　　　　　　　　加藤鉄蔵
一、今日昼時ゟ被罷出候様、
　庭五郎様被仰出、加藤彦兵衛へ申達ス　　岡沢多左衛門
一、悴子昨日初而　御相手被仰付候御礼　　松沢弥左衛門
　　　　　　　　　　　　　　　　　　　　大久保善之丞
　　　　　　　　　　　　　　　　　　　　西村平八郎
一、今日御用出来御断り申上候、
　銀之介様いろは御手本被　仰付候
一、明晩立江戸表へ之御飛脚御延引相触申候
一、庭五郎様、為御鉄炮御稽古、毎月一々ニ宇津木弥平太下田村下屋敷、
沢村角右衛門善利下屋敷へ六々与御定日被相極御出可被遊由ニ付、指
問之筋も無之哉、一往相尋被申候処、指当り指問之筋も無之、万一破
損其外指問之節者御断可申上旨被申聞候由
一、兼而被　仰出候通、御掃除計申付置候義ニ御坐候得共、御定日被相被(ママ)
相極候而、毎々御出も被遊候義、其上御茶弁当ニ而被為相済候御様子
故、御茶・御たはこ盆等も不指出、別段召仕も附置申間敷旨、御断申
聞置候、右御定日御延引ニ相成候ハヽ、直ニ弥平太・角右衛門方江拙
者共ゟ知らせ申候様、尤相達　御聴置候様、小野田小一郎殿ゟ被申越、
則申上置候
一、又介様、八ツ時ゟ被　召候　　稲川周庵

一、庭五郎様、昼時ゟ御弓御相手被　　加藤鉄蔵
　仰付候、七ツ時御暇　　　　　　　　岡沢多左衛門
一、八ツ時罷出候様、小野田小一郎殿ゟ申来、罷出候処、此納米被　仰付、
御屋鋪様先年御割合如何と被尋候ニ付、御指引無之旨申上、其通ニ相
心得罷有候様御申聞ニ御坐候
一、口上覚書、小一郎殿へ出ス　　前野杢介
一、銀之介様、少々御持病気ニ被為入候ニ付、明日、田中懌庵拝診被　仰
付候段申達ス

○六日　青木

一、拝診番　　草山隆庵
一、銀之介様拝診　　田中懌庵
　御薬御用被　仰付候、御養生薬之御事故、御沙汰なし也
一、庭五郎様御延引、　　龍一郎
　又介様被　仰付候
一、梨一台十一
　ほうつき五枝
　御三方様へ長浜御数様ゟ御奉文ニ而被進候由、御本奥ゟ為持来り、則
　披露指上申候
一、御庭芽苅仕廻申候段申上ル　　武居龍之進
一、先達而御庭方ゟ被上候鷺草二鉢　　右同所へ
　御庭方へ為持遣ス
一、病気引込　　野田勘六

一、庭五郎様、九ツ時御供揃ニ而、沢村角右衛門下屋敷御鉄炮ニ被為入候、
岩崎・榎並御相手被　仰付、稲垣も御屋敷へ被出、御先へ参り被申候
様被仰付候、御供渡辺要次・清水大次郎、暮時御帰り被遊候、御夕御
膳下屋敷ニ而被　仰付候
一、被召候御相手衆、向後弁当御供之通持参被致候様申達置候
一、御出御帰り共、小野田小一郎殿へ申遣候、又介様、今日御出天気相不
勝御延引被仰出候
一、御納戸方ゟ　御三方様へ、例年御歳暮被進、御小袖御好之染色、御寸
尺申越候様申来り候

○七日　青木

一、拝診番　綺田当番頼之由　芝原周意
一、又介様 庭五郎様 御延引、　荒川文次郎
〃〃〃 又介様被遊候、御次掃　花木十介
一、御納戸方江、例年被進之御歳暮之御小袖御染色、御寸尺、御三方様之
分、夫々申達ス
一、殿様・若殿様江、年頭御祝儀、例年被進之、御扇子五本入二箱、小墨
絵煮黒目鈨萠黄真田紐付、御納戸方江御誂頼遣ス、承知之由申来ル
一、又介様、今日昼ゟ被　召候段申遣　草山元益
一、御鉄炮方へ御鉄炮御掃除磨申越、則相済来ル
一、御胴薬三拾匁
一、御掃除かるこ壱本、但し矢竹 請取
右之通、御鉄炮方ゟ請取之切手認来り跡ゟ調印

一、御櫛御用介御免申達ス　前川文五郎
一、又介様御詩会　龍一郎
三上湛庵
草山元益
前野杢介
一、来ル九日晩立、江戸表へ之御飛脚申来り候

○八日　安東朝出

一、拝診番　守源庵可出処、頼ニ付由　田中懌庵
一、今日出勤　安東平左衛門
一、庭五郎様被遊候　山根二右衛門
又介様御延引　渡部勘之丞
鈴木権十郎
一、被伺御機嫌并明九日御講日節句　加藤彦兵衛
ニ付御延引被相伺候処、伺之通、御延引被仰出候、尚又、暫御留置被
遊候而、庭五郎様御弓拝見被　仰付候
一、悴子疱瘡ニ付、今日ゟ恐引　野中三右衛門
一、御機嫌被相伺候　佐藤新五右衛門

○九日　青木朝出

一、御三方様、於御表被為請御祝儀候
一、御家老中惣使以御祝儀被申上候　木俣土佐殿ゟ
一、御用人衆御祝儀ニ被罷出候

一、江戸御子様方ゟ御祝儀御使被進候、　御使 佐藤半左衛門
御三方様御直答被遊候
一、拝診番　中嶋意伯
一、慶運院様江御祝儀御使被進候　御使 青木貞兵衛
一、呈書御祝儀被申上候　松園
玉江
一、今日ゟ引込　綺田守源庵
一、同断　草山元益
一、殿様　若殿様　御前様　御使 勝平次右衛門
御直答被遊候
一、真如院様　御使 高杉喜左衛門
御直答被遊候
一、慶運院様　御使 五十嵐半次
一、御数様　御使 山岸宗太
一、御二方様、九ツ時御供揃ニ而、槻御殿江為御祝儀被為　入候、御供安東、御抱守前川・岩崎・大岡・猿木、御先払古川九郎次、御赤飯被進、御供中江も被下候、惣麻上下、御番人ハ袴計
一、御前様江御三方様ゟ御書壱通　御返答
一、庭五郎様ゟ同断　お歌代江
右、今晩御飛脚ニ被指越候様、御老女衆へ申達被相渡候様、御賄方へ指越申候、則正落手、御老女衆へ相渡し、返答来ル
一、御用紙包壱封
右、今晩御便ニ江戸表へ被指越候様書付添、留所へ指越

一、御用人衆へ先達　御衍様御儀ニ付、被伺　御機嫌、返書指出し申候
一、真如院様江
銀之介様ゟ之御使安東平左衛門勤ル

○十日　安東朝出

一、拝診番　田中懌庵
一、又介様御手習被遊候　西村平八郎
一、御伽ニ被罷出候　熊谷他三郎
一、庭五郎様御用拾匁御手本代
右、草廬ゟ認被指上候御手本一冊代、今日書状相認封取〆宗次江相渡し、京都御便り次第指上シ申候様ニ達シ置候
一、同断金子百疋　御石印刻料、石代共
右、七里九竹方ゟ出来、指上申候、料物右之通、是又今日書状相認封宗次江相渡申候、京都江之御便り次第指上シ申候様相達置候
一、又介様御詩会〻〻 会読　三上湛庵
安達見龍
前野杢介
一、庭五郎様御鉄炮御稽古
一、又介様、御歩行ニ宇津木弥平太平田村下屋敷へ、明十一日九ツ時御供揃ニ而、御出可被遊被　仰出、御供触致候
御先へ参り候様被仰出候　稲垣弥五右衛門
〃　中嶋意伯

御鉄炮御相手被　仰付候　稲川周庵
岩崎九右衛門
榎並惣助
前野杢介

一、来ル十二日　高岑院様三十七回御忌ニ付、於江戸表、御茶湯料御法事御坐候由、先年も為知被申候義ニ付、被申達候由、小野田小一郎殿ゟ被申達候ニ付申上候

一、御弓御相手ニ被召候　加藤鉄蔵

○十一日　青木朝出

一、庭五郎様江、射術御書物、吉辰ニ　加藤彦兵衛
付、段々御上達被遊候ニ付指上申度持参、御目見被　仰付、御受被遊候、相済、御上江も御祝之御酒御吸物被　仰付候、彦兵衛江茂御酒御吸物被　下置候、恐悦申上ル

一、出勤　福冨乙三郎
当番之節、　御目見可被　仰付旨被　仰出候

一、今日ゟ休引　榎並惣介
小野田小一郎殿ゟ申来り、則申上

一、御抱守惣介代り被　仰付候由、　冨田弥三左衛門
誓詞相済候ハヽ、御番可被仰付旨申来り、則申上ル、御抱守衆へも被申達置候

一、庭五郎様御延引、　龍一郎
又介様被　仰付候

一、拝診番　草山隆庵

一、御二方様、九ツ時御供揃ニ而、平田宇津木弥平太下屋敷江御出被遊候、両人共御供仕、御抱守猿木・福留・前野・橋本、御先払伊藤・中瀬

一、庭五郎様御鉄炮御相手ニ被　召連候　岩崎九右衛門
榎並惣介

一、又介様、別段ニ御供被　仰付候　前野杢介

一、御医師衆　中嶋意伯
稲川周庵

一、八ツ時頃被罷出候　稲垣弥五右衛門

一、御二方様、暮時過御帰り被遊候、尤七ツ半時過ゟ、俄雨降出候ニ付、御途中迄御駕来り、善利川橋ゟ御駕ニ被召候、御出御帰り共小野田小一郎殿江申遣ス

一、御札　御三方様江、例年之通被指上候　北野寺

○十二日　安東朝出

一、拝診番　芝原秀意
又介様ニ者御伺御免

一、御二方様御延引　荒川文次郎
花木十介
上田清蔵

一、又介様拝診、御はなをすれニ付　稲川周庵

一、五拾五匁　御筒薬

一、弐匁五分　御口薬

一、壱本　かるこ木
右之通、御鉄炮方ゟ請取申候、切手認来り、九月十七日調印指出ス
殿様江
一、栗　百五ツ
御前様江
一、栗　百五ツ
右者御庭ニ出来、江戸表御便之節、例年之通、宜被指上候様、御老女衆へ被申達被相渡候様被仰出候段、御賄方江申達、為持遣候、御賄方ゟ返答来ル
例年御老女衆内々へ被申候而、江戸表へ被指上候由承ル居
一、御二方様、明十三日五ツ時御供揃、南筋江御射鳥ニ御出、御弁当沢村角右衛門下屋敷、自然指間候ハヽ、高宮宿次郎左衛門歟御本陣へ可被為入旨被　仰出候、尤御野廻り装束
件之通、御供揃申達候　　奥山伝右衛門
三上湛庵
上田祐庵
亀印様　　大岡彦大夫
前川文五郎
竹印様　　猿木鉄次郎
前野杢介
一、御鎖前番当分介　　藤居藤九郎
右之者被申渡候段、且又野中三右衛門出勤次第相戻シ可申旨、書付ヲ以御賄方ゟ申来り、則承知之趣返答遣ス

○十三日　青木朝出
一、拝診番　　中嶋意伯
一、御二方様、五ツ時御供揃、善利村沢村角右衛門下屋敷御弁当、南筋江御射鳥ニ御出被遊候、両人共御供仕候、御抱守大岡・前川・猿木・前野、御先払中瀬・伊藤、暮時前御帰、御出御帰り小野田江申遣ス
一、御餌割　　塩野左近右衛門
御医師　　三上湛庵
上田祐安
一、庭五郎様、新宮矢場ニ而、片桐弥三八弟子四人遠的稽古いたし被居御覧被遊候、片桐権之丞・川手・上松・正木、稽古いたし被居候、青木宅へ片桐権之〔弥三八〕御礼ニ被罷出候
一、　　冨田弥三左衛門
右、今日誓詞相済候ニ付、当御屋敷へ相勤被申候様被申渡候段、小一郎殿ゟ申上有之、則申上候
一、御鎗術御延引相達候　　山根二右衛門
一、御栗壱台百
真如院様江御三方様ゟ被進候、御奉文相添、高杉氏江指出ス、尚又御礼御奉文来ル

○十四日　安東朝出
一、拝診番　　草山隆庵　懌庵当番之所替番之由
一、御二方様、御目見被仰付候　　冨田弥三左衛門
一、御伽ニ被罷出候　　熊谷他三郎
一、夜前、寝違仕難義仕候趣ヲ以今日御断、鉄蔵ヲ以被申上候　　加藤彦兵衛

一、昼時ゟ御相手衆両三人召連候而被　　加藤鉄蔵
罷出候様ニ被　仰出、相達ス
一、梨五十　　御老女衆ゟ
右、御普請方ゟ御奥方江上り候由ニ付、　御三方様江被指上候
一、明十五日、遠方江罷越度段相願申　　橋本弥五郎
候ニ付、御暇被下置候
一、昼時ゟ件之衆同道被罷出候、舟越　　加藤鉄蔵
始而被上、　御二方様共御目見被仰　　岡島全之進
付候　　舟越庄介
池田久右衛門
一、庭五郎様御弽腹皮筈請損し取替、加藤彦兵衛方江為持遣し候
一、九月五日・七日両日共、御老中様御招請、万端無御滞被為済、御太慶
思召候趣、小野田小一郎殿ゟ被申上候
一、御札　　智乗院ゟ
庭五郎様・　又介様江例之通被指上候ニ付、御賄衆より被指出、則
指上申候

十五日　青木朝出

一、御二方様、例之通、於御表被為請御祝儀候
一、拝診番　　田中懌庵
銀之介様御快御休薬被遊候
一、御用人中恐悦ニ被罷出候
一、若殿様ゟ御書一通
一、御奉文拾通
一、呈書弐通
一、庭五郎様へ同　　おか代
右之通、御老女衆被渡候由、御賄方ゟ為持来り、入　御覧候
一、御延引被　仰出候、申遣ス　　西村平八郎
一、恐悦使者ヲ以被申上候　　庵原助右衛門殿
一、又介様、昼時ゟ被召候　　稲川周庵
一、明六日、沢村角右衛門下屋敷ニ而　庭五郎様御鉄炮御稽古御出、九
ツ時御供揃と被仰出候、右之段触遣ス　　稲垣弥五右衛門
安達見龍
一、御抱守当番ゟ壱人、御用持ゟ壱人之旨被　仰出候、岩崎九右衛門、別
段御供被仰付、御相手被仰付候ニ付、是又相達置候
一、三匁　紫握皮三枚代
右、京都矢師佐兵衛方江遣ス、御便り次第指上し候様ニ元〆方江相渡
し置候
一、奉文拾通・呈書弐通
右、御下ケ被遊候ニ付、奥方御賄所へ持セ遣ス、今朝之硯ふた・ふく
さ、是又相戻シ申候、佐藤半左衛門落手之由
一、恐悦并当日御祝儀呈書被指出候　　御老女衆ゟ
一、真如院様ゟ御使被進候ニ付、御直　　御使 橋本八郎左衛門
答之趣ニ取計申候
一、慶雲院様ゟ御使被進候、御直答之　　御使 五十嵐半治

趣取計申候
一、御用人衆ゟ呈書被指出候、御覧相済　増田・西山・吉用

十六日　安東朝出

一、拝診番　芝原秀意
一、又介様御機嫌伺ニ被上候　稲川周庵
庭五郎様
一、五ツ半時過ゟ被召、　加藤彦兵衛
御弓拝見被仰付候
一、庭五郎様御用召候而罷上り候　沢田喜右衛門
一、庭五郎様御延引、　龍一郎
又介様被仰付候
一、庭五郎様、九ツ時御供揃ニ而、御射鳥、夫ゟ沢村角右衛門下屋敷へ御
鉄炮御稽古御出被遊候、御供安東、御抱守清水・大岡、御用持之内ニ
而橋本、御相手ニ岩崎被召連候
一、稲垣弥五右衛門下屋敷江向ケ御跡ゟ直ニ被罷出候
一、暮時御帰り、御出・御帰り共小一郎殿へ申遣ス
御三方様江
一、松茸一台　木俣土佐殿
右、持山ニ出申候由、当年者見苦敷御坐候得共、御慰ニ被指上候由
五ツ半時
一、明十七日御使御用有之間、御用持壱人被罷出候様申達候

十七日　青木朝出

一、拝診番　中嶋意伯
御三方様
一、御使　渡辺要次

昨日木俣土佐殿ゟ持山ニ出申候由松茸一台被上、右御挨拶御使被指越
候、若林小左衛門与申ものへ申達置候由
一、御詩会明十八日御延引、雨天ニ御坐候ハ、例之通上り申候様被仰出、
則三上・龍・前野方へ申達候
一、御鑓御稽古明十八日御延引被仰出、山根氏へ申達ス
一、御延引被仰候、又介様ニ者少々御　荒川文次郎
花木十介
足御痛被遊由、御延引被　仰出候　上田清蔵
土佐殿ゟ上り之内
一、松茸五本ツ、頂戴仕候　青木貞兵衛
安東平左衛門
一、右同断むし入一台　中村伝左衛門
吉原源右衛門
一、出勤　草山元益
一、庭五郎様九ツ半ゟ被召候而、被罷　加藤彦兵衛
出候、御巻藁拝見被仰付候
一、又介様、九ツ時ゟ被召、被罷上候　稲川周庵
一、明十八日四ツ半時御供揃、加藤彦兵衛方江　御二方様御出被遊候、
御名指ニ而中嶋意伯被召連候間触遣ス、御抱守・御用持両人ツ、相達
シ置候、四人之内ゟ御供壱人ツ、御先詰壱人ツ、可被　仰付候旨相達
し置候
一、又介様、七ツ時過ゟ被召候ニ付、申遣ス　前野杢介

○十八日　安東朝出

一、拝診番　田中懌庵

一、来ル廿一日　緑樹院様十三回御忌ニ付、於清涼寺御法事有之候段小野田小一郎殿ゟ被申上候

一、栗　一台五十
御二方様ゟ被下置候ニ付、為持遣申候　渡部逸道

一、　金田次郎兵衛組 松村孫次右衛門代　安部浅右衛門
右、松村孫次右衛門代り、誓詞も相済申候由、御賄方ゟ申来り、則罷出申候ニ付、安東・青木・吉原詰合申候ニ付逢申候

一、　渡辺弥五左衛門
同苗逸道へ栗被下置、并今日彦兵衛弟子弓御覧ニ被為入候御礼被罷出候

一、九ツ時御供揃ニ而、加藤彦兵衛方へ御出、弟子弓　御二方様御覧被遊候、相済申候而、　御二方様ニ茂被遊候、御相手加藤鉄蔵・池田久右衛門・岡沢多左衛門被　仰付候、表并勝手ニ而も例之通御菓子指上申候、御供中元〆御番人迄饅頭鶉焼出し被申候、御表ニ而之御菓子おほろ饅頭、御勝手ニ而外郎餅・鶉焼饅頭、彦兵衛・鉄蔵・彦兵衛妻・渡辺弥五左衛門・池田久右衛門御菓子頂戴為致候、暮時前御帰、御出・御帰り共小野田小一郎殿へ申遣ス、尤御地廻り御歩行と申達候

一、近キ所故、御留守残り不被　仰付、銀之介様当番之人切也

一、御供安東・青木・中嶋意伯、尤御名指ニ而被仰付候、御抱守・御先詰岩崎九右衛門・渡辺要次、御供森野・橋本・長谷馬・清水・前野・冨田、御先払伊東・中瀬、元〆森宗次

一、御礼ニ被罷出候　加藤彦兵衛
同　鉄蔵
渡辺弥五左衛門
逸道御尋御礼旁被申上候

一、出勤　野田勘六

十九日　青木朝出

一、拝診番　草山隆庵

一、七才未満始病死遠慮引　中村伝左衛門

一、昼時ゟ又介様被召出被罷出候　稲川周庵

一、鉄蔵并御相手衆三四人同道昼時ゟ被罷出候様被仰付候、昼時ゟ　加藤彦兵衛
庭五郎様御下屋敷御出被仰出候

一、御尺八合

一、鋳貫小欓　壱本
右者当分御用ニ付請取置申候、件之切手御鉄炮方へ九月廿日遣置候、御尺八合、先達而之共、以上弐本也

一、女中御切符相渡申候由、吉原源右衛門被申聞候

一、庭五郎様、九ツ時御供揃ニ而、御下屋敷江御出被遊候、御供安東・野田・冨田、御先払古川九郎次
御先へ参り居候様被　仰付候　加藤彦兵衛
同　鉄蔵
岡沢多左衛門

被召連候
一、御二方様共　御目見被仰付候　林田勘次郎　朝比奈平介　熊谷他三郎　朝比奈平介
一、御弓御相手衆、七ツ時ゟ御暇被下候、彦兵衛父子も一緒ニ下り被申候、
追而夕御膳も相廻り、御膳後暫御弓被遊候而、暮時御帰り被遊候
一、初而御相手被仰付候ニ付、御礼ニ被罷出候　朝比奈平介

○廿日　安東朝出

一、拝診番　芝原秀意
一、御用筋出来之由得上り不申候段御　西村平八郎
断ニ被罷出候
一、八拾七匁　御筒薬
右之通請取切手九月廿二日ニ御鉄炮方江遣し置
一、明廿一日庭五郎様（御二方）〻〻〻〻様九ツ時御供揃ニ而、平田村宇津木弥平太下屋敷江
御出被仰出、　庭五郎様ニ者御鉄炮御出被遊候、則御供触申達候
御相手御供被仰付候　稲垣弥五右衛門　草山元益　中嶋元哲　岩崎九右衛門
一、九ツ半時過御供揃、御下屋敷江御二方様御出被遊候、青木御供仕候、
森野・前川・大岡・猿木、御先払中瀬、夕御膳相廻り申候、暮時頃御
帰り

○廿一日　青木朝出

一、拝診番　中嶋意伯
又介様御免
一、出勤、御目見被仰付候　小県清庵
一、同断、同断　石原松庵
一、庭五郎様御碟　加藤鉄蔵
右腹皮取、替筈請取替出来持参被致指上申候、百舌一羽指上被申候
一、里根御山来廿三日四日松茸盛之由、　古城御山廿五日廿六日盛之由、
御普請方ゟ被申上、則申上候
一、緑樹院様十三回御忌御代拝　安東平左衛門
右、清凉寺へ罷越、相勤申候
一、御二方様御延引　龍一郎
一、小野田小一郎殿江安東参り、廿三日里根山、廿五日古城・大洞山、右
御茸猟ニ御出被遊候間、去々年之通夫々御指紙御出シ候様ニ掛合申上
候処、御承知之趣、尤御普請方・御作事方・御畳方三役所也
一、御普請方・御作事方へも書付ヲ以御出之日限并例年之通御支度被致候
様ニ申遣ス、
御畳方江も口上ニ而知らせ遣ス
一、廿五日、大洞山・古城山へ御出之趣、例之通相心得被居候様、明塚五
郎太夫方へ申遣ス
一、御書　三通
殿様・若殿様・御前様江　御三方様ゟ
右、今晩立江戸表御便りニ被指越候様御老女衆江御達シ御渡被成候様

被仰出候由、御賄衆江書付相添持セ遣候処、孫太夫落手、相渡シ候段
返答来ル
一、又介様御詩作　壱章
右、
若殿様江又介様ゟ被進候ニ付、宮崎音人江奉札ニ而指出ス、尤、御留
所江今晩江戸表御便りニ被指越候様ニ申遣ス
一、九ツ時御供揃、平田村宇津（木脱）弥平太下屋敷江御鉄炮御稽古ニ　庭五郎
様御出被遊候、　又介様ニモ御一緒ニ御歩行御出被遊候、安東御供
仕候、尤、青木義八御書并御茸猟之御用筋有之ニ付、右御用済ゟ御跡
ニ平田江罷越被申候

庭五郎様御供　御相手被仰付候
猿木鉄次郎
柄嶋喜平太
岩崎九右衛門

又介様御供　別段ニ被召連候
長谷馬和吉
前野杢介
冨田弥三左衛門

御医師
草山元益
中嶋元哲

又介様被召連候　稲川周庵

一、御跡ゟ罷出候　稲垣弥五右衛門
一、御柿　一籠
真如院様ゟ御三方様江被進候、尤御二方様御留主之由御返答申上候由、
御入後、入御覧申候、高杉氏奉文相添、仍之右之返答奉文翌廿二日指
出ス、其節御入物・御包物等返上仕候

○廿二日　安東朝出
一、拝診番　田中懌庵
一、御鉄炮掃除磨被仰付候間、御鉄炮方江持セ遣ス、則御役之者請取、帰ル
一、御二方様御延引
荒川文次郎
花木十介
上田清蔵
一、小野田小一郎殿伺　御機嫌ニ被罷出候、右之序ニ大洞秋塚五郎太夫
方江之書付持セ遣シ呉候様ニ御賄衆江相頼申候段申述、被指置候間、
吉原氏へ相渡ス
一、遠慮引今日ニ而相済候所、風気ニ付　中村伝左衛門
今日ゟ引込
一、庭五郎様御腰物御手入被　仰付候　磨屋 権左衛門
一、里根山・大洞山両日之御出之節、御賄衆壱人ニ而者御用之失シ悪敷有
之候ニ付、安東、小野田小一郎殿江参り、右両日御賄介ニ山岸左右太
被仰渡候様ニ致度段掛合申候処、御承知可被　仰渡候由
一、明廿三日朝六ツ時前御供揃ニ而、里根山江御二方様御出被仰出、御供
触申遣ス

加藤彦兵衛
同　鉄蔵
細居九介
同　駒之丞

佐藤新五右衛門
岡嶋全之進
熊谷他三郎
高杉喜左衛門
柄嶋勘十郎
腹痛之由御断ニ付奥山伝右衛門被出候　和田真左衛門
稲垣弥五右衛門
中嶋意伯
三上湛庵
御供番　清瀬道建
岡嶋文庵
稲川周庵
上田祐安
御供番　草山元益
中嶋元哲
青木良介
安東長次郎

一、御抱守衆御留主残り両人・銀之介様当番壱人、余者皆御供ニ被召連候
趣相達し置候
一、又介様、九ツ時ゟ被召候　稲川周庵
一、廿三日・廿五日御出ニ付、御留主　山岸左右太
介被　仰付候

○廿四（三）日
一、拝診番　草山隆庵
一、明ケ六ツ時前御供揃ニ而、里根山へ御二方様御出被遊候、青木・安東
両人共御供仕候、御賄吉原源左衛門、御跡ゟ被罷越候、元〆壱人・御
番人四人、内弐人御先払
一、御抱守　森野喜右衛門　丹下栄介
清水大次郎　猿木鉄次郎
橋本弥五郎　前野杢介
右六人
庭五郎様御供被仰付候
一、同　長谷馬和吉　柄嶋喜平次
岩崎九右衛門　福留乙三郎
渡部要次　冨田弥三左衛門
右六人
又介様御供被　仰付候
一、御留主残り　大岡彦太夫（ママ）　野田勘六
一、又介様昼時ゟ被召候ニ付ニ　野田勘六
里根山へ御跡ゟ罷越候
一、此度者御用人衆ハ不被召連候
一、御賄中ゟ御中間八人借り申候
一、松茸　一籠十七
一、真しめし　一籠
右、御普請方ゟ被上候

一、御酒　弐〻（三）升　　御普請方　手先之者
一、同　弐升　　御作事方　手先之者
一、右同断　　御畳方　手先之者
右へ先例之通御菓子も被下置候
一、御供ニ被召連候面々
御前江被召候而御酒・御吸物被　下置候、并此方両人・御賄・御抱守
衆是又同様ニ被下置候
一、昼過ゟ御普請方取手上ケ松茸取指出し申候様被　仰出候
一、夕方被召候面々并ニ板之間・又ものニ至迄勝手ニちから取致申候様被
仰出候、尤、取帰り候ハヽ、数改メ入御入候上直ニ被下置候
（貼紙）
「一饅頭五十　　青木貞兵衛
右先例之通献上仕候　　安東平左衛門
中村伝左衛門
吉原源右衛門」
被召候面々御名前ハ、前日御供触之通り有之間、最早こゝニ不記候
一、殿様
若殿様ゟ
御伝言御座候ニ付被罷出候処、今日御留主ニ付被申上置候段、左右太
江戸着　奥平伝蔵
御帰後被申上候
一、御出御帰り共小野田小一郎殿江申遣ス
一、御猟茸
千七百三拾三本
外ニ御普請方取手ゟ八百本上ル
又ちから取三百本
都合弐千八百三拾三本

○廿四日　両人出

一、拝診番　　石原松庵
一、江戸表ゟ着被　伺御機嫌候　　曽根佐十郎
一、昨日御供被仰付候御礼ニ罷出候　　青木良介
安東長次郎
高杉喜左衛門
一、右同断　　佐藤新五右衛門
一、右同断　　奥山伝右衛門
細居九介
一、右同断　　同　駒之丞
一、明廿五日暁六ツ時前御供揃ニ而、御二方様古城山・大洞山へ御茸猟ニ
御出被　仰出、夫々例之通御供触相達ス、御抱守・御留主残り両人、
銀之介様当番ニ而三人相残り、余者不残御供被仰付候
明日被召連候衆中
痛所御断　曽根佐十郎
荒川文次郎
当朝御断　同　孟彦
病後御断　礒嶋三左衛門
痛所御断　山根二右衛門

此節引込御断
病後御断
拝診番
痛所御断
御断申上候

一、御賄方ゟ帰番之事申来ル、則戻シ申候
一、悴子疱瘡三番湯相済セ候ニ付出勤
一、御松茸被下候御礼使者被指出候
一、右同断

和田真左衛門
片岡一郎兵衛
渡部弥五左衛門
渡部十右衛門
関左七
熊谷他三郎
田中懌庵
綺田守源庵
小県清庵
芝原秀意
草山隆庵
石原松庵
安達見龍
岡嶋文庵
稲川周庵
龍一郎
藤居藤九郎
野中三右衛門
脇伊織殿ゟ
使
宇多喜代次
木俣土佐殿
同　半弥殿
使
奥村理左衛門

一、右同断
一、右同断
一、右同断
尤、江戸表へ可申遣候、先自拙者御礼申上候由

松茸拝領御礼被罷出候

長野百郎（次脱）殿
使
樋口右平次
西郷軍之介殿
使
千田勝右衛門
庵原主税之介殿
使
尾崎辺（団カ）蔵
加藤彦兵衛
同　鉄蔵
岡嶋全之進
高杉喜左衛門
細居九介
同　駒之丞
佐藤新五右衛門
清瀬道健
三上湛庵
稲川周庵
青木良介
安東長次郎
大岡彦大夫
前川文五郎
守野喜右衛門
福留乙三郎
岩崎九右衛門

里根山松茸拝領之覚

弐拾本ツ、
拾五本ツ、
拾五本ツ、

一渡辺要次
木俣土佐殿
同　半弥殿
庵原助右衛門殿
西郷軍之介殿
長野百次郎殿
脇　伊織殿
正木舎人
小野田小一郎
西尾治部之介
勝平次右衛門
加藤彦兵衛
同　鉄蔵
稲垣弥五右衛門
細居九介
同　駒之丞
佐藤新五右衛門
岡嶋全之進
熊谷他三郎
高杉喜左衛門
奥山伝右衛門
中嶋意伯

弐拾本ツ、
十五本ツ、
一　拾本ツ、
一　七本ツ、
一　同
一拾三本　拾本ツ、　七本ツ、　五本ツ、
壱人　　三人　　　三人　　　壱人
一　五本ツ、
一　五本ツ、
一　拾本ツ、

三上湛庵
草山元益
中嶋元哲
清瀬道健
岡嶋文庵
稲川周庵
上田祐庵
青木良介
安東長次郎
柄嶋勘十郎
青木貞兵衛
安東平左衛門
中村伝左衛門
吉原源右衛門
御抱守拾五人
元〆役弐人
御番人六人
八〻
当御屋鋪
女中七人
板之間者拾人
御鑓持四人
松薗
玉江

槻御殿女中

一、拾本ツヽ　（繁野

一、三拾本相合　（御側壱人　御次三人

一、真如院様　拾本被進候

一、慶運院様　右同断

一、銀之介様　右同断

一、木俣土佐殿・同半弥殿・脇伊織殿江松茸被下置候、御使猿木鉄次郎被相務候

一、庵原助右衛門殿・西郷軍之介殿・長野百次郎殿江右同断、御使冨田弥三左衛門被相務候

一、御用人衆四人江者先例之通御番人御使ニ而被下置候

一、里根御山御猟之松茸

一、四百本　合羽籠壱荷

一、右同断　右同断

一、五百本　大籠　壱

一、九百六拾三本　取手方ゟ指上ル

〆弐千六百九拾三本

一、弐百五拾本中開つぼミ例年之通　殿様・御前様江干松茸ニ被仰付被進茸、奥方松薗方へ参り申候

一、三拾本　御料理茸

一、被進并拝領茸弐千四本、人数九拾人

一、損茸六百八拾九本

二口〆

弐千六百九拾三本

廿五日　青木早出

一、大洞山江之御出、雨天ニ付御延引、小野田小一郎・御普請方・御作事方・御畳方、明塚五郎介方へ知らせ遣候、今日被召候面々江御延引申遣候

一、松茸拝領之御礼書付出ル、追而被罷出候　小野田小一郎

一、右同断被罷出候　西尾治部之介

一、拝診番　芝原周意

一、又介様、昼時被　召候　稲川周庵

一、松茸拝領之御礼被罷出　勝平次右衛門

正木舎人

一、雨天ニ候ハヽ、昼ゟ被仰付候　龍一郎

一、明日雨天ニ候ハヽ、五ツ半時ゟ被　加藤彦兵衛
召候、天気能大洞へ御出被遊候ハ　同　鉄蔵
ヽ、御供被仰付候段申遣ス

一、明廿六日暁六ツ時前御供揃ニ而、古城并大洞山へ御茸狩ニ　御二方様御出可被遊候旨被　仰出候、例之通夫々御供触相達ス

右御供ニ被召候面々江申遣ス、左之通

加藤彦兵衛

同　鉄蔵

荒川文次郎

持病気ニ付御断

同　孟彦
和田真左衛門
片岡一郎兵衛
渡部弥五左衛門
熊谷他三郎
田中懌庵
草山隆庵
安達見龍
岡嶋文庵
稲川周庵
龍一郎
渡部十右衛門
関左七

一、小野田小一郎殿江も申遣ス、并御普請方・御作事方江書付ニ而知らセ遣ス、御畳方大洞秋塚五郎太夫江口上ニ而申遣ス

一、山岸左右太江小一郎殿御達之趣ヲ以明廿六日出勤之事申遣ス、尤小一郎殿被上候ニ付、掛合之上右之趣申候

一、明日御鉄炮御稽古御延引申遣ス

一、松茸拝領之御礼ニ被罷上候

沢村角右衛門
稲垣弥五右衛門
丹下栄介
柄嶋喜平次
富田弥三左衛門
清水大次郎

稲垣弥五左衛門
熊谷他三郎
中嶋元哲
上田祐安
草山元益
野田勘六
前野杢介
猿木鉄次郎
長谷馬和吉
橋本弥五郎
柄嶋勘十郎
中嶋意伯
奥山伝右衛門

○廿六日

一、拝診番　中嶋意伯

一、御二方様六ツ前時御供揃ニ而、古城・大洞山江御茸狩ニ御出被遊候、御供拙者共両人罷出候、御抱守拾弐人被召連候、外ニ　庭五郎様御留守残り大岡彦大夫、里根山へ御出之節も御留守残りニ付、今日被召連候、御番人野中三右衛門・伊東喜八・古川九郎次・中瀬九十郎四人被召連候、御供中一度支度被下置候、一度者札渡り也、御出・御帰り共御用人小野田小一郎殿へ申遣候、御供之人数御供触之通故略ス

一、里根御山へ御出之通り献上、左之通り

松茸数之覚

一、饅頭五十
一、御酒三升
同断
一、弐升
一、右同断
先例之通御菓子も被　下置候
一、銀之介様当番御留主残り
一、御礼被罷出候
一、御供之面々御供触之通り故、爰ニ略ス
大洞山御猟之松茸
一、六百弐本
一、弐百六拾本
一、拾七本
此外ニ三百本余有之
一、五拾本
殿様・御前様江干茸ニ而例年之通被進、奥方・松園方江参り申候
一、拾本　一台
銀之介様江　御二方様ゟ被進候
一、弐拾本　御料理竹

青木貞兵衛　拾本ツヽ
安東平左衛門
中村伝左衛門　同
吉原源右衛門
御普請手先之者
御作事方手先之者
御畳方手先之者　同
守野喜右衛門
福留乙三郎
明塚五郎太夫
御長持壱棹ニ入　同
取手方ゟ指上
御普請方ゟ献上

河西忠左衛門
日下部内記
向坂市右衛門
戸塚恵左衛門
辻八郎右衛門
毛利十兵衛
三居孫大夫
植田長左衛門
佐藤半左衛門
小森理右衛門
臼居彦右衛門
北村文左衛門
伊藤利介
神尾惣左衛門
土田甚五郎
伊藤利八
栗林弥一左衛門
同　伝内
桃居杉右衛門
武居龍之進
永末昌運
鈴木権十郎
百々善介

同
渡辺勘之丞
上田清蔵
花木十介
荒川文次郎
同　孟彦
礒嶋三左衛門
塩野左近右衛門
曽根佐十郎
山根二右衛門
和田真左衛門
片岡一郎兵衛
渡辺弥五左衛門

同
同　逸道
田中懌庵
草山隆庵
綺田守源庵
小県清庵
石原松庵
安達見龍
龍一郎

同
西村平八郎
渡辺十右衛門
関左七

橋本八郎左衛門
古田新九郎
山岸宗太
同　岩泉庄兵衛
香取猪左衛門
同　山根織兵衛
富永杢右衛門
同　松岡
同　清多
同　平尾
同　青山
御賄手代
一、七本ツ、　四人
右同断　小森作兵衛
右同断　沢田喜右衛門
右之通被進被下置、御料理茸
数高　七百本
人数六拾四人
損し茸四百七拾九本
例年御手前人数ニも被　下置候得とも、損し茸多不足足り不申、今年
者夫故不被　下置候
惣松茸数
〆千百七拾九本

○廿七日　両人共朝ゟ出ル

一、拝診番　田中懌庵

一、被召候処、御断被申上候、鉄蔵御相手被
仰付候　加藤彦兵衛
同　鉄蔵

一、又介様御詩作御相手ニ昼ゟ被召候　三上湛庵
草山元益
稲川周庵

御定日御詩会
一、御断申上候　前野杢介

右同断
一、今日御免　龍一郎

一、両御山へ御出之節、下役共へ御酒
・御菓子被下置候御礼　河西忠左衛門

一、今日御稽古御延引　荒川文次郎

一、五拾匁　御胴薬

一、五枚　八寸角

右、仮切手安東入御鉄炮方へ請取ニ遣候而請取申候

一、両御山へ御出之節、下役共へ御酒
・御菓子被下置候御礼　毛利十兵衛

一、下役共へも茸拝領之御礼　植田長左衛門

一、明廿八日四ツ半時御供揃ニ而、威徳院八幡宮江御参詣、夫ゟ沢村角右
衛門下屋敷江御鉄炮御稽古ニ御出可被遊旨、庭五郎被　仰出候ニ
付、御供触夫々申遣候
中嶋意伯

一、申遣候処、明日ハ無拠御役用ニ付　稲垣弥五右衛門
御断被申上候

一、案内申遣置候　威徳院

○廿八日　安東朝出

一、拝診番　草山隆庵

一、御二方様、御稽古御延引　山根二右衛門

一、病気ニ付引込　安部浅右衛門

一、又介様、九ツ時ゟ被召候　稲川周庵

一、庭五郎様、四ツ半時御供揃ニ而、威徳院八幡へ御参詣、沢村角右衛門
下屋敷江御鉄炮御稽古ニ被為　入候、御供安東、御抱守岩崎・猿木・
大岡、御先詰前川、御先払古川九郎次、稲垣弥五右衛門御役用ニ付御
断申上候、御出・御帰共小野田小一郎殿へ申達候

○廿九日　青木朝出

一、拝診番　綺田守源庵

一、出勤　御目見被仰付候　中村伝左衛門

一、被罷出、　加藤彦兵衛
新弓　被入　御覧候、尤八張之内五　同　鉄蔵
張御下ケ被遊候、御手綱弐筋ニ巻遣候処、直ニ戻り元〆方へ渡ス

一、六十匁　御筒薬
右、鉄炮方江青木仮切手入申候

一、同かるこ細クいたし被上候様申遣候

一、御鉄炮掃除磨御鉄炮方へ持セ遣ス、則相済被指出候

一、昼時又々被　召候ニ付罷出候　加藤彦兵衛
同　鉄蔵
一、離弓附ケニ罷上り申候而被仰付候　沢田喜右衛門
一、釣柿共　渡部逸道
御二方様江被指上候、例年被指上候由ヲ以書付ヲ以被指出、則入御覧
候上、奉文返報遣ス
一、又介様、新弓御射込被　仰付候ニ付、袋ニ入加藤彦兵衛方へ持セ遣ス、
袋共ニ指置セ候、尤、詰所ニ有ル袋也

○晦日　安東朝出

一、拝診番　松庵当番之所替番 田中懌庵
一、被罷上候而御弓被遊候　加藤彦兵衛
同　鉄蔵
一、御伽ニ被罷出候　熊谷他三郎
一、明日江戸表江発足仕候ニ付被　伺　榎並惣介
御機嫌候、　御三方様御目見被　仰付候
一、弓新張仕候而入御覧候　沢田喜右衛門
一、半紙壱束　榎並惣介
明日江戸表発足ニ付被下置之、為持遣候
一、御二方様明朔日宇津木弥平太下屋敷へ御出、尤鉄炮御稽古ニ御出被
仰出候、御供触　稲垣弥五右衛門
昼時ゟ直ニ被　参候様　ノ三上湛庵
五ツ半時揃　ノ稲川周庵
岩崎九右衛門
庭五郎様、御供当番両人　又介様御供当番御用持両人、御留主ハ御
用持壱人　銀之介様当番相兼

九《十》月朔日

一、御二方様、例之通御表ニ而御祝儀被為　請候
一、惣使を以御祝義被申上候　勝平次右衛門
一、拝診番　芝原秀意
一、庭五郎様、御鉄炮御稽古、雨天ニ付御延引、　又介様御出も御延引被
仰出候、宇津木弥平太方江も御延引申越候、稲垣弥五右衛門・三上湛
庵・稲川周庵御延引夫々申達候、御抱守衆へも申達ス
一、又介様、昼時ゟ被召候　稲川周庵
一、若殿様ゟ庭五郎様
又介様　江御石印二宛
右、宮崎音人方ゟ御奉札ニ而被進候
一、又介様御詩并御詩合壱冊　野村新左衛門
右、添删此度御便ニ指越、則指上申候
一、御奉文弐通　松嶋　つほね
文岡　大浦
梅岡
一、呈書　壱通　文岡
おかよ
〆三通
右、御賄方ゟ御老女衆御渡候由参り申候、入　御覧相済、御下ケ被遊

候ニ付、御賄方江持セ遣シ相戻ス
一、拾俵御加増　　森源兵衛
知行取格ニ而
本役被　仰付候ニ御礼、小森理右衛門名代ニ被罷上候
一、庭五郎様御鉄炮之御矢場箱一ツ相渡ス　　岩崎九右衛門
一、来ル十一月十一日、　若殿様ゟ　御縁女様江御結納被進、同廿三日
御婚姻御整被遊度、先月十九日松平陸奥守様江御先手長谷川太郎兵衛
様ヲ以被　仰進候処、彼方様ゟも御先手倉橋三左衛門様ヲ以目出度御
治定可被成段　御双方被　仰合被為　済、　御太慶　思召候、此
度勝平次右衛門殿ゟ被申上候
一、右之御悦　慶運院様ゟ被　仰進　　御使　五十嵐半治
候ニ付、　御直答之趣取計
一、真如院様ゟ　御直答之趣取計申候　　御使　橋本八郎左衛門
一、下屋敷垣共　修理仕候ニ付、暫　　沢村角右衛門
之内御断被申上候、追而出来之上可申上由
一、御弓材道具一通り取揃、取寄セ指　　沢田喜右衛門
上候様被　仰付候ニ付相達ス
一、槻御殿・大手御屋敷江　　御使　安東平左衛門
一、西尾隆元両奥方御用使被仰付候御礼　　名代　植田長左衛門
一、岡嶋丹蔵両奥方御用使此度役被　仰付候御礼　　名代　松居礒左衛門
一、宮崎音人新知拝領之御礼　　名代　渡部十右衛門
一、半弥縁組願之通被　仰付候御礼使者被指出候　　木俣土佐殿
一、鹿角一本持セ遣ス　　岩崎九右衛門

○二日　安東朝出
一、拝診番　　中嶋意伯
一、勝平次右衛門殿ゟ壱人罷出可申旨申来、安東罷出候所、先達而相伺置
候御馬之儀、御家中馬之内ニ而も入御覧、御買上可仕候、若又夫も無
之候ハヽ、木本市ニ而御買上可仕候、兎角御屋敷ニ而之御埒合ニ取計
可申候、尤御馬代之価ハ七両弐歩高ヲ限り可申旨、右之御馬代金ハ被
進候間、左様相心得可申候由相達し被申候
一、御弓御相手被　仰付候、尤昼時　　加藤鉄蔵
御暇被下候而、退出被致候
一、御二方様、御稽古御延引　　御断申上候　荒川文次郎
花木十介
御断申上候　上田清蔵
一、若殿様　御婚姻并御結納御日限　　勝平次右衛門
御治定之恐悦被申上候　　小野田小一郎
西尾治部之介
一、廿日計之支度ニ而江戸詰被仰付候御礼　　草山元益
一、被罷出候様以書付申遣候処、他出之由　　佐藤新五右衛門
一、御手本之請取書　　龍草廬
御握皮請取書　　小西佐兵衛
右、御賄中村伝左衛門へ相渡申候
一、娘縁組御礼　　綺田守源庵
一、痛所引込　　柄嶋喜平次

○三日　青木朝出
一、拝診番（庭五郎様御免）　懌庵番替　綺田守源庵
一、庭五郎様御延引、又介様被遊候　山根二右衛門
渡辺勘之丞
鈴木権十郎
一、庭五郎様被召、御弓被遊候　加藤彦兵衛
岡沢多左衛門
一、蒙求御会読今日御断　安達見龍
一、御供番之義、　草山元益
仲ヶ間中へ頼置申候由承知居致呉候様被申聞候
一、蒙求御会読御断申上候　三上湛庵

○四日　安東朝出
一、拝診番　草山隆庵
一、又介様、昼時ゟ被召候ニ付、申遣ス　稲川周庵
一、清凉寺江御代拝相勤候　青木貞兵衛
一、九ツ時ゟ被罷出候、庭五郎様御弓　加藤彦兵衛
御稽古被遊候、又介様御延引　同　鉄蔵
三浦源六
大久保繁平
松沢源之丞
一、明五日、多賀辺へ参り申度由　橋本弥五郎
一、庭五郎様、四ツ半時御供揃ニ而、明五日平田村辺へ御歩行ニ御出被
仰出候、宇津木弥平太・戸塚左馬之進・西山内蔵允下屋敷之内へ可被
為入被仰出、承合遣申候、御抱守ハ常式之通御供
御供触申遣候　三上湛庵

○五日　青木朝出
一、拝診番　守源庵返番　田中懌庵
一、御二方様、四ツ時ゟ御下屋敷江御出被遊候、青木御供仕候、御抱守
野田・森野・清水・渡部・岩崎・前野、御先払伊藤
一、見セ馬牽セ被上候ニ付、御下屋敷ニ而御二　佐藤新五右衛門
方様御覧被遊候　土田甚五郎
右ニ付被罷出候　桃居杉右衛門
右之馬者横地修理持馬ニ有之候、然ル所、甚重く　思召ニ不相叶、先
御見合可被遊旨被仰出候
一、又介様、御手習被遊候　西村平八郎
一、庭五郎様、九ツ時ゟ南筋江御射鳥ニ御出被遊候、青木御供仕候、御抱
守森野・岩崎・渡部、御先払伊藤
御出・御入共勝平次右衛門殿へ申遣ス
御医師御供　三上湛庵
一、新宮芝ニ而加藤彦兵衛弟子衆遠的稽古致シ被申候ニ付、左ニ而御覧被
遊候
一、又介様、　御目見被　仰付候　奥方見廻り被上候　松園
一、六日晩立江戸表江之御飛脚御延引、七日之晩立被遣候由触来ル

一、於新宮、弟子中遠的稽古仕居候所、庭五郎様御覧被　下置難有達（ママ）申候
趣、御入後御礼ニ被罷出候　　加藤彦兵衛
一、明六日五ツ時御供揃、平田村宇津木弥平太下屋敷江　御二方様御出
可被遊被　仰出候間、御供触例之通夫々相達置候
稲垣弥五右衛門
安達見龍
稲川周庵
一、御抱守御用持両人
一、玄猪ニ付御祝儀申上候
一、　御縫物師
たね
右之者病気ニ付宿下り被仰付候

○六日　安東朝出

一、拝診番　石原松庵
一、雨天ニ付今日之御出御延引被仰出候
一、又介様、昼時ゟ被召候　稲川周庵
一、庭五郎様御延引、又介様被　仰付候　龍一郎
一、庭五郎様、昼時ゟ被召候　加藤彦兵衛
一、庭五郎様被仰付候御矢筒出来、指上申候　鈴田吉次

○七日　青木朝出候所、風気ニ付頼合、安東終日詰切

一、拝診番　芝原秀意
一、御二方様御延引　荒川文次郎
一、被罷上候而庭五郎様御弓御相手被　仰付候
花木十介
上田清蔵
加藤鉄蔵
一、御書三通御三方様ゟ御歓　殿様・若殿様・御前様へ被進候
一、同　壱通御二方様ゟ
若殿様江御石印被進候御礼
一、同　壱通
庭五郎様ゟ　お哥代江
合五通
今晩立江戸表江之御便ニ被指越候様御老女衆江相達シ被相渡候様ニ被
仰出候段、奥方御賄中江指出ス、則落手之返答来ル
一、又介様御詩稿　壱枚
右、新左衛門江添删被　仰付候ニ付、書付相添留所江指出ス、尤呈書
之返答も遣ス
一、宮崎音人江御奉文返答出ス
一、御用人衆呈書返答出ス
一、瀬下治左衛門呈書返答出ス
一、又介様、御詩会被遊候
龍一郎
三上湛庵
前野杢介
一、庭五郎様御用
御石印刻料請取、七里九竹ゟ指越候ニ付、元〆方江被相渡候様吉原氏
へ今日相渡シ候

○八日　安東朝出
今日も頼合ニ付終日詰切

一、拝診番　　意伯所替番　田中懌庵
又介様少々御積気気ニ付御薬被仰付候
一、御二方様、御稽古御延引被仰出申遣ス　山根二右衛門
一、庭五郎様、五ツ半時ゟ被召候　加藤彦兵衛
一、御機嫌伺ニ被罷出候　勝平次右衛門
一、又介様夕御伺被仰付、被罷上候　田中懌庵
一、又介様、御針被仰付候ニ付申遣ス　上田祐安

九日　青木朝出

一、又介様拝診被罷出候　田中懌庵
一、又介様、針治被　仰付候　上田祐安
一、拝診番　懌庵番替返書　中嶋意伯
一、壱箱　栗・干松茸入
又介様ゟ野村新左衛門江御内々被下置候ニ付、右之趣奉札相添、江戸
表江御荷物便りニ指下ス、尤留所江持セ出ス
一、庭五郎様、御弓御稽古被遊候、　加藤彦兵衛
又介様御延引　同　鉄蔵
和田龍左衛門
大久保専介
朝比奈平介
一、御伽ニ罷上り被申候　熊谷他三郎

○十日　安東朝出

一、拝診番　草山隆庵
一、蒙求御会御延被仰出、相達シ遣、　三上湛庵
重而ハ追而可被　仰出候間、左様　（安達見龍
被相心得候段被　仰付候
一、庭五郎様、御用御借り可被遊候ニ　岡沢多左衛門江
付、多左衛門持弓被指上候様申遣ス
一、御手習御延引被遊候　西村平八郎
一、又介様拝診　田中懌庵
一、又介様、御針治被　仰付候　上田祐安
一、明日ゟ上京仕ニ付御機嫌相伺、　大岡彦太夫
御二方様御目見被仰付候
右、彦太夫上京ニ付
一、矢摺藤　しのき藤
切詰之藤　握皮紫・黒両方ニ而拾枚
平治板附　五組大小取合
〆五品京都ニ而調参り可申旨、庭五郎様被　仰付候ニ付相達ス、尤料
物払方之儀相尋候ニ付、只今員数も相知レ不申候事故、矢師佐兵衛方
江書状指越、左兵衛売上ヲ以御買上ケ被致候而、求参り被申候様ニ懸
合遣シ申候
一、明十一日四ツ半時御供揃ニ而、　庭五郎様御鉄炮ニ宇津木弥平太下
屋敷へ御出、　又介様同所へ御歩行ニ御出被　仰出、御供岩崎九右
衛門、当番御用持弐人、又介様御供当番御用持弐人と被仰出候、則相

達候、御留主又介様当番壱人、銀之介様当番居残と被　仰出候
御供触遣候　（安達見龍
稲川周庵
以書付申達候　稲垣弥五右衛門
一、高倉家江　大岡彦太夫
衣文稽古上京明十一日ゟ出入五日御暇被相願被申渡候由申来り候、御
月番勝平次右衛門
一、庭五郎様夜分被召候由　野田勘六
一、又介様右同断　前野杢介

十一日　安東朝出

一、拝診番　綺田守源庵
庭五郎様御免
一、庭五郎様御延引、又介様被　仰付候　龍一郎
一、御庭之菊花　御三方様江被指上候　武居龍之進
一、御二方様、九ツ時ゟ南筋御射留御出被遊、夫ゟ庭五郎様ニ者平田村宇
津木弥平太下屋敷ニ而御鉄炮御稽古被遊候、尚又　又介様ニモ御同
所江被為入候而、　御二方様暮時前御帰り被遊候、両人共御供仕候、
御抱守衆長谷馬・清水・岩崎・丹下・福留、御先払古川・中瀬
御医師衆　安達見龍
稲川周庵
一、御跡ゟ罷出候　稲垣弥五右衛門
御出・御帰り共勝平次右衛門殿江申遣ス

○十二日　安東朝出

一、拝診番　石原松庵
一、御二方様御延引　荒川文次郎
花木十介
一、又介様拝診　上田清蔵
田中懌庵
一、　元持弥三郎
富田弥三左衛門
右、弥三郎儀、　御子様方御抱守被　仰渡候、弥三左衛門義、御抱
守　御免被　仰渡候段、勝平次右衛門殿ゟ申上り有之候、則申上候
一、庭五郎様、御鉄炮掃除磨被　仰出候間、御鉄炮方江持セ遣ス、則出来
被指上候
一、又介様御針治被仰付候　上田祐安
一、木本馬市ニ罷越候ニ付、被罷出候　栗林伝内
一、御書一箱　松嶋
一、御請壱通ツ、　（おか代
文岡
一、御奉文八通
江戸表ゟ御飛脚参り申候由、奥方ゟ来り申候

○十三日　青木朝出

一、御三方様御目見被　仰付候　元持弥三郎

一、被召候処御断、忰鉄蔵差出し可申候由　　加藤彦兵衛
一、拝診番　　芝原秀意　田中懌庵
一、孫疱瘡三番湯為済候ニ付、先達而松茸拝領
之御礼　　三居孫太夫
一、御二方様御鑓御延引　　山根二右衛門
鈴木権十郎
一、又介様拝診　　田中懌庵
一、右同断、今日切ニ而針治御休被申上候　　上田祐庵
一、御相手被罷出候、明朝弟子衆同道　　加藤鉄蔵
被罷出候様被　仰付候由被申聞候
一、かん十郎打弓一張　　青木貞兵衛
御用ニ付、　庭五郎様江指上置申候
一、次男源次郎惣領ニ願之通被　仰付候御礼　　勝平次右衛門
一、又介様御弓　　加藤鉄蔵
御射込大分力味も宜成申候ニ付、持参被指上候
一、九ツ時過御供揃、御下屋敷へ　御二方様御出被遊候、安東御供仕候、
御抱守森野・福留・清水・渡部・元持、御先払古川
一、さび竹弐本　　武居龍之進
（庭五郎様江被指上候而入　御覧候上、御屋鋪江相廻させ被置候間、此
段も申上置候
一、干鯛一折
栄吉様御七夜御祝儀ニ付御祝被進候由、御老女衆奉文ニ而参り、奥方
ゟ持セ被指出候、　御三方様江入　御覧候
一、明十四日、加藤彦兵衛門弟中へ遠的稽古　御覧可被遊候旨被　仰出候
ニ付、彦兵衛方江承合ニ遣ス
一、明十四日四ツ半時御供揃ニ而、　御二方様新宮江御出被遊候ニ付、
御供触夫々ニ相達ス　　中嶋意伯
上田祐安

○**十四日**　安東朝出

一、拝診番　　中嶋意伯
一、又介様拝診無拠義ニ付、得上り不申候由　　田中懌庵
書付ヲ以御断被申上候
一、御二方様、四ツ半時御供揃ニ而、新宮江加藤彦兵衛弟子遠的稽古有之、
御覧被遊、　御二方様共御稽古も被遊候、御出・御帰り共南筋へ御
歩行ニ御出被遊候旨、勝平次右衛門へ例之通申達候、御供安東・青
木・中嶋意伯・上田祐庵・岩崎・福留・猿木・野田・橋本、御番人中
瀬九十郎・鈴田吉次、岡村東光寺へ御入、御小弁当被　仰付候、尤東
光寺へ朝之内ニ申遣置候
一、新女院様、去十三日崩御之趣於京都御沙汰有之候ニ付、一統慎罷在候
様、尤御停止触触之義者追而江戸表ゟ被　仰越候上相触可申由触紙相
廻り候間、此段申上置候様勝平次右衛門ゟ以書付申来り候

十五日　青木朝出

一、引込　石原松庵
一、御二方様、於御表、例之通被為請　御目見候
一、拝診番　田中懌庵
一、京都ゟ罷下り御機嫌相伺、御目見被仰付候　大岡彦太夫
一、出勤、　御目見被　仰付候　柄嶋喜平太
一、又介様御手習被遊候　西村平八郎
一、御用人中惣使ヲ以、当日御祝儀被申上候　勝平次右衛門
一、庭五郎様　御弓拝見被仰付候　加藤彦兵衛
一、矢搿藤拾張分　大岡彦太夫
切詰之藤拾張分
握皮拾枚紫黒　右、京都ゟ調参り候ニ付、　庭五郎様江指上申候
○平治板附○しのき藤者跡ゟ指越シ可申旨、矢師左兵衛ニ懸合置申候段ニ候
一、隠居願書指出候由承知致居呉候様　昌運名代　稲川周庵
両人之内江名代以被申聞候
一、庭五郎様、先日御出之節、於長光寺さび竹ニ紙印被附置候由、今朝右之竹切払不申候様相達シ置候得と被　仰出候間、則長光寺江申遣候処、右之様之御様子も不奉存、昨日切払申候由ニ付、右之段申上候処、右之竹取寄セ可入御覧被　仰出候間、右竹長光寺ゟ取寄入御覧申候
一、来ル十九日、御弓御相手ニ上り可申旨　庭五郎様被　仰付候御礼被罷上候　青木良介
一、遠的矢拾本、　庭五郎様江被入御覧候処、御買上ニ可被仰付候間、彦兵衛江掛合可申旨被　仰付候　加藤彦兵衛
一、明日昼時ゟ於御下屋敷遠的御稽古可被遊候間、右之用意仕候而、左之通同道罷上候様相達可申旨被　仰付候間、相達シ遣ス　加藤彦兵衛
同　鉄蔵
岡沢多左衛門
大久保繁平
林田勘次

○十六日　安東朝出

一、拝診番　草山隆庵
一、庭五郎様御用大鷺一羽被指上候様被　仰出候ニ付申遣ス　和田真左衛門
只今無御座候間、取レ次第指上可申旨御請申上候
一、又介様昼時ゟ御灸治可被遊候旨被　仰出候ニ付、御伺被　仰付候段申遣ス　田中懌庵
一、庭五郎様御延引、又介様被仰付候　龍一郎
一、又介様御灸治被遊候
一、庭五郎様八ツ時ゟ　御下屋敷江御出被遊候、青木御供、御抱守岩崎・橋本、御先払中瀬　加藤彦兵衛
同　鉄蔵
岡沢多左衛門
大久保繁平
御夕御膳相廻し、四人之衆江も御掛合被下置候、六ツ時御帰

○十七日　青木朝出

一、拝診番　綺田守源庵

一、又介様拝診段々御快御休薬　田中懌庵

一、御二方様共御延引　荒川文次郎／花木十介／上田清蔵

一、又介様御矢筒下絵出来ニ付、佐藤半左衛門ゟ被指出候ニ付、則入御覧候処、　思召ニ相叶候間、右之通彫被指上候様被　仰出候故、持セ遣シ申候　植田長左衛門

右へ先達而御花生竹包遣シ置候御風呂敷弐つ被相戻候、今日者他出之由ニ付、御矢筒包候風呂敷共指置申候由

一、又介様江七ツ時　御機嫌伺ニ被罷出申上候処、被召候　稲川周庵

○十八日　安東朝出

一、拝診番　芝原秀意

一、又介様、昼時ゟ御下屋敷江被為入候ニ付、御庭方江も申遣ス

一、庭五郎様、八ツ時ゟ被　召候ニ付申遣ス　加藤彦兵衛／同　鉄蔵／林田勘次／山根二右衛門／渡部勘之丞

一、御稽古御延引　

鈴木権十郎

一、御二方様、四ツ半過御供揃ニ而、御下屋敷江御出被遊候、　庭五郎様、御弓被遊候、加藤鉄蔵・林田勘次被召候、七ツ時御暇少被下置候、又介様ニ者元益・湛庵・一郎・周庵・杢介被召候、右之面々御懸合被下置候、御供青木・安東、御抱守御供野田・猿木・渡辺・森野・前川、御先払古川九郎次、暮時御帰り被遊候、加藤彦兵衛も被召候処、持病気ニ付御断

○十九日　青木朝出

一、拝診番　中嶋意伯

一、昨日御下屋敷へ被召、御詩被下置候御礼　草山元益

一、五ツ半時ゟ御弓被遊候　被罷出候　加藤彦兵衛／同　鉄蔵／岡沢太左衛門／林田勘次／三浦源六／青木良介

一、今日昼時ゟ御弓付之道具持参不被達候様可罷出旨被仰出、申達候　沢田喜右衛門

一、庭五郎様、今日昼時ゟ御灸治可被遊被　仰出、則(ママ)之面々へ申遣候　他出　中嶋意伯／同　綺田守源庵

一、初而御弓御相手被仰付候御礼　青木良介

一、御伽ニ被罷出候　熊谷他三郎
一、庭五郎様、御灸治被遊候　芝原秀意
　膏合七天枢　三里　中嶋意伯
○廿日　安東朝出
一、拝診番　田中懌庵
一、明日江戸表へ出立ニ付、御機嫌御伺申上候　草山元益
一、又介様、八ツ時ゟ被召候間申遣ス、　稲川周庵
則被　罷出、御懸合被下置候
一、御延引被　仰出候　西村平八郎
一、御弓離付御用被　仰付、尤御懸合　沢田喜右衛門
被下置候
一、庭五郎様江献上物入状箱一ツ　おか代
一、殿様・御前様ゟ御奉文　二通
一、庭五郎様江呈書壱通　おか代
右、奥方ゟ被出候由、御賄衆ゟ為持来り、則指上申候、尤、御荷物便ニ参り也
廿一日　青木朝出
一、拝診番　草山隆庵
一、庭五郎様御延引　又介様被仰付候　龍一郎
一、庭五郎様御巻藁拝見被　仰付候　加藤彦兵衛
新弓被入　御覧候様被仰付、追付被　指出候筈、則五張被指出候ニ付、入御覧置候内、早太一・無判一弐張者御留置被遊、残ル三張御下ケ被遊候而持セ遣ス
一、御書　壱通
若殿様江　御三方様ゟ
一、同　壱通
庭五郎様ゟ　お哥代江
合弐通
右、今晩立江戸表江之御便ニ被指越候様老女衆江被相渡候趣書付相添、御本奥御賄方江指出ス
一、又介様御詩稿　野村新左衛門
添删被　仰付候ニ付、江戸表へ被指越候様留所へ持セ遣ス、則落手御老女衆へ相渡候段返報来ル
一、庭五郎様御鉄炮御稽古御場所、九月ゟ三月迄野矢場ハ鉄炮打儀御法度ニ付不被遊候様、沢村角右衛門下屋敷ハ町続ニも候得者、右場所ニ而折々御稽古被遊候様、宇津木弥平太下屋敷ニ而ハ御無用可被遊候旨被仰出、可申上候趣ヲ岡嶋丹蔵承りニ而被申上候ニ付、右之返報今便指出候、且又　御二方様・丹蔵忰子共御相手ニ被召候ニ付、右御礼被申上候間、右返書是又今便ニ指出ス
一、御鉄炮御稽古御延引申遣ス　稲垣弥五右衛門
一、病気ニ付、長之御暇被下置候　御縫物師　たね
廿二日
一、拝診番　綺田守源庵

一、御稽古御延引　荒川文次郎
一、御二方様、四ツ時御供揃ニ而、槻御殿江御出被遊候、安東御供仕、御
抱守岩崎・柄嶋・長谷馬・元持、御先払野中、
槻御殿ニ而御萩被進、暫被遊御座、直ニ御帰り被遊候
一、庭五郎様、昼時ゟ被召候
　加藤彦兵衛
　同　鉄蔵
　大久保繁平
　岡嶋全之進
　（御断）

廿三日　青木朝出

一、拝診番　芝原秀意
一、昼時ゟ遠的矢持参被致候様申遣ス　熊谷他三郎
一、庭五郎様、昼時ゟ御下屋敷へ御出被仰出、御下屋敷へも申遣ス
一、明廿四日昼時ゟ加藤彦兵衛弟子衆弐三人召連られ、御下屋敷へ被罷出
候様被　仰出、申達候
一、庭五郎様、御下屋敷江昼時御供揃ニ而、御出被遊候、御夕御膳も為廻
候様被　仰出候、御供安東、御抱守猿木・清水、御先払古川九郎次・
熊谷他三郎も御供被仰付候
一、又介様御会読
　三上湛庵
　安達見龍
　前野杢介
　（御断）

○廿四日　安東朝出

一、拝診番　中嶋意伯
一、庭五郎様、先達而御残シ被置候無判新弓壱張、今日御下ケ被遊候ニ付
持セ遣ス　加藤彦兵衛
一、平治板附　弐拾手分　矢師　佐兵衛
矢摺藤　拾筋
切詰藤　拾筋
しのき藤　弐拾筋
右之通京都ゟ指越シ申候ニ付、則庭五郎様江指上申候、尤先達大岡彦
太夫求帰り被申候藤之分ハ悪敷御座候ニ付、御下ケ被遊候、件之内矢
摺藤壱筋ハ御遣ひ被遊候ニ付、九筋戻シ被申候、御金払之節、指引可
致事
一、御伽ニ被罷出候　熊谷他三郎
一、銀之介様、御灸治被遊候　田中懌庵
　心柱七九十一十四　中嶋意伯
一、庭五郎様、九ツ時ゟ御下屋敷江御出被遊候、御供青木、御抱守野田・
前川・猿木、御先払鈴田御供ニ被召連候、熊谷他三郎夕御膳も相廻り
申候
　加藤彦兵衛
　同　鉄蔵
　和田龍左衛門
　舟越勝介
　大久保専介
　（御断）

右之衆中御相手ニ被罷上候、然ル所、俄ニ雨天ニ相成候ニ付御帰り被
遊、御屋敷ニ而御稽古被遊候

○**廿五日**　青木朝出

一、拝診番　田中懌庵
庭五郎様少々御頭痛気ニ被為入、則拝診為指御見分も不被為見候、晩
方拝診被罷出、其上御薬被仰付候而も可然段被申上候由、右之旨被申
聞候

一、今日御延引被仰出申達候　西村平八郎

一、又介様、七ツ時被召候　稲川周庵

一、庭五郎様、夕御診ニ被罷出候、先少々御快も
被為入候間、御薬ニ被相及申間敷奉存候段申上置候由申上置候段被申
聞候

○**廿六日**　安東朝出

一、拝診番　草山隆庵

一、庭五郎様拝診、御容躰為指御儀も不被遊御　田中懌庵
座候得共、少々御鬱滞も御見へ被遊候ニ付、御薬被　仰付候而、今日
ゟ被指上申候

一、庭五郎様御延引、又介様被仰付候　龍一郎

一、御二方様、明日ゟ御鎗術御延引被　仰出候ニ付、相達申候

一、庭五郎様被召候処、未痛所尖不仕　加藤彦兵衛
候由御断被申上候

○**廿七日**　青木朝出

一、拝診番　綺田守源庵

一、庭五郎様拝診、御外邪不被遊御座　田中懌庵
候ニ付、御月代被遊候様被申上候

一、御書　壱箱　つほね

外ニ文箱壱ツ　大浦
　　　　　　　梅岡

御奉文　拾通　哥代

右、御本奥・御賄方ゟ被指出候付指上候、御奉文者跡ゟ御下可被遊旨、
硯ふた・ふくさ・風呂敷返ス

一、伊勢参　宮御暇被　下置、出立　板間　源次

一、御詩会　龍一郎
　御断　三上湛庵
　　　　前野杢介
　　　　稲川周庵

一、先達而松茸被　下置御礼呈書被指出候　庵原助右衛門殿

一、同断ニ付　野村新左衛門

一、御賄役へ御役替被　仰付候御礼呈　中村右膳
書被指出候

一、若殿様御婚姻并御結納御日限御治　松園
定之恐悦之愚札被指出候　玉江

○廿八日　安東朝出
一、拝診番　芝原秀意
一、今日御稽古御延引達シ遣ス　山根二右衛門
一、庭五郎様拝診　田中懌庵
一、御機嫌伺ニ被罷上候　勝平次右衛門
一、同苗平介儀、御弓御相手被　仰付　朝比奈多宮
候御礼、名代ヲ以被申上候、平介罷出候
一、九ツ半時過ゟ　庭五郎様御下屋敷江御出被遊候、青木御供、御抱守
長谷馬・渡部、御先払古川
猿木鉄次郎
橋本弥五郎
清水大次郎
右之三人被召連候、御弓御相手被仰付候、御夕御膳も被仰付候、右之
面御懸合被　下置候

廿九日　青木朝出
一、拝診番　中嶋意伯
一、庭五郎様、拝診、御快今日ゟ御休薬　田中懌庵
一、御弓拝見御次御払被　召候　加藤彦兵衛
一、御機嫌伺被罷出候　礒嶋三左衛門
一、御二方様昼時ゟ御下屋敷江御出被遊、見セ馬　御覧被遊候
右之馬共
河原毛　荒居治太夫馬
栗毛　早乙目八郎左衛門馬
鹿毛　百々善介馬
右之通被入御覧候ニ付、被罷出候　佐藤新五右衛門
桃居杉右衛門
伊藤利介
栗林伝内
同　弥一
御馬御覧後、御弓被遊候而、御膳も相廻り候、青木・安東御供仕、青
木ハ御先へ退出、御抱守野田・清水・猿木・丹下、御先払鈴田、暮時
前御帰り

十一月朔日　両人出
一、拝診番　田中懌庵
一、於御表例之通御祝儀被為　請候
一、今日ゟ病気ニ付引込　伊藤喜八
一、御鉄炮今日御稽古御延引達シ遣ス　稲垣弥五右衛門
一、右同断、尚又来三月迄一度之御出御延引之段も案内申遣置候　宇津木弥平太
一、当日御祝儀呈書被指出候　松園
玉江
一、御用人中物使　正木舎人
一、九ツ時過ゟ御二方様御下屋敷へ御出被遊候、青木御供仕、御抱守森
野・野田・渡部・福冨・清水、御先払中瀬

御夕膳御膳相廻り候、清水御懸合被下置候

○二日　青木朝出

一、拝診番　隆庵番　綺田守源庵

一、七ツ時過ゟ被召出候様申達候、　中嶋意伯
尤、支度被致候而罷出候様申達候　稲川周庵

一、御二方様共御延引　荒川文次郎
花木十介

一、御賄方江御番人両人引込申候ニ付、助之儀以書付申遣候

一、庭五郎様、四ツ時御供揃ニ而、御下屋敷へ御出、青木御供、昼時ゟ安東罷出交代、御抱守岩崎・渡辺、御先払野中三右衛門

一、庭五郎様、被　召候処、遠方へ参り候由御断　熊谷他三郎

○三日　安東朝出

一、拝診番　守源庵返番　草山隆庵

一、風気ニ付、今日ゟ引込之由、御沙汰も御座候ハヽ、宜申上呉候段書付被指出候ニ付、則申上候　加藤彦兵衛

一、御二方様御稽古御延引被仰出候　山根二右衛門

一、蒙求御会読、今日ハ御断ニ被上候　安達見龍

一、下屋敷垣修覆相済候由　沢村角右衛門

一、御番人当分介被申渡候由、御賄方ゟ申来ル　遠藤清次

一、又介様御会読　三上湛庵
前野杢介

一、明日昼時ゟ罷出候様申達、御請申上候　沢田喜右衛門

一、

○四日　青木朝出

一、風気ニ付引込　元持弥三郎

一、拝診番　芝原秀意

一、御講日ニ付御相手被上候　加藤鉄蔵

一、昼時ゟ上り、御弓離シ附候、於御座鋪被仰候而　庭五郎様御覧被遊候　沢田喜右衛門

一、御伽ニ被罷出候　熊谷他三郎

一、明五日晩六ツ時御供揃、南筋御射鳥ニ御二方様御出被仰出候ニ付、夫々御供触例之通相達ス　塩野左近右衛門
三上湛庵
中嶋元哲

一、庭五郎様御供　森野喜右衛門
野田勘六
清水大次郎
岩崎九右衛門

一、又介様御供　猿木鉄次郎
橋本弥五郎

一、又介様、別段ニ被召連候間申達ス、　前野杢介
右御断ニ而罷上候由　稲川周庵
〇五日　安東朝出
一、拝診番　中嶋意伯
一、今日雨天ニ付御出御延引被仰出候
一、庭五郎様、先達而御借り被置候弓御　岡沢多左衛門
下ケ被遊候ニ付、持セ遣ス、　御弓袋・油紙袋返上仕候ニ付、則指上
申候
一、今夕方迄ニ被罷出候様ニ申遣ス　佐藤新五右衛門
板間　源次
一、昨日自伊勢下向
一、又介様、先達而御借り被置候訓訳　三上湛庵
爾蒙弐冊御下ケ被遊候ニ付、持セ遣ス
一、明六日暁六ツ時御供揃ニ而、庭五郎様御射鳥ニ南筋へ御出被仰出候ニ
付、夫々御供触相達ス　塩野左近右衛門
三上湛庵
一、御抱守衆御供　森野喜右衛門
野田勘六
清水大次郎
岩崎九右衛門
一、外郎餅弐　清多
御三方様江献上被致候
一、明六日晩、江戸表御飛脚御延引来ル、八日晩立被遣候由申来ル
〇六日　青木朝出
一、拝診番　田中懌庵
一、庭五郎様、暁六ツ時御供揃、南筋江御射鳥ニ御出被遊候、御弁当槻御
殿様、岡之御下屋敷、御供青木出ル
塩野左近右衛門
三上湛庵
森野喜右衛門
野田勘六
岩崎九右衛門
清水大次郎
御先払　中瀬九十郎
御出・御帰正木舎人殿江申遣ス
一、御鉄炮御稽古今日御延引、尚又明七日昼時ゟ御稽古ニ御出可被遊旨被
仰出候間、右之段申遣ス　沢村角右衛門
一、御稽古御延引申遣ス　稲垣弥五右衛門
一、又介様被仰付候　龍一郎
一、庭五郎様、中藪組裏ニ而小鴨壱羽御射留被遊候、此段も正木舎人殿江
申遣ス
一、来八日御馬可被遊御覧候旨被　仰出候ニ付申遣ス、兼而ハ九日之被仰
付置候処、御用御出来ニ付

初雪降
○七日　安東朝出

一、拝診番　　草山隆庵
一、初雪ニ付被伺御機嫌候　　小野田小一郎
勝平次右衛門
荒川文次郎
一、御二方様御延引　　花木十介
上田清蔵
一、今日御稽古ニ御出可被遊旨、昨日相達置候得共、天気悪敷候ニ付、御
延引被　仰出候間、右之段申遣候　　沢村角右衛門
一、真如院様山脇御下屋敷江昨日庭五郎様被為入候ニ付、右御礼御奉札ニ
而高杉喜左衛門方江申遣ス
一、初雪之御見舞御使被進候
槻御殿江　　御使 安東平左衛門
大手御屋敷江　　御使 青木貞兵衛
一、初雪ニ付被伺御機嫌候　　正木舎人
一、初雪ニ付御家老中惣使　　長野百次郎殿ゟ
使樋口右平次
一、御数様ゟ御見舞御使被進候　　御使 山岸左右太
松その
一、御機嫌伺呈書被指出候　　玉江
一、明日御馬之儀相達候処、路次も悪敷可有御座候ニ付、伺ニ罷出候間、
右之段申上候処、先明日ハ御延引被　仰出候間、此段相達候

一、槻御殿様ゟ御使被進候　　御使 佐藤新五右衛門
橋本八郎左衛門
一、又介様御詩会　　龍一郎
三上湛庵
中嶋意伯
稲川周庵
一、慶運院様初雪御見舞御使被進候　　御使 五十嵐半次
一、来ル十日、兼而之馬共御覧可被遊被　仰出、則佐藤新五右衛門方へ申
遣し、桃居氏并御馬取可申越事

○八日　青木朝出

一、拝診番　　綺田守源庵
一、御二方様御延引　　山根二右衛門
一、今晩立江戸表江之御飛脚御延引、明九日晩立被遣候由申来ル
一、来十日九ツ時ゟ見セ馬共牽セ被上候様ニ被　仰出候間、相達シ遣ス　　佐藤新五右衛門
右ニ付同刻ゟ被罷出候様相達ス　　桃居杉右衛門
一、明九日暁六ツ時御供揃、高宮御弁当ニ而御二方様御射鳥御出被仰出候
間、例之通夫々御供触相達ス　　塩野左近右衛門
安達見龍
中嶋元哲
前川文五郎
奥山伝右衛門御供ニ被出候

庭五郎様御供　岩崎九右衛門
　　　　　　　清水大次郎
　　　　　　　森野喜右衛門
又介様御供　　長谷馬和吉
　　　　　　　前野杢介

一、釣柿廿七
槻御殿ゟ御三方様江被進候、高杉氏ゟ御奉札添、尚又貴報御報札遣ス、硯ふた・包等返上

○九日　両人七ツ半時ゟ罷出ル

一、御二方様、晩六ツ時御供揃ニ而、南筋御射鳥ニ御出、庭五郎様元川口、又介様彦根町口、両方江御別レ被遊候、高宮留十郎方ニ而御弁当被仰付候、七ツ半時頃御二方様共御帰り被遊候、御出・御帰り共正木舎人殿申遣ス、朝之内亀印様、安東昼時ゟ例之通御供替り合申候

（貼紙）
「御腰被為　掛候節
養老酒一徳利　献上仕候　高宮宿御宿　冨次郎
大根・里いも一台」

一、又介様、外舟町船留番之際へ御出被遊、其節御番人不罷出下座不仕、御賄方依之支配下之者ニ付、三居孫大夫御屋敷へ被罷出、急度押込置候由、御帰り後、其趣達　御聴候処、老人共之儀今日者御免被遊候段被仰出、則其旨三居方へ以書付申達候処、呼寄御免可申渡由御礼ニ被罷出候

一、御供之人数前日被仰付有之候ニ付爰ニ略ス、御先払中瀬九十郎・遠藤清次

一、拝診番　芝原周意
一、御書　御前様江御三方様ゟ　壱通
一、同　庭五郎様ゟ　おか代江
右、今晩御便ニ被指越候様御老女衆被相渡候様御賄方へ申達候

一、庭五郎様御射留之小鴨　壱苞
一、御奉札壱通　岡嶋丹蔵江
右、今晩御便ニ被指越候様御賄方江書付添為持遣候

一、又介様御詩　七首壱通
一、御詩合　一冊
右、野村新左衛門方江添刪・評書仕指上候様書状相添、留所へ指出ス

一、早朝ゟ両人共御供ニ罷出候ニ付○御飛脚御用御賄方へ頼罷出申候
一、庭五郎様風気御尋ニ付以書付申達ス　加藤彦兵衛

○十日　青木朝出

一、拝診番　中嶋意伯
一、今日昼時ゟ馬御覧ニ　御二方様御下屋敷御出可被遊、夕御膳為廻候様被　仰出候、　又介様右ニ付、今日御詩会之衆被罷出候ハヽ、明日江御延引可申達被　仰出候
一、又介様今晩暮時ゟ被召候　稲川周庵
一、御扇子并箱二ツ　殿様・若殿様御年頭御献上
但し、御扇子木地要小墨絵、箱者萌黄さなた煮黒メ銃

右、御納戸方所藤七ゟ出来候由為持来り候、尤、代物近々指遣候様申
来り候、且売上弐枚来り、御賄衆へ渡ス
一、代物御扇子五匁ツ、　御箱八匁ツ、
一、御手習御延引被遊候　　西村平八郎
一、御二方様九ツ時御供揃ニ而、御下屋敷江御出被遊候而、見セ馬共　御
覧被遊候
毛利十兵衛馬　鹿毛
木田余兵左衛門馬　栃栗毛
山下藤太夫馬　鹿毛
田中与次兵衛馬　川原毛
右之馬共牽セ罷出候
佐藤新五右衛門
神尾惣左衛門
伊藤利介
桃居杉右衛門
御覧相済、直ニ御帰り被遊候、青木・安東両人共出ル、御抱守長谷
馬・岩崎・清水・渡部・福留、御先払野中
御供ニ被　召連候　　熊谷他三郎
一、御庭方ゟ八ツ代蜜柑百
御三方様江被指出候　　武居龍之進
○十一日　安東朝出
一、拝診番　　田中懌庵

一、庭五郎様御延引、又介様被　仰付候　　龍一郎
一、御書箱壱ツ　　文岡　千代　哥代
外ニ奉文類拾弐通
御本奥ゟ御賄衆被指出候而指上候
一、野盤　　稲川周庵
又介様、指上候様被　仰付、則指上置被申候
一、　　松その
奥方見廻りニ被罷出候被伺御機嫌候、　御二方様御目見不被仰付候
一、又介様、去九日外馬場ニ而御弓ニ而被遊候処、御矢をもぎ逃隠レ知レ
不申小鴨雌（カ）、今日板之間之者御矢ひろひニ参り見付、追廻し捕罷帰り、
則指上申候
一、大鷺一羽　　塩野左近右衛門
兼而被仰付置、今日又々尋ニ遣シ、折節参り合候由、使之者へ指越候、
則指上申候
○十二日　青木朝出
一、拝診番　　綺田守源庵
一、御二方様共御延引　　荒川文次郎
花木十介
一、御奉文拾弐通、今日御本奥江相戻シ申候、吉原源右衛門ゟ
一、痛所ニ付、今日ゟ引込　　柄嶋喜平次
一、庭五郎様、御用被召候ニ付、罷上　　沢田喜右衛門

り候而、此間附申候、御弓之装束被　仰付候

○十三日　安東朝出

一、拝診番　守源庵返書　草山隆庵

持病気ニ付御断　山根二右衛門

一、御二方様御延引被遊候

渡部勘之丞

鈴木権十郎

一、痛所引込、今日出勤ニ付、伺御機嫌　西尾治部之介

一、八ツ時過〆又介様被　召候　稲川周庵

一、七ツ時過〆右同断　前野杢介

一、明日昼時〆馬二番見御坐候ニ付申遣候　桃居杉右衛門

一、御厩小頭方江も御馬取三人罷出候様、佐藤新五右衛門江懸合置申遣候

○十四日　青木朝出

又介様御延引
一、御講日ニ付被罷出候　加藤鉄蔵

一、今日御講御断被申上候　熊谷他三郎

一、拝診番　芝原秀意

一、又介様風気御尋被　仰出、則申達候、　加藤彦兵衛
御礼御請被申上候

一、九ツ時過御供揃、御下屋敷江　御二方様御出、見セ馬御覧被遊候、
青木・安東御供仕、御抱守猿木・清水・大岡・前野、御先払遠藤、
御覧相済、直ニ御帰り被遊候

河原毛馬　田中与次兵衛

鹿毛馬　百々久弥

右ニ付罷出候　佐藤新五右衛門

栗林伝内

桃居杉右衛門

一、明十五日暁六ツ時御供揃、平田戸塚左馬之進下屋敷御弁当、御二方様
御射鳥ニ御出被仰出候間、例之通夫々御供触相達候

和田真左衛門罷出ル　塩野左近右衛門

中嶋意伯

清瀬道健

庭五郎様御供　前川文五郎

野田勘六

橋本弥五郎

又介様御供　渡部要治

森野喜右衛門

十五日

一、御二方様、六ツ時御供揃ニ而、平田村御弁当、尤戸塚左馬之進下屋敷
へ御入、御射鳥ニ御出被遊候、　庭五郎様御出懸ニ十町目組裏ニ而
かいつふり一羽御射留被遊候、御出・御帰り共例之通正木舎人殿へ申
遣ス、尤御射留之趣も申遣ス、両人共罷出ル、御先払野中三右衛門・
鈴田吉次

一、拝診番　中嶋意伯
御二方様共不被　仰付候

一、右同断　　田中懌庵
銀之介様拝診ニ、中嶋御供ニ付、件之通被罷出候
一、赤飯二重　　熊谷他三郎
一、塩鯛一折二
一、庭五郎様江献上、今日前髪執被申候由、依之右之通指上被申候
一、庭五郎様、明十六日四ツ半時御供揃ニ而、御鉄炮御稽古ニ沢村角右衛
門下屋敷へ御出可被遊被仰出
右之段申遣候　　稲垣弥五右衛門
御供触申遣候　　三上湛庵
御相手御供被　仰付候　　岩崎九右衛門
一、式日呈書被出候　　松その
玉江
明日　庭五郎様御供被　仰付候　　野田勘六
大岡彦大夫

○十六日　青木朝出

一、拝診番　　草山隆庵
一、庭五郎様御延引、又介様被　仰付候　　龍一郎
一、明晩立江戸表へ御飛脚被遣候旨申来ル
一、御鷹之鴨壱羽
御子様方江兼而被　仰付置候由被進、正木舎人殿ゟ書付添、御賄方ゟ
来ル
一、庭五郎様ゟ金子百疋　　熊谷他三郎

昨日前髪執候ニ付被下置候
一、庭五郎様御射留之鶺鴒被下置候　　中村伝左衛門
吉原源右衛門
一、又介様昼時ゟ被召候　　稲川周庵
一、若殿様御移徒(徙)之事尋遣候処、去朔日之由委返答来ル、但し正木舎人
一、庭五郎様、九ツ時御供揃ニ而、善利沢村角右衛門下屋敷へ御鉄炮御稽
古ニ御出、御供安東、御抱守岩崎・大岡、野田引込ニ付丹下へ被仰付
候、御先払中瀬九十郎、御出・御帰り共正木舎人殿へ申遣ス
一、引込　　野田勘六

○十七日　安東朝出

一、拝診番　　綺田守源庵
一、病気ニ付引込　　野中三右衛門
一、勘吉打新弓弐張　　沢田喜右衛門
庭五郎様、御下ケ被遊候ニ付、持セ遣ス
一、御鉄炮掃除磨ニ御鉄炮方江持セ遣ス
一、三百目　筒薬
一、拾五匁　口薬
右、借切手入請取ニ御鉄炮方江遣ス
一、御二方様御延引　　荒川文次郎
花木十介
上田清蔵

一、又介様御詩稿　一枚
御詩合　一枚
右、添删被　仰付候ニ付、今晩立江戸表江之御便りニ遣ス
野村新左衛門江
一、御書　壱通
殿様江御羽之御礼、御二方様ゟ
一、同　壱通
殿様江御鷹之鴨被成候御礼、御三方様ゟ
一、同　壱通
殿様江若殿様新御建江御移徒（徙）之御悦、御三方様ゟ
一、同　壱通
若殿様江右之御歓、御三方様ゟ
一、同　壱通
御前様江御同様御悦、御三方様ゟ
一、同　壱通
庭五郎様ゟお哥代江
合六通
右、今晩立江戸表江之御便りニ被指越候様御老女衆へ被相達御渡し被成候様御賄方江書付相添持セ指出候、慥ニ落手之由返書来ル
一、御用人衆呈書、其余御礼申上之呈書共四日之日附之分返報、今晩立ニ指出ス
一、明日ゟ御抱守　高田翁次郎
介被　仰付相務被申候様御申渡候由、正木舎人殿ゟ申来り、則申上置候
一、七十人衆杉田五左衛門
養女
右、当御屋鋪御縫物師先達而御暇被　下置候代り似合敷仁之由、渡部十右衛門口入ニ付、御賄衆承り合、則御本奥御老女衆へ見分致被呉候様懸合被申、見分被致候処、似合之人柄之由、御抱ニ相成申候御埒合ニ相成り申候、実者宇津木弥平太家来杉田藤蔵と申もの娘之由
○十八日　青木朝出
一、拝診番　芝原周意
一、御二方様御延引
持病気ニ付御断　山根二右衛門
渡辺勘之丞
鈴木権十郎
一、今朝御目見被　仰付候　高田翁次郎
一、又介様御詩会　三上湛庵
稲川周庵
不快ニ付御断　龍一郎
用事ニ付御断　前野杢介
一、出勤　伊藤喜八
○十九日　安東朝出
一、拝診番　意伯当番之処　田中懌庵
一、御二方様御弓被遊候　加藤鉄蔵
池田久右衛門

一、御使御請書　壱通　朝比奈平介
勇吉様六日吉辰ニ付、御色直御箸初御髪置御祝儀被　仰進候御使也　林田勘次郎
一、被罷上候　熊谷他三郎
一、玄蕃頭様ゟ今月十一日御結納被進、同廿三日御婚礼御整被遊候筈之処、陸奥守様御領内類も無之御年柄御指問ニ付、来冬迄被相延度旨被仰進候得共、　此方様ニモ無御余儀御訳合も有之候ニ付、御双方御相談之上近々御引取被遊、遂而御婚礼御整被成度段御願書被指出候処、今月九日御願之通御付札ヲ以被　仰出候ニ付、来ル廿三日御引越御治定被遊候段、正木舎人殿ゟ申上有之候
一、勇吉様恐悦ニ被罷出候　勝平次右衛門
小野田小一郎
西尾治部之介
正木舎人
一、此度御抱之縫物師女中、来ル廿六日日柄能御坐候由、御老女衆へ相談御賄衆被致、弥来ル廿六日御屋敷へ引越之義、渡部十右衛門江被申達候由、則十右衛門御請被申上候由、御賄衆被申聞候

○廿日　青木朝出

一、拝診番　田中懌庵
一、又介様八ツ時ゟ被　召候　稲川周庵
一、御手習御延引被　仰出、則申達候　西村平八郎

一、出勤ニ付伺御機嫌、　庭五郎様
御目見、御弓拝見被　仰付候　加藤彦兵衛
一、明廿一日暁六ツ時御供揃、御射鳥ニ御二方様御出被　仰出候間、例之通夫々御供触相達候　塩野左近右衛門
安達見龍
岡嶋文庵
庭五郎様御供　前川文五郎
橋本弥五郎
清水大次郎
又介様御供　岩崎九右衛門
猿木鉄次郎
森野喜右衛門

○廿一日　両人出

一、拝診番　草山隆庵
一、御二方様、暁六ツ時御供揃ニ而、御堀廻り御射留ニ御出被遊候、御堀廻り計ニ而直ニ御入、御出・御帰り共正木舎人殿江申遣ス
一、庭五郎様、鵜壱羽外馬場町御堀ニ而御射留被遊候ニ付、此段も正木氏へ申遣ス、江戸表へも岡嶋丹蔵方へ申達ス
一、御供昨日被　仰出之通、御先払伊藤・中瀬、余者略之
一、御稽古御延引　稲垣弥五右衛門

一、右同断　龍一郎
一、御用文箱壱ツ
一、御奉文　壱通　文岡　松嶋
一、同　同　御局・大浦・梅岡
一、庭五郎様へ紙包箱弐ツ　おか代ゟ
（呈書　壱通
右、御荷物便ニ参候由奥方ゟ来り、昨晩被上候由御賄衆被申聞候
殿様・若殿様・御前様江、御三方様ゟ
一、御書　壱通　御引越御日限御治定之恐悦
一、庭五郎様ゟ〃御書　壱通　おか代江
例之通今晩御便ニ江戸表へ被指越候様御老女衆へ被申達候様、御賄方へ遣、落手之由
一、勇吉様御色直御箸初御髪置御歓、　殿様・若殿様・御前様へ御奉文ニ而被申上候様御老女衆へ被申達候様、御賄方へ申達候処、　勇吉様義ニ付、未　御三方様へ御奉文之御取遣無御坐候ニ付、　勇吉様へ計り此度御祝儀御使者被進候、御挨拶可申上由申来り候

○廿二日　青木朝出
一、拝診番　綺田守源庵
一、御馬　桃居杉右衛門
右五ツ半時為牽被指出候　佐藤新五右衛門
一、右ニ付、両人申遣被罷出、則被相改、御厩へ繋せ被申候様申談、御厩へ繋せ被申候、右両人衆へ御酒・御吸物被下置候
一、御二方様共御延引被仰出候　荒川文次郎
花木十介
上田清蔵
一、又介様御灸被遊候　綺田守源庵
七九十一章門天枢
一、明廿三日暁六ツ時御供揃、御堀廻り御射留ニ御二方様御出被仰出候、例之通夫々御供触相達候　塩野左近右衛門
中嶋意伯
庭五郎様御供　稲川周庵
岩崎九右衛門
大岡彦太夫
〃〃〃〃　清水大次郎
又介様御供　長谷馬和吉
橋本弥五郎
一、気分悪敷引込　猿木鉄次郎
一、逸道病気　庭五郎様御尋被遊候　加藤彦兵衛
御礼ニ罷出候

○廿三日　両人出
一、御二方様、暁六ツ時御供揃ニ而、御射鳥ニ御出被遊、尤御堀廻り計ニ

而御帰り被遊候、御抱守衆前日被　仰出候通り名前略之、御先払　古
川・伊藤、
御餌割衆ハ奥山伝右衛門被出候、御医師衆ハ前日触候名前之通、御
出・御入共正木舎人殿江申遣ス
一、庭五郎様八ツ時御乗馬可被遊旨被　仰出候間触遣ス
佐藤新五右衛門
伊藤利八
栗林伝内
一、今日御稽古御延引申遣ス　山根二右衛門
一、拝診番　芝原秀意
一、昼時ゟ被　召候ニ付申遣ス、被罷出　加藤彦兵衛
御弓拝見
一、御櫛御用介被　仰付候
前川文五郎
岩崎九右衛門
一、蒙求御会読
三上湛庵
御断　安達見龍
前野杢介
一、庭五郎様、御射留之鵜為御披拙者共御賄衆・御抱衆頂戴被仰付、九ツ
時何茂罷出候、加藤彦兵衛上り合被申、頂戴被仰付候
森野弁右衛門　前川文五郎　長谷馬和吉
丹下栄介　橋本弥五郎　岩崎九右衛門
渡部要次　大岡彦大夫　福留乙三郎
清水大次郎　高田翁次郎　前野杢介
右之面頂戴
野田勘六　柄嶋喜平次　猿木鉄次郎
元持弥三郎
右之面不快引込、御礼御断被申上候
一、庭五郎様、八ツ時ゟ御門前ニ而御乗馬、佐藤新五右衛門・伊藤利八・
栗林伝内被罷出候、今日御買上初而　御乗馬也、加藤彦兵衛上り被合、
拝見被　仰付候
一、御樽代五両　百々久弥
一、御肴代弐百疋
此度持馬御買上ニ而、件之通被　下置候、則御礼ニ被罷出候
一、金子百疋　馬苦労　太郎介
右、此度御馬御買上ニ付、為御祝儀被　下置、頂戴為仕申候

○廿四日　青木朝出

一、拝診番　中嶋意伯
一、御二方様共御稽古被遊候
加藤彦兵衛
同　鉄蔵
池田久右衛門
松沢源之丞
増田鋹次郎
熊谷他三郎
増田鋹次郎初而御相手ニ被上、　御二方様御目見被　仰付候
一、三歳　長弐寸五分　鹿毛馬

当御屋敷へ御買上ニ成り、代金五両弐歩相渡り申候様正木舎人殿へ書
付指出し申候、尤別書ニ佐藤新五右衛門・桃居杉右衛門何角も吟味之
上御買上仕候旨も申上ル、只今迄百々久弥所持之馬也
一、明日米原辺迄参り度旨被相伺申上候処、　丹下栄介
参可申旨被　仰付候

○**廿五日**　安東朝出

一、拝診番　懌庵当番之所 草山隆庵
一、庭五郎様被　召、御弓御免被仰付候　加藤彦兵衛
一、八百目　萱原摘綿
弐百目　佐野摘綿
右、庭五郎様・又介様江被進、御綿之内請取
一、百目　萱原摘綿
百目　佐野摘綿
右、銀之介様江被進、御綿之内請取、右之弐枚御納戸方江請取切手調
印致ス
一、明廿六日、槻御殿江可被為　入旨被　仰出、則高杉喜左衛門方へ承合
ニ指越申候処、御障無御坐候由
一、明廿六日、御鉄炮御稽古御延引、明後廿七日と被仰出、沢村角右衛門
方へ申遣候
一、稲垣弥五右衛門方へ右之段申達、昼時ゟ直ニ下屋敷へ被罷出候様申達
候
一、明廿六日、昼時ゟ御乗馬可被遊被仰出、則夫々申達候
佐藤新五右衛門
神尾惣左衛門
土田甚五郎
一、明廿六日、御講釈御延引、廿七日朝五ツ半時ゟ被　仰付、其段申達候
龍一郎
一、廿七日、御鎩術御延引申達ス　荒川文次郎
一、御手習被遊候　西村平八郎
一、出勤　野田勘六
一、御鉄炮御稽古、俄ニ明廿六日御定日之通ニ相成り、沢村角右衛門・稲
垣弥五右衛門へ申遣
一、御乗馬御止メ、沢村角右衛門下屋敷迄御馬ニ而御出可被遊被仰出、尤
御馬御返し被遊候節、佐藤新五右衛門乗廻し被致候様可被　仰付、被
仰出候

廿六日　青木朝出

一、拝診番　隆庵番 田中懌庵
一、今月十八日、　上使花房勘右衛門様御出、御懇之被為蒙　上意、
御鷹之雁御拝領被遊候段御用人正木舎人殿ゟ申上ル
一、只今江戸表ゟ御飛脚到着、　殿様段結構被為蒙　仰候御儀、若殿様
ニも御年頃ニ被為成候御事、其上御保養筋旁御願之御品有之処、
殿様来年者　御暇被下間敷、　若殿様御儀、来年五月御暇被下ニ而
可有之旨、今月十三日御付札を以被　仰出、御太慶思召候段正木舎人
殿ゟ右両様共夜前九ツ時申上ル

一、御二方様、四ツ時御供揃ニ而、槻御殿へ御機嫌御伺御歓旁御出被遊候、
彼方様ニ而雑煮被進候、四ツ半時過御帰り被遊候、御供青木・大岡・
野田・猿木・渡部、御先払遠藤清次
一、　だい
御仕立物師、今日ゟ当奥方へ引為越申候由、御賄衆被申聞候
一、真如院様ゟ　御使橋本八郎左衛門　高杉喜右衛門
此度之御歓被仰進候、御直答分
一、御同所様今日御出ニ付、御宜様ニ御使者御取遣り
一、右同断　銀之介様御使　青木貞兵衛
御歓被仰進、　御直答
一、慶運院様へ　御使　青木貞兵衛
此度之御歓被　仰進候、御相応之御返答
一、慶運院様ゟ　御使　五十嵐半次
御歓被　仰進候
一、庭五郎様へ状箱　おか代ゟ
一、御奉札呈書九通
右奥方ゟ御飛脚ニ参り候由ニ而御賄方ゟ来り指上ル
一、庭五郎様、九ツ時御供揃ニ而、沢村角右衛門下屋敷御鉄砲御稽古ニ御
出、尤御馬ニ而御出被遊候、御馬佐藤新五右衛門ニ御乗廻し被　仰付
候、御供安東、御抱守渡部要次・橋本弥五郎・岩崎九右衛門、御先払
中瀬九十郎　安東平左衛門
御供　中嶋意伯
佐藤新五右衛門
一、庭五郎様鴨御射留申上候返礼来ル　岡嶋丹蔵
一、当八日指越候返書計り来ル　野村新左衛門
一、御鷹之雁御拝領　増田治右衛門
殿様御滞府、若殿様御暇恐悦呈書二通来ル　西山内蔵允
一、御鷹之雁御拝領呈書恐悦　在江戸 御医師中
一、妹病死忌引　小県清庵
一、廿八日晩立江戸表へ御飛脚被遣候段夜前触来り候由
一、御洗米　壱包
御盃もの　壱ツ
又介様へ御直約之由高杉喜左衛門方ゟ為持来り、則指上、御盃物跡ゟ
御戻し可被遊由被留置候
一、御鷹之雁御拝領恐悦使被指出候　庵原助右衛門
一、右同断惣使　長野百次郎
一、恐悦被罷出候　勝平次右衛門
西尾治部之介不快、引込ハ不仕候得とも延引可仕由御断

○廿七日　安東朝出

一、拝診番　綺田守源庵
一、庭五郎様御鉄炮掃除磨被仰付候ニ付、御鉄炮方江持セ遣ス
一、庭五郎様御延引、又介様被仰付候　龍一郎
一、恐悦ニ被罷上候　正木舍人
一、以使恐悦被申上候　中野氏 智清使

一、願之通隠居被仰付、家督も無相違被
仰付、難有奉存候由、名代を以御礼申上候由　　永末昌運名代　永末俊輔

一、御詩会
龍一郎
中嶋意伯
稲川周庵
御断　三上湛庵
前野杢介
御縫物師　だい

一、交肴一台　鯛三ツ　ほうぐ〳〵二ツ　鰒二ツ
酒　壱樽弐升
右此度御抱ニ相成り申候ニ付、為御礼献上

庭五郎様分
一、綿壱貫目内　七百目萱原綿　三百目佐野綿
又介様分
一、同　　同断
銀之介様分
一、八百目　五百目萱原綿　三百目佐野綿　同断
右、御納戸方ゟ卯ノ年分不残請取申候

五ツ半時ゟ
一、二々　御弓
同
一、三々　御釼術
昼ゟ
一、六々　御鉄砲
五ツ半時ゟ
一、九々　御鎗術
同
一、十々　御講釈　但し、小ノ月廿九日昼ゟ
一、二日隔　御馬
右之通御稽古日被　仰出候

一、先達御願御馬御求被遊候御礼、御用番正木舎人殿へ御使相務申候

今晩御飛脚ニ可申上由御請被申上候　青木貞兵衛
一、御縁組願之通被仰付候御礼　草山隆庵

○廿八日　青木朝出

一、拝診番　芝原秀意
一、昨日ゟ十日忌引之由　加藤彦兵衛
一、右同断廿日忌引之由　同　鉄蔵
一、くるり御矢五本
右、矢師吉右衛門へ申付ル
一、悴子疱瘡ニ付、恐悦延引之由、正木舎人御断被申上候　小野田小一郎
一、又介様毎月十日之御手習日、以後昼時ゟ可被遊被　仰出、則西村平八郎方へ申達候
一、山根二右衛門方へ御稽古日御替被遊候段百々久弥を以申達候
一、荒川文次郎右同断、三々被　仰出候段申達ス
一、龍一郎右同断、十々被仰出候段申達ス、但し小ノ月ハ廿九日昼時ゟ被仰付候段是又申達ス

一、御書　壱通
殿様江御三方様ゟ雁御拝領之御歓
一、同　壱通
若殿様江御同様
一、同　壱通
御前様江御同様
一、同　壱通
殿様江御三方ゟ御滞府若殿様御入部御願筋之御悦
一、同　壱通
若殿様江御同様

一、同　御前様江御同様　壱通
一、同　殿様江御二方様ゟ御馬之御礼　壱通〻（弐）
庭五郎様ゟ　お哥代江
合八通〻（九）
右、今晩立江戸表江之御便りニ被指越候様御老女衆江被相達被相渡候
様被仰出候趣、書付相添御賄方江持セ指出ス処、正落手、御老女衆江
相渡シ申候段返答来ル

（挟み込みの札上書）
「御会読指合申候ニ付申上候処、追而可被　仰出由」

一、御用人衆ゟ恐悦呈書之返報并御医師衆ゟ同断返報出ス
一、岡嶋丹蔵江御用答出ス
一、野村新左衛門江御用書出ス
一、痛所ニ付引込　大岡彦太夫
一、明廿九日九ツ時ゟ御乗馬被仰出候ニ付触遣ス　佐藤新五右衛門
神尾惣左衛門
土田甚五郎

○廿九日　安東朝出

一、拝診番　中嶋意伯
一、又介様、九ツ半時ゟ被召候ニ付申遣ス、　稲川周庵
則罷出候
一、御二方様御延引　引込之由　山根二右衛門
渡部勘之丞
鈴木権十郎
一、御伽ニ被罷出候　熊谷他三郎
一、庭五郎様、御乗馬九ツ時ゟ被遊候、　佐藤新五右衛門
又介様御延引　神尾惣左衛門
土田甚五郎

晦日　青木朝出

一、拝診番　懌庵江返番　中嶋意伯
一、庭五郎様御延引　又介様被　仰付候　龍一郎
一、長谷江御代拝被仰付候ニ付、明日　関佐七
ゟ出立仕候由ヲ以同御機嫌ニ罷上り候、　銀之介様御拾弐銅御奉納
被仰付候

十二月朔日

一、拝診番　草山隆庵
一、御用人中惣使　西尾治部之介ゟ
一、於御表、例之通被為請御目見候
一、智乗院様三回御忌、来ル三日於清凉寺御取越、軽キ御法事御座候段、
西尾治部之介殿ゟ被申上候
一、一々之御鉄炮御講日御止メ被遊候段申遣ス、并是迄之打つふし玉持セ

遣ス

一、出勤　稲垣弥五右衛門
　　　　　元持弥三郎

一、御蓋もの

又介様江此間　槻御殿ゟ被進候御目薬御入物、今日高杉喜右衛門方へ
為持遣申候

一、例之通御老女衆ゟ当日御祝儀呈書出ル

一、明後三日昼時ゟ御下屋敷ニ而御乗馬被　仰出候

一、明二日暁六ツ時御供揃、御堀廻り御射鳥ニ　庭五郎様御出可被遊被
仰出候段、夜ニ入中村氏ゟ被相達候、尤御供触例之通夫々相触候由被
申聞候

〇二日　青木朝出御供

一、庭五郎様、暁六ツ時御供揃、御堀廻り御射鳥ニ御出被遊候
　　　　青木貞兵衛
　　　　和田真左衛門
　　　　三上湛庵
　　　　岩崎九右衛門
　　　　前川文五郎
　　　　渡部要治
右、御供仕候、御先払鈴田吉次出ル

一、鵁鶄《ごいさぎ》一羽上ノ馬場町御堀ニ而御射留被遊候
御出・御帰り并御射留之義、西尾治部之介殿江申遣ス

一、拝診番　綺田守源庵

一、御錠前番　木田余兵左衛門組
　　　　　　渡部西兵衛
右、安部浅右衛門入替ニ被仰渡候段相達候由、御賄方ゟ被申越候

一、　遠藤清次
右者今日安部浅右衛門代り渡部西兵衛誓詞相渡、則御番入申渡候ニ付、
先達ゟ当御屋敷へ被指越置候、清次義今日ゟ相戻シ可申旨御賄方ゟ申
来り、承知之旨返答致し、則右之段清次へも申渡ス

一、御書　壱箱　幾嶋

一、同　壱箱　松尾
　　　　　　　つほね
　　　　　　　大浦
　　　　　　　梅岡
御奉文類拾通

一、若御前様ゟ
御目録　茶宇上下地弐具ツ、
　　　　右、御二方様江
御三方様江　羽二重弐疋
　　　　右、銀之介様江
右之通御賄方ゟ被指出、入御覧候、尤、御目録之御品者跡ゟ相廻り候
段御老女衆ゟ申来り候由

一、先月廿三日、　若殿様御縁女様御引越シ被遊、万端御祝儀無御滞被
為相済、目出度　御大慶被　思召候段申上候様被　仰越候段、西尾
治部之介殿被申上候
右之段勿論例書付ヲ以申上候処、恐悦ニ罷出候間、口上ニ申上候旨被
申述候

一、恐悦被申上候　西尾治部之介
尚又同役共も追々可罷上候得共、明日・明後も御日柄ニ相成申候間、
今晩も夜ニ入旁治部之介同役共惣名代も御悦ヲ被相務申候間、此由可

然候様申上呉候趣被相述候
一、槻御殿・大手御屋敷江　御使　吉原源右衛門
一、右御両所様ゟ　御使　橋本八郎左衛門
　同　居戸源左衛門
一、又介様御詩稿・御合詩添削指上候 右愚札相添　野村新左衛門
一、庭五郎様、八ツ時ゟ御下屋敷江御出被遊候、安東御供、御抱守前川・
清水、御先払古川
暮時御帰り被遊候、御堀廻り江被召候而被上候而、御掛合被下置候
　熊谷他三郎
一、御用人衆
御医師衆　恐悦呈書被指出候
○三日　安東朝出
一、拝診番　芝原秀意
一、智乗院様御法事、今日御取越有之候処、明四日ニ御取越シ有之様只今
被　仰出候段可申上旨、西尾治部之介殿ゟ被申上候
一、御二方様御延引　荒川文次郎
　上田清蔵
一、御家老中惣使御悦被申上候　西郷軍之介殿ゟ
一、江戸表昨夜之御便り申越候由　庵原助右衛門殿ゟ
廿三日之恐悦口上　使者被指出候
一、御会読病用ニ付御断申上候　三上湛庵
一、恐悦以使被申上候　中野氏 智清

一、又介様今日御会読ハ人数少ク、明日へ御延引被　仰出、其旨申達候
　安達見龍
　三上湛庵
　前野杢介
一、今日御乗馬御延引、御責馬被　仰付、栗林伝内相務被申候
　佐藤新五右衛門
　伊藤利八
　栗林伝内
○四日　青木朝出
一、拝診書　中嶋意伯
一、御代拝 清涼寺　青木貞兵衛
智乗院様三回御忌御取越ニ付、相務申候
一、出勤　野中三右衛門
一、蒙求　三上湛庵
御会読被遊候　安達見龍
　前野杢介
御牒
一、庭五郎様、御牒御修復被仰出候間、京都矢師佐兵衛方江相達シ、御注
文之通早々出来指上可申旨、書状指添京都御飛脚ニ而も、町飛脚ニ而
も早キ方江指出可申様相達、元〆文治ニ相渡申候
○五日　安東朝出
一、拝診番　田中懌庵

一、若殿様　　　御使　勝平次右衛門
若御前様ゟ
干鯛　一折ツ、
御三方様江御相合ニ被進候、御口上此度御引取御祝儀被為済候御祝儀
一、殿様　　御素使　右同人
御前様ゟ
右、御同様御祝儀御口上、　御三方様御直答被遊候
一、西尾治部之介殿ゟ風呂敷包箱入被指出候、夜之内左之通書付入
以書付申達候、然者此度　御縁女様御引越被為済(ママ)候ニ付、為御土産
御目録之通被進之候段、江戸同役共申来、則御目録為進候間、御落
手別紙面之趣ヲ以御口上可被成候、以上
十二月五日　　　西尾治部之介
青木
安東
高杉
五十嵐
追而於江戸表御使相勤候、御請共進之候間、宜被指上、且又御目録御
請取被指上候段、御名之下ニ御認メ可被遣候、尚又順々為持可被指越
候、以上
一、別紙
写
御縁女様ゟ
一、紗綾　三巻
一、干鯛　一箱ツ、
庭五郎様
又介様
銀之介様　江
真如院様
慶運院様　江
一、長綿　五把
一、干鯛　一箱ツ、
右者一昨廿三日御引越之節、為御土産被進候ニ付、右　御五方様江
之御目録五通指上候様被　仰出候ニ付進之候間、夫々宜被指上候、尤
御品者来月御荷物被指越候節指上可申候、勿論干鯛并御台等者指上申
間敷候間、左様御承知、右之趣も宜御申上置可被成候、以上
右之通箱ニ入、治部之介殿ゟ被指出候間、当御屋敷之分相残シ、名之
下ニ御目録并御請落手仕指上申候段相認メ、尚又書付相添、高杉喜左
衛門へ順達仕候、勿論治部之介殿江も御紙面之趣ヲ以御三方様江指上
申候段返答指出ス
一、庭五郎様、先達而被　仰付候御弓材之道具類出来持参仕、則指上申候
沢田喜右衛門
覚
一、小刀　弐挺　　一、こそげ　壱挺
一、前かんな壱挺　　一、分さし　壱ツ
一、材かんな壱挺　　一、藤口入　壱本
一、鋸り　壱挺　　一、磨さめ　弐枚
一、羽ずさめ壱本　　一、細槌　壱本
〆品数十ヲ

一、御手習御延引被　仰出候　　西村平八郎
一、庭五郎様、九ツ時御供揃、御下屋敷へ御出被遊候、青木御供、御抱守
高田翁次郎・清水大次郎・岩崎九右衛門、御先払古川九郎次、
御夕御膳も相廻り申候
一、明六日四ツ半時御供揃、沢村角右衛門下屋敷江御出被仰出、御供触申
遣ス　　安達見龍
一、明六日昼時ゟ直ニ沢村角右衛門下屋敷江罷出可申旨被仰出候段申遣ス
　　稲垣弥五右衛門
一、此度　御縁女様ゟ被進候ニ付、　御目録弐通共　庭五郎様ニ者
御下ケ被置候間、詰所御簞司へ入置申候、又介様ニ者御留置被遊候
一、明晩立江戸表江之御飛脚御延引、七日之晩立被遣候由申来ル
一、又介様暮時ゟ被召候　　稲川周庵

○六日　青木朝出
一、拝診番　　綺田守源庵
一、出勤　当番節御目見可被　仰付由　　猿木鉄次郎
一、御役用ニ付、御断申上候　　稲垣弥五右衛門
一、又介様、鷺御払鳥被指上候様被　仰出、則奥山伝右衛門方へ申達ス
一、庭五郎様、四ツ半時御供揃ニ而、沢村角右衛門下屋敷へ御鉄炮御稽古
ニ御出被遊候、御供安東、御抱守岩崎・橋本・元持、御先払伊藤喜八、
御医師安達見龍、御出・御帰り共御用人衆へ申達ス
一、御櫛助御免　　前川文次郎
右、西尾治部之介殿へ申遣候処、相達候様申来り、則申達候

一、明六日九ツ時ゟ御乗馬申達候　　佐藤新五右衛門
臼居彦右衛門
栗林伝内
一、又介様へ七ツ時ゟ被罷出候　　稲川周庵
一、出勤ニ付恐悦御機嫌伺　　臼居彦右衛門
一、小鷺一羽・鴨二羽
又介様御用奥山伝右衛門方ゟ被指上候、又々大鷺取レ候ハヽ、指上候様
被　仰出、則申達ス

○七日　安東朝出
一、拝診番　　草山隆庵
一、江戸表へ今晩立御飛脚御延引、九日晩立被遣候由申来ル
一、くるり御矢五本　　矢師 吉右衛門
右、出来指上ケ申候
一、御鉄炮掃除磨被　仰付候ニ付、御鉄炮方へ持セ遣ス、尤掃除磨出来被
指上候
一、庭五郎様御風邪之御様子ニ被為入、御診被仰付候而、御薬被　仰付候
　　芝原秀意
一、今日忌明ニ付、伺御機嫌ニ被上候　　加藤彦兵衛
一、三拾両金子　卯九月五日御掛硯へ入置処
弐百四拾四貫文代物　同日御土蔵江入置処
右之弐口十二月七日安東・中村・吉原立合員数相改、元〆宗治江相渡
ス

一、銀之介様御用
小鷺ニ而も大鷺ニ而も被指上候様ニ申遣ス　奥山伝右衛門
一、大鷺一羽代六十文
又介様江指上申候、奥山伝右衛門ゟ上ル
一、御詩会　龍一郎
九ツ時ゟ被罷出候　中嶋意伯
御断　三上湛庵
稲川周庵
前野杢介
一、大鷺一札
銀之介様御用、奥山伝右衛門ゟ上ル
一、庭五郎様夕拝診　芝原秀意
○八日　青木朝出
一、拝診番　芝原周意
一、来ル十一日　御代見被　仰付候由　荒川文次郎
一、御歌会御延引被遊候　中嶋意伯
一、庭五郎様夕拝診　芝原秀意
○九日　安東朝出
一、拝診番　中嶋意伯
一、御延引　山根二右衛門
一、庭五郎様御診　芝原秀意

一、明日之　御手習御延引申達ス　西村平八郎
一、御醒ヶ井餅　一箱二百枚入
庭五郎様ゟ　順介様江右之御醒ヶ井餅一箱被進、今晩御荷物便被指
越候様奥方御老女衆方へ為持遣ス、承知返答来ル
一、紙包　壱ツ
又介様御用野村新左衛門方へ御荷物便ニ指出ス
一、殿様へ御三方様ゟ御書　壱通　御縁女様御引越御歓
一、若殿様江右同断同　右同断
一、御前様へ右同断同　右同断
一、同同同　御請
一、下谷御新造様へ右同断同　同
右、今晩御便ニ被指越候様被仰出候趣、御老女衆へ相渡し可申候様御
賄方へ申達候処、承知返答来ル
一、又介様御用御詩書　一冊
今晩御便ニ留所へ指出し申候、野村新左衛門行
一、岡嶋丹蔵方へ御射留之義御用状指出ス
一、御用人衆御医師衆呈書返書指出ス、但し、御引越し恐悦返書
一、七ツ半時ゟ又介様被召候　稲川周庵
一、庭五郎様夕拝診　芝原秀意
一、又様御書　一通　文岡へ
右、御老女衆方へ遣し、落手之由返事来ル

○十日　青木朝出

一、庭五郎様拝診　芝原周意
一、拝診番　草山隆庵
又介様昼時ゟ御灸治被仰出候、〔拝診番〕拝診番功者（カ）御免、御薬御用之衆計壱人
被罷出候様被　仰付候
一、蒙求御会読、今日御延引、来ル十五日昼時ゟ与被　仰出候ニ付
右之段申達ス　三上湛庵
　　　　　　　安達見龍
一、庭五郎様御延引、又介様被遊候
一、御馬具　一式　龍一郎
右者十一月廿五日御馬屋方ゟ請取置候処、暫御屋敷ニ指置度段佐藤新
五右衛門江懸合、当御方ニ而御長持江入させ置候様元〆文治へ相達ス、
尤、非常之節心添候様御賄衆江も申談置候
一、御責馬明十一日被　仰出候ニ付、申達ス　佐藤新五右衛門
一、又介様御灸治被遊候　芝原秀意
七九十一章門天枢
一、庭五郎様御機嫌伺ニ被上候　加藤彦兵衛
一、庭五郎様夕拝診　芝原秀意

○十一日　安東朝出

一、拝診番　綺田守源庵
一、出勤　柄嶋喜平次
一、病気引込　中嶋意伯
一、庭五郎様拝診　芝原秀意
一、〔御払〕小鷺壱羽　奥山伝右衛門
銀之介様御用ニ被指上候
一、引込　渡部西兵衛
一、御代見相済候御礼被申上候　荒川文次郎
一、御責馬被　仰付候　佐藤新五右衛門

○十二日　青木朝出

一、拝診番　芝原周意
一、御弓御稽古御延引申達候　加藤彦兵衛
　　　　　　　　　　　　　　岡沢多左衛門
　　　　　　　　　　　　　　三浦源六
　　　　　　　　　　　　　　岡嶋全之進
一、御機嫌被伺候、鶩被入　御覧候　加藤彦兵衛
一、明十三日、御煤払ニ付、御表今日荒掃除有之候　安東平左衛門
一、〔御代拝〕清凉寺江
一、御櫛御用介御免　岩崎九右衛門
一、御伽ニ被上候　熊谷他三郎
一、昼時ゟ被召候而、御座之御間ニ而　加藤彦兵衛
御弓書御尋等被　仰付置候、尤七ツ時前被下候
一、十四日之晩立江戸表江之御飛脚被遣候段触来ル
一、庭五郎様夕拝診　芝原秀意

○十三日　安東朝出

一、拝診番　草山隆庵
　　　　　　熨斗目上下　成瀬孫作

一、御煤払

五ツ半時両人被参、　庭五郎様　同　孫市

御居間・十五畳御間・　又介様御居間御座敷、　銀之介様奥方御

台所等御煤払明キノ方ゟ御祝義被整候而、例之通御酒・御吸物被下候

而相済

一、庭五郎様拝診　芝原秀意

一、御延引相達候　荒川文次郎

一、例之年之通御煤納当番切恐悦申上候

一、新弓十張

右、加藤彦兵衛ゟ被指出、入御覧置申候

寒入
○十四日　青木朝出

一、拝診番　綺田守源庵

一、庭五郎様拝診　芝原秀意

一、真如院様江　御使　青木貞兵衛

一、慶運院様江　同　同人

右、寒入御見舞御使相務申候

一、寒入伺御機嫌　北野寺

一、八ツ半時ゟ又介様被召申達ス　稲川周庵

一、七ツ半時ゟ右同断　前野杢介

一、不快引込　栗林弥一左衛門

一、寒入伺　御機嫌被罷出候　西尾治部之介
　　　　　　　　　　　　　　勝平次右衛門
　　　　　　　　　　　　　　正木舎人

一、米札金五両弐歩　御馬代

右、先達而之御馬代、今日於御金方ニ元〆役取ニ遣し請取申候、正金

ニ引替申候様元〆役へ申渡し候

一、御牒

右、先達而腹皮取替、弦道付直し出来、小西佐兵衛今日持参、則指上

申候

一、惣使を以寒入被伺御機嫌候　西郷軍之介殿

寒入御機嫌御伺
一、御書　六通

両殿様・御前様并大名小路・山下・下谷　御前様方江寒入御機嫌御

伺、御三方様ゟ

右、今晩立江戸表江御便り被指越候様御老女衆江相達シ被相渡候様ニ

被仰付候段申遣シ持セ指出ス、則相達相渡候段返答来ル

一、昼時過被　召候而被罷上候　加藤彦兵衛

一、明十五日、御責馬相達ス　佐藤新五右衛門

一、又介様御用　奥山伝右衛門

鳴五ツ被指上候、尤御払鳥

一、慶運院様ゟ　御使　五十嵐半治

御直答之趣ニ取計候

一、真如院様ゟ　御使　橋本八郎左衛門

一、寒入伺　御機嫌御老女衆ゟ呈書来ル

○十五日　青木朝出勤

一、拝診番　芝原周意
一、出勤御目見済　大岡彦太夫
一、風邪ニ付御断　安東平左衛門
一、庭五郎様、今日御表へ之御出御延引、又介様例之通御出御祝儀被為請候
一、当日御祝儀例之通御老女衆ゟ呈書出ル
一、御延引申達ス　西村平八郎
一、御責馬、雪故御延引、日送り申遣ス　佐藤新五右衛門
一、御鉄炮御稽古御延引申遣候　沢村角右衛門
一、右同断　稲垣弥五右衛門
一、諸御稽古事相伺申候処、廿日切ニ而御止メ可被遊被　仰出候、尤御鉄炮ニ廿一二日頃最一度可被遊　思召之由被　仰出候
一、蒙求御会読　三上湛庵
　　　　御断被申上候　安達見龍
　　　　　　　　　　前野杢介
一、御三方様江御重之内
　真如院様ゟ御奉札ニ而被進候
一、今日ゟ介御免　高田翁次郎
　右、御抱守介御免之旨、西尾治部之介殿ゟ申来り、則申上ル
一、紅葉狩羽衣　片岡一郎兵衛
　庭五郎様御下ケ被遊、為持遣し候

○十六日　青木朝出

一、拝診番　草山隆庵
一、今日ゟ引籠　安東平左衛門
一、庭五郎様拝診　芝原秀意
一、兵津蕪一台ニ抱　正木舎人
　御三方様江例年之通被指上候
一、御責馬被　仰付候　佐藤新五右衛門
一、御三方様へ蜜柑一籠　細居九介
　寒中伺　御機嫌献上　同　駒之丞

○十七日　青木出

一、拝診番　綺田守源庵
一、庭五郎様拝診　芝原秀意
一、忌明ニ付伺　御機嫌　加藤鉄蔵
一、御書箱　松嶋
　　御返書
一、御奉札呈書　九通
　此度御便りニ参り申候由、奥方ゟ出候由、御賄方ゟ来り指上ル
一、御詩稿　一枚
一、御詩合　一枚
　右、野村新左衛門方ゟ添刪評仕指上ル
一、鵜御射留申上候返書岡嶋丹蔵ゟ来ル

一、御詩会　龍一郎
　三上湛庵
　稲川周庵
　前野杢介

○十八日　青木出

一、拝診番　芝原秀意
一、庭五郎様　昼時ゟ被召候　加藤彦兵衛
一、御三方様へ御重之内　草餅二重
　慶運院様ゟ寒中御見舞被進候、尤五十嵐氏ゟ御奉札

○十九日　青木出

一、拝診番　草山隆庵
一、庭五郎様昨夜御月代被遊候、今朝も御中りも不被遊、御快被遊御座候
一、四拾五匁　かん十郎打色付竹
一、三拾匁　かん十郎打
一、同　早太打
一、拾匁　遠的矢拾本
　拾五匁
〆百五拾匁〃〃〃
　右江金壱両三歩
　　但し六拾壱匁かへ
　銀八匁弐分五厘
　右、御弓・御矢之代、加藤彦兵衛方へ為持遣し申候
一、御三方様江蜜柑　一籠

（貼紙）
「御数様江寒気御見舞奥方ニ而見繕出来、御老女衆へ頼置候」
　右、長浜　御数様ゟ被進候由奥方ゟ来り申候
一、元〆御番人御袴銀頂戴之由申聞候

○廿日　青木出

一、拝診番　綺田守源庵
一、三百目　御筒薬
　右、御鉄炮奉行中ゟ青木仮切手入請取置申候
一、御三方様三百目　萱原綿　御歳暮一口被進
一、銀之介様弐百目　右同断　当暮不時御入用之品
　右、御納戸方江切手入請取申候
一、殿様江御三方様ゟ生鱈
一、若殿様江右同断鴨
一、御前様へ右同断鴨
　寒中為伺　御機嫌被進候、尤御老女衆へ頼置候処、件之品々指上申候
　由申来り候
一、若御前様へ寒中御見舞・年頭御祝被進、御老女衆へ懸合置候処、江戸
　表ニ而取繕可被指上趣之由申来り候
一、庭五郎様拝診　芝原周意
　明日頃御湯被　召候而も苦間敷由被申上候由被申候

○廿一日

一、拝診番　芝原周意

一、御抱守衆へ歳暮之御祝義并御小納戸払夫々拝領物被　下置候
一、若殿様へ御書　一通御三方様ゟ
一、庭五郎様ゟ同　一通　おか代江
右、今晩御便ニ被指越候様御老女衆へ被渡候様例之通御賄方へ遣し候
一、又介様御詩稿一枚
今晩御便ニ留所へ指出ス、尤野村新左衛門方へ也
一、増田氏御礼返答申遣ス
一、真如院様へ真鴨一羽
一、慶運院様へ同
御三方様ゟ寒中為御見廻御奉札を以被進候
一、金壱歩　御彈代
一、弐匁五分　御腹皮取替
右、加藤彦兵衛方ゟ申来り、為持遣し候
一、元〆役御番人四人并元持平介・板之間御鑓持歳暮之御祝儀被下置候、奥女中衆是又同前也

○廿二日　青木出

一、拝診番　田中懌庵
一、庭五郎様拝診　芝原周意
段々御快、明日ゟ御休薬被申上候
一、引籠　中嶋元哲
一、庭五郎様、昼時過ゟ御下屋敷へ御出被遊候、七ツ時過御帰り被遊候、御供青木、御抱守前川・清水、御先払伊東喜八
一、御交肴　一折　小鯛三　ほうほ二　青木貞兵衛　安東平左衛門　中嶋伝左衛門　吉原源右衛門
御三方様江寒中伺　御機嫌指上申候

○廿三日　青木朝夕

一、拝診番　草山隆庵
一、御札　二枚台共　山王　智乗院
江戸表ゟ参着候由、御賄方ゟ来り指上申候
一、小野田小一郎殿ゟ先達御目録　御覧ニ入、此度　御縁女様為御土産被進候紗綾江戸表ゟ此度着、御賄方ゟ被指出次第指上候様申来り候
一、御三方様江紗綾　三巻ツヽ　白弐巻・紅壱巻ツヽ
御縁女様御引越之節之御土産江戸表ゟ着、小野田小一郎殿被申聞候由、御賄方ゟ来り、則指上申候
一、改名之由　文次郎事　荒川孫三郎
一、若殿様ゟ御縁頭　一組
一、御頭　一ツ
一、御鍔　二枚
庭五郎様江
一、御印籠　三ツ　御根付緒〆共
一、若殿様ゟ古註五経

書経　六冊　詩経　五冊
易経　五冊　礼記　十冊
六経音義　一冊　易音義　一冊
又介様江
右之通　若殿様ゟ宮崎音人御奉札ニ而被進候、御内々之事ニ御坐候
間、方々様へ御吹籠御無用ニ被遊候様ニ申来り候
一、庭五郎様、昼時ゟ被召御弓被遊候　加藤彦兵衛
御断　同　鉄蔵
岡沢多左衛門
大久保繁平
御断　林田勘次郎
御縁女様ゟ
一、茶宇御上下地　二反ツヽ
御二方様江
御縁女様ゟ
一、白羽二重　二疋
銀之介様江
順介様ゟ
一、御半切　壱包
御二方様江
順介様ゟ
一、御包之品
銀之介様江
庭五郎様江
一、御海苔　一包　お千代　お哥代
又介様・
銀之介様江
一、同　同　おか代
庭五郎様江
一、御鏡　一箱　右同断
一、御請書　同

一、呈書　弐通　お千代　おか代
右、御老女衆被渡候由、御賄方ゟ来り、夫々披露仕ル
一、御縁女様ゟ松園・玉江此度御引越ニ付御目録拝領被致御礼呈書出ル
一、御召二ツ右一所ニ来ル、黒御召来春指越可申由申来ル
○廿四日　青木出
一、拝診番　綺田守源庵
銀之介様少々御風邪気被為　入候ニ付、御薬被　仰付候
一、庭五郎様、御弓拝見被仰付候　加藤彦兵衛
一、早太打御弓　一張
右、加藤彦兵衛方へ御下ケ被遊為持越申候、但し、袋ニ入遣ス
一、板之間之者共江御褒美銭頂戴為致申候
○廿五日　青木
一、拝診番　芝原周意
一、銀之介様拝診　綺田守源庵
一、御責馬被罷出被仰付候　佐藤新五右衛門
一、庭五郎様明廿六日暁六ツ時御供揃、高宮御弁当御射留御出可被遊被
仰出候、御供触、御弁（当脱カ）小林留十郎
御供触　奥山伝右衛門
三上湛庵
一、雪降出し、夜中御延引触

○廿六日　青木出

一、拝診番　田中懌庵

屠蘇散被　仰付候

一、引込　三上湛庵

一、御二方様、九ツ時御揃ニ而、槻御殿江御出被遊候、御雑煮被進候、雪降御駕ニ而御出被遊候、御供青木、御抱守守野・橋本・野田・大岡、御先払古川九郎次

一、庭五郎様、明日六ツ時御供揃ニ而、御堀廻り御射留御出可被遊被仰出候

御供相触申候
安達見龍
奥山伝右衛門
岩崎九右衛門
前川文五郎
渡部要次
清水大次郎

○廿七日　青木出

一、庭五郎様、六ツ時御供揃ニ而、外輪御堀廻り御射鳥御出被遊候

一、中藪組裏御堀ニ而小鴨一羽御射留被遊候、五ツ半時過御帰被遊候、御帰り・御出共并御射留之義も西尾治部之介へ申達ス

一、銀之介様拝診　綺田守源庵

一、殿様・若殿様・両御前様ゟ歳暮之御祝儀被仰進候、御直答
御使　小野田小一郎

一、御拝診番　草山隆庵

十二月九日出
一、御詩　十二月廿七日着致候　野村新左衛門

一、段々御物数も御出来被遊候ニ付、此度御留場之外南筋ニ而うそ川堤ゟ南之方江御射鳥ニ被為入候而も不苦候段被　仰出候由、御留場之義ハ、如何様之義有之候共猥成義無之様堅ク御守り被遊候様、猶又拙者共ニも右之通相心得居り候様被　仰出候旨、岡嶋丹蔵方ゟ以書付申来り候

一、真如院様　御使　高杉喜左衛門

右、御歳暮并昨日被為入候御挨拶

一、御数様　御使　高田無右衛門

若殿様ゟ
一、御書箱　松嶋
御返書

右同断、例之通御返答被仰出候

御前様ゟ
一、御書箱　（つほね大浦梅岡

下谷御新造様
一、同　（幾嶋松尾

一、御奉文呈書　廿四通

右、老女衆被相渡候由、御賄方ゟ例之通参り申候

一、慶運院様歳暮御祝儀　御使者　五十嵐半次

一、真如院様　御使　青木貞兵衛

一、慶運院様歳暮御祝儀御使者相務申候　右同　右同断

一、甘酒　壱壺　渡部要次

御三方様へ伺御機嫌、御賄衆へ被指出候由

一、御三方様江為御歳暮御祝儀　御前様ゟ白羽二重二疋ツヽ、被進候処、

御検約ニ付金子弐百疋ツヽ被進候由、奥方老女衆ゟ申来り、則被廻候、
寒中為　御尋御肴被進候由、代金百疋是又被指越候由、直ニ百疋指越
し被申候、尤御歳暮御祝儀弐百疋之御目録ニ干鯛一折三枚ツヽ添
一、七ツ時過ゟ被召被罷出候　　加藤彦兵衛
（掛紙）
「順介様・武之介様・盤姫様・鐸姫様・勇吉様歳暮御祝儀御使者被
御使
進候　　植田長左衛門」

廿八日

一、拝診番　　綺田守源庵
御代拝
一、清凉寺　　青木貞兵衛
一、例之通御表ニ而　御二方様被為　御祝儀請候
一、病気　御尋被仰付候　　安東平左衛門
一、病気　御尋被仰付候　　山根二右衛門
一、くるり二ツ庭五郎様へ献上　　加藤彦兵衛
一、御家老中惣使を以歳暮御祝儀被申上候
一、歳暮御祝義被申上候　　正木舎人
小野田小一郎
西尾治部之介
勝平次右衛門
一、以書付歳暮御祝義申上ル　　安東平左衛門
一、金子三百疋ツヽ、　（青木貞兵衛
安東平左衛門
一、同弐百疋　　中村伝左衛門
吉原源右衛門
右、歳暮為御祝儀例之通頂戴仕候、四人共御小納戸払之御品頂戴仕候
一、以書付　銀之介様御風邪御機嫌伺　　安東平左衛門
一、右同人此節引込居、今日之拝領物為持遣し、御礼御請申上候、御礼名
代青木貞兵衛相勤ル
一、御責馬ニ上ル　　佐藤新五右衛門
一、病気御尋之御礼、以書札申上候　　安東平左衛門
一、病気御尋之御礼申上ル　　山根二右衛門

○廿九日　　青木出

一、拝診番　　芝原周意
庭五郎様御免
一、銀之介様拝診　　綺田守源庵
一、今日出勤、御歳暮御祝儀頂戴之御礼　　中嶋元哲
一、正月朔日晩立江戸表へ御飛脚触来ル、并京都へも朔日昼立御飛脚触ル
一、屠蘇持参被致候　　田中懌庵
（半丁白紙）
一、書札を以病気御尋之御礼申上候　　安東平左衛門

（裏表紙上書）
「済」

ふ

福留乙三郎	御抱守
福山雲次	御抱守、歩行
藤居藤九郎	広小路御屋敷御鎖前番当分介
藤田勝次	小姓
藤田弥之丞	庵原助右衛門家臣
舟越庄介	城中十一口着到付役
文岡	奥女中
古川九郎次	広小路御屋敷御番人（御鎖前番）
古田新九郎	脇家家臣

ほ

細居九介	京橋口門番頭、元広小路屋敷附人
細居駒之丞	不明
堀田式部	堀田正貫、幕府使番

ま

前川文五郎	歩行
前嶋弥次右衛門	若殿様小納戸役
前野杢介	歩行
正木辰之丞	小姓
正木舎人	用人役
増田治右衛門	用人役
増田鍖次郎	無役、増田治右衛門息男
又介	10代藩主井伊直幸息男直在
松居磯左衛門	無役
松居源之丞	松沢弥左衛門息男
松居作兵衛	着到付役
松尾	奥女中
松沢源之丞	不明
松沢弥左衛門	無役、知行取藩士
松嶋	奥女中
松園	奥女中
松平内蔵介	無役
松平下総守隠居	松平忠刻
松平周防守	松平康福、幕府老中
松平陸奥守	伊達重村、仙台藩主
松宮長次	馬医役か
松宮弥太夫	歩行
松村孫次右衛門	広小路御屋敷御鎖前番
松本何右衛門	右筆役

み

三浦九右衛門	側役
三浦源六	無役
三浦左膳	側役
三浦内膳	中老役
三上湛庵	医者
水谷十左衛門	歩行
三田村岡之丞	奥用使
三居孫太夫	賄役
薬袋伝七	馬役
宮崎音人	若殿様奥用使、櫛役兼帯
民部卿	一橋治済

む

村上十右衛門	竹奉行
村田甚右衛門	歩行
村田大介	歩行

も

毛利十兵衛	彦根作事奉行・江戸普請作事奉行・江戸長屋奉行兼帯
元持平次	広小路御屋敷御番人（御鎖前番）
元持平介	広小路御屋敷御番人（御鎖前番）
元持弥三郎	御衍様賄役、歩行
桃居勘五郎	馬医役、騎馬徒
桃居庄兵衛	竹奉行
桃居杉右衛門	馬医役
森川八蔵	無役、騎馬徒
森川与次右衛門	元方勘定奉行・佐野役兼帯
森源兵衛	御前様附人添役
森宗治	広小路御屋敷元締役
森田源九郎	歩行
森野喜右衛門	歩行
守野徳之丞	守野喜右衛門息男カ

や

山上周碩	側医者
山岸宗太	御数様賄役
山下御前様	10代藩主井伊直幸息女、鍋島治茂室
山下藤太夫	無役、知行取藩士
山根織兵衛	馳走道具預役
山根助十郎	山根二右衛門の息男カ
山根二右衛門	役職不明、槍術師範、知行取藩士

ゆ

勇吉	10代藩主井伊直幸息男直容
有芳院	井伊直惟息女、御衍

よ

庸姫	一橋治済息女
吉田清介	不明
吉田清大夫	馬医役
吉原源右衛門	広小路御屋敷賄役
吉用兎毛	無役
吉用隼丞	用人役

り

緑樹院	7代藩主井伊直惟側室

わ

若殿様	10代藩主井伊直幸世子直富
若林小左衛門	不明
脇伊織	家老役
脇勇馬	知行取藩士息男か
和田真左衛門	鷹餌割役并鳥札奉行兼帯
渡辺逸道	藩士隠居カ
渡辺勘之丞	無役
渡部西兵衛	広小路御屋敷御鎖前番
渡部十右衛門	奥御内用達役
渡辺甚平	歩行
渡辺弥五左衛門	無役
渡部要治	御抱守
和田龍左衛門	無役、知行取藩士息男

染山	奥女中

た

だい	縫物師
大名小路御前様	10代藩主井伊直幸息女、蜂須賀治昭室
高嶋	奥女中
高杉喜左衛門	真如院様附人
高田翁次郎	御抱守か、歩行
高田無右衛門	御数様賄役
高橋勘平	不明
高橋与兵衛	賄役
鐸姫	10代藩主井伊直幸息女
武居龍之進	庭奉行
武之介	10代藩主井伊直幸息男
たせ	不明
龍一郎	扶持米取藩士、儒者
龍草廬	扶持米取、儒者
田中懌庵	御側医者、御匙役
田中藤太夫	役職不明、知行取藩士
田中与次兵衛	川除奉行、検地兼帯
たね	縫物師
田部宗三	側医師
田部与八郎	奥御用使
玉江	老女並
太郎介	博労
丹下安右衛門	御衍様賄役
丹下栄介	御抱守か、歩行

ち

智乗院	７代藩主井伊直惟息女
中将	彦根藩主10代藩主井伊直幸
長太夫	大藪村百姓か

つ

塚本軍六	騎馬徒
辻八郎右衛門	彦根作事奉行・江戸普請作事奉行・江戸長屋奉行兼帯
津田自安	医者
土田甚五郎	馬役
都筑弥次右衛門	無役
堤周貞	医者
つほね	奥向老女

と

藤堂次郎太夫	御前様附人
硎師屋権左衛門	不明
磨や権左衛門	不明
所藤七	納戸役
戸塚恵左衛門	彦根作事奉行・江戸普請作事奉行・江戸長屋奉行兼帯
戸塚左馬之進	無役
百々久弥	普請着到付役
百々善介	普請着到着役
殿様	彦根藩10代藩主井伊直幸
とへ	不明
富次郎	高宮百姓
富田弥三左衛門	不明
富永彦十郎	歩行
富永杢右衛門	馳走道具預役、歩役
留十郎	→小林留十郎
とよ	５月５日に とへ と改称

な

中嶋意伯	医者
中嶋元哲	医者
永末俊輔	永末昌運息男カ
永末昌運	医者
中瀬九十郎	広小路御屋敷御番人（御鎖前番）
永田権右衛門	賄役
中野氏智清	不明
中野三季之介	中老役
長野百次郎	家老役
長浜おミゑ	不明
中村右膳	賄役
中村伝左衛門	広小路御屋鋪御子様方賄役
奈里吉六	京都町人
成瀬孫市	不明
成瀬孫作	不明

に

西尾治部之介	用人役
西尾平太郎	小姓
西尾隆元	医師
西堀源蔵	小姓
西村平八郎	右筆役、歩行
西山内蔵允	用人役
西山丹治	側役
庭五郎	10代藩主井伊直幸息男直中

の

野田勘左衛門	奥内用達役、歩行
野田勘六	御抱守、歩行
野中三右衛門	→逸水（速水）三右衛門
野村新左衛門	家老庵原家臣、広小路御子様学事御用

は

橋本右平太	御抱守か
橋本八郎左衛門	真如院様賄役、歩行
橋本弥五郎	御抱守
長谷馬和吉	御抱守、歩行
羽田六兵衛	厩頭取役
八田四郎兵衛	細工奉行
花木十介	無役、知行取藩士
花房勘右衛門	花房正芳、幕府使番
浜甲右衛門	御抱守、三浦組七十人歩行
林田加左衛門	無役、知行取藩士
林田勘次	無役、知行取藩士
林田勘次郎	不明
林弥五郎	櫛役
林安之丞	御抱守、歩行
林龍左衛門	七十人歩行
隼太	矢師
逸水(速水)三右衛門	広小路御屋敷御番人、天明３年正月に野中に改姓
張岡	奥女中
半七	御馬医役
磐姫	10代藩主井伊直幸息女
埴谷登	小姓

ひ

樋口右平次	長野百次郎家臣か
平居惣九郎	右筆役、歩行
弘岡	奥女中

か

河西忠左衛門	役職不明、知行取藩士
片岡一郎兵衛	船方支配
片桐権之丞	役職不明、知行取藩士
片桐弥三八	不明
勝乙蔵	勝平次右衛門弟
勝平次右衛門	用人役
加藤勘八郎	無役
加藤十右衛門	歩行
加藤鉄蔵	加藤彦兵衛息男
加藤彦兵衛	側役、弓術師範
香取猪左衛門	畳奉行、歩行
金田次郎兵衛	城中番頭
金田宗悦	医師
神尾惣左衛門	馬役
勘吉	矢師カ

き

喜右衛門	不明
菊園	奥女中
紀州様	和歌山藩主徳川治貞
北野寺隠居	彦根城下北野寺
木田余兵左衛門	京賄役
北村文左衛門	馬役
北山十蔵	不明
吉右衛門	矢師
綺田守源庵	医者
木俣多十郎	無役
木俣多中	藩士隠居、木俣長介家５代目
木俣土佐	家老役
木俣並之丞	無役
木俣半弥	家老役加判
木村勝左衛門	細工奉行
久徳右平太	御抱守、歩行
清嶋	奥女中
清瀬道健	医者
清多（清太）	不明
銀之介	10代藩主井伊直幸息男直軌

く

日下部内記	普請奉行
草山元益	医者
草山隆庵	御側医者
熊谷他三郎	不明
倉地助左衛門	七十人歩行
栗林伝内	御馬乗形役見習
栗林弥一左衛門	無役、知行取藩士

け

慶運院	４代藩主井伊直興息女
源次	板間
源十郎	米原湊本陣北村源十郎
玄蕃頭	10代藩主井伊直幸世子直富

こ

小板橋茂左衛門	櫛役、奥用使加役
上坂丈右衛門	皆米札奉行
高岑院	８代藩主井伊直定息女
越石何右衛門	無役
御前様	10代藩主井伊直幸正室、梅暁院
小西佐兵衛	不明
小林留十郎	高宮宿百姓
小林与一右衛門	不明
小森作兵衛	無役（御鷹方）、知行取藩士
小森理右衛門	賄役

さ

西郷軍之介	家老役
坂宗碩	医者
酒や助市母ミゑ	愛知川宿住人
向坂市右衛門	彦根作事奉行・江戸普請作事奉行・江戸長屋奉行兼帯
佐十郎	→曽根佐十郎
佐生誠太郎	京都町人
佐生理兵衛	京都町人
佐藤新五右衛門	御厩頭取
佐藤半左衛門	賄役
佐兵衛	矢師
猿木鉄次郎	御抱守
沢田喜右衛門	不明
沢村角右衛門	中老役
沢村軍次郎	鉄炮奉行

し

塩野左近右衛門	鷹餌割役并鳥札奉行兼帯
繁野	老女
下谷御新造	10代藩主井伊直幸息女、立花鑑門室
下谷御前様	10代藩主井伊直幸息女、立花鑑門室
七里九竹	京都町人
七里彦次右衛門	京都町人
芝原元策	医者
芝原秀意	医者
清水大次郎	御抱守、歩行
惇信院	徳川家重
順介	10代藩主井伊直幸息男直専
少将	10代藩主井伊直幸世子直富
新九郎	不明
信源院	10代藩主井伊直幸息女、松平康致室
真如院	８代藩主井伊直定側室
新女院	盛化門院

す

杉田五左衛門	鍛冶奉行
杉田藤蔵	宇津木弥平太家臣
杉原十介	小納戸役
鈴木権十郎	無役
鈴木平兵衛	側役
鈴田吉次	広小路御屋敷御番人（御鎖前番）
角田道古	御茶道

せ

清庵	→小県清庵
清太	不明
成姫	10代藩主井伊直幸息女、鍋島治茂室
清蓮院	９代藩主井伊直禔正室
関佐七	奥内用達役
瀬下治左衛門	賄役
千田勝右衛門	西郷軍之介家臣か

そ

早乙目八郎左衛門	川除奉行
外也	10代藩主井伊直幸息男直広
曽根佐十郎	無役

天明３年「広小路御屋鋪御留帳」登場人物一覧

1　本一覧は、翻刻史料の天明３年「広小路御屋鋪御留帳」に登場する各人全員名前を五十音順に配列し、彦根藩における役職・地位を補ったものである。ただし、読み方が不明な人名については、音読みで配列した。

2　役職名は、「侍中由緒帳」（彦根藩井伊家文書）、および「幕物伺」（同前）による。また、「広小路御屋鋪御留帳」の記事から推定したものもある。

あ

青木貞兵衛	広小路御屋敷御子様方附人
青木良介	青木貞兵衛息男か
明石	洗濯物役
赤田勇蔵	不明
秋塚五郎大夫	大洞役人
秋塚五郎介	大洞役人
明塚藤五郎	歩行
朝比奈多宮	不明
朝比奈平介	不明
安達見龍	医者
安部浅右衛門	広小路御屋敷御鎖前番
天岸他久間	不明
荒居治太夫	城使役
荒川孟彦	藩士隠居、５代目孫三郎
荒川八左衛門	無役、知行取藩士
荒川文次郎	鈖術師範
荒川孫三郎	鈖術指南、文次郎より改称
安藤郷左衛門	彦根賄役・旅賄役兼
安東長次郎	安東平左衛門息男
安東平左衛門	広小路御屋敷御子様方附人

い

五十嵐半次	慶運院様附人
幾嶋	奥女中
池田久右衛門	池田太右衛門息男
池田太右衛門	佐野役
石居次郎兵衛	側役
石黒縄次郎	御用米蔵奉行
石原松庵	医者
いそ	銀之助御乳
磯嶋源五郎	無役
礒嶋三左衛門	城中番頭
伊東喜八	歩行
伊藤喜八郎	不明
伊藤利介	馬役
伊藤利八	馬役
居戸源左衛門	慶運院賄役
稲垣弥五右衛門	目付役
稲川周庵	医者
庵原助右衛門	家老役
庵原主税之介	無役
今村市之進	藩主近習、知行取藩士
今村源之進	無役
今村八次郎	歩行
今村平次	側役
岩泉庄兵衛	歩行
岩崎九右衛門	歩行
印具友宜	藩士隠居。６代目威重の改称名「有儀」と同じ人物か

う

上田安常	御側医者
上田敬介	騎馬徒
上田清蔵	無役
植田長左衛門	役職不明、知行取藩士
上田祐安	医者
上野弥惣次	歩行
臼居多膳	馬役、騎馬徒
臼居彦右衛門	乗形
宇多喜代次	脇五右衛門家臣か
宇津木弥平太	無役
梅崎	奥女中
梅岡	奥女中

え

栄吉	10代藩主井伊直幸息男
江坂清兵衛	馬医
江嶋（柄嶋）勘十郎	広小路屋敷御子様方賄役
柄嶋喜平次	御抱守、歩行
榎並惣介	歩行
遠藤清次	広小路御屋敷御番人当分介

お

おゑつ	不明
御衍	７代藩主井伊直惟息女
大浦	奥女中
大岡儀右衛門	歩行
大岡彦大夫	上番か
大久保専介	大久保善之丞息男
大久保善之丞	無役、知行取藩士
大久保繁平	不明
岡沢太左衛門（多左衛門）	無役、知行取藩士
岡嶋全之進	不明、知行取藩士息男か
岡嶋丹蔵	奥用使
岡嶋文庵	医者（外科）
御数	７代藩主井伊直惟息女
岡田加右衛門	歩行
小県清庵	医者
岡野	奥女中
岡見半太夫	目付役
おか代	奥女中
奥平伝蔵	小納戸役
奥村利左衛門	木俣土佐家臣か
奥山伝右衛門	鷹餌割役并鳥札奉行兼帯
小倉伴五左衛門	当分御抱守助、歩行
おさゑ	御数（７代直惟息女）の息女
尾崎弾蔵（団蔵）	庵原家家臣
おすミ	本奥女中
お多野	不明
お千代	本奥女中
小野織人	西尾治部之介二男
小野田小一郎	用人役
小野田与惣次郎	小野田小一郎二男
小原八郎左衛門	御抱守、歩行
おミゑ	不明、長浜住
おりさ	銀之介附女中

彦根藩井伊家略系図

①直政《なおまさ》
○永禄四・二・九
●慶長七・二・一
□慶長六・二
■慶長七・二・一

直継《なおつぐ》 ※分知され別家となる
○天正一八・二
●寛文二・七・一
□慶長七・三
■元和一・二

②直孝《なおたか》
○天正一八・九・九
●万治二・六・二八
□元和一・二
■万治二・六・二八

直滋《なおしげ》
直寛《なおひろ》
直時《なおとき》 ― 直興《なおおき》

③直澄《なおずみ》
○寛永二・七・一五
●延宝四・一・三
□万治二・七・二
■延宝四・一・三

④直興《なおおき》
○明暦二・三・六
●享保二・四・二〇
□延宝四・三・二三
■元禄一四・三・五

※隠居後直治と改名

⑤直通《なおみち》
○元禄二・八・一五
●宝永七・七・二五
□元禄一四・三・五
■宝永七・七・二五

直恒《なおつね》
直惟《なおのぶ》
直定《なおさだ》

⑥直恒《なおつね》
○元禄六・三・一六
●宝永七・一〇・四
□宝永七・閏八・二
■宝永七・一〇・四

（直該《なおもり》）
○宝永七・一一・一三
●正徳四・二・二三
※直治より改名
※後、直興と改名

⑦直惟《なおのぶ》
○元禄一三・五・一
●元文一・六・四
□正徳四・二・二三
■享保二〇・五・九

⑧直定《なおさだ》
○元禄五・二・一三
●宝暦一〇・二・八
□享保二〇・五・二八
■宝暦四・六・一九

⑨直禔《なおよし》
○享保一二・九・八
●宝暦四・八・二九
□宝暦四・六・一九
■宝暦四・八・二九

直禔《なおよし》
直幸《なおひで》

（直定《なおさだ》）
○宝暦四・九・四
●宝暦五・七・二五

⑩直幸《なおひで》
○享保一六・七・二
●寛政一・二・二〇
□宝暦五・七・二五
■寛政一・二・二〇

※初め直章、宝暦四年直英に改名
藩主就任後、宝暦十年直幸に改名

直富《なおとみ》 ※直豊より改名

⑪直中《なおなか》
○明和三・六・一一
●天明二・五・二五
□寛政一・四・一六
■文化九・二・五

直清《なおきよ》

⑫直亮《なおあき》
○寛政六・六・一一
●嘉永三・九・二八
□文化九・二・五
■嘉永三・九・二八

直元《なおもと》
直弼《なおすけ》

⑬直弼《なおすけ》
○文化一二・一一・一
●安政七・三・三
□嘉永三・一一・二一
■安政七・三・三

⑭直憲《なおのり》
○嘉永一・四・二〇
●明治三五・一・九
□万延一・四・二八
■明治二・六・一七

【注】
一　――は親子関係を示す。
二　＝＝は養子関係を示す。
三　---▶は同一人物の移動を示す。
四　（　）は、藩主再立を示す。
五　○●は生没年、□■は藩主在任期間を示す。
六　本系図には藩主・世子を掲げた。

武家の生活と教養研究班活動記録

研究班の構成員

班長（委員）	村井　康彦	京都市美術館館長
研究員	宇野田尚哉	神戸大学助教授
	柴田　純	京都女子大学教授
	下坂　守	文化庁美術学芸課長
	福田千鶴	首都大学東京助教授・東京都立大学兼任助教授
	母利美和	京都女子大学助教授（平成十五年四月から研究員）
	横田冬彦	京都橘大学教授
	頼　あき	京都造形芸術大学非常勤講師（平成十四年四月から研究員）
ゲスト研究員	岡崎寛徳	中央大学非常勤講師（当時）
	齊藤和江	京都造形芸術大学大学院博士課程（当時）
ゲスト調査員	藤實久美子	学習院大学史料館助手（当時）
事務局	母利　美和	彦根城博物館学芸員（平成十五年三月まで）
	頼　あき	彦根城博物館学芸員（平成十四年三月まで）
	渡辺　恒一	彦根城博物館学芸員（平成十五年四月から）

研究活動の概要

「武家の生活と教養研究班」は、平成七年十月に発足した彦根藩資料調査研究員会において、「幕末政治史研究班」、「彦根藩の茶湯研究班」「彦根藩の藩政機構研究班」「武家の儀礼研究班」に続き、最後に研究を開始した研究班である。村井康彦委員を班長として、平成十二年二月に準備調査を開始し、同十二年度から三年間を研究期間、同十五年度・十六年度を報告書原稿作成期間として、一回の準備調査、二〇回の研究会、四回の報告書原稿作成準備会を開催した。活動内容は、後掲の研究活動一覧の通りである。

武家の生活の中には儀礼的側面が多く見られるが、本研究班では、「武家の儀礼研究班」の研究内容に対し、とくに武家の日常に焦点をあてることを研究方針とした。一年目の準備調査では、研究方法を検討し、藩主側近の側役日記、井伊家庶子居住屋敷の附人の日記（以下、庶子屋敷日記と表記する）などを一年単位で分析し、年齢・身分・時代などによる差異に留意しながら、日常生活パターンや、日々の学芸・武芸稽古など、武家としての生活規範や教養形成のあり方の概要を把握することとした。

研究期間一年目は、庶子の年齢や時期などに留意し選択した近世後期の庶子屋敷日記・側役日記を、研究員各人が日記記事一年分の一覧表を作成する方法で分析し、報告をおこなった。その結果、近世後期の井伊家庶子の日常生活に関して、学問・武術稽古・遊興などについて年齢ごとの傾向が把握できた。と同時に、年齢差による教養形成の過程について、幼年期から二〇才頃の時期の綿密な分析をおこない、変化の実態を確認する必要があることが研究課題として認識された。二年目は、庶子日記の分析作業を継続的に実施する予定であったが、結果的には研究員の個別研究報告を中心としたものとなった。そのなかで、とくに江戸時代各時期における彦根藩士各階層の政治意識のあり方に関する認識が深まった。三年目は、共同作業の庶子屋敷日記の分析をおこない、年齢に応じた学問・武術などの学習過程がかなり明らかになった。また、奥向き女性、食生活、宗教面、武家と町人の交流など、武家の生活の諸要素に関する多彩な個別研究報告がおこなれた。

次いで、二年間の報告書準備期間は、①伝存する庶子屋敷日記全冊の記事一覧を作成し、庶子の学問内容を事項別に集計、分析する作業を進め、②共同研究論文・個別研究論文執筆に向けた研究報告、③論文作成のための研究員による個別資料調査、を実施した。また、本書史料編に所収した天明三年の「広小路御屋鋪御留帳」の翻刻文作成を進めた。

右の研究期間には、市民への研究成果の公開もおこない、市民に向けて、講演会二回・公開シンポジウム一回を開催した。第1回講演会（＝第7回研究会）は、武家生活研究の視点の重要性を紹介するとともに、同研究に対し彦根藩井伊家文書が豊かな素材であることを提示した。第2回講演会（＝第12回研究会）では、武家の教養に関するものとして、特に彦根藩士の政治意識に焦点をしぼった研究成果を公表した。公開シンポジウム（第20回研究会）では、武家の生活に関するものとして、彦根藩奥向きの女性の実態と、彦根藩士と城下町町人との交流を論じた研究成果を公開した。本書に所収した論文の多くは、これらの講演会・公開シンポジウムで報告した内容をさらに発展させてまとめたものである。

また、平成十七年八月二十六日から九月二十七日の期間、本研究班の研究成果に依拠した彦根城博物館テーマ展「武家の生活と教養―藩主井伊直幸の子ども教育―」を開催した。

（渡辺）

研究活動一覧

準備調査　　：平成12年2月12日　於彦根城博物館
　協議　平成12年度活動計画の検討、庶子屋敷日記の調査

第1回研究会：平成12年4月22日　於彦根城博物館
　報告　母利「寛政十一年『黒御門前屋敷日記』について」

第2回研究会：平成12年7月1日　於彦根城博物館
　報告　頼「天明七年『広小路御屋敷万留帳』について」
　報告　福田「寛政九年『山崎御屋敷日記』について」
　報告　母利「研究史の整理」

第3回研究会：平成12年9月17日　於彦根城博物館
　報告　宇野田「十八世紀彦根藩武家社会の思想文化」
　資料調査　江戸屋敷奥向き関係資料・諸屋敷御付役人関係資料

第4回研究会：平成12年10月29日　於彦根城博物館
　報告　横田「文化九年『松下御屋敷日記』について」
　柴田「文政八年『尾末町御屋敷御付方日記』について」

第5回研究会：平成12年12月16日　於彦根城博物館
　報告　村井・下坂「文化九年『側役日記』について」
　資料調査　諸屋敷御付役人関係資料

第6回研究会：平成13年3月10日　於彦根城博物館

講演会準備報告
報告　村井「武家生活研究へのアプローチ」
報告　母利「井伊家庶子の生活と教養」
第7回研究会：平成13年3月24日　於彦根城博物館 能舞台見所
第1回講演会　テーマ「彦根藩武家の日常生活」
講演　村井「武家生活研究へのアプローチ」
講演　母利「井伊家庶子の生活と教養」
（一般参加者）八六名
第8回研究会：平成13年6月2日　於彦根城博物館
報告　母利「『民部様（井伊直英）御用日記』について」
報告　頼　「『広小路御屋敷御子様方御用日記留帳』について」
協議　平成十三年の活動計画について
第9回研究会：平成13年7月30日　於彦根城博物館
報告　母利「『民部様（井伊直英）御附御用日記』について」
報告　宇野田　「中級藩士層の政治意識」
第10回研究会：平成13年9月22日　於彦根城博物館
ゲスト報告　斉藤「秋田藩佐竹家の年中行事」
協議　講演会のテーマについて
第11回研究会：平成13年11月25日　於彦根城博物館
講演会準備報告
報告　柴田「十七世紀彦根藩主と上級藩士の政治意識」
報告　宇野田「十八世紀彦根藩中・下級武士層層の政治意識」

報告　母利「幕末期彦根藩士の政治意識」
第12回研究会：平成13年12月16日　於彦根城博物館 能舞台見所
第2回講演会
講演　柴田「十七世紀彦根藩主と上級藩士の政治意識」
講演　宇野田「十八世紀彦根藩中・下級武士層層の政治意識」
講演　母利「幕末期彦根藩士の政治意識」
（一般参加者）七六名
第13回研究会：平成14年3月25日　於彦根城博物館
報告　福田「江戸藩邸における女性の役割（1）」
協議　庶子屋敷日記のデータのまとめ方について
第14回研究会：平成14年5月25日　於彦根城博物館
報告　宇野田「享保十二年の庵原亀丸召し出しをめぐって」
報告　母利「『山崎御屋敷日記（寛政四年）』について」
協議　庶子屋敷日記のデータのまとめ方・個別研究テーマの検討
第15・16回研究会：平成14年8月31日・9月1日　於彦根市立図書館
調査　三浦敬軒文庫の仮目録作成
※ゲスト調査員藤實氏が参加
第17回研究会：平成14年11月30日　於彦根城博物館
ゲスト報告　岡崎「井伊直憲の行動と食生活」
報告　頼　「彦根藩と寺社のかかわりについて―『指紙略記』の分析から―」
報告　横田「武家と町人―中村全前日記を素材に―」

協議　今後の活動計画

第18回研究会：平成15年2月9日　於彦根城博物館

報告　頼　「彦根藩と寺社のかかわりについて2―藩主・庶子の清凉寺参詣を中心に―」

報告　母利「『黒御門前御屋敷日記』分析の中間報告」

協議　今後の活動計画

第19回研究会：平成15年3月2日　於彦根城博物館

公開シンポジウム準備報告

報告　福田「江戸時代武家の女性像」

報告　横田「武家と町人―中村全前日記を素材に―」

（一般参加者）四二名

協議　今後の活動予定

第20回研究会：平成15年3月30日　於彦根城博物館 能舞台見所

公開シンポジウム「江戸時代武家の実像」

報告　福田「江戸時代武家の女性像」

報告　横田「武家と町人―中村全前日記を素材に―」

討議　研究員全員

第1回報告書原稿作成準備会：平成16年3月17日　於彦根城博物館

協議　今後の活動予定、庶子屋敷日記の集約方法

調査　庶子屋敷日記記事一覧表作成作業

第2回報告書原稿作成準備会：平成16年5月8日　於彦根市民会館

報告　母利「共同研究論文『井伊家庶子の生活と教養形成』の構想について」

協議　今後の活動計画、報告書構成案の検討、報告書研究論文執筆依頼

第3回報告書原稿作成準備会：平成16年12月26日　於彦根城博物館

報告　母利「井伊家庶子の生活と教養形成―近世後期の庶子屋敷日記を素材に―」

報告　宇野田「日記について―さしあたり天明初年の『広小路屋敷日記』に即して―」

報告　頼　「彦根藩寺社関係史料について―宇津木家文書―」

報告　下坂「鷹狩り関係史料について」

報告　横田「武家と町人の交流」

報告　柴田「十七世紀彦根藩主と上級藩士の政治意識」

報告　宇野田「十八世紀彦根藩武家社会の思想文化―中下級の藩士陪臣層を中心に―」

協議　報告書の構成案および史料編の検討

第4回報告書原稿作成準備会：平成17年2月20日　於彦根城博物館

報告　福田「江戸時代の武家の女性について―井伊家奥向の構造―」

報告　頼「彦根藩と寺社」

報告　宇野田「井伊家庶子教育関連史料について」

協議　報告書構成の確認、今後の予定について

調査　研究員個別論文関係史料の調査

＊各研究会の詳細は、『彦根藩資料調査研究委員会年次報告書Ⅰ～Ⅶ』（彦根城博物館　一九九七～二〇〇三年）を参照されたい。

編者・執筆者紹介

編　者

村井　康彦（むらい　やすひこ）
京都市美術館館長

執筆者（五十音順）

宇野田尚哉（うのだ　しょうや）
神戸大学助教授

岡崎寛徳（おかざき　ひろのり）
中央大学兼任講師

柴田　純（しばた　じゅん）
京都女子大学教授

福田千鶴（ふくだ　ちづる）
首都大学東京助教授・東京都立大学兼任助教授

母利美和（もり　よしかず）
京都女子大学助教授

横田冬彦（よこた　ふゆひこ）
京都橘大学教授

頼　あき（らい　あき）
京都造形芸術大学非常勤講師

彦根城博物館叢書6

武家の生活と教養

二〇〇五年十二月三十一日　発行

編　集　彦根藩資料調査研究委員会

編集代表　武家の生活と教養研究班　村　井　康　彦

発　行　彦根城博物館
〒五二二―〇〇六一
滋賀県彦根市金亀町一―一
TEL〇七四九―二二―六一〇〇
FAX〇七四九―二二―六五二〇

発売元　サンライズ出版
〒五二二―〇〇〇四
滋賀県彦根市鳥居本町六五五―一
TEL〇七四九―二二―〇六二七
FAX〇七四九―二三―七七二〇

定価はカバーに表示しています。

ISBN4-88325-278-7 C3321